Big Change of
Knowledge
Education:
From Delivery to
Narrative

내러티브 기반
지식교육의 대전환

강현석 저

학지사

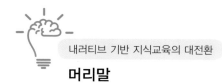

머리말

　최근 시대 변화에 대한 담론이 활발하고 교육 분야도 예외는 아닌 듯하다. 시대 변화가 교육에 미치는 영향을 분석하고 쫓아가는 것이 아니라 오히려 교육 분야가 시대 변화를 선도해야 하는 일이 중요한 과제로 대두되고 있다. 그렇다면 시대 변화를 선도해가는 역량은 어디에서 나오는가. 우리 학생들이 시대 변화에 떠밀려 갈 것이 아니라 변화하는 시대에 혁신의 주인공으로 거듭나려면 학교교육은 무엇을 해야 하는가. 본 저서에서 필자는 제대로 된 지식교육만이 그 일을 해낼 수 있다고 주장하고자 한다. 결국 잘못된 지식교육이 교육을 망치고 있으며, 그로 인해 우리 사회가 후퇴할 수 있다고 보는 것이다. 수출을 통해 경제가 좋아지고 고급 고층 아파트가 들어서거나 한류 열풍으로 K-팝과 K-푸드가 세계인의 귀와 입맛을 사로잡는 일도 중요하지만, 그러한 일을 하는 주인공들의 마음과 영혼, 신체를 바로잡는 올바른 지식교육이 더 중요하다고 생각한다.

　이러한 소망을 표현하면서 본 저서는 크게 교육의 문제와 방향에 대한 주제를 심층적으로 연구하였다. 교육의 문제와 방향에 대한 주제는 오래전부터 많은 연구자의 공통적인 관심사이자 항구적인 이슈라고 볼 수 있다. 교육의 문제는 여러 각도에서 접근할 수 있으나 여기에서는 교육의 가장 중핵적인 부분을 차지하고 있는 지식을 가르치고 배우는 문제에 초점을 두고 논의를 하였다. 다시 말해, 교육의 접근을 지식교육의 차원에서 이해하고 지식교육의 문제를 이론적으로 진단하며 향후 실천적인 해법을 모색하는 논의에 주력하였다.

한국에서 지식교육의 문제는 교육의 가장 큰 문제의 당사자로 지목되기도 하고, 심지어 지식을 가르치는 것을 포기하고 지식이 아닌 다른 것을 가르치자는 대안교육의 논의로 확대되어 많은 이의 심리적 공감을 얻기도 한다. 교육에서 심리적 공감보다 더 중요한 것은 엄격한 이론적 문제를 타당하게 정립하는 일임에도 불구하고, 많은 교육자가 이에 동조하면서 지식교육의 초점을 엉뚱한 방향으로 끌고 가 종국적으로는 교육을 위태롭게 하는 연구와 언사를 하는 경우도 있다. 역설적으로 말하면 이러한 처사는 필자가 보기에 제대로 된 지식교육을 받지 않은 결과로 해석된다.

이와 같은 경우만 보더라도 제대로 된 지식교육이 과연 어떠한 교육인가에 우리가 관심을 가질 필요가 있다. 본 저서는 이 문제에 대한 이론적 탐구의 결과물이다. 제대로 된 지식교육은 어떤 교육이며, 그 교육은 어떻게 실천할 수 있는가? 이 두 가지가 본 저서가 해명하고자 하는 것에 대한 질문이다. 물론 과거에도 이 질문은 많은 연구자나 사상가, 철학자가 탐구해 온 중요한 문제이며, 그 일단의 해결책도 이미 제시되어 있다. 그럼에도 불구하고, 이전과는 다른 관점에서 접근하고자 하였다.

그 새로운 접근의 특징은 과거 접근 방식들이 지식을 가르치는 방법적 측면에서 개량적 변화를 보였다는 점과는 근본적으로 다르게 접근하였다. 즉, 지식을 가르치는 방법의 변화에 주목하기보다는 지식을 보는 보다 근본적인 차원에서의 변화에 주목하였다. 이 지점에서 보다 엄밀하게 접근하기 위하여 이론적 토대의 구성에 유의하였다. 본문에서 보다 상세히 밝히겠지만, 브루너(Bruner)의 내러티브 이론에 기반을 두고 지식교육의 전환을 모색하였다.

본 저서의 핵심적 관점은 지식교육을 보다 강조해야 하며, 지식을 지식답게 가르쳐야 한다는 것이다. 현재 학교교육의 문제는 지식 위주의 교육이 아니라 지식을 지식의 가치와 성격에 부합하지 못하게 가르치는 것이라고 판단하고, 지식을 지식답게 가르치는 데에서 문제해결의 방안을 찾아야 한다는 점이다. 따라서 지식을 지식답게 가르치기 위해서는 내러티브에 주목해야 하며, 이와 관련하여 그 대안으로 Bruner의 내러티브 이론에 주목하였다. 이를 위하여 본문을 크게 네 개의 파트로 구성하였다. 제1부에서는 지식교육 변화의 서막을, 제2부에서는 새로운 지식교육의 이론적 토대를 심층적으로 논의하였다. 제3부에서는 내러티브 기반 지식교육의 구체적 양상을 다루었다. 여기에서는 지식교육을 가르치고 배우는 문제와 지식을 조직하는 문제를 다루었다. 제4부에서는 지식교육의 미래 과제와 방향을 논의하였다. 이상의 내용을 반영하여 좀 더 구체적으로 어떠한 내용들을 담고 있는지 제시해 보면 다음과 같다.

제1장에서는 문제의식을 심층적으로 논의하였다. 여기에서는 연구 목적 및 필요성,

지식교육 위기론, 지식교육에 대한 담론 형성 구조에 대해서 알아보았다. 그리고 연구 문제 및 방법, 선행연구 분석 및 차별성을 제시하였으며, 특히 문제의식과 접근의 특징을 강조하였다. 이 연구가 취하는 관점은 기능적 담론 방식에는 매우 비판적이며, 직접적인 비판적 담론 방식과는 다소간 거리를 둔다.

제2장에서는 지식교육에 대한 세계사적 동향을 살펴보았다. 여기에서 말하는 세계사적인 동향은 현재적 관점이 아닌 전통의 흐름에서 파악되는 것을 의미한다. 전통의 흐름에서 파악되는 동향은 크게 공간적 · 이념적 · 역사적 흐름으로 나누어 살펴보고, 이는 공간적 접근, 이념적 접근, 역사적 접근으로 구분해 분석하였다.

제3장에서는 내러티브 전환에 대해서 논의하였다. 여기에서는 내러티브의 다양한 접근, 내러티브 전환의 시대적 배경, 내러티브 전환의 역사적 거장들에 대해서 논의하고, 그 이후에 Bruner의 내러티브 이론을 살펴보았으며 이상의 사항들이 지식교육에서 지니는 함의를 논의하였다. 이론적으로는 내러티브 전회로 알려진 혁신적 전환은 교육학 외에도 인문학, 사회과학, 예술 분야 등 인간 행위의 모든 분야를 설명하는 장르에서 주요한 논거로 채택되는 학문적으로 중요한 변화이다. 이 연구에서 중요한 근거로 삼는 이유도 여기에 있으며, 본 저서에서 중요한 기반을 제공하는 부분이다.

제4장에서는 지식관의 혁명에 대해서 논의하였다. 여기에서는 내러티브의 시대적 전환을 맞이하여 요구되는 새로운 지식에 대한 입장을 총체적으로 살펴보았다. 소위 지식관의 혁명으로 불리는 만큼 지식과 지식교육을 바라보는 시각은 근본적 전환을 맞이하고 있다. 구체적으로는 이론적으로 네 가지 측면, 즉 실증주의 대(對) 구성주의 논쟁, 발견 대(對) 발명 논쟁, 정초주의 대(對) 포스트모던 입장, 패러다임적 접근 대(對) 내러티브 접근을 살펴본 후에 내러티브 지식관의 측면을 살펴보았다.

제5장에서는 지식을 가르치고 배우는 일에 대한 모형과 그 일이 지니는 의미를 살펴보았다. 여기에는 전달(도관) 모형, 중간 언어 접근이 있으며, 이 논의와 연계하여 탐구학습과 발견학습이 내러티브 전환과 어떠한 관련을 맺을 수 있는지 살펴보았다. 마지막으로 내러티브에 기반한 교수와 학습 문제를 살펴보았다. 구체적으로 새로운 지식관의 입장에서 바라보는 '가르치고 배우는 문제'를 논의하였다.

제6장에서는 지식을 조직하는 일로서 여기에 해당하는 전통적 · 혁신적 접근을 살펴보고 그 의미를 논의하였다. 전통적으로 순차적 접근 외에 최근의 인지심리학의 발달로 촉망받는 인지 유연성과 래티스 모델, 나선형 조직, 스토리텔링과 시나리오 모델 등을 살펴보고, 마지막으로 내러티브에 기반한 교육과정 단원을 논의하였다. 특히 지식교육의 새로운 관점에서 지식을 조직하는 과제를 탐색해 보았다. 기존의 방식에서는

순서와 절차에 초점을 두는 조직 방식을 강조하였다면, 내러티브 관점에서는 새로운 방식으로 지식을 조직할 필요가 있다는 점을 다루었다.

제7장에서는 새롭게 제안하고자 하는 지식교육의 지속력과 실효성을 위해 새롭게 요구되는 여러 장치에 대해서 살펴보았다. 그 일환으로 지식교육의 대전환과 문화적 토대에 대해서 논의하였다. 새롭게 제안되는 지식교육에는 여러 이론적 아이디어가 내재해 있다. 기존의 지식교육에서 새로운 관점으로 대전환하는 데 제일 핵심적인 근거는 인간의 마음을 접근하는 새로운 이론과 문화심리학에 기반한 새로운 설명 방식이다. 여기에서 마음의 이론과 간주관성의 문제, 교육과정과 수업의 혁신 가능성을 접근해 보았다. 동시에 Bruner가 제안하는 교육의 문화적 접근에 기초한 내러티브 방식을 다루었다.

제8장에서는 결론에 해당되는 부분으로 본 저서의 핵심 주제인 지식교육의 대전환에 대한 역사적 의미를 탐구하였다. 그리고 지식교육의 미래를 전망하고 후속 연구 과제를 제시하였다. 마지막으로 지식교육의 대전환과 관련하여 이론적이고 실천적인 제언을 추가하였다.

본 저서는 그동안 필자가 여러 경로를 통해 한 주제에 집중적으로 또는 산발적으로 논의를 지속해 오던 연구물들을 종합적으로 다루는 성격을 지닌다. 그러면서도 지식교육이라는 문제에 초점을 두고 내러티브 이론과 접목시키려는 노력의 산물이며, 3~5년간의 긴 연구를 통해 이루어진 연구물이다. 따라서 본 저서 외에 이 기간과 그 이전에 별도로 이루어진 여러 소논문, 단행본, 역서와 직간접적으로 많은 관련을 맺을 수밖에 없다. 특히 필자가 지속적으로 관심을 갖고 연구해 오고 있는 내러티브 관련 연구물들과의 연관 속에서 집필이 이루어졌다. 이런 점에서 진술 내용이 동일하거나 유사한 부분이 다른 장에서도 반복되어 제시되거나 유사하게 논의가 이루어지는 경향이 있다. 예를 들어, 내러티브 개념이나 Bruner의 논의, Polkinghorne의 논의 등은 여러 부분에서 자주 등장한다. 이러한 점은 동일하거나 유사한 부분이라 하더라도 해당 장과 절에서의 논의 내용을 독자들이 쉽게 접근할 수 있도록 하기 위해 불가피하게 내린 결정이라는 점을 밝힌다.

본 저서를 집필하는 데에 참고한 주요 문헌들을 간략하게 소개하면 다음과 같다. 우선 Bruner의 주요 저작물들이다. 그의 내러티브 아이디어가 본격적으로 등장하는 1986년의 『실제의 마음, 가능한 세계(Actual Minds, Possible Worlds)』, 1990년의 『의미의 행위(Acts of Meaning)』, 그의 대표작으로 평가받는 1996년의 『교육의 문화(The Culture of Education)』 등이다. 그리고 폴킹혼(Polkinghorne)의 『내러티브 앎과 인문과학(Narrative Knowing and Human Science)』 사빈(Sarbin)의 『내러티브 심리학(Narrative Psychology)』, 홉킨스(Hopkins)의 『내러티브 기반 학교교육(Narrative Schooling)』, 올슨(Olson)의 『교육이론에서의 브루너의 인지혁명(The Bruner Cognitive Revolution in Educational Theory)』 등이다. 이 문헌들은 본 저서의 핵심 관점인 내러티브 접근을 체계화하는 데 중요한 근거를 제공해 주었다.

특히 2011년 한국연구재단의 지원을 받은 연구물인 『인문 · 사회과학의 새로운 연구방법론: 내러티브학 탐구』와의 연계성 속에서 집필이 이루어졌다. 이 연계성 속에서 보면 2011년의 연구에서 이루어진 것을 토대로 하여 지식교육의 측면에 초점을 둔 것이라고 볼 수도 있다. 따라서 이 대목에서 한 가지 언급할 것은 본 저서가 2017년 한국연구재단의 저술출판지원사업의 지원을 받아서 수행한 결과물이라는 점이다. 이런 연유로 4~5년에 걸쳐서 비교적 한 주제에 집중하여 연구를 진행할 수 있었다. 이 점에 대해 특별히 한국연구재단에 감사한 마음이다.

본 저서는 본문에서도 상세하게 제시하고 있지만 지식교육에 대한 새로운 전환을 제안하고 있다는 점이 가장 큰 의미와 가치를 지닌다고 생각한다. 한국 교육문제의 원흉으로 지탄을 받는 지식교육을 다른 대안교육의 방향으로 돌려야 한다는 주장을 하는 것이 아니라 지식교육을 제대로 지식교육답게 해 보자는 취지이다. 그것도 막연하게 주장하고 선언하는 것이 아니라 새로운 이론에 입각하여 지식교육을 전환해 보자는 생각을 담고 있다. 지식교육에 대한 고전적 주장이나 과거 회귀적인 주장은 더더욱 아니며, 인간 존재와 지식의 새로운 본질에 기반하여 지식교육을 새롭게 구성하자는 주장을 전개하고 있다. 이런 점에서 본 저서가 제안하고 있는 주장들은 널리 읽히고 평가받을 필요가 있다고 생각한다. 특히 지식교육에 대한 정서적 반감이나 지식과 삶을 관련지어야 한다고 너무 쉽게 말하면서, 그 구체적인 방안은 제시하지 않는 추상적 사상가들과는 다른 생각을 담고 있다. 이러한 점이 중요한 특징이자 가치라고 생각한다. 더나아가서 내러티브 기반의 지식교육이 단지 지식교육에 대한 하나의 방법을 추가하는 차원이 아니라 보다 근본적으로 교육의 새로운 지평을 제안하는 것으로 확대 해석해 볼 수 있다. 그것은 다름 아닌 내러티브학으로서의 세계이다. 장차 이 입장에 대한 학계의 평가가 기대된다.

본 저서는 여러 독자에게 유익할 것으로 기대한다. 특히 한국 사회처럼 많은 사람이 교육에 큰 관심을 갖고 있는 만큼 교육에 종사하는 모든 사람에게 새로운 시각을 제공해 줄 것이다. 특히 학교 현장의 교육전문가들, 대학원에서 공부하는 교육연구자들, 대학교에서 공부하는 학생들에게 유익한 정보를 제공해 줄 것으로 기대한다. 초 · 중 · 고등학교에서 자신의 전공 교과를 가르치는 교사들에게 특히 유익할 것이며, 심층적으로는 내러티브 연구자들과 관련 학회 회원들에게도 좋은 친구가 될 것으로 생각한다.

마지막으로, 본 저서를 훌륭하게 편집하고 완성해 주신 학지사 김진환 사장님 이하 출판사 관계자분들께 깊은 감사를 드린다. 긴 시간 집필한 많은 분량의 원고를 편집하고 교정해 준 편집부 김진영 차장님께 다시 한번 감사를 드린다. 아울러 우리 연구실에서 내러티브 연구를 같이하고 있는 이지은 박사, 노진규, 김수영 선생님께도 감사의 말을 전하고 싶다. 한편, 장기간 집필하면서 혹시라도 인용을 누락해 원저자의 소중한 문헌 인용을 밝히지 못한 점이 있다면 원저자께 미리 양해를 구하고자 한다. 모쪼록 본 저서가 한국 교육문제의 진전과 학교에서 지식교육의 새로운 모색에 좋은 도구가 되기를 바란다. 진정한 지식교육을 통해 학생들이 더 성장하고 한국 사회가 더 진보하게 되기를 소망해 본다.

2022년 4월
사범대 복현 동산에서 저자 강현석

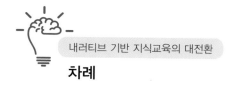

내러티브 기반 지식교육의 대전환

차례

제1부

지식교육의 위기

제1장 지식교육의 위기: 문제의식

제 **1** 장

지식교육의 위기:
문제의식

1. 시작하며: 왜, 무엇을

학교교육에서 지식교육이 차지하는 비중은 매우 크다. 학교교육이 곧 지식을 가르치는 교육이라고 할 정도로 지식교육은 학교교육의 대부분을 차지한다고 하여도 과언이 아니다. 따라서 지식교육의 성패가 학교교육의 성패를 결정한다고 볼 수 있다. 이런 점에서 교육과정의 연구에서 지식교육에 대한 논의는 다양하게 이루어져 왔고 그 가치나 중요성도 여전히 유효하게 작용하고 있다. 특히 특정한 교육과정 이론들은 지식교육에 대한 특정의 입장들을 가정하고 있는 만큼 지식에 대한 논의는 교육과정에서 매우 중요한 주제임에 틀림이 없다. 그래서 지식을 어떻게 보고, 어떻게 가르치고, 어떻게 조직하는가 하는 문제는 교육과정 이론과 학교교육의 실천에서 핵심적인 문제이다.

그런데 지식을 가르치는 문제는 여타의 요인들이 작용하는 복잡한 성질을 지니고 있다. 특히 현대 사회가 급속히 변화하고, 인간이 해결해야 할 문제가 복잡다단해지면서 학교에서 가르쳐야 할 지식에도 다양한 시각과 방법이 요구되고 있다. 더욱이 지식을 보는 다양한 관점들이 출현하고, 지식에 대한 본질적인 생각들이 확장되고 발전하면서 학교교육에서의 지식교육은 보다 깊이 있고 성찰적인 연구가 요구되는 중요한 문제임에 분명하다(강현석, 2009).[1]

이와 같이 학교교육의 발전이 지식을 가르치는 문제와 직결되어 있다는 점을 감안한다면 이러한 문제는 사소하게 취급할 수 없는 것이다. 따라서 학교교육이 더욱 발전하기 위해서는 지식교육에 대한 폭넓은 성찰과 새로운 이해가 필요하다. 학교교육에 대한 논의에서 지식에 대한 문제는 매우 중요하면서도 항구적인 논쟁 사항이다. 이러한 점이 논의에서 어려움을 가져다주지만 결국 효과적이고 체계적인 지식교육을 수행하기 위해서는 지식에 대한 문제가 올바르게 정립되어야 한다.

앞에서도 언급하였듯이 본 연구에서는 이러한 문제의 중요성에 유의하면서 지식교육에 대한 전반적인 문제에 초점을 두기보다는 교육과정 논의에서 지식교육에 중요한 시사를 주는 브루너(Bruner)의 이론에 초점을 둔다. 교육과정에서 지식의 문제를 가장 구체적으로 논의하고 지식교육에 대한 다양한 가능성을 제공해 주는 사람 중의 하나는 브루너라고 볼 수 있다. 주지하다시피 그의 '지식의 구조'에 대한 논의는 학교교육에서 지식의 문제에 대하여 매우 중요한 영향을 미치고 있다. 그런데 1980년대 중반 이후로 그의 인식론적 입장과 지식교육에 대한 생각은 상당히 다르게 전개되고 있다. 아마도 지식교육에 대한 한국의 담론 내지 위기론은 주로 실증주의적 패러다임 내지 구조론적 입장에 근거를 두고 있다.

　본 연구는 이 점에 주목하여 지식교육의 대전환 문제를 논의하고자 한다. 특히 브루너의 교육과정 이론에서 지식의 문제를 어떻게 이해할 것인가 하는 문제에 초점을 둔다. 특히 그의 전ㆍ후기 이론에서의 핵심적인 주제가 되는 지식의 구조와 내러티브 문제에 주목하여 지식을 가르치는 문제와 관련하여 그 관련성을 논의하고자 한다. 주지하다시피 브루너는 패러다임적 사고와 대비되는 것으로 내러티브 사고를 제안하면서, 학교교육의 일대 변혁을 예고하고 있다. 내러티브 사고는 어의적으로 보면 내러티브를 만드는 마음의 인지적 작용이며, 내러티브는 내러티브 사고의 산물이다. 내러티브의 기본적인 의미는 이야기 혹은 이야기를 만드는 것이다. 내러티브 사고에서는 인간이 자신들의 경험을 이야기하려는 보편적 성향을 가정한다. 이러한 내러티브는 거시적으로는 교육의 문화 차원에서, 미시적으로는 교실 수업의 실천 문제에서 많은 시사점을 제공해 주고 있다. 특히 교실 수업과 관련하여 학생들의 교과 지식의 학습에서도 내러티브는 중요한 역할을 한다.

　우선 지식교육을 제대로 이해하고 실천하기 위해서는 지식교육과 관련하여 이론적으로 밝혀야 할 문제들을 정확히 확인하는 일이 중요하다. 일찍이 Scheffler(1965)는 이와 관련하여 다섯 가지 문제를 제시한 바가 있다. 첫째, 지식이란 무엇인가, 둘째, 어떤 지식이 가장 가치 있는 지식인가, 셋째, 지식은 어떻게 생성되는가, 넷째, 지식에 대한 탐구는 어떠한 방식으로 수행되어야 하는가, 다섯째, 지식은 어떻게 가르치는가? 하는 문제 등이다.

　본 연구에서는 이상의 문제에서 지식이란 무엇인가(지식관), 지식을 어떻게 가르치고 학습하는가(지식의 교수-학습 문제), 지식을 어떻게 조직할 것인가(지식의 조직) 하는 문제를 중심으로 집필한다. 오늘날 학교교육에서 지식을 가르치는 문제와 관련하여 다양한 입장들이 제시되고 있다. 이러한 시점에서 브루너가 주장하는 내러티브가 과연 과거의 지식의 구조와 어떻게 관련되는지를 살펴보는 것은 매우 중요한 일이며, 지식교육의 대전환을 위해서 그간에 진행된 다양한 논의들을 종합적으로 분석해 보고, 그 대안으로 내러티브 전환(narrative turn)을 모색해 보는 일은 학술적으로나 실제적 측면에서 중요하다고 생각한다. 이러한 연구 목적을 달성하기 위해서 연구에서 다루어야 할 문제를 크게 세 가지로 설정하였다. 첫째는 지식관의 문제, 둘째는 지식을 가르치고 배우는 문제, 셋째는 지식을 조직하는 문제를 살펴본다. 이 세 가지 문제가 본 연구의 핵심적 내용을 이루게 된다.

2. 지식교육 위기론

지식교육이 위기다. 위기론의 핵심은 두 가지의 담론으로 형성되는 듯하다. 하나는 소극적 담론의 양상이고, 다른 하나는 적극적 담론 양상이다. 전자는 지식교육이 제대로 이루어지지 못하고 있다는 점이고, 후자는 교육에서 지식을 너무 많이 가르쳐서 문제가 발생하고 있으니 지식이 아닌 다른 대안적인 것을 가르쳐야 한다는 발상이다. 전자는 지식을 가르치는 방법상에서의 문제에 초점을 겨냥하는 것이며, 후자는 보다 적극적으로 지식 자체를 부정하면서 지식이 아닌 다른 대안적인 것, 예를 들어 인성이니 예절이니 경험, 활동, 체험 등을 가르쳐야 한다는 발상이다. 이 두 담론은 일반인의 정서에 편승하여 강한 설득력을 얻는 실정이다. 아마도 한국의 교육에 절망하는 대부분의 사람들은 오늘날 학교교육 실패의 원흉을 지식교육에 있다고 보고 조속히 지식교육에서 벗어나야 우리 아이들을 살릴 수 있다고 주장하고 있다. 사정이 이런 지경에 이르면 지식교육은 학교교육에서 가장 먼저 퇴출되어야 할 요인이 되어 지탄의 대상으로 변모하고 만다.

그러나 과연 그러한가? 우리는 학교교육에서 지식을 퇴출시키고 소위 '체험 삶의 현장'을 가르치고 야외 활동을 하고 경험을 가르쳐야 하는가? 교육사적으로나 세계 지성사적으로 볼 때, 교육을 담당하는 기관에서 가장 오랜 세월 동안 가르친 것은 아마도 지식이고 미래에도 지식일 텐데, 위기론을 주장하는 사람들은 장차 우리 학교에서 지식 말고 다른 무엇을 가르쳐야 한다고 주장하고 있는 것인가? 학교교육에서 지식 말고 다른 무엇을 가르쳐야 한다는 주장은 과연 이성적이고 타당한 주장인가? 위기론을 주장하는 사람들의 놀라운 비판 정신은 학교교육을 받는 동안 어떤 가르침 혹은 무엇을 배웠길래 비판 정신을 습득할 수 있었을까? 지식 말고 무엇을 배웠는지 묻는다면 어떻게 대답할까? 연구자는 아마도 지식 외에는 뾰족한 내용이 없을 것으로 예상한다.

자! 그렇다면 우리는 학교교육에서 우리가 가르치는 지식을 부정할 것이 아니라 지식을 보는 눈(perspective)을 바꿔야 한다고 본다. 본 연구는 이 주장이 설득력을 얻기 위해서 우리가 어떠한 노력을 해야 하는지를 제시하고자 한다. 즉, 지식교육을 바라보는 생각을 전환해야 한다는 점이다. 그것도 대충해서는 안 되고 혁명적으로 변화해야 한다. 이 변화의 논거로 브루너의 내러티브 이론(narrative theory)에 기대고자 한다.

3. 지식교육에 대한 담론 형성 구조

1) 지식교육이 아닌 다른 형태의 대안적 교육 제시

현재 한국 사회에서 지식 혹은 지식교육에 대한 논의 구조는 대체로 전문가 등의 식자층이나 언론 및 대중적 언설 수준에서 보면 지식교육에 대한 문제를 비판하고 그에 대한 새로운 대안적 교육을 제시하는 형태가 주류를 이룬다. 이 논의 형태의 기본 논리는 현재 학교교육의 모든 주범은 지식위주의 교육이며, 앞으로는 지식을 가르치지 말고 새로운 대안적 교육을 실시해야 한다는 것이다. 예를 들면, 지식교육이 아닌 인성교육, 정서교육, 정체성 교육, 예절교육 등등을 보다 중점적으로 가르쳐야 한다는 점이다.

이러한 대안적 교육을 제시하는 담론들은 학교교육 문제의 주범은 지식교육에 있으며, 심지어 지식교육을 폐기하고 인간교육을 해야 한다는 것을 강조하고 있다. 이 담론 구조에는 지식이나 지식교육에 대한 엄밀한 개념 규정 없이 일반 대중이나 독자들의 정서적 호소에 기대어 지식교육을 원흉으로 몰아가고 있는 극단적 주장을 제시하고 있다.

본 연구에서는 이러한 담론이 매우 타당하지 못한 논거에 의존하고 있으며, 매우 비교육적 주장이라고 비판하고자 한다. 지식교육을 폐기할 것이 아니라 지식을 지식답게 제대로 가르쳐야 한다는 입장에서 지식교육을 접근하고자 한다.

2) 이항 대립적 구조 속에서의 상대적 중요성 강조

이상과 다르게 또 다른 담론은 지식교육이 학교교육에서 제일 중요하다는 점이다. 그 논거는 학교교육의 상당 부분을 차지하고 있는 것은 다름 아닌 지식을 가르치는 것이라는 점이다. 특별활동을 가르치든 창의적 체험활동을 가르치든 그것들은 일부분에 지나지 않고 제일 중요한 비중을 차지하고 있는 것은 지식을 가르치는 것이므로 지식교육이 상대적으로 강조되어야 한다는 점이다.

물론 이상의 주장은 표면적으로는 옳은 말이다. 그러나 그렇게 상대적으로 중요하고 많은 비중을 차지하고 있는 지식교육에 대한 많은 비판들은 왜 제기되고 있으며, 우리 학생들은 왜 더 많은 어려움과 문제들을 지니고 있는지에 대해서는 타당하고 건전한 답변을 내놓지 못하고 있는 실정이다. 지식교육이 다른 교육보다 상대적으로 중요하다는 주장만 존재하지 지시교육의 문제에 대한 타당한 해결 방안, 지식교육에 대한 존재 이유 등에 대한 심층적인 논의를 제시하지 못하고 있다.

본 연구에서는 이러한 담론 방식에 부분적으로 동의하면서도 근본적으로 다른 입장에서 지식교육 문제에 접근하고자 한다.

3) 본 연구의 관점: 지식교육의 본래적 가치 복원

본 연구가 취하는 관점은 앞의 첫 번째 담론 방식에는 매우 비판적이며, 두 번째 담론 방식과는 다소간 거리를 둔다. 본 연구의 핵심적 관점은 지식교육을 보다 강조해야 하며, 지식을 지식답게 가르쳐야 한다는 점을 강조하고자 하는 것이다. 현재 학교교육의 문제는 지식위주의 교육이 아니라 지식을 지식의 가치와 성격에 부합하지 못하게 가르치는 문제라고 판단하며, 지식을 지식답게 가르치는 데에서 문제해결의 방안을 찾아야 한다는 점이다. 그래서 지식을 지식답게 가르치기 위해서는 내러티브에 주목해야 한다는 점이다. 이와 관련하여 그 대안으로 브루너의 내러티브 이론에 주목하고자 한다.

교육과정에서 지식의 문제를 가장 구체적으로 논의하고 지식교육에 대한 다양한 가능성을 제공해 주는 사람 중의 하나는 브루너라고 볼 수 있다. 주지하다시피 그의 '지식의 구조'에 대한 논의는 학교교육에서 지식의 문제에 대하여 매우 중요한 영향을 미치고 있다. 그런데 1980년대 중반 이후로 그의 인식론적 입장과 지식교육에 대한 생각은 상당히 다르게 전개되고 있다. 아마도 지식교육에 대한 한국의 담론 내지 위기론은 주로 실증주의적 패러다임 내지 구조론적 입장에 근거를 두고 있다.

본 연구에서는 이 점에 주목하여 지식교육의 대전환 문제를 논의하고자 한다. 특히 브루너의 교육과정 이론에서 지식교육의 문제에 접근하고자 한다. 브루너는 과거 지식의 구조를 강조해 오다가 1980년대 이후로 새로운 지식(교육)에 대한 입장을 전개하였다. 그 핵심적 특징을 내러티브 이론으로 부를 수 있으며 본 연구에서는 이 이론의 관점에서 지식교육의 새로운 전환을 논의하고자 하는 것이다.

4. 주요 주제 및 접근 방법

본 연구에서 논의할 핵심적인 내용을 크게 네 가지 파트로 구성하고, 각 파트 밑에 세부적인 장(章)으로 조직하였으며 주요 주제 중심으로 제시해 보면 다음과 같다.

제1장에서는 연구 주제로 설정한 문제의식을 심층적으로 논의한다. 여기에서는 연구 목적 및 필요성, 지식교육 위기론, 지식교육에 대한 담론 형성 구조에 대해서 알아본다. 그리고 연구 문제 및 방법, 선행연구 분석 및 차별성을 제시한다.

제2장에서는 지식교육의 세계사적 동향을 분석한다. 여기에서는 주로 공간적 접근(한국 전통, 동양 전통, 독일 전통, 영미 전통), 이념적 접근(전통적 접근, 진보적 접근, 절충적 접근), 역사적 접근(고대 전통, 중세 전통, 근대 전통, 근대 이후 전통)에 대해서 논의한다.

제3장에서는 내러티브 전환에 대해서 논의한다. 여기에서는 내러티브의 다양한 접근, 내러티브 전환의 시대적 배경, 내러티브 전환의 거장들에 대해서 논의하고, 그 이후에 브루너의 내러티브 이론을 살펴보고, 이상의 사항들이 지식교육에 지니는 함의를 논의한다.

제4장에서는 지식관의 혁명을 다양한 측면에서 살펴본다. 여기에서는 실증주의 대(對) 구성주의 논쟁, 발견 대(對) 발명 논쟁, 정초주의 대(對) 포스트모던 논쟁, 패러다임적 접근 대(對) 내러티브 접근을 살펴보고, 핵심적으로 내러티브적 지식관과 그 양상을 논의한다.

제5장에서는 지식을 가르치고 배우는 일에 대한 모형과 그 일이 지니는 의미를 살펴본다. 여기에는 전달 모형(Conduit Metaphor), 중간 언어 접근(Middle Language Approach)이 있으며, 이 논의와 연계하여 탐구학습과 발견학습이 내러티브 전환과 어떠한 관련을 맺을 수 있는지 살펴본다. 마지막으로 내러티브에 기반한 교수-학습 문제를 살펴본다.

제6장에서는 지식을 조직하는 일로서 여기에 해당하는 전통적·혁신적 접근들을 살펴보고, 그 의미를 논의한다. 여기에는 전통적으로 순차적 접근 외에 최근의 인지심리학의 발달로 촉망받는 인지 유연성과 래티스 모델(Lattice Model), 나선형 교육과정(Spiral Curriculum), 스토리텔링과 시나리오 모델(Storytelling and Scenario Model) 등을 살펴본다. 마지막으로 내러티브에 기반한 교육과정 조직을 논의한다.

제7장에서는 새롭게 제안하고자 하는 지식교육이 지속력이 있고 실효성이 있으려면 여러 장치가 요청된다. 그 일환으로 여기에서는 지식교육의 대전환과 문화적 토대에 대해서 논의한다. 새롭게 제안되는 지식교육에는 여러 이론적 아이디어들이 내재해 있다. 즉, 마음의 이론과 간주관성의 토대, 민속심리(학)와 상생성, 브루너의 교육의 문화가 바로 그것이다. 이 아이디어들은 상호학습 공동체, 인간과학의 혁명과 내러티브 과학을 전제하고 있다. 새롭게 제안되는 지식교육은 협소하게 접근하기보다는 보다 거시적·종합적으로 접근해야 한다. 즉, 우리가 유의해야 할 세 가지 문제인 지식, 마음, 그리고 문화 사이의 관계를 들여다보아야 하며, 이 관계가 새 지식교육의 핵심 방향이자 종착점이

라고 볼 수 있다.

제8장에서는 내러티브 지식교육의 미래를 전망해 보고 향후 학술적, 실천적 과제와 제안하고 싶은 내용을 제시한다. 특히 본 연구에서 강조하는 지식교육의 대전환이 지니는 역사적 의미와 후속 연구 과제를 논의하고 있다.

이상의 연구 문제 및 내용을 문헌 분석, 철학적 담론 분석, 통합적 분석을 통하여 접근하고자 한다. 문헌 분석에서는 각 장별로 핵심적인 주제가 되는 문헌들을 종합적으로 수집, 분류, 각 주장들을 분석한다. 철학적 담론 분석에서는 연구방법의 한 유형으로서 확장적 비평, 언어 분석, 철학적 분석 등을 활용한다. 통합적 분석에서는 여러 연구의 방법론적 통합을 통하여 연구 문제에 접근하는 실용적 접근을 취한다.

이러한 주제들을 다양한 방법으로 접근한 본 연구는 여러 각도에서 선행연구들을 분석하였으며, 그 차별성과 결과는 학술적으로나 실천적으로 다양하게 활용될 것으로 기대해 본다.[2]

요약

제1장에서는 연구 주제로 설정한 문제의식을 심층적으로 논의하였다. 여기에서는 연구 목적 및 필요성, 지식교육 위기론, 지식교육에 대한 담론 형성 구조에 대해서 알아보았다. 그리고 연구 문제 및 방법, 선행연구 분석 및 차별성을 제시하였다. 특히 본 연구의 문제의식과 접근의 특징을 강조하였다. 본 연구가 취하는 관점은 기능적 담론 방식에는 매우 비판적이며, 직접적인 비판적 담론 방식과는 다소간 거리를 둔다. 본 연구의 핵심적 관점은 지식교육을 보다 강조해야 하며, 지식을 지식답게 가르쳐야 한다는 점을 강조하고자 하는 것이다. 현재 학교교육의 문제는 지식 위주의 교육이 아니라 지식을 지식의 가치와 성격에 부합하지 못하게 가르치는 문제라고 판단하며, 지식을 지식답게 가르치는 데에서 문제해결의 방안을 찾아야 한다는 점이다. 그래서 지식을 지식답게 가르치기 위해서는 내러티브에 주목해야 한다. 이와 관련하여 그 대안으로 Bruner의 내러티브 이론에 주목하고자 한다.

연구 문제 및 내용을 문헌 분석, 철학적 담론 분석, 통합 분석을 통하여 접근하고자 한다. 문헌 분석에서는 각 장별로 핵심적인 주제가 되는 문헌들을 종합적으로 수집, 분류하고 각 주장들을 분석한다. 철학적 담론 분석에서는 연구방법의 한 유형으로서 확장적 비평, 언어 분석, 철학적 분석 등을 활용한다. 통합 분석에서는 여러 연구의 방법론적 통합을 통하여 연구 문제에 접근하는 실용적 접근을 취한다.

미주

1) 강현석(2009). Bruner의 교육과정이론에서 지식의 재해석: 지식의 구조와 내러티브. **교육철학, 제38집.** 1-34.

2) 5. 선행연구 분석 및 차별성, 결과 활용

가. 선행연구 분석

1) 지식교육이 아닌 다른 형태의 대안적 교육을 제시하는 연구물 분석

2) 이항 대립적 구조 속에서의 상대적 중요성 강조하는 연구물 분석

3) 이 연구의 관점을 지지하는 내러티브 교육 관련 문헌 분석 등

나. 차별성: 주제의 독창성

1) 독창성과 독자성

• 지식교육에 대한 새로운 패러다임 도입

 −기존의 이분법적 논의를 탈피한 새로운 시각 조명

 −공간적 · 시간적 접근의 종합적 논의

• 지성사의 흐름과 연계되는 접근 채택

 −거대 지성사의 흐름 중에서 내러티브 전환을 과감히 도입

 −철학과 심리로 양분되던 분리 대립 구조 지양

• 학문 융복합적 논거 도입

 −철학, 심리, 인문사회를 아우르는 내러티브 방법 도입

 −내러티브 과학(narrative science)이라는 학문 융복합 방법 도입

• 주류 담론으로부터의 과감한 탈피

 −지식(교육)에 대한 철학적 · 규범적 담론을 넘어서는 통합적 담론 추구

 −학교교육에 국한하는 형식적 담론을 해체하고 인간학(human science)의 측면에서 접근

2) 문제 범위의 포괄성

• 핵심 주제의 포괄성

• 연구 주제의 scope와 sequenc와의 연계성

다. 결과 활용 및 기대 효과

1) 결과 활용

• 이론적 활용

 −지식교육에 대한 대안적 담론 형성 및 위기론 해법 모색

 −지식교육에 대한 기존의 부당한 오해 불식

 −지식교육에 대한 진정한 이해(authentic understanding)의 토대 마련

 −지식 및 지식교육에 대한 이론적 다양성의 논거(rationale) 마련

 −지식을 위주로 하는 교육목적에 대한 내재적 가치의 복원

- 실천적 활용

  −지식 내지 지식교육에 대한 실천적 방안 마련

  −지식의 본래적 가치를 구현하는 교육방안 마련

  −교육과정 개정: 내용 적정화 및 내용 구성 방법

  −학교교육에서의 교육방법 혁신

  −지식을 가르치는 전문가 및 교수의 전문성의 새로운 도입

2) 기대 효과

- 학술적 효과

  −지식교육의 본래적 가치에 대한 반성적 논의 촉발

  −지식의 대안으로서의 다른 형태의 교육에 대한 이론적 엄밀성 검토

  −지식교육의 오해를 넘어서는 지식 가치 구현의 내러티브에 대한 관심

  −학문적 영역에 대한 내러티브 전환에 대한 지성사적 의미 탐구

  −다양한 지식교육 방법의 엄밀성 검토 기준 설정

- 대중적 효과

  −지식(교육)에 대한 부정적 오해 불식

  −재미있는 지식교육에 대한 기대감 생성

  −무겁고 딱딱한 이미지의 지식교육에 대한 활로 개척

  −기존 지식 이미지를 넘어서는 부가가치 창출의 기회 포착

- 학교 현장 개선의 효과

  −지식 수업에 대한 혁명적 변화

  −교사의 수업 방안에 대한 대대적 혁신

  −무의미 학습에 대한 진단과 처방 가능

  −학생들의 학습 소외 극복 방안 마련

  −교육의 수월성과 평등성을 모두 고려하는 수업 방안 가능

라. 파급 효과 및 학문 발전 공헌

1) 파급 효과

  −지식교육의 오해를 넘어서는 지식 가치 구현의 내러티브에 대한 관심

  −재미있는 지식교육에 대한 기대감 생성

  −지식 수업에 대한 혁명적 변화

  −교사의 수업 방안에 대한 대대적 혁신

  −내러티브형 내지 스토리텔링형 지식 표현과 전달의 대중성 확보

2) 학문 발전 공헌도

  −지식교육에 대한 대안적 담론 형성 및 체계적인 이해 틀 마련

  −지식 및 지식교육에 대한 이론적 다양성 개척

  −지식 내재적 가치의 복원

－지식 아닌 다른 것을 가르쳐야 한다는 대증적 논의에 대한 비판적 점검

　　　－지식의 본래적 가치를 구현하는 교육방안 마련

　　　－교육과정학 및 교육방법학 혁신

3) 중등 및 대학교육의 변화: 인문교육, 교양교육 현장의 활용 방안

• 대학교육 문화의 변화: 의미 구성의 교육실천학

　　－교실 수업에서의 교수－학습 방법상의 새로운 문화현상 탐색

　　－한국 교육과정상의 문제해결 기제 다변화

　　－협동학습과 상호작용적 교수법의 새로운 창안

　　－교육내용 선정의 보완(내러티브적 교육내용)

　　－교양교육 과정의 재구조화

• 교재 구성과 대중적 교수법(folk pedagogy)의 도입

• Syllabus의 재구성과 수업 장학 문화의 개선: 내러티브 기반 강의계획서 도입

제**2**부

지식교육의 동향과
새 전환

제 **2** 장

지식교육의
세계사적 동향

본 장에서는 지식교육에 대한 세계사적인 동향을 살펴보기로 한다. 여기에서 말하는 세계사적인 동향은 현재적 관점이 아닌 전통의 흐름에서 접근하는 것을 의미한다. 전통의 흐름에서의 동향은 크게 공간적 흐름, 이념적 흐름, 역사적 흐름으로 나누어 살펴볼 수 있다. 1절에서는 공간적 접근, 2절에서는 이념적 접근, 3절에서는 역사적 접근으로 구분하여 분석해 보고자 한다.

1. 공간적 접근

공간적 접근에서는 논의의 편의상 한국에서의 전통적 흐름, 동양에서의 전통적 흐름, 독일에서의 전통적 흐름, 영국과 미국에서의 전통적 흐름을 중심으로 살펴보기로 한다.[1]

1) 한국 전통과 교육사적 의미

한국 교육의 전통적 흐름에서 지식교육의 동향을 살펴보기 위해서는 여러 가지 방법이 있을 수 있겠으나 본 연구에서는 크게 과거제도, 성리학 전통을 선정하여 살펴보고자 한다. 그 이유는 지식교육의 전통적 흐름에 크게 영향을 미친 요인이 한국의 경우 과거제도와 성리학 전통이라고 보기 때문이다. 이하에서는 『고등학교 교육학』(강현석 외, 2014)에 등장하는 부분을 참고하여 제시해 보고자 한다.

(1) 과거제도 전통

과거제도 전통은 아주 오래전부터 한국의 맥락에서 지식교육의 패턴에 가장 크게 영향을 미친 요인이라고 생각된다. 과거 시험에 포함되는 과목의 내용을 암송하는 방식이 가장 보편적인 지식교육의 모습을 결정했을 것이다. 과거의 급제를 위한 공부는 자연스럽게 학교교육의 모습을 결정하는 논리였으며, 과거와 학교 제도는 매우 자연스럽

---

1) 최근 박치완 등(2016)에서는 동양에서의 전통적 지식이 성인의 가르침과 연관되어 다루어져 왔음을 밝히고, 마이클 폴라니의 '신체적 암묵지'와 주자의 '지행일치' 개념을 비교하면서, 도덕 지식과 실천의 문제를 몸 개념 중심으로 해명하고 있다. 생태계 및 자연의 원리를 통하여 지식 생성 및 진화 담론으로서의 지식생태학적 논의의 제안은 세계사적 동향 이해에 참고할 만하다.

게 연결될 수밖에 없는 것이다.

　과거제도라는 것이 관리를 선발하던 국가시험제도로서, 역사적으로 보면 우리나라
에 과거제가 처음 도입된 것은 958년(고려 광종 9), 광종의 왕권강화책의 일환으로 쌍기
의 건의에 의해 실시되었다. 처음에는 그 절차가 비교적 단순했으나, 국가 기반이 잡히
고 관료체제가 정비되어 감에 따라 과거가 더욱 중요시되고, 시험제도도 예비시험과
최종시험으로 분리되는 등 복잡한 규정이 생기게 되었다.

　이하에서는 과거제도에만 국한하기보다는 과거제도와 관련이 있으면서도 지식교육
의 가장 큰 맥락인 학교제도를 통해서 그 동향을 개략적으로 살펴보고자 한다.

　우리나라도 서양과 마찬가지로 오랜 옛날부터 학교가 존재하였다. 우리나라는 일찍
부터 나라에서 교육을 관장하는 관학(官學)과 오늘날의 사립학교와 같은 사학(私學)과
같은 형식적 교육과 삼국시대 신라의 화랑제도(花郎制度)와 같은 비형식적 교육으로 사
람들을 교육하였고, 교육에 대한 많은 관심으로 교육제도를 정비하고 발전시켜 나갔
다. 우리의 교육역사에서는 아주 오래전부터 '박사제도(博士制度)'가 등장한다. 박사는
삼국시대부터 조선시대에 이르기까지 있었던 정규학교 교수의 명칭으로 학식과 인품
이 뛰어난 사람에게 주어지는 칭호로서 학생들을 교육하는 일을 담당하였다. '박사'라
는 것은 나라에서 주는 관직으로 삼국시대부터 조선시대까지 존재하였으며 오늘날은
대학이 수여하는 최고의 학위를 수여 받은 자 또는 특정 분야의 전문가를 '박사'라고 부
르고 있다.

　우리나라에서 가장 오래된 학교로 기록된 곳은 고구려의 태학이다. 『삼국사기』에는
고구려 372년(소수림왕 2년) 여름 6월, 태학(太學)을 세워 자제들을 교육했다고 기록되
어 있다. 태학은 고구려의 최고 교육기관으로 중앙에 설치되었으며, 태학박사를 두어
학생들을 가르쳤다. 태학은 귀족 자제의 교육과 관리양성을 위하여 설립되었다. 또한
고구려에는 곳곳에 경당(扃堂)을 세워 유교적 교양과 무예를 아울러 가르쳤는데, 경당
은 지방에 세운 사학으로 지배계급의 자녀와 평민의 자녀를 함께 교육한 곳이다. 삼국
시대 백제는 찬란한 문화를 자랑하고 신라나 고구려에도 문화를 전수하는 등 매우 발
전된 형태의 국가 모습을 이루고 있었다. 그러나 백제는 학교가 있었다는 문헌 기록은
찾을 수 없다. 하지만 『삼국사기』에 백제에도 '박사'가 등장하는 것으로 보아 백제에서
도 학교교육이 제도적으로 전개되었음을 말해 준다. 삼국 가운데 문화적으로 가장 뒤
늦게 발전한 신라의 교육제도는 비형식적 교육인 '화랑제도(花郎制度)'가 대표적이다.
화랑은 서로 무리지어 도의를 연마하고 시와 음악을 즐기고 명산과 대천을 찾아 노닐
었다. 화랑도는 생활 속에서 실천적 수양을 통해 인재를 양성하는 비형식적 교육의 한

전형을 보여 준다.

남북국 시대에는 신라는 국학(國學)을, 발해는 주자감(胄子監)을 설치하여 통치계급 및 귀족 자제들에게 유학교육을 실시하였다. 국학과 주자감은 남북국 시대의 관학으로 고등교육을 담당하였다.

고려시대에는 이전 시대에 비해 보다 학교제도가 정비되고 발전된다. 고려에는 고등교육기관과 중등교육기관, 초등교육기관이 모두 존재하였는데, 국자감과 십이공도에서는 고등교육을, 학당과 향교에서는 중등교육을 담당하였고, 서당에서는 초등 수준의 교육을 담당하였다. 고려시대 최고 교육기관은 국자감(國子監)으로, 오늘날 국립대학교와 같은 곳으로 최고 수준의 고등교육을 담당하였다. 국자감은 992년(성종 11년)에 설립되었고 오늘날의 교수격인 박사를 두어 교육하였다. 또한 고려에는 오늘날 사립대학과 같은 격인 십이공도가 있었다. 십이공도는 개경 주위에 있었던 12명의 당대 명망가들이 설립한 사학으로 국자감과 함께 고등교육을 담당했다. 고려의 중등교육은 중앙의 동서학당(東西學堂)과 지방의 향교(鄕校)에서 담당하였는데, 동서학당은 고려 말 오부학당(五部學堂)으로 확대ㆍ개편되었다. 또한 초등교육의 기능을 담당한 서당은 조선시대에 이르러 널리 보급되고 보편화된다.

조선시대의 교육은 상당부분 고려의 교육을 계승하였고, 이를 발전시켜 교육제도 역시 정비되었다. 조선시대의 교육은 고려시대와 같이 고등교육기관과 중등교육기관, 초등교육기관을 모두 가지고 있다. 성균관(成均館)은 고구려의 태학, 신라의 국학, 고려의 국자감을 계승한 조선시대 최고 교육기관으로 오늘날 국립대학격인 관학으로 고등교육을 담당하고 있다. 성균관의 교육내용은 유교경전과 제술이 중심이 되었고, 관리양성을 목적으로 귀족 자제를 대상으로 교육하였다. 중등 수준의 교육은 중앙의 관학인 사부학당과 지방의 관학인 향교가 담당하였고, 이들은 고려시대 오부학당과 향교를 계승한 것이다. 그러나 조선시대에는 이전에는 존재하지 않던 서원(書院)이 등장하였는데, 서원은 지방에 세워진 중등 수준의 사설교육기관이다. 서원은 다른 교육기관과 달리 세속을 떠나 산수 좋고 한적한 장소에 위치하여 자유로이 공부할 수 있는 장점이 있었다. 조선의 서당은 고려의 서당을 계승한 것으로 양반 자제뿐만 아니라 일반 서민의 자제들에게 기초교육을 실시하는 초등교육 수준의 사학으로 조선시대 매우 일반적인 교육의 모습이었다. 서당은 일제강점기에 이르기까지 가장 중요한 초등교육의 산실이었으며 강점 초기에는 오히려 숫자가 늘었으나, 3ㆍ1운동 실패 이후 급격하게 감소하여 1923년을 기점으로 보통학교에 주도권을 넘겨주게 되었다.

우리나라의 근대 교육의 체제는 갑오경장(1894)을 계기로 수립되었으나 유교적 교육을 탈피하여 근대적 형태의 교육이 실시된 것은 그 이전부터였다. 개항 이후에는 선교사들에 의해 선교를 위한 목적으로 서양식 학교가 세워지고 운영되면서 1894년 갑오경장에 의해 근대적 신학제가 수립될 때까지 우리나라 근대 교육의 주도적 역할을 담당하였다. 1894년 갑오개혁 이후 정부는 1895년 최초의 근대 교육에 관한 법을 만들었는데, 이때 초등학교의 설립을 위한 소학교령과 교사양성을 위한 사범학교에 관한 규칙이 제정되었다. 1899년에는 중학교 관제가 공포되었고, 학교 관제 및 규칙에 따라 한성사범학교(1895), 경성의학교(1899), 상공학교(1899), 광무학교(1900), 한성중학교(1900) 등이 설립되었다. 한편, 많은 선비들이 나라를 위해 많은 사립학교를 설립하였고, 1905년 일본이 우리나라의 주권을 빼앗은 을사조약(을사늑약의 성격이 강함) 체결 이후에는 교육구국운동이 일어나서 전국에 수천 개의 학교가 세워졌다.

이러한 우리의 노력에도 불구하고 일제강점기의 식민지 지배로 민족의식을 고취시키는 사립학교는 일본에 의해 폐교되어 크게 축소되었고, 관립학교를 통한 식민교육을 실시하였다. 일본은 관립학교를 통해 우리의 말과 역사, 문화 등 민족말살적인 식민교육을 하였다. 그러나 1945년 8월 15일 광복으로 근대 교육제도의 기틀을 다지고 1949년에는 최초의 교육법이 공포된다. 이때 제정한 초등학교 6년, 중학교 3년, 고등학교 3년, 대학교 4년의 6-3-3-4의 기본학제는 현재까지도 지속되고 있으며, 초등학교 6년과 중학교 3년의 9년의 의무교육제도가 운영되고 있다.

이상에서 논의한 것처럼 과거제도와 그것을 매개로 하는 학교제도의 형성과 발전은 지식교육의 패턴에 원시적인 형태로 암송의 패턴을 기본적인 교육의 방식으로 자리 잡게 하는 데에 큰 영향을 끼쳤다고 볼 수 있다. 이것이 후일 이론적으로는 정신도야이론과 궤를 같이하는 것으로 해석된다. 나아가서 서양의 교리 중심의 경전 교육이 지배적인 교육 패턴으로 자리하는 것과 역사적으로 유사성을 지닌다고 볼 수 있다.

(2) 성리학적 전통

성리학적 전통 역시 그 이론적 범위는 매우 다양하지만, 이하에서 논의되는 성리학적 전통은 교육이론(혹은 교육과정 이론)에서 자주 논의되는 이홍우(李烘雨)의 논의에 의존하고자 한다.

사전적 해설에 따라서 성리학의 성경론에 의하면, 인간이 자연의 진리와 진정한 자아를 추궁하여 근원적 도리에 도달하는 요체로서 주돈이는 이것을 정(靜)에 두었고, 정호는 성(誠)에 두었으며 정이와 주자는 경(敬)에 두었다. 정이는 "수양에는 경이 필요하며 학문의 발전에는 치지(致知)가 중요하다"고 하였으니, 이들 성리학자들의 정(靜), 성

(誠), 경은 필연코 인(仁)과 의(義)로 귀일되는 것이다. 즉, 인·의의 인식 파악은 성·경에 의하여 비로소 가능함을 말하였다(두산백과).

성리학은 주자 생존 시에는 이것을 위학(僞學)이라 하여 박해를 받았으나 송나라 멸망 후 원대(元代)에 이르러 관학(官學)으로 채택되고 과거(科擧)의 교재로 사용되면서 크게 번성하였다. 청대(淸代)에 이르러 고증학(考證學: 實學)이 대두되면서 귀족의 학문이니 실속 없는 공론(空論)이니 하여 배척되었으나 교과 과목으로서의 성리학은 여전히 그 지위가 높았다.

한국에 성리학이 들어온 것은 고려 말기, 충렬왕을 호종하여 원(元)나라에 갔던 안향(安珦)이 『주자전서(朱子全書)』를 가져와 연구하기 시작한 데서 비롯되었다. 그 후 성균관의 유학자들에게 수용되어 합리적이고 윤리적인 사상으로서 새로운 학풍을 이루게 되었으며, 그 대표적 인물로서 이색(李穡), 정몽주(鄭夢周), 길재(吉再), 정도전(鄭道傳) 등을 들 수 있다. 이색, 정몽주, 길재 등은 불교의 폐단을 지적하고 유교를 숭상할 것을 주장하는 데 그쳤고, 또 신왕조에 협력하지도 않았으나 정도전, 하륜(河崙), 권근(權近) 등의 성리학자는 불교의 폐단뿐만 아니라 교리(敎理) 자체를 논리적으로 변척(辨斥)하는 동시에 이태조를 도와 법전(法典)의 제정과 기본정책의 결정을 통하여 유교를 국시(國是)로 삼는 조선조가 성립하는 원동력이 되었다.

한편, 정몽주의 학풍을 이은 길재는 의리학(義理學)의 학통을 세웠고, 그 학통은 김숙자(金叔滋), 김종직(金宗直), 김굉필(金宏弼) 그리고 조광조(趙光祖)로 이어지면서 기묘사화·을사사화 등의 희생을 겪었으나 도학의 의리정신은 면면히 계승되었다. 그러나 성리학이 전성기를 맞이한 것은 16세기에 들어서였으며, 송대의 성리학이 이 땅에 전래된 지 300년 가까이 되어서였다.

즉, 이때 한국 유학의 쌍벽인 이퇴계(李退溪)와 이율곡(李栗谷)이 태어났으며, 서화담(徐花潭), 이항(李恒), 김인후(金麟厚), 기대승(奇大升), 그리고 성혼(成渾) 등도 모두 같은 시대의 성리학자들이다. 그들은 성리학을 우리의 것으로 소화함에 있어 자연이나 우주의 문제보다 인간 내면의 성정(性情)과 도덕적 가치의 문제를 더 추구하였으니, 이퇴계와 기대승 및 이율곡과 성혼의 사단칠정(四端七情)에 관한 논변(論辨)이 바로 그것이며, 그들은 이 논변을 통하여 '이기성정론(理氣性情論)'을 활발히 전개시켰다.

한편, 내면적 도덕원리인 인성론(人性論)은 송익필(宋翼弼), 김장생(金長生) 등에 의하여 유교의 행동규범인 예설(禮說)로 발전하였다. 이퇴계와 이율곡에 앞선 서화담은 그 이론이 송나라 장재와 같은 기일원론(氣一元論)이라 할 수 있으니, 곧 "태허(太虛)는 맑고 무형(無形)이나 소위 선천(先天)이라 한다. 그 크기가 바깥이 없으며, 거슬러 올라가도 시작이 없다."고 하며 기(氣)의 본체를 말하였다. 그러나 동시에 화담은 이러한 기 가운데 "갑자기 뛰고 홀연히 열림이 있으니 이것은 누가 시키는 것인가? 저절로 그렇게 되며 또한 그렇게 되지 않을 수 없는 것이 있으니 이것이 곧 이치(理致)가 시간으로 나타남인 것이다."라고 기의 작용을 말하였다. 그리하여 화담은 기라는 것이 모든 존재의 근원이며, 현상으로 존재하는 것은 오직 기만 있을 뿐이라고 보았던 것이다.

이에 반하여 퇴계는 이를 절대적인 것으로 본 학자였다. 그는 정통 정주학의 계통을 따라서 항상 이우위설(理優位說)의 입장을 강력하게 견지하였으며, 이의 구극성(究極性)을 다음과 같이 표현하였다. "무릇 옛날이나 오늘날의 학문과 도술(道術)이 다른 까닭은 오직 이 이를 알기 어렵기 때문이다. ……이것은 지극히 허(虛)하지만 지극히 실(實)하고 지극히 없는 것(無) 같지만 지극하게 있는 것(有)이다. ……능히 음양·오행·만물·만사(萬事)의 근본이 되는 것이지만 그 속에 갇혀 있는 것이 아니다. 어찌 기와 섞어서 하나가 될 수 있겠는가?" "이것은 만유(萬有)를 명령하는 자리요, 어느 것에서 명령을 받는 것이 아니다."

퇴계는 이와 기를 엄격히 구별하여 그 혼동을 용납하지 않았다. 그는 태극 또는 이로 표현되는 것을 다름 아닌 인간의 선한 본성의 궁극적 근원으로 보았던 것이다. 성리란 곧 인간의 본성을 이루는 것이며, 인간은 그것을 확충하고 발휘함으로써 인간이 인간된 소임을 다하게 되는 것이라 하였다. 그러므로 그것은 신체적·물질적 조건에서 유래하는 것과는 엄격히 구별하여야 한다고 보았다.

퇴계는 당시에 사화(士禍)가 연달아 일어나서 올바른 선비들이 죽임을 당하는 부조리한 사회 현실에서 진실로 선악과 정사(正邪)를 밝히고 올바른 진리를 천명함으로써 사람들이 나아갈 바의 표준과 방향을 제시하고자 하였다. 퇴계의 이 같은 성리학설은 후세에 깊은 영향을 주었고, 일본으로 전해져 일본 유학에 큰 영향을 끼쳤다.

퇴계보다 35년 후에 태어난 이율곡도 퇴계와 마찬가지로 정통 성리학파의 입장을 견지하였다. 그러나 그는 단순히 성리학만을 고수한 것이 아니라 불교와 노장철학(老莊哲學)을 위시한 제자(諸子)의 학설과 양명학(陽明學) 등 여러 학파의 사상도 깊이 연구하였다. 그러면서도 율곡은 유학의 본령(本領)을 들어 그 기본정신에 투철하였으며, 이를 철학적으로 전개하였을 뿐만 아니라 실제적인 현실 문제에까지 연결시켰던 것이다.

그는 논하기를 "성리학은 형이상학적 성격을 지녔다 하더라도 공자가 가르친 효제충신(孝悌忠信)이라든지 인의(仁義)와 같은 일상적으로 인간이 행할 도리를 떠나서 설명하는 것이 아니다. 개별적인 규범(規範: 所當然)만을 알고 근본원리[所以然]를 알지 못하면 그 행위가 결과적으로 선행(善行)에 합치한다 하더라도 도학이라 말할 수 없는 것이다."라고 하여, 자애(慈愛)와 효도와 충성과 우애라 하더라도 그것을 행하는 이유를 추구하는 의미에서 형이상학이라 할 수 있다고 하였다. 즉, 율곡성리학의 요령은 현실적이고 구체적인 사실(경험성)에 근거하여 그 까닭을 추구함(논리성)에 있어 논리적인 모순이나 비약을 배제하고 그 본원성(本源性)을 체계적으로 나타내는 철학사상이라 할 수 있다. 율곡은 진정한 학문이란 내적(內的)으로 반드시 인륜(人倫)에 바탕을 둔 덕성(德性)의 함양과 외적으로 물리(物理)에 밝은 경제의 부강(富强)을 겸해야 한다고 하였다.

그는 당시의 피폐한 현실을 역사적 갱장기(更張期)로 파악하고 국방력의 강화, 경제적 부강, 사회정의의 확립 등을 주장하는 동시에 이러한 실리를 주장하다 보면 의리(義理)에 어긋나고 의리를 추궁하다 보면 실리를 망각하기 쉬우므로 이러한 모순을 원만히 타결해 나갈 수 있어야 한다고 하였다. 즉, 권능(權能)과 의리가 상황에 따라서 창의적으로 그 마땅함[宜]과 알맞음[中]을 얻는다면 의(義)와 이(利)는 그 가운데 융화된다고 하였다.

이상과 같은 퇴계·율곡의 성리학은 인간성의 문제를 매우 높은 철학적 수준에서 구명하였을 뿐만 아니라, 그것이 공허한 관념을 벗어나 역사적·사회적 현실과 연관을 가지고 영향을 주었으며, 후세에 실학사상(實學思想)으로 전개되는 하나의 계기를 만들었다고 할 수 있다.

안유경(2015)의 해설에 의하면, 성리학은 '새로운 유학', 즉 신유학이라는 의미로서 북송시대의 유학사상을 종합하여 남송의 주희(朱熹)가 집대성한 학문체계이다. 북송 때에 시작되어 명대까지 이어진 새로운 유학은 신유학 외에도 성리학(性理學)·이학(理學)·주자학(朱子學)·정주학(程朱學)·도학(道學)·송학(宋學) 등의 다양한 이름으로 불린다. 물론 이들 명칭은 약간의 차이는 있지만 대체로 같은 학문을 가리키는 표현이다.

'신유학'이란 송대 이후의 유학이 그 이전의 한나라와 당나라 시대나 선진시대의 유학과는 학문경향을 달리하는 새로운 유학이라는 의미에서 종래의 유학과 구별하여 쓰인 것이다. 신유학은 양명학까지 포함하는 보다 범위가 넓은 말이다. 신유학의 주요 학파로는 정주학파와 육왕학파가 있으며, 이들의 사상적 특징은 이학(理學)과 심학(心學)으로 표현된다.

성리학은 성명의리지학(性命義理之學)의 줄인 말로, 송대 이전 유학의 사장(辭章)·고증(考證)·훈고(訓詁)와 대립되는 의리의 학문을 가리킨다. 심성의 수양을 철저히 하면서 도덕규범과 자연법칙으로서 의리를 깊이 연구하여 성인의 정신경지를 완전하게 실현해 가는 학문을 말한다. 또한 송대 유학이 다룬 핵심 개념인 성(性)과 리(理)를 중심으로 붙여진 이름이라 하여 성리학이라고도 하며, 특히 이학은 '리' 혹은 '천리'를 최고의 범주로 삼는다는 의미에서 심학(心學) 혹은 기학(氣學)과 구별해서 부르는 이름이다. 심학은 명대 중기 이후에 주도적 지위를 차지했던 왕수인(王守仁)을 대표로 하는 학파로서 심을 최고 범주로 삼은 사상체계이다.

'주자학'은 송대 유학의 집대성자인 주희의 학문적 위치를 높여서 붙여진 이름이고, '정주학'은 주희와 그가 계승한 정호·정이 두 형제의 철학을 대표적으로 내세운 이름이다. '송학'은 송나라 시대에 형성된 유학이라는 의미로 사용된 명칭이다. 혹은 주자학과 양명학이 번성했던 시대를 내세워 송명이학 또는 송명유학이라고 말하기도 한다. 명칭은 다양하지만 정작 송명시대 당사자들은 자신들의 학문을 성인의 도를 전하는 진정한 학문이라는 의미에서 '도학'이라 불렀다.

오늘날의 경우를 보면, 중국에서는 주로 이학이라는 명칭을 사용하고, 일본에서는 주자학이라는 명칭을 사용하며, 서양에서는 신유학이라는 명칭을 사용한다. 이에 비해 한국에서는 주로 성리학 혹은 주자학이라는 명칭을 함께 사용한다.

다른 한편으로, 성리학은 염학(濂學)·낙학(洛學)·관학(關學)·민학(閩學)이라고 불리기도 한다. 그것은 각각 염계(호남성)에서 태어난 주돈이, 양(하남성)에서 활약한 정호와 정이 두 형제, 관중(섬서성)에서 태어난 장재, 민중(복건성)에서 태어난 주희의 학문을 가리킨다. 이 가운데 주희를 제외한 네 사람은 모두 북송 때의 인물인데, 훗날 주희가 여조겸(呂祖謙)과 함께 편집한『근사록(近思錄)』에 그들의 글이 수록되면서 널리 알려지게 된다. 이 네 사람 외에 소옹(邵雍)도 주자학의 한 연원으로 간주된다.

성리학이 이처럼 다양한 명칭으로 쓰였던 이유는 이 새로운 유학이 다루는 영역이 너무도 넓어서 그 누구도 하나의 이름만으로는 전체를 다 포괄할 수 없었기 때문이었을 것이다. 이러한 성리학은 북송의 주돈이로부터 발단하여 소옹, 장재, 정호, 정이를 거쳐 남송의 주희에 이르러 종합적인 체계를 갖추게 되어 성리학의 전성시대를 이룬다.

이후 중국과 한국의 유학은 주희가 집대성한 성리학을 기반으로 전개되며, 17세기 일본에 전래됨으로써 성리학은 동아시아의 보편적 학문으로 자리 잡는다. 양명학, 실학, 고학(古學) 등 성리학에 비판적인 학문들도 성리학의 용어와 이론의 틀에서 벗어나지 못하였으며, 이로써 성리학은 철학뿐만 아니라 정치학과 자연과학 등 동아시아 모든 학문의 기반을 이루었다.

(3) 교육사적 의미

이상과 같이 한국 전통에서의 지식교육의 흐름에 가장 크게 영향을 미친 요인은 과거제도와 성리학적 전통으로 논의해 보았다.

관리를 뽑는 시험은 오래전부터 실시되었다. 신라 때도 '독서삼품과'라는 시험을 통해 관리를 뽑았다는 기록이 있다. 하지만 본격적으로 과거제도가 시행된 것은 고려의 제4대 임금인 광종 때부터였다. 광종은 왕권을 튼튼히 하기 위해서는 무엇보다 왕에게 충성하는 신하가 많아야 한다고 생각했다. 그래서 중국 출신인 쌍기의 건의를 받아들여 실력이 있되 충성심이 높은 관리를 뽑는 과거제도를 시행했다.

고려시대의 과거제도에서 중심이 된 것은 문과였지만 기술관을 뽑는 잡과와 승려들이 치르는 승과도 있었다. 시험에 통과하면 승려도 관리가 될 수 있었던 것이다. 하지만 과거를 보지 않고도 관리가 될 수 있는 음서제도도 함께 시행되어 완전히 능력 위주로 관리를 뽑았다고 보기는 어렵다.

과거제도가 체계적으로 시행된 것은 조선시대였다. 조선의 과거제도는 문과와 무과, 잡과로 이루어져 있었다. 이때에도 가장 중요한 것은 문과였고 시험은 크게 두 가지로 치러졌다. 하나는 유교 경전에 대해 묻는 시험, 또 다른 하나는 당시의 정책에 대해 논술하는 시험이었는데, 응시생은 이 중 한 가지에 응시할 수 있었다. 단계별로는 소과와 대과가 있어 소과에 합격하면 시험 종류에 따라 생원이나 진사가 되고, 성균관에 입학할 수 있는 자격이 주어졌다.

소과 합격생이나 성균관 유생들은 대과에 응시할 수 있었다. 대과에는 각 지방에서 치르는 초시, 초시 합격생들을 서울에 모아 치르는 복시, 임금 앞에서 치르는 어전시 등 3단계가 있었다. 어전시에 오르면 일단 관직을 받을 수 있었는데, 과거 성적에 따라 이후 관직 승진이 결정되므로 좀 더 좋은 성적을 얻기 위해 노력했다.

이처럼 고려와 조선 시대에 시험으로 관리를 뽑도록 한 과거제도를 통해서 교육이라는 모습은 주로 경전을 암송하는 것이 지식교육의 원시적 형태로 자리 잡는 데에 큰 요인이 되었다고 볼 수 있다. 이로 인해 지식교육은 지식암기교육의 모습이 덧칠되어 이후 많은 악영향을 미치게 되었다.

최근에는 동양의 성리학을 교육과정 이론으로 해석하려는 시도가 활발하다. 성리학에서는 교과 내면화는 자득(自得)이라고 한다. 『대학』의 격물치지(格物致知)는 자득을 그 방법의 측면에서 규정하는 것이다(이홍우, 2003). 이하는 이홍우의 논의를 차용해 본다.

성리학의 이론은 교육의 실제를 대상으로 한다. 교육의 실제를 언급하지 않은 채 성리학의 이론을 설명한다는 것을 불가능하다. 성리학의 이론이 드러내려고 한 교육의 실제 세 가지 측면은 교과의 의미, 교과의 내면화, 교육 받은 인간의 모습(편의상의 구분이며 서로 긴밀히 관련됨)이다. 또한 교육의 목적이란 현재 가르치고 있는 교과의 '논리적 가정'으로 그 속에 붙박혀 있다고 본다. 교육의 내재적 정당화는 교육을 즉각적인 외부의 필요에 부합하는, 필요의 수단으로 보려는 위험한 발상으로부터 보호한다.

성(性)과 도(道)는 모든 사람과 사물에 동일하지만 기품에는 차이가 있어서, 넘치고 모자라는 등 차이가 없을 수 없다. 그리하여 성인은 사람과 사물이 마땅히 따라야 할 길을 알아내어 제도화하고 그것을 천하의 표준이 되도록 하였다. 이것이 곧 교(敎: 가르침)이다.

성리학의 교과와 오늘날의 교과는 모두 그 세부적인 내용 항목의 차이에도 불구하고, 교과로서의 공통성을 나타내고 있다. 중용의 '솔성지위도(率性之謂道)'와 '수도지위교(修道之謂敎)'에서의 도는 '사람의 도'이며, 주역의 '일음일양지위도'라는 것은 '하늘의 도'이다. 교과의 내면화는 성(性)을 마음의 상태로 특징짓는 중이나 성(誠)과 그 의미에 있어서 다르지 않다. 중과 성(誠)은 또한 성인의 경지를 나타낸다.

교육적 인간상은 가공적인 것이 아니다. '교육과정 계획과 운영'에서 출발하여 그것이 가지고 있는 의미를 분석한 결과에 비추어 면밀하게 확인된 인간의 모습이며, 그만큼 그것은 '현실적' 인간상이기도 하다. 중, 성(誠), 천인합일 등의 개념에 의하여 부각되는 교육받은 인간의 모습은 주로 개인의 마음에 초점이 맞추어져 있다고 할 수 있으므로 이것을 교육적 인간상의 '개인적 차원'이라고 부를 수 있다. 하지만 사회적 차원도 있다고 보지 않으면 안 된다.

우리가 특별히 교과로 지정하여 학생들에게 가르칠 필요가 있다고 생각하는 지식—예컨대, 문학과 수학, 과학과 역사 등의 주지교과—은 그것을 잘 배우면 그것의 이면에 들어 있는 위층의 마음을 회복할 가능성이 있는 그런 지식이다. 이것을 고쳐 말하자면, 우리는 학생들이 그것을 잘 배우면 그들의 마음이 본래의 마음을 회복하게 되는 그런 지식을 교과로 삼는다고 말할 수 있다. 물론 여기에서 '잘 배운다'는 말은 교과서에 나와 있는 말을 그대로 외운다거나 시험문제에 정답을 제시하는 것을 의미하는 것이 아니라 그 지식을 '자신의 것'으로 만들어야 한다(내면화한다)는 것을 뜻한다. 즉, 지식을 자신의 것으로 만든다는 것은 곧 교과가 교과서에 나와 있는 언어로 기억되는 것이 아니라 언어로 표현되기 이전의 마음(위층의 마음)으로 들어가서 그 한 부분이 되는 상태를 가리킨다. 이런 뜻에서 교과를 내면화한 사람은 마음이 곧 교과로 된 상태에 있다고 말할 수 있다. 그리고 교과를 오랫 동안 열심히 배우고 나면, 아마 하늘의 도움으로 그의 마음이 그대로 위층의 마음─마음의 기능이 아닌 마음 그 자체─으로 될 수 있을지 모른다.

2) 동양 전통과 교육사적 의미

여기에서 말하는 동양 전통이라는 범주는 매우 모호한 성격을 지닐 수밖에 없을 것이다. 흔히 동양 전통에는 중국, 한국, 일본, 아시아적 범위, 그리고 매우 엄밀하게 말하면 서양이 아닌 전부를 포괄해야 할 것이다. 그러나 논의의 한계상 중국을 비롯한 아시아적 범위로 좁혀서 잠정적으로 논의하고자 한다.

따라서 여기에는 형식도야이론(동양의 4서 3경, 6례 습득 전통), 동양에서 강조해 온 교육적 인간상, (범위는 맞지 않지만 논의의 편의를 위하여) 서양의 교육적 인간상을 다루고자 한다. 마지막의 서양의 교육적 인간상은 결국 이후 독일, 특히 영미 전통과 크게 관련성이 클 것으로 예상된다.

(1) 형식도야이론

형식도야이론은 어떤 구체적인 학파나 개인에 의해서 이론적 체계를 갖추어 형성된 것이기보다는 고대 그리스 시대부터의 전통적인 철학사상을 바탕으로 하여 자연스럽게 형성된 교육이론이라고 볼 수 있다. 그러나 일반적으로 형식도야이론은 능력심리학을 그 기반으로 하고 있다고 보는데, 능력심리학은 18세기 독일의 심리학자 Christian von Wolff(1679~1754)에 의해 체계화되었다.

그런데 형식도야이론은 능력심리학을 기반으로 하기보다는 고대로부터 인간의 정신과 마음에 대해서 가져오던 상식적인 교육이론이 능력심리학을 만나서 더욱 강화되었다고 볼 수 있다. 철학적으로는 심신이원론, 소박한 실재론, 존 로크(John Locke)의 실재론 등이 영향을 미쳤으며, 심리학적으로는 인간의 마음을 분리된 능력으로 보는 능력심리학에 의해 강한 영향을 받았다.

형식도야이론은 몇 가지 가정에 놓여 있다. 첫째, 인간의 정신 속에는 몇 가지의 일반적인 능력들이 존재한다는 것이다. 이 일반적인 능력들을 신체의 근육에 비유하여 심근이라고 부르기도 한다. 능력들에는 지각, 기억, 상상, 추리 등의 지적인 능력과 감정의 능력, 의지의 능력 등이 있다. 이와 같은 능력들은 그 능력이 작용하는 구체적인 내용과 관련되는 특수적인 능력이기보다는 내용에 종속되지 않는 일반적인 능력을 말하며, 그런 의미에서 형식(form)이라고 부를 수 있다.

둘째, 학습의 전이이론에서 일반적 전이를 가정하고 있다. 즉, 학습을 통하여 도야된 정신능력은 그것이 어떤 구체적 내용을 통하여 학습되었든지 간에 그 정신능력이 필요한 상황에서는 내용에 상관없이 효율적으로 활용될 수 있다는 것이다.

셋째, 인간 발달에 대한 전통적인 관점인 양적 접근 방법을 택하고 있다. 인간의 정신능력은 서로 구분되는 몇 가지의 능력들로 구분될 수 있으며, 이러한 능력들은 훈련에 의해서 더욱 발달된 형태로 도야될 수 있으며, 아동은 정신능력들에 있어서 성인보다 미발달된 상태이므로 교육을 통하여 성인과 같은 정신능력에 도달할 수 있다고 본다는 점이다.

이러한 이론에 비추어 볼 때 몇 가지 교육원리가 권장될 수 있다(이달우, 1995).

첫째, 교육의 목적은 마치 운동을 통하여 신체의 근육을 단련하듯이 정신의 근육을 단련하는 정신도야에 있다. 정신도야를 통해 심근이 완전하게 발달된 사람, 즉 자유인을 기르는 것이 교육의 목적이 된다.

둘째, 교육내용과 관련해서는 교과의 분류와 내용의 선정 및 배열은 그것이 어떠한 정신능력을 도야시킬 수 있느냐가 그 기준이 된다. 따라서 교과의 가치는 그것이 지니는 사회적 맥락에 있는 것이 아니라 그 교과가 지니는 형식에 있으며, 모든 교과는 그것이 지니는 정신도야에 중요한 가치가 있게 된다. 예를 들어, 수학이나 문법은 지력을 도야하는 데 적합한 것으로 인정되고, 순수예술은 감정의 능력, 도덕이나 종교 등은 의지력을 도야하는 데 적합한 것으로 인정되었다.

셋째, 교육방법과 관련해서는 주로 훈련과 반복의 주입식 방법이 사용되었다. 교과의 내용이 형식적 가치에 의해서 선정되기 때문에 아동의 흥미와는 관련이 적을 수 있으며, 학습자의 노력을 중요시하게 취급한다. 흥미가 없는 교과라 하더라도 학습자가 노력을 하면 노력은 학습자의 의식의 긴장을 초래하며 의식의 긴장 상태가 계속되면 심근이 강화된다고 보는 것이다.

결론적으로 형식도야이론에서 교육의 목적은 심근을 단련시키는 것, 결과는 정신도야, 즉 여섯 가지 능력이고, 방법은 능력의 반복적 연습이다. 훈련의 전이가 자동적으로 보장되기 때문에 소수의 능력만을 학습하는 것으로 훌륭한 인간을 길러낼 수 있다. 교육의 내용은 심근을 발달시키는 데 효과적인 교과(예: 7 자유학과)로 내용보다는 형식이 중요시된다. 형식도야이론은 간접적으로 능력심리학의 몰락과 직접적으로 듀이의 교육이론의 등장에 의해 상당부분 가치가 상실되었다.

형식도야이론에 대한 비판을 보면, 형식도야이론은 손다이크(Thorndike)의 전이실험에 의해 지력을 향상시키는 데 있어서 뛰어난 교과는 없으며, 단지 동일한 요소가 있을 때 전이가 이루어진다는 사실을 밝혔다. 듀이(Dewey)는 인간의 마음이 수많은 본능적인 경향으로 구성되어 있으며, 교육은 이 지력을 문제 상황에서 적절하게 발휘하도록 하는 사고 능력을 개발하는 것으로 규정한다. 부소능력의 훈련으로서의 교육이라는 이 입장은 타당하지 못하다는 것이다. 듀이는 이 점에서 능력과 교과는 이원론적으로 분리될 수 없으며, 또 교과는 그 자체로서 가치가 있는 것이 아니라 사회적 맥락 안에서 결정된다고 함으로써, 정신도야의 가치가 아니라 교육의 내용과 방법이 사회적 맥락과 관련 없이 맹목적으로 주입되는 것을 반대하였다.

(2) 동양의 교육적 인간상[2]

① 군자상과 선비

유교는 공자에 의해 체계화된 사상이다. 유교는 종교라기보다는 학문에 가깝고 흔히 유학이라고 부른다. 유교는 전통사회의 일상적 규범과 관습이었고, 오늘날에 와서도 교육에 적지 않게 영향을 미치고 있다. 유교에서 추구하는 교육받은 사람은 군자(君子)이다. 원래는 '군왕의 아들'을 뜻하는 신분적 용어였지만, 공자는 '지적·도덕적으로 훌륭한 인물'이라는 교육적 인간상으로 군자의 의미를 새롭게 만들었다. 군자로서의 삶을 살았던 공자는 어느 날 제자들에게 노력하면 누구나 군자는 물론이고 성인도 될 수 있음을 자신의 일생을 회고하면서 격려한 바 있다.

"나는 나이 열다섯 살에 학문하기로 뜻을 세웠고, 서른 살에 학문적 자립을 이루었으며, 마흔 살에는 판단에 잘못됨이 없었고, 쉰 살에는 하늘이 부여한 사명을 알았고, 예순 살에는 귀에 거슬리게 들리는 것이 없었고, 일흔 살에는 마음대로 하더라도 법도에 어긋남이 없게 되었다."

공자가 밝힌 군자의 의미와 자질을 살펴본다. 첫째, 군자의 반대 개념은 소인(小人)이고, 상위 개념은 성인(聖人)이다. 소인은 학식과 인격을 갖추지 못한 자기중심적인 사람이고, 성인이란 학식과 덕망이 완전한 경지에 도달한 사람이다. 공자는 "성인은 아직 내가 보지 못했고, 군자만이라도 만나 보았으면 좋겠다."라고 하였다.

둘째, 군자의 기본적인 과업은 수기(修己)와 치인(治人)이다. 공자는 "자기를 수양해서 백성을 편안하게 해야 한다."라고 말했다. 자기를 수양함이란 자기의 인격완성을 위한 교육으로 흔히 '위기지학'이라고도 한다. 그리고 백성을 편안하게 함이란 백성을 보

2) 이하 내용은 고등학교 교육학 교과서(강현석 외, 2014; 2018)에 기초를 두고 있음.

살피고(牧民) 백성을 가르치는 일(敎民)이다. 이런 견지에서 다산 정약용은 『목민심서』를 지어 군자의 수기치인의 길을 제시하였던 것이다.

셋째, 군자가 추구하는 길은 인(仁), 지(知), 용(勇) 세 가지이다. 공자는 자신이 할 수 있는 것은 이 가운데 하나도 없다고 겸손하게 말한 바 있었다. 여기서 지란 인(仁)이 무엇인지 아는 것이고, 용 또한 인(仁)을 행하는 것이라는 점에서 이 가운데 인(仁)이야말로 군자가 갖추어야 할 최고의 덕이다.

넷째, 군자는 예의 바른 사람이다. 제자 안회가 인(仁)이 무엇인가 묻자 스승 공자는 "사사로운 마음을 극복하여 예의 바른 사람이 되는 일이다(克己復禮)."라고 했다. 이어서 "예의가 아니면 보거나 듣거나 말하거나 행동하지 말라."고 가르쳤다. 그리고 공자는 "인(仁)하지 않다면 예의가 바른 것이 무슨 의미가 있겠느냐."고 하면서 예절의 근본은 인(仁)임을 강조하였다.

다섯째, 군자는 중용(中庸)의 조화로움을 실천하는 사람이다. 중용이란 지나침도 못 미침도 없이 상황에 맞게 도리를 실천하는 일이다. 군자는 자긍심을 갖지만 싸우지 않고, 곧지만 우직하지 않으며, 베풀지만 헤프지 않고, 태연하지만 교만하지 않고, 위엄이 있지만 사납지 않다. 뿐만 아니라, "시에서 감흥을 일으키고, 예에서 바르게 서며, 음악에서 인격을 이룬다."

그런데 군자와 유사한 개념으로 선비가 있다. 실학자 아정 이덕무의 교육서인 『사소절』 가운데 「사전」은 그의 선비교육론이다. 여기서 아정은 선비의 자질을 밝혔다. 그 내용은 앞서 말한 군자의 의미와 대동소이다. 첫째 인의의 덕, 풍부한 식견, 굳센 의지, 진솔성, 근로정신이다. 이들 가운데 마지막 두 가지 진솔성과 근로정신에 주목할 필요가 있다. 박균섭(2015)에 의하면 선비는 자기 수양의 정도가 높은 사람들로서 일생을 견지한 바른 몸가짐과 마음가짐의 실체, 즉 수양의 내용이 담고 있는 사회적 기능은 끊임없이 자신을 가꾸고 그 삶의 자제를 사회적으로 이상화한 데 있다.

② 보살상

불교는 석가모니에 의해 성립된 종교이며 생사의 윤회로부터 벗어나는 대자유인의 길에 대한 가르침이다. 불교의 궁극적 목적은 깨달음을 통하여 완전한 평화와 행복을 누리는 대자유인이 됨에 있다. 그런데 한국 불교의 전통은 대승 불교이다. 대승 불교의 교육적 인간상은 보살이다. 보살이란 구도자(求道者)를 가리킨다. 보살의 삶은 서원(誓願)과 회향(回向)의 실천이다. 서원이란 고통 받는 중생들을 남김없이 구제하려는 원력이며, 회향이란 자기가 쌓은 선행(선근공덕)을 중생에게 되돌려 주는 마음이다. 그러면 보살은 어떤 존재인가?

첫째, 보살의 상위 개념은 성인(부처)이고, 하위 개념은 범부(중생)이다. 범부와 성인의 차별은 마음 씀에 있다. 마음 그 자체에는 차별이 없는 것이지만, 그 마음을 어떻게 쓰는가에 따라서 성인과 범부가 구별된다. 범부의 마음은 남(주위 환경과 자신의 육체적 조건, 익혀 온 습성 등에 바탕을 둔 욕망)에 지배를 받는다. 이와 달리 성인은 안팎의 제약을 받음에도 불구하고 그의 마음이 본래의 모습대로 나타나 도리를 벗어나지 않음으로써 자유롭다. 마음은 같아도 용심에 있어서 얼마만큼 자유로운가에 따라 범부와 성인이 구별된다. 성불한 성인일지라도 범부와 마찬가지로 생로병사(生老病死)의 과정을 거치지 않으면 안 된다는 점에서 몸도 그러하다. 성불하고 난 다음에도 석가모니는 식사를 하고 수면을 취하고 병을 앓기도 했고 육신을 버려야 했다. 원효는 이를 두고 말하기를, "중생과 부처는 같은 것이 아니지만, 또한 다른 것도 아니다."

둘째, 보살의 기본적 과업은 자리(自利 = 깨달음)와 이타(利他 = 중생제도)이다. 대승보살에게는 자신을 위한 깨달음인 자리행보다 중생을 제도하는 이타행이 더 중요한 일이다. 그는 무지와 불각 속에서 고통받는 중생을 다 제도하기 전에는 깨닫지 않겠다는 서원을 세운 자비로운 사람이다. 그러나 자리행과 이타행은 둘이면서도 둘이 아니다. 그래서 원효는 「발심수행장」에서 "자신을 이롭게 하는 것과 다른 사람을 이롭게 하는 것은 새의 두 날개와 같다."고 한 것이다.

셋째, 보살의 수행 단계는 52개가 있다. 대승 불교 경전인 『화엄경』에 따르면, 수행의 위계는 십신 → 십주 → 십행 → 십회향 → 십지 → 등각 → 묘각으로 이어진다. 이 가운데 십신에서 십회향(40위)까지 범부(凡夫)의 지위지만, 십지의 초지(41위) 이상은 성자(聖者)의 지위이다. 고승들과 불교학자들은 원효 스님을 성자의 지위(십지의 초지)에 도달한 것으로 평가한다(김상현, 2000). 대각 국사 의천은 "어느 시대 어떤 선철도 원효 성사 오른 쪽에 가는 이가 없다."라고 했다. 이는 원효가 뭇 중생들의 근기에 따라 깨달음의 경지를 열어 주는 이타행을 펼친 성자라는 의미이다.

넷째, 보살은 중도(中道)를 실천한다. 석가모니 붓다는 29세 때 출가하여 설산에서 6년 고행 끝에 중도의 바른 깨달음을 이룬 인도의 성인이다. 유교의 군자는 선후, 본말, 귀천의 분별심으로 중용(中庸)을 실천하지만, 대승 보살은 분별을 넘어선 중도를 실천한다. 보살이 깨닫고 실천하는 중도는 색(물질)과 공(허공)이 다르지 않고, 삶도 죽음도 없으며, 더러움도 깨끗함도 없고, 늘어남도 줄어듦도 없다는 진리이다. 그래서 보살은 성속(聖俗), 자타, 선악, 시비(是非)의 분별을 넘어서는 중도의 삶을 살아간다. 생각과 헤아림에 걸림 없이 맑은 마음(청정심)으로 중생을 제도한다.

다섯째, 보살은 오랜 기간 구도적 수련을 쌓지 않으면 안 된다. 보살의 수련내용으로는 삼학, 삼사, 사섭법, 육바라밀 등이 있다. 삼학(계정혜)은 계율을 실천하고, 명상하며, 지혜를 닦는 일인데, 각각 탐내고, 성내고, 어리석은 마음(탐진치)을 다스리는 수행이다. 그리고 삼사(三事)란 지혜, 자비(사랑), 선정(명상)이며, 사섭법(四攝法)에는 보시(베품), 애어(친절), 이행(봉사), 동사(동참)가 포함된다. 육바라밀이란 보시(물욕 극복), 지계(안일한 육체적 타성 극복), 인욕(생각 비우기), 정진(보시, 지계, 인욕의 수련), 선정(망상 가라앉히기), 지혜(자유자재)를 말한다. 수행자로서 철저한 삶을 살았던 원효는 악기를 연주하고 노래를 부르고 춤을 추면서 걸림 없는 활달한 마음으로 불교적 진리를 전한 보살이었다. 그의 거침없는 언행은 성자로서 고통받는 중생을 도우려는 자비심에서 나온 것이었다.

③ 화랑

신라의 화랑은 우리나라의 역사에서 찾을 수 있는 이상적 인간상 또는 잘 교육받은 사람의 전형이다. 고려의 김부식은 사대주의자였음에도 『삼국사기』에서 "꽃다운 이름만큼 그 행실도 아름다웠다(芳名美事)."라고 화랑에 대하여 극찬하였다. 그리고 단재 신채호는 화랑이야말로 조선이 조선되게 하여 온 자라고 단정하면서, 화랑의 역사를 모르고 한국의 역사를 말하려는 것은 혼을 빼고 그 사람의 정신을 찾는 것과 같이 어리석은 일로 단정했다(화랑교육원, 1997). 다음 노래는 화랑 기파랑을 노래한 향가이다.

> 열어 제치고 나타난 달이
> 흰 구름 좇아 떠가는 것이 아닌가?
> 새파란 시내에
> 기파랑의 모습이 있구나.
> 일오천 조약돌에서
> 낭(郞)이 지니시던
> 마음을 좇으려 하노라.
> 아아! 잣나무 가지 드높아
> 서리 모를 씩씩한 그 모습이여!

화랑의 기상을 잘 보여 준 충담사의 「찬기파랑가」이다. 그렇다면 이와 같은 화랑의 정신이란 과연 어떤 것인가? 첫째, 화랑정신은 우리나라의 고유한 사상인 풍류(風流)이다. 「난랑비서」에서 최치원이 밝혔듯이, 풍류란 당시의 선진 외래 사상인 공자, 노자, 석가모니의 가르침(삼교)을 포함하여 모든 백성을 감화시킨 우리의 뛰어난 사상(玄妙之道)이다. 우리 민족은 예로부터 자연스러움을 좋아하고 인위적인 것을 싫어했다. 자연과 꼭 들어맞게 융합하는 것을 이상으로 삼았다. 풍류는 사람과 하늘 사이에 서로 통하는 것(천인묘합)이며 그것은 또한 멋이기도 하였다. 하늘에 통하지 아니한 멋은 있을 수 없다. 만일 있다면 그야말로 설 멋, 즉 틀린 멋이다. 천인합일에 이르러야 풍류이고 참 멋인 것이다. 조화에 맞지 않는 멋이란 없고 융통하고 투철하지 않는 멋도 없는 것이다. 이렇게 우리 민족은 자연적인 것과 인위적인 것이 서로 들어맞을 때에만 멋있다고 인정한다. 풍류와 멋을 추구하는 화랑들은 상호 수련을 통해 무한한 능력을 길러 화랑으로서 제 구실을 다할 때를 기다렸고, 때가 되면 걸리는 바 없이 그 마음을 썼던 것이다.

둘째, 화랑도(풍류도, 풍월도)는 15~18세 청소년 수련 단체이다. 통일 신라 시대 이전에는 국가적 인재를 양성하는 학교가 따로 없었다. 화랑도가 그 역할을 훌륭하게 다한 셈이다. 그러기에 김대문은 『화랑세기』에서 "어진 재상과 충성스런 신하가 여기로부터 나오고 좋은 장군과 용감한 군사가 이로부터 생겼다."고 평가한 것이다. 화랑도는 여러 집단으로 구성되었고, 국선화랑(화주, 화판)은 총단장에 해당한다. 화랑(각급 단장)은 귀족 출신이었으며 그 아래 수백 또는 수천의 귀족 또는 평민 출신의 낭도(문도)와 1명의 승려 낭도(성인)가 있었다(화랑교육원, 1997).

셋째, 화랑들은 전인적 상호 수련을 하였다. 화랑들은 매일 같이 모여서 공부하고 훈련하며 단체로 국토를 순례했다. 『삼국사기』에는 "도의로써 서로 연마하고, 노래와 음악으로써 서로 즐겼다. 산천을 찾아 노닐었는데 멀다고 가지 않은 곳은 없었다."라고 쓰여 있었다. 화랑들은 상호 수련으로 도덕성과 정서를 함양하였다. 그들은 특히 전국의 명산대천을 순례하면서 심신의 수련에 힘썼다. 화랑의 수련내용은 세속오계, 삼미, 무술, 시가, 음악 등이었고, 수련 기간은 3~4년이었다. 『삼국유사』 등의 기록을 살펴보면, 심신을 연마하는 수련 장소로서 금강산과 강원도 해변의 명승지들(총석정, 영랑호, 월송정, 경포대 등), 신라의 오악(토함산, 팔공산, 태백산, 지리산, 계룡산)이 주로 그 대상지였다.

넷째, 화랑이 준수할 계율은 세속오계이다. 즉, 사군이충(事君以忠: 임금을 충으로써 섬긴다), 사친이효(事親以孝: 어버이를 효로써 섬긴다), 교우이신(交友以信: 친구를 믿음으로써 사귄다), 임전무퇴(臨戰無退: 전쟁에 나가 물러서지 않는다), 살생유택(殺生有擇: 생명을 가려서 죽인다) 등이다. 이들 계율은 진평왕 때 당대 최고의 지성인 원광(圓光: 541~630) 법사가 청도 가슬사에서 귀산과 추항에게 삶의 지침으로 가르친 것으로서 화랑정신의 핵심이다. 이 계율은 우리의 고유한 사상과 가치관을 바탕으로 하여 유불선 3교가 융합되어 제시된 것이다. 세속오계를 포함한 화랑정신을 현대적 의미로 표현하면, 애국심, 효경심, 협동심, 자긍심, 경외심, 통일의 의지이다.

다섯째, 화랑은 아름다움과 착함이 하나가 되는(선미합일) 이상을 지향하였다. 선미합일이란 내면적 덕성과 외면적 신체와 의복의 아름다움을 모두 구비하는 것이다. 화랑이 될 수 있는 조건은 용모가 수려하고 신의가 깊으며 동시에 사람들을 도와주거나 사교성이 풍부한 진골 귀족 출신의 젊은이였다. 화랑의 수려한 용모와 고결한 덕망은 흠모의 대상이 되었다. 화랑이 본받고자 하는 아름다운 행동은 무엇인가? 화랑 응렴의 삼미행이 좋은 예가 된다. 삼미행이란 헌안왕의 물음에 18세의 국선 응렴(뒷날 경문왕)이 국선으로서 국토를 순례하며 보았던 세 가지 아름다운 행실의 사람이다. 남의 윗자리에 있을 만한 사람이 겸손하여 남의 밑에 앉은 사람, 부자이면서도 옷차림이 검소한 사람, 본래부터 귀하고 세력이 있는데도 그 위력을 보이지 않은 사람이 그들이다. 외모의 아름다움은 물론이고 화랑은 이처럼 지행합일, 진선미의 조화, 인격자 존중과 본받기를 통하여 인격적 아름다움을 추구한 것이다. 화랑이 추구했던 이상적 인간상은 겸손하고, 검소하며, 절제할 줄 아는 사람이었다.

(3) 서양의 교육적 인간상[3]

① 교양인(지성인)

서양의 교육 전통은 고대 그리스 아테네에서 시작되었다. 기원전 5세기 무렵에 활동한 소피스트들은 당시 정치를 지망하는 젊은이를 대상으로 사회적 성공에 도움되는 지식을 가르쳐 주던 교사들이었다. 소크라테스(Socrates: 기원전 469~399)는 소피스트들과 다른 가르침을 준 인물이다. 그는 아테네의 젊은이들에게 이성의 판단에 따라 진리를 탐구하도록 가르쳤다. 소크라테스가 추구한 교육받은 사람의 모습은 이성적 인간 또는 지혜를 사랑하는 사람이다. 그의 가르침은 플라톤(Platon: 기원전 427~347)과 아리스토텔레스(Aristoteles: 기원전 384~322)로 이어져서 서양 교육사상의 바탕을 이루었다. 지혜를 사랑하는 사람이 되기 위해서 자신의 무지를 자각해야 한다. 소크라테스는 이를 위해 델피 신전에 새겨진 "너 자신을 알라"라는 경구를 활용/주목했다. 참된 지식과 생각은 자기 자신의 무지에 대한 반성적 자각 위에서 이루어지기 때문이다. 그리고 그

---

3) 이하 내용은 고등학교 교육학 교과서(강현석, 2014; 2018)에 기초함.

는 문답/대화의 방식으로 가르쳤는데, 여기에는 무지를 자각시키는 반어법과 참된 지식을 인식하는 산파술이 포함된다.

플라톤의 교육사상의 중심은 이성의 계발을 위한 교양교육이다. 그는 인간 정신을 이성, 기개, 욕망으로 나누고 각각 머리, 가슴, 배(또는 금메달, 은메달, 동메달)에 비유한다. 이성의 덕은 지혜, 기개의 덕은 용기, 욕망의 덕은 절제이며, 이들이 조화롭게 충분히 발휘된 상태가 정의이다. 따라서 정의로운 사회를 건설하기 위해서는 세 가지 계층(생산자, 군인, 통치자)이 분업적으로 각자의 소임을 다해야 한다. 정의로운 사회 건설을 위한 플라톤 교육사상의 중심은 통치자, 즉 철인 왕(philosopher-king)을 만드는 일이다.

『국가론』에 제시된 그의 교육구상을 보면, 어릴 때는 음악이나 시 같은 정서적인 내용을 배우고, 청년기에는 체육이나 군사훈련을 받고, 성인이 되면 철학 교육을 받는다. 20세의 군인 가운데 지적으로 뛰어난 사람을 선발하여 기하학, 수학, 천문학 등을 교육한다. 이들 가운데 최종적으로 선발된 30세 된 소수의 지적 엘리트를 철학 중심으로 5년간 교육한다. 이들은 실무적인 지혜를 15년간 정치의 현장에서 습득하게 된다. 이론적·실제적 이성을 충분히 계발한 철인들은 50세가 되어 순번에 따라 통치자/왕 또는 청소년을 가르치는 교사로서 국가를 위해 봉사하게 된다.

아리스토텔레스 또한 스승 플라톤과 마찬가지로 이성 중심의 교양교육 사상이다. 그는 『정치학』에서 청소년의 교육은 국가적 사업이라고 했다. 그리고 국가적 사업으로서 교육이 추구하는 목적은 시민으로 하여금 유덕하고 행복한 삶을 살도록 하는 일이다. 그런데 우리에게 진정한 행복(eudaimonia)을 안겨 주는 것은 이성적 사유이다. 그리고 덕이란 다름 아니라 인간의 고유한 능력인 이성의 탁월한 발휘이다.

이론적 측면에서 이성의 탁월성 발휘는 철학적 사변(관조)으로부터 주어진다. 인간의 최고의 행복은 철학자의 관조적 삶이다. 그러나 인간은 사유와 사색만 지속할 수 없고, 더욱이 육체를 가졌기에 육체가 필요로 하는 여러 가지를 충족시켜야 한다. 그래서 아리스토텔레스는 인간을 사회적 동물이라고 말했던 것이다. 사회적으로 행복한 삶은 중용의 덕을 실천하는 이성에 입각한 삶이다. 중용의 덕이란 너무 지나치지도 않고 그렇다고 부족하지도 않은 실천이다. 예를 들면, 만용과 비겁의 중용은 용기이고, 낭비와 인색의 중용은 절약이다. 중용은 주어진 상황에 대해서 이성의 분별력이 지시하는 바를 따르는 최선의 태도이다. 이러한 분별력을 가리켜 실천적 지혜라고 한다.

이성의 계발을 위한 그의 교육론은 7세까지는 신체적 단련, 14세까지는 도덕적 습관 훈련, 21세까지는 이성적 교육의 시기로 보았다. 자유인을 위한 교양교육을 강조하는 그의 교육론에서는 전문적 직업교육이 경시되었다.

② 신앙인(기독교인)

서양교육에 큰 영향을 끼친 또 다른 사상은 기독교이다. 기독교와 서양교육은 유교와 조선시대의 교육처럼 뗄 수 없는 관계라고 할 수 있다. 예수교는 인간 중심의 유교나 불교와 달리, 철저하게 신 중심의 삶을 지향하는 종교이다. 이러한 예수교의 색체는 세속 권력에 큰 영향을 끼치며 교육의 목표와 내용에 자연스럽게 반영되었다. 그리고 서양교육에서 교회가 차지하는 역할은 중요했다. 암흑기라고 불리기도 하는 중세 천년 동안 교회는 수도원과 함께 가정교사를 둘 수 있는 귀족을 제외한 평민들에게 교육기관의 중심적인 역할을 하였다.

예수교에서 추구하는 교육받은 사람의 모습은 무엇인가? 그것은 신과 인간, 인간과 인간의 관계라는 두 측면을 가지고 있다. 먼저 신과 인간의 관계에서 인간은 신의 영광을 위해 만든 존재로 이해된다. 인간은 신의 뜻에 따라 살아야 하며, 신의 명령에 무조건 복종해야 한다. 신의 아들인 예수가 세상에 오고 또 십자가 위에서 죽은 것은 인류를 구하려는 지극한 사랑 때문이라고 한다. 이런 관점에서 교육받은 기독교인은 신앙인이다. 신앙인이란 자신의 삶을 신의 뜻에 맡기는 사람이다. 성경에서는 사람이 아무리 지혜로워도 신의 최고 어리석은 수준보다 못하다고 한다. 신앙인은 자신의 생각이나 행동이 신의 뜻에 얼마나 미치지 못하는지, 그리고 신에 비해 자신의 능력이 얼마나 보잘것없는지를 잘 안다. 따라서 진정으로 매우 겸손한 사람이다.

그리고 바람직한 인간과 인간의 관계는 성경에 잘 나타나 있듯이 사랑이다. '네 이웃을 네 몸과 같이 사랑하라.' '원수를 사랑하라.' 기독교는 사랑의 종교이다. 기독교에서는 사랑을 인간의 마음이 아니라 신의 속성이라고 가르친다. 그 사랑은 인간을 구원하려고 아들 예수를 세상에 보내 십자가 위에서 희생시키는 사건에서 극명하게 드러난다. 따라서 기독교 신앙인에게 사랑은 무조건적인 사랑이며 반드시 실천해야 할 의무이기도 하다. 이런 측면에서 교육받은 사람의 모습은 사랑을 실천하는 인간이다. 신의 사랑이 그러하듯이, 아무런 대가를 바라지 않고 남을 위해 희생하고 봉사해야 한다.

결국 예수교 사상에서 볼 수 있는 교육받은 사람은 신의 뜻에 따라 살면서 겸손한 자세로 사랑을 실천하는 신앙인이다. 세속적 가치에 욕심을 내지 않는다. 그의 궁극적인 가치는 현세에 있지 않고 내세에 있다.

③ 신사

고대 그리스에서 중세에 이르기까지 유지되어 온 자유교육의 전통은 근대 사회에 와서 변화를 겪었다. 17세기 무렵 교육내용이 실제 생활에 관련이 있어야 한다는 생각이 널리 퍼졌기 때문이다. 당시 유럽에서는 "말이 아니라 사물을 배워라!"라는 구호가 유행했다. 교육 역사가들은 이러한 흐름을 그 이전의 언어 중심의 인문주의 교육에 대비해서 실학주의 교육이라고 표현한다. 그것은 이론보다 실생활 문제의 해결을 중시하고, 말보다 사물에 관심을 둠으로써 실용주의적 성격을 강하게 띠었다.

교육에 대한 관점이 달라짐에 따라 교육을 통해 기르고자 하는 사람의 모습이 달라졌다. 이 무렵에 등장한 것은 신사(gentleman) 교육이었다. 오늘날 신사라고 하면 예의 바르고 충실한 사람 또는 여자나 약자의 보호에 앞장서는 사람으로 이해된다. 본래 중세 유럽에서는 서열이 낮은 귀족 계급이나 토지 소유를 통해 신분이 상승한 사람을 지칭하는 말이었다. 이들은 종래의 관습에 얽매이지 않고 시대 변화에 적극 호응하면서 새로운 시대의 주역이 되었다. 이 과정에서 당시 교육이 추구하는 이상적 인간상으로 자리 잡게 되었다고 할 수 있다.

당시 유럽 사회에서 가장 체계적인 신사교육론을 제시한 인물은 영국의 로크(Locke, J. 1632~1704)이다. 그의 『교육론』은 친척에게 보내는 편지글을 바탕으로 출간되었는데, 신사 계급 자녀의 교육을 위한 충고와 방법을 담고 있다. 이 책에 담긴 신사의 특성을 한마디로 말하면 다양하고 균형 있게 발달한 인간이다. 즉, 신사란 신체적으로 건강하고, 도덕적 인격을 갖추고, 풍부한 경험을 통한 지혜와 품위 있는 행실, 그리고 학식을 겸비한 사람이다. 아울러 적절한 취미 생활을 할 수 있는 다방면의 소양을 갖추어야 한다.

신사교육의 첫 출발은 건강한 신체이다. 로크는 "신체가 건강해야만 정신도 건전하게 된다(Mens Sana in Coprore Sano)."는 로마의 어느 시인의 말을 인용한다. 강인하고 튼튼한 신체를 바탕으로 로크가 신사교육론에서 강조한 것은 덕, 지혜, 품위, 학식의 네 가지이다.

첫째, 신사에게 가장 중요한 것은 덕성이다. 덕이란 욕망이나 충동이 아니라 이성에 따르는 행동을 말한다. 독실한 청교도였던 로크는 이성과 함께 신앙도 강조했다. 그는 신의 뜻을 따르는 것은 이성의 판단과 다르지 않다고 보았다.

둘째, 신사는 지혜를 갖추어야 한다. 지혜란 세상에서 자신의 일을 통찰력을 가지고 유능하게 처리하는 것을 말한다. 지혜는 다양한 경험을 통해서 길러진다. 지혜를 기르려면 어려서부터 사물에 대한 정확한 관념을 갖도록 하고 풍부한 사회적 경험을 쌓고 스스로 행동에 대해 반성하는 습관을 가져야 한다.

셋째, 신사의 행실은 품위가 있어야 한다. 품위를 기르기 위해서 타인에 대한 존중과 공손함을 바탕으로 한 예절을 몸에 배도록 해야 한다. 어릴 때부터 수줍음이나 무례를 피해야 하고 주변의 나쁜 영향을 받지 않게 해야 한다.

넷째, 신사는 학식을 지녀야 한다. 학식은 중요하지만 죽은 지식에 몰두하는 사람이 되어서는 안 된다. 그래서 로크는 풍부한 경험을 통해서 살아 있는 지식을 습득할 것을 권고했다.

로크의 신사교육론은 당시 유럽 사회에 커다란 영양을 끼친 것으로 평가된다. 그가 말한 신사는 자유교육 전통 속에서 추구된 이성적 인간과는 많이 다르다. 신사 역시 이성에 따라 행동하는 사람이지만, 단지 책 속의 논리만을 아는 사람이 아니다. 실제 삶 속에서 부딪히는 다양한 문제에 관하여 현실적인 해결책을 내놓을 수 있는 지혜와 지식을 가진 사람이다. 이 점에서 신사교육의 목적은 근대 사회의 교육목적과 크게 다르지 않다고 할 수 있다.

(4) 교육사적 의미

형식도야이론에서 기원하는 지식교육의 모습은 학교 현장이나 교육 장면에서 교과지식을 중심으로 하는 교육 양상으로 흘러갔다. 교과중심의 교육 모습이 가장 전통적인 지식교육의 모습을 지니고 있다고 볼 수 있다.

교과중심 교육과정은 역사적으로 가장 오래된 전통을 지니고 있으며, 가장 폭넓게 영향력을 미쳐 오고 있다. 따라서 가장 오래된 동서양의 교육과정 유형이라고 보아도 무방하다. 교육의 가장 전형적인 형태가 교사중심의 교과서 내용의 전달이라고 보는 입장에서는 교육 그 자체가 교과중심일 수밖에 없는 것이다. 여기에서는 학교에서 학생이 배우는 모든 교과와 교재를 강조하는데, 이 경우 교과란 전승 가치가 있는 인류의 문화유산을 논리적으로 조직한 것이며, 문화유산의 내용에 따라 서로 상이하게 구분되며 주로 분과형의 형태를 띠게 된다. 그리고 교과 전문가의 견해가 많이 반영되어 교과의 논리에 따라 교육내용이 선정·조직된다. 따라서 이러한 관점에서 보면 교육과정이란 학생들에게 가르치는 교과들의 체계적 목록이며, 각 과목별로 학생들에게 가르칠 만한 주제들을 열거해 놓은 것, 즉 교수요목(course of study)을 의미한다.

이러한 유형의 교육과정의 이론적 기초는 형식도야설(formal discipline)에서 찾을 수 있다. 능력심리학(faculty psychology)에 토대를 두고 있는 형식도야설에 따르면 인간의 정신은 서로 구분되는 몇 개의 부소(部所) 능력들(faculties), 예를 들면 지각, 기억, 상상, 추리, 감정 및 의지로 이루어져 있으며, 이러한 부소 능력들은 신체의 근육을 단련하는 것처럼 마음의 근육(心筋)을 단련하는 것, 즉 정신도야를 통해 단련·개발될 수 있다고 본다. 그런데 부소 능력들을 단련하는 데는 거기에 적합한 교과가 있으며, 그러한 교과를 가르침으로써만이 정신을 계발시킬 수 있다는 것이다(이홍우, 1992). 따라서 교과들 중에는 도야적 가치가 큰 교과들이 강조된다.

이 이론에서는 전통적으로 서양의 경우 3학(Trivium: 문법, 수사학, 논리학) 4과 (Quadrivium: 대수, 기하, 음악, 천문학)의 7자유학과(seven liberal arts)가, 동양의 경우 4서 (논어, 맹자, 중용, 대학) 3경(시경, 서경, 주역)이 도야적 가치가 큰 교과로 인정되고 있다. 이러한 교과의 중요성은 그 교과에 담겨져 있는 구체적인 '내용'에 있기보다는 그 내용 을 담고 있는 형식에 있다. 즉, 무엇을 기억하고 추리하는가가 문제가 아니고 기억되고 추리되는 내용이 무엇이든지 간에 그것을 추리하고 기억한다는 점이 중요하다는 것이 다. 그리고 형식도야는 교육의 목적인 동시에 방법을 시사하는데 도야의 가장 효과적 인 방법은 반복과 연습(drill and practice)이다. 따라서 교수방법상 반복과 암송이 강조 될 수 있다. 그러나 20세기에 들어와서 행동주의 심리학과 듀이의 생각에 의해 상당히 비판을 받게 된다.

이상의 교과중심 교육과정은 철학적 입장에서 보면 관념론의 입장에 있으며, 진리의 불변성과 일관성, 정신우위의 심신이원론, 인식결과로서의 지식관, 교사의 권위 등을 강조한다. 그리고 교과 지식의 습득을 통한 이성 개발을 지향한다. 학습자는 미성숙한 존재이므로 인류문화의 유산을 통달함으로써 미개한 정신을 도야하고 감성을 제거하 고 교사가 중심이 되어 지식을 전달하게 된다.

3) 독일 전통과 교육사적 의미

교육(학) 분야, 특히 지식교육에서 독일 전통이 끼친 영향은 적지 않다고 볼 수 있다. 특히 한국의 교육(학) 전통이 영미 문화권에 치우친 점을 감안할 때, 오히려 독일 전통 의 맥락에서 그 의미를 발굴하는 일이 어찌 보면 더욱 의미 있는 일이 될 수도 있을 것 이다. 왜냐하면 교육뿐만 아니라 모든 사회, 문화 분야에서 영향을 미치는 철학적 영향 이 독일 전통이 강하기 때문이다.

교육(학) 분야에 입장에서 보면 독일 전통은 전통적으로 헤르바르트 교육과 교육을 바라보는 개념적 측면에서 간한 면모를 지니고 있다. 따라서 이하에서는 학문 분야로 서 교육학을 정립한 헤르바르트(Herbart)의 입장, 특히 그의 교수이론을 살펴보고, 도야 (Bildung)라고 표현되는 교육의 개념적 의미를 중심으로 살펴보고자 한다. 이하 논의는 이환기(2017)와 최종인(2016)의 논의를 참고로 한다.

(1) 헤르바르트 유산

① 표상심리학

이환기(2017)에 의하면, 교육에 관한 헤르바르트의 생각은 그의 교수이론에 의하여 가장 분명하게 드러난다고 말할 수 있을 것이다. 그러나 헤르바르트의 교수이론을 구성하고 있는 다양한 요소들은 서로 논리적 관련을 맺고 있기 때문에 그의 교수이론을 이해하려면 반드시 그 밖의 요소들을 고찰해 보지 않을 수 없다. 그는 교육에 관한 자신의 모든 생각이 교수이론 속에서 논리적 관련을 맺는 하나의 체계를 이루도록 하였으며, 이 모든 것이 수업 사태에서 총체적으로 구현되도록 하였다. 헤르바르트의 교수이론과 관련하여 가장 중요한 교육학적 개념은 통각(apperception), 흥미, 사고권, 그리고 교수 4단계설이다.

헤르바르트의 교수이론에 있어서 통각은 '마음의 작용'을 설명하는 개념이다. 그러나 통각의 개념을 올바르게 이해하려면 이와 직접 관련된 개념인 '표상(representation)', '전심(concentration)'과 '치사(reflection)'에 관해서 살펴보지 않을 수 없다. 헤르바르트는 표상이라는 개념 하나로 자신의 모든 이론을 설명하려고 하였다. 헤르바르트의 교육이론에 등장하는 모든 개념은 궁극적으로 표상 개념으로 환원될 수 있을 정도로 표상이라는 개념은 근본적인 개념이다. 표상이라는 개념은 헤르바르트가 마음을 합리적으로 이해하기 위하여 창안해 낸 개념이다. 마음은 하나의 집합체이며, 표상은 집합체인 이 마음을 구성하는 요소로서 마음의 '분자적 측면'을 가리킨다고 볼 수 있다. 헤르바르트는 우리의 마음을 이루는 최소 단위를 표상으로 명명하였다. 그리하여 마음의 모든 작용은 이 표상이라는 개념으로 설명된다. 이 점에서 헤르바르트의 심리학을 '표상심리학'이라고 부르기도 한다.

헤르바르트는 이 표상들이 결합되어 하나의 집합체가 되는 과정을 통각이라는 개념으로 설명하고 있다. 통각은 의식을 이루고 있는 기존의 표상군이 새로운 표상을 해석하여 기존의 표상군 속으로 수용하는 과정을 설명하는 개념이다. 헤르바르트에 의하면, 우리의 의식 속에 하나의 새로운 표상이 나타나면 그것은 먼저 이미 의식 속에 있던 구표상군을 자극하고, 자극된 구표상군은 능동적으로 새로운 표상을 검토하고 해석하여 만약 그 새로운 표상이 구표상군 속에 적절한 자리를 잡을 근거가 있으면 받아들이고, 그렇지 않으면 그 새로운 표상은 의식역 아래로, 즉 무의식 속으로 떨어져 버린다. 새로운 표상이 구표상군 속에 적절한 자리를 잡기 위해서는 반드시 새로운 표상과 유사한 표상이 이미 구표상군 속에 있어야 한다. 표상군이 새로운 표상을 받아들이는 과정이 곧 통각의 과정이며, 이 통각의 과정을 통하여 점점 더 커지는 표상의 덩어리가 곧 통각괴이다. 그리고 이 통각괴가 곧 우리의 마음의 내용물이 된다.

전심과 치사는 바로 이 심리학적인 의미에서의 통각을 설명하는 데 필요한 개념이다. 우선 전심과 치사를 외부적 특징에 초점을 맞추어 규정하자면, 전심은 인간 활동의 어느 특정한 대상에 대하여 애정과 열정을 가지고 몰두하고 있는 상태, 또는 다른 모든 주제나 대상을 배제하고 오직 어느 한 가지 주제나 대상에 주의 집중하는 사고과정을 가리킨다. 이와 같이 전심은 어떤 대상에 정신을 오로지 하여 주의하고 있는 상태를 의미한다. 다른 한편, 치사는 의식 속에 들어 있는 내용들을 회상하고 통합하면서 모종의 관계를 확립하는 반성적 사고작용을 가리킨다. 치사는 새로운 내용을 의미 있게 해석하여 받아들임으로써 그것을 정신의 일부분으로 만드는 것을 의미한다.

이와는 달리, 전심과 치사를 내면적인 상태에 초점을 맞추어 기술하자면, 표상의 개념으로 기술할 수 있다. 전심과 치사의 개념을 표상의 개념과 관련지어 설명하기 위해서는 우선 '의식의 상태'에 관한 헤르바르트의 구분을 살펴볼 필요가 있다. 그는 의식의 상태를 세 가지로 구분하여 그것을 각각 '의식하고 있다' '의식 속에 있다' 그리고 '의식역 아래에 있다'는 식으로 표현하고 있다. '의식하고 있다'는 것은 목하 지각되고 있는 상태를 가리키며 이것은 내적 지각에 속한다. 그것은 현재 마음속에 어떤 관념이 떠올라 있는 상태를 가리킨다. 그러나 '의식 속에 있다'는 것은 마음속에 있기는 하지만 목하 우리가 지각하지 못하는 것을 가리키며 이것은 내적 지각에 속하지 않는다. 의식 속에 있는 내용은 어떤 계기가 마련되면 언제든지 내적 지각의 대상이 될 수 있다. 그러나 현재로서는 '의식 속에 있는 표상'은 내적 지각에 속하지 않으며, 그것은 어디까지나 내적 지각의 가능태에 속한다. 그리고 '의식역 아래에 있다'는 것은 의식을 벗어난 상태를 가리키며 이것은 무의식의 영역에 속한다.

표상과 관련하여 전심과 치사를 설명하는 데에 있어서 의식의 상태에 관한 헤르바르트의 구분은 중요한 역할을 한다. 전심과 치사는 의식상태의 구분을 전제로 하였을 때에만 설명이 가능한 개념이다. 전심이 사고의 수동적 측면에 상응한다면, 치사는 사고의 능동적 측면에 상응한다. 전심의 대상으로서의 표상은 수동적으로 주어지는 것이다. 외부의 어떤 대상에 관한 표상을 받아들여 그 표상을 의식하고 있는 상태 또는 의식 속에 있던 어떤 하나의 표상 또는 일련의 표상이 다른 표상보다 강렬해져서 그것이 의식의 전면에 떠오른 상태가 곧 전심이다. 전심은 앞에서 구분한 세 가지 의식상태 중에서 첫 번째 상태, 즉 어떤 특정한 표상을 '의식하고' 있는 상태를 가리킨다. 이와는 달리, 치사는 '의식하고' 있는 표상과 '의식 속에' 있는 표상과의 상호작용이다. 치사는 새로운 표상을 기존의 표상체계에 비추어 의미 있게 해석하거나, 또는 의식 속에 있던 기존의 어떤 표상을 새롭게 재해석하는 정신작용이다. 그러나 전심과 치사는 어디까지나 '개념상'의 구분이다. 다시 말하면, 우리가 어떤 형태의 '생각을 했다'고 말하려면 필연적으로 전심과 치사와 같은 정신작용을 논리적으로 가정할 수밖에 없다는 것이다. 그러나 우리의 일상적인 의식은 이 두 가지 사고작용이 구분되어 나타나는 비연속적인 상태가 아니라, 사실상 구분이 어려운 연속적인 상태라고 보아야 한다. 우리의 일상적인 의식상태는 전심과 치사로 명확하게 구분될 수 있는 성질의 것이 아니라, 이 두 사고과정이 뒤섞여 일어나고 있는 상태이다. 그럼에도 불구하고 왜 헤르바르트는 우리의 의식상태를 전심과 치사라는 개념으로 구분하여 설명하고, 게다가 반드시 전심 다음에 치사가 온다는 식으로 순서를 설정하였는가?

헤르바르트의 관심은 '사고의 이상형'에 관한 하나의 완전한 이론을 정립하는 데에 있었다. 우리의 사고작용이 사실상 전심과 치사로 분리되지 않는다고 하여 그것이 개념상 구분되지 않는 것은 아니다. 사고의 이상형을 염두에 두고 볼 때, 우리의 사고작용은 얼마든지 전심과 치사로 구분하여 논의될 수 있으며, 사고의 과정을 어떤 형태로든지 규정해 놓아야 사고작용에 관한 설명이 가능하다. 헤르바르트가 오로지 개념적으로만 구분이 가능한 마음의 작용으로서의 전심과 치사를 경험적 과정으로서의 전심과 치사라는 두 단계로 대치하고 그것에 엄격한 순서를 정한 것은 명료, 연합, 체계, 방법이라는 교육의 실제적 처방, 즉 수업의 단계 또는 교수의 단계를 염두에 두고 있었기 때문이다.

② 교수단계

헤르바르트의 교수 4단계는 명료, 연합, 체계, 방법이다. 그리고 이 네 단계는 전심과 치사라는 마음의 작용과 개념적으로 관련되어 있다. 교수 4단계와 마음의 작용의 관련에 관해서 살펴보면 다음과 같다. '명료'는 공부해야 할 주제를 쉽고 올바르게 가르치기 위하여 그것을 분명히 한다는 뜻이다. 명료를 아동의 사고작용과 관련하여 규정하자면 그것은 정지해 있는 전심을 가리키며, 그것을 표상의 개념으로 규정하자면 그것은 곧 새로운 표상이 나타난 것을 의미한다. '연합'은 이전에 배운 주제를 새로이 배우려는 주제와 관련짓는 것이다. 연합을 아동의 사고작용으로 규정하자면, 그것은 전심이 움직이는 것을 가리킨다. 정지상태에 있는 전심의 결과로 생긴 표상은 하나의 전심에서 다른 전심으로 운동해 나아갈 때 서로 연합된다. '체계'는 새로이 배운 주제를 받아들여 그것이 기존의 지식체계 내에서 적절한 자리를 잡도록 하는 것이다. 체계를 아동의 사고작용으로 규정하자면 그것은 정지해 있는 치사를 가리킨다. 이것은 신표상과 구표상군이 완전한 통합을 이룬 상태를 가리킨다. 이 상태를 일반적인 언어로 표현하자면 완전한 이해에 도달한 상태이다. '방법'은 새로이 배운 주제를 과연 올바르게 배웠는가 하는 것을 확인하기 위한 연습의 과정이다. 다시 말하면, 적용의 과정이다. 방법을 아동의 사고작용으로 규정하자면 그것은 치사가 움직이는 것을 가리킨다. 치사가 운동해 나아가는 과정이 곧 방법이다. 이것은 치사가 다음 단계의 전심과 관련맺는 것을 가리키며, 이것을 표상의 개념으로 규정하자면, 체계에서 통합된 표상이 새로운 표상과 관련을 맺는 것을 가리킨다.

이처럼 헤르바르트의 교수단계에는 아동과 교사의 활동이라는 '외부적 특징'과 아동의 마음과 관련된 '내면적 상태'라는 두 측면이 동시에 들어 있는 것으로 파악된다. 교수의 단계가 올바른 의미를 가지기 위해서는 언제나 이 두 측면이 동등하게 존중되어야 하며, 또한 이 두 측면의 관련을 언제나 염두에 두어야 한다. 이 두 측면 중의 어느한 측면을 무시하고 오로지 다른 한 측면만을 강조할 때 교육은 언제나 불행한 사태를 초래하게 된다.

앞에서 살펴본 바와 같이, 헤르바르트는 전심과 치사라는 개념을 가지고 '사고의 이상형'을 확립하려고 했다. 그리고 그가 이 사고의 이상형을 확립한 궁극적인 이유는 명료, 연합, 체계, 방법이라는 '수업의 이상형'을 제시하기 위해서였다. 헤르바르트는 사고의 이상형을 설정해 놓고, 그것에 상응하는 수업의 이상형을 제시하려고 하였다. 이수업의 이상형은 사고의 이상형을 실현하기 위한 교육의 실제적 처방이다. 수업의 이상형이 의미를 가지는 것은 그것이 사고의 이상형을 실현하기 위한 최적의 방법이라는데에 있다.

그러므로 헤르바르트의 교수 4단계설을 발전시키기 위하여 그것을 교수 5단계설(준비, 제시, 연합, 개괄, 적용)로 바꾼 질러(Ziller)나 라인(Rein)의 생각은 발전이 아니라 타락으로 볼 여지가 충분히 있다. 라인은 헤르바르트의 교수 4단계설이 수업의 절차로서 불분명하다고 하여 그것을 교사가 따라서 할 행동 지침으로서의 교수 5단계설로 변질시켰다. 교수 4단계설은 정확하게 아동의 사고과정과 대응관계를 이루고 있는 반면에, 교수 5단계설은 아동의 사고과정과는 무관하며, 그것은 오로지 수업의 외부적 특징만을 나열해 놓은 것이다. 교수 4단계설은 헤르바르트의 교수이론 속에서 여타 개념들과 엄격한 논리적 관련을 맺고 있는 반면에 교수 5단계설은 여타 개념들과 논리적 관련을 맺을 여지가 전혀 없다. 그러므로 헤르바르트의 교수이론을 올바르게 이해하려면 헤르바르트주의자들이 주장하는 교수 5단계설이 아니라, 헤르바르트가 주장한 교수 4단계설을 직접 고찰해야 한다.

③ 단원 구성

이상과 같은 헤르바르트의 교수관은 교육과정 개발에서 흔히 단원 구성에 연결되어 논의되는 경향이 있다. 단원은 교육과정 구성과 개발에서 학습내용과 경험의 조직구조의 최후 종착점이라고 볼 수 있다. 내용이나 학습경험을 조직할 때 전체구조-중간구조-최저 단위 구조의 결정 순으로 조직의 틀이 결정되는데, 예를 들어 가장 낮은 단계에서 나타나는 조직구조는 lesson-topic-unit을 들 수 있다. lesson은 하루 단위로 학습내용을 구성하는 것이며, topic은 몇 일 또는 몇 주 동안 다룰 수 있도록 조직하는 것이며, unit은 보통 몇 주 동안의 수업을 포함하고 문제별로 또는 학생들의 목표별로 조직된다(Tyler, 1949: 98-100). 따라서 타일러(Tyler)에 의하면 단원이란 어떤 주제를 중심으로 통합성이 있게 조직된 일련의 학습내용과 학습활동을 뜻하며 topic(주제)보다 넓은 개념으로 볼 수 있다. 그리고 일반적으로 과목-주제-단원 등으로 조직할 수 있으며, 큰 수준으로 보아 course-unit-lesson으로 볼 수도 있다.

단원(unit)이라는 말은 헤르바르트의 학습단계 이론까지 거슬러 간다. 헤르바르트가 "교수단계는 교재의 일소군(一小群)에 적용된다."고 한 언급에서 소위 '교재의 일소군'에서 유래한다. 헤르바르트는 학습 과정을 명료-연합-계통-방법으로 제시하였고, 그 후에 그의 제자 Ziller(1817~1882)가 분석-종합-연합-계통-방법으로, Rein이 5단계 교수법[예비-제시-연상(비교)-종합(총괄)-응용]을 제시하고, 이 5단계 교수법이 적용되는 교재의 한 분절을 방법적 단원(Methodische Einheit)이라고 불렀다. 이 말이 미국에 와서 unit으로 번역되었다. 그리고 킬패트릭(Kilpatrick)의 구안법이 생겨 단원관에 변화가 생기게 된다. 이 경우 이 단원을 구안단원이라고 하였다. 본격적으로는 1926년 모리슨(Morrison)이 사용하기 시작하였으며, 모리슨식 단원 교수법(탐구-제시-동화-조직-반복)을 제안하였다. 이 당시 이러한 단원법에 의해 학습되는 것을 학습단원이라고 하였다.

이러한 단원이 현대적으로 구성된 것은 사회기능법에서 작업단원을 만든 것으로부터 시작되었다고 볼 수 있는데, 작업단원법에서는 스코프와 시퀀스의 교차점에서 구성한 것이다. 이 단원은 결정된 스코프와 시퀀스의 범위 내에서 핵심적인 학습내용을 중심으로 관계되는 부수적 내용, 학습경험, 작업 등을 중심으로 구성되었다.

우리가 학습자의 내적 학습 과정과 가장 적합하게 상관이 있는 학습내용과 경험을 묶어 주는 어떤 외적 조직에 대한 필요성을 느끼게 되는데 이 조직이 바로 단원이라고 보면 된다. 즉, 단원이란 학습내용과 경험을, 일정한 학습집단에, 주어진 시간에 학습할 수 있도록 조직한 학습단위를 말한다. 그래서 이러한 단원의 의미에는 ① 전체성,

통일성, 단일성을 보장해야 하며, ② 어떤 자료를 중심으로 하며, ③ 학습경험의 하나의 조직이라는 뜻이 내포되어 있다. 결국 단원은 통일된 어떤 자료를 중심으로 한 학습경험의 하나의 조직으로서 전체와의 유기적 관련 속에서 성립되는 통일적이며 단일적인 전체 학습경험의 분절 단위라고 볼 수 있다.

그리고 단원에도 종류가 있는 데, 일반적으로 계열의 성격과 작성 주체에 따라 구분된다. 계열의 성격으로 보면 교재단원과 경험단원이 있다. 교재단원은 지식을 논리적인 체계로 나누어 구성한 단원으로서, 일정한 지식의 분량 또는 단편적인 지식의 토막을 의미한다. 여기에서는 교재 계열의 한 단위가 하나의 단원이 되는 것이다. 반면에 경험단원은 학생이 활동하고, 경험하고, 실천하는 생활경험의 일련의 관계로 조직된다. 여기에서는 동적인 전체로서의 경험의 한 단위 또는 일정한 목표 밑에 전개되는 종합적이고 관련성 있는 일련의 활동들로 조직된다.

그리고 작성자가 누구냐에 따라 자료단원과 교수/학습단원으로 구분된다. 자료단원은 교사가 교수/학습단원을 계획하고 전개시키고 평가함에 있어서 도움이 될 여러 가지 자료를 체계적이고 종합적으로 조사 분석하여 조직한 것을 말한다. 그런 점에서 학습자료의 저장고라고 볼 수 있다. 그리고 이것을 토대로 학습단원을 구성한다. 교수/학습단원은 한 교사가 담당하고 있는 어느 특정한 학습집단을 위해서 조직한 단원으로서 교과단원 혹은 경험단원의 성격을 띨 수도 있다. 그리고 학습단원을 정리하여 사전에 지면에 적어 놓은 것이 단원전개안이라고 볼 수 있다. 보통 단원전개는 도입, 계획, 전개, 정리, 평가 단계로 이루어지며, 학습지도안에는 단원명, 단원설정의 이유, 단원의 학습목표, 지도내용과 학습계획, 지도상의 유의점, 본시의 학습계획(도입–계획–전개–정리–평가), 평가계획 등이 포함된다.

(2) 도야(Bildung)

도야의 개념이 일상생활에서의 용어가 아니라 학문적으로 사용되게 되면 도야는 독일어 'Bildung'의 개념으로 사용된다. 특히 교육, 학습, 사회화, 문화화(文化化, Enculturation) 등의 개념이 서구의 다른 언어권의 학문 내에서, 특히 교육학 내에서 일반적으로 사용되는 것에 반하여 도야는 주로 독일어권에서 사용되는 개념이다. 왜냐하면 독일어에서는 교육(Erziehung)과 도야(Bildung)가 구분되어 사용되지만 서구의 다른 언어권에서는 이런 구분이 거의 발견되지 않기 때문이다(정영근 외, 2002: 90). 주로 독일어권에서 교육학의 주요 개념으로 사용되는 도야(Bildung) 개념의 형성은 중세 후기의 신비주의(Mystik)에서 기인하며 인간에게 있어서의 '신성의 발현(Aktualisierung der Gottebenbildlichkeit)'을 의미했다. 이 개념은 18세기경 계몽주의의 영향으로 해방(Emanzipation)의 측면에서 새로운 차원의 내용을 형성하면서 교육학적 용어로 사용되기 시작한다. 즉, 이 개념이 갖고 있던 신비주의적이고 신학적인 측면 대신에 인간에게 적절한 그리고 인간을 특징짓는 삶의 형식(Lebensform)을 획득하고 유지하는 '인간다움'의 측면이 강조된다. 도야는 이제 주어진 타율성(Heteronomie)을 비판하는 계몽된 인간의 자세로서 인간의 이성을 통한 자율성(Autonomie)을 강조한다. 인간다움을 획득하여 인간다운 인간으로 형성되는 과정으로서의 도야의 개념에는 이미 인간은 인간으로서 태어나는(geboren)는 것이 아니라 인간으로 형성되는(gebildet) 것이라는 인간 이해가 전제되어 있다. 즉, 도야 개념의 형성 과정 및 그 내용의 변화 과정은 도야의 개념에는 이미 나름대로의 인간상(Menschenbild)과 세계상(Weltbild)이 그 근저에 놓여 있음을 보여 준다.

도야의 개념이 주로 독일어권에서 사용되는 이유는 이 개념의 형성이 14세기경 독일의 신비주의(Mystik)에서 기인하기 때문이다. 신비주의자 마이스터 에크하르트(Eckhart, M.)는 이 개념을 인간이 인간적인 성향을 극복하고 신(神)과 하나가 되어 가는 과정, 즉 인간에게서 신적(神的) 측면이 발현되는 과정으로 이해한다. 이렇게 '인간이 본질적으로 소유한 신성(神性)의 발현(Aktualisierung der Ebenbildlichkeit Gottes in der Person)'이란 의미를 갖는 도야의 개념에는 기독교의 전통과 함께 신플라톤주의 사상이 녹아 있으며 아직은 교육적으로 구체적인 의미를 가지지 못하고 있었다. 한편으로는 신성의 발현과 다른 한편으로는 발현된 신성을 개인적인 삶에서 내면화하는 과정인 도야의 과정은 시대정신의 변화에 따라서 내용적으로는 변화를 맞게 되지만 신과 인간, 발현과 내면화 그리고 개인과 개인이 속한 사회 또는 세계라는 변증법적 구조는 이 개념의 내용 변화에 관계없이 이 개념을 특징짓는 구조적 특징으로 남게 된다. 종교적이고 신비주의적인 성격을 갖는 이러한 도야의 개념에서도 이미 교육적으로 의미 있는 특징을 발견할 수 있는데, 즉 개념의 형성 초기부터 도야는 단순하게 지식을 전수하거나 획득하는 과정이 아니라 인간에게 어울리는, 즉 인간을 특징짓는 삶의 형식을 획득하고 보존하는 것을 의미했다는 것이다. 도야 개념의 이러한 특징적 내용의 형성은 사실상 유럽의 고대에서 유래되었다. 즉, 그리스어 도야에 해당하는 파이데이아(Paideia)는 이미 기원전 5세기부터 어린이를 교육하거나 지도하는 개념이 아니라 인간을 인간다움으로 인도하는 개념이었다. 플라톤의 유명한 동굴의 비유는 도야의 과정을 인간이 선의 이데아를 향해 고통스럽게 향상해 나가는 과정으로 잘 보여 준다(정영근 외, 2002: 91).

루소(Rousseau, J. J.)를 통해서 도야의 개념은 포괄적인 교육적 의미를 얻게 되고 일반적으로 사용된다. 루소는 학교제도를 포함하여 당시의 사회문화적 상황을 비판하면서 아동이 스스로 자신을 실현하는 인간의 자연적 본성에 적합한 교육모델을『에밀(Emil)』에서 제시했다. 이러한 도야의 개념에서 영향을 받은 페스탈로치(Pestalozzi, J. H.)도 도야가 인간이 본래 갖고 있는 내적인 힘을 통해서 인간을 순수한 지혜의 차원으로 고양하는 것을 목적으로 한다고 주장한다. 자기성찰(Selbst reflexion)과 사회비판(Gesellschafts kritik)으로서의 도야 개념은 신인본주의(Neuhumanismus) 교육사상을 대표하는 홈볼트(Humboldt)에 의해서 이론적으로 완성된다. 그의 사상의 근거는 개인의 강조, 즉 개별적인 자기형성 측면의 강조로서 도야를 인간이 자신의 여러 능력들을 균형 있고 조화롭게 계발하여 인류라는 이념 속에서 하나의 자율적이고 고유한 개인으로 성장해 나가는 과정으로 이해한다. 이때 도야의 개념이 사회적인 측면을 고려하지 않고 있기는 하지만 개인의 개별성의 형성이 전제되지 않으면 사회의 발전은 불가능하다.

왜냐하면 사회는 역할, 기능, 직업, 신분 등 비개인적인 근거에 의해 체계화되지만 이렇게 비인간화된 사회체제의 극복은 다른 누구와도 비교되거나 대체될 수 없는 개인 각자의 고유한 개별성의 형성, 즉 개인의 도야를 통해서만 가능하기 때문이다. 홈볼트는 사회의 체제나 상황이 완전하지 못하다는 것을 인정하기는 하지만 그의 도야이론을 수정하는 대신에 고대 그리스 · 로마의 문화를 지향점으로 제시한다. 그 결과 이런 지향은 19세기의 독일 시민 교육과 김나지움(Gymnasium)의 형성에 영향을 미치면서 개인의 도야는 '좋은 국가', 그리고 '정의로운 사회'의 실현을 위한 전제조건으로 제시된다. 그러나 신인본주의의 도야 개념은 이 개념이 갖고 있는 이상적인 측면 때문에 많은 비판에 직면하게 된다. 니체(Nietzsche)는 이미 1872년에 한편으로는 이 사회 내에서의 삶의 능력을 추구하면서 다른 한편으로는 개인 인격의 자유로운 발달을 추구하는 이 개념은 실패할 수밖에 없다고 단언한다. 그의 주장은 이 도야의 개념이 인간의 삶에서 주체로부터 자유로운 영역, 즉 객관적이거나 비인격적인 영역을 간과하고 있다는 사실에 근거한다. 헤겔(Hegel)은 도야는 일반적인 것과 특수한 것의 대립에서 변증법적 지향점인 절대적인 것(Absolute)을 추구하는 것으로서 '정신의 자기발현'으로 이해한다. 이때 도야의 목적이 단지 백과사전적인 방식으로 이해될 수 있는 측면이 보이는데 마르크스는 이와 관련하여 도야 개념에서 다재다능한 능력의 획득이라는 측면을 강조하면서 '자기실현'으로서의 도야과정을 역사사회적 맥락에서 이해한다. 키에르케고르(Kierkegaard)는 헤겔이 도야를 대립의 변증법적 고양(高揚)으로 이해하는 것에 반하여 삶에서의 실제적인 모순에 직면한 개인의 자기실현으로 이해하면서 공존(共存)의 정의(正義)라는 사회적 차원을 강조한다. 따라서 도야는 인간실존, 즉 삶에서 직면하는 모든 상황에서 어쩔 수 없이 구체적인 선택을 하는 인간의 자기실현 과정으로 이해된다. 슈프랑어(Spranger)의 도야이론도 문화(Kultur)를 주제로 하고 있으나 문화의 생성과정을 '정신의 객관화(Objektivation des Geistes)'로 이해한다는 측면에서 볼 때 역시 헤겔의 '객관적 정신(objektiver Geist)'에 근거하고 있다고 볼 수 있다.

도야 개념의 이러한 계몽적인 측면과 해방적인 측면은 교육적으로 매우 의미 있는 내용이지만 이 개념이 갖고 있는 형이상학적인 내용 때문에 교육학 내에서 도야의 개념은 다양한 방식으로 다루어진다. 즉, 도야의 개념을 여러 가지 직업 훈련(Berufsbildung)의 개념으로 구체화하거나 학습(Lernen)의 개념으로 대체하거나 또는 이 도야의 개념을 완전히 포기해 버리는 시도들이 교육학 내에서 나타난다. 이런 현상은 교육학의 학문적 자기정체성에 관한 논의를 바탕으로 하여 교육학이 좀 더 실제적인 과학(Realwissenschaft)이 되고자 하는 경향에서 초래된다(임창호, 1996).

(3) 교육사적 의미

독일 전통에서의 지식교육의 흐름은 헤르바르트의 교수 단계와 도야 개념의 본래성에 찾을 수 있을 것이다. 가르쳐야 할 것을 제대로 가르치는 방법, 인간 사고의 흐름에 대응하게 체계적으로 잘 가르치기만 한다면 인간 정신이 잘 형성되고 도야시킬 수 있을 것으로 보았다고 적극적으로 해석이 가능한 부분이다.

① 인간형성

특히 헤르바르트의 교수이론을 적극적으로 해석하면 기존의 암송식 교육이나 인간 사고의 흐름과는 무관하게 일방적으로 가르쳐 온 교육방식에 대한 근대적 저항이며 전문적인 반성의 결과물이라고 볼 수 있다. 이것이 구체적으로 나타난 것이 수업이론 형성이다. 즉, 헤르바르트는 전심과 치사라는 개념을 가지고 '사고의 이상형'을 확립하려고 했다. 그리고 그가 이 사고의 이상형을 확립한 궁극적인 이유는 명료, 연합, 체계, 방법이라는 '수업의 이상형'을 제시하기 위해서였다. 헤르바르트는 사고의 이상형을 설정해 놓고, 그것에 상응하는 수업의 이상형을 제시하려고 하였다. 이 수업의 이상형은 사고의 이상형을 실현하기 위한 교육의 실제적 처방이다. 수업의 이상형이 의미를 가지는 것은 그것이 사고의 이상형을 실현하기 위한 최적의 방법이라는 데에 있다.

한편, 도야의 입장에서 보면 학습이 인간뿐만 아니라 동물에게도 적용될 수 있는 개념인 것에 반하여 도야는 교육의 개념과 마찬가지로 오로지 인간에게만 적용되는 개념이다. 따라서 도야의 개념이 역사적으로 변화해 왔다는 것은 도야와 관련된 인간 이해가 역사적으로 변화해 왔다는 측면에서 이해될 수 있다. 도야의 개념이 처음으로 형성된 독일 신비주의에서는 도야의 과정을 통해 인간이 인간적인 측면을 극복하고 신과 하나가 되어 가는 과정, 즉 인간에게서 신적인 측면이 발현되는 과정으로 이해했다. 인간은 누구나 도야를 통해서 세속의 인간을 극복하고 신적 차원으로 고양될 수 있다는 사실은 인간을 신과의 관계에서 이해하는 두 측면을 시사한다. 즉, 인간은 동물과는 달리 누구나 도야를 통해서 신적 차원으로 고양될 수 있다는 인간의 가능성에 대한 차원과 인간이 신적 차원으로 고양되는 것은 오로지 도야를 통해서만 가능하다는 인간에게 있어서 도야의 필요성에 대한 차원이다.

인간은 누구나 신적인 측면을 가지고 있으나 모든 인간이 자신의 갖고 있는 신적인 측면을 그의 삶에서 자연스럽게 발현시킬 수 있는 것이 아니라 스스로의 노력을 통해서만 가능하다는 이러한 인간 이해에는 아리스토텔레스의 인간 이해인 '이성적 동물(Zoon Logon Echon)'로서의 인간이 바로 이성의 능력을 갖추고 있기 때문에 동물과 신, 더 나아가서는 물질계와 정신계의 경계선상에 있는 경계존재(Grenzwesen)라는 신플라톤학파의 인간 이해가 녹아 있는 것으로 여겨진다. 동물과 신, 그리고 물질계와 정신계의 경계선상에 존재하는 인간은 신체적 차원에서는 동물과 동일하지만 정신적 차원의 능력, 즉 이성 때문에 정신적 차원으로 신적 차원으로 고양될 수 있다는 것이다. 물론 동물과는 달리 인간만이 갖는 이러한 가능성의 차원은 결국 인간은 다른 피조물들과는 다르게 '신의 형상(Ebenbildlichket des Gottes)'대로 창조되었다는 기독교의 전통에서도 이해될 수 있는 부분이다.

계몽주의와 신인본주의를 거치면서 인간이 신적인 차원으로 고양되는 과정인 도야의 과정이 인간이 스스로 인간성을 획득하는 과정으로 이해된다. 당시의 시대정신인 세속화(Säularisation)의 경향은 도야의 개념에서 인간과 신의 관계를 인간과 세계의 관계로 변화시켰으며 이제 인간은 신과의 관계에서가 아니라 실재하는 이 세계 속에서 다른 동물과는 다른 특별한 존재로 이해된다.

훔볼트는 프랑스 혁명의 사상에서 영향을 받고 라이프니츠(Leipniz)와 칸트(Kant)의 철학에 기대어 그의 이상적인 인간상을 발전시켰다. 그에 따르면 인간은 누구나 다양한 사회문화적 관계 속에서 살아가고 있으며 살아가면서 직면하게 되는 상황에서 어떤 결정을 하게 된다. 이때 그는 상황을 판단하고 그 상황에 적합한 행위를 결정하기 위해 그의 모든 힘(Kraft)을 동원하는 데, 이 과정은 객관적으로 설명될 수 없는 극히 인간적인 측면을 갖는다. 개인의 힘은 개인이 속한 세계와의 관계에서 비로소 사회문화적인 성격을 얻게 되는데, 즉 개인은 그의 힘을 계발하기 위해서 세계를 필요로 하고 세계는 있는 그대로의 자연이 아닌 사회문화적인 세계이기 위해서 개인과 개인의 행위를 필요로 한다. 인간이 개인으로서 그 스스로와 세계에 대하여 자율적이라는 사실과 또한 인간은 항상 그러해야 한다는 요청은 궁극적으로는 인간이 살아가면서 항상 판단하고 평가한다는 사실에 기인한다. 왜냐하면 평가한다는 것은 의미를 부여하고 체계화하는 과정이기 때문이다. 결국 인간은 동물적 본성과 사회적 강요에 의해서 기계적으로 행동하는 것이 아니라 스스로 의미를 부여하면서 행위하는 이 세계 속에서 자율적인 개체이다. 이런 의미에서 인간은 역사사회적(geschichtlich-gesellschaftlich) 존재로서 이 세계에 의해 수동적으로 행동하는 것이 아니라 스스로를 규정하면서 자율적으로 원칙에 따라 행위를 하는 존재로 이해된다. 훔볼트에 따르면 개인은 스스로 도야하면서 사회적으로 책임 있는 행위를 하게 되며, 이런 맥락에서 볼 때 개인 각자의 도야는 사실상 인류의 인간성을 실현하는 차원에서 이해될 수 있다.

② 도야

도야의 개념에는 이미 인간의 개념이 녹아 있다. 인간이란 무엇이며 인간이 인간이기 위해서는 어떻게 해야 하는가 하는 질문에 대해 서유럽의 인본주의는 인간은 언어와 역사와 도덕성을 가졌으나 인간이 언어를 말하고 역사를 이해하고 도덕적이기 위해서는 먼저 이 세 가지에 다가갈 수 있어야 한다고 답변한다. 스스로를 그리스의 제자로 또한 로마의 스승으로 생각했던 키케로(Cecero)는 그리스의 파이데이아(Paideia) 개념에 실제에서의 실용적 삶에서의 숙련성 그리고 대화에서의 소통이라는 측면을 가미한다. 따라서 도야의 개념은 언어를 숙달하고 역사를 의식하며 도덕적 삶의 형식을 획득하고자 하는 과정으로 이해된다. 결국 도야 개념에 의해 형성되었던 그리스의 형이상학이 로마의 도덕(Sittlichkeit)으로 대체된 것이다.

도야에 해당되는 그리스어 파이데이아라는 개념이 형성될 수 있었던 것은 궁극적으로는 그리스인들이 인간의 개념을 형성할 수 있었기 때문이었다. 즉, 인간은 스스로를 객관화할 수 있고 스스로를 대상화할 수 있다는 "너 자신을 알라"라는 말은 종(種)으로서의 인간뿐 아니라 개인(個人)으로서의 인간에 대한 이해이며 인간의 모든 행위 또는 작업은 인간 스스로의 자기이해로부터 시작된다는 것이다.

도야나 교육이 모두 인간의 형성과정과 관련된 개념이고 인간의 형성과정은 인간이 살고 있는 현실적인 세계에서 진행되는 과정이지만 도야는 본질적으로 자기고양(Selbstbildung, Selbstaufhebung)으로서 스스로 실천하는 행위임에 반하여 교육은 본질적으로 영향력 행사 및 인도라는 구체적인 인간관계에서 이루어지는 행위라는 것이다. 즉, 교육은 어원적으로 볼 때 인간의 타고난 소질과 능력을 이끌어 내어 향상시켜 주는 행위로서 이 과정은 인간의 내적 능력을 외부로 이끌어 내는 '개발과 전개'라는 면과 외부의 지식과 가치를 내면으로 '주입하고 훈련한다'는 면으로 구분될 수 있으나 궁극적으로는 일방적인 영향력 행사와 영향력을 행사하는 인간의 권위적인 측면이 강조되는 데 반하여 도야는 전적으로 행위하는 주체로서의 한 인간 스스로 고유한 자신을 형성해 나가는 과정이다(정영근, 2004: 169-167).

교육이 외부로부터 의도된 영향을 통한 인간 형성과 관련된 개념이라고 한다면 도야는 외부세계와의 관계를 통한 자발적인 인간 형성과 관련된 개념이다(정기섭, 1998: 187). 도야 개념의 형성과정에서 이미 확인된 외부의 영향력 행사를 비판하는 계몽되고 해방된 인간의 자율성에 대한 강조는 이 개념이 교육을 비판하는 개념으로 오해될 수 있는 여지를 주고 있다. 그러나 도야와 교육의 개념에서 확인되는 행위이론적 측면의 차이점, 즉 인간 형성과정을 타율적인 과정으로 혹은 자율적인 과정으로 이해함은 이 두 개념들이 인간 형성과정을 보는 관점과 범위에서 초래된다.

교육이 인간을 인간사회의 위계질서 속으로 편입시키는 객관적 측면을 강조하는 것에 반하여 도야는 인간 개인에게서 출발하여 자유롭게 자신의 행위를 결정하고 책임지는 개별적 인간을 강조한다. 따라서 교육이 비교적 제한된 범위의 인간관계에서 인간 형성과정을 주제화하는 것에 반하여 도야는 한 인간이 그가 속한 세계에서 자신과 세계를 스스로 형성해 나가는 과정, 즉 인간의 삶의 과정을 추구하고 있다(정영근, 2004: 171). 이때 도야 개념에서 강조되고 있는 인간의 자율성은 결국 인간은 태어나서 인격체(Person)로, 즉 도덕적 존재로 스스로 성장해 나간다는 인본주의적 인간 이해에 근거하고 있다.

상술한 바, 유럽 인본주의 역사는 고대에까지 소급되는데 인간의 조화로운 발달, 즉 파이데이아를 추구했던 고대의 교육은 현대에서는 인문교육 혹은 교양교육의 원천으로 인정되며 현재 '교양'으로 번역되는 'Liberal Arts'도 단순한 기술이나 예술의 전수가 아닌 "자유로움"을 강조한다. 즉, 인간을 바람직한 방향으로 형성시켜 나아가는 과정을 보는 관점(적극적인 관점으로서의 기계적인 교육 개념)과 인간은 본래 임의로 형성되는 소재일 수 없고, 내적으로 고유한 법칙에 의해서 스스로가 자기 자신 속에 설정된 목표를 향해 발전해 나아가도록 혜야 한다는 소극적 관점인 유기적 교육 개념이다. 전자는 계몽주의, 후자는 낭만주의에 의해 주도된 개념이다.

4) 영미 전통과 교육사적 의미

영국과 미국의 전통에서 지식교육의 흐름을 논의하는 일은 비교적 유리한 입장에서 전개될 수 있다. 왜냐하면 그간 한국의 교육학 전통이 상당부분 영미 전통의 입장에서 상대적으로 많이 이루어져 왔기 때문이다.

그러나 영미 전통이라는 것이 매우 모호하고 그 범위가 광범하므로 본 연구에서는 지식교육의 측면에서 분석철학과 실용주의(혹은 진보주의)에 국한하여 논의하기로 한다. 이는 순전히 논의의 편의상이며, 보다 엄밀하게 본다면 영국과 미국의 토대적 철학의 유형에 비추어 논의해야 할 것이다.

(1) 분석철학

분석철학은 오천석(1984)에 의하면 의미(혹은 意義)의 철학이다. 20세기에 등장한 실험주의와 실존주의가 각각 경험의 철학, 존재의 철학이라면 분석철학은 엄격한 과학정신과 논리의 방법으로 무장한 철학이다. 추상적 사유에 대한 반항아로서 분석철학은 논리적 실증주의, 논리적 실험주의, 철학적 분석주의, 언어 철학, 언어 분석주의 등으로 불릴 정도로 언어 분석에 주목을 한다. 철학의 목적은 명제를 만드는 데에 있는 것이 아니라 명제를 명료하게 만드는 데에 있다고 비트겐슈타인이 언명하였다. 영국의 케임브리지 대학에서 출발하고 옥스퍼드 대학으로 넘어가서 길버트 라일(Gilbert Ryle) 등 여러 학자들에 의하여 계승되고 있다.

모든 철학적 관념, 명제, 제안, 단언 등이 실제 경험과 분석의 방법에 의하여 입증되느냐 하는 데에 관심을 두는 논리적 경험론(철학의 기능은 논리적 분석)과 언어와 문장과 표현의 의의를 명확히 하는 언어 분석론이 분석철학의 주요 입장이다. 이하에서는 양자의 입장을 절충하는 몇 가지 논의를 살펴보고자 한다. 여기에는 자유교육의 전통, 허스트(P. Hirst)의 후기 입장, 의미의 영역이론 등이다.

① 영국의 자유교육 전통

자유교육(liberal education)은 원래 그리스 사회와 같은 계급사회에서 노예와 구별되는 '자유민'을 위한 교육을 지칭하는 용어로 사용되었지만, 계급이 사라진 근래에 들어서는 사람을 '자유롭게 하는 교육'이라는 의미로 널리 사용되고 있다(이홍우, 2010: 124). 이와 같은 의미에서의 자유교육은 하나의 교육적 이념으로서 일반교육(general education)의 성격과 목적을 특정한 관점에서 규정하는 관점이라고 말할 수 있다.

일반교육은 직업교육과 같이 특정한 목적을 위해 실시되는 교육이나 또는 특수교육, 영재교육 등 특정한 학생들을 대상으로 하여 실시되는 교육과 대비되는, 일반적인 학생을 대상으로 하여 일반적인 넓은 범위의 목적을 위해 실시되는 교육을 지칭한다고 볼 수 있다. 이와 같은 의미에서의 일반교육이 추구해야 할 교육적 이념으로는 전통적 인문주의(traditional humanists), 효율성주의(social efficiency educators), 발달주의(developmentalists), 사회개량주의(social meliorists) 등 몇 가지 관점들이 경쟁해 왔으며(Kliebard, 1998), 이들 중에서 인류의 지적 유산인 교과 지식을 교육내용으로 삼아 인간의 정신을 함양하는 것을 중시하는 인문주의의 관점이 곧 자유교육의 이념과 그 맥을 같이한다고 볼 수 있다.

자유교육 이념의 대표적인 옹호자인 오우크쇼트에 의하면 학교에서 다루어지는 교육내용은 인간이 세계를 이해하기 위해 발전시켜 온 지적 유산으로서의 다양한 언어(voices)들로 구성되어야 한다(Oakeshott, 1972). 인간이 거주하고 있는 세계는 '사물'이 아니라 '의미'로 이루어져 있는 바, 이러한 의미는 세계에 대한 우리의 이해의 결과이다. 각각의 의미에 의해 우리는 세계를 특정한 방향에서 경험하게 되며, 또한 그 세계 안에서의 인간의 위치를 파악하게 된다. 이러한 의미들은 다양한 종류의 언어가 사용되는 '대화'에 의해 공유되고 전승되는데, 시, 역사, 철학, 과학, 예술 등은 그러한 대화에서 사용되는 언어들이다. 각각의 언어들은 반성과 논의, 비판과 상상적 사색을 통하여 대대로 발전해 왔으며, 이러한 과정을 통해 언어는 더욱 정련되고 다듬어진다. 따라서 오늘날 우리가 전수받고 있는 지적 유산은 그야말로 이제까지 생각되고 말해 온 것 중 가장 뛰어난 것들을 선별해 놓은 것이라고 볼 수 있다. 그리고 이러한 최상의 전통은 구체적인 하나하나의 '삶의 현실'을 재조명하도록 하는 '삶의 이상'을 나타낸다.

자유교육의 이념이 지향하는 교육의 방향이나 목적이 구체적으로 무엇인가에 대해서는 시대에 따라, 그리고 학자에 따라 규정방식이 다르고 강조점이 다르지만, 자유교육의 주된 관심사는 가장 일반적인 의미에서의 이성의 발달 또는 합리성의 계발이라고 볼 수 있다. 이는 무엇보다 합리성이 우리의 판단을 충동이나 편견, 미신 등으로부터 자유롭게 해 준다는 생각에 바탕을 두고 있다고 하겠다. 이렇게 본다면 자유교육에 관한 여러 이론들은 곧 합리성 또는 이성이란 무엇이며 그것은 어떻게 어떠한 교육적 경험을 통해 계발될 수 있는가라는 질문에 대한 상이한 해답이라고 볼 수 있겠다.

자유교육의 이론 중 근자에 들어 꾸준히 주목을 받아 온 것은 허스트의 이론이다(Hirst, 1965; 1974). 허스트에 의하면 합리적인 마음을 발달시킨다는 것은 궁극적으로 그가 말하는 '지식의 형식(forms of knowledge)'을 내면화시키는 과정을 지칭하며, 따라서 합리성의 발달을 목표로 하는 자유교육의 의미와 그 성격은 마땅히 '지식의 형식'과의 관련 속에서 규정되어야 한다. 그의 이론은 다음과 같이 요약될 수 있다. ① 마음의 발달이란 개개인의 의식이 모종의 개념의 틀(conceptual framework)에 맞추어 일정한 방향으로 분화되어 감을 뜻한다. ② 의식의 발달을 방향 짓는 개념의 틀은 개개인이 임의로 구안해 내는 것이라기보다는 사회적 차원에서 공적 전통으로 전해 내려오는 것이다. ③ 인류가 발전시켜 온 여러 종류의 지식체계는 곧 이와 같은 개념의 틀을 나타낸다. 각각의 지식체계는 나름대로의 독자적인 기본 개념과 진위 판단 기준을 가지며 이에 따라 우리는 논리적으로 상호 독립적인 7개의 '지식의 형식'을 구분할 수 있다. ④ 이들 7개의 지식의 형식은 곧 무엇이 합리적인 판단인가에 대한 준거를 제공해 주는 것으로 이 점에서 '합리성'의 구체적 내용을 규정한다고 할 수 있다. 이때 합리성의 내용을 규정하는 개념의 틀은 비교적 안정적이어서 쉽게 변화하지 않으며, 또한 사회적 배경의 차이에도 불구하고 보편적인 모습을 갖는다.

허스트의 설명을 따를 때 합리성의 발달을 목표로 하는 자유교육의 과정은 곧 공적 전통으로 내려오는 개념의 틀, 즉 그가 말하는 7개의 지식의 형식 안으로 학생들을 입문시키는 과정으로 요약된다. 이러한 설명은 특히 인식 과정에 있어서의 공적 개념구조의 중요성을 올바르게 부각시키는 것으로, 지식을 사적인 경험의 침전물이나 또는 본유관념에 대한 개인의 성찰 결과로 보는 전통적인 경험론이나 합리론의 개인주의적 설명의 난점을 극복한 것이라고 할 수 있다.

지식의 학습을 통한 마음의 계발을 중시하는 자유교육의 이념에 대해서는 크게 두가지 관점에서 비판이 제기되고 있는데, 그 하나는 자유교육이 주로 이론적 지식의 중요성을 강조하는 가운데 실제적 지식의 가치를 상대적으로 경시하는 경향이 있다는 데 대한 비판이요, 다른 하나는 자유교육의 이념이 특정 문화집단의 관점에 대해 절대적인 진리의 지위를 부여함으로써 다른 문화집단의 관점을 비합리적인 것으로 폄훼할 수 있다는 데 대한 비판이다. 전자의 비판과 관련해서는 한편으로 이론적 지식과 실제적 지식 중 어느 하나만을 배타적으로 강조하는 관점의 타당성을 검토할 필요가 있으며(김인, 2015 참조), 다른 한편으로는 이론적 지식과 실제적 지식의 구분 가능성이나 둘 사이의 관계에 대한 검토가 필요하다고 본다(황규호, 1997 참조). 후자의 비판, 즉 자유교육에서 강조하는 이론적 지식의 편파성에 대한 비판은 자유교육이 중시하는 이론적 지식의 객관성 및 보편성에 대한 검토를 요구하는 비판으로서, 이와 같은 비판은 특히 상이한 세계관 사이의 갈등 문제를 탐구 주제로 삼는 다문화 교육의 맥락에서 종합적으로 검토될 필요가 있다(황규호, 1994 참조).

② 후기 허스트주의

허스트의 후기 입장은 전기의 '지식의 형식이론'이다. 그는 후기에 사회적 실천이라는 용어를 제시한다. '사회적 실천전통(social practices)'은 교육을 '지식의 형식에의 입문'으로 보는 주지주의 교육관을 극복하기 위하여, 1990년대에 제시된 대안적 교육관, 즉 '사회적 실천전통에의 입문으로서의 교육관'에서 사용된 용어이다. 'practices'라는 용어는 맥킨타이어(Alasdair MacIntyre)가 『덕 이후(After Virtue)』라는 책에서 덕의 개념을 설명하기 위해 사용한 것으로서(MacIntyre, 1984), 주지주의 교육의 문제를 해결하기 위해 교육에 원용된 것이다. 맥킨타이어가 원래 사용한 용어는 'practices'인데, 한글 번역 과정에서 이것은 '실천' '사회적 인간 활동' '사회적 실제' '행위전통' '사회적 실천전통' 등으로 다양하게 번역되어 사용되고 있다. 맥킨타이어는 '사회적'이라는 용어를 'practices'라는 말 앞에 덧붙여 사용하지 않으나, 'practices'라는 용어의 의미가 오해되는 것을 방지하고 사회적 활동의 측면을 강조하기 위해서 교육적 논의에서는 일반적으로 '사회적'이라는 용어를 추가하여 사용하는 경향이 있다(홍은숙, 2007: 118 참조).

맥킨타이어는 도덕의 여러 개념 및 덕의 개념이 그것이 원래 사용되었던 맥락에서 떨어져 나옴으로써 그 의미가 제대로 이해되지 않고 껍데기만 남은 사이비 개념이 되었다고 비판하고, 어떤 개념을 제대로 이해하기 위해서는 그것이 나온 맥락을 알아야 한다고 주장한다. 이처럼 어떤 개념의 맥락을 제공하는 사회적 활동을 그는 'practices(실천전통)'이라고 부르며, 각 활동의 실천전통을 회복시킬 것을 제안한다. 맥킨타이어는 '실천전통'의 개념을 다음과 같이 정의한다.

> 내가 말하는 '실천전통'라는 것은 사회적으로 확립된 협동적인 인간 활동의 모종의 일관되고 복잡한 형식으로서, 그 활동 형식에 적합하고 또한 그 의미를 부분적으로 규정하는 탁월성의 기준을 성취하는 과정에서 그 활동 형식의 내적인 가치가 실현되며, 그 결과로 탁월성을 추구하는 인간의 능력 및 관련된 활동의 목적과 가치에 대한 인간의 사고가 체계적으로 확장되는 것을 뜻한다. '실천전통'을 이렇게 이해할 때, 틱택톡 혹은 기술적으로 축구공 던지기는 실천전통이 아니지만, 체스나 축구는 실천전통의 예가 될 수 있다. 벽돌 쌓기는 실천전통이 아니지만 건축은 실천전통이며, 무 심기는 실천전통이 아니지만, 농경은 실천전통이다. 물리학, 화학, 생물학의 탐구, 역사학자의 작업, 미술이나 음악 등도 모두 실천전통이 될 수 있다. 고대나 중세에 있어서 인간 집단들—가정, 도시, 국가 등의 집단들—을 만들고 유지하는 것은 위에서 정의된 뜻에서의 실천전통으로 흔히 간주된다. 따라서 실천전통의 범위는 예술, 과학, 게임, 아리스토텔

레스가 뜻하는 정치나 가정생활을 꾸려 나가는 것 등 모두를 포함할 정도로 광범위하다 (MacIntyre, 1984: 187-188; 홍은숙, 2004: 226).

맥킨타이어의 정의에 의하면, 축구공 던지기, 벽돌 쌓기, 무 심기는 실천전통이 아니고, 축구, 건축, 농경은 실천전통이다. 그렇다면 실천전통을 규정하는 특징 내지 준거는 무엇인가? 밀러는 실천전통의 핵심 요소로서 내적 가치와 탁월성의 기준 두 가지를 지적한다(Miller, 1994: 247). 유재봉은 실천전통의 준거를 '사회적으로 확립된 협동적인 인간 활동의 모종의 일관되고 복잡한 양식' '내적인 가치의 성취' '탁월성의 기준' '규칙에 대한 복종' 그리고 '실천전통 그 자체의 발달' 등의 다섯 가지로 설명한다(유재봉, 2002: 147). 홍은숙은 '실천전통'의 준거를 맥킨타이어의 논의에 기초하여 '사회적으로 확립된 협동적인 인간 활동' '모종의 일관되고 복잡한 형식' '탁월성의 기준' '실천전통의 내적 가치' '덕' '규칙에 대한 복종' '역사적 전통의 발전' '구성원의 성장' 등 여덟 가지로 분석한다(홍은숙, 2004: 226-231; 홍은숙, 2007: 119-129).

홍은숙은 무기력한 지식을 극복하고 명제를 의미 있게 가르치기 위해서 맥킨타이어가 제시한 '실천전통'의 개념을 교육에 원용하여, 교육의 초점을 명제적 지식에서 그 명제가 만들어진 배후 활동인 실천전통으로 옮길 것을 주장하였다. 또한 실천전통의 다양한 구성요소로서 명제적 지식, 전문적 기술, 덕, 정서, 판단 등을 가르칠 것을 주장함으로써 명제적 지식 위주의 주지주의 교육을 극복하고자 하였다(Hong, 1991).

한편, 허스트(Paul Hirst)는 자신이 1960년대 이후 약 30여 년간 주장해 온 주지주의적 교육이론인 '지식의 형식이론'을 스스로 비판하며, 교육에서 이론적 학문들인 지식의 형식들을 강조하여 가르칠 것이 아니라 실제적이고 다양하고 사회적인 실천전통들을 폭넓게 가르칠 것을 새롭게 제안한다(Hirst, 1992; 1993a). 이러한 다양한 사회적 실천전통에의 입문으로서의 교육관을 우리는 후기 허스트의 교육론이라고 부른다. 후기 허스트는 지식의 형식이론에서 강조한 명제적 요소들이 여전히 각 영역의 중요 요소이지만, 그것들을 다른 요소들의 논리적 근본 요소로 본 것은 자신의 잘못이었다고 다음과 같이 말한다.

이론적 지식을 건전한 실제적 지식의 발달과 합리적 인성 발달의 논리적인 기초로 본 것은 나의 입장의 주요 오류였다……. 이제는 실제적 지식이 이론적 지식보다 더 근본적이며, 실제적 지식이 이론적 지식의 고유한 의미를 분명히 파악하는 데 근본적이라고 생각한다(Hirst, 1993a: 197).

후기 허스트는 교육내용을 이론적 학문 활동으로부터 다양한 실제적 활동으로 확장하고자 한다. 따라서 그는 어떤 사회적 실천전통을 가르쳐야 하는가라는 교육내용 선정 문제에 관심을 가진다. 그는 교육에서 사회의 지배적이고 성공적이며 합리적인 실천전통들을 가르쳐야 한다고 말하며, 교육에서 가르칠 실천전통을 '다양한 기본적 실천전통(varied basic practices)' '광범위한 선택적 실천전통(wider range of optional practices)' 그리고 '상위의 혹은 이차적 실천전통(developed or second order practices)'의 세 유형으로 구분한다(유재봉, 2002: 218-220; 홍은숙, 2007: 199-204; Hirst, 1993a: 196-198).

첫째, '기본적 실천전통'은 일상생활에서 살아가는 데 공통적으로 요구되는 것, 즉 매일의 물리적 · 개인적 · 사회적 맥락에서 개인의 필요와 욕구를 합리적으로 만족시키기 위해 누구에게나 필요한 것이다. '기본적 실천전통'으로 다음과 같은 여섯 가지가 제시된다(Hirst, 1993b: 35). ① 필수적인 운동기능을 포함하는 음식, 건강, 안전, 가정과 환경상태 등의 물리적 세계에 대처하는 것과 관련된 실천전통, ② 읽기, 쓰기, 담화하기, 산수, 정보기술을 포함하는 의사소통과 관련된 실천전통, ③ 개인과 가정생활의 관계성과 관련된 실천전통, ④ 지역적 · 국가적 · 세계적 관계와 제도, 일, 여가, 경제문제, 법과 관련된 광범위한 실천전통, ⑤ 문학, 음악, 춤, 미술, 조각, 건축 등의 예술과 디자인에 관련된 실천전통, ⑥ 종교적인 신념과 근본적인 가치에 관련된 실천전통 등이다.

둘째, '선택적 실천전통'은 개인이 합리적 삶을 사는 데 필요한 것으로서, 개인의 총체적 삶의 이야기를 형성하는 것과 관련하여 개인이 선택하는 것이다.

셋째, '이차적 실천전통'은 앞의 두 가지 실천전통에 대한 비판적 · 합리적 성찰을 하는 이론적 활동을 가리킨다. 여기서 허스트는 이차적 실천전통이 비록 모든 사람이 배워야 하는 것은 아니지만 교육의 중요한 영역이라고 말한다.

교육을 사회적 실천전통에의 입문으로 보는 교육관은 단순히 교육내용을 어떻게 선정하는가를 넘어서 교육의 목적과 인간관 등 교육 전반에 대한 대안을 제시한다. 후기 허스트는 합리주의 교육관과 공리주의 교육관을 모두 비판한 후 이것을 극복하고자 한다. 후기 허스트는 교육에서 추구하는 좋은 삶은 더 이상 합리성 내지 이론적 이성을 추구하는 삶이 아니라 '인간의 전반적인 욕구를 장기적인 안목에서 최대한 만족시키는 삶'이라고 말한다. 이를 위해서 그는 이론적 이성이 아니라 실천적 이성이 필요하다고 지적한다. 그러나 후기 허스트가 합리주의와 함께 공리주의도 비판한다는 점에서, '실천적 이성'의 의미는 개인의 욕구 충족을 위한 도구적 이성이라기보다는 실천전통을 합리적으로 수행하는 데 필요한 실천적 이성을 가리키는 것으로 보는 것이 좋을 것이다(홍은숙, 2007: 285).

요컨대, 실천전통에의 입문으로서의 교육은 교육내용을 다양한 실천전통으로 확대한다는 점에서 주지주의 교육의 편협성 문제를 극복한다. 또한 이것은 교과교육에서 교육의 초점을 명제적 지식이 아닌 그것이 나온 배후의 사회적 실천전통 자체에 맞춘다는 점에서 무기력한 지식교육의 문제를 극복하고 의미 있게 살아 있는 교육을 하는 데 도움을 준다. 특히 실천전통에 내재된 다양한 요소들, 예컨대 명제적 지식뿐만 아니라, 그 활동의 내적 가치, 전문적 기술, 정서, 덕, 서술적 이야기 등의 다양한 요소들을 가르침으로써 교과교육을 통한 전인교육을 할 수 있게 한다. 그리고 각 활동의 내적 가치를 가르침으로써 도덕교육에서 다루지 못하는 전문직 활동의 가치, 소위 '인륜적 가치'에 관심을 가지고 가르칠 수 있게 하며(홍은숙, 1999: 7장), 이런 점에서 도덕교육에 대한 논의 영역을 확대시킨다. 한편, 개인을 실천전통에 입문시킨다는 것은 실천전통의 다양한 요소들을 가르치는 것과 동시에 개인으로 하여금 개인의 총체적 삶의 이야기를 선택하여 만들어 가도록 가르치는 것이며, 이것은 궁극적으로 개인의 성장을 추구하는 것이다.

③ 의미의 영역이론

'의미의 영역(realms of meaning)'은 피닉스가 같은 제목으로 출간한 서적(Phenix, 1964)을 통해 제안한 개념으로서, 기본적으로 교육내용으로서의 학문적 지식의 유형을 그 논리적 특징에 따라 여섯 가지의 영역으로 구분하는 분류의 틀이다. 책의 부제 (A philosophy of the curriculum for general education)로 제시되어 있듯이 그의 저서는 일반교육을 위한 교육과정의 철학적 근거를 제시하기 위한 것으로서, 인간의 본성과 삶의 방향을 '의미'에 비추어 규정하면서 일반교육의 과제를 학습자에게 필수적인 의미들 (essential meanings)을 균형 있게 생성시켜 주는 일로 설명한다.

피닉스에게 있어서 교육은 인간으로 하여금 될 수 있고 또 되어야만 하는 존재가 되도록 도와주는 일이며, 따라서 교육자는 인간의 본성(human nature)에 관심을 기울이지 않으면 안 된다. 인간의 본성이 무엇인지에 대해서는 학문 분야에 따라 다양한 관점에서 논의해 왔으나 철학적 관점에서 이러한 견해들을 포괄해 보면 인간의 본성은 이성 (reason)이라고 보아야 한다. 교육의 핵심적인 과제는 곧 개인을 이성적 존재로 성장시켜 주는 일이라고 보아야 하는 것이다.

피닉스가 보기에 문제는 '이성'의 개념이 그동안 너무 좁게 규정되어 왔다는 것이다. 즉, 교육의 주된 관심사라고 볼 수 있는 합리성, 이성, 마음 등의 개념이 그동안 주로 논리적 사고의 과정만을 지칭하는 것으로 너무 좁게 규정되어 왔으며, 결과적으로 감정,

양심, 상상 등 인간 경험의 주요 요소들이 교육적 관심에서 배제되는 경향이 있다는 것이다. 이와 같은 좁은 관점에서는 인간의 전인적 성장을 기대할 수 없으며 따라서 전인적 성장을 위해서는 이성, 마음, 합리성 등의 개념을 좀 더 포괄적으로 규정할 필요가 있다. '의미'라는 용어는 바로 이와 같은 문제의식에 의해 피닉스가 도입한 용어로서, 이와 같은 포괄적인 용어를 통해 '이성'의 개념을 좀 더 넓은 뜻으로 올바르게 규정함으로써 일반교육의 과제를 더 포괄적으로 설정해야 한다는 것이 그의 의도라고 하겠다.

이와 같은 맥락에서 제시된 '의미'는 이성 또는 마음이라는 용어가 함의하는 바를 포괄하여 표현하기 위한 개념으로서 '의미'들의 총체는 인간의 삶의 총체를 구성한다고 말할 수 있다. 그리고 바로 이러한 이유에서 다양한 형태의 의미들을 적절하게 구분하고 분류하는 일은 곧 인간으로서의 삶의 총체를 포괄적으로 규명하며 인간의 전인적 성장을 이끌어 가는 데 있어서 중요한 과제가 된다. 이성의 균형 있는 발달이라는 교육의 소임을 다하기 위해서는 교육을 통해 빠트리지 않고 길러 주어야 할 의미들의 요소가 무엇인지를 확인해야 하기 때문이다. 요컨대, 의미의 영역들을 분류하고 그 특징들을 분석하는 일(이것이 피닉스의 저서의 과제이다)은 중요한 교육내용들을 빠트림 없이 포괄적으로 균형 있게 교육과정에 담아내기 위한 철학적 기초 작업이 된다고 보아야 한다.

교육내용으로서의 다양한 '의미'들의 종류를 분류함에 있어서 피닉스가 보여 주는 특징적인 생각은 학문 분야별 의미들, 또는 보다 일반적인 용어로 학문 분야별 지식들이 각각 서로 다른 형태(patterns)나 구조(structures)를 갖고 있으며 이와 같은 논리적인 특징에 따라 의미 또는 학문 분야별 지식을 분류할 수 있다는 생각이다. 피닉스에 의하면 분류라는 것은 다소간 임의적인 것으로서 분류의 목적에 따라 다양한 방식으로 이루어질 수 있다. 교육의 맥락에서 의미 영역을 분류하는 것은 학습을 촉진하는 데 있으며, 따라서 논리적 구조의 유사성을 기준으로 하여 의미를 분류하는 것이 바람직하다.

피닉스에 의하면 인지적 의미들, 즉 지식은 양과 질이라는 두 가지 논리적 측면을 갖는다. 양적 측면에서는 단일(하나의 대상에 대한 지식), 일반(선별된 여러 사례에 대한 지식), 총괄(모든 대상에 대한 지식) 등 세 가지 유형이 있고, 질적 측면에서는 사실, 형식(논리), 규범(가치) 등 세 가지 유형이 있다. 이들의 가능한 조합은 '단일 대상에 대한 사실' 등 모두 아홉 가지이지만 유사한 유형을 다시 묶어서 분류하면 모두 여섯 가지의 의미 영역을 구분할 수 있다. 그 여섯 가지 의미 영역은 상징적 의미(symbolics), 경험적 의미(empirics), 심미적 의미(esthetics), 실존적 의미(synnoetics), 윤리적 의미(ethics), 총괄적 의미(synoptics) 등이며(이홍우, 2010: 134-139 참조), 이들 영역은 곧 앎의 방식(ways of knowing)들을 명료화한 결과이다.

피닉스가 제시한 여섯 가지 의미의 영역이 교육내용의 영역을 분류하기 위한 적절하고 타당한 방안이 될 수 있을지에 대해서는 여러 가지 비판적 논의가 가능할 것이다. 예를 들어, 비언어적 상징형식으로 제시된 신호, 몸짓, 얼굴 표정, 의식과 관습 등이 교육내용으로 적절한지에 대해 의문을 제기할 수 있으며(이홍우, 2010: 138), 더욱 근본적인 수준에서 피닉스가 분류 기준으로 제시한 양적 측면과 질적 측면이 지식, 또는 의미나 경험의 논리적 특성을 구분하기에 적절한 기준이 될 수 있는지에 대해서도 의문이 제기되었다(Hirst, 1974). 허스트는 개념이나 진위 판별 기준 등을 고려하지 않고서 지식의 유형을 구분하는 것은 큰 의미가 없으며 이 점에서 피닉스의 분류 틀은 근본적인 결함이 있다. 허스트가 제시하고 있는 '지식의 형식(forms of knowledge)'의 개념은 피닉스의 의미의 영역 개념과 부분적으로는 그 성격을 같이 하지만 지식의 영역 구분 방식이나 구분의 기준 측면에서는 피닉스의 '의미의 영역'과는 매우 상이한 관점을 보여 준다고 하겠다.

교육내용의 영역을 구분하는 적절한 방식에 대해서는 매우 다양한 관점이 제시될 수 있다. 피닉스의 관점이나 허스트의 관점이 대표적이라고 볼 수 있지만 최근의 역량 논의 역시 교육내용의 영역을 구분하는 방식에 대해 새로운 제안을 하는 것으로 이해할 수 있다. 각각의 관점들의 타당성과 문제점에 대해서는 지속적인 논의가 필요할 것이지만 피닉스의 중요한 공헌의 하나는 교육내용으로서의 지식을 학문 영역의 일반적인 논리에 기초하여 체계적으로 분류하는 것이 교육과정 구성을 위한 중요한 철학적 과제라는 점을 일깨워 주었다는 데에서 찾을 수 있을 것이다.

(2) 실용주의(혹은 진보주의)

보다 엄밀하게 말하면 실용주의(pragmatism)는 철학의 한 분파이고 진보주의는 실용주의 철학이 교육에 적용된 교육사조의 한 유형이다. 실용주의 역시 실험주의 프라그마티즘, 도구주의, 기능주의로 불린다. 실용주의가 '결과'에 보다 많은 관심을 가진 표현임에 반해, 실험주의는 '방법'에 보다 큰 비중을 두는 표현이다.

그러나 교육(학)의 분야에서 실용(실험)주의는 상당부분 듀이의 철학과 관련하여 이해되고 있다. 본 연구에서는 지식교육에 관심이 있으므로 지식교육에 중요한 시사를 제공해 주는 듀이의 입장에 초점을 두고 살펴보고자 한다.

듀이의 철학에 붙여진 이름은 다양하다. 실용주의, 도구주의, 실험주의, 경험적 자연주의 등 친숙한 용어들뿐만 아니라 삶의 과학, 과학과 자유의 철학 등 다양한 이름으로 불리고 있다. 듀이의 교육사상을 지탱하는 그의 철학적 주장 혹은 입장은 무엇인가(박봉목, 2000: 377-386).

존 듀이
(1859~1952)

첫째, 듀이는 추상적 관념보다는 구체적인 경험에 가치를 둔다. 듀이가 사상적으로 터하고 있는 실용주의는 활동, 실행, 실천의 의미로 해석된다. 내용보다는 방법에 강조를 둔다. 듀이의 반성적 사고는 방법적으로 회의하고 탐구하고 실험하고 가설을 세운다. 철학은 직접적 해결이 아닌 문제에 대한 해결을 위한 방법을 찾는 것이다. 경험은 의식상태보다는 행동, 기능, 적응을 의미한다. 그것은 유기체와 환경 간의 상호작용을 의미한다. 초기에는 생물학적 · 심리학적 상호작용을 강조했지만 점차로 사회적 · 문화적 측면에 관심을 가졌다.

둘째, 이원론을 배격하고 계속 일원화의 원리를 주장한다. 이원론의 배격은 조화의 원리, 균형의 원리를 수반한다. 관념과 실제적 결과 사이의 계속성을 인정하고 목적과 수단 간에는 고정된 상하관계보다는 동적 관계성이 유지되어야 한다. 양자의 균형이나 조화의 문제는 이론적으로 가능하나 실천적으로 용이한 문제가 아니므로 여기에는 단순한 사회적인 제도나 정치적인 형태로서만이 아닌 삶에 대한 태도나 실천으로서의 민주주의가 요청되고 이를 위한 교육이 필요해진다.

셋째, 변화의 개념이 가치관 형성이나 진리관에서 중요한 역할을 한다. 변화는 성장의 조건이다. 그래서 고정된 가치관이나 진리관을 배격하고 사회적 진전에 대해서 도전적이다.

1920년대 진보적 교육의 이름으로 전개된 아동중심교육은 전통적 교육의 주지적인 관념적 교육에 대하여 생활을 통해서 학습하는 경험주의 · 활동주의 · 행동주의의 교육이었다. 그리고 그것은 교사의 활동으로 주도되는 타율적 학습이 아니고 아동의 경험이 중심이 되는 자율적인 학습이며, 그것은 지식에만 편중하는 주입적인 외적 강요가 아니고 아동 자신의 학습의 동기와 방법상의 흥미가 중심이 된 것이다. 따라서 교육의 내용도 아동의 요구에 순응하는 교과의 이해나 기술의 습득으로 전인적인 인격도야라는 큰 목적 안에 속해야 한다고 생각했다. 진보주의 아동중심 교육사상은 1930년대, 1940년대로 가면서 사회적 생활이나 문화 그리고 지역사회의 일원으로 타인과의 조화를 위한 민주적인 경험이 중시되었다.

듀이의 교육과정 이론은 그의 명저 『민주주의와 교육』(1915)에서 잘 제시되어 있지만, 그 이전의 『아동과 교육과정』(1902)에서는 아동의 경험과 교과 간의 관계를 역설하고 있으며, 『경험과 교육』(1938)에서는 전통적 교육과 진보주의 교육을 논의하고 교육내용의 점진적인 조직을 언급하고 있다. 특히 『민주주의와 교육』에서는 삶의 필연성으로서 교육, 사회적 기능으로서 교육, 성장으로서의 교육, 흥미와 도야, 경험과 사고, 교과의 성격, 교과로서의 과학 등이 잘 논의되어 있다.

지금까지가 듀이 철학의 일반적인 특징이라면 이하에서는 우리가 교육의 상황에서 가르치고자 하는 내용 내지 소재인 교과의 문제를 논의해 보고자 한다.

특이한 것은 듀이 이론에 비추어 보면 교과는 교육활동의 소재이자 수단이다. 우리는 통념적으로 교육을 교과를 가르치는 일로 생각한다. 그러나 듀이에게 교육활동은 교과를 수단으로 하는 것이다. 따라서 교육의 가치와 교과의 가치는 서로 다르다.

모든 교과는 두 가지 관점에서 고려될 수 있다(Dewey, 1902; 박철홍 역, 2002: 61-63). 하나는 학자의 관점이며, 다른 하나는 교사의 관점이다. 학자에게 있어서 교육내용을 구성하고 있는 지식은 새로운 문제를 찾아내고 구체적으로 연구를 설계하고 연구를 통하여 검증된 결과를 발견하는 데에 이용할 수 있는 지식의 체계이다. 학자들의 입장에서 보면 그가 전공하는 학문의 내용은 그 자체로 독립적인 것이다. 교사는 학문 분야에 대한 새로운 사실을 발견하는 데에 관심이 없다. 교사가 관심을 두는 것은 가르치는 교과의 내용을 학습자의 '경험 발달의 특정 단계에 맞게 해석하는 것'이다. 교사가 해야 할 일은 새로운 지식이 아니라 학습자들로부터 교과에 해당하는 직접적이고 생생한 경험을 이끌어 내는 것이다. 그러므로 교사는 교과가 학습자의 경험이 될 수 있는 방법, 즉 아동의 현재 경험 속에서 교과와 관련하여 이용할 수 있는 것이 무엇인지, 그러한 것들을 어떻게 효과적으로 이용할 수 있는지, 교과에 대한 지식을 학습자의 필요나 활동을 이해하고 해석하는 데에 어떻게 활용할 것이지, 올바른 방향으로 그리고 적절하게 성장시키기 위하여 학습자에게 어떤 환경과 자료를 제공해야 하는지 등등과 같은 문제에 관심이 있다. 교과 그 자체에 관심이 있는 것이 아니라 보다 넓은 전체적인 조망 속에서 경험의 바람직한 성장을 이룩하는 데에 교과가 어떤 역할을 할 수 있는지에 관심이 있다. 그러므로 교과를 보는 교사의 기본적인 입장은 '교과를 심리화'하는 것이다.

학자의 지식(교과내용)을 학습자에게 제공할 때에 교사와 교재는 서로 갈등하게 된다. 교사는 어떤 식으로든지 교육내용을 학습자의 수준에 맞게 변형시키고 수정할 수밖에 없다. 교과가 학습자의 삶의 경험과 아무런 관련을 맺지 못할 때에 직면하는 문제로서는 교육내용의 추상화, 학습동기의 결핍, 학문적 성격의 상실을 들 수 있다. 경험의 입장에서 교과는 일상적인 경험의 범위 안에서 나온 것이다. 전통적 교육은 학습자의 경험 밖에 있는 사실과 진리에서 출발하며, 따라서 학습자의 경험 밖에 있는 사실과 지식을 학습자의 경험 안으로 끌어들일 수 있는 수단과 방법을 찾아야 한다. 그러나 경험 안에서 학습할 내용을 찾아내는 것은 이와는 다르다. 교과내용을 아동과 환경의 상호작용이라는 측면에서 이해해야 한다.

(3) 교육사적 의미

영국과 미국이라는 공간적 맥락에서의 지식교육의 전통은 그 사상적 스펙트럼이 매우 넓고 다양하다. 그러나 본 연구에서는 연구 목적상 영국의 분석철학 경향과 미국의 사상적 원류인 진보주의에 국한하여 살펴보았다.

영국의 분석철학의 흐름에서도 일반 철학의 맥락이 아닌 교육(학), 특히 지식교육의 맥락에서 주로 자유교육 전통, 후기 허스트의 철학, 의미의 영역이론을 중심으로 살펴보았다. 진보주의에서는 듀이의 교육사상적 입장과 교과교육(지식을 가르치는 맥락에서의 교과교육)의 측면에서 살펴보고자 하였다.

영미의 전통에서 지식교육의 주류는 지식을 통한 이성의 해방, 교양인의 자유정신 함양으로 읽힌다. 이러한 큰 흐름은 한국의 지식교육의 패턴에도 큰 영향을 미치게 된다. 특히 지식을 통한 자유교양교육, 지식의 본래적 의미와 가치를 추구하는 교육 등으로 학교 교육과정에 반영되어 나타나고 있다.

미국, 특히 듀이의 진보주의 입장에서도 상식적인 통념과는 다르게 역설적으로 지식을 지식답게 가르치고자 하는 듀이의 철학이 강조되고 있으며, 그것은 지식과 경험을 통합함으로써 지식의 본래적 가치를 구현하는 정신으로의 회귀를 의미한다. 이 점은 이후 2절에서의 절충적 접근과 매우 유사한 연관성을 지니고 있다고 볼 수 있다.

이상과 같이 1절에서는 공간적 접근으로서의 지식교육의 역사적 동향을 전통의 흐름의 차원에서 살펴보고자 하였다. 그 대상은 한국 전통, 동양 전통, 독일 전통, 영미 전통으로 설정하여 연구를 진행하였다. 물론 지식교육의 세계사적 동향을 살펴보기 위해서는 매우 다양한 공간, 즉 지리적 공간과 다양한 국가의 전통을 아우르면서 접근해야 할 것이다. 그러나 본 연구에서는 한국에서의 지식교육의 문제와 새로운 대안을 제시하는 데에 초점이 있으므로 이상의 네 가지 전통을 설정하여 접근하였다.

한국을 제외한 동양·독일·영미 전통은 연구자가 보기에 한국의 지식교육의 흐름에 가장 크게 영향을 미친 전통으로 보기 때문이다. 그 이유는 제도적·비형식적 차원에서 보더라도 이들 전통은 오랜 역사적 흐름으로 한국의 지식교육에 지속적으로 영향을 끼쳐 오고 있다는 점 때문이다. 동양의 정신도야, 독일의 빌둥 컨셉, 영미의 자유교양인 흐름은 한국의 지식교육의 패턴에 적극적·소극적으로 매우 폭넓은 스펙트럼으로 영향을 미치고 있다. 특히 지식을 보는 관점, 그 지식을 가르치고 교육시키는 패턴에서 큰 영향을 미치고 있다.

2. 이념적 접근

이하 2절에서는 지식교육의 세계사적 동향을 이념적 측면에서 접근하고자 한다. 이념적 접근이라는 의미를 충실하게 따른다면, 그 이념의 의미를 철학, 사상, 역사, 정치철학적 맥락 등 다양하겠으나 본 연구에서는 논의의 편의상 전통과 진보적 접근으로 구분하였으며, 전통과 진보적 접근에서도 보다 세부적으로 구분하여 논의하고자 하였다. 이 경우 중요하게 견지한 점은 교육(학)의 맥락에서 논의되는 이념에 주목하였다. 추가적으로 전통과 진보의 이분법적 구분을 넘어서서 절충적 접근의 경우도 논의하였음을 밝힌다.

1) 전통적 접근과 교육사적 의미

전통적 접근에서는 교육의 이념이나 교육사조를 얘기할 때 흔히 논의되는 용어를 차용하였다. 오천석(1984)의 구분에 의하여 현대 교육사조의 흐름에서 항존주의와 본질주의를 전통적 접근에 포함시켜 논의하였다.

(1) 항존주의

항존주의는 변화하지 않는 가치의 영원성을 강조하며 시간과 공간을 넘어 불변의 진리를 포함하고 있는 고전(古典)을 통해 인간 지성의 계발을 목표로 하는 20세기 미국의 한 교육사조를 의미한다. 허친스(R. M. Hutchins)와 아들러(M. J. Adler)가 대표적인 학자로 잘 알려져 있다. 이들은 진보주의 교육사상의 주장인 가치가 변화한다는 생각에 반대하여 영원하고 절대적인 가치를 강조하고 그에 따른 교육내용의 일관성과 보편적인 진리의 습득을 주장했다.

항존주의는 현대 교육의 과학지상주의, 세속주의, 물질주의, 현실주의 등을 배격하고 '영원불변하는 진리'의 세계로 돌아가자는 주장을 폈고 진리를 인식할 수 있는 이성과 인간만이 지닐 수 있는 도덕성을 계발하는 것이 바로 교육의 본질적인 사명이라고 생각했다. 다시 말해, 항존주의자들은 교육이 지향해야 하는 바는 일상적인 생활 수준의 향상이 아니라 도덕성, 지성, 이성, 영혼의 함양이라고 믿었다.

본질주의와 항존주의는 똑같이 진보주의를 견제하기 위하여 나타났지만 근본 사상을 달리하고 있다. 왜냐하면 진보주의와 본질주의는 강조하는 점은 다르지만 과학주의, 세속주의 등을 수용하는 데 반하여 항존주의는 탈세속주의와 정신주의를 강조하기 때문이다.

많은 항존주의자들의 서로 다른 의견이 있지만 항존주의의 공통적인 교육원리는 다음과 같다. 첫째, 항존주의에 따르면, 인간은 본질은 항상 불변하는 것이기 때문에 교육의 본질도 변하지 않는다. 즉, 인간의 본성은 시공간을 초월하는 것이며 동일한 것이기 때문에 교육의 목적도 시공간을 초월해서 같아야 하며, 동일한 교육목적이 모든 사람에게 똑같이 적용되어야 한다. 예를 들면, 귀족과 서민의 교육목적은 모두 인간도야로서 같은 것이다.

둘째, 인간은 이성이 있기 때문에 교육은 인간의 이성 발달에 관심을 두어야 한다. 지성을 실리를 취하기 위한 도구로 간주하며, 교육의 목적을 사회적응에 두고 있는 오류를 범해서는 안 된다. 이성이 지식을 자유스럽고 해방적인 요인으로 받아들일 때만이 우리는 이를 참으로 알 수 있고, 자신의 것이 되어 실제 행동에 반영되는 것이다.

셋째, 교육은 보편적이고 불변하는 진리에 대한 적응이다. 진리는 우리 인간으로 하여금 세속적인 부귀영화에서 벗어나게 하고 불의와 싸울 수 있는 힘을 제공한다. 진리의 힘은 교육에서 찾을 수 있다. 그러므로 교육은 곧 진리를 추구하는 작업이다.

넷째, 교육이란 생활에 적응하는 것이 아니라, 생활을 위한 기초인 교양을 배우는 것이다. 현실적으로 중요하게 여겨지는 과목이나 흥미 있는 과목을 배우는 데만 주력해서는 안 되고 이성 능력의 훈련과 지성을 계발할 수 있는 과목, 세계의 영원성에 익숙하게 하는 교양의 기본적인 과목들을 배워야 한다. 따라서 언어, 수학, 과학, 예술, 철학이 중요하다.

다섯째, 영원불변의 진리들은 '위대한 고전' 속에서 찾아볼 수 있다. 역사라는 기나긴 세월이 담아 온 지혜의 그릇이 바로 고전이기 때문이다. 선인들의 문화적 유산은 결코 낡은 것이 아니며, 이것을 탐구하는 가운데 현실에서 느끼는 흥미보다 더욱 중요한 진리를 배우게 된다. 교육에서 가르쳐지는 진리라고 하는 것이 바로 이러한 고전들 속에 잘 나타나 있기에 고전 독서 교육이 강조되는 것이다.

항존주의에 대해서는 다음과 같은 비판점이 있다. 첫째, 너무나 현실과 벗어나 있고 금욕적이며, 학교의 역할은 지적인 귀족을 기를 뿐이다. 둘째, 지역과 시대, 계층의 특질과 특징, 경향을 무시하고 절대적인 명제로 제시된 고립된 지식을 교육과정에 제시할 수밖에 없다. 셋째, 사회는 고전적인 교과서에 있는 내용이 그대로 펼쳐지는 곳이 아닌데, 학생들이 학교를 졸업한 후에 직면하는 사회에 대해 적응하는 교육을 받지 못한다.

(2) 본질주의

본질주의는 오천석(1984)에 의하면, 교육학자와 교육행정가들에 의해 미국 교육향상을 위한 본질파 강령이 선포된 것이 계기이다. 교육적 측면에서는 과거의 문화적 전통의 소중함을 인식하고 교육은 이를 보수하고 후대에 전달하는 역할을 해야 한다는 신념을 지니고 있다. 소련의 스푸트니크 발사 이래 미국 교육의 후진성을 비판한 맥락, 진보주의로 인한 교육의 평준화 문제, 학력 저하 문제 등이 본질주의자들이 비판한 것들이다.

최근에는 문화 보수주의자로 평가받는 허시가 문화 소양을 제안하면서 신본질주의가 등장하고 있다는 평가이다. 이하에서는 본질주의 차원을 허시의 문화소양의 맥락에서 살펴보기로 하겠다.

허시(Eric Donald Hirsch, Jr.)는 미국의 교육자이며 문예비평가이다. 그는 버지니아 대학의 교육학과 인문학 분야의 명예교수이다. 그는 1987년에 저술한 『문화소양: 모든 미국인이 알고 있어야 할 내용(Cultural Literacy: What Every Amercan Needs to Know)』으로 유명하며, 핵심지식재단(Core Knowledge Foundation)의 설립자 겸 이사장이다. 이 재단에서 발간하는 핵심지식계열(Core Knowledge Sequence)은 유치원부터 8학년에 걸쳐 학생들이 학습해야 하는 내용과 기능에 대한 원칙을 상세하게 기술하고 있다. 또한 1990년대 이후 허시는 학년별 핵심지식 시리즈(Core Knowledge Grader Series)를 발간하고 있다.

문화소양은 직역하면 문화적 문해를 가리킨다. 허시에 의하면 진정한 문해는 기본적인 읽고 쓰는 기술적 능력을 넘어서서 한 사회가 공유하고 있는 정보와 지식을 습득하는 것을 가리킨다. 이러한 공유된 지식을 통해 한 공동체는 그 이전의 공동체가 이룬 성취를 유지하고 개선시킬 수 있게 된다. 허시는 자신의 사회가 이룬 민주주의의 성취를 공유시키고 시민을 형성하는 데 가장 핵심적 요소가 문화소양이며, 문화소양은 궁극적으로 민주적 시민사회의 일원이 되는 입장권과 같은 것이라고 말한다.

문화소양은 효과적인 소통의 핵심적 요소이며 많은 사람들이 협동을 통해 공동체의 삶을 영위해 가는 데 반드시 필요한 요소이다. 그는 더 나아가 국민적 소양(national literacy)의 중요성을 주장하고 당시의 미국 사회가 국민적 소양의 위기에 봉착해 있다고 진단한다. 허시는 같은 책에서 미국이라는 공동체의 일원이 되기 위해 알고 있어야 할 국민적 소양에 중요한 어휘 5,000여 개의 목록을 제시한다. 이 목록은 미국의 유명한 야구선수 행크 아론이나 서울 같은 인명과 지명에서부터 핵가족, 독립선언, 아이러니 등의 전문용어도 포함하고 있다.

그 후 허시(1996)는 『우리가 필요로 하는 학교와 왜 우리는 이러한 학교가 없는가 (The Schools We Need and Why We Don't Have Them)』라는 저서에서 미국의 교육학 분야에 팽배한 낭만주의적이며 반지성주의적인 이론들이 학생들의 학업 미성취 그리고 계층과 인종의 불평등을 확대시킨다고 주장한다. 또한 그는 이 책에서 미국의 교사양성기관인 사범대학을 신랄하게 비판하고 있다.

허시(2006)는 『지식 결핍(The Knowledge Deficit)』이라는 저서에서 『문화소양 (Cultural Literacy)』에서 주장한 내용을 되풀이하고 있다. 그는 미국 학생들의 읽기 시험에서 보여 준 실망스러운 결과는 학생들이 읽은 내용을 제대로 이해하지 못하기 때문이라고 주장한다. 또한 허시(2009)는 최근 저서 『미국인 만들기: 민주주의와 우리의 학교(The Making of Americans: Democracy and Our Schools)』에서 학교의 진정한 임무는 현재의 내용이 결핍된 접근법이 아니라, 학생들이 공통핵심지식이 풍부한 교육과정을 학습하게 하여 미래의 시민으로 준비시키는 것이라고 주장한다. 그는 이 저서에서 듀이와 그의 진보주의 교육을 추종자들이 교육과정의 내용을 소홀히 했기 때문에, 미국의 학교에서 교육과정이 사라졌다고 하면서 지난 60년을 개탄하고 있다.

허시의 문화소양에 대한 주장은 큰 반향을 불러일으킨 만큼 많은 비판도 동시에 받았다. 정보와 지식의 축적, 공유된 지식의 필수사항의 목록을 정하고 그것을 근거로 습득하는 것이 인간의 창의성과 상상력을 신장시킬 수 있는 교육과정을 제공할 수 있을 것인가에 대한 비판이 인문학적 관점에서 제기되었다. 진보적 지식인들은 한 사회가 공유하고 있는 기본 지식을 습득하는 것이 강조되었을 때, 그 사회의 기존의 지배 권력을 거부할 수 있는 비판적 능력이 약화된다는 점에서, 미국 사회의 근본적인 문제점으로 지적해 왔던 인종문제, 가부장적 자본주의 문제, 종교적 근본주의 등의 문제들을 해결하기보다는 더 악화시킬 수 있다고 비판한다. 현대적 관점에서 보면 허시의 입장이 신본질주의(neo-essentialism)의 등장이며, 이에 대한 대척점인 인본주의 입장에서는 다문화주의 교육의 강조를 언급하기도 한다.

(3) 교육사적 의미
오천석(1984)에 의하면 항존주의와 본질주의는 다 같이 진보주의에 대하여 반대의 입장을 취한다는 점에 있어서 그 궤를 같이하고 있다. 그러나 본질주의가 주로 20세기의 소산임에 반하여, 항존주의는 오랜 역사를 가진 철학적 신념이 20세기에 이르러 교육이론으로서 각광을 받게 되었다고 한다.

이 둘은 과거를 지향한다는 점에서 보수주의의 성격을 지니고 있으며, 현재의 개선에 소극적이고 혁신을 싫어하는 공통점을 지니고 있다. 그러나 차이점은 항존주의는 변화에 소극적이고 과학과 기술의 발달을 싫어하고 변화와 발전이 없는 사회, 고정된 사회에 적합한 사조이다. 반면에 본질주의는 경쟁·진화의 원리가 적용되는 사회에 적당하고 현대 산업사회에 맞다. 특히 과학, 기술에 매우 적극적인 입장을 지니고 있다.

본질주의가 대체로 진보주의에 대항하는 교육학자들에 의하여 제시된 교육이론임에 반하여, 항존주의는 실험주의와는 그 견해를 전면적으로 달리하는 철학에 의거하여 진보주의에 반격을 가하는 교육적 신념으로 보고 있다. 나아가 본질주의가 여러 면에서 진보주의의 주장과 실제에 동조하면서 이에 비판을 가하고 있을 때 항존주의는 근본적으로 진보주의를 부정하고 있다는 점에서 차이를 볼 수 있다.

이러한 두 입장이 지식교육의 맥락에서는 항존주의는 불변자에의 신앙으로 읽히면서 시공간을 초월한 보편적 지식을 강조하고 있다. 본질주의는 기준(표준)에 대한 입장, 변화와 과학, 기술 지식의 강조라는 방향으로 적극적으로 나타나고 있다.

2) 진보적 접근과 교육사적 의미

진보적 접근에서는 듀이를 중심으로 하는 진보주의와 브라멜드(T. Brameld)를 중심으로 하는 사회재건주의를 살펴보고자 하였다.

(1) 진보주의

진보주의의 본격적인 발단은 존 듀이에 의해 진보주의의 아버지라고 불린 파커(F. Parker: 1837~1902)의 Quincy System이다. 파커는 당시의 고전 암기식 교육을 배격하고 아동의 흥미를 고려한 교육을 실천하고자 했으며, 시카고의 실습학교를 통해 아동중심의 교육, 여러 과목을 통합하는 교육을 실천하고자 하였다.

진보주의의 핵심적 인물인 듀이는 『민주주의와 교육』(1916)을 통해 그의 사상을 체계화하였으며, 그의 사상을 알리기 위해 1919년에 진보주의교육협회(PEA)가 결성되었다. 그 협회의 기치는 다음과 같다.

- 아동들이 자유롭게 성장할 수 있도록 자유를 허용하라.
- 흥미가 모든 작업의 동기가 되도록 하라.
- 교사는 훈육자가 아니라 안내자가 되어야 한다.
- 아동발달에 대한 과학적인 연구를 추구하라.
- 아동의 신체적 발달에 영향을 미치는 모든 요소에 깊은 관심을 기울여라.
- 아동들의 삶의 필요를 충족시키기 위하여 학교와 가정의 협력 관계를 구축하라.
- 진보주의 학교는 모든 교육운동의 리더 역할을 해야 한다.

이러한 진보주의 정신은 후일 워시번(Washburne)의 Winneka Plan(학생의 능력에 따른 개별화 학습)과 파커스트(Parkhurst)의 Dalton Plan(연령에 따른 학년 편성 방식보다는 학생과 교사의 계약 학습제)에 의해 확산되었다.

경험중심 교육과정은 이른바 1875년에 시작된 진보주의 운동과 밀접하게 관련된다. 이 당시 교육의 정신은 과학적 접근, 사회개혁, 아동중심의 사상들이 주목을 받고 있었던 시기이다. 경험중심 교육과정은 아동들의 요구와 흥미를 중요시하고 실제 생활에서의 적응능력을 강조하였다. 전통적인 교과중심 교육과정은 진보주의 교육사조가 대두되면서 많은 비판을 받기 시작한다. 특히 교과내용을 학생의 흥미나 요구에 관계없이 맹목적으로 주입시키는 점을 가장 강하게 문제 삼았다. 이 유형의 교육과정은 교과내용보다는 학생의 흥미나 경험을 우선시하고 실생활의 문제해결을 중요하게 고려하였으며, 관념적인 교과 지식보다는 생활문제의 해결과 사회적응에 강조점을 두었다. 그래서 생활중심 교육과정 혹은 아동중심 교육과정이라고도 불린다. 그런데 경험중심 교육과정이 교과보다는 경험만을 강조한 것이기보다는 '교과를 아동에게 경험시키는 것'을 중요하게 강조하였으며, 그런 점에서 교과와 아동 사이의 간격을 없애기 위하여 노력한 것이라고 볼 수 있다.

이러한 교육과정은 매우 다양한 이론적 입장을 기저로 하고 있으나 가장 체계적으로 영향을 받은 것은 듀이의 교육이론이라고 볼 수 있다. 실제로 경험중심 교육과정은 19세기 말부터 20세기 초에 걸쳐서 듀이에 의해 꽃을 피우게 되었지만 헤르바르트(Herbart), 루소, 프뢰벨(Rousseau, Fröebel) 등과 같은 자연주의 교육사상가들의 영향을 크게 받았다고 볼 수 있다. 진보주의교육협회(PEA)가 1950년에 해체될 때까지 진보주의 정신은 교육과정에 큰 영향을 끼쳤다.

이 유형의 특징을 Hopkins(1934)는 다음과 같이 제시하고 있다.

- 교육과정의 중점을 교과에 두지 않고 학습자에 둔다.
- 교재를 가르치는 데 치중하지 않고 학생의 바람직한 성장을 조성하는 데 노력한다.
- 교재는 사전에 조직되는 것이 아니라 현장 학습에서 결정된다.
- 교육과정은 교사가 일방적으로 부과하는 것이 아니라 모든 학습자의 협동적인 참여로 구성된다.
- 분산된 사실을 가르치는 것보다는 통합된 의미를 체험시키는 것을 중요시한다.
- 교재와 결부된 교수법을 맹목적으로 따르기보다는 청소년의 학습법을 존중하여 가르친다.
- 학생 개개인의 창조적인 특성을 개발한다. 교육은 교수라기보다는 지속적인 성장이라고 본다.

이 교육과정에서 교과조직은 기본적으로 아동의 기본적 욕구나 흥미를 중심으로 이루어지며 교과마다 구분되고 분리되는 방식보다는 아동의 경험이나 생활문제 해결을 위해서 교과를 통합시킬 수도 있다.

(2) 재건주의

『교육학용어사전』(서울대교육연구소, 1994)에 의하면, 재건주의 혹은 개조주의는 현대 문화의 위기의식 속에서 문화의 개조를 교육의 기능으로 삼을 것을 주장하는 20세기 미국사회의 교육사조로 기술되고 있다. 이와 같은 사회개조의 기능은 위기문화(危機文化)의 중요한 구조와 습관과 태도를 개조함에 공헌할 수 있는 교육과 깊이 관련된다. 이같은 교육의 기능은 사회개조를 위한 뚜렷한 방향을 주는 미래지향적인 성격을 지니게 되고, 따라서 개조주의를 환상(vision)의 철학이라고 부르기도 한다. 소극적으로는 이상과 현실 사이의 모순에 대한 불만에서, 적극적으로는 이 같은 모순을 제거하고자 하는 새 질서를 향한 목적 추구에서 나온 것이다. 1930년 카운츠(G. Counts)와 러그(H. Rugg) 등에 의해서 출발되었으나, 진보주의 교육자들의 협조를 얻지 못하여 빛을 보지 못했다. 그러나 1950년대에 이르러 진보주의 교육이 기울고 듀이(J. Dewey) 철학이 사회에 관심을 표명하자 브라멜드(T. Brameld)에 의해서 그 초석이 놓여졌다. 진보주의와 유사성이 있지만 개인적 자유보다는 인간의 사회성에 토대한 사회적 자아실현과 집단 교육을 강조한다. 이리하여 교육은 사회개혁의 주도면밀한 프로그램을 마련하는 것이다. 진보주의와 개조주의는 모두 수단과 목적을 강조하나 전자는 수단에, 후자는 목적에 더 강조를 둔다. 그러나 계획된 사회목적은 강요 아닌 사회합의라는 민주적인 협동을 통해서 이룩된다고 주장한다(1994: 26).

재건주의는, 첫째, 인류는 심각한 문화적인 위기상태에 직면해 있으며, 둘째, 종래의 교육으로는 이 위기를 극복할 수 없다는 두 가지의 전제에서 출발하였다(오천석, 1984). 사회의 변화에 대한 관심으로 인하여 재건주의자 또는 사회적 재건주의자라고 불렸던 진보주의자들은 교육은 사회적으로 현 상태를 개혁하는 것 그 이상, 즉 새로운 사회를 창조해야 한다고 주장하였다. 이와 같은 재건주의는 1960년대 브라멜드에 의해 제창되어 체계화되었던 교육이론이다. 브라멜드 자신은 재건주의라는 용어에 반드시 구애될 필요는 없다고 하며 핵심이 되는 사상은 교육을 수단으로 하여 새로운 사회질서를 수립해야 한다는 점이다. 현대는 하나의 중대한 문화적 위기에 직면하고 있다고 보고 이 사회는 반드시 개조되어야 하며 그 선도적 구실을 교육이 수행해야 한다고 강조한다.

20세기 전기의 교육철학으로는 진보주의, 본질주의, 항존주의, 재건주의가 철학적·교육학적 관점을 달리하면서 발전하였는데, 재건주의는 기존의 교육이론이었던 진보주의, 본질주의, 항존주의를 검토하여 그 장점들은 수용하였으며, 단점들은 비판하였다. 진보주의는 과학적 방법에 있어서 강점이 있지만 구체적이고 포괄적인 결과에서는 약하며, 본질주의는 과거의 신조와 습관을 영속시키고 복구시키려고 하기 때문에 당면하는 문화적인 변동기에 적당하지 않으며, 항존주의는 민주적이지 않으며 우리 문화의 향상에 부적당하다고 하였다.

브라멜드는 현대의 사회 위기를 극복하기 위해서 근본적인 사회개혁이 필요하다고 생각하였으며, 이 사회개혁은 단순한 정치적 개혁이 아닌 공동체 생활에 참여하는 사회 구성원을 철저히 교육시킴으로써 가능하다고 하였다. 즉, 교육을 통해서 이상적인 사회의 건설이 가능하다고 하였다.

재건주의의 교육원리는 다음과 같다.

- 첫째, 교육의 가장 중요한 목적은 사회를 재구성하는 데 있으며, 사회의 변혁은 교육을 통해서 이루어져야 한다.
- 둘째, 새로운 사회는 민주적인 사회가 되어야 하며, 사회를 재구성하려면 먼저 사회 구성원을 재교육해야 한다.
- 셋째, 교사는 재건주의 사상을 학생들에게 민주적인 방법으로 설득시켜야 한다.
- 넷째, 학교, 학생, 교육은 사회적이고 문화적인 힘에 의해 재구성되어야 한다.
- 다섯째, 교육의 목적과 방법은 행동과학의 연구 성과에 의해 혁신되어야 한다.

재건주의는 인간의 삶의 가치와 목적을 고양하기 위해서 교육의 사회적 측면을 강조하였으며, 개인은 자유로운 존재이면서도 사회적으로 형성되는 존재로 이해하였다. 이를 위해 재건주의 교육의 목적은 사회의 재건이며 민주적 복지사회를 제시하였는데, 진정한 삶은 개인의 자아실현이 아닌 사회적 자아실현이라고 하였다. 사회재건을 위한 교육내용은 위기에 처한 인류문화에 대한 진단과 문제점에 대한 객관적인 이해, 인간의 경험과 문화유산을 포함하였다. 그리고 교육방법으로는 민주적 토론, 참여와 경험에 의한 학습을 중시하였다.

재건주의가 구상하는 교육과정은 그 성질상 일률적인 것이 될 수 없다고 본 브라멜드는 하나의 시범으로 다음과 같은 학습프로그램을 제시하고 있다. 17세부터 20세까지의 모든 청소년을 위한 새로운 형태의 중등교육은 미국과 세계문화의 목적을 핵심으로 하는 목표중심의 일반교육(goal-centered general education)이어야 한다. 이 학습계획을 수레바퀴에 비교하여, 바퀴통(주제)은 전체 회합에서 거행되는 중심 테마의 공부로 구성하고 바퀴살(내용)은 집단 토의, 교과 내용과 기술 연마, 직업 훈련과 오락으로 구성하며, 바퀴둘레(방법)는 전체 회합에서의 종합적·통일적 학습으로 구성한다(오천석, 1984).

그러나 재건주의 교육사상은 다음과 같은 한계점이 제기되었다. 첫째, 미래 사회를 어떤 가치관에 입각하여 세울 것인가에 대한 논증이 결여되었다. 재건주의는 민주적인 질서와 공정한 분배가 이루어지는 복지사회를 이상으로 하나 어떠한 가치를 추구해야 하는지 명확하지 않다. 둘째, 인간은 매우 복잡하고 유동적인 특징을 갖고 있는 데 비해서 지나치게 행동과학적인 측면을 강조하는데, 인간의 모든 특성을 과학적으로 설명하지 못한다. 셋째, 민주적인 방식에 대해 지나친 기대를 하며 다수의 의견을 따르지만 소수의 의견을 무시하기 쉽다. 민주적인 방식은 잘못하면 중우체제가 될 수 있기 때문이다.

이러한 사상이 교육과정에 적용되어 나타난 것이 사회재건중심 교육과정이라고 볼 수 있다. 이 교육과정은 1930년까지 최고의 인기를 얻은 진보주의 철학과 과도하게 강조된 아동중심교육에 대한 개선 운동이다. 1930년 미국은 경제 대공황을 겪으며 진보주의 교육철학과 아동중심교육에 대한 비판적 시각을 갖게 되었고 개인을 벗어나 사회중심의 교육으로 나아가게 되었다. 사회재건중심의 철학적 근거는 진보주의와 마찬가지로 인문주의에 토대를 두고 있으나 과정을 강조하는 진보주의에 비해 과정과 목적을 모두 중시한다. 사회재건주의와 진보주의는 밀접하게 관련되는데, 그 이유는 사회재건주의 출현에 가장 큰 영향을 미친 철학이 진보주의이기 때문이다. 시대의 변화에 대한 진보주의의 한계는 사회 문제를 해결하는 데 교육의 힘이 얼마나 중요한지 보여 주었다. 그러나 사회재건주의 교육과정은 사회 문제를 해결하는 데 그치지 않고 사회 자체를 개혁하는 데 앞장서야 한다는 극단적 진보주의 교육철학이 사회재건주의로 나아가게 되었다.

사회재건주의 교육철학의 체계화를 시도한 브라멜드는 1956년『재건교육철학을 지향하여』를 통해 위기에 처한 사회에서 학생과 교사는 사회를 개선하기 위한 대변인이 되어야 한다고 주장했다. 학교가 객관적인 과학적 지식만을 학생들에게 가르치도록 중립적 관점을 견지한다면 그것은 사회와 민주적 과정에 적절하지 못하다는 입장이다. 브라멜드는 '민주적 세계문화'를 내세우며 교육목적과 수단이 사회 문제를 해결할 수 있도록 행동과학이 모든 측면에서 재정비되어야 한다고 주장했다.

사회재건주의는 민주주의에 기초한 사회의 재건을 목적에 둔다. 교육은 사회 문제에 대해 해결 방안을 마련하여 새로운 사회질서를 건설할 책임이 있다. 사회재건주의는 가치관의 혼란, 사회적 부정의 및 불평등, 기아, 국가 간 적대감 등 사회문화적 위기 상황을 극복하고 변화하는 사회에 적극적으로 대처하는 시민을 양성하는 것에 목표를 둔다. 시민은 합의에 의해 실천되어야 하는 것을 중시하는데, 이러한 측면에서 사회재건주의는 가장 민주적인 교육철학이라 볼 수 있다. 학생, 학교, 교육 그 자체가 사회문화적으로 재구성될 것을 강조하는데, 이것은 듀이의 사회중심주의적 측면의 교육철학과 관련이 깊다. 사회재건주의 교육과정은 민주주의적인 교육철학을 토대에 두므로 이에 대한 교육방법은 민주적인 토론을 강조한다. 타인을 설득하는 데 민주적 토론을 통해 설득함으로써 시민이 사회 변화를 위한 구체적인 실천 행동을 할 수 있어야 한다.

교육과정 조직은 마치 차바퀴와 같은 조직 체계를 가지는 것이 바람직한 것으로 상정된다. 즉, 해결되어야 할 인류의 심각한 문제를 바퀴의 축이라고 보고, 그 문제해결에 필요한 학습내용으로 구성된 코스들을 바퀴의 살에 해당된다고 보며, 인류의 보편적 원칙이나 곤경, 소망에 해당하는 주제들은 바퀴 테두리 또는 둘레와 같은 것으로 상정한다. 교육과정에 제시되는 여러 코스들을 하나의 전체로 연결·통일시키는 역할을 할 수 있도록 조직하는 방식을 활용한다. 이것은 동심원법을 활용한 사회 중핵 교육과정과 유사하다고 볼 수 있다.

(3) 교육사적 의미

오천석(1984)에 의하면 진보주의는 듀이의 혁신적 교육사상으로 인하여 대중성을 가지게 되었으며, 교육적 논의에서 중요한 기여를 하게 되었다. 진보주의는 듀이의 혁신적 교육사상을 기조로 하여 출발한 것으로서 그 뒤에 주목할 만한 운동으로 나타난 것이 본질주의와 항존주의인데, 이 둘은 대체로 진보주의를 반대, 비판적으로 보는 사상이다. 가장 최근에 대두한 재건주의는 진보주의를 보강하는 운동으로 볼 수 있다고 보고 있다.

진보주의를 한마디로 표현하기는 매우 어려우며 넓게 해석할 경우에는 교육의 자유화 운동이라고 볼 수 있다. 진보주의는 전통적 교육에 대한 반항 정신으로서, 그 역사를 적어도 3백여 년 전 코메니우스까지 거슬러 올라갈 수 있으며, 20세기를 전후하여 출현한 실용주의 내지는 실험주의라는 철학이라고 할 수 있다.

전통적 교육은 성인중심, 사회중심의 것으로서 어린이는 성인의 부속물이며, 그 포켓 형이라는 아동관, 축적된 과거의 지식을 아동에게 필요하다면 강압적으로 주입시키며, 어린이는 현재 생활보다도 장래를 위하여 준비시키는 것을 임무로 하는 교육관에 지배되는 것이었다. 이 관점을 비판하고 나선 것이 진보주의다.

진보주의는 변화라는 세계관, 인생관에 근거하고 있으며(이것을 교육적 용어로 보면 경험의 개조를 의미함), 종래의 아동관 비판, 민주주의 사상의 수용이다.

사회재건주의는 진보주의의 변형된 후예로 자처하고 있으며, 현재 미국의 문화, 세계의 문화는 심각한 위기에 직면하고 있다고 진단한다. 브라멜드에 의하면 진보주의가 비록 과학적 방법에서는 강하지마는, 이 방법의 구체적 · 포괄적 결과에 대한 관심에는 약하다. 재건주의가 구상하는 지식교육은 사회적 · 혁신적 성격이 강하며, 사회적 자아실현으로서의 학습을 강조한다. 그리고 무릇 가치는 개인과 집단 경험이라는 실재에 그 기초를 두고 있으며, 이것은 사회적 합의를 통한 진리 탐구의 과정으로부터 분리될 수 없는 것으로 보고 있다. 동시에 재건주의에서 강조되는 교육과정은 각 과목들이 통일된 전체 안에서 통합적으로 관련성을 유지한다. 그리고 교육은 지식을 통하여 새로운 사회질서를 건설하여야 할 책임을 외면할 수는 없다.

3) 절충적 접근과 교육사적 의미

여기에서 말하는 절충적 접근은 앞에서 논의한 부분이 다소간 전통과 진보적 접근을 중심으로 이분법적 구분에 대한 이론적 부담에서 유래한 것이다. 그렇다고 하여 절충적 접근이 대충 합치자는 것을 의도하는 것이 아니라 본 연구에서 주목하는 지식교육의 측면에서 보면 지식을 가르치는 문제는 전통과 진보의 문제가 아니라는 점을 부각시키고자 하는 의도를 드러낸다고 볼 수도 있다. 이하에서 살펴보겠지만, 상식적 통념과는 다르게 듀이는 지식교육에서 전통을 버리고 진보를 주장하는 것이 아니라는 점이다. 듀이야말로 절충적 관점, 즉 통합적 관점을 강조하고 있다. 그리고 이하에서 다룰 내용은 지식교육에 대한 통합의 정신이 지식의 본질에 충실해야 한다는 점이다. 이런 점에서 지식 본질론적 접근을 다루고자 한다.

(1) 듀이적 접근

종합은 두 개의 화를 의미하는 것이 아니다. 듀이는 인간 또는 자아와 환경 사이의 상호작용을 통한 균형에서 조화되고 종합된 것이 경험으로 나타난다고 보았다. 그것은 충동 또는 욕망과 지성 사이의 균형과 조화 속에서 이루어지기도 한다. 듀이는 교육학설의 역사를 교육을 내부에서의 발전이라고 보는 진보적 교육과 또 외부에서의 형성이라고 보는 전통적 교육으로 나누었다.

우리가 내적 발전을 너무 강조하다 보면 환경으로서의 지도를 무시하게 되고 교재의 선택·조직에 등한시하게 된다. 진보적 교육관이 아이들의 자연성, 개성의 흥미에 착안한 것은 좋지만 활동 그 자체가 교육목적은 아니다.

인간의 성장이 경험의 연속과 계통적인 축적의 결과라고 생각할 때 자유가 필요하고 통제는 인간에게 유해하다고 할지 모르나 결코 통제나 훈련은 무용한 것이 아니다. 따라서 이의 부정은 결국은 교육의 부정을 의미하는 것이 된다. 듀이에 의하면 참된 교육은 전통적 교육도 아니고 진보적 교육도 아닌, 즉 'Either-Ors'가 아닌 'Intermediate Possibilities'(Dewey, 1938: 1)라고 할 수 있다.

그러나 듀이가 말하는 "balance"는 정적이거나 또는 소극적인 의미의 중간 노선이 아니고 동적이고 적극적인 성격을 띤 일원적이고 계속적인 뜻에서의 조화를 의미하는 것이다. 그러기 때문에 교육은 나면서 가지고 있는 능력의 단련도 아니고 단순히 마음이나 능력의 구성도 아니다. 밖에서의 형성으로서의 단순한 미래를 위한 준비도 아니고 안에서의 자연적 발전으로서의 단순한 생활의 충족도 아니다. 그래서 듀이는, 즉 능력심리학과 표상심리학의 상반되는 양 주장을 극복하고 전통적 교육과 진보적 교육의 양 주장을 지양하되 어느 일방의 부정을 통해서가 아니고 경험의 원리를 통해서 종합하고 조화할 필요가 있다고 보고 있다.

새 교육 또는 진보적 교육에 있어서 교과가 교사의 지도로 아동 개인의 자유가 침해되는 것은 아니다. 또 교육이 현재와 미래에 관련된다고 마치 그것이 과거와는 관계없는 것처럼 생각해서는 안 된다. 교육이 전적으로 자유에 기초한다고 말하는 교육철학이 있다면 그것도 전통적인 것과 같이 독단적이라고 듀이는 말하고 있다(Dewey, 1938:

9-10).

크레민(Cremin) 교수가 지적한 것과 같이 듀이는 형식주의가 심할 때, 학교교육의 생활의 중요성을 논했고, 교육기회가 균등하지 못할 때, 그는 민주적인 문화를 말했고 굴레를 벗은 말처럼 개인적인 자유방임적 경제의 시대에 사회적인 교육을 말했다. 이 모든 것은 다 그의 조화정신, 균형의 철학, 종합의 태도를 말해 주는 것이 된다.

이상은 듀이가 기본적으로 견지하는 통합의 정신을 말하는 것이다. 노력과 흥미, 교과와 경험, 과거와 현재, 아동과 사회, 전통과 진보, 내부와 외부, 개체와 환경 등의 통합과 상호작용이 중요하다는 점이다.

이와 동시에 듀이의 통합적 입장을 브루너의 교육이론의 입장에서도 논의가 가능하다는 점을 제시하고 있다(강현석, 2014).

듀이의 철학에서 교과교육과 관련하여 말하면, 학습자는 교과를 경험하여 경험을 연속적으로 재구성하는 것, 곧 성장이 교육이 지향해야 하는 바라고 볼 수 있다. 듀이의 철학이 중요한 이유에 대하여 여러 가지 논의가 가능하겠지만, 학습자가 교과를 배운다는 의미에서 보면 배운 것을 소화하여 자기의 것으로 만든다는 것이 무엇이며, 그것이 어떻게 가능한지를 보여 주는 데 있다고 하겠다.

기존의 교과교육은 교과 지식을 배우지만, 그 지식이 학습자의 마음속으로 들어와 학습자의 것이 되지 못하여 피상적이고 형식적인 학습이 되는 형국이었다. 학습자가 새로 배우는 내용이 자신의 마음속에 들어와 이전에 볼 수 없었던 것을 보게 되고, 그로 인하여 더 높은 배움을 열망하고 가르침과 배움의 관계 속에서 자신의 경험이 지속적으로 재구성되는 그러한 형국이 교과를 배우는 진정한 목적이라고 볼 수 있다(강현석, 2009; 박철홍, 2002).

결국 교과 내면화란 교과가 학습자의 삶의 경험과 아무런 관련을 맺지 못할 때에 직면하게 되는 교육적 문제의 심각성을 일깨워 주는 말이다. 이때 발생하는 교육적 문제들 중에서 가장 중요한 문제로서 듀이는 세 가지를 들고 있다.

첫째, 교육내용의 추상화이다. 어떤 내용이 지나치게 추상적이고 상징적인 것이 될 때, 학교에서 배운 것들을 의미 있고 소중한 것으로 보지 못하는 것은 너무나 당연하다. 둘째, 학습동기의 결핍이다. 교육내용이 학습자의 활동과는 아무 관계없이 외부에서 주어질 때, 그 내용을 배우려는 학습자의 동기가 결핍된다. 셋째, 학문적 성격의 상실이다. 교과를 구성하고 있는 교육내용은 학문적인 노력의 결과이며, 학문적 활동의 성격을 지니고 있는 것이다. 하지만 교과의 논리적인 특성만을 지나치게 강조할 때, 실제 가르치는 현장에서는 교과가 원래 가지고 있는 학문적 활동의 성격이 그대로 유지될 수 없다. 교육내용이 외부에서 주어지고 이미 완성된 것으로 제공되는 한, 실제 가르치는 장면에서 교육내용은 불가피하게 수정될 수밖에 없다. 학생들의 이해와 발달 수준이 낮기 때문에, 그리고 가르치고 배우는 학습 과정이 갖는 여러 가지 제약 때문에 교사는 가르치는 과정에서 순간순간 여러 가지 어려움에 직면하게 된다. 이러한 어려움을 극복하고 계속해서 주어진 내용을 다루려면 교육내용은 수업 상황에 따라 수정되고 변화되어야 한다(박철홍 역, 2002: 56-67).

듀이는 직접적으로 교과 내면화를 말하지는 않았지만, 그가 말하는 교과의 논리와 학습자의 심리에 관한 일련의 주장은 결국 교과, 즉 교과의 지식을 자신의 것으로 만들어 경험의 재구성이 가능하도록 하는 것에 관한 주장이라고 볼 수 있다.

특히 교과 내면화와 관련하여 교과의 점진적(progressive) 조직 혹은 진보적 조직과 관련한 주장을 들여다볼 필요가 있다. 듀이는 학생의 경험 속에서 교과가 세 개의 단계를 거치면서 성장한다고 본다. 첫 번째는 무엇인가를 할 줄 아는 것, 즉 걷고 말하고 쓰고 계산하고 자전거를 타는 것 등과 같은 직접적인 활동의 수행능력으로 존재하는 교과이다. 두 번째는 직접적인 활동의 수행능력과 관련을 맺으면서 이를 발전시키는 데에 도움이 되는 다른 사람들의 경험을 수용하여 알게 되는 것, 이른바 정보라는 형태로 존재하는 교과이다. 마지막은 전문가나 성인들의 지식, 즉 합리적이고 논리적으로 조직되어 있는 지식체계이다. 듀이는 교육의 문제가 교과의 발달단계를 고려하지 않고, 아이들에게 마지막 단계의 교과를 직접 전달하려는 데서 비롯된다고 본다. 반면, 여기서 듀이가 제안하는 교과내용의 진보적 조직이란 교과의 발달단계를 존중하면서 아이들의 직접적인 경험에 내재되어 있는 교과의 내용, 즉 무엇인가를 할 줄 아는 것이 점차적으로 논리적이고 합리적인 지식체계로서의 교과내용으로 발전되도록 하는 것을 의미한다(엄태동 편, 2001: 107-108).

경험의 재구성과 관련하여 학생들이 이미 잘할 수 있는 것을 좀 더 능숙하고 쉽게 할 수 있도록 도와주기만 하면, 하나의 경험을 그것과는 다른 경험으로 나아가도록 인도한다는 원리가 충족되는 셈이라고 생각하는 것은 잘못이다. 마찬가지로 학생들에게 새로운 경험을 제공하기만 하면, 하나의 경험을 그것과는 다른 경험으로 인도한다는 원리가 충족된다고 보는 것 역시 그릇된 생각이다. 새로운 사물이나 사건들이 이전의 경험 속에 들어 있는 사물이나 사건들과 반드시 지적인 관련을 맺도록 만들 필요가 있다. 이렇게 해야 사실 및 관념을 분명하게 인식하는 데에 있어 진전을 이룰 수 있다.

따라서 이전의 것과는 다른 관찰의 방식과 판단의 능력을 자극함으로써 이후의 경험이 좀 더 넓은 범위에 걸쳐 이루어지도록 해 주는 새로운 문제들을 약속하고 제시할 가능성이 있는 내용들을 기존의 경험으로부터 선별하는 일은 교사의 책무가 된다. 교사는 경험을 항상 현존하는 학생들의 관찰능력과 이전의 기억을 지적으로 활용하는 능력에 신선한 도전이 되는 새로운 영역을 열어 주는 동력이나 도구로 보아야만 한다. 성장에 있어서 기존의 경험과 새로운 경험 사이의 관련을 구축하는 일, 이것이 언제나 교사가 명심해야 할 표어가 되어야만 한다(엄태동 편, 2001: 108-109).

교과 내면화에서 중요한 것, 경험의 논리적 측면과 심리적 측면을 구분하는 것과 양자 사이의 관계를 검토하는 것이 중요하다. 교과와 관련해서 말한다면 경험의 논리적 측면은 교과 그 자체를 뜻하는 것이며, 경험의 심리적 측면은 학습자와의 관련 속에서의 교과를 뜻하는 것이다. 심리적인 입장에서 경험을 진술한다면 경험은 실제적인 성장의 과정을 순서대로 적어 놓은 것이다. 그것은 효율적이었든, 비효율적이었든, 성공적이었든, 힘든 고통의 과정이었든 간에, 실제로 있었던 경험의 과정과 단계를 그대로 기록한 것이다.

이와 관련하여 듀이의 비유에 따르면 완성된 지도와 탐험가의 여행은 서로 관련이 있으며, 서로에게 도움을 준다. 지도는 어떤 경우에도 그 지방을 직접 탐험하는 직접적인 경험을 대신할 수 없다. 즉, 논리적으로 체계화된 교육내용은 직접 경험하는 것을 대신할 수 없다. 지도는 이전의 경험들을 요약한 것이며, 일정한 관점에 따라 질서정연하게 정리해 놓은 것이다. 이 경우 지도는 학교교육에서의 학문 또는 교과에 해당된다. 즉, 교과는 과거 경험의 결과를 앞으로 가장 잘 이용할 수 있는 형태로 정리해 놓은 것이다. 그것은 문제가 있을 때에 이용할 수 있는 가장 좋은 자원이며, 마음의 낭비를 막아 주는 경제적인 것이다. 학문이나 교과는 원래 우연적으로 발견된 다양한 사실들을 몇 개의 일반적인 원리를 중심으로 분류하고 정리해 놓은 것이기 때문에 기억하기에 용이하다(박철홍 역, 2002: 56-62).

그런데 문제가 되는, 즉 지식을 논리적으로 체계화하는 과정에서 나타나는 추상화, 일반화, 유형에 따른 분류와 같은 것은 모두가 앞으로의 경험과 관련하여 의미와 가치가 있는 것이다. 왜냐하면 체계화된 지식은 성장과정에서 중요한 위치를 차지하며, 경험이 성장할 수 있는 전기를 마련해 주기 때문이다. 그런데 이 과정에 대한 설명이 막연하다. 지식이 경험의 성장 계기가 되려면 어떻게 해야 하는가? 우리가 과거에 한 경험에 논리성을 부여하고 체계화하고자 할 때 이것은 무엇으로 가능한가? 이것이 가능해야 경험이 발달하는 것이며, 이전 경험이 향후 경험의 발달에 중요한 전기가 될 것이다.

교과를 과거 경험이 체계화된 것으로 이해할 경우에 교과가 성장의 과정과 반대되거나 대립되는 것은 아니다. 이 과정에서 경험은 무엇으로 인해 구조화되고 체계화되는가? 교육내용은 원래 직접적인 경험들로부터 추상화된 것이기 때문에 경험으로 되돌아갈 때 올바른 의미를 띠게 된다. 요컨대, 교과에 들어 있는 교육내용들은 심리화(경험화)되어야만 한다. 교육내용은 학습자의 구체적이고 직접적인 경험과의 관련 속에서 해석되고 이해되어야 한다. 이 일이 어떻게 가능한가? 무엇을 통하여 경험이 의미 있는 내용으로 구성될 수 있는가? 교육내용들이 어떻게 경험화되는가? 이 지점에서 경험에 대한 내러티브의 중요성이 인식될 수 있다.

(2) 지식 본질론적 접근

지식을 배운다는 점에서 보면 학습자의 입장은 평생 동안 그 일이 진행되어야 한다. 그래야 자신의 존재를 보전, 발전시킬 수 있다. 이러한 입장을 학습주의적 접근(learning-centered approach)으로 볼 수 있다. 이 접근은 지식학습의 본질에 닿아 있는 것이다. 여기에서는 능동적인 학습의 주체로서 개인이 자신의 발달과 성장을 주도해가는 원동력으로서의 지식의 가치에 관심을 가진다. 인간은 학습이 없으면 삶을 영위할 수 없으며 지속적인 학습을 통하여 자신의 성장과 발달을 도모한다. 이런 점에서 학습은 학습자의 주체적 의도성을 반영하는 발달과정이라고 볼 수 있다.

이 학습의 과정은 지식의 습득과 생산의 양 측면을 동시에 가지고 있다. 학습이란 단순히 외부에 존재하는 지식을 수동적으로 받아들여 저장하는 것뿐만 아니라 자신의 것으로 만들어 활용하고 더 나아가 새로운 지식을 만들어 기존의 사고체계와 경험양식을 창출한다. 이러한 학습의 성격을 한승희(1999: 36)는 다음과 같이 표현하고 있다.

> 호흡이 들이쉼과 내쉼의 복합과정으로 구성되어 있는 것처럼, 학습도 지식의 습득과 생산의 양 측면을 함께 가지고 있다. 우리는 상식적으로 '학습이란 단지 지식을 받아들여 저장하는 것'이라는 수동적 의미에서 이해하기 쉽다. 그러나 모든 생명과정은 자체가 생태계적 순환체계를 기본으로 하며, 이 점에서 학습도 단지 외부에 존재하는 지식을 받아들이는 것뿐만 아니라 그것이 자신의 경험 속으로 흡수되면서 새로운 경험구조를 탄생시키고, 그 결과로서 자신만의 깨달음과 의미와 노하우를 창출해 낼 수 있게 된다.

이와 같이 학습은 개인의 성장과 발달에 중요하며 그것은 지식의 생산과 활용에 의해 가능하다. 이 과정에서 학습자의 능동적이고 지속적인 학습이 이루어져야 하며 기존 지식의 수용과 새로운 지식의 창출이 동반되어야 한다.

이러한 맥락에서 지식교육을 학습 개념으로 전환하여 지식학습에 그 강조점을 두고 있다. 학습은 지식생산 과정이면서 자신만의 현장 지식을 창출하는 과정이다. 과거에는 많이 아는 자가 열등한 자에게 지식을 전수하는 것이 중요한 활동이었고 생활 연장의 보편적 형태이었으나 이제는 지식을 타인으로부터 수동적으로 전수받는 것이 아니라 능동적으로 자신의 성장과 발달을 도모하기 위하여 자신만의 현장 지식을 창출하는 과정이다.

이러한 과정은 평생 동안 걸쳐 이루어져야 하며 학습이 진행되어야 한다. 평생학습은 인간의 기본적 생존과 생활을 위하여 학습이 평생에 걸쳐 지속되어야 한다는 것을 나타낸다. 이러한 평생학습의 과정을 통하여 지식을 습득하고 그것에 기초하여 새로운 지식을 창출하고 직면한 문제를 해결해 나간다.

이와 같은 평생학습의 대상으로서 지식은 실제 현장에서의 '일'과 관련된 사실, 방법, 전망 등을 포함한다. 지식은 쌓아 두고 필요할 때 꺼내 쓰는 개념(stock)이 아니라 흐르는 강물처럼(flow) 다양하게 조작하는 것이라고 한다. 따라서 이제 개인은 평생학습자로서 지속적으로 자신의 지식을 점검하고 새로운 변화에 대처해야 한다는 것이다. 이 경우 지식은 생존 수단이며 문제 상황에서 해결전략으로서 다양하게 조작하고 활용해야 하는 도구로서 의미를 지닌다.

최근 평생교육과 관련하여 그 주요 전략으로서 '학습혁명'이라는 용어가 등장하고 있다. 학습혁명(Dryden, 1994)이란 학습자의 주체적이고 능동적인 지식관리의 과정을 강조하는 말이다. 자신이 필요한 지식을 탐색·획득·저장·사용하고 그 결과로서 새로운 지식을 창출하는 과정이 중요해진다는 것이다. 이러한 학습혁명을 매개로 하는 평생학습 사회에서는 공식적 지식(official knowledge)보다는 개개인의 삶과 일의 구체적 현장에 스며 있는 현장 지식(field knowledge)이 중요해진다. 이 현장 지식은 개인 삶의 상당부분에 영향을 주고 있으며 특정한 시간과 공간에서 생활하는 행위자로서의 현장인의 경험에 내재되어 있다. 현장 지식의 중요성은 관련되는 적합한 맥락에서 분리되어 있는 지식의 문제점을 지적하는 것이며 그것은 어떤 특정의 실체로 객관화된 지식에서 일상생활 속에 내재되어 살아 있는 지식으로 전환되어야 함을 의미한다.

소위 순수지식, 이론적 지식, 그리고 전문지식보다는 실제 문제해결에 유용한 지식이며 삶과 괴리되지 않고 일치되는 지식으로 전환해야 한다는 주장이다. 과거의 저장 개념으로서 활용되어 온 지식은 이제 재구조화되어야 하고, 구체적 맥락에 적합해야 하며, 적절하고 시의에 맞게 재편되기 시작하였다는 것이다. 따라서 학습자 모두가 필요한 상황과 시점에서 필요한 지식을 찾아 나서야 하는 지식 탐색자로서 위치 지어진다. 이제 지식은 과거 가르치는 자와 배우는 자의 이분법적 구분이 가능한 '교육'이라는 틀에서 탈피하여 그러한 구분이 무의미한 '학습'의 틀에서 조명되어야 한다.

이상의 입장에서 보면 우리가 지식을 제대로 학습했다는 것은 무슨 의미를 지니는 가? 우리는 지식의 가치를 어떻게 올바르게 이해 가능한가?

지식의 다양성과 그 가치를 이해하는 일은 올바른 지식교육을 받았을 때만이 가능하다. 지식교육은 지식의 성격을 올바르게 파악하고 그것에 충실하게 이루어져야 하며 모든 지식이 교육되는 것은 아니며 일정한 가치를 지녀야 한다. 그리고 지식교육을 받은 사람이라면 가치 있는 삶을 살아야 한다. 그래서 지식교육은 중요한 것이다.

원래 지식에 대한 기원과 본질 등에 관한 문제는 인식론에서 다루어진다. 교육에서는 지식을 가르친다는 것은 무엇인가, 지식은 어째서 가르쳐야 하는가, 지식을 가르침으로써 학생을 어떤 인간으로 육성하려는가 등에 관심이 있다. 지식 개념에 대한 문제는 전통적으로 인식론에서 다루어져 왔다. 그러나 여기에서는 지식교육의 차원에서 지식의 교육적 가치와 적합성에 관한 문제로 한정하여 논의한다.

우선, 모든 지식이 교육적 적합성을 갖는 것은 아니다. 정호표(1993: 212-213)는 교육적 지식을 결정하는 준거를 다음과 같이 제시하고 있다.

첫째, 교육목표와의 관련성을 들 수 있다. 교육적으로 적합한 지식은 교육목표로 진술된 행동, 능력, 성격적 특성을 함양하는 데 적합한 지식이다. 따라서 학문적 기준보다는 교육적 기준이 중요하다. 또한 여러 가지 교육목표와 교육활동으로 인도할 수 있는 지식이 교육적으로 가치 있다.

둘째, 내용의 참신성과 보편타당성을 들 수 있다. 이는 교육의 진보적 기능과 보수적 기능에 필요한 지식으로 규정될 수 있다. 새로운 지식의 출현과 그에 따른 진보도 필요하며, 과거의 지식도 문화유산으로서 필요하다. 현대의 지식의 폭발, 즉 과학적 지식의 증가는 학교 지식의 증가와 이를 효과적으로 전달하는 방법의 개선을 요구한다. 보편타당한 지식은 사회의 기본 생활에 필요한 공통적 지식을 말하는 것이다.

다음에는 생활에의 유용성을 들 수 있다. 이는 인간생활에 적응하고 문제해결을 하는 데 필요한 것으로 도구적·상대적 지식이다. 이는 동적이며 기능적이고 행동할 수 있는 지식을 학교 지식으로 간주한다. 따라서 생활에서의 활동이 통합적일 때 생활에 유용한 지식도 단편적이 아닌 통합적인 지식이어야 한다. 요컨대, 생활 상황에서는 여러 가지 지식이 복합적으로 작용하기에 학교지식은 분과적 지식의 나열보다는 지식의 통합을 지향해야 한다. 또한 사회 현실에의 적절성도 학교지식의 선정기준이 된다. 교육적 지식은 단순한 과거의 문화유산이 아니며 현재 사회에 기여하고 미래 사회에 적합한 내용이 되어야 한다. 그러므로 사회집단 내의 인간관계, 사회적 가치관 등을 포함하는 지식과 사회적 변화에 대응하는 지식을 학교지식의 체계에서 고려해야 한다.

지식교육은 지식을 어떻게 가르치면 학생들이 올바른 관점이나 태도를 가지게 될 수 있는가라는 방향으로 나아가야 하며 그러한 맥락에서 교육과정의 문제를 조명해야 한다. 따라서 교육과정에서는 지식교육이 핵심적 문제로 다루어져야 한다. 여기에서 올바른 관점과 태도의 함양을 위해서는 지식의 유용성과는 무관한 이론적 지식을 소중히 생각하는 전통이 있다.

왜 우리는 지식을 실제적 유용성과 무관하게 소중하게 생각하는가, 왜 우리는 이론적이고 명제적인 지식을 실제적 지식보다 소중하게 생각할 수 있는가 하는 문제는 지식교육에서 설득력이 높다. 이와 관련하여 이홍우(1992: 33-41)는 지식교육의 중요성을 강조하면서 지식 위주의 교육에 대한 대안으로 다른 형태의 교육을 제시하기보다는 지식의 성격에 충실하게 교육할 것을 제안하고 있다.

그런데 이러한 주장에 가정되어 있는 지식에 대한 성격은 '지식기반 사회'에서 추구하는 그것과는 매우 상이하다. 지식은 삶의 총체성과 연관되어 있으며 가치의 문제에서 자유롭지 못하다. 지식교육이라는 명목으로 소위 나열된 사실적 정보들을 가르치고 그 결과 자신의 삶과 의미에 하등의 영향을 미치지 못하는 것은 지식교육의 본질에 어긋난다. 따라서 지식교육은 배울 가치가 있는 지식에 관심을 가져야 한다. 교육의 중요성은 지성 개발에 있다. 인생의 의미를 실제적 가치에서만 찾으려는 것은 올바른 지식교육을 체험해 보지 못한 탓이다. 지식교육이 올바르게 이루어졌을 때 우리의 삶의 태도와 관점은 어떠해야 하고 앎의 상태는 어떠해야 하는가.

이와 관련하여 황규호(1998: 77-100)는 지식교육이 추구하는 앎의 상태를 '직접 경험'의 상태로서의 앎, 사고 능력으로서의 앎, 인지구조 형성으로서의 앎, 전신체적 반응으로서의 앎, 판단양식의 일치로서의 앎으로 제시하고 있다. '지식기반 사회'의 논의에 가정된 지식교육은 올바른 지식교육이 이루어진 이러한 다양한 상태들에 비추어 보면 매우 단편적이다. 거기에 가정된 앎의 상태는 앞의 분석에 따르면 어느 상태의 앎이라고 말하기에는 유보적이지만 이해의 차원이기보다는 지식의 활용과 가공의 성격에 가깝다고 볼 수 있다.

지식의 교육적 가치를 이해하고 올바른 지식교육이 이루어지기 위해서는 지식에 대한 이분법적 구분을 지양하고 삶에 의미를 부여하는 지식교육에 관심을 가져야 한다. 지식의 가치문제를 논하고 있는 Degenhardt(1982)는 도구적으로 유익한 지식과 내재적으로 가치가 있는 지식의 양분은 그릇된 것이라고 주장하고 개인의 삶에 의미를 부여하고 개인이 자신의 목적을 결정하는 데 도움이 되는 지식이 교육적으로 가치 있는 지식이라는 것이다. 지식교육의 방향은 여기에 주목해야 한다.

(3) 교육사적 의미

이하에서는 지식교육의 절충적 입장에서 보다 실효적인 교육과정 개발 방법[스펜서(H. Spencer)와 타바(H. Taba)의 생각]에 대해서 살펴보고, 다음으로는 듀이가 강조하는 지식의 도구성에 대해서 논의해 보기로 한다. 지식의 절충적 입장과 본질적 입장이 아무리 타당하더라도 구체적으로 학교의 교육과정으로 구현되지 못하면 별로 의미가 없다. 이러한 측면에서 학교교육과정에서 지식의 위계화 문제와 도구성 문제를 살펴볼 필요가 있다.

오래전에 스펜서는 인간에게 가장 가치 있는 지식에 대한 생각을 제시하였는데 거기에는 스펜서의 철학에 입각한 지식들이 우위를 차지한다. 그러나 교육과정에서는 어느 지식이 가장 중요한가의 문제에 관심을 갖는 것이 아니라 그러한 지식들을 어떻게 적절하게 분배하고 조직할 것인가가 중요해진다. 다양한 지식들의 균형 있는 선정과 체계화된 조직이 교육에서 중요하다. 효과적인 지식교육이 가능하기 위해서는 지식의 성격에 충실한 교육과정이 구성되어야 한다.

이 문제와 관련하여 지식의 위계화 문제를 보면 학교교육에서 지식 영역을 기초로 삼는 교과조직에 있어서는 교과 또는 과목들의 질적인 위계가 문제가 되지 않고 각 교과영역 내의 지식을 어떻게 구분해서 어떻게 분화ㆍ발전시키면 학생들에게 더욱 적합하게 될 것인가가 중요하다.

이러한 교육과정 구성의 맥락에서 중요한 것은 교육내용으로서 지식의 문제이다. 교육내용은 여러 수준이 있다. Taba(1976)에 따르면 내용의 수준은 네 가지로 나누어지며 각 수준에 따라 기능이 상이하다. 첫 번째 수준은 특수한 사실, 추상의 하위 수준에 있는 기술적인 아이디어, 특수한 과정 및 기능 등의 수준이다. 두 번째 수준은 기본 아이디어이며, 세 번째 수준은 개념 수준이며, 네 번째 수준은 사고체계 수준이다. 그런데 타바의 기본 아이디어는 일반적으로 개념 수준이며, 그의 개념 수준은 원리나 법칙에 해당된다. 교육과정을 구성할 때는 이러한 내용의 수준과 범위(scope)를 고려하며 그 계열(sequence)의 문제를 아울러 고려해야 한다.

이상의 타바가 제시한 문제와 관련하여 지식의 위계화는 사고체계를 가장 상위에 두고 주제, 법칙, 기본 개념을 그 아래 두면서 가장 하위에 사실적 지식을 두는 것으로 볼 수 있다. 사실적 지식은 특수사상에 관한 진술, 관찰할 수 있는 행동, 감각적 지각이나 경험에 의해 주어진 것으로 추론이나 논증과 무관한 것이므로 가장 하위의 것이다. 이에 비해 법칙과 원리는 두 개 이상의 개념의 상호관계에 의해서 보다 넓은 적용가능성을 진술한 일반화이다. 이 일반화는 규칙성과 보편성에 의해 다양한 현상을 설명하는 근거가 된다. 기본 개념은 다양한 경험의 추상적 특징과 공통의 관념들의 체계이기에 사실적 지식보다 상위에 있다. 그러므로 원리나 법칙의 지식은 탐구결과에 대한 판단기준을 제공하고 문제해결의 단서, 분석결과의 종합, 추론의 근거를 제공함으로써 지식교육에 기여한다. 기본 개념의 지식은 경험에 대한 의미부여, 구조에 의한 교과의 단순화, 원리법칙의 토대 구축 등에 의해 지식교육에 기여한다. 이 위계화에서 사상에 관한 지식은 학문들의 사고체계와 탐구방법을 제시하며 탐구의 전체 원리와 개념의 체제에 관계되는 지식이다.

지식내용의 위계화에 대한 블룸(Bloom) 등의 제안에 따르면 지식을 대상별로 보아 특수·구체적인 것과 일반·추상적인 것으로 구분하고 각 대상의 지식을 대상 자체에 관한 것과 대상을 다루는 형식 또는 방법으로 구분하고 있다. 일반·추상적 지식을 특수·구체적 지식보다 상위에 두며 대상 자체의 지식보다 대상을 다루는 형식 또는 방법에 관한 지식을 상위에 두고 있다. 행동의 차원에서 지식, 이해, 응용, 분석, 종합, 평가 순으로 설정되어 있다.

한편, 지식의 도구성과 관련하여 듀이는 지식의 상대성과 지식 산출의 과정으로서 탐구를 강조하였다. 그러므로 지식은 '보증된 언명 가능성'으로서의 행위의 양식으로 보았다. 안다는 것(knowing)과 행한다는 것(doing)은 별개의 것이 아닌 하나의 사실로 보아서 지행을 통합시켰다. 그래서 지식을 doing과 knowing의 통합체로 보았으며 인간은 사고인인 동시에 행동인이라고 할 수 있다. 이 같은 지식은 경험을 통제하고 환경에 적응하기 위한 수단으로서 도구의 기능을 한다. 그러므로 지식의 가치는 그 기능에 있으며 그것이 실천되는 데 있다.

듀이에게 있어서 지식은 삶의 본질적인 국면인 질적 경험을 통제하고 그것의 의미를 감상하고 풍요화하는 도구이다. 그것은 경험의 성장을 위한 도구이다. 즉, 경험의 의미의 풍요와 확대의 수단이다. 경험의 재구성, 즉 성장의 도구가 된다는 의미이다. 성장의 도구로서 지식은 상호작용에 의해 가능하다. 듀이에게 영원한 본질은 없으며 본질이 있다면 그것은 영원히 변화하는 상호작용만이 있을 뿐이며 탐구의 결과로 세상은 달라지는 것이다. 탐구의 결과로 생겨난 지식은 종전과는 달리 세상을 풍부하게 음미하게 하는 수단이며 또한 다음의 탐구를 위한 도구가 된다. 이것이 도구주의의 의미이다(Dewey, 1928: 283-286).

듀이에게 지식(교과)은 서양의 자유교육 전통과 달리 그 자체로서 가치 있는 것이 아니라 학습자의 경험의 성장에 도움이 될 때 교육적 가치를 지니는 것이다(1966: 130). 듀이가 전통적 교과관을 비판하면서 교과 그 자체를 경시한 것이 아니라 교과의 그릇된 사용을 비판하였다. 교과만을 강조해서도 안 되고 학습자의 동기나 필요만을 강조해서도 안 되며 중요한 것은 교과와 학습자가 상호작용하는 방식에 있다. 즉, 교과(지식)가 현재 학생의 필요나 능력과 어떻게 상호작용하는가에 신경을 써야 한다.

요약하면, 듀이에게 있어서 지식이란 일차적 경험의 반성적 결과로서 경험의 재구성의 도구가 된다. 이러한 경험 재구성의 과정에서 반성적 사고 능력이 중요하며 그것이 성장을 위한 도구가 된다. 따라서 지식은 문제해결을 위한 반성적 사고 능력이며 그것이 지성(intelligence)을 의미한다.

이상과 같이 2절에서는 전통과 진보, 절충의 입장이라는 이념적 측면에서 지식교육의 동향을 접근하고자 하였다.

2절 서두에서도 언급하였듯이 지식교육에 대한 이념적 접근에서는 순수철학과 사상적 입장에서 살펴본 것이기보다는 교육사상 내지 교육사조의 측면에서 살펴본 것이다. 교육에서도 전통과 진보가 존재할 수는 있으나 이러한 방식은 철학중심의 패턴으로서 선(先) 철학 후(後) 교육의 문제 방식을 고착시키기도 한다.

따라서 이러한 문제를 넘어서기 위해서 본 연구에서는 전통과 진보를 내세우기는 하였으나 그 하위 내용으로서 교육사조에 초점을 두고 접근한 것이다. 그리고 추가적으로 절충적 접근을 통해서 교육과 지식, 학습의 본래적 가치에 주목하여 지식의 문제를 살펴보고자 하였다.

장차 지식교육의 새로운 대안 제시에서는 앞에서 다룬 절충적 접근, 즉 듀이적 접근과 지식 본질론적 접근에 주목할 필요가 있으며, 이것이 본 연구에서 주목하는 새로운 내러티브 지식 이론과 상통하는 측면이 있다고 하겠다.

3. 역사적 접근

3절에서는 지식교육의 흐름을 역사적 맥락에서 살펴보고자 한다. 여기에서 말하는 역사적 접근은 통념적으로 설정하였다. 즉, 고대-중세-근대-근대 이후로 설정하였다. 이렇게 통념적으로 설정한 이유는 본 연구가 본격적인 역사적 연구가 아니고 교육학 연구이므로 교육적 주요 의미와 흐름을 살펴보는 것이 목적이므로 그렇게 설정하였다. 따라서 이하의 부분적인 내용들은 독자들의 대중적 이해를 위하여 관련 학회사전이나 시사전문 백과사전의 내용들을 참고하였음을 밝힌다.

그 주요 사상적 징표는 고대 전통에서의 일방적 주입 전달, 중세 전통에서의 신과 인간의 문제, 근대의 계몽성과 구조주의 체계의 문제, 근대 이후의 지식의 상대성 문제에 주목하여 살펴보고자 한다.

1) 고대 전통과 교육사적 의미

고대 전통에서의 지식교육의 흐름은 비교적 분명한 특징을 보이는 것으로 파악된다. 학습자를 관리하고 통제하기 위한 콘텐츠(지식, 교육내용)의 전달과 주입, 정신의 도야를 통한 지식의 암기와 반복 학습, 형식도야를 통한 자유정신의 획득으로 설명된다. 따라서 이하에서는 주입과 전달, 정신도야설, 자유교육 전통을 중심으로 살펴보고자 한다.

(1) 주입과 전달

① 학교의 탄생과 자유교양교육

원시시대에는 학교라는 교육의 장소가 따로 존재하지 않았다. 이 시대의 교육은 가족이나 부족을 중심으로 시간과 장소에 구애받지 않고 필요할 때마다 생활 속에서 이루어졌다. 아이들은 어른들과 생활하면서 사냥과 수렵, 위험한 식물과 먹을 수 있는 식물의 구별법 등 생활에 필요한 기술과 지식을 습득하였다. 이와 같이 원시시대는 장소와 시간, 규칙에 얽매이지 않고 언제 어디서든지 필요한 것을 교육하는 비형식적 교육이 이루어졌음을 알 수 있다.

그러나 인류 문명의 발달과 함께 문자가 발명되고 계층이 분화되면서 이러한 상황은 달라진다. 문자로 기록된 내용을 전달하기 위해서는 별도의 교육이 필요했으며, 이를 위한 장소와 시간과 일정한 규칙이 필요하게 되었다. 또한 청동기 시대 이후 지배계층과 피지배계층으로 계층의 분화가 이루어지면서, 생산적인 일에 직접 참여하지 않아도 되는 계층이 생겨나게 된다. 서민계층은 생산적인 일에 오랫동안 참여해야 하지만, 상류계층은 생산적인 일에 참여할 필요가 없었기 때문에 시간적으로 여유롭고 한가했다. 영어 school(학교)과 scholar(학자)는 그리스어 scholē에서 유래한 것인데, 이것은 여가 (leisure), 한가함을 뜻하고 있다. 그러므로 학교라는 곳은 생산 활동에 참여할 필요가 없는 경제적으로 부유하고 시간적으로 여유 있는 상류층이 여가를 즐기던 곳이었다.

서양에서는 기원전 7세기, 그리스의 도시국가 아테네에 최초의 학교가 세워진다. 당시 그리스의 학교는 인구의 5%에 해당하는 자유시민(자유시민은 당시 소수의 지배계층인 귀족계급으로 생산 활동으로부터 손발이 자유로운 사람들을 이야기한다.)이 여가를 즐기던 곳으로, 학교교육의 목적은 교양 있는 자유인의 양성을 목적으로 하였다. 교양 있는 자유인이란 손발이 자유로울 뿐만 아니라 마음까지 자유로운 '교양인'을 이야기한다. 그리스 시대 교양인이 되기 위한 교육을 '자유교양교육(Liberal Education)'이라고 하는데, 이것을 위하여 7개의 과목을 공부한다. 7개의 과목을 7자유학과(seven liberal arts)로 부르며 이것은 3학(三學, trivium) 4과(四科, quadrivium)로 구분할 수 있다. 3학은 문법, 수사, 변증법이며, 4과는 산수, 기하, 천문, 음악을 이야기한다. 그러므로 학교에서는 손발이 자유로운 사람들이 마음까지 자유로운 교양인이 되기 위하여 7자유학과를 중심으로 한 교육이 이루어졌다.

고대 그리스 아테네에서는 태어나서 7세까지는 가정교육이 중심이 되었고, 8세에서 16세까지는 음악학교와 체육학교에 다니면서 신체적 단련과 정신적 발달의 조화로운 발달을 추구하였다. 체육학교에서는 넓이뛰기, 씨름, 원반 던지기 등을 통하여 신체를 단련하였고 음악학교에서는 독(讀), 서(書), 산(算), 시(時) 등을 배웠다. 또한 아테네에는 플라톤에 의해 아카데메이아(Akadēmeia: 기원전 387)라는 오늘날의 대학과 같은 고등교육기관이 생겼는데, 아카데메이아는 오늘날 대학의 시초가 되는 학교이다. 그리스 아테네는 당시 문화와 교육의 중심지로 다른 나라에서 가장 유학하고 싶은 곳이었고, 당시 귀족들은 아테네의 문화를 배우고 따르는 것을 추구했다.

(2) 정신도야설

정신도야(mental discipline)는 자구적으로 보면 인간의 기본적 정신능력을 개발 또는 훈련하는 일을 의미한다. '정신도야'의 아이디어는 능력심리학(能力心理學, faculty psychology)에 입각하여 정신도야의 가치와 방법을 설명한 '형식도야이론(形式陶冶理論, formal discipline theory)'이 실험심리학자의 등장과 함께 그 세력을 잃기 전까지는 전통적 교과의 가치와 교육방법을 지지하는 근거로서 거의 의심 없이 받아들여졌다.

콜즈니크(W. B. Kolsenik)는 『현대교육에서의 정신도야(Mental Discipline in Modern Education)』에서, '정신도야'라는 아이디어는 인간의 마음과 교육의 목적에 관한 모종의 심리학적·철학적 가정, 즉 인간의 마음 또는 정신능력은 훈련을 통하여 개발될 수 있으며 교육의 목적은 교과를 통하여 도야된 정신을 기르는 데 있다는 가정에 그 근거를 두고 있다고 말한다.

'정신도야'를 주장하는 이론은 훈련을 통한 일반적 정신능력의 개발 가능성이라는 가정에 입각하여, 교과의 가치 또는 교육의 목적을 이러한 '훈련의 전이(轉移)'의 관점에서 규정하는 견해라고 할 수 있다. 형식도야이론은 훈련의 일반적 전이가 어떻게 가능하며 그것을 촉진하는 방법은 어떤 것인가 하는 문제를 능력심리학에 의거하여 설명하려는 시도를 나타낸다. 이 이론은 그것의 근거가 된 능력심리학이 타당성을 상실하면서 그 세력을 잃어버렸지만, 정신능력의 전이 가능성을 어느 정도 가정하지 않고서는 교과 교육이 성립할 수 없다는 점에서, 형식도야이론 또는 그것이 지지하는 정신도야의 가치를 완전히 부정하기는 어렵다. 형식도야이론은 이면에서 그 타당성이 재조명될 필요가 있다(서울대교육연구소, 1994).

양대종(2012: 247-277)에 의하면 도야 모델은 플라톤적 모델과 니체의 모델로 구분하여 보고 있는 바, 전자는 감각적인 것에서 본질적인 것으로의 상승을, 후자는 항구적인 자기극복을 통한 의미 추구를 지향하고 있다고 보고 있다.

(3) 자유교육 전통

앞에서도 언급하였듯이 자유교육(liberal education)은 원래 그리스 사회와 같은 계급 사회에서 노예와 구별되는 '자유민'을 위한 교육을 지칭하는 용어로 사용되었지만, 계급이 사라진 근래에 들어서는 사람을 '자유롭게 하는 교육'이라는 의미로 널리 사용되고 있다(이홍우, 2010: 124). 이와 같은 의미에서의 자유교육은 하나의 교육적 이념으로서 일반교육(general education)의 성격과 목적을 특정한 관점에서 규정하는 관점이라고 말할 수 있다.

자유교육 이념의 대표적인 옹호자인 오우크쇼트에 의하면 학교에서 다루어지는 교육내용은 인간이 세계를 이해하기 위해 발전시켜 온 지적 유산으로서의 다양한 언어(voices)들로 구성되어야 한다(Oakeshott, 1972). 인간이 거주하고 있는 세계는 '사물'이 아니라 '의미'로 이루어져 있는 바, 이러한 의미는 세계에 대한 우리의 이해의 결과이다. 각각의 의미에 의해 우리는 세계를 특정한 방향에서 경험하게 되며, 또한 그 세계 안에서의 인간의 위치를 파악하게 된다.

자유교육의 이론 중 근자에 들어 꾸준히 주목을 받아 온 것은 허스트의 이론이다(Hirst, 1965; 1974). 허스트에 의하면 합리적인 마음을 발달시킨다는 것은 궁극적으로 그가 말하는 '지식의 형식(forms of knowledge)'을 내면화시키는 과정을 지칭하며, 따라서 합리성의 발달을 목표로 하는 자유교육의 의미와 그 성격은 마땅히 '지식의 형식'과의 관련 속에서 규정되어야 한다. 지식의 형식인 각각의 지식체계는 나름대로의 독자적인 기본 개념과 진위 판단 기준을 가지며 이에 따라 우리는 논리적으로 상호 독립적인 7개의 '지식의 형식'을 구분할 수 있다. 이들 7개의 지식의 형식은 곧 무엇이 합리적인 판단인가에 대한 준거를 제공해 주는 것으로 이 점에서 '합리성'의 구체적 내용을 규정한다고 할 수 있다. 이때 합리성의 내용을 규정하는 개념의 틀은 비교적 안정적이어서 쉽게 변화하지 않으며, 또한 사회적 배경의 차이에도 불구하고 보편적인 모습을 갖는다.

허스트가 주장하는 자유교육의 과정은 곧 공적 전통으로 내려오는 개념의 틀, 즉 그가 말하는 7개의 지식의 형식 안으로 학생들을 입문시키는 과정으로 요약된다.

지식의 학습을 통한 마음의 계발을 중시하는 자유교육의 이념에 대해서는 크게 두 가지 관점에서 비판이 제기되고 있는데, 그 하나는 자유교육이 주로 이론적 지식의 중요성을 강조하는 가운데 실제적 지식의 가치를 상대적으로 경시하는 경향이 있다는 데 대한 비판이요, 다른 하나는 자유교육의 이념이 특정 문화집단의 관점에 대해 절대적인 진리의 지위를 부여함으로써 다른 문화집단의 관점을 비합리적인 것으로 폄훼할 수 있다는 데 대한 비판이다.

(4) 교육사적 의미

고대 전통의 지식교육에 대한 교육사적 의미는 크게 주입과 전달 중심의 교육과 관련한 입장(정신도야를 포함), 자유교육 전통에 대해서 살펴보기로 한다.

우선 주입과 전달 교육의 경우 Hopkins(1994)에 의하면 전통적인 교육은 주로 교육내용을 일방으로 전달하는 기계론적 모형에 의존한다고 주장하고 있다. 이하에서는 그의 주장을 들여다보자.

① 기계론적 메타포

미국과 산업화된 세계의 학교교육은 이러한 기계론적 뿌리 메타포로부터 심오한 영향을 받는다. 학교교육은 그의 의무교육적 지위에서부터 모든 본질적인 속성에 이르기까지 기계론적이다. 이는 시간과 공간을 조직하는 것, 수업을 실행하고 교실을 조직하는 것에서 나타난다. 우리 시대의 탁월한(그렇게 보편적이지는 않을지라도) 교육학은 교사들이 공장의 일차 단계의 감독관이 하듯이, 미리 정해진 목적을 달성하기 위하여 미리 서술된 과제를 실행함으로써 학생들의 경험을 통제하는 목적을 가진 것처럼 행동하게 한다. 자유로운 경험적 교육이 존재하기는 하지만 매우 드물다.

C. A. Bowers와 D. Flinders(1990)은 방대한 "교실경영 패러다임"—교수 모델—즉 교육대학에서 전달되고 "의식의 공학적 형태"의 산물로서 교육적 계속성 안에서 모든 수준의 교실에서 적용되는 문제를 기술하고 있다. 그 기원은 17세기로 거슬러 올라간다 (베이컨, 데카르트, 뉴턴). 우리 시대에 좀 더 밀접하게, Raymond Callahan(1962)이 "효율성의 추종"이라고 부른 것에서 나타난다. 이것은 20세기부터 이 나라가 유지하고 있는 엔지니어링, 행동주의 기계주의의 원리들이다. 학교 경영에서 시작되었지만, 교육학에도 점차로 반영되어 갔다. 이것은 미리 설정된 목적을 향하여 학생들을 의도적으로 조작하고 학생들 자신의 경험을 무시하고 그것을 전체 과정을 오염시키는 것으로 간주한다.

이 모델은 성인은 아동이 알아야 하는 것이 무엇인지 알고 있고, 교사의 과제는 알아야 하는 것을 학생들의 의식과 깨달음 속에 포함시키고 흥미를 유발하고 노력을 지속하도록 조건을 만드는 것에 있다고 가정한다. 교수는 (마치 전쟁, 축구, 공장 과정, 정치와 같이) 규칙적이고 순서적이며 기술적이고 전략과 전술을 포함하는 것으로 인식되었다. 교육적 시스템과 실제로 만들어지는 전략은 지식 혹은 정보가 교사 혹은 교과서 혹은 밖의 다른 곳에서부터 학생들에게 이동되도록 안내한다. 교사는 이러한 무관심의 전쟁에서 전술가이다.

L. Shulman과 N. Carey(1984)는 이것을 교육의 '합리적인 모델'이라고 했으며, 다음과 같이 기술하였다.

> 교사는 지식과 기술을 가지고 있는 어떤 사람으로서 교실을 조직하고 지식을 학생들에게 전달하는 수업을 수행하는 것으로 간주한다. 교사는 학습의 촉진자, 지식의 전달자이다 …… 교육적인 접근을 '전달 시스템'으로 비유하는 설명이 이상한 것은 아니다(p. 507).

언어는 교사가 학생들에게 의미를 제시하는 전달자이다. 그다음에 학생들은 교사의 언어로부터 그 의미를 뽑아내는 의무를 가진다. 다양한 교실 전략은 학생들이 이러한 추출과정을 완성하도록 조작하고 유인하기 위하여 사용된다. 가장 흔한 것으로, 교사는 질문을 던진다. 그리고 정답을 구하기 위하여 교실을 쭉 훑어본다. 어떤 의미 맥락이 결여된 분절된 자원의 제시는 만연되어 있다. 전달의 과정은 일방적이고 학생들의 "의미 구성의 내적인 세계, 의도성, 문화적 형태의 무의식적인 수행"은 무시된다 (Bowers & Flinders, 1990: 10). 학생들이 그 메시지를 받은 것으로 나타날 때, 그들은 보상을 받게 된다. 그렇지 않을 때는 그들은 벌을 받게 된다(Levine & Wang, 1983 참조).

실제적인 연구의 주류는 학생들이 이 모델에 내재된 역할에 맞게 훈련된 것에 대한 교사의 성공을 평가해 왔다. Thomas Greenfield(1984)에 따르면 학교는 정보의 형태로 가치를 분배하는 곳이다. 그들은 권력을 가진 리더의 압력에 의하여 그렇게 한다. 그 리더는 권력의 폭력으로 그렇게 하는 것이 충분하지 않을 때, 물리적인 폭력을 가할 것이라고 주장하였다.

그래서 성공적인 교사는 교실에서의 행동의 순응을 일으키도록 교육을 받는다. 그들은 의도한 역할과 과제 구조에 사회화된 학생들을 양성한다. P. C. Blumenfeld와 그의 동료들(1983)은 어떻게 이 시스템이 작동하는지를 매우 진솔하게 기술하였다.

> 현대 학교는 아마도 교사의 행동이 형식적인 역할 제한에 의하여 주도되는 관료체계로 간주되어야 할 것이다. 교사는 위계 속에서 교장과 다른 행정가의 감독과, 학생들의 행동과 생산성을 감독하는 감시하에 행동한다. 그래서 학교에 들어오는 아동은, 교사는 관리자, 학생은 노무자로 취급되는 조직을 만나게 된다. 학교가 아동을 동시에 일꾼과 생산물로 취급하는, 흔치 않은 관료주의인 경우는 많다(p. 148).

교사의 교육적 행위는 대부분 말하기를 주로 한다. 거의 모든 이야기를 한다. 학생들에게 말하는 기회가 주어지면, 이것은 교사가 처음에 말한 것을 언어적으로 수용 가능한 방법으로 반복하기 위함이다.

몇몇 사람들이 말한 것처럼, 학교에서 학생들의 기능으로서 내러티브는 노골적으로 제외된다. 그 결과, 학생들은 그 공동체의 진짜 구성원이 아닌, 자신들을 가르치는 사람이 포함된 그 집단의 진정한 공통 구성원이 아닌 것이 된다.

그래서 학교는 지식, 기술, 마음의 습관, 태도의 전달(생성, 창조, 구성이 아닌)을 위한 곳이다. 즉, 어떤 것이 학생들에게 일어나고, 학생들의 의식을 변화시키기 위하여 노력이 기울여지는 장소이다. 이곳은 관점을 공유하고, 세계에 대한 학생들의 호기심을 충족하기 위한 장소가 아니며, 심지어는 학교에서 가르친 주제에 의하여 만들어진 프레임워크에 학생들의 삶이 녹아드는 것도 잘 되지 않는 곳이다.

학생들은 노동자가 작업장에서 일하는 것처럼, 특정하게 생산적인 과정을 수행하기 위하여 '학교에 나온다.' 이러한 절차들은 학생들의 관점을 확대한다기보다는 제한한다. 그리고 산업 현장에서 나타나는 것처럼, 교사의 권위와 학생들의 수동적·공격적 저항력 간에 무의식중의 분투가 일어난다. "학교교육은 아동과 교수의 형식적인 프로그램 간의 계약 그 이하도 그 이상도 아니다."라고 발달심리학자 William Damon(1990)은 말했다. "이러한 계약의 속성은 학생들이 그들로부터 무엇을 배웠는지를 결정하기 위하여 중요하다. 어떤 학교의 계약은 학습을 만들고 어떤 다른 학교들은 그렇지 않다."(p. 45).

　'이러한 계약의 속성'은 행동주의 심리학으로부터 많은 영향을 받는다. 이것이 기계론 구조의 가장 순수한 전형이다. Theodore Sarbin(1986)은 다음과 같이 말했다. 즉, 기계론적 세계관은 자연에서의 사건들을 영향력 전달의 산출물로 본다. 현대 과학은 이러한 세계관을 형이상학적 기반, 즉 과학자들이 원인을 찾는 것을 지원하는 관점으로 본다. 행동주의와 급진적인 실험주의는 이러한 세계관을 가진 심리학적 철학적 동향의 예이다(p. 8).

　이러한 영향은 교재, 평가, 교육과정에서 잘 나타나지만, 더 심각하게는 교사의 실천, 즉 Seymour Sarason(1982)이 말한 학교교육의 '규칙'과 그것을 준비하는 교사의 이데올로기에서 나타난다는 것이다. 학교교육은 자극-반응 게임이다. 학생들은 목적을 향하여 관리되는데, 그 목적은 기본적으로 그들에게도 모호하며 어떤 경우에는 한 문화집단의 구성원으로 통합하는 데에 해가 되기도 한다. 교육학적 가정은 수업을 운영하는 사람들과 거의 공유되지 않는다. 여기에서 미스터리를 유지하는 것이 핵심인데, 왜냐하면 미스터리를 유지하는 것이 기계적 구조를 유지하는 것이기 때문이다.

　극단의 경우에는, 이러한 교육학이 학생들은 컴퓨터와 같은 유기체이고, 문자, 소리, 단어, 역사적 사실과 같은 정보 바이트에 의하여 프로그램화될 수 있다는 가정하에 구성된다. 그러나 Mihaly Csikzentmihalyi(1990)가 말한 것처럼, 아동은 예측 가능하게 프로그램화될 수 없다. 그들은 그들의 경험 속에서 의미 없는 것들을 무시할 수 있는 자유가 있다. 그들은 이 자유를 규칙대로 수행한다. 그들의 신체는 통제 가능할지라도 그들의 마음은 그렇게 되지 않는다. 교사들은 그들의 자유를 억압하거나 할 수 있지만, 그들의 의식은 그렇게 할 수 없다. 그래서 교사들은 학교의 의심스러운 조작에 대항하는 학생들의 무의식적 전략을 통제할 수 없다.

　아마도 성인들은 비록 명백한 사실이 아닐지라도, 아동들이 하기 전에 미리 해야 하는 것을 더 잘 알 것이다. 문제는 한 사람에게 의미 있는 것이 다른 사람에게는 그렇지 않다는 것이다. 학생들은 그들을 위하여 의미가 있는 교재만 오로지 학습할 것이다. 교사들은 학생들에게 좋은 것이 무엇인지를 모르면서 그들의 완강한 저항에 괴로워하겠지만, 젊은 세대에게 불평하는 것이 문제를 해결하는 것은 아니다. 우리 모두는 때때로 노력하지 않아도, 우리의 편안하고 이로운 삶에서 우리에게 의미 있는 것을 가진 자원을 공부한다. 다른 사람들의 실제를 부인하는 것은 그들의 독특함의 진정성을 거부하는 것이고 그래서 그들의 관심을 잃게 만든다. 이것이 모든 사람이 손해를 보는 어려움이다.

교육의 경영은 C. Argyris와 D. Schön(1974)이 전문적인 이론이라고 부르는 것과 '행위 속의 이론'과의 불일치, 즉 사람들이 교육에 대하여 믿는 것과 실제로 행하는 것과의 차이에 의하여 규정된다. 미국 교육의 언어는 '진보주의적 주제'에서 나타나는 것으로 가득하다. 유명한 교육심리학자 Howard Gardner(1990)은 미국 교육의 전통과 진보의 지속적인 긴장 관계를 다음과 같이 말했다. "진보적인 주제에 대한 지속적인 집중은 미국 유산의 중요한 부분이다. 이 요소는 미국 교육을 위한 어떤 처방에서 심사숙고되어야 한다."

수사적 수준에서 어떤 현상이 일어나든 간에, 기계론적 원리는 교실 상황의 우세한 고지를 차지하고 실제 실행 수준에서 적용되고 있다. 우리의 현황에서는 좀 더 융통성 있고 유연한 근본적 메타포가 필요하다.

② 전달 모델

Asghar Iran-Nejad(1990: 573)는 두 가지 암묵적인 가정이 학교의 학습을 주도하는 것 같다. 즉, 하나는 외적인 정보가 학습의 오직 한 가지 자원이라는 것이고 다른 하나는 교사에 의한 수행 통제가 자기조절적 학습 과정의 오직 한 가지 내적 자원이라는 것이다. 그 결과, 주어지는 자극에 대하여 학습자가 억지로 주의를 집중하는 것은 학교 학습에서 가장 중요한 조절자로 간주된다. 이러한 두 가정은 학습 영역을 많은 자원들의 역할을 심각하게 제한하고 사실과 정의를 암기하는 것에 국한시킨다.

그가 '전달 모델'이라고 부르는 것을 설명하고 비판하는 것이다. 그는 '아이디어, 생각, 혹은 감성은 화자로부터 청중에게 전달된다.'는 가정은 인지심리학에서 부정확한 설명 모델이며 수업 실천의 잘못된 지침이라는 것을 알아낸다(1990: 574). 결국 '전달 모델'은 미국 교육의 많은 실패를 설명하는 메타포이다. "전달 메타포 개념화는 실패, 학교에 대한 부정적인 태도에 연계되고, 분열을 가져온다. 반면에 구성적인 개념화는 목표 지향점과 체계적인 연구를 성취하는 내적인 학습동기와 연계된다".(1990: 577)

잠재적인 패러다임 변화의 더 많은 증거는 탁월한 인지심리학자 Jerome Bruner(1990)의 현재 업적에서 찾을 수 있다. 그는 인간 삶의 의미 조직자로서 의도적인 상태를 인정하는 새로운 문화심리학을 주창하였다. 그는 인간 삶에서 경험의 힘을 부인하고 그들의 의도성을 무시하는 과학적 심리학은 지적 · 실제적으로 황량하다고 주장하였다. 브루너가 그의 책에서 문제시한 실천적－실험적 심리학은 교육을 이해하고 우리 사회에서 그 기술을 구성하기 위한 주도적인 모델이다.

교육연구 공동체 내에서의 이러한 비판의 메시지는 그 지배적인 뿌리 메타포가 학습을 위한 황폐한 맥락을 제공한다는 것이다.

③ 통제 환경

수십 년 동안 여러 연구가 진행되어 온 가운데, 가장 뛰어난 연구자들과 해설가들은 학교교육과정에 의하여 아동과 젊은 세대의 독립적인 정신에 미친 손상에 관심을 가지고 있다. 이 손상은 교육과정이나 공학, 기술 혹은 물리적인 자원 때문이 아니라, 학생들의 시간과 공간 사용을 관리하는 방법인 통제된 맥락과 과정에 의하여 발생한다. 그들은 학생들에게서 지루함, 나태함, 체념, 기회주의와 같은 것을 발견한다.

Jonathan Kozol이 말한 것처럼 어떤 학교(교육)는 아동의 가슴과 마음을 파괴한다고 해도 과언이 아니다. 어느 한 고교생이 말한 것처럼 우리는 새장에 갇힌 새이다. 문은 열려 있지만 밖에는 고양이가 있을 뿐이다라고.

다음으로는 자유교육과 관련한 교육사적 의미이다. 자유교육은 고대 그리스의 플라톤, 아리스토텔레스에서 피터즈(R. S. Peters), 허스트(P. H. Hirst)에 이르기까지 긴 역사를 가지고 있다.

역사적 고찰에 따르면 자유교육은 가치 있는 삶을 위한 교육이라는 추상적인 원리로 해석될 수도 있고, 직업교육과 대비되는 일반교육 혹은 교양교육이라는 뜻으로 해석될 수도 있다.

아리스토텔레스가 보기에 교육은 인간의 몸과 마음의 자유로운 발달을 위한 것이므로 자유로운 활동들을 자유인의 삶에 적합한 방식으로 가르치는 것이어야 한다. 그러한 의미로서의 자유교육은 인간의 자유로운 삶을 위한 것이고, 그 점에서 '좋은 것'이고 또 자유인을 위한 것이다.

자유교육에 대한 논의에서 허스트는 지식과 마음의 개념을 분석함으로써 그 체계를 설정하려고 했는데 그 체계에 의하면 마음과 지식은 의미상으로 관련되어 있으며, 지식과 이해의 획득은 마음의 발달을 의미한다. 자유교육은 지식과 이해를 추구하는 교육이므로 그것은 합리적 마음의 발달을 지향하는 교육이다. 그리고 합리적 마음은 가치 있는 삶의 핵심이므로 자유교육은 곧 가치 있는 삶을 보장하는 교육이다. 결국 그는 지식과 이해를 추구함으로써 합리적 마음의 발달을 도모하는 자유교육이 교육의 전형 또는 이상적인 모습이라고 보고 있다.

자유교육의 전통이 다양하기 때문에 단정적인 언급을 할 수는 없지만 대체적으로 합의하는 것은 합리성을 획득하여 마음을 발달시키는 것이 교육목표가 되며 교육내용으로는 지식 그 자체를 목적으로 하는 이론적 지식이 해당된다.

2) 중세 전통과 교육사적 의미

중세 전통에서의 지식교육의 흐름 역시 고대 전통과 유사하게 비교적 분명한 특징을 보이는 것으로 파악된다. 인간은 신의 피조물이므로 신성교육을 받아야 하며, 성서의 교리교육을 통하여 신성을 추구해야 한다는 점이다. 따라서 이하에서는 교리교육의 측면, 신과 인간의 문제를 중심으로 전통의 흐름을 살펴보고자 한다. 이하에서는 『고등학교 교육학』(강현석 외, 2014)의 '바른 삶과 교육'을 다루는 1단원의 내용을 참고로 한다.

(1) 교리교육

중세시대는 서로마제국이 멸망한 476년부터 동로마제국이 멸망한 15세기까지 약 1,000년에 걸친 시기를 일컫는다. 중세시대를 이끌어 가는 두 축은 기독교와 봉건제도였다. 특히 기독교는 중세 천년의 긴 시간을 정치, 사회, 문화, 교육 등 전 분야를 인간이 아닌 신 중심으로 이끌 정도로 강력한 영향력을 행사했으며, 교육 역시 인간을 위한 것이 아니라 신을 알기 위한 매개체일 뿐이었다. 그러므로 중세의 학교들 역시 교회학교들로 문답학교, 고급문답학교, 본산학교 등이 있다.

문답학교에서는 초등교육이 없었던 당시 유일하게 초등교육기관의 역할을 하였지만, 그 목적은 기독교에 관련된 지식을 가르치기 위한 곳으로, 기독교에 관련된 기본적인 지식과 신, 예수, 구원, 죄, 부활, 심판 등에 대한 기본 교리가 주된 교육내용이다. 고급문답학교는 문답학교의 교사와 지도자를 양성하기 위한 곳으로 교육내용은 문답학교보다는 수준이 높은 철학, 수사학, 천문학, 문학, 역사 등이었다. 본산학교는 중세 기독교학교 중에서 가장 수준 높은 고등교육기관으로 교회의 지도자(성직자) 양성을 목적으로 하였다. 교육내용은 고등 수준의 신학, 철학, 문학, 예술 등이었다.

그러나 중세 후반에 이르는 무렵, 사람들은 더 이상 신이 아닌, 인간과 인간을 둘러싼 자연과 우주에 대한 의문과 의문이 솟아났고, 배우고자 하는 욕구가 강력해지기 시작한다. 그래서 당시 유럽에서는 방황하는 지식인 집단도 많았고, 이러한 요구 속에서 출현한 것이 바로 대학이다. 중세 대학은 오늘날의 종합대학(university)으로 발전하게 된다. 탄생 시점 대학은 배움을 열망하는 학생과 가르치는 교수들이 모여 만든 하나의 열정적인 집합(조합, guild)으로 오늘날처럼 건물이 있는 것이 아니었으므로 세속의 권력이 진리 탐구의 자유를 협박하면 언제든지 다른 곳으로 떠날 수 있었다. 최초의 대학은 1088년 북이탈리아에 세워진 볼로냐 대학으로 법학으로 유명했다. 프랑스에서는 1180년 파리 대학이 세워졌으며, 여기서는 신학이 유명했다. 볼로냐 대학과 파리 대학을 모체대학(Mother University)이라 하여 이들은 오늘날 대학들의 시작이 되는 대학이다.

1231년에는 남아탈리아에 살레르노(Salerno) 대학이 세워졌는데, 살레르노는 의학으로 유명했다. 이들 대학을 주축으로 하여 후에 많은 대학들이 생기고 중세 대학은 자유로운 지적 연구기관이자 최고의 고등교육기관으로 오늘날의 대학의 시초가 된다.

약 천여 년 동안의 지속된 중세시대의 후반, 세속에 대한 관심과 개인에 대한 관심으로 서서히 르네상스(Renaissance) 운동이 일어나게 된다. 르네상스는 '재생'과 '부흥'의 의미를 가지는데, 중세 이전 인간 중심의 그리스 · 로마 문화와 사상을 부흥시키자는 운동이다. 르네상스 운동은 모든 것이 신 중심이던 사회가 인간 중심으로의 사회로 변화되고, 중세의 종언과 근대의 시작을 알리는 신호탄이 된다. 16세기 이탈리아를 중심으로 한 남부유럽 지역에서는 르네상스 운동이 일어났고, 독일을 중심으로 한 북부유럽 국가들 안에서는 종교개혁운동이 일어났다. 처음에 의도와는 다르게 중세교회는 부패되었고, 이러한 부패들이 쌓여 마침내 16세기 초에는 종교개혁이 일어났다. 루터는 교황의 면죄부 판매의 부당성에 반대하는 95개조 반박문을 발표하고 종교개혁을 일으킨다. 이러한 루터의 항의문은 유럽 여러 나라에 엄청난 반응을 일으키고 개신교의 원조가 되었다. 루터는 당시 성서가 어려운 라틴어로 쓰여졌기 때문에 사람들이 신의 말씀을 제대로 알 수 없다는 문제점을 인식하고, 교회에 가지 않아도 누구나 성서를 읽고 해석할 수 있도록 성서를 모국어로 번역하는 데 힘썼다. 또한 모국어로 번역된 성서를 모든 사람이 읽고 해석할 수 있도록 교육받아야 한다고 주장하였고, 이를 위해서는 만인에게 교육의 기회가 주어져야 할 것을 주장하며, 역사상 최초로 의무교육제도를 주장한다. 그러나 루터의 의무교육제도안이 실현된 것은 19세기에 이르러서이다.

이러한 루터의 종교개혁과 시민의식의 발달로 17세기 영국의 시민혁명과 1789년 프랑스대혁명은 근대 사회로의 전환을 야기시킨다. 서양은 18세기 후반 증기기관의 발명을 계기로 시작된 산업혁명으로 보다 완전한 모습의 근대국가를 형성하고, 근대학교제도를 비롯한 근대 교육제도가 실천되면서 오늘날과 같은 학교의 모습을 갖추게 되었다.

(2) 신과 인간

임태평(2012)에 의하면, 아우구스티누스의 정신(mind)에서의 대부분의 사유는 두 가지 방향에서의 이동을 보여 준다. 한편으로 그는 교회의 권위 개념을 높게 견지한 신학자이다. 또 한편으로 그는 개인을 위한 직접적인 확실성의 진리를 증명한 철학자이다. 이것이 그의 사상의 두 가지 초점이다. 그러므로 아우구스티누스에게는 진리를 위한 두 가지 기준[즉, 외부권위(authority without)로부터 오는 진리와 의식 그 자체로부터 오는 진리이 있었다.

아우구스티누스주의에서의 두 가지 중심 사상은 교회의 권위와 개인의 직접적인 의식의 권위이다. 아우구스티누스의 교회의 권위 개념은 그의 사색에 영감을 주는 동시에 그의 사색을 강요하기도 했던 매우 높은(고상한) 이상으로서 그에게 작용했다. 그러나 그가 본래의 권위(권력: power)의 철학의 기초를 놓은 것은 그 밖의 중심 사상—직접적인 의식의 권위—이었다. 이를 통하여 그는 그 자신의 시대를 초월하여 몸소 현대인이 되었고 중세를 그에게로 이끌어 갔다(Cushman, 1946: 340-341). 아우구스티누스는 철학의 범위와 신학의 범위를 정확하게 정의하지 않았다. 그는 이성이 보다 높은 권위를 갖는지 아니면 계시가 보다 높은 권위를 갖는지를 보여 주지 않았다. 그는 각기의 이성과 신앙의 권위의 어느 하나를 결정하지 않았다. 그러한 사실이 결국 중세의 대학 교수들에게는 중심 철학적 문제가 되었다. 물론 아우구스티누스가 세상에 남긴 위대한 유산은 지식의 기초로서 신앙 대신에 신앙의 기초로서 지식의 철학적 노선에 걸쳐 있다.

아우구스티누스는 플라톤과 같이 영혼의 실체적인 단일성(substantial unity)을 주장했다. 영혼은 신의 형상으로 만들어졌기 때문에 하나에서 셋(three in one)인 것이 아니면 안 된다. 아우구스티누스는 인간 정신의 속을 탐구했으며 그의 분석은 영혼의 셋으로 나누어진 단일성(tripartite unity)의 많은 징조를 보여 준다. 예컨대, 지식이 생성되어 마음에 보유되는 작용을 통한 기억 의지와 이해의 삼위일체(trinity)가 있다(임태평, 2012).

의지의 기능은 특히 아우구스티누스를 황홀케 하였으므로 그의 학습이론에서 아주 중요하다고 생각하게 되었다. 그것은 영혼의 추진하는 탐구하는 요인 모든 인간행동의 이면에 있는 움직이는 원리이다. 자유로우면 의지는 더 높은 것으로도 더 낮은 것으로도 움직일 수 있다. 문제가 되는 것은 인간이 사랑받아야 하는 것을 사랑한다는 것이므로 이는 자유 의지 작용(volition)이 이성과 기억에 의하여 효과적으로 통제되어야 한다는 것을 뜻한다. 아우구스투스는 플라톤과 함께 인간은 기억 이해와 의지가 판단을 하고 실행함에 있어서 함께 작용하는 본질적인 일치를 실현하지 못하는 한, 덕과 행복이 있는 삶을 살 수 없다고 주장한다. 이러한 영혼의 일치가 자유교육에 의하여 강화되어 지혜의 삶에 대한 전심전력 헌신(whole-hearted devotion)에서 논증된다. 올바른 사랑, 즉 사유에 기초를 둔 가치 의식(sense of value)은 의지의 훈련을 통하여 성취되며, 그 의지의 훈련을 통하여 의지는 그 자신의 신이 준 자유와 힘을 실현함으로써 충분히 개발하게 될 것이다(Howie, 1969: 9).

한편, 아우구스티누스에 있어서 교수는 지식의 신장, 즉 학습을 전제하는 개념이다. 가르치는 것과 주는 것은 전적으로 유사하지 않은 활동이다. 왜냐하면 전자는 학습자에서의 지식의 신장을 위해 언어를 사용하지만 그 사용은 그가 전에 알지 못한 것을 그에게 가져다주는 것에 존재할 수 없기 때문이다(Price, 1967: 128). 환언하면, 주는 것은 받는 사람에게 없는 것을 주는 것인 데 비해 가르치는 것은 받는 사람에게 없는 지식을 주는 것이 아니기 때문이다(Price, 1967: 126-127).

교수에 있어서 지식의 신장은 내부로부터 기인한다. 그러므로 네 가지 종류의 지식이 있으며 학습은 그 지식의 증진에 달려 있다. '교수'라는 개념의 취급에서 아우구스티누스는 이 가운데 세 가지에 관심이 있다(Price, 1967: 128). 첫 번째, 감각적인 혹은 육감적인 것들에 관한 우리의 지식은 증진된 감각에 의하여 증진된다. 두 번째, 기억되는 것에 관한 지식은 그 영상의 인지와 회상에서의 증진에 의하여 증진된다. 가시적인 것들은 만약 그것들이 우리를 위하여 조명한다면 감각을 통하여 알려질 수만이 있다. 그러므로 그것들은 일단 그렇게 조명되기 때문에 기억될 수만이 있다. 세 번째, 우리의 이성은 수학과 논리학의 대상들을 우리에게 드러낸다. 그러므로 우리는 이러한 대상들의 체계를 구축한다. 그 체계 속에서 대상들은 서로에 대하여 갖는 관계에 따라서 조직된다. 또한 이성의 사용에 대하여 예술과 도덕성의 권리들을 우리는 알게 된다. 그 원리에 따라서 우리는 아름다운 그러한 것들과 올바른 그러한 행동들을 비교하여 배열할수 있다. 따라서 우리는 2 더하기 3은 5와 같다는 것, 창문이 대칭적으로 배열된 건물들이 대칭적으로 배열되지 않은 건물보다 더 아름답다는 것, 그리고 신을 사랑하는 것이 모든 행동의 최선이라는 것을 우리는 안다. 아우구스티누스는 주장하기를 이성은 이러한 것들을 우리에게 보여 줄 수 있다고 하였다. 왜냐하면 그 대상들은 가시적인 대상이 알려지게 되는 방식과 비슷한 방식으로 비추기 때문에 이성은 우리에게만 그러한 대상들을 보여 줄 수 있다. 내부의 사람을 위하여 창문과 건물의 관념들, 그리고 그가 그들이 완전한 확실성을 갖고 서로에 갖는 관계를 보는 그런 방식으로 모든 행동을 비추는 외부의 빛과 비슷한 내부의 빛이 있다.

네 번째 방식의 앎은 앞에서 이미 언급한 바와 같이 이성과 감각과 기억의 대상들 사이의 일치(congruence)의 개념에 있으므로 내부의 빛도 외부의 빛도 필요로 한다고 아우구스티누스는 말했을 것이다(The Teacher, 12: 40). 아는 것은 확실한 것이므로 우리가 확신하는 사물들의 수는 양 방식으로 사물의 수에서의 증가에 의하여 증진된다.

따라서 지식의 증진은 외부에서 강요될 수 있는 운동이 아니다. 지식이 증진되는 사람은 스스로 경험하고 기억하며 추리해야 한다. 왜냐하면 어느 누구도 그에게 감각적인 것들의 경험, 그것들이 기억 혹은 성공적인 추리들이 생기는 통찰을 줄 수 없기 때문이다(Price, 1967: 128-129). 개인마다 습득할 지식의 양은 제한되어 있으나 이러한 제한 내에서 지식의 증가는 알려는 그의 입장에서 의지 혹은 결의(resolution)에 의해서만 결정된다(The Teacher, 11).

앎은 의지의 행동에 달려 있으므로 관심이 있는 행동은 마음 내에서 발견되는 것과 협의하는 것이다. 감각적인 사물을 습득하는 것은 감각이 의식에 전하는 것에 주의하는 것이다. 기억에 의하여 아는 것은 감각적인 사물들의 영상과 협의하는 것이다. 내부의 인간에 주재한다고 하는 이 수호자는 그리스도, 즉 모든 이성적인 영혼이 참으로 협의하는 신의 불변하는 수월성과 신의 영원히 계속되는 지혜이다(The Teacher, 10).

근원적으로 보면, 그리스도, 즉 신은 이성 영역의 사물들을 비추게 하는 내부의 빛이다. 그 빛으로 우리는 신과 협의함으로써 그 사물들이 무엇이고 어떻게 서로에 관련되어 있는지를 우리가 보고 그것들을 자연계와 사회계에 응용할 수 있게 된다. 따라서 아는 것은 내부의 진리를 의식하게 되고, 그 진리들이 외적 사물들과의 일치를 인식하는 것이므로 지식의 대상의 계시(revelation)는 신의 조명에 달려 있다. 지식의 증진은 전에 누군가가 했던 것보다 더 많이 아는 것이다.

그래서 지식의 증진은 인지자에게는 외적 활동과 그의 마음의 내용에 대한 신의 조명에 달려 있다. 그럼에도 불구하고 한 인간 개인이 다른 한 인간 개인을 가르칠 수 있다. 왜냐하면 언어의 용도와는 별도로 우리가 아는 사물을 명명하는 언어의 용도는 그 유일한 것이 아니기 때문이다. 우리는 또한 언어를 타인들이 알도록 자극하는 감각적인 대상들에 주의를 돌리게 하는 기억과 추리의 과정을 활성화하는, 그리고 자연과 사회에 관한 진리의 지각을 일으키게 하는 도구로 사용한다(Price, 1967: 129).

교수는 이러한 언어의 도구적 사용이다. 가르치는 그러한 사람들은 타인들의 지식을 증진시키는 이러한 방식으로 언어를 사용한다. 그들은 그들 자신의 내적인 경험의 협의(consultation)를 통하여 얻어야 하는 지식에만 타인들에게 자극을 준다. 인간 교사는 학생을 자극하여 지식을 증진시킨다. 그러한 증진은 내적인 진리와 협의의 결과로서만 일어날 수 있다. 그 지식이 증진된 사람은 내부의 빛의 도움과 함께 외부에서 들리는 말이 내부에서 보이는 것(thing)에 해당한다고 본다(Price, 1967: 129-130).

따라서 교수는 학습자의 지식을 증진시키는 교사의 언어 사용에 달려 있다. 그러나 그 사용은 도구적인 것이다. 그러므로 학습자는 능동적으로 몰두해야 하며 신의 도움이 전제되고 학습자는 사용되는 언어를 통하여 학습하지 않고 사용되는 언어 때문에 학습한다. 아우구스티누스는 보통 일정한 지식에 대한 자극을 주는 것으로서 교수에 관하여 이야기하지만 신념으로 끝나는 2차적인 종류의 교수(secondary kind of teaching)가 있다는 것이 언급되어야 한다(Price, 1967: 130). 이는 두 가지 유형의 교사, 즉 자극을 주는 '외부의 교사'와 조명하는 '내부의 교사'를 함축하는 말이다.

(3) 교육사적 의미

중세 전통에서 지식을 가르치고 사람을 만든다는 일은 신성을 추구하고 신성에 가까워지는 일이다. 이 시대적 흐름에서 지식을 가르치는 일이 과연 무엇을 의미하는가? 지식이라는 것이 무엇인가? 우리가 믿는 것과 지식, 신의 교리는 어떻게 다른가?

아우구스티누스에 있어서 언어에 의하여 전달 가능한 것은 정보(믿는 것)이지 지식(아는 것)이 아니라는 것이다. 교수에 대한 이 접근 방식은 마음이 교수와 학습 상황 속에서 얻게 되는 감각 인상을 저장할 뿐만 아니라 지식이 근본적으로 이해에 기초를 두게 된다는 것을 뜻한다. 그래서 교사의 말 등은 학습자가 객관화된 지식체계의 어떤 요소를 의미 있게 하려는 수단일 뿐이다(Jarvis, 1983: 93-94). 이는 오늘날에도 교수와 학습의 이론에 시사하는 바가 많다.

아우구스티누스가 말하는 교수 개념은 무엇을 의미하는가? 『대화편』은 그가 성직자가 되기 이전 수사학자로서 그리고 그의 총명한 아들과 함께 세례를 받은 후에 쓰인 것이라는 점에서 그의 교수 개념 분석은 그의 철학뿐만 아니라 기독신학에서도 의미 있는 저작이 아닐 수 없다. 따라서 이러한 수사학적이고 신학적인 교수 개념의 분석은 오늘날 우리의 교수 개념을 교육사적·철학적으로 이해하는 데 도움이 된다.

임태평(2012)에 의하면, 첫째, 아우구스티누스는 수사학자로서 32세에 기독교로 회심할 때까지 수사학을 가르쳤고 성인 초기에 우인들의 철학집단(circle)을 조직하고 그 시기에 철학 대화편, 예컨대 카씨키아쿰 대화편을 썼으며, 그 대화편 중에서 마지막 대화편인 De Magistro를 플라톤의 대화편 형식으로 서술했다.

둘째, 그는 또 한편으로는 기독교 성직자로서 고대와의 관계에서 특히 성 바울 신플라톤주의자들의 가르침을 바탕으로 하여 그 자신의 학설(doctrine)을 제시했다는 것이다. 이러한 점은 그가 비록 시대적으로는 고대에 속하나 중세 철학자로 분류되고 자주

'기독교의 저 유명한 플라톤'이라고 불리는 이유이다.

셋째, 이렇게 신학자와 철학자로서 아우구스티누스의 명성은 그가 또한 가장 위대한 교육사상가들 가운데 한 사람이었다는 사실이다. 그의 내부 조명설은 지식이 그 시초를 감각경험에서 취한다고 믿는 로크와 루소와 같은 모든 사상가들과 그를 전적으로 구별하는 근거이다.

끝으로, 아우구스티누스의 앎의 네 번째 방식은 외부의 빛 교사도, 내부의 빛 교사도 필요로 한다. 따라서 지식의 증진은 외부에서 강요될 수 있는 문제가 아니고, 알려고 하는 개인의 입장에서 의지 및 결의의 문제이다. 이러한 앎의 방식은 지능의 위치를 너무 강조하는 학습이론에서 경시되었다는 점에서 오늘날 우리의 교육현실에 시사하는 바가 있다.

3) 근대 전통과 교육사적 의미

근대 전통에서의 지식교육의 흐름은 앞의 고대 전통과 중세 전통에 비해 매우 다양한 스펙트럼을 지닌다. 중세 이후 신이 아닌 인간의 등장, 인문주의 등장, 과학의 탄생, 인간의 발견 등 근대성을 의미하는 상징적 징표들이 다양하다. 그러나 본 연구에서는 지식교육의 측면에서 그 특징을 고대와 중세와의 과감한 결별, 과학을 통한 이성의 개발과 추구 등으로 파악된다. 따라서 이하에서는 인간 계몽성의 추구, 체계 속에서의 구조주의 전통을 중심으로 살펴보고자 한다.

(1) 계몽주의: 근대 교육의 기획

계몽이란 모든 이간이 이성을 올바로 사용할 수 있도록 교육하고, 그들이 자율적으로 사고하면서 삶을 형성할 수 있도록 해 주는 모든 노력이다. 인간의 이성을 깨우치는 일을 지상의 과제로 생각했던 18세기의 계몽주의 시대 교육은 인간의 지성을 해방시키고 지성적 자율을 확립함으로써 궁극적으로는 모든 속박으로부터 이성을 해방시켜 인간의 참다운 진보와 행복을 추구하고자 하였다.

① 자연주의

자연주의는 인간을 자연 그대로 보는 것을 본질로 한다. 자연의 빛에 비추어 볼 때 모든 인간은 본래 자유롭고 평등한 존재이며, 따라서 승려, 귀족 등이 특권을 행사하는 사회는 인간의 자연적 원리를 무시하는 것이므로 자연의 질서에 위배된다. 자연법을 중심으로 나타난 정치적 자연주의는 당시 절대주의 체제에 대하여 예리한 비판을 가하였다. 교육에 있어서도 이러한 자연주의적 태도가 영향을 미쳐 아동교육에 있어 기존에 관습적으로 지니고 있던 일체의 권위를 부정하고, 아동 본성에 맞는 교육내용과 방법 탐구가 루소 이래 전개되었다.

② 합리주의

합리주의는 인간의 이성과 지성을 중시하는 것이다. 계몽의 유일한 수단으로서의 이성에 대한 숭배는 계몽주의자들에게 있어서 종교적 신앙의 정도에 이르렀으며, 이성은 사실상 그들의 신이었다. 생활의 모든 것을 이성의 힘으로 해결하려고 하였다. 이들은 종교에서의 기적이나 예언과 같은 신비적 요소를 부정하고 이성적 진리만을 믿었다.

③ 실리적 현세주의

과거 중세의 내세주의에 대립되는 실리적 현세주의는 현실세계에서의 구체적 행복을 실현하기 위한 노력이 자연과학적 발명과 생활 속에서의 모국어 존중으로 나타났다. 증기기관, 방직기계 등의 발명은 영국의 산업혁명을 초래하였으며 이로써 현실 생활 속에서 삶의 편리함과 윤택함을 추구하였다. 또한 생활 속에서 이미 멀어진 고전어에 대한 비판적 태도를 길러 종래의 고전어 중심에서 현실적인 모국어 중심의 교육으로 전환하는 계기를 마련하였다. 과거에 모든 학술 논문이 고전어로 쓰였으나 18세기에는 많은 학술 논문들이 모국어로 표현되었다. 이와 같이 자연과학과 모국어 발달은 교육에도 많은 영향을 주어 종래의 고전주의에 대한 실과주의라고 할 정도로 변화되었다.

교육사적(敎育史的) 견지에서 근대 교육이라 하면 중세의 봉건적 교육형식 또는 도제식(徒弟式) 교육형식을 거쳐 계몽사조를 기초로 나타난 계몽주의 교육을 말하며, 제도적으로는 공교육(公敎育)체제 또는 의무교육제가 나타난 것으로 18세기의 일이다. 교육학적 논의가 학문적 시야에서 다루어지고, 나아가 국가적 안목에서 교육의 체제를 정비하는 것이 18세기 서양문화사의 특징의 하나이다.

한국의 경우는 근대를 언제로 보느냐에 따라 다소 견해 차이가 있다. 왜냐하면 서양에서는 봉건제도의 붕괴와 자본주의의 확대, 계몽사조 및 공교육체제의 정비 등 일련의 요소를 합쳐서 근대라고 볼 때 18세기가 뚜렷하게 근대로 파악되지만, 한국의 경우는 18세기에 그런 특징이 없었고 그 후에도 그와 같은 징후는 없었기 때문이다. 그러나 대체적으로 한국의 근대 교육은 1880년대부터 1945년 8·15 광복까지를 말한다.

이상오(2005)에 의해, 일반적으로 18세기 계몽주의와 교육의 관련성을 살펴보기로 하자. 우선 보편적으로 수용되는 계몽주의의 의미는 모든 전통, 편견, 미신, 비합리적 권위 및 구습 등의 구속 등 무지한 상태에서 벗어나고자 하는 사상을 말한다. 이러한 계몽주의가 교육의 측면에서 갖는 특징은 여러 가지 차원에서 논의가 가능하다. 첫째, 자연주의이다. 여가에서는 개인의 자연적 발달을 존중하는 자연주의적 교육론이 형성된다. 특히 개인의 자유와 권리가 강조되며, 개인존중이 핵심이다. 둘째, 합리주의이다. 여기에서는 합리적이고 비판적인 이성의 계발 목적, 개인의 판단능력을 중시하여 아동의 자율성을 존중한다. 셋째, 과학적 실리주의(현세주의)이다. 여기에서는 현실적 가치가 있는 지식과 교육을 중시하는데, 특히 모국어를 중시한다. 반민족, 반역사, 초국가주의적 경향의 개인주의와 이성을 통해 편견과 불합리성이 극복되면, 세계는 끊임없이 향상될 것이라고 간주하는 교육 만능론의 가능성이 있다.

계몽주의에서 교육과 관련한 입장은 우선 교육목적에서는 개인의 이성을 발달시켜 생활의 모든 측면을 객관적으로 비판하는 능력을 함양하는 데 초점을 둔다. 교육내용의 측면에서는 과학 중심의 교과를 강조하게 되고, 교육방법에서는 이성에 호소하는 교육방법 시행을 강조하고 있다.

이러한 계몽주의 영향으로는 합리주의 및 형식도야설의 강화로 이어졌고, 자연주의 강화, 범애주의 등장, 신인문주의에도 영향을 끼쳤다고 평가받고 있다. 특히 교육의 측면에서 계몽주의의 중요한 사상가로서 흔히 루소를 들고 있다. 그의 간략한 교육사상을 통해서도 계몽주의의 특징을 살펴볼 수 있다. 흔히 주관적 자연주의자로 평가받고 있는 루소의 사상적 토대는 매우 다양하다고 볼 수 있다.

우선 낭만주의를 들 수 있다. 이성만을 강조하는 합리주의를 비판하고, 양심이라는 감정을 이성과 동등하게 간주하고 있다. 자연주의의 사상적 측면도 보이고 있다. 그는 성선설적 인간관을 견지하는데, 인간이 타고난 능력을 자연스럽게 발현할 수 있도록 소극적 교육론을 제안한다. 국가관·사회관에서도 초기에는 이상 국가를 건설하기 위해 '국가교육 체제'를 강조하였으나 이상국가의 건설이 불가능함을 알고 비판하고 나서게 된다.

그의 자연주의 교육론에서는 우선 교육목적에서 자연인의 육성(주어진 본래의 선과 행복을 누릴 수 있는 자유인)을 강조하고 억지로 시키는 교육을 멀리하였다. 교육내용에서도 자연(=사물) 그 자체가 가장 훌륭한 교육내용으로 보았으며, 교육방법에서는 자연주의 교육을 강조하면서 외부적인 강제가 아니라 자연적 성장의 과정에 맡겨야 한다고 보았다. 특히 개인별 교육, 즉 개인의 자연성이 각기 다르므로 개별화를 강조하였다.

교사를 보는 시각도 정원사에 비유되는 소극적 교사(교육)관에서 발달 수준에 따른 적극적 교육을 긍정적으로 간주하였다. 학교에 대한 생각도 이상적 학교는 학생의 개인적 특성과 인간으로서의 보편적 특성이 동등하게 존중되는 곳으로 보았으며, 특히 교육의 3요소를 기존 시각과 다르게 자연, 인간, 사물로 보았다.

이러한 그의 교육론은 아동중심 교육론으로 알려져 있는데, 아동의 정신발달에는 자연적으로 주어진 단계가 있으며, 아동을 학습 과정에서 능동적인 주체로 보았으며, 아동의 발달단계에 따른 특성을 이해하고, 그 특성에 맞게 교육해야 한다고 보았다. 동시에 아동을 타락한 사회로부터 격리ㆍ보호하여, 잘못된 관념을 갖지 않고, 스스로 판단력을 형성할 수 있도록 지도하는 소극적 교육론을 옹호하였으며, 모든 배움엔 적절한 시기가 있고, 아동이 이해할 수 없는 내용은 가르치지 말아야 한다는 학습준비설을 언급하였다.

이러한 계몽주의적 교육에서는 다양한 교육방법의 원리가 주장되고 있는 바, 첫째, 자연적 성장의 원리(아동이 자연의 순서에 따라 자신의 능력을 발휘해 나갈 수 있도록 조력), 둘째, 아동 활동의 원리(아동 자신의 경험을 통해 이루어지도록 해야 함)가 중요하며, 그 이유는 다른 사람에 의해 학습된 지식보다 더욱 명확하게 기억되고 내면화될 수 있기 때문이라고 보고 있다. 셋째, 개별화의 원리[교육은 아동 개개인의 천성에 일치하도록 이뤄져야 함(성별, 연령별, 개인별)], 넷째, 직관의 원리(사물과의 직접적인 접촉을 통한 교육이 추상적인 관념의 교육보다 먼저 이루어져야 함), 다섯째, 노작의 원리(자기 능력으로 자기의 인생을 개척하는 인간이 자연에 가까운 인간이며, 몸을 움직여 자신의 문제를 해결해 나가는 것을 중시)가 제안되고 있다.

이러한 생각을 지닌 루소의 영향으로 아동중심 교육사상이 전개되었다. 즉, 페스탈로치, 프뢰벨에 이어 진보주의 교육사상으로 계승되었으며, 노작주의가 발달되었다. 페스탈로치, 프뢰벨을 거쳐 케르쉔슈타이너(G. M. Kerschensteiner)에 이르러 노작주의 사상으로 정립되었으며, 루소의 교육사상을 실천에 옮겨 평화롭고 행복한 생활을 하는 시민을 육성하고자 한 범애파에 연결되었다. 범애주의(박애주의) 사상은 루소의 자연주의 사상을 기독교적 기초에서 실천에 옮긴 교육사상으로서 종교, 국가, 계급의 차이에 관계없이 전 인류를 사랑하여 행복을 촉진(인류애)하는 것을 목적으로 직관과 흥미 존중, 유희(게임) 강조, 자연주의적 교육과 체육 중시, 실과교육을 중시(실생활)하였다. 이러한 생각은 후에 실생활에 도움이 되는 경험, 유희(학습동기 자극), 사물의 직관과 경험을 중시하는 교육으로 발전하게 된다.

(2) 구조주의: 체계화된 지식 습득을 강조하는 브루너 이론

하나의 사상으로서 구조주의의 스펙트럼은 매우 넓은 것이 주지의 사실이다. 일반적으로 구조주의는 어떤 사물의 의미는 개별로서가 아니라 전체 체계 안에서 다른 사물들과의 관계에 따라 규정된다는 인식을 전제로 하여, 개인의 행위나 인식 등을 궁극적으로 규정하는 총체적인 구조와 체계에 대한 탐구를 지향한 현대 철학 사상의 한 경향이다.

대체로 구조주의(Structuralism)는 매우 폭넓은 지적 분야를 포괄하는 이론으로 언어학, 인류학, 정신분석학, 사회학, 미학과 정치이론 등의 발달에 매우 커다란 영향력을 미쳤다. 곧 구조주의는 단순히 철학의 한 유파라기보다는 하나의 세계관이자 그로부터 비롯된 학문적 방법론으로서의 특징을 지닌다.

1900년과 1930년 사이에 언어학에서 처음으로 발전된 분석의 양식이다. 그것은 1960년대 후반에 특히 프랑스에서 사회과학과 인문과학의 몇몇 분야에서 뚜렷한 위치를 확보하였다. 인류학자 레비-스트로스(Lévi-Strauss), 문화분석가이자 문학비평가 롤랑 바르트(Roland Barthes), 마르크스주의 철학자 알튀세르(Althusser), 심리분석가 라캉(Lacan), 미셀 푸코(Michel Foucault) 그리고 쟈크 데리다(Jacques Derrida)가 여기에 포함된다. 다만, 이들 첫 세대를 구조주의자라고 부르고 후세대를 후기구조주의라고 부른다. 본 연구에서는 후기구조주의보다는 근대 이후 전통으로 접근한다.

구조주의는 사물의 참된 의미가 사물 자체의 속성과 기능에서가 아니라, 사물들 간의 관계에 따라 결정된다는 인식을 전제로 한다. 세계 안에서 사물은 언제나 다른 사물들과 유기적인 관계를 맺으며 존재한다. 그 관계망 안에서 사물이 지니는 위치에 따라 사물의 의미는 규정되며 변화한다. 따라서 사물의 의미는 개별적으로 인식될 수 있거나 고정되어 있는 것이 아니다. 그것을 부분으로 삼고 있는 전체 체계와 구조 안에서 사물의 의미는 비로소 인식될 수 있으며, 체계의 변화에 따라 사물의 의미도 변화한다. 따라서 구조주의는 전체 체계 안에서 사물들의 관계를 기술하고, 그 의미를 이해하려 시도한다. 그리고 개개인의 행위나 인식 등을 포괄하고 그것들의 최종적인 성격을 규정하는 구조와 체계의 원리를 밝히려 한다. 이러한 구조주의의 특징을 프레드릭 제임슨(Fredric Jameson)은 정신 그 자체의 항구적인 구조를, 정신이 세계를 경험하거나 혹은 그 자체로는 본질적으로 무의미한 것에서 의미를 조직할 수 있기에 소용되는 조직화의 카테고리 및 형식을 분명히 탐구하는 것이라고 표현한다.

그러나 이하에서는 사회과학에서 특히 교육학, 그것도 지식과 지식교육의 문제를 구조주의의 시각에서 접근한 브루너의 입장에 대해서만 살펴보기로 한다.

제롬 브루너
(1915~2016)

Bruner(1960)의 『교육의 과정』은 교육내용으로서 지식의 구조를 설명한 최초의 저서인데, 그는 여기에서 교육내용을 규정하는 또 하나의 관점을 제시하고 있다. 지식의 구조의 핵심적 의미는 '학문'과 논리적으로 관련되어 있다. 이 경우 교육내용은 곧 지식의 구조이면서 동시에 '학문하는 일'—그 해당 분야의 학문의 기저를 이루고 있는 일반적인 원리를 발견하고 그 원리를 이용해 사물과 현상을 이해하는 학자들의 학문 탐구 활동—로서 규정된다.

① 지식의 구조의 의미

우선 브루너는 지식의 구조를 "하나의 아이디어에 다른 요소를 따르게 만드는 지식의 관련성과 그의 파생"(1962: 120)이라 하고 "구조란 서로 관련성을 가지지 않은 여러 누적되는 관찰 사실에 어떤 질서를 부여해 주는 개념적인 발명품이므로 구조는 우리가 배우게 될 것에 의미를 부여해 주고 새로운 경험의 세계를 안내해 줄 수 있게 된다."라고 말하고 있다. 그리고 이 말을 토대로 "어떤 지식 내의 아이디어들의 조직은 경험을 경제적으로 해 주며 서로 관련을 맺게 해 주는 발명품"이라는 것이다. 이 말은 특정 학문에서 그 학문 현상을 이해하기 위한 개념적 수단이 지식의 구조이며, 예를 들어 물리학에서 힘, 화학에서 결합, 심리학에서 동기, 문학에서 스타일 같은 개념들이 바로 그것이다. 이와 같이 브루너의 지식의 구조는 아이디어나 개념들이 지식이나 학문의 구조를 형성하는 요소들이 된다는 것이다. 그리고 이렇게 학문에 내재하고 있는 기본적인 아이디어나 개념들을 지식의 표현양식, 지식의 경제성, 효과적인 힘이라는 방법에 의해서 구조화한 것을 학문이나 지식의 구조로 보고 있다.

② 지식의 구조에 대한 설명방식

『교육의 과정』에서 제시된 지식의 구조 의미를 이홍우(1992: 72-82)는 세 가지로 설명하고 있는데, 첫째, '기본 개념과 원리' '일반적 아이디어', 둘째, 사물이나 현상의 관련방식을 이해하는 사고방식(perspectives), 셋째, 지식의 구조의 이점 등이다. 세 가지 설명방식을 이하에서 각각 알아보기로 하자.

가. 기본 개념과 원리

첫 번째 설명방식에서는 지식의 구조가 해당 학문의 기저를 이루고 있는(underlying) 기본 개념과 원리이며, 따라서 특정 교과의 지식의 구조는 그 교과의 해당 '학문'의 성격을 충실히 반영하고 있는 것으로 해석할 수 있다. 그러므로 사실상 특정 교과(교육내용)의 지식의 구조는 그 교과를 나타내는 학문의 가장 근본적인 개념과 원리인 셈이며, 교육내용의 선정은 그 교과의 학문 성격과 해당 학자들의 탐구 활동 속에서 이루어져야 한다는 것을 시사하고 있다.

나. 사고방식

두 번째 설명방식에서는 지식의 구조를 사물이나 현상이 관련되어 있는 방식으로 보고 있다. 이것은 지식의 구조가 단지 가르쳐야 할 단편적인 지식이나 토픽이 아니라 현상을 보는 '눈(perspectives)'이며, 사고방식이라는 의미이다. 여기에서는 여러 사실들이 따로 떨어져서 존재하는 것이 아니라 일반적 원리와 관련되어 있으며, 특히 브루너는 이 점을 "일반적 전이가 일어날 수 있는 개념이나 원리"로 설명하고 있다. 이런 점에서 볼 때, 특정 학문의 지식의 구조를 파악한다는 것은 특정 학문의 현상을 이해한다는 것이고, 그것은 곧 일반적 전이가 일어나서 특정 학문의 현상을 이해할 수 있게 해 주는 개념이나 원리를 파악하는 것이다.

'일반적 전이가 일어날 수 있는 개념과 원리'로 지식의 구조를 설명하는 방식에서는 브루너가 지식의 구조의 특징으로 설명하는 표현양식(mode of representation)과 경제성(economy)과도 유관하므로 구조의 조직에서는 이 세 가지 성질—표현양식, 경제성, 생산성—에 비추어서 이루어져야 한다.

다. 지식의 구조의 이점

지식의 구조를 네 가지 이점과 관련지어 설명할 수 있다. 즉, 지식의 구조란 기억하기 쉽고, 이해하기 쉽고, 학습사태에서 배운 내용을 학습사태 이외의 사태에 적용하기 쉽고, 초등지식과 고등지식 사이의 간격을 좁힐 수 있는 지식이라는 것이다.

지식의 구조를 네 가지 이점으로 설명하는 방식 중에서, 첫 번째 이점—기억 보존—은 내용이 일반적 원리를 중심으로 관련을 맺을 수 있도록 선정·조직되어야 하고 단편적으로 서로 떨어져 존재하는 것이 아니라 구조를 중심으로 조직되어야 기억을 용이하게 할 수 있다는 뜻이다. 두 번째 이점—이해 용이성—은 교과내용이 '기본 개념'을 중심으로 개념의 유효성이 발휘될 수 있도록 선정·조직되어야 교과 이해가 쉬우며,

이것은 개념의 유효성과 관련되는 문제라고 볼 수 있다. 세 번째 이점―훈련 전이―은 전이 가능성을 최대화할 수 있도록 내용이 선정·조직되어야 한다는 것이다. 전이가 높은 내용이 선정되려면 해당 교과(학문)의 기본 개념을 중심으로 이루어져야 한다는 것이다. 네 번째 이점―고등지식과 초등지식 간 간격 좁힘―에서 볼 때, 교육내용은 곧 학문 탐구 활동이 되며, 내용 선정은 해당 교과(학문)의 성격을 충실히 반영하는 사고방식을 확인하는 일이 된다. 그것은 교육내용이 결국 학문의 탐구방식이므로 단편적으로 분리되어 있는 '토픽'들이 아니라 일반적 원리하에서 관련되어 있는 (관련성) 학문 탐구 방식이어야 함을 뜻한다고 볼 수 있다.

이상의 세 가지 설명방식을 통하여 지식의 구조 의미가 매우 복합적이라는 점을 알 수 있다.

(3) 교육사적 의미

이상의 부분에서는 근대 전통의 맥락에서 지식교육의 큰 흐름을 살펴보았다. 철학적 입장이나 문명사적으로 보면 근대 전통이라는 스펙트럼이 매우 광범하다는 점은 주지의 사실이다. 교육이라는 분야 혹은 학문 분야로서의 교육학의 출발 역시 근대 전통의 맥락 안에서 형성되었으며, 교육의 일정한 논의 구조 역시 근대에 들어와서 형성·발전을 보였다고 볼 수 있다. 이러한 점은 지식교육의 흐름을 근대 전통이라는 맥락 안에서 살펴보는 일이 어렵고 난점이 많은 일임을 시사한다.

그래서 본 연구에서는 최소한 교육(학)의 담론 구조 형성 및 실천 행위가 이전보다 다소간 체계적으로 전개된 측면에서 가장 논의가 가능한 부분에 주목하여 살펴보았다는 점을 밝힌다. 그것은 바로 계몽주의와 구조주의의 흐름이다. 전자에서도 계몽주의 전체를 관통 내지 개괄하는 일은 어려운 일이므로 교육(학)의 논의에서 자주 등장하는 루소의 입장을 중심으로 주로 살펴보았다. 후자에서는 구조주의 사유 방식이 주지하다시피 언어학에서 출발한 면이 강하지만, 인류학, 사회학, 정신분석학, 미학, 정치 이론 등에서 작용하였다. 즉, 구조주의는 언어학에서 출발하여 1960년대에 이르러 문학, 인류학, 철학, 정신분석학 등 모든 인문사회학 분야에 폭넓게 확산되며 큰 영향을 끼쳤다. 구조주의의 중심적인 개념의 대부분은 언어학과의 연관 속에서 발전해 왔으며, 구조주의자들은 언어와 기호에 대한 탐구로부터 인간의 사회문화적 행위를 규정하는 구조적 체계와 법칙을 밝히려 했다. 언어는 인간 정신의 구조적 측면을 가장 잘 나타내 줄 뿐 아니라, 문화의 산물이면서 동시에 그 문화권에 사는 사람들의 사고방식을 규정하기 때문이다. 때문에 구조주의는 마르크스와 프로이트의 사상과 영향을 주고받으며 현대 사회의 문화적 이데올로기적 지배 구조를 심층적으로 분석하는 데 커다란 영향을 끼치기도 했다.

그러나 본 연구에서는 사회과학이나 행동과학의 한 분파인 교육학의 맥락에서, 그것도 지식을 가르치는 지식교육의 입장에서 브루너의 철학을 살펴보았다. 페르디낭 드 소쉬르(Ferdinand de Saussure)가 언어를 구조화된 것으로 인식하는 것과 같은 방법으로 구조주의자들은 사회현상이 구조화되었다는 신념을 공유한다. 브루너 역시 초기에는 지식의 구조를 강조하여 사상적 입장에서는 유사성을 보이고 있다.

이러한 구조주의는 인간 주체에 앞선 '구조'를 강조함으로써 실존주의 등의 인간중심적인 사유와 대립하며 20세기의 가장 영향력 있는 사상 가운데 하나로 자리 잡았다. 그리고 이른바 '후기구조주의(post-structuralism)'로 분류되기도 하는 라캉, 푸코 등의 사상은 탈근대주의(post-modernism) 논의의 형성과 발달에도 큰 영향을 끼쳤다. 이러한 맥락에서 교육학이나 지식교육 분야에서도 근대 이후 전통의 흐름에서 근대 교육의 근대성이나 지식교육의 정전성(canonicity)을 비판하는 담론이 다양하게 이어지고 있다. 이하에서는 그 다양한 담론 중 몇 가지를 굳이 지식교육에 한정하지 않고 보다 폭넓게 제시하고자 한다.

4) 근대 이후 전통과 교육사적 의미

서구에서 근대 혹은 모던(modern) 시대라고 하면 18세기 계몽주의로부터 시작된 이성중심주의 시대를 일컫는다. 종교나 외적인 힘보다 인간의 이성에 대한 믿음을 강조했던 계몽사상은 합리적 사고를 중시했으나 지나친 객관성의 주장으로 20세기에 들어서면서 도전받기 시작하였다. 니체, 하이데거의 실존주의를 거친 후 포스트모던 시대는 데리다, 푸코, 라캉, 리오타르에 이르러 시작된다.

개성, 자율성, 다양성, 대중성을 중시한 포스트모더니즘은 절대이념을 거부했기에 탈이념이라는 이 시대 정치이론이나 교육이론을 낳았다. 또한 후기 산업사회 문화논리로 비판받기도 한다. 산업사회는 분업과 대량생산으로 수요에 의해 공급이 이루어지던 시대이다. 이제 컴퓨터 산업, 서비스 산업 등 정보화 시대에 이르면 공급이 넘치고 수요는 광고와 패션에 의해 인위적으로 부추겨진다. 빗나간 소비사회는 때로 포스트모더니즘의 실험적이고 긍정적인 측면을 무력하게 만들기도 한다.

이처럼 근대 이후인 포스트모더니즘은 다양한 영역에서 다양한 스펙트럼으로 나타나고 구현되고 있다. 그러나 교육(학)이나 교육이론에서는 교육을 보는 관점, 특히 지식을 중심으로 하는 인식론적 관점, 지식관 등에서 비교적 분명한 차이를 보인다.

이하에서는 지식교육에 국한하지 않고 광의의 교육의 문제, 교육연구, 내용으로서의 교과 문제, 교육과정에 대한 탈근대적 관점 중심의 담론(강현석, 2001)을 전개하는 여러 학자들 중심으로 살펴보고자 한다.

(1) Popkewitz의 교육연구의 사회인식론: 푸코의 계승

우리는 흔히 연구의 과정을 중립적인 검증의 과정으로 이해해 온 오래된 역사를 가지고 있다. 그러나 지식사회학, 해석학, 마르크스주의 등 유럽의 지적 전통에 의해 연구과정에 내재되어 있는 기본 가정들에 대한 의문이 제기되었다. 연구가 이루어지는 사회적 가정과 연구자의 사회적 역할이 논의되고, 연구과정을 둘러싸고 있는 사회적 · 문화적 환경과 그 연구과정에 내재된 인간의 기대, 가치관, 관심사에 주목하게 되었다. 특히 교육연구의 과정에 내재해 있는 사회적 · 문화적 요소를 분석하기에 이르렀고 심지어 학문적 지식의 사회적 기원을 궁금해하였다. 교육연구에 대한 사회인식론의 관심은 여기에서 출발한다.

하나의 엄정한 객관적 증명과정으로서 간주된 연구에는 인간 자신의 물리적 존재에 대한 태도뿐만 아니라 인식론, 정치학 이론, 인지론 등이 내포되어 있다. 탐구의 과정에는 이론, 인간의 의도, 사회적 문제 등이 상호 관련되어 있으며 사회적 관계에 대한 가정들이 내포되어 있다. 연구의 기법은 여러 가지 방식으로 연구를 행하는 사람의 목적이나 합의와는 별도로 독립적으로 존재하는 기능으로서 취급되지만 실은 그것들이 어떤 이론적 입장에서 출현하며 사회세계에 대한 가치관, 신념, 명제 등을 반영하게 된다. 예를 들어 보면, 요인분석(factor analysis)은 능력심리학의 측정과정에서 탄생한 것이며 능력심리학이 명성을 잃었지만 그 기법은 여전히 사용되고 있으며 마음이 부분들의 집합이라는 가정을 유지하고 있다. 또 현장 연구법에 내재해 있는 가정에는 사회적 관계, 변화에 영향을 주는 개인들의 권력, 개별성과 인간의 욕구를 고려하는 적절한 방법 등이 있다(Popkewitz, 1984: 32). 새로운 연구모형의 발전은 부분적으로 인간의 의도와 역사적 상황이라는 차원을 포함시키려는 이론적 · 가치적 전제조건에 기인한다.

연구행위는 또한 사회적 차원을 지니고 있다. 사회연구는 사회적 행위의 규범, 신념, 양식들이 포함되는 공적 상황 속에서 나타난다. 연구의 언어를 사회적 상황과 단절시키고 지식을 초월적인 것으로 간주하는 과학의 전통에 의해서 중립적인 것으로 보이도록 만들어지는 데 사실은 잘못이다. 학자들의 사회적 역할 역시 중립적 전문성을 이유로 사회에 관여하는 것이 부적절하다는 입장에는 비판의 여지가 있다. 연구란 전혀 중립적인 것이 아니며 기대, 가치관, 사회적 관심사에 대해 해결되지 못한 질문을 포함하는 인간 활동이기 때문이다. 현대 사회과학이 가지고 있는 모순 중 하나는 과학에 대한 특정의 협소한 개념이 사회연구를 지배하게 되었다는 것이다. 이 개념은 연구행위에서 통계적 · 과정적 문제를 중요시하고 연구과정상의 논리를 강조한다. 교육자들은 과학의 형식을 사용함으로써 전문화를 지향하게 되었으며 제도적 상황을 합리화시키고, 통제하며, 변화시키기 위하여 과학적 과정을 이용하게 되었다.

요컨대, 연구의 언어는 논리적 인공물로서 안주하지 않으며, 사회적 상황을 벗어나서는 존재하지도 않고, 인간의 해석과 조작을 회피하지도 못한다. 흔히 연구는 문제, 가정, 개념들과는 무관하게 수행되는 통계, 검사나 관찰 등 일련의 기법으로 생각되고 있다. 예를 들면, 질적 연구나 양적 연구와 같은 용어는 통계나 현장조사 방법의 사용에 변화를 주는 과학의 내재적 가치와 전제조건들을 무시하고 있다. 그리고 현장 연구방법과 민속학을 보면 그 배후에 깔려 있는 모종의 정치적 · 사회적 주제들, 예를 들면 공동체, 다원주의, 협상된 사회질서 등이 연구의 방향과 해석을 제시해 주고 있다 (Popkewitz, 1984: 51-52).

이와 같이 교육연구는 특정 가치와 사회 변화를 전제하고 있다. 특히 개별화 교수이론의 각광은 18세기 초기 이후에 산업화, 권력 변화, 서구 자유민주주의 발달 등의 결과로 개인의 존엄성이 이데올로기적으로 지지를 받은 상황 속에서 이루어졌다. 보빗 (Bobbitt), 차터스(Charters), 스네든(Snedden) 등의 사회적 효율성을 강조하는 교육과정 운동은 사회적 조화와 안정의 기제를 제공하려는 20세기 초기의 학자들의 신념을 반영한 것이었다. 듀이와 같은 진보주의 교육자들은 사회의 새로운 전문직종의 출현에 의해 야기된 사회적 이동의 필요성을 인정했고 학교교육에서는 사회적 상호작용을 통한 '자아(self)'의 발달을 강조했다. 지식은 인간의 의사소통 속에서 발전된 합의에 의해 합법성이 인정되며 동시에 유동적이고 협상 가능한 것으로 가정되었다. 수업에 대한 관리적 접근과 개방교육에 대한 오늘날의 논의도 역시 합법성과 사회적 관심사라는 원리에 대한 갈등에 뿌리박고 있다.

질적 연구의 입장에서 보면 공식적으로 연구란 현재 진행 중인 사태에 대한 관찰자의 참여와 대화적인 기술(narrative description)과 해석을 강조하는 '질적'인 것으로 간주된다. 이러한 질적 연구는 사회의 경향성과 변화의 문제 안에서 발생하였다. 각각의 세대는 사회제도를 합법화하는 구조적 상징을 고안해야만 한다. 사회질서가 받아들일 만한 것이며, 개인적 삶이 만족스러운 것처럼 보이게 하려면 이론과 메타 이론이 필요하기 때문이다. 이런 점에서 볼 때 질적 연구가 또 하나의 지식권력으로 작용해서는 안

되며 질적 연구자로서 학자는 새로운 지식을 창조하고 인간다운 사회의 구성을 추구해야 하지 권력의 사용에 있어서 그의 독자적 지식이 지배적인 합법적 원리가 되게 하는 이데올로기적 프로그램을 공식화하는 데 순기능해서는 안 된다.

흔히 교육연구에서 보면 연구에 내재되어 있는 기저의 사회적 관점과 권력의 정의를 통하여 어떤 관심사는 선호하고 다른 관심사는 봉쇄해 버리는 경향이 있다. 학교가 아동에게 이념과 학습 패턴을 부여하도록 계획되어 있기 때문에 연구작업의 규범적 특성은 학교에 작용될 때 특히 영향력을 행사한다. 학교에서 일어나는 대부분의 일들이 교육연구 집단의 활동에 의해 정당화되고 신뢰성이 부여된다. 과학적 증거는 교육과정 개발, 수업 접근방식, 평가전략 등에 대한 합리적 근거를 제공해 오고 있다.

이러한 아이디어를 제공하는 푸코의 관점이나 연구물들은 많은 사회이론가들이 관심을 가지고 다양한 방면에서 연구가 진행되어 오고 있으나 교육 분야에서는 유일하게 Popkewitz(1998; 1999)에 의해 특히 지식과 권력의 관계, 언어, 주체성, 정신통제(governmentality)를 중심으로 조명되고 있다. 푸코 자신이 모든 교육체제는 지식과 권력을 가지고 담론의 적합성을 유지하거나 변경하는 정치적 수단이라고 지적하고 있듯이 교육과정의 연구는 이 점에 주목해야 한다.

학교교육과 교육과정에 대한 팝케비츠의 사회인식론(social epistemology) 연구는 지식의 사회적 구성에 관한 문제를 제기한다. 학교에서 우리가 배우는 것은 무엇을 할 것인가 혹은 무엇을 알아야 할 것인가 하는 것뿐만 아니라 세계에 대한 의식이다. 교육과정에 대한 그의 강조점은 학교에서의 우리의 담화방식이나 사유방식을 권력과 규정의 문제에 연결시키는 것이다. 교육과정은 하나의 사회 규정을 구성하는 것이다. 푸코의 '정신통제'와 권력과 지식의 관계를 가지고 사유체제가 학교지식의 조직체를 통해 어떻게 변화되고 관리되는가 하는 점을 논의하고 있다.

사회인식론의 관심은 권력과 지식, 그리고 변화의 관계에 초점을 두면서 동시에 지식의 문제를 역사화한다는 점에 있다(Kang, 1998; Popkewitz, 1998: 8-9). 인식론은 세계에 대한 지각과 반응 양식, '자아'에 대한 개념을 조직하는 규칙과 표준의 맥락을 제공한다. 동시에 사회인식론은 학교교육의 지식을 권력관계를 통해 이해될 수 있는 역사적 실제로서 인식하며 지식으로서 구성된 대상을 특정하게 위치시킨다. 따라서 교사들이 학교를 경영한다든지, 학습을 창출하는 교수가 되어야 한다든지, 위험에 처한 학생에 관해 말을 할 때 이러한 것들은 단지 교사의 말이 아니고 권력의 영향이라고 볼 수 있는, 역사적으로 구성된 사유방식의 부분들이다. 따라서 사회인식론은 권력의 효과에 대해서 말하는 것이 된다. 또한 인간의 '이성'과 '이성적 사람'에 대한 역사적 구성에 초점을 둠으로써 의식철학이 가정하는 것에 대해 문제를 제기할 수 있는 전략을 제공한다. 그래서 구성된 주체의 지식이 권력의 사회이론의 핵심적 관심사가 된다.

사회적 실제로서 지식의 연구는 '주체의 탈중심화'라고 불린다. 주체를 탈중심화시키는 목적은 지식과 권력이 관련되는 한 분야 내에서 주체가 어떻게 구성되는가 하는 것을 이해하는 데 있다. 또한 자율적인 자아가 어떻게 구성되는가 하는 것을 역사적으로 검토해 봄으로써 현재의 사유방식에 대한 우리의 관계를 문제화할 수 있도록 해준다. 그래서 사회인식론은 사회과학과 역사의 프로젝트에 관한 광범한 다학문적 대화 내에서 상황적이다(Popkewitz, 1998: 11; 1999: 29-31). 그의 사회인식론은 사회적 실제로서 교육연구에 대한 사유체제(system of reasoning)를 의미한다(Popkewitz, 1998; 1999). 사유체제는 개인이 행사하는 지식과 권력의 관계에 영향을 미치며 이것은 개인의 정신을 구성한다. 권력은 지식이 사적이고 사회적 문제와 해결책에 관해 숙고할 때 사용하는 '대상'을 구성하는 방식에 의해 행사되며 이러한 지식을 통어하는 지식의 원리에 의해 개인성이 구성된다(Popkewitz, 1998). 즉, 권력이 개인의 정신과 마음을 관리하고 통제한다는 의미이다. 예를 들어, '대상'으로서 대학 진학의 이유에 대해 개인 각자는 대학의 진학을 결정하는 방식이나 이유는 상이할 것이다. 개인마다 대학에 진학하는 나름의 사유방식이 다르고 각 사유방식은 바로 개인의 담론적 실제(discursive practice)가 된다는 점에서 그 개인의 지식이 되며 그러한 방식으로 그의 권력이 행사되며 그 과정에서 개인의 정신이 형성되는 것이다. 담론적 실제로서 지식은 바로 그 자체가 권력이 아니며 대상을 구성하는 방식에 의해 권력이 행사된다는 것이다. 이러한 과정에는 통제적 규정(regulation)이 작용한다.

이상의 사회인식론 관점에서 질적 연구를 해석해 볼 때 질적 연구를 수행하는 연구자의 주체성(subjectivity)의 문제가 중요해진다. 연구자가 연구대상을 제한적 조건 내에서 관리하고 통제하며 조작하는 기존의 사고방식에서 무엇이 달라져야 하는가? 왜 달라져야 한다고 생각하며 그 생각은 어디에 기원을 두고 있고 그러한 사고방식으로 인해 자신의 담론이 무엇을 생산해 내고 있는가 하는 점을 고려해 보아야 한다. 양적 연구에 대한 대안으로 질적 연구가 강조되어야 한다는 교육 현장의 분위기(담론적 실제)가 왜 형성되었는가? 그것이 이제는 하나의 지식권력이 되어 연구자의 의식에 영향을 미치고 질적 연구의 방법이나 기법을 정교하게 개발해 내고 질적 연구가 우수하니까 가급적 그러한 방향으로 가야 한다는 담론은 교육환경과 사회 변화, 특정 이데올로기와 어떤 관계가 있으며 무슨 의미를 지니고 있는가 하는 점을 고려해 보아야 한다.

(2) Cherryholmes의 비판적 실용주의

Cherryholmes(1988)는 기본적으로 데리다와 푸코의 이론에 기초한 탈구조주의적 분석을 교육과정 이론과 실제에 적용함으로써 현존하는 교육적 담론 실제를 구성, 해체, 재구성하는 새로운 패러다임인 비판적 실용주의(critical pragmatism)를 발전시키고 있다. 이 입장에서는 교육과정을 해체와 재구성, 또 다른 해체의 과정으로 본다. 그가 채택하는 실용주의의 중심적 의미는 행위의 결과에 있다. 그것은 사고의 결과에 관한 하나의 담론이 경험주의자, 해석주의자, 비판적 그리고 다른 정설적 이론가들의 경계를 초월한다는 점에서 새로운 것이며 하나의 이념이나 무슨 주의를 부르는 말이 아니다. 사고와 삶에 관한 접근 방식으로서 정의하기가 복잡하고 어렵기 때문에 많은 비판이 존재하지만 일반적으로 미래에 대한 사유방식을 지칭하는 것이다(Cherryholmes, 1999: 27).

그에 의하면 거대담론에 의해 합법성이나 정당성을 찾으려는 모더니즘에 대한 회의(懷疑)가 바로 포스트모더니즘을 의미한다. 거대담론을 하는 모더니즘에 대한 회의로 출발한 포스트모더니즘은 특정 교육이론과 실제에 놓여 있는 초월적 기의(transcendental signified)에 대해 의문시한다. 이러한 의문을 통해 교육과정의 이론과 실제에 관한 초월적 기의는 두 가지 방식으로 해체될 수 있다는 것이다. 첫째는 Foucault(1980)가 강조한 구조주의적 탈역사성과 정치적 중립성을 거부함으로써, 둘째는 Derrida(1976)가 강조하는 초월적 기의가 점유해 온 권위를 부정함으로써 해체된다. 푸코에 의하면, 사회 정치적 제도와 담론적 관행은 상호 생산, 재생산하는 기능을 수행하기 때문에 진리의 정치적 생산에 주목해야 한다. 즉, 각 사회는 그 자체의 진리의 체계인 진리의 일반 정치학을 가지고 있다는 것이다. 데리다에 의하면, 의미는 언어와 텍스트 안에 산재해 있기 때문에 그 의미가 시간상 지연되는 것이므로 초월적 기의를 받아들이는 것은 형이상학적 태도이며, 많은 교육과정 텍스트는 그 자체의 논의에 의해 지지될 수 없는 허구적인 수사적 주장을 한다. 따라서 텍스트는 그들의 주장에 미치지 못하며 수사 역시 자체의 논리에 의해 정당화되지 않는다.

그러므로 초월적 기의는 푸코에 의하면 역사적으로 우연한 것으로 해체되며, 데리다에 의하면 수사적 허구성을 지니고 있는 것으로 해체된다는 것이다. 따라서 교육과정의 초월적 기의가 역사적 우연성에 의해 등장했으며 수사적 허구성을 지니고 있다고 볼 수 있다. 그래서 이처럼 포스트모던 교육과정 관점이 어떤 최종적이고 초월적인 기의도 수용하지 않기 때문에 현존하는 교육적 담론이나 실제를 교육연구자가 계속해서 해체하고 재구성하고 재해체하고 하는 식의 새로운 패러다임인 비판적 실용주의를 제안한다.

이러한 체리홈스의 견해를 우리가 수용한다면 교육과정 연구에서 다음의 사항들을 고려할 필요가 있다. 첫째, 교육과정 구성자는 자신이 만든 교육과정이 한계가 있고, 불완전하며 협상의 산물이라는 점을 자각하고, 해체자는 또 다른 구성 작업이 뒤따르므로 비판적 구성이 되도록 노력해야 한다는 점이다. 둘째, 교육과정을 해체와 재구성, 또 다른 해체의 지속적인 과정으로 봄으로써 교육과정 역시 역사, 정치학, 텍스트와 같이 이러한 자연스런 과정을 거친다고 본다는 점이다. 셋째, 교육과정 담론과 실제가 파편적이고 모순적이며 불완전하고 정치·경제적 요인에 의해 통제될 가능성이 있어 결국은 해체될 수밖에 없다는 점이다. 따라서 이러한 점을 자각한다면 교육과정 연구에서는 완전한 교육과정의 구성에 초점을 두기보다는 우리의 사회와 학교 모두에게 정말로 유익한 교육과정이 될 수 있도록 노력해야 한다는 점을 시사해 주고 있다(Cherryholmes, 1988: 141-149).

이를 위해서 비판적 실용주의와 통속적(vulgar) 실용주의를 구별하면서(Cherryholmes, 1988: 178-179; 1999: 7-8) 사회적 권력관계를 재생산하는 판단 기준과 표준에 의해 좋은 것과 나쁜 것에 대한 도덕적 결정을 내리는 후자보다는 구조화된 객관적인 확실성보다는 가치 있는 것을 지속적으로 추구하는 비판적 과정을 중요시하는 전자를 수용한다. 이러한 맥락에서 비판적 실용주의 전략 여섯 가지를 제안하고 있다(Cherryholmes, 1988: 153-177). 그것은 권력 행사와 그 효과가 갖는 몇 가지 측면들에 관하여 읽고, 해석하고, 비판하고, 의사소통하고, 판단과 평가하는 전략들이다. 교육과정의 담론과 실제에서 특권적 위치를 차지하는 주제들을 우리는 의사소통하고 평가하는 가운데 끊임없이 그것들을 읽고 해석하고 비판한다. 상속된 담론들은 상호 접촉하며, 상호 강화하고, 때로 갈등을 일으킨다. 따라서 교육과정 연구에서는 초월적 기의를 추구할 것이 아니라 그것이 설득력 있는 것으로 수용될 수밖에 없는 담론적 실제와 관례, 사회적 구조가 어떠한 것인가를 탐구하는 데 주목해야 한다는 것이다.

체리홈스가 제시하고 있는 이러한 탈구조주의적·비판적·실용주의적 전략의 6단계(1988: 145-146)를 기초로 교육과정의 질적 연구에 구체적으로 적용하여 보면 다음과 같다. 첫째, 교육과정은 역사적 전개과정이나 정치적 관행, 교육과정의 이론과 실제 간의 관계를 기술해야 한다. 둘째, 주어진 교육과정 이론에서 이익을 누리고 손해를 보는 사람은 누구인지를 의문시해야 한다. 셋째, 특정 교육과정의 담론에서 누가 듣고 있는지, 거기서 누가 배제되는지, 어떤 논증과 은유가 제기되고 있는지를 분석해야 한다. 넷째, 중요한 가치가 부여된 지배적 범주와 이데올로기가 무엇인지를 분석한다. 다섯째, 학생들이 갖는 학습기회에 대한 대안적인 해석을 창출하는 것으로 교육과정의 정의를 생각해 보아야 한다. 즉, 학습기회로 교육과정을 볼 때 교육과정 연구는 학습자가 가져야 할 학습기회가 무엇이어야 하는가에 대한 다양한 대답들을 추구해 가는 과정이며 그 연구 과제는 왜, 어떻게, 어떤 기회가 주어지고 어떤 기회가 간과되는가를 밝히는 일이 된다. 여섯째, 교육과정 안과 교육과정 요구는 다른 학문 영역에서의 변화와 발전 과정에 비추어 검토되어야 한다.

그리고 교육과정의 질적 연구는 교육과정이 다른 학문 분야와 상이한 다음의 이유에 주목할 필요가 있다. 첫째, 교육과정 분야는 타학문에 비해 정치적 사건과 긴급상황과 같은 것에 보다 많이 연관되어 있다. 둘째, 교육과정이 직면하고 있는 문제는 타학문에 비해 더 정교하고 정책과 더 관련되어 있다. 셋째, 교육과정은 대부분의 전문교육처럼 수월성과 수행에 대해 구체적이고 즉각적이고 변화무쌍한 요구에 부응하는 경향이 강하다. 넷째, 교육과정은 타학문에 비해 사회의 지배적 이데올로기의 정향과 문제를 강하게 반영하며 모순과 좌절, 애매 모호성, 사회의 무기력과 같은 것들에 항상 직면한다. 권력은 항상 이야기를 만들어서 하고, 시공에 따라 다른 이야기를 한다. 교육과정의 이론과 실제에 있어 진리 또는 권위 있는 것으로 간주되는 것은 권력이 움직이고 정착되고 해체됨에 따라 변화한다. 교육과정은 이러한 권력의 흐름을 자연스럽게 반영해 왔다.

(3) Goodson의 지식(교과목)의 사회구성사

전통적 교육과정 연구는 이미 만들어진 교육과정을 단순히 주어진 존재로 보도록 하는 오류를 범하였으며 교육과정 실행의 과정에서 교사들이 경험하는 다양한 제약들을 무시하고 있다. 특히 클리바드(Kliebard)가 행한 교과의 역사적 연구는 거시적인 측면만을 다루고 있어 교사의 학교생활을 다루고 있지 않다는 점을 지적하면서 학교 교과목 지식의 위계와 지위를 둘러싼 교육과정 역사와 교과 교사들의 이야기들을 '실재의 사회적 구성' 이라는 관점에서 보고자 한다(Goodson, 1994: 114). 즉, 전통적 교육과정 연구는 학교에 전달되기 전의 교육과정의 생성과정에 대한 정치적 실제는 다루지 않았고 고작 교육과정과 관련하여 외형적 행동 변화의 정도나 피상적인 의사결정 과정으로 연구되는 데 제한되어 있고, 교사의 경력과 그가 속한 교과 이해집단의 관계와 정치적 조건 등을 배제한 탈 상황적인 교육과정 연구가 주류를 이루어 왔다는 것이다. 이러한 점을 비판하면서 교과목의 역사와 그 일대기를 비판적으로 연구하고자 한다.

기존의 학교 교과에 대한 설명은 '지식의 형식'이라는 교과의 논리적 구조에 의한 피터즈와 허스트 류의 규범적 접근 그리고 학교교육 내용과 지식에 대한 애플(Apple), 영

(Young)과 번스타인(Bernstein)의 지식사회학적 분석이 제시되었다. 이 사회학적 분석은 규범적 접근에서 간과되었던 교육내용 및 조직과 사회집단 간의 권력과 이해관계에 얽혀 있으며 학교지식이 사회적 위계관계를 반영하고 있다는 점을 지적해 주고 있다. 그러나 이러한 분석방법이 지나치게 구조적이고 추상적이어서 많은 문제점을 드러내고 있다. 교육과정 자체의 내적 논리나 교과 관련 이해집단들의 갈등 요인이 고려되어야 할 필요가 있는데 이러한 점에서 굿슨(Goodson)은 이와는 달리 교과에 대한 사회역사적 분석을 하였다.

사회역사적 관점의 연구는 특정 시기의 사회경제적·정치적 배경과 관계들을 역사적 맥락 안에서 구조적으로 해명할 수 있게 해 준다. 그리고 관련 교과공동체들의 이해, 관심과 활동이 발생하고 작동하는 거시적 틀을 이해할 수 있게 해 준다. 교육과정과 학교교과는 특정 시기의 사회경제적·정치적 요인에 의해 영향을 받기도 하지만 이러한 교육과정 외적 요인에 의해 자동으로 결정되지 않으며 이해집단의 이해 갈등에 의해 영향을 받기도 한다. 교육과정이 기술공학적 절차를 통하여 형성되기보다는 특정한 사회·정치적 맥락 속에서 다양한 이해관계를 가진 집단들 간의 타협과 절충의 산물이라고 볼 수 있다. 특정의 역사적 상황의 맥락 속에서 교육과정의 의사결정 주체가 누구이고 결정이 어떻게 이루어지는지에 관련되는 복합적인 상호작용, 타협, 절충 등의 측면을 고려해야 한다.

이러한 분석방법에서는 교과는 구체적인 역사와 사회적 상황에 의해 형성되고 변화된다. 그 변화의 과정에서 학교교과는 일련의 전통을 구축하였고, 또한 학교교과는 사회적·전문적 이해관계와 갈등을 포함한다. 교과는 교과공동체를 구성하는 이해집단들의 관심 변화에 의해 성격을 변화시키기도 하며 이해집단들 사이의 지위, 자원, 영역에 대한 갈등구조를 갖는 역동성을 지닌다. 굿슨은 교육과정 안에서 교과들 사이의 갈등과 변화 양상을 밝히면서 특정 교과가 학교교육과정상의 교과로 되어 가는 과정을 논의하고 있다(Goodson, 1985). 학교교육과정의 역사에서 교과 전통들을 이론적·추상적 지식들로 구성되어 높은 지위를 획득한 학문적(academic) 교과, 실제적·실용적 지식들로 구성되어 낮은 지위에 있는 실용적(utilitarian) 교과, 아동의 개인적·사회적 지식을 강조하는 교수방법적(pedagogic) 교과들로 구분하고 이러한 세 가지 전통들은 학교교육과정 안에서 갈등과 변화의 과정을 거친다고 보고 있다(Goodson, 1983: 27-35).

따라서 교육과정 논쟁은 지위, 자원, 영역을 둘러싼 교과들 사이의 갈등이라는 것이다. 이러한 점은 사회경제적 변화나 제도와 같은 거시적 차원보다는 미시적 차원이 보다 중요하다는 것을 의미한다. 시간이 경과하면서 교과가 변화되는 것은 학교교육과정에서 교과로 승인받는 데 성공하기 위하여 행사한 일련의 조치들을 의미한다. 이러한 교육과정에 대한 역사적 탐구는 교육과정 변화를 조망할 수 있는 단서를 제공하며 교과집단들이 행사한 반응과 실력 행사가 기존에는 교과의 문제에서 무시되어 왔지만 이제는 이것이 중요한 부분으로 고려되어야 한다는 점을 지적해 주고 있다(Goodson, 1983; Kang, 1998). 아울러 어떤 교육과정 개발과 실행 과정 속에서 역사적인 행위자들이 자신들에게 부여된 여러 제약을 어떻게 극복하고 갈등을 해결하고자 했으며 이해집단들 사이의 지위, 자원, 영역들을 쟁취하려고 어떠한 경험들을 하며 그 의미가 무엇인가를 기술하고 설명한다는 점에서 일대기적이라고 할 수 있다(Goodson, 1991).

따라서 교과목의 역사 및 전기적 연구는 단순한 기술과 자료의 제시로 그치는 것이 아니며 한 교사의 전기적 삶을 단순히 이야기에서 끝나는 것이 아니라 그 교사가 겪었던 사회·정치적 상황과 연관지어 이해하고, 사회·정치적 조건들이 만들어 낸 역사적 측면을 동시에 이해해야 한다는 것이다. 특정 교과목이 학교의 공식적인 교과로 인증되는 과정에서 겪게 되는 지식의 정체성 문제, 학교교육과정의 변화에 따른 교사들의 경력과 승진의 문제, 특정 교과목의 출현, 번성, 쇠퇴와 같은 주기 속에서 교사가 직업적으로 어떠한 삶을 살아왔는가 하는 점을 일대기적인 방법으로 연구하였다(Goodson, 1997: 113-134).

이를 위해 연구대상자의 삶을 사회·정치적 상황 속에서 구체적인 자료 검증을 통해서 조망하고, 어느 시점에서 이야기 속의 자아가 어떤 식으로 정체성을 바꾸어 가면서 변화하는지를 상세하게 분석하며, 연구대상자가 자신의 구체적인 사회·정치적 맥락을 파악하지 못할 때 조언을 해 줌으로써 자신의 삶의 사회적 의미를 자각하도록 해야 한다.

(4) 포스트모더니즘

교육의 분야에서 특히 교육과정 분야에서 포스트모더니즘에 직접적으로 관련시킨 학자는 돌(Doll)을 들 수 있다. 그는 교육 내지 학습의 흐름을 기존의 방식과는 다르게 재개념화하였다. 객관주의 인식론에서의 교육과정 설계는 직선적이고 계열적인 경향을 띤다. 초등학교부터 대학에 이르기까지 학습내용을 논리적·학문적으로 계열화하고 단계별로 객관적인 기준에 따라 학습을 진행해 나가도록 직선적인 내용 구성방식을 사용한다. 이 관점에서의 설계는 사전에 목표나 계획이 구체적으로 명시되고, 과정은 목표 달성의 수단이 된다. 목적과 수단은 확연하게 이분된다. 이러한 맥락에서의 교육과정 설계는 학습자에게 외부에서 사전에 정한 목표에 도달할 수 있도록 과정과 절차를 객관적으로 배열하고 효과적으로 배치하는 일이다. 따라서 이러한 방식에서는 지식의 성장과정은 객관적인 지식의 양적인 누적과정이며, 학습자의 이해는 누적되어 나가는 지식과는 독립되어 있다. 습득되어야 할 내용은 모든 학습자에게 동일하며, 그 습득절차 역시 동일한 과정을 밟아야 할 것으로 사전에 처방된다. 그러나 누구에게나 동일한 내용이나 목표, 절차가 행해지는 것이 부적절할 수도 있다.

학습의 과정은 직선적이면서 누적적이기보다는 이전에 배운 내용을 단서로 하여 보다 높은 수준으로 나아가면서 이전의 수준과 대화하면서 끊임없이 새로운 관점에 의해 재해석하는 과정이라고 볼 수 있다. 학습의 초기 단계에서 취급하였던 내용을 다시 정교화되고 복합적인 맥락으로 이행하여 점차 발전된 형태로 제시할 필요가 있다. 즉, 이전에 배운 내용에 기초하여 다음의 내용을 지속적으로 습득할 수 있도록 나선형으로 설계되어야 하는데 이 과정은 이전과 이후 수준과의 관계에서 반성 행위를 포함한다. 나선형의 조직은 지식의 단순한 누적적 이행도 아니며, 동시에 동일 수준의 반복도 아니다. 여기에는 자신의 체험 구조를 재해석하면서 자신의 의미 체계를 성찰하고 반성하는 활동이 내재되어 있다. 인지적 구성주의자의 관점에서 Posner(1977)는 서로 관련성 있는 공통적인 내용에 대해 시제성의 차원에서 비근접적으로 조직하는 것으로 나선형을 해석하고 있다. 그러나 비근접적이라는 말은 단순 반복과 동시적 연속성이 아니며 수준 간의 대화인 동시에 반성을 의미한다.

나선형의 본질을 잘 나타내 주는 순환적 회귀는 반복과는 다른 것이며, 회귀(recursion)는 고정된 시작과 끝이 없는 것을 말한다. 듀이가 지적했듯이 각각의 끝은 새로운 시작이며 각각의 시작은 이전의 끝에서 시작된다. 교육과정의 분절, 일부분, 계열은 격리된 단위로서 보는 대신에 반성을 위한 기회로 본다. 이러한 틀 속에서는 의미 생성자로서 우리 자신과 의문이 가는 텍스트를 탐구, 논의, 질문하는 것이다. 규정된 수행을 향상하기 위하여 설계되는 반복(iteration or repetition)과는 다르다. 회귀는 무언가를 발견적으로 조직 · 결합 · 질문하는 능력을 개발하는 데 목적이 있다. 반복과 회귀의 기능적 차이는 반성(reflection)이 각각에서 작용하는 역할에 있는데, 반복에서 반성은 부정적 역할을 하며 과정을 중단시키지만 회귀에서는 긍정적 역할을 한다. 브루너가 말했듯이 우리들의 행위에서 뒤로 물러나며, "우리들 자신의 사고로부터 어느 정도 거리를 두는" 것이 필요하다. 그러므로 회귀에서 교사와 학생 간에 비평하며 반응하는 것이 중요하며 그런 점에서 교사와 학생의 대화는 필수적인데 대화에 의해 형성된 반성이 없다면 회귀는 변용적인 것이 아니라 피상적이 되며, 반성적 회귀가 아니라 단지 반복일 따름이다. 따라서 학습자의 지식 성장과정이 누적적이고 직선적인 양적 확장의 과정이 아니라 구조적이고 총체적인 변화의 과정이라는 것이다.

이와 관련하여 Doll(1997)은 관계(relation)와 엄격(rigor)의 개념을 제안하는데, 관계는 아이디어와 의미 간의 관계에 대한 계속적 탐구와 역사적·문화적 맥락과 관계가 지각되는 방식 간의 관계에 대한 이해를 의미한다. 교육과정은 교과서 저자에 의해서가 아니라 학급 공동체에 의해서 창조될 필요가 있다. 너무 많은 교과를 가르치지 말고 한 가지를 가르치되 철저하게 가르치라는 말과 주요 아이디어들을 가능하면 여러 가지로 조합이 되도록 하라는 말은 이런 점에서 의미심장하다. 그리고 엄격은 측정되고 조작될 수 있는 것이 아니라 어느 한 아이디어의 옳음을 너무 조속히 결정적으로 끝맺지 말고 모든 아이디어들을 다양하게 조합하는 것이다. 따라서 엄격은 의도적으로 다른 대안, 관계, 연관을 찾는 것을 의미한다. 아이디어의 정신적 정련이나 아이디어의 상호 간의 관계의 개발이나 개념 간의 유희 등을 지칭한다. 여기에는 해석(interpretation)과 불확정성이라는 중요한 특징이 스며 있다. 독자와 텍스트 간의 대화는 양방향적 과정이며, 각각은 제 목소리를 가지고 있고 이러한 대화 속에 확정성과 불확정성의 융합이 존재한다.

보다 구체적으로 돌(Doll)은 교육과정 분야에서 포스트모더니즘의 영향력을 다음의 네 가지로 유형화하고 있다. 첫째, 교육과정은 기존의 모더니즘적 세계관에서 벗어나 세상을 이해하는 새로운 방법을 모색하고 반영할 필요가 있다. 이와 관련하여 그는 다음과 같이 진술하고 있다.

> 타일러 정리로 대변되는 모더니즘적 사고관에서 벗어나기 위해, 교육과정 학자들은 동시대의 생물학, 화학, 인지이론, 문학, 수학과 신학 등을 공부할 필요가 있다. 왜냐하면 이 모든 영역들에서 불균형, 내적 구조, 발달의 경로, 변형적 재조직 등에 대한 문제들에 관심을 기울이는 새로운 모형들이 등장하고 있기 때문이다(Doll, 1989: 252).

둘째, 사회적 발전은 선형적이고 진보적이 아닌 급진적이고 변화무쌍하기 때문에 교육학 역시 이러한 특징을 반영해야 한다는 점이다. 따라서 미리 설정된 행동목표로 수업계획을 준비할 것이 아니라 수업은 탐험적이어야 하며, 학생들에게 어떤 의미에서 불균형을 유발할 수 있도록 다양한 방법과 대안을 찾을 수 있도록 해야 한다. 셋째, 기존 타일러 원리(Tyler rationale)에서 강조하는 행동목표에서 탈피하여 지역사회, 학부모, 교사, 학생들이 참여하여 일반적 교육목표를 설정할 필요가 있다는 점이다. 마지막으로, 교육의 과정에서 교육과 관련된 다양한 구성원들 간의 상호작용 과정이 그 중심을 이루어야 한다는 점이다. 즉, 그는 이러한 과정에서 "학생들의 학습은 점차 성장하고 변화될

수 있는 변증법적 상호작용"(p. 252)이 될 수 있음을 밝히
고 있다.

파이너(W. Pinar)는 교육과정의 지배적인 경향을 전통
적이고 개념적인 경험주의 경향이라고 보고, 그러한 방
식은 인간과 지식, 사회를 보는 방식에 많은 문제점이 있
다고 비판하면서 새로운 눈으로 교육과정을 재개념화해
야 된다고 보고 있다. 교육과정은 어떤 정해진 길을 가는
것이 아니라 인간 자신의 경험과 의미에 따라 자신의 길
을 만들어 가는 것이라고 본다. 자신의 실존적 의미를 추
구하고 자신의 교육과정을 새롭게 추구해 가는 것이 교
육이다.

윌리엄 파이너
(1947~)

파이너의 교육과정 이론은 오늘날 우리가 처해 있는 사회적·문화적 현실 속에서 개
인이 갖는 경험과 의미를 파헤치고 이해하는 일에 초점을 두고 있다. 교육과정의 이론
에서 교육과정이나 수업에 보편적으로 작용하는 일반적인 원리를 추구하는 전통주의
자들이나, 학교교육 관련 변인과 변인 사이의 일정하게 존재하는 과학적 명제와 법칙
들을 구명하는 개념적 경험주의자들이나, 심지어 사회구조 속에 존재하는 인간 구속의
조건들을 정치·경제적으로 분석하고자 하는 구조적 재개념주의자들까지도, 구체적
이며 인간의 직접적인 경험들을 추상적으로 개념화한 틀로 파악하고자 한다는 점에서
인간의 개별적 경험들을 왜곡시킨다는 것이다. 이런 점에서 파이너가 강조하는 교육과
정에서는 인간의 경험을 이해하는 가장 훌륭한 방법으로 인간 경험이 갖는 개별적 특
수성과 의미를 찾는 것으로서 이해하고 있다.

파이너는 교육과정의 의미로서 라틴어 어원인 쿠레레(currere)의 본질적 의미인 교육
에 대한 개인적 경험이 갖는 본질적 의미를 제안하고 있다. 경주로가 아니라 경주에서
각각의 말들이 코스를 따라 달리는 개인적인 경험을 지칭하는 것이기도 하다. 따라서
쿠레레로서의 교육과정은 탐구목표를 정하고 코스를 설계하고, 결과를 평가하는 일과
는 거리가 먼 활동이다.

파이너가 제안한 쿠레레 방법은 교수-학습 과정에도 적용할 수가 있다. 쿠레레 방
법에서 교수는 지식을 가르치거나 전달하는 활동보다는 학생들이 자신의 교육적 경험
을 이해하고 해석하는 학습활동을 안내하고 학생들이 이러한 학습활동에 적극적으로
임할 수 있도록 조력해 주는 과정이라고 볼 수 있다. 학습은 지식을 습득하는 과정이
아니라 지식을 구성하는 과정이다. 그가 제안한 교수-학습 과정은 회귀(regressive)-

전진(progressive)-분석(analysis)-종합(synthesis)이다. 회귀 단계에서는 현재의 자신으로부터 멀어져서 과거로 이동한다. 과거로 돌아가서 그때의 경험을 기록한다. 전진 단계는 미래에 있을 일에 대해 심사숙고하고 바라는 것이 무엇인지에 대해 심사숙고하는 과정이다. 분석 단계에서는 앞의 두 단계를 통해서 자유연상적으로 회상한 것에 대해 비평적으로 반성한다. 과거의 복귀와 미래의 구상에 있어서의 경험이 충실하게 보존되어야 한다. 종합 단계에서는 과거의 명확한 표현과 그것으로부터 해방이 일어난다. 상상된 미래에 초점을 둘 때 사람은 자기를 구속한 것들로부터 해방된다.

한편, 파이너를 포함한 다수의 재개념주의자들이 사용한 주요 원리들은 다음과 같다 (Klohr, 1980).

- 교육과정은 인간과 그의 자연과의 관계를 총체적이고 유기적인 관점에서 고찰하는 것으로 이해되어야 한다.
- 개인은 지식 구성의 주요 행위자이다. 개인은 문화 전달자일 뿐만 아니라 문화 창조자이다.
- 우리는 자신의 경험적 근거에 의존함으로써 의미를 갖는다. 그러므로 개인과 집단의 경험을 재구성하고 재조직하는 것이 필요하다.
- 경험의 전의식은 교육과정에 대한 의미를 발전시키는 데 중요하다.
- 개인적 자유와 더 높은 수준의 의식의 달성에 중요한 가치를 둔다.
- 이 목적을 달성하기 위하여 제안된 사회적 목적과 수단의 특징은 다양성과 다수주의이다.
- 교육과정에 대한 새 의미와 통찰을 가져오기 위해 새로운 방법이 요구된다.

(5) Bruner의 문화주의: 내러티브 탐구

흔히 브루너의 교육과정 이론에 대한 우리나라 독자들의 생각은 주로 그가 하버드 대학에 재직하고 있었던 1950~60년대의 생각에 토대를 두고 있으며 특히 지식구조론을 중심으로 그의 연구 세계를 이해하는 경향이 강하다. 그러나 그는 최근에 『교육의 문화』(1996)에서 "마음은 인간 문화 속에서 구성되고 실현된다."(1996: 1)는 문화주의(culturalism)의 전제하에 교육과정에 대한 새로운 입장을 제시하고 있는데 주요 근거로는 패러다임적 사고에 대비되는 내러티브 사고방식이다.

브루너는 내러티브 사고에 대한 개념을 구체적으로 정의하지 않지만 패러다임적 사고와의 대비를 통해 그 특징을 설명하고 있다. 내러티브란 서사체를 말하며 하나의 이야기, 즉 시간적 연쇄로 구성된 일련의 사건들을 의미한다. 이야기는 사건들로 구성되며 그 사건들은 특정의 계열을 이루며 배열된다. 그러므로 내러티브는 사건들의 계열과 사건들이 만들어 내는 이야기에 의해서 특징화된다. 그런데 우리는 이야기를 설명하지 않으며 다만 이야기에 대해 다양한 해석을 할 따름이다. 과학적 이론이나 논증은 검증됨으로써 판단되지만 이야기는 '있음직한 가능성'에 의해 그 적절성이 판단된다. 이러한 이야기는 물리적 세계보다는 인간 '행위자'에 관한 것으로 인간의 의도적 행위에 초점을 둔다. 이러한 의도적 행위로 인해 인간의 행위가 예측 불가능하기 때문에 그 행위 발생의 이유에 대한 명확한 설명은 불가능하게 된다. 이것이 내러티브의 주요 특징을 이룬다(강현석, 1998: 117).

그는 이러한 내러티브 사고를 제안(Bruner, 1985 ; 1986 ; 1987 ; 1996)하면서 두 가지의 사고 양식을 전제한다. 이 사고 양식은 인지기능이면서 동시에 인간의 경험을 조직하거나 현상을 구성하는 방식이다. 첫째, 논리적 진술문의 구조를 가지며 인과적 관계의 논리를 띠는 과학적 지식인 패러다임적 사고 양식과 둘째, 서술된 이야기 구조를 가지며 임의성을 띠고 비논리적이며 서술체인 내러티브적 사고 양식이다. 인간이 자신의 세계에 대한 경험을 서로 다른 문화적 풍토에서 다른 표현의 방식으로 서로 다르게 발전시켜 왔다. 전자가 인간의 의도와 무관한 불변의 세계, 즉 존재의 세계를 다루고 인과적으로 설명하는 반면에, 후자는 인간의 관점에 따라 다양하게 변하고 삶의 요구를 반영하는 인간적 세계를 이해하고자 한다. 전자의 사고가 설명을 목표로 한다면 후자는 해석을 지향하며 해석은 이해를 추구한다. 설명에는 어떤 원인적 존재를 전제하여 경험적 검증가능성에 의해 사실적으로 판단이 이루어지지만, 후자에서는 다수로 존재하는 의미를 상황의 적절성이나 있음직한 가능성에 의해 판단한다. 과학자들이 추구하는 검증가능성의 의미로서 교육과정을 설명하기보다는 넓고 깊은 인간의 상상력에 부합하는 진실된 가설을 탐색하는 의미에서 이해해야 한다. 내러티브 사고의 가설들은 인간의 다른 수많은 관점들에 비추어 그 적절성을 추구한다.

인간 행위를 특징짓는 것은 의도성이다. 내러티브 사고는 다수로 존재하고 인간 삶의 의미를 파악하고 이해하는 것이며 원인이 되는 존재를 상정하지 않는다. 이 사고는 독자의 관점에 따라 변화하며 그것에 기초한 심리적 실재는 검증 불가능하며 우리의 마음속에 존재한다. 이와 같이 우리는 내러티브의 규칙과 장치에 따라 구성된 세계에서 대부분의 삶을 살고 있다. 실재는 내러티브로 구성될 수 있다. 인간 마음은 우리가 의미를 만들기 위해 사용하는 구성의 도구이다. 의미를 만드는 행위는 대화를 통해서 이루어진다. 이야기하기(story telling)로서의 내러티브 사고는 해석을 필요로 하며 거기에서 이야기 만들기가 가능해진다. 그가 제안하고 있는 행위의 의도성, 해석학적 구성, 그리고 내적 상호 타협 가능성은 내러티브로 실재를 구성하는 데 핵심적 요소들이다 (Bruner, 1996: 133-147). 인간 행위는 의도적 상태를 포함하여 행위의 동기를 제공한다. 다수로 이루어진 내러티브의 의미들은 해석학적 순환에 의해 이야기가 만들어진다. 이런 이야기에 대해 누구나 자신의 관점을 말하여 경쟁하는 이야기들을 우리의 관점에 따라 편리하게 수용할 수 있는 것이다. 이러한 사고방식에 의한 교육과정 문제의 해석을 '문화주의 이론'으로 명명할 수 있다.

　문화주의 이론에서는 다음과 같은 세 가지의 문제에 주목하는데, 첫째, 문화 속에서 형성되는 인간 발달과 마음의 구성 문제, 둘째, 내러티브 사고 양식을 매개로 하는 의미 형성의 문제, 셋째, 내러티브 사고에 의한 실재의 구성 문제인데 이러한 문제들은 인간 경험의 조직방식에 대한 새로운 제안으로 볼 수 있다(강현석, 1998: 109). 그것은 문화심리학(cultural psychology)을 토대로 한다. 여기에는 인간 발달과 마음의 구성 문제, 해석적이고 구성주의적 인식론의 문제, 내러티브 사고가 그 주요 차원을 구성한다. 이러한 문화심리학은 심리학의 또 다른 하위 유형이 아니라 심리학의 새로운 조망 방식으로서 인간 연구 혹은 교육과정 연구의 적절한 언어이자 새로운 탐구방식을 의미한다. 따라서 타당하게 인간 연구를 수행하기 위한 방법론을 의미한다. 지금까지 인간 마음에 대한 실증과학적 설명방식과 인지과학의 입장은 수정되어야 하며 인간 마음은 그 논리대로 보편적 인간 구성으로 나타나지 않는다. 즉, 인간 마음의 내부세계와 정신의 보편적 구조를 규명하는데 심리적으로만 관심을 가져온 기존의 관심이 비판받기 시작하였다. 브루너는 이 비판의 근거로 문화심리학을 제안한다. 그것은 정신적 삶의 원리가 본래 고정되어 있고, 보편적이고, 추상적이고, 내적이라고 가정하지 않으며 순수심리학적 법칙이 없으며 의도성을 가정한다. 정신은 의도적 인간을 지칭하며 문화는 의도적 세계를 지칭한다. 즉, 문화적으로 구성된 실재(의도적인 세계)와 실재를 구성하는 정신(의도적 인간)이 계속적으로 상호작용하고 서로의 정체성에 침투하며 서로의 존재를 조건화한다. 결국 문화와 정신이 서로를 구성한다는 의미이다(Shweder, 1991: 98-106).

　그러므로 문화심리학의 본질을 파악하기 위해서는 인간 발달을 새롭게 보는 문제와 여기에서 파생되는 마음과 자아의 구성 문제를 이해해야 한다. 여기에 그 기제로서 지식 구성과 내러티브 사고의 문제가 놓여 있는 것이다. 목하 우리의 관심은 교육과정 연구방식으로서 내러티브 탐구에 있지만 이것이 이러한 차원들과 연관되어 있다는 점을 주목할 필요가 있다.

　따라서 교육과정의 질적 탐구양식은 이러한 문화심리학을 전제해야 한다. 교육과정

연구는 인간 발달의 문화적 상황성을 중시하고 마음의 구성물로서 문화를 조망하고 있다. 이 속에서 마음은 특정한 문화 형태의 역사에서 특정 시간에 일어나는 구성물로 이해함으로써 컴퓨터 인지과학을 통한 인간 내부 구조의 보편적 규명의 한계를 넘어서야 한다. 또한 연구의 인식론 문제에서는 다양한 관점과 담론의 상황성을 특징으로 하는 해석적 관점, 증명의 인식론을 극복하는 경험의 인식론, 능동적이고 적극적인 지식의 구성 문제가 들어 있다. 이런 점에서 교육과정 연구의 새로운 인식론은 지식의 문제뿐만 아니라 문화적 상황성 속에서 구성되는 실재, 의미, 자아와 총체적으로 연관되어 있다. 그리고 그 중심에 내러티브 사고 양식이 내축되어 있다. 그렇다면 교육과정 연구에서 내러티브의 탐구는 어떠한 의미를 지니는가? 마음에 의한 의미 구성을 그 핵심으로 하는 내러티브 사고가 인간 마음의 본질이라면 교육과정에서 연구는 무슨 의미가 있는 것인가? 인간 마음을 인과관계의 방식으로 설명하는 존재론적 시각에서 벗어나 인식론적 관점에서 인간 마음을 이해할 때 교육과정 연구의 양상은 매우 상이하게 설명될 수 있다. 마음의 본질이 의미 구성을 전제로 하는 내러티브 사고에 있기 때문이다.

원래 교육과정의 질적 연구방법으로서 '내러티브 탐구'는 Clandinin과 Connelly (1987; 1998; 2000)에 의해 집중적으로 논의되고 있다. 이 방식에서는 교사는 언제나 상황과 특정 공간, 시간성 속에서 존재하는 사람이며 한 사람으로서의 교사가 자신의 경험, 정신과 신체, 그리고 의도 속에서 이야기를 하고 다시 그 이야기를 구성하고 또한 이야기를 계속해서 구성, 재구성할 때, 한 교사만의 독특한 개인적·실제적 지식 (personal practical knowledge)이 드러난다는 점을 강조하고 있다. 교육과정은 경험과 상황, 상호작용, 시간과 공간의 모든 측면들을 고려해야 하며 여러 상황들 안에서 경험된 무엇이다. 이들은 교사를 교육과정 계획자로 보고 자신들의 방법·전략을 이야기 탐구로 이론화하였다. 여기에서 교사의 현장 경험적 지식을 과거―현재―미래의 시간성에 비추어 이야기를 듣고, 종합적으로 해석하고 있으며, 교육과정 연구의 질적 차원을 교육과정 계획자로서의 교사의 삶 속에서 조명하고 있다. 교육과정의 계획 속에서 교사들의 경험의 이야기들, 교사들이 소유한 경험적 지식의 탐구에 초점을 두고 있다. 여기에서는 경험과 상황 중심적 교육과정의 개념에 기초하고 있다.

질적 연구로서 내러티브 탐구는 살아 있고 구술된 이야기로서 경험을 이해하는 것이다. 전통적 방법과 달리 이야기 탐구는 원자화된 사실과 수의 데이터로 양화될 수 없는 인간적 차원을 묘사하는 데 주안점을 둔다. 질적 탐구에서 내러티브는 이야기를 만드는 과정, 이야기의 인지적 도식, 그 과정의 결과 모두를 의미하는 것으로 보는 것이 타당하다(Polkinghorne, 1988: 13-15). 내러티브 탐구를 위한 사고의 언어는 듀이의 경험의 개념과 밀접히 관련되어 있다(Clandinin & Connelly, 2000: 49-50). 듀이의 경험의 상황, 연속성, 그리고 상호작용의 의미를 가지고 내러티브 탐구의 전략을 구성해 보면 인간 경험은 개인적이며 사회적인 의미(상호작용)를 지니며, 과거, 현재, 미래와 연관되며(연속성), 특정한 공간(상황)에 관련되어 있다. 이것이 일시적 우연성, 공간성, 개인적이며 사회적인 것이라는 내러티브 탐구의 3차원성을 의미한다. 개인은 다양한 사람, 장소, 공간의 관계 속에서 경험을 구성하므로 개인의 경험은 보다 넓은 맥락 내에서 이해되어야 한다는 것을 의미한다. 특히 개인이 경험하는 보다 넓은 맥락을 의미하는 것으로 풍경(landscape)이라는 은유를 사용하며 교사의 경험도 '풍경' 속에서 이해되어야 한다고 강조한다.

Denzin과 Lincoln(2000: 733-768)도 개인의 내러티브(personal narrative)를 독립적인 자료수집과 분석방법으로 제시하고 있다. 교육과정의 질적 연구에서 '연구의 주체'로서 연구자가 연구를 진행하면서 겪는 경험은 연구의 공간과 상황, 연구의 역동적 맥락 속에서의 상호작용, 결과에 대한 해석상의 문제 등을 내포하면서 나타나는 의미 구성의 작업이다.

(6) 교육사적 의미: 지식의 재개념화

포스트모더니즘 담론은 지식 사회학(sociology of knowledge)의 관점에서 모든 지식은 세상을 바라보는 다양한 관점 혹은 입장 중의 하나이며 그중 하나가 진리로 간주되는 것은 사회적 · 정치적 역학관계 속에서 파악되어야 하지 전통적 인식론의 관점에서 결정될 수 없다는 주장을 피력하고 있다. 이 과정에서 지식의 선택 기준은 전통적 인식론적 관점이 아닌 사회적 · 정치적 역학관계로 바뀌게 되었으며, 이를 통해 그동안 소외받고 억압받아 온 이들의 담론이 '차이'와 '다양성'이라는 우산 아래에서 학교의 교육내용으로 계속해서 포함되는 결과로 나타나고 있다.

전통적으로 우리가 지식이라고 부르는 것들은 대상을 대상답게 하는 바로 그 무엇이며 그리고 그 지식이 적절한 지식인지 혹은 부적절한 지식인지를 판별할 수 있는 체제를 통해 어느 정도 고정적이고 중심적인 의미들이 반복적으로 유지될 수 있었다는 것을 의미하였다. 물론 지식 생산에 참여할 수 있는 주체는 해당 지식의 진위를 판별할 수 있는 체제에 대해 충분한 훈련의 과정이 요구되었던 것은 자명한 사실이었다(김대영, 홍후조, 2014). 이처럼 포스트모더니즘에서 비판하는 모더니즘적 지식관은 이성적으로 훈련받은 사유 주체가 '무엇'에 관한 지식을 생산하고, 생산된 지식은 의미의 재현 가능성으로 보편적 · 객관적 · 과학적 성격을 가지며(김영천, 주재홍, 2009; 박민정,

2005), 학교는 이러한 성격을 가진 지식들을 교육내용으로 선정하기 위해 노력하였다.

하지만 쿤(Kuhn)이 『과학혁명의 구조』(1970)에서 밝힌 바와 같이 우리가 가장 안정적인 지식의 질서라 간주하던 과학에서조차 갑작스러운 변화를 발견할 수 있었고, 그러한 변화는 일반적으로 생각했던 것처럼 조용하고 지속적인 이미지가 아닌 불연속적인 것이었다. 이러한 문제의식을 바탕으로 지식의 갑작스런 변화 요인을 찾는 연구들이 등장하기 시작하였으며, 그중 대표적인 학자가 바로 푸코였다. 그는 이 과정에서 계보학이라 불리는 새로운 역사적 분석방법을 통해 역사적 필연성 혹은 진보의 개념을 따르는 기존의 역사학자들을 비판하고, 과거를 현재와 단절하고 과거의 이질성을 부각시킴으로써 현재의 합법성을 상대적으로 만들었다(Foucault, 1980).

다시 말해, 그는 근대 사회에서 비합리적인 것이나 광기가 배제되고 유독 이성만이 강조된 이유를 찾기 위해(김정환 외, 2014: 257), 현재에서 출발하여 지식관이 변화된 시점까지 거슬러 올라간 후, 다시 현재로 내려오면서 그 변형을 추적하고 있다. 이 과정에서 권력의 개념을 도입함으로써 '지식'과 '권력'의 관계 속에 그 이유를 밝혀 주고 있다.

이 과정에서 Foucault(1980)는 '진리(혹은 지식)를 위한 보편적 기준'과 '그러한 기준을 소유하고 있는 학자' 사이의 관계를 분명히 구분하고 있다. 즉, 그는 전통적 인식론의 문제가 학자들 사이의 이성적 혹은 합리적 판단에 의해 조정되어 가는 것이 아니라, 서로 다른 인식론을 소유하고 있는 지식인들이 권력과 결합하여 혹은 권력자들이 자신들의 권력을 더욱 강화하기 위해 학자들과 결탁하여 해당 사회의 진리로 만들어 가는 '진리의 일반정치학'(Foucault, 1980; 홍성민 역, 1991: 165)의 문제에 더 관심이 있었다. 보다 엄밀한 의미에서 그는 지식의 진위를 판별하는 특정 진실 체제를 소유하는 학자들이 어떻게 특정 시대의 특정 권력의 권위를 유도하고 확산시키는지, 반대로 해당 권력을 통해 특정 진실이 어떻게 생산되는지를 밝혀 주고 있다. 하지만 그 이면에 푸코는 분명 학자들의 경우 그들이 취하는 지식의 형태에 관심이 가져야 하며, 그러한 형태는 그들이 속한 학문체계의 고유한 기준에 의해 판단되어야 함은 물론이고 보편적 기준에 부합해야 한다는 점을 다음과 같이 강조하고 있다.

> 지식인에 관한 논의를 함에 있어서 가장 중요한 정치적 문제는 이미 과학적인 지식이 가능하다고 전제하고 시작하는 이데올로기 비판이나, 지식인이 사용하는 과학적 실천의 근거가 과연 올바른 이데올로기에서 출발한 것이냐를 묻는 것이 아니고, 새로운 진실의 정치학을 이루는 것이 가능한 것인가를 문제 삼는 것입니다. 그러므로 문제는 인간의 인식을 변화시키는 것이 아니라 진실을 생산해 내는 정치적이며 경제적이고 제

도적인 체제를 바꾸어야 한다는 것입니다. 이것은 권력의 체계로부터 진실을 해방시키는 것이 아니라, 진실의 권력을 사회적이며 경제적이고 문화적인 헤게모니로부터 떼내야 하는 과제를 우리에게 던져 주고 있는 것입니다. 한마디로 요약한다면 우리의 정치적 과제는 오류나 환상, 소외된 의식이나 이데올로기가 아니라 진리 그 자체에 있습니다(Foucault, 1980; 홍성민 역, 1991: 167).

이처럼 푸코의 경고에도 불구하고 포스트모더니즘 교육과정 담론에서 그가 강조하였던 인식론에 대한 내용을 찾아볼 수 없다. 그 결과로 기존에 절대적 진리로 인식되던 지식이 상대적인 것으로 취급되고, 또한 그것은 세상을 이해하고 바라보는 다양한 관점들 중의 하나로 전락되기에 이르렀다. 이와 동시에 그동안 권력에서 소외되고 억압받은 이들의 지식도 언젠가 진실이 될 수 있다는 가능성을 제시함으로써, 이제까지 지배적 담론에서 '배제'된 이들의 담론에 대한 관심을 증가시켰다.

포스트모더니즘에 대한 의미를 보다 분명하게 하기 위해서 흔히 관련되는 세계의 패러다임을 간단히 설명하면 다음과 같다(김대영, 홍후조, 2014: 6-7). 먼저 실증주의는 기술적 관심을 지향한다. 기술적 관심은 그 자체의 이데올로기적 경향이나 가치를 표방

〈표 2-1〉 네 가지 패러다임의 개념적 이해

구성요소	실증주의	해석주의	비판이론	포스트모더니즘
존재론	소박한 실재론: 실재는 인간의 지각과는 별도로 독립적으로 객관적으로 존재	상대주의: 본질적으로 고유하고, 다양한 실재가 존재	역사적 실재론: 사회, 정치, 문화, 경제, 민족, 인종, 성에 대한 가치들에 의해 형성된 가상적 실재로서 시간의 흐름에 따라 구체적	객관적 실재 및 보편성을 부정하면서 그 대신에 다양성, 차이, 타자를 강조
인식론	실제로 세계는 어떻게 질서를 이루고 있는가, 앎의 주체는 앎의 대상과 구별	인간 구성으로서의 지식: 연구자와 참여자는 이해를 상호 구성	주관적이고 정치적인 지식: 연구자의 가치 체제 안에서 탐구	알려진 '진리'를 거부: 연구자는 있는 그대로를 통하여 세계를 고찰
방법론	과학적 방법(가설과 실험)	자연주의적 질적 방법들(해석적/변증법적)	변형적 탐구(대화적/변증법적)	해체, 고고학, 계보학, 다층적 연구
연구 목적	예측	이해	해방	해체
지식의 특성	가치중립성, 객관성, 보편성, 일반성, 절대성	사례연구, 내러티브, 해석, 재구성	현존하는 권력 구조에 도전하며 저항을 촉진하는 중재적 비평들	가치구속성, 불확실성, 주관성, 다양성, 상대성

출처: 김영천(2012: 88).

하고 있지는 않지만, 인식론적 기초를 제공하는 실증주의적 가정 속에 그 가치가 함의되어 있다. 즉, 이 입장의 가치는 경험 · 분석적 규칙에 의해 생성된 지식의 확실성에 두고 있다. 따라서 연구자는 법칙과 같은 명제를 구하고, 그러한 명제를 검증한다. 따라서 대부분의 연구가 '사회는 확률에 의해 설명될 수 있다'는 가치체계에 근거하고 있으며, 지식은 가치중립적이며 객관화시킬 수 있는 것으로 간주된다. 또한 지식을 제공하는 까닭은 그 지식 배후에 감추어져 보이지 않는 신비나 심오한 것에 일차적으로 관심을 두려는 것이 아니라, 자연의 외형이나 밖으로 드러난 행동을 고려하기 위해서이다(정범모, 1956; 1968). 진리에 이르는 가장 효율적인 방법이 최상의 방법으로 간주된다(김대영, 2017).

다음으로 해석주의는 실제적인 것에 관심을 둔다. 각 개인들은 그들이 속해 있는 문화 및 역사적 환경과 상호작용을 맺고 있다고 여기며 사람과 환경 사이의 상호작용을 증진시키는 것에 핵심 가치를 두고 있다. 따라서 교육은 단순한 지식 전달 체제가 아니라, 인간의 내면 깊이 감추어져 있는 바를 밝혀 주고 그 의미를 고민하도록 도와주는 데 그 목적이 있다(Willis, Jost, & Nilakanta, 2007). 이 해석학적 패러다임에서 지식이란 단순히 사물이 나타나는 방식으로 표현되지 않는다. 오히려 의사소통 과정을 통해 그 의미가 간주관적으로 구안된다(Guba & Lincoln, 1994). 이러한 과정은 역사 · 정치 · 사회적 맥락에 의존하는 동시에 다시 이 맥락에 기여하기도 한다.

마지막으로 비판이론은 해방지향적인 관심을 강조한다. 이들은 사회 조직이 인간에게 사회경제적 계층과 이데올로기에 의해 부과된 제약을 초월할 수 있는 힘을 부여해 주어야만 진정한 해방을 추구할 수 있다고 역설한다(Gramsci, 1971; Takaki, 2000). 즉, 교육은 사회경제적 평등과 정의를 위해 제공되어야만 실제적 관심에 기초한 의미가 추구될 수 있다고 본다. 따라서 이들은 억압적이고 지배적인 것을 밝혀내기 위해 탐구 활동과 실천을 하나로 통합시킨다.

이미 수많은 연구에서 밝혀진 바와 같이 교육과정에 대한 다양한 관점이 존재하며, 각각의 장단점은 분명히 존재한다. 하지만 각각의 관점에서 생성된 교육과정 지식들의 진위를 구분하는 보편적 기준의 부재로 어떤 지식을 교사교육 프로그램에서 교육과정이 다루어야 하며, 왜 그것을 다루어야 하는지에 대한 대답을 제대로 못해 주고 있다(Young, 2013).

특히 Young(2006: 22)은 이로 인해 발생할 수 있는 문제점을 지적하고 있는데 먼저 지식 그 자체의 내적 특성으로부터 지식이 생산된다고 지적 전통주의자들은 '현존하는 지식 체제와 사회 조직을 옹호'하는 오류(internalist fallacy)를 범하게 된다고 경고한다. 이것과 대비하여 모든 지식이 잠정적이며 불확실한 것으로 간주하는 포스트모더니즘은 지식은 특수한 사회적 목적에 따라 수많은 형태를 가질 수 있다고 본다. 이로 인해 그는 포스트모더니즘이 교육과정 지식을 특수한 사회적 목적에서 인식하는 오류(externalist fallacy)에 쉽게 노출될 수 있음을 경고한다. 특수한 사회적 목적은 수많은 형태를 가질 수 있다. 그래서 마이클 애플(Michael Apple)과 헨리 지루(Henri Giroux)와 같은 비판이론가들은, 첫째, 미국의 교육과정을 비롯하여 전 세계 수많은 국가들의 교육과정이 신보수주의자들의 가치들로 전복되었으며, 둘째, 모든 가치들은 불확실하기에 현존 사회에 부합하는 가치들이 가치 선별의 기준으로 작용할 수 있음을 밝히고 있다.

계속하여 Young(2006: 22)은 이러한 오류들을 지양하고, 지식이 시시각각 변하고 발전하는 학문적 지식(특히 지식 생산을 위한 초월적 조건: 인식론)에 근거를 두어야 한다고 믿는다. 이를 위해 그는 교육과정을 위한 몇 가지 제언을 다음과 같이 하고 있다.

- 지식에 관한 질문이 모든 교육정책의 중심이어야 한다.
- 세상에 관한 지식(만약 그것이 교육과정의 기초라면)은 현재 배우고 생산되는 지식의 수준을 넘어 학습자가 스스로 발견할 수 있도록 도와주어야 한다.
- 교육과정을 위한 지식의 중심적 함의는 학자들에 의해 생산되는 이론적 지식과 일반인들이 가정, 지역사회, 일터의 경험을 통해 얻게 되는 실제적 지식과의 차이를 분명히 구분하는 것이다. 그리고 교육과정은 후자가 아닌 전자가 그 핵심이 되어야 한다. 그러나 이것은 일상적 사회생활을 위해 이론적 지식이 실제적 지식보다 더 중요하거나 우수하다는 의미는 아니다.
- 교육기관의 주요한 목적은 학습자를 실제적 지식의 수준을 벗어나게 하여 그들이 세상과 그들의 삶을 이해하고 대안을 탐색하도록 하는 데 있다. 교육의 목적은 사람들의 경험을 찬양하거나 과장하거나 재생산하는 것이 아니다.

Young(2006)이 구분하고 있는 지식의 유형, 즉 이론적 지식과 실제적 지식의 구분은 Bernstein이 구분한 수직적 담론과 수평적 담론과 그 궤를 같이하고 있다. Bernstein(1996)에 의하면 수평적 형태의 담론은 "지역적 · 상황의존적 · 암묵적 · 다층적 · 종종 맥락 간에는 모순적인 일상적 · 상식적 지식의 형태"(p. 170)로 정의되며, 수직적 담론은 구체적 속성을 가진 하위 현상에서 추상적인 원리인 상부로 이동하는 구조를 띠고 있는 이론적 지식을 의미한다.

교육과정은 이론적 지식(수직적 담론) 혹은 실제적 지식(수평적 담론) 중 하나를 선택하는 문제가 절대 아니다. Dewey(1916; 1938)가 주장하듯 교육과정은 학생들이 가진 실제적 지식을 이론적 지식으로 연결시켜 주는 과정으로 이해될 수 있다. 이 과정은 실제적 지식과 이론적 지식의 끊임없는 비판과정을 요구한다. 여기서 비판적이란 세상을 묘사하고 설명하고자 하는 나의 시도는 틀릴 수 있으며, 역시 세상을 질서 지우고, 유형화하고, 그 관계를 파악하는 방법은 하나의 절대적 관점에 의해 판별될 수 없다는 점이다. 비판을 허용할 수 있어야 하며 새로운 관점에 의해 대체될 수 있어야 한다.

Cruickshank(2002: 54)는 이를 다음과 같이 설명하고 있다. "비판적 철학은 인식론적 확실성을 보증하는 고정된 철학적 원리가 있다는 관점을 받아들이지 않으며, 최상의 활동은 자기를 정당화하는 것이라는 아이디어를 받아들이지 않는다." 여기서 Cruickshank이 강조하는 것은 내적 비판(internal critique)이다. 실재는 결코 고정된 방식으로 알 수 없기에, 실재를 세상을 반영하는 거울로 인식하며 생성한 지식은 거짓일 수 있다. 그러나 존재론과 인식론 사이의 일치를 강조하는 그의 비판이론은 '내적 비판'과 함께 교육과정 이론으로 대체될 수 있다. 즉, 비판이론 체제 내에서 과거 혹은 현재 세상을 설명하는 다양한 방식의 오류를 보여 줄 수 있으며, 따라서 무수히 많은 대안으로 대체될 수 있는 가능성을 갖게 된다. 그러나 각각의 대안들은 내적 비판의 대상이며, 인식론적 확실성(존재론적 틀의 정확성)을 제공할 수 없다. 이는 절대적 진리가 존재할 수 있다는 점을 부정하지만 끊임없는 내적 비판을 통해 진리에 보다 가까이 가려는 시도로 이해될 수 있을 것이다.

이상의 부분에서는 근대 이후 전통의 맥락에서 지식교육의 흐름을 살펴보았다. 앞에서도 지적하였듯이 근대 이후의 전통이란 것이 근대 전통이 워낙 그 이념과 사상적 스펙트럼이 광범하기 때문에 특히 지식교육과 관련하여 논의하기 어려운 난점이 상시 존재한다. 왜냐하면 지식교육 논의가 그 적합성을 확보하기 위해서는 교육의 문제 안에서 논의가 이루어져야 하나, 기존의 논의 방식은 먼저 특정 철학이나 사상적 흐름이 선행하고 그것에 비추어 교육이나 지식교육의 문제를 접근하는 경향이 있었으므로 논의의 밀도가 보다 약한 경향이 있다.

본 연구에서는 이러한 기존 경향의 문제나 한계, 교육학에서의 담론 경향에 비추어 근대 이후의 총체적 역사 흐름에 주목하는 것에 기대기보다는 교육학에서의 선행 담론에 주목하여 몇 가지 논의방식을 살펴보았다. 살펴본 Popkewitz, Cherryholmes, Doll, Pinar, Bruner의 논의들은 향후 본 연구에서 이어지는 부분에서 중요한 시사를 주는 부분이 존재한다. 이들의 논의 주제인 교육, 넓게는 교육연구, 교육내용으로서의 교과 문제 논의, 지식의 문제에 대한 철학은 근대 이후 전통의 중요한 부분을 짚고 있다는 점에서 중요한 시사를 제공해 주고 있다. 최근 한국교육철학회(2017)에서는 지식교육론은 전통적 지식교육론(플라톤의 선을 실현하는 교육, 허스트의 지식형식론과 자유교육, 오우크쇼트의 경험의 양상 논의), 대안적 지식교육론(하이데거의 과학과 사고, 폴라니의 암묵지, 햄린의 교육인식론, 학습활동 그 자체가 내재적 삶이 되는 구성주의), 지식을 넘어선 교육(후기 허스트의 실천전통교육, 파머의 사랑에서 발원한 지식교육) 등으로 구분·제안하고 있다. 김정래는 지식은 확장적인 언어로 정의할 수 없는 능력에 상응하는 특징을 지니고 있으며, 이분법적 구분을 넘어서 모순과 패러독스, 실행상의 아이러니가 혼재하는 지식의 출현에 주목하고 있다.

요약

제2장에서는 지식교육에 대한 세계사적인 동향을 살펴보았다. 여기에서 말하는 세계사적인 동향은 현재적 관점이 아닌 전통의 흐름에서 파악되는 것을 의미한다. 전통의 흐름에서의 동향은 크게 공간적 흐름, 이념적 흐름, 역사적 흐름으로 나누어 살펴보았다. 1절에서는 공간적 접근, 2절에서는 이념적 접근, 3절에서는 역사적 접근으로 구분하여 분석해 보았다.

여기에서는 주로 공간적 접근(한국 전통, 동양 전통, 독일 전통, 영미 전통), 이념적 접근(전통적 접근, 진보적 접근, 절충적 접근), 역사적 접근(고대 전통, 중세 전통, 근대 전통, 근대 이후 전통)에 대해서 논의하였다. 이러한 구분은 엄격한 학술적 의미에서 이루어진 것이 아니라 독자들의 가독성을 위하여 보다 쉽게 접근 가능한 방식을 취하였다. 한 가지 아쉬운 점은 근대 이후의 전통에서 비교적 최근의 동향을 다루지 못한 점이다. 그러나 역설적으로 인공지능이나 빅데이터로 상징되는 시대 변화에 부합하는 지식교육은 내러티브 기반으로 가야 한다는 점을 주장하고 있다. 그러나 동시에 전통 속에 지식교육의 본래적 가치가 내재되어 있고, 그 정신은 오늘날에도 여전히 이어져 오고 있음을 확인하고 있다.

참고문헌

강현석(1998). 지식구조론 이후의 Bruner의 교육과정 이론 탐구. 교육과정연구, 16(2), 105-128.
강현석(2000). 지식기반사회에 가정된 지식 개념의 비판적 검토. 교육과정연구, 18(1), 135-161.
강현석(2001). 교육과정 연구에서 질적 접근의 반성적 조절. 교육과정연구, 19(2), 19-52.
강현석(2003). Bruner의 내러티브 탐구. 서울: 교육과학사.

강현석(2004). 지식구조론의 재구성을 통한 교육과정 설계원리의 구성. 교육과정 연구, 22(2), 55-85.

강현석(2005). 합리주의적 교육과정 체제에서 배제된 내러티브 교육과정의 가능성과 교과목 개발의 방향 탐색. 교육과정연구, 23(2), 83-115.

강현석(2009). Bruner의 후기 교육이론에서 지식의 재해석: 지식의 구조와 내러티브의 관계. 교육철학, 제38집, 1-34.

강현석(2013). 듀이와 브루너의 교육이론에서 내러티브의 가치 탐구. 교육철학, 50, 139-169.

강현석, 고현덕, 김동원, 김종백, 심은석, 이명호(2018). 고등학교 교육학. 서울: 천재교육.

강현석, 김태오, 박균섭, 윤미선, 이학원, 현영섭(2014). 고등학교 교육학. 대구: 경상북도교육청.

강현석, 홍은숙, 장사형, 허희옥, 조인숙 공역(2013). 내러티브, 학교교육을 다시 디자인하다. 서울: 창지사.

고미숙(2002). 인간교육을 위한 서사적 대화모형 연구. 교육문제연구, 16, 1-29

권영민(1999). 서사양식과 담론의 근대성. 서울: 서울대학교 출판부.

김대영, 홍후조(2014). 교육과정 연구 패러다임 비교・분석: 위르겐 하버마스의 사회지식 분류체계를 중심으로. 교육과정연구, 32(1), 1-23.

김동식 외 공역(1996). 우연성 아이러니 연대성. 서울: 민음사.

김동진(2003). 내러티브적 역사서술의 흐름. 청람사학 7(한국교원대학교 청람사학회), 140-142.

김만희, 김범기(2002). 내러티브 사고의 과학교육적 함의. 한국과학교육학회지, 22(4), 851-861.

김상현(2002). 원효. 한국사시민강좌, 30, 23-35.

김영천(2012). 질적연구방법론 I: Bricolerur. 서울: 아카데미프레스.

김영천, 주재홍(2009). 포스트모더니즘에서 생각해보는 교육과정연구: 탐구주제와 연구영역들. 교육과정연구, 27(2), 1-31.

김인(2015). 자유교육의 이념: 그 쇠퇴의 역사. 도덕교육연구, 27(1), 125-142.

김한종(1994a). 역사수업 도구로서 내러티브의 구성 형식과 원리. 사회과 교육학연구, (3), 81-207.

김한종(1994b). 역사학습에서의 상상적 이해. 서울대학교 대학원 박사학위논문.

김한종, 이형효(2002). 비판적 역사 읽기와 역사 쓰기. 역사교육 81, 역사교육연구.

두산출판사(2017). 두산백과사전.

문옥표 역(1998). 문화의 해석. 서울: 까치글방.

박균섭(2015). 선비정신연구: 앎, 삶, 교육. 서울: 문음사.

박봉목(2000). 위대한 교육사상가들 IV. 서울: 교육과학사.

박선미(1999). Bruner의 탐구학습에 대한 비판적 고찰. 교육과정평가연구, 2(1), 39-57.

박철홍 역(2002). 아동과 교육과정: 경험과 교육. 서울: 문음사.

박치완, 신응철, 김기홍 외(2016). 지식의 역사와 그 지형도. 서울: 한국외국어대학교 지식출판원.

서울대교육연구소(1994). 교육학용어사전. 서울: 하우.

서종택, 한용환, 우한용(2000). 내러티브. 한국서사학회.

소경희(2004). 교사양성 교육과정에 있어서 내러티브 탐구의 함의. 한국교육학연구, 42(4), 189-211.

손민호(1995). 브루너 탐구학습의 비판적 검토. 서울대학교 대학원 석사학위논문.

안유경(2015). 성리학이란 무엇인가. 서울: 새문사.

양대종(2012). 서양철학의 정신도야 모델에 대한 고찰. 교육철학, 48, 247-277.

엄태동 편(2001). 존 듀이의 경험과 교육. 서울: 원미사.

염지숙(2002). 연구방법으로서의 내러티브 탐구. 교육인류학회 발표자료집.

오천석(1984). 교육철학신강. 서울: 교학연구사.

우한용(2002). 우리 시대, 왜 서사가 문제인가. 내러티브 창간호, 1-13. 서사학회.

우한용 외(2001). 사사교육론. 서울: 동아시아.

유재봉(2002). 현대교육철학탐구. 서울: 교육과학사.

유진우 외 공역(1997). 지의 논리. 서울: 도서출판 경당.

윤호병 외(1992). 후기구조주의. 서울: 고려원.

이경섭, 김민남(1973). J. S. Bruner의 발견론. 경북대학교 논문집 제17집, 121-134.

이달우(1995). 형식도야이론의 교육원리. 교육총론 11집, 12-24.

이미미(2000). 역사가의 사고 과정이 드러나는 서술의 특징과 교재 개발 방향. 서울대학교 대학원 석사학위논문.

이상오(2005). 계몽주의 교육의 이론과 실제. 서울: 학지사.

이홍우(1988). Bruner의 지식의 구조. 서울: 교육과학사.

이홍우(1992; 2003; 2010). (증보)교육과정 탐구. 서울: 박영사.

이홍우(2003). 성리학의 교육이론. 서울: 성경재.

이환기(1995). 헤르바르트 교수이론. 서울: 교육과학사.

이흔정(2003). 내러티브 교육과정 적용에 대한 연구. 고려대학교 대학원 박사학위논문.

이흔정(2004). Bruner의 내러티브 사고양식과 교육. 교육문제연구 제20집, 73-91.

이희재 역(1996). 마음의 진화. 서울: 두산동아.

임병권(2001). 서사의 본질. 서울: 예림기획.

임병권 외 공역(1997). 이야기하기의 이론: 소설과 영화의 문화 기호학. 서울: 한나래.

임병덕(2000). 브루너와 지식의 구조. 고전순례.

임창호(1996). 교육학에 있어서의 Bildung 개념의 재음미. 고신대논문집, 제22집, 107-127.

임태평(2012). 아우구스티누스의 삼위일체론과 그 교육에의 시사. 교육사상연구, 26(3), 169-186.

전현정, 강현석(2009). 대안적 초등교육과정 개발 방향 탐색. 초등교육연구, 22(1), 169-198.

정기섭(1998). 개혁 교육학의 사상적 기초와 루소. 교육철학, 제20집, 167-179.

정범모(1918). 교육과 교육학. 서울: 배영사.

정영근(2004). 교육학에 도야 개념이 필요한가. 교육철학, 32, 165-180.

정영근 외(2002). 교육학 개론. 서울: 문음사.

정호표(1993). 교육학개론. 서울: 교육과학사.

조덕주(2003). 교육과정 운영 지원을 위한 기초로서의 교사의 개인적 관심과 개인적 지식 탐구. 교육과정연구, 21(4), 51-76.

최소옥(2000). 내러티브를 통한 중학생의 역사 이해. 서울대학교 대학원 석사학위논문.

최인자(2000). 서사문화와 문학교육론. 한국문화사.

최종인(2016). 도야의 교육적 의미. 교육이론과 실천, 12(1), 119-143.

한국교육과정학회(2017). 교육과정학 용어사전. 서울: 학지사.

한국교육철학회 편(2017). 교육과 지식. 서울: 학지사.

한국서사학회(2000). 내러티브. 창간호.

한승희(1990). 교육내용 어떻게 볼 것인가. 한국교육, 17, 143-163.

한승희(1999). 신지식인 운동의 선결과제로서 평생학습사회. 교육부: 교육마당 21.

한승희(1997). 내러티브 사고 양식의 교육적 의미. 교육과정연구, 15(1).

한승희(2002). 왜 내러티브인가. 한국교육인류학회 발표 자료집.

홍성민 역(1991). 권력과 지식: 미셀 푸코와의 대담. 서울: 나남.

홍은숙(2004). 무기력한 지식 교육의 대안. 강영혜 외. 현대사회와 교육의 이해. 서울: 교육과학사.

홍은숙(2007). 교육의 개념: 실천전통에의 입문으로서의 교육. 경기: 교육과학사.

화랑교육원(1997). 화랑도와 화랑정신. 경북: 화랑교육원.

황규호(1994). 자유교육에서의 종교의 위치. 도덕교육연구, 6(1), 91-103.

황규호(1997). 자유교육 이념의 교육적 인간상에 대한 비판적 검토. 도덕교육연구, 9, 197-223

Amsterdam, A. G., & Bruner, J. S. (2000). *Minding the law*. Harvard Univ. Press.

Berg, B. L. (1995). *Qualitative research methods for the social sciences*. Boston, MA: Allyn and Bacon.

Bochner, A. P. (2001). Narrative's virtues. *Qualitative Inquiry, 7*(2), 131-157.

Brockmeier, J., & Carbaugh, D. (2001). *Narrative and identity: Studies in autography, self and culture*. Amsterdam: John Benjamins Publishing.

Bruner, J. S. (1960). *The process of education*. Cambridge, Mass.: Harvard University Press.

Bruner, J. S. (1964). *On going beyond the information given, In contemporary approaches to cognition*. Harvard University Press.

Bruner, J. S. (1966). *Toward a theory of instruction*. Cambridge, Mass.: Harvard University Press.

Bruner, J. S. (1983). *In search of mind*. New York: Harper & Row Publishers.

Bruner, J. S. (1985). Narrative and paradigmatic models of thought. In Einer (Ed.), *Learning and teaching the ways of knowing*. NSSE, Chicago: Univ. of Chicago Press.

Bruner, J. S. (1986). *Actual minds, Possible worlds*. Cambridge, Mass.: Harvard Univ. Press.

Bruner, J. S. (1987). Life as narrative. *Social Research, 54*(1), 11-32.

Bruner, J. S. (1990a). Culture and human development: A new look. *Human Development*, 33.

Bruner, J. S. (1990b). *Acts of meaning*. Cambridge, Mass.: Harvard Univ. Press.

Bruner, J. S. (1996). *The culture of education*. Cambridge, Mass.: Harvard Univ. Press.

Bruner, J. S. (2002). *Making stories: Law, Literature, Life*. Cambridge, Mass.: Harvard Univ. Press.

Cherryholmes, C. H. (1988). *Power and criticism: Poststructural investigation in education*. NY: Teachers College Press.

Chinn, P. W. U. (2002). Asian and pacific islander women scientists and engineers: A narrative exploration of model minority, gender, and racial stereotypes. *Journal of Research in Science Teaching, 39*(4), 302-323.

Clandinin, D. J., & Connelly, F. M. (1986). On the narrative method, personal philosophy, and narrative units in the story of teaching. *Journal of Research in Science Teaching, 23*(4), 293-310.

Clandinin, D. J., & Connelly, F. M. (1987). Teacher's personal knowledge: What countss as 'personal' in studies of the personal. *Journal of Curriculum Studies, 19*(6).

Clandinin, D. J., & Connelly, F. M. (1998). Stories to live by: Narrative understanding of school reform. *Curriculum Inquiry, 28*(2).

Clandinin, D. J., & Connelly, F. M. (2000). *Narrative inquiry: Experience and story in qualitative research*. San Francisco: Jossey-Bass.

Cole, A. L. (2001). *Lives in context: the art of life history research*. Altamira Press.

Conle, C. (1993). *Learning culture and embracing contraries: Narrative inquiry through stories of acculturation*. University of Toronto.

Conle, C. (1997). Images of change in narrative inquiry. *Teachers and Teaching, 3*(2).

Conle, C. (1999). Why narrative? Which narrative? Our struggle with time and place in teacher education. *Curriculum Inquiry, 29*(1).

Conle, C. (2003). An anatomy of narrative curricular. *Educational Researcher, 32*(3).

Connelly, M., & Clandinin, J. D. (1988). *Teachers as curriculum planners: Narrative of experience*. New York: Teachers college Columbia University.

Crites, S. (1971). The narrative quality of experience. *Journal of American Academy of Religion, 39*(3), 391-411.

Czarniawska, B. (1997). *Narrating the organization: Dramas of Institutional Identity*. Chicago: University of Chicago Press.

Deganhardt, M. A. B. (1982). *Education and the value of education*. Geroge Allen & Union Ltd. 성기산 역(1987). 교육과 지식의 가치. 서울: 문음사.

Denzin, N., & Lincoln, Y. (2000). *Handbook of qualitative research* (2nd ed). London: Sage

Publication, Inc.

Denzin, N. K. (1978). *The research act: A theortical introduction to sociological methods*. New York, NY: McGraw–Hill Book.

Dewey, J. (1928). *The guest for certainty*. NY: Capricorn Books.

Dewey, J. (1938). *Experience and education*. New York: Collier Macmillan.

Dewey, J. (1966). *Democracy and education: An introduction to the philosophy of education*. NY: The Free Press.

Doll, W. E. Jr. (1993). *A post–modern perspective on curriculum*. New York: Teachers College Columbia University.

Eisner, E. (1985). *Aesthetic mode of knowing*. Learning and teaching the ways of knowing. NSSE, Chicago: Univ. of Chicago Press.

Geertz, J. (1973). *The interpretation of cultures*. New York: Basic Books.

Goffman, E. (1959). *The presentation of self in everyday life*. New York, NY: Doubleday Anchor Books.

Goodman, N. (1978). *Ways of worldmaking*. Indianapolis: Hackett.

Goodson, I. (1983). *School subjects and curriculum change*. London: Groom Helm.

Gudmundstrottir, S. (1991). Story-maker, story-teller: Narrative structure in curriculum. *Journal of Curriculum Studies, 23*(3).

Hatch, J. A., & Wisniewski, R. (1996). *Life history and narrative*. The Falmer Press.

Hinchman, L. P., & Hinchman, S. K. (2000). *Memory, Identity Community: The Ideal of narrative in the human science*. SUNY Press.

Hirst, P. H. (1965). *"Liberal education and the nature of knowledge"*, in Archambault (Ed.), *Philosophical analysis and education*. London: RKP.

Hirst, P. H. (1974). *Knowledge and the curriculum*. London: RKP.

Hirst, P. H. (1993a). *Education, knowledge and Practice*. KKP.

Hirst, P. H. (1993b). *The foundations of national curriculum: Why subjects?* London: Paul Chapman.

Hong, E. (1991). Education as initiation into practices. Unpublished doctoral dissertation. Syracuse Univ.

Hopkins, R. L. (1994). *Narrative schooling: Experiential learning and the transformation of American education*. Chicago: Teachers College Press.

Huber, J. (2002). Narrative inquiry: Toward understanding life's artistry. *Curriculum Inquiry, 32*(2), 161–169.

Josselson, R. (1996). *Ethics and process: The narrative study of lives*. SAGE Publication.

Josselson, R., & Lieblich, A. (1995). *Interpreting experience: The narrative study of lives*. SAGE

Publication.

Kliebard, H. M. (1998). *The Struggle for the American curriculum*. NY: Routlrdge.

Lieblich, A., Tuval-Mashiach, R., & Zilber, T. (1998). *Narrative research: Reading, analysis, and interpretation*. Thousand Oaks: Sage Publication.

McEwan, H., & Egan, K. (1995). *Narrative in teaching, learning, and research*. New York: Teachers College, Columbia University.

McKeown, B. M., & Worthy, J. (1995). "Giving a text voice improve student's understanding", *Reading Research Quarterly, 30*: 2.

Morgan, D. L. (1988). *Focus groups as qualitative research*. Thousand Oaks: Sage Publication.

Nash, C. (1993). *Narrative in culture*. London: Routledge.

Nicholson, K., & Conle, C. (1991). *Narrative reflection and curriculum*. AERA.

Oakeshott, M. (1972). "Education: The engagement and its frustration", R. F. Deardne, P. H. Hirst & R. S. Peters (Eds.), *Education and the development of reason*. RKP.

Oliver, K. L. (1998). A journey into narrative analysis: A methodology for discovering meanings. *Journal of Teaching in Physical Education, 17*, 244-259.

Olson, D. (1990). Possible minds: Reflection on Bruner's recent writings on mind and self. *Human Development*, 33.

Olson, M. R. (1995). Conceptualizing narrative authority: Implications for teacher education. *Teaching & Teacher Education, 11*(2), 119-135.

Phenix, P. H. (1964). Realms of meaning. N. Y.: McGraw-Hill.

Polkinghorne, D. (1988). *Narrative knowing and the human science*. Albany: SUNY press.

Popkewitz, T. (1999). *Critical theories in education: Changing terrains of knowledge and politics*. NY: Routledge.

Popkewitz, T., & Brennan, M. (Eds.) (1998). *Foucault's challenge: Discourse, knowledge, and power in education*. NY: Teachers College, Columbia Univ.

Ricoeur, P. (1984). *L'identite narrative*. 김동윤 역(1997). 서술의 정체성. 서울: 숲.

Riessman, C. K. (1993). *Narrative analysis*. Thousand Oaks: Sage Publication.

Rossiter, M. (2002). Narrative and stories in adult teaching and learning. *ERIC Digest*, No. 241.

Sarbin, T. R. (1986). *Narrative psychology: The storied nature of human conduct*. New York: prager.

Scheffler, I. (1965). *Conditions of knowledge*. Chicago: The University of Chicago Press.

Schnell, R. (2000). Medienästhetik, Stuttgart 2000.

Shweder, R. A. (1991). *Thinking through cultures: Expeditions in cultural psychology*. Cambridge, Mass.: Harvard Univ. Press.

Taba, H. (1962). *Curriculum development: Theory and practice*. New York: Haracout Brace

Jovanvich Inc.

Vygotsky, L. (1962). *Thought and language.* Cambridge, Mass.: MIT Press.

Weiler, K., & Middletown, S. (2000). Narrative and text: Women, teachers and oral history. *History of Education, 29*(3), 273-280.

Whitehead, A. N. (1929). *The aims of education.* A mentor book, The new american library.

Witherell, C., & Noddings, N. (1991). *Stories lives tell: Narrative and dialogue in education.* New York: Teachers College Press.

Worth, S. E. (2004). Narrative understanding and understanding narrative. *Contemporary Aesthetics, 16*(2), 23-38.

제 **3** 장

내러티브 전환

본 장은 크게 다섯 개의 절로 이루어져 있다. 우선 내러티브 전환을 논의하기 위해서는 내러티브에 대한 다양한 접근을 살펴보고, 여기에 관련된 시대적 배경, 내러티브 전환에 기여한 학문적 거장들, 핵심 이론가인 브루너(Bruner)의 내러티브 이론을 살펴보기로 한다. 여기에 기반하여 종국적으로 지식교육에 대한 함의를 논의해 본다.

1. 내러티브의 다양한 접근

이하의 논의는 주로 여러 선행연구(강현석, 2007; 강현석, 2009; 강현석, 2016)에서 다루어진 내용들을 중심으로 살펴보기로 한다.

1) 내러티브에 대한 다양한 의미에 대한 연구

최근 들어 인간과 사회의 문제를 탐구하는 학문 분야에서 내러티브(narrative)에 대한 관심이 증가하고 있다. 본래 내러티브나 '내러티브 탐구'의 시작은 아리스토텔레스(Aristotle)의 『시학』과 아우구스티누스(Augustine)의 『참회록』으로 거슬러 올라가며, 특히 문학 분야에서 오랜 역사를 가지고 있다(Connelly & Clandinin, 1990). 내러티브가 인간의 경험에 기초를 두고 있을 뿐만 아니라, 인간 경험의 기본적인 구조를 이루고 있다는 특징으로 인해 내러티브는 교육학을 포함한 다른 학문 영역에서도 중요한 위치를 차지해 오고 있으며, 다양한 방법으로 여러 분야에 적용되어 왔다. 문학뿐만 아니라 역사학, 언어학, 교육학(교과교육을 포함해서), 문화인류학, 사회학, 간호학, 법학, 의학, 사회복지학 등 다양한 분야에서 내러티브의 가치에 주목하고 있다. 이 내러티브에 대한 관심의 증가는 일시적인 현상으로 보이지는 않는다. 왜냐하면 내러티브에 내재되어 있는 의미가 인간의 문제를 해명하는 데 기존 방식과는 매우 다른 관점을 띠고 있으며, 그 관점이 지니는 타당성이 널리 인정받고 있기 때문이다. 학문 탐구를 매개로 하는 인간의 지성적 활동에서 이러한 내러티브 전회(narrative turn)는 인간을 총체적으로 이해하고자 하는 당연한 지적 변화라고 생각한다(강현석, 2007: 305).

우리 주위의 일상적 대화나 학문적 논의의 장에서 보면 아직도 내러티브를 단순히 '이야기' 혹은 '이야기하기'라고 이해하는 측면이 강하다. 내러티브를 보다 쉽게 전파하거나 친근하게 알리려는 취지에서 내러티브를 소박하게 이야기로 이해하는 것은 충분히 수긍이 가지만, 엄밀한 의미에서 보면 그것은 내러티브를 매우 협소하게 제한하는 우를 범할 가능성이 높다. 왜냐하면 내러티브는 단순히 이야기나 이야기하기 그 이상의 의미를 지니고 있기 때문이다. 그렇다고 하여 이야기 자체가 가치가 없다는 뜻은 아니다.

인간의 사회생활에 있어 이야기는 가장 근본적인 생활 수단이다. 내러티브가 인간 생활에서 가지는 중요한 의미는 자연스러운 이야기 욕구를 통하여 우리의 삶과 행위를 이해할 수 있다는 것이다. 우리의 경험은 이야기의 형식을 필요로 한다. 경험이 이야기의 형식을 갖출 때라야 비로소 망각되지 않고 의미 있는 내용으로 구성되는 것이다. 즉, 인간의 경험이 이야기 형식을 통해서 비로소 의미를 부여받게 된다는 점이다. 내러티브로서 이야기는 단순한 사건들 그 이상이며, 인간의 삶에서 특정 경험들은 이야기 상황으로 구성됨으로써 나름의 정당성과 의미를 부여받게 되는 것이다. 요컨대, 인간의 삶은 이야기적 삶이며, 우리는 이야기를 통해서 인간의 경험을 이해할 수 있게 된다. 이야기를 통하여 우리가 인간의 삶과 행위를 이해할 수 있다.

이와 같이 내러티브는 인간이 경험을 가장 자연스럽고 손쉽게 이해하는 방식으로서 경험을 이야기하는 것이다. 즉, 사람이 살아온, 살아가고 있는, 살아갈 이야기로서 경험을 이해하는 방식이다. 이런 점에서 이야기는 세계와의 의사소통 코드이며, 인간의 행동을 이해하기 위한 근본적인 은유이다(Sarbin, 1986).

내러티브 관련 선행연구를 분석해 보면, 국내·외에서도 연구들이 활발하게 이루어지고 있음을 알 수 있다. 도홍찬(2002), 정미진(2003), 이숙희(2004)는 내러티브의 도덕 교육적 함의에 관한 연구에서 이야기는 인간의 삶과 도덕 경험을 이해할 수 있는 중요한 수단이 되는 것과 동시에, 우리의 도덕 경험을 매개하고 형성하는 것으로 보고 있다. 인간의 도덕 경험은 초월적이고 탈맥락화된 도덕적 규칙과 원리로 구성되는 것이 아니라, 일상생활의 인간관계와 사회·역사적 맥락 내에서 통용되는 이야기와 언어와 같은 도덕적 담론으로 이루어진다는 것이다.

김한종(1999), 최소옥(2000), 그리고 이미미(2000)는 역사 수업의 도구로서의 내러티브 연구를 통해 내러티브가 역사 인식이나 서술의 특징적인 한 가지 방식이며, 많은 역사 수업이 내러티브식으로 전개된다는 점에서 내러티브 이론은 역사교육에서 매우 중요한 문제라는 점을 보여 주었다. 이들 연구에서는 역사 수업에서 나타나는 내러티브의 형식을 수업 소재, 전달 방식, 수업내용, 역사 인식이라는 기능에 따라서 검토하고, 그 성격을 살펴보고 있다. 또한 이 연구들은 역사교육에서 내러티브 이론에 대한 논의를 진전시키고 앞으로의 연구를 위한 바탕을 마련하고자 하였다.

김만희 등(2002)은 내러티브 사고를 통한 과학교육적 함의를 살펴보면서, 내러티브는 내러티브 사고의 산물이며, 과학 활동은 대부분 내러티브 사고와 밀접한 관련을 맺고 있다고 보고 있다. 현대 과학은 실제로 직접적인 실험 관찰에 의한 발견보다는 추론에 의해 구성되고 만들어지는 측면이 더 강하며, 이러한 과학자 활동은 주로 개인 내 내러티브와 개인 간 내러티브 형태로 이루어지고 있다. 그렇기 때문에 과학 수업에서도 이러한 내러티브를 활용하여 살아 있는 과학 만들기 수업을 할 때 학생들이 실제에 가까운 지식을 습득할 수 있고, 나아가 개념 변화 및 과학적 세계관 형성이 가능하다고 보고 있다.

이 외에도 이영효(2003), 안정애(2003)는 현대 역사 사술의 새로운 패러다임이라고 할 수 있는 내러티브 역사학의 관점에서 현 교과서 서술이 지니는 문제점을 분석하고 내러티브 역사 서술 모형을 개발·제시하고 있다. 역사 학습에서 중요한 것은 완벽한 텍스트를 제시하여 수용하도록 하는 것보다는, 학생들로 하여금 주어진 텍스트를 역사적 맥락 속에서 이해하도록 하는 것이기 때문에 다양한 해석을 요구하는 여러 유형의 자료를 제시할 필요가 있고 이것이 모두 역사 해석의 중요한 근거가 될 수 있다는 점이다.

국외에서도 내러티브를 사용한 연구는 여러 학문 분야에 걸쳐 이루어져 왔다. 사회과학 분야의 경우, 심리학에서 Bruner(1986; 1990; 1996)가 내러티브 사고 양식에 대해 논의하였으며, Sarbin(1986)도 이야기란 인간의 행동을 이해하기 위한 '근본적인 은유'라고 하였다. 인문학 분야에서는 Spence(1982)의 『내러티브 진리와 역사적 방법』, Carr(1986)의 『시간, 내러티브, 역사』, Heilbrun(1988)의 『여성의 삶에 대한 글쓰기』 등에 대한 연구들이 있다. 교육학 분야에서는 Cole & Knowles(1992), Clandinin & Connelly(1996; 2000), Connelly & Clandinin(1990), Elbaz(1991)등과 같은 학자들이 이야기를 교사교육을 위한 연구 분야의 중심 요소로 다루어 왔다(이흔정, 2004). 그 외에도 종교학에서 Crites(1979), 조직 학습에서 Schön(1991), 여성학·역사학에서 Eisler(1987), 심리학·여성학에서 Gilligan(1991), 도덕발달·심리학에서 Tappan과 Brown(1989), 의학에서 Sacks(1973), 철학에서 Green(1995) 등의 연구가 있다(염지숙, 2003).

이와 같이 내러티브가 다양한 학문 영역에서 오랫동안 사용되어 온 이유는 내러티브가 우리 삶의 구조와 세상의 구조를 해석하고 밝히는 문제와 필연적으로 연관되어 있다는 사실 때문이다. 즉, 내러티브는 삶의 문제에 관련된 여러 학문과 직결되어 있다.

그런데 다양한 학문 분야에서의 내러티브에 대한 관심만큼이나 내러티브에 대한 정확한 의미나 그 가치에 대해서는 엄밀하게 논의되지 못하고 있다. 그저 단순하게 재미있는 이야기나 재미있게 이야기를 하는 행위 정도로 논의되고 있으며, 언어나 문학 분야에서는 소설의 서사 구조 정도로 이해되고 있는 실정이다. 그리고 스토리와 내러티브를 단순 비교하거나 스토리텔링으로서 내러티브를 이해하는 경향이 강하다. 문제를 더욱 어렵게 만드는 것은 특정 학문 분야마다 내러티브에 대한 이해 양상과 정도가 상이하며 논의 구조가 다르다는 점이다. 내러티브가 인간 이해 방식으로서 본격적으로 대두된 이유를 감안한다면 현재 진행되고 있는 내러티브에 대한 논의들은 일정 부분 엄밀하게 정리, 분석될 필요가 있다.

이하에서는 내러티브의 다양한 의미를 살펴보고, 내러티브의 핵심적 의미를 개략적으로 살펴보고자 한다.

(1) 내러티브의 다양한 의미

인간이 사물이나 현상을 이해하는 데에는 다양한 앎의 방식이 존재한다. 최근에 들어 인간과학(human science)에서 내러티브적 앎(narrative knowing)에 대한 중요성이 강조되고 있다(Polkinghorne, 1988). 이것은 자연 현상을 설명하는 패러다임적 사고방식이 인간의 문제를 이해하는 영역에까지 침투하면서 발생하는 여러 문제점에 대한 경종을 울리는 의미를 지니기도 한다. 더욱이 최근의 내러티브의 중요성에 대한 재인식은 많은 학문 탐구 분야의 논의에서 다양하게 나타나고 있다. 문학, 언어학, 사회과학, 철학, 과학사, 역사 등의 전문가들은 진실된 이야기, 즉 다른 학문에서 확립된 규준적인 방법에 따른 이야기를 말하기 위해 부수적으로 수반되어야 하는 내러티브를 보여 준다. 이제 여러 학문 분야에서도 내러티브에 대한 국내의 논의는 교사교육, 교육과정 분야, 질적 연구방법에서 매우 역동적으로 진행되고 있다(강현석, 1998; 2005; 박민정, 2006; 소경희, 2004; 한승희, 1997; 2002). 특히 교육학의 분야에서 교사의 교수활동을 이해하고 보다 타당한 교사양성 교육과정과 수업 활동의 구성에서 내러티브의 중요성이 새롭게 인식되고 있다(이흔정, 2004; Conle, 1999; 2003; Egan, 1986; Gudmundsdottir, 1995).

① 내러티브의 다양한 의미

가. 이야기, 이야기하기로서 내러티브

내러티브라는 단어는 라틴어 'gnarus(아는, 능숙한, 알려진)'와 'narro(말하다, 이야기하다)'에서 유래되었으며 어원적으로 말하자면 'narrator'는 '알고 있는 사람'으로 번역된다(Gudmundsdottir, 1995: 24). 따라서 내러티브는 알고 있는 사람(narrator)이 알고자 하는 사람(narratee)에게 어떤 것에 대하여 말하고 이야기하는 것이며, 앎의 문제와 관련되어 있다는 어원적 의미를 지니게 된다. 한편, 내러티브의 사전적 의미를 살펴보면 내러티브는 '이야기' '설화' '화술' '담화'로 번역되며 의미에 따라 'account(기술, 보고), chronicle(기록, 이야기), story(이야기, 설화), yarn(꾸며낸 이야기)' 등으로 사용된다(영한대사전, 1991). 따라서 내러티브의 어원적·사전적 의미를 통해서 볼 때 내러티브는 이야기뿐만 아니라 어떤 관계와 연결성을 가진 이야기를 말하는 것(storytelling)이라고 요약할 수 있다.

이런 점에서 볼 때 내러티브의 가장 상식적인 의미는 이야기다. 내러티브는 인간이 '만들어 내는' 일종의 이야기다. 세상에는 수많은 형식을 지닌 이야기가 존재한다. 예를 들어, 시, 소설, 영화, 드라마, 역사, 신화, 전설 그리고 일상적 대화에서도 내러티브는 우리 주위에 편재되어 있다. 이러한 다양한 내러티브들은 시대와 장소, 사회·문화를 초월하여 존재한다. 사실, 내러티브는 인류 역사 자체와 동시에 시작되었다. 모든 인류는 저마다의 내러티브를 가지고 있다. 이런 점에서 이야기는 태곳적부터 사용해 온 방법이며 전적으로 인간적인 방법이다. 그렇다고 모든 이야기가 내러티브는 아니다. 우리가 주목하는 이야기는 의사소통을 전제로 하는 단순 대화이기보다는 사건을 필수 요건으로 갖춘 서사적 형태인 경우이다. 따라서 이야기는 사건의 나열로 짜여진 언어적 구성물이다(최예정, 김성룡, 2005: 61). 특정 행동 주체가 어떤 의도와 목적을 가지고 특정 사건과 관련하여 행위하는 일련의 구성된 스토리다. 이런 점에서 케네스 버크(Kenneth Burke)는 이야기를 어떤 인지 가능한 상황(setting)에서 어떤 목적(goal)을 달성하기 위해 어떤 수단(means)을 사용해 행위(action)를 하는 행동 주체(agent)를 필요로 한다고 보았으며, 이야기를 추동시키는 것은 이 다섯 가지 요소들 사이의 곤경(trouble)이라고 지적하였다(Bruner, 2002).

다른 방식으로 보면 내러티브란 서사체를 말하며 하나의 이야기, 즉 시간적 연쇄로 구성된 일련의 사건들을 의미한다. 이야기는 사건들로 구성되며 그 사건들은 특정의 계열(sequence)을 이루며 배열된다. 그러므로 내러티브는 사건들의 계열과 사건들이 만들어 내는 이야기에 의해서 특징지어진다. 즉, 하나의 핵심 플롯을 중심으로 인물, 배경, 행위, 사건이 시작, 전개, 결말이라는 일정한 구성 형식에 따라 구조화된 일련의 이야기라고 볼 수 있다. 따라서 내러티브는 경험이 일어나는 맥락, 이야기의 주인공, 사건들의 인과관계를 드러내는 플롯이라는 구성요소를 갖고 있다. 내러티브 플롯은 행위, 사건, 인물, 경험, 상황들을 시간적 배열(temporal configuration)에 따라 구성하는 장치로서 그 배열은 사건과 행위가 전개된 연대기적 순서를 의미하는 것이 아니라 플롯을 통해 구성된 것으로 보아야 한다. 이런 의미에서 확장해 보면, 내러티브는 불규칙하고 예측 불가능한 실제 사건들을 일관성 있게 엮으려고 하는 상상적 발명으로 과거의 경험에 부과된 지적 장치라고 할 수 있다. 즉, 내러티브는 실제 일어난 사건과 행위를 있는 그대로 표상하는 것이 아니라 마치 그러했던 것처럼 과거의 경험을 구성하고 재구성하는 재현의 기능을 하는 것이다. 따라서 내러티브는 과거 사건에 근거하지만 과거를 '재현'하는 것이 아니라 '허구적 재구성'이라고 할 수 있다. 과거 사건들은 그것들이 실제로 일어났기 때문에 실재하는 것이 아니라 그것이 기억되고 기술되었기 때문에 실재한다고 볼 수 있다(박민정, 2006).

이러한 이야기는 인간의 역사와 함께한다고 볼 수 있다. 인간이 존재한 이후에 이야기도 존재한 것이기 때문이다. Barthes(1966)는 내러티브가 어느 장소, 어느 사회에서나 항상 있어 왔기 때문에 내러티브 없이 인간은 결코 존재할 수 없다고까지 말한다. 즉, 인간은 개인적 · 사회적으로 이야기되는 삶을 살아가는 이야기하는 유기체다(Connelly & Clandinin, 1990; 염지숙, 2003 재인용). 인간이 내러티브적인 존재라는 사실은 다음의 두 가지 사실을 의미한다. 첫째, 인간은 자신이 스스로 이야기의 주체가 되어 자신의 이야기를 만들어 가는 존재이며, 둘째, 다른 사람의 이야기를 누군가에게 서술하는 존재라는 것이다. 즉, 이야기하기는 인간의 본성 중의 하나로 볼 수 있다(염지숙, 2003: 20).

한편, 임병권 외(1996)는 스토리가 있는 모든 이야기를 내러티브라고 정의하였다. 한승희(1997)는 내러티브를 하나의 이야기, 즉 시간적 연쇄로 이루어진 일련의 사건들이라고 해석하고, '서사체'와 가장 가깝다고 보았다. 사실, 우리 문화에는 소설, 영화, 신화, 만화, 뉴스 등 많은 서사적 유형들이 있으며, 이들은 모두 만들어 낸 이야기를 가지고 있다. 이러한 이야기는 인과관계 및 의미를 나타내는 시간적 계열 속에서 배열된 사건, 인물, 상황 장면으로 구성된다. Polkinghorne(1988: 23)은 내러티브를 하나의 스토리를 만드는 과정, 그 스토리의 인지적 도식, 혹은 그 과정의 결과, 즉 소위 스토리(stories), 이야기(tales) 혹은 역사(histories)를 모두 지칭하는 것으로 보면서, 결국 이야기를 만드는 과정과 그 과정의 결과로 보고 있다. 특히 개인의 삶의 이야기는 자아 정체성과 관련되어 있다(1988: 151). Gudmundsdottir(1995)는 내러티브를 학문 영역에 관계없이 하나의 스토리를 구성하는 데 필요한 구조, 지식, 기술을 지칭하는 것이라고 보았다. 즉, 하나 혹은 일련의 사건을 글이나 말의 형태로 전달하는 것 또는 그러한 글이나 말을 의미한다.

이들의 견해를 종합해 보면 대체적으로 내러티브를 구성하는 요소는 전달의 대상인 사건과 전달 방식의 두 부분으로 나누어진다. 여기서 전달 대상인 사건은 이야기(story)라고 불리는 내용의 국면이고, 그 전달방식은 담론(discourse)이라고 하는 표현의 국면을 가리키는데, 이야기는 내러티브를 구성하는 사건, 인물, 환경 등이고 담론은 이야기를 말하고 표현·제시·내레이션하는 행위를 말한다. Conle(2003) 역시 Genette의 용법을 차용하여 첫째, 내러티브를 말하고 쓰는 담론을 의미하는 '내러티브' 혹은 내러티브 진술, 둘째, 담론이나 진술의 대상이 되는 사건의 연속을 의미하는 '스토리', 셋째, 말하는 행위인 '내레이팅'으로 개념화하고 있다.

매우 기본적인 수준에서 말하자면, 이야기는 인과관계 및 의미를 나타내는 시간적 계열 속에 배열된 사건, 인물, 장면으로 구성된다. 그러므로 이야기는 사태가 어떻게 돌아가는지, 사건이 어떤 의미를 가지는지에 대한 정보를 가지고 있다. 그리고 이야기는 사건을 차례대로 열거하며, 흔히 인물이 무엇을 생각하고 있는지를 알고 있는 사람 (명시적이고 암묵적인 관찰자나 내레이터)에 의해 가상의 독자에게 말해진다. 이야기는 청중의 느낌뿐만 아니라 이야기에 가정된 의도 및 동기에 대한 정보를 포함하고 있다. 마지막으로, 이야기는 성격상 하나의 해석에 저항한다. 이야기는 여러 가지 패턴을 가지고 있으며, 공식화된 표현보다는 해석 및 이해의 가능성을 확장시킬 수 있는 뉘앙스, 불확정성, 상호관련성을 가지고 있다(Doyle & Carter, 2003: 130).

그런데 이러한 내러티브는 개인들이 지식을 구성하거나 재구성하는 과정에서 만들어지며, 사회적 경험과 타인과의 상호작용 과정을 거쳐 이야기 형식으로 나타나며, 그것들이 개인의 의미를 구성하게 된다(Bruner, 1990). 내러티브는 단순히 말하기 혹은 교재에 등장하는 이야기들에만 국한되는 것이 아니라 개인의 경험으로부터 구성된 지식을 자신과 타인에게 표현하는 다양한 형식을 포함하지만(McEwan & Egan, 1995), 교실 수업 장면에서는 내용의 의미를 해석하고 재해석하는 교사의 언어적 행동으로 볼 수도 있다. 브루너는 마음은 언어와 여러 상징체계와 같은 문화적 산물을 통한 중재를 거쳐 실재에 대한 그 의미를 구조화한다고 주장한다. 그리고 구체적으로 이런 문화적 산물들의 하나로서 내러티브의 아이디어에 초점을 둔다. 따라서 내러티브는 단순히 '이야기'를 의미하는 것이 아니라 하나의 담론 방법으로서 '이야기하기(storytelling)'라는 의미도 함께 가진다. 김재춘, 배지현(2009)은 스토리텔링의 의미를 의미생성 활동으로 보고, 이야기성, 맥락성과 상황의존성, 공감각성과 다감각성, 놀이성으로 그 기제를 논의하고 있다.

한편, 내러티브의 이야기적 구조를 파악하려는 학문 영역인 서사학(narratology)에서 구조주의 문학이론은 이야기의 구조, 즉 형식에 관심을 두고 내러티브 내용이나 의미보다는 내적 구조 파악에 주된 관심을 둔다(박민정, 2006). 다시 말하면, 이야기 속에 전개되는 사건이 무엇인지, 그 사건의 계열에 따라 사건들이 어떻게 해결되는지를 파악하여 전체 플롯을 파악하고자 한다. 그리고 그 플롯을 통해 개별적 사건들이 연계되어 있는 방식을 이해하고자 한다. 이러한 서사학적 문학이론은 의미 소통 구조로서의 내러티브 기능을 충분히 인식하지 못한다. 그리고 내러티브를 이야기 혹은 이야기 구조로 이해할 경우 이야기의 의미 작용을 간과하여 의미를 만들어 내는 사고 양식으로서의 내러티브 역할을 설명하지 못한다. 즉, 내러티브를 구성하는 사고과정에 대한 고려가 없이 이야기의 형식적 구조 내지 스토리 구조를 분석하는 것은 내러티브 의미를 협소하게 축소시켜 버리는 잘못을 범하는 것이다.

나. 의미 구성 방식으로서 내러티브: 사고 양식으로서 서사적 사고

이제 내러티브는 앞에서 논의한 것처럼 단순히 이야기나 이야기하기의 의미를 넘어서서 이야기 '만들기'의 인지 작용으로 보아야 한다. 그것은 의미 만들기의 도구로서 작용하기 때문이다. 결국 내러티브는 사고도구가 되는 셈이다. 즉, 내러티브는 사고 양식으로서 의미를 지닌다. 그런 점에서 내러티브의 구성은 의미를 생성하는 인식 과정을 포함한다. 이와 관련하여 Rankin(2002)은 내러티브를 사고 혹은 의식의 양식(mode of consciousness)으로 본다(박민정, 2006: 34 재인용).

보다 근본적으로 Bruner(1985; 1986; 1987; 1996)는 인간의 정신 활동을 질적으로 서로 다른 두 가지 사고 유형, 즉 패러다임적 사고와 내러티브 사고로 나누었다. 이 사고 양식들은 인지기능이면서 동시에 인간의 경험을 조직하거나 현상을 구성하는 방식이다. 패러다임적 사고(paradigmatic mode of thought)는 물리적 세계의 사물을 다루는 것으로 논리적이고 과학적인 형태를 띠는데, 논리적 진술문의 구조를 가지며 인과관계로 논리를 가지는 과학적 지식으로 볼 수 있다. 반면, 내러티브 사고(narrative mode of thought)는 서술된 이야기 구조를 가지며, 임의성을 띠고, 비논리적이며, 서술체 형식을 지닌다. 이 양식은 인간의 삶의 문제를 주로 다루기 때문에 해석적 · 주관적 속성을 띤다. 패러다임적 사고는 인과관계의 입장에서 지식이나 의미를 발견하고자 하고, 내러티브 사고는 지식이나 의미는 발견되는 것이 아니라 구성되는 것으로 본다. 이 두 가지의 사고 양식은 인간이 자신의 세계에 대한 경험을 서로 다른 문화적 풍토에서 다른 표현의 방식을 서로 다르게 발전시켜 왔다. 그런데 우리는 이야기를 설명하지 않으며 다만 이야기에 대해 다양한 해석을 할 따름이다. 과학적 이론이나 논증은 검증됨으로써

판단되지만 이야기는 '있음 직한 가능성'에 의해 그 적절성이 판단된다. 이러한 이야기는 물리적 세계보다는 인간 '행위자'에 관한 것으로 인간의 의도적 행위에 초점을 둔다. 이러한 의도적 행위로 인해 인간의 행위는 예측 불가능하기 때문에 그 행위 발생의 이유에 대한 명확한 설명은 불가능하게 된다. 이것이 내러티브의 주요 특징을 이룬다(강현석, 1998: 117).

특히 우리가 관심을 갖는 인간 행위를 특징짓는 것은 의도적 행위이다. 인간의 의도적 행위를 다루는 내러티브 사고는 인간 삶의 의미를 파악하는 데 그 목적이 있으며 그 의미는 다수로 존재한다. 여기에서 그 의미를 파악하는 이해의 행위에서는 원인이 되는 것이 반드시 존재한다고 가정하지는 않는다. 왜냐하면 내러티브가 플롯을 중심으로 관련된 사건의 시간적 전후관계를 진술하지만 그것이 반드시 인과관계로 서술되는 것은 아니기 때문이다. 그것은 독자의 관점에 따라 변화하며 그 관점에 기초한 심리적 실재(psychological reality)는 검증 불가능하며 우리의 마음속에 존재한다.

더 나아가 Bruner(1996)는 내러티브 사고의 특징을 다음과 같이 설명하고 있다. 첫째, 불변의 보편적인 원리가 아닌 개별적 특수성의 문제에 초점을 둔다는 것이다. 둘째, 유일한 절대적인 이해방식을 추구하기보다는 해석학적 순환을 상정하는 이해방식을 채택한다. 셋째, 문화 속에서의 구성원들 간의 의미의 상호 교섭과 절충 가능성을 통해 세계를 이해해 나간다. 즉, 내러티브 사고는 개별적 특수성에 초점을 두면서 문화적 맥락 내에서 의미 교섭을 통해 해석학적 방식으로 의미를 구성해 나간다는 것이다. 이런 점에서 볼 때 내러티브는 자연 세계보다는 주로 인간 행위자의 문제, 즉 인간 행위자의 경험, 의도, 신념, 목적, 가치, 사람들 간의 관계 맥락, 상호 교류 등과 같은 삶의 문제를 주로 다루며 인간의 행위, 의도, 목적, 주관적 경험에 초점을 맞추고 있으므로 상황 맥락마다 달리 나타난다는 특징이 있다. 동시에 내러티브는 해석학적 작업으로 우리가 행한 경험에 대한 단순한 기술이 아니라 그 경험이 어떻게 해석될 수 있으며 어떠한 의미를 갖는가를 탐색하는 사고과정을 담고 있다.

특히 사건에 대한 정보를 단순히 나열하는 것(연대기)이 아니라 그 사건을 이해하는 데 적절하다고 판단되는 정보들을 선정하고 현재의 관심과 동기에 비추어 과거의 경험을 해석하고 재해석하면서 의미를 생성하는 인식 과정을 포함한다(박민정, 2006). 어떤 사건의 시간적 선후관계의 규명보다는 사건들 간에 존재하는 관련성과 그 관계 속에서 드러나는 의미 구성이 중요하다. 결국 내러티브는 일관성이나 관련성이 없어 보이는 과거의 사건들, 인물들, 행위들, 상황들을 서로 관련짓고, 조직화하고, 구조화하면서 질서와 형상을 부여하는 사고 양식이다. 이런 점에서 Robinson과 Hawpe(1986: 112)은 내러티브를 과거의 사건들을 특정한 형태로 구조화하고 관련지으면서 서로 이질적으로 보이는 사건들을 나름대로 종합하면서 현실을 이해하려는 사고과정으로 설명한다.

이러한 내러티브 사고 양식에서는 인간이 자신들의 경험을 이야기하려는 보편적인 경향을 지니고 있다고 가정한다. 즉, 인간은 경험에 대해 내러티브적인 해석을 부과하려는 성향이 있다는 것이다. 이는 인간 경험을 과거-현재-미래의 시간성과 특정 맥락 속에서 이해하고 경험을 둘러싼 다른 요인들과 계속적으로 상호작용하는 것으로 이해하고자 한다. 인간 경험을 일정한 틀에 의존하는 형식주의적 사고와 환원주의적 사고를 통해 이해하려는 태도를 지양하려고 한다(소경희 외, 2007). 따라서 내러티브 사고 양식은 세계를 이해하고 그에 대한 지식을 구성하는 데 있어서 이를 이해하고 구성하는 사람들의 이야기(story)를 활용하는 방식이다. 여기서 이야기는 인간 인식의 근본적인 방식으로 간주된다.

다. 경험 구조화(의미 구성의 틀), 소통 과정으로서 내러티브

사고 양식으로서의 내러티브에는 일정 부분 인간 경험의 구조화 의미가 내재되어 있다. 즉, 내러티브는 특정한 방식으로 경험을 구조화하는 것이며, 삶의 내용과 계속성에 형식을 부여하는 방식에서 경험을 구조화하는 것이다. 이와 같이 내러티브는 단순한 이야기나 사고 양식으로서의 의미를 넘어서서 인간이 삶을 해석하는 데 있어서 사람이 경험하는 사건, 인물, 행위, 감정과 정서, 의도와 생각, 그리고 상황과 장면 등을 총체적으로 통합시켜 주고 특정 경험이 이루어지는 맥락 속에 위치시켜 주는 인식의 틀이라고 볼 수 있다(강현석, 2005: 92). 이 점은 Bruner의 경험의 구조, Polkinghorne의 인지도식과 상통하는 부분이다.

이런 점에서 Polkinghorne(1988)은 내러티브 도식(scheme)에 주목한다. 내러티브 도식을 통해 관계들을 파악하는 것은 일련의 사건들을 통일된 사건으로 배열하기 위한 내러티브의 힘으로부터 기인한다. 내러티브의 배열은 각 요소들이 속해 있는 전체를 파악함으로써 개별 사건들을 이해할 수 있게 만든다. 배열 과정은 다양한 사건들을 시간적 측면에 따라 연결하여, 한 사건이 다른 사건에 미치는 영향을 구별함으로써 작동하고 인간의 삶이 시간적 형태가 되도록 이에 영향을 미치는 인간의 행동과 사건들을 통일되게 한다. 인식할 수 있는 지각적 형태를 만드는 형태 조작이 제한되어 있기 때문에, 통일성 있는 이야기를 만드는 데에는 내러티브 구조가 제한되어 있다. 내러티브로 만들어진 이야기 속에서 특정한 행동들은 에피소드들을 완성하는 데 공헌하는 것으로서의 중요성을 가진다. 이런 의미에서, 내러티브는 최종 결과가 알려진 후에 사건들의 의미를 회귀적으로 변경할 수 있다. 특정한 사건들을 통일된 하나의 내러티브로 만드는 수단은 플롯이나 줄거리이다. 각 행동의 일부가 전체적인 경험에 관련되는 것으로 보이는 것이 플롯이다(Polkinghorne, 1988: 18).

이와 유사하게 White(1981)는 내러티브를 어떤 사태나 사건을 알고 있는 사람이 알고자 하는 사람에게 하나 이상의 현실이나 허구의 사건을 보고하는 것으로 정의하고 있다. 그러나 단순하게 사건이나 실제의 변화를 말하는 것이 아니라 전체의 의미에 비추어 조정하고 해석하는 활동을 포함하며, 내러티브를 통해 이질적인 상황이나 사건을 하나의 의미로 구성하게 된다. 따라서 그것은 여러 일련의 사건에 질서와 통일성을 부여하면서 그 의미를 구성할 수 있도록 해 준다. 그래서 내러티브로서의 스토리는 그것이 진실의 연대기든 소설의 상상이든 우리의 세계에 널리 퍼져 있으며, 세계에 대한 우리의 이해방식을 형성한다. 그것은 실재에 대한 우리의 기본적인 인상에 정보를 제공해 주며, 우리의 삶에 구조를 부여해 준다.

우리는 경험을 이야기적 형태로 구조화함으로써 삶을 반성적으로 성찰하고 의미를 만들어 낸다(박민정, 2006). 이 과정에서 우리는 무슨 일이 일어났는지, 누가 그 경험 세계에 있었는지, 왜 그렇게 행동했는지 등 일련의 질문을 중심으로 내러티브를 구성하게 된다. 단편적 사건이나 경험을 나열하고 피상적으로 생각하는 것이 아니라 그 경험을 해석하고 재해석하면서 의미를 생성하는 것이 중요하다. 어떤 경험의 시간적 선후관계의 규명보다는 경험들 간에 존재하는 관련성과 그 관계 속에서 드러나는 의미를 구성하는 것이 중요하다. 경험의 의미는 경험을 반성적으로 성찰할 때 그 의미가 드러나는 법이다. 이런 점에서 Ricoeur(1991)는 내러티브를 세상에 대해서 단순하게 설명하는 양식이 아니라 사건을 상징화하는 수단이라고 보았다. 이와 같이 내러티브는 세상에 대한 우리의 경험과 지식을 이해 가능한 형태로 조직화하는 창조적 활동이라고 볼 수 있다.

요컨대, 내러티브는 사건들과 인간의 경험을 전체로 조직하는 의미구조이다. 그러므로 개별 행동과 사건들이 전체에 영향을 주는 것에 따라 의미가 있다. 따라서 내러티브는 단순하게 사건들을 시간에 따른 장소에 따라 목록화하는 연대기와는 구별되어야 한다. 내러티브는 시간적 측면을 포함하는 행동의 기호화된 설명을 제공한다.

그런데 내러티브를 경험의 구조화 틀, 의미 구성의 문제로 볼 경우 이 과정에는 경험의 주체와 대상 간의 대화적 상호작용 과정이 개입되기 마련이다. 경험의 대상이 내러티브 텍스트가 된다. 그 텍스트가 세상이든지 문자적으로 표현된 텍스트이든지 간에 경험의 주체와 끊임없는 커뮤니케이션이 일어나게 된다. 따라서 내러티브는 소통의 과정을 의미하기도 한다. 좁게 보면 내러티브는 저자, 내러티브 작품, 청중(독자) 사이의 대화적 상호작용으로 이해되기도 한다(박민정, 2006). 청중이 내러티브 텍스트를 읽을 때 그 속의 이야기는 청중의 세계로 넘어온다. 그러나 정작 하고 싶은 이야기가 청중에게 그대로 전달되는 것은 아니다. 자신의 내러티브에 비추어 나름대로 의미를 재해석하면서 자신의 의미를 찾아간다. 이 경우 이야기를 읽는 청중은 내러티브 작품을 하나의 독백으로 만나는 것이 아니라 자신의 경험에 비추어 이야기 속의 세상과 상호작용하면서 허구적 경험을 실제적 경험으로 변형시킨다.

따라서 내러티브를 읽는 것은 언어를 매개로 재현된 경험 세상을 단순히 경험하는 것이 아니라 내러티브 세상과 자신의 세상을 관계 맺는(해석학적 순환) 작업이 되는 셈이다. 이 소통의 과정을 통해 내러티브 의미가 작가의 의도를 그대로 답습함으로써 파악되는 것도 아니고, 청중의 자의성에 의해 구성되는 것도 아니다. 이 두 세계, 즉 내러티브 텍스트의 세계와 독자 세계의 지평의 융합을 통해 생성된다. 이러한 관점은 타인의 의식과의 관계망 속에서 구성되는 인식의 중요성을 강조한다. 이 점은 Bakhtin(1981)의 시각과 상통한다. 인간은 본인이 자신에 대해 갖고 있는 생각을 타인이 자신에 대해 갖고 있는 생각과 지속적으로 대화함으로써 온전한 자아를 형성, 발전시킬 수 있다고 본다. 이러한 내러티브를 통하여 자아가 건강할 수 있다.

라. 세계 만들기 방식: 내러티브 휴리스틱(heuristic)

이상의 논의에서 살펴본 것처럼 경험의 구조화로서 내러티브는 삶의 내용에 형식을 부여해 준다. 우리가 세계에 대하여 말한다는 것은 일어났던 것에 대한 단순한 기록으로서가 아니라 경험을 계속적으로 해석하고 재해석함으로써 세계(삶)를 만들어 가는 것이다. 세계를 어떻게 해석하고 만드느냐에 따라서 경험의 질이 달라진다.

Goodman(1978)은 '과학 만들기'와 '내러티브 만들기' 둘 다 결국 세계를 만드는 (world making) 예에 불과하다고 주장한다. 이런 점에서 과학의 본질은 과학 만들기에 있으며, 과학 만들기의 과정은 내러티브에 의해 이루어진다. 자연과학이 실험에 근거를 두고는 있으나, 실험에 종사하는 사람들이 그 실험의 의미에 관해 폭넓게 숙고하고 토론하는 과정을 거칠 때 비로소 과학적 성과물을 얻을 수 있게 된다(Heisenberg, 1969; 김만희, 김범기, 2002 재인용). 우리의 통념적 상식과는 다르게 현대 과학은 흔히들 5%의 실험 관찰과 95%의 추론(speculation)으로 '만들어진다.'고 한다. 이는 어떤 관찰 사례가 과학자의 정신 안에서 하나의 과학적 실재로 구성되기까지는 실로 많은 형태의 내러티브의 도움을 받아야 한다는 의미로 해석 할 수 있을 것이다(김만희, 김범기, 2002). 그리고 이러한 절차를 과학 만들기(science making)라고 한다(Bruner, 1996: 126).

과학 만들기 과정은 내러티브이다. 과학 만들기는 자연에 대한 장황한 가설과 그 가설들의 검증 및 수정 그리고 완전체를 만들어 가는 것으로 구성된다. 검증 가능한 가설을 만들어 가는 과정에서 우리는 아이디어와 놀 수 있고, 변이형을 만들어 내고, 풀 수 없다가도 열중해서 풀어 나가면 답을 찾을 수 있는 니트 퍼즐과 같은 것도 만들고, 골칫거리를 찾아내기도 한다.

지난 백여 년간 모든 과학사 학자들이 지적했듯이, 과학자들은 자신이 정의한 자연에 맞는 추론 모델을 탐구하기 위하여 직관이나 스토리, 비유 등 모든 도움을 이용했다. 내러티브 사고는 패러다임 사고의 가설 검증 요구와는 달리 가설을 만들어 내는 가설 생성을 암시한다. 그리고 가설 생성이란 수많은 관점들과 가능한 세계를 만들어 내는 것을 의미한다. 패러다임 사고의 핵심은 가설 검증에 있지만 가설 생성을 배제하지는 않는다. 많은 경우 과학적 활동은 어느 정도 예술가들이 하는 것과 같은 가설 생성의 특성을 보인다. 과학사에서 위대한 발견들이 과학자들의 직관적 사고와 은유적 계기를 통해 이루어진 사실은 잘 알려져 있다. Bruner(1996: 124-125)에 따르면 물리학의 상보성의 원리를 발견한 보어(Bohr)는 여기에 관련된 추론 과정에 필요한 바른 내러티브를 파악하고 있었기에 가능하였다고 한다.

인문학과 예술의 내러티브 사고도 이런 종류의 가설들을 포함한다. 다만, 검증가능성보다는 인간의 폭넓은 상상력에 부합하는 진실성을 탐색하는 의미이다. 내러티브 사고에서 가설을 만들어 내는 것은 인간의 다른 수많은 관점들에 비추어 그 적절성을 추구하게 된다. 이 점은 사고법 중에서 가추법(abduction) 논의와 관련된다. 이것은 가설적 추론과 관련된 풍부한 해석과 설명으로 이어지게 된다.

지금까지 내러티브의 의미를 크게 네 가지 차원에서 살펴보았다. 요컨대, '내러티브'는 이야기 혹은 이야기를 만드는 것으로 이야기(내용)와 담론(표현)으로 구성되며, 그것은 내러티브 사고의 산물이다. '내러티브 사고'는 이러한 내러티브를 만드는 마음의 인지 작용이다. 결국 내러티브란 사건들의 계열과 사건들이 만들어 내는 이야기에 의해 특징 지어진다. 실재는 내러티브 사고에 의해 구성될 수 있다. 인간 마음은 우리가 의미를 만들기 위해 사용하는 구성의 도구이다. 의미를 만드는 행위는 대화를 통해서 이루어진다. 여기에 이야기하기의 중요성이 있다. 이야기하기(story telling)로서의 내러티브 사고는 해석을 필요로 하며 거기에서 이야기 만들기가 가능해지며, 인간 경험을 구조화하고 경험을 계속적으로 해석하면서 세계를 만들어 가는 것이다. 이와 같이 내러티브는 이야기를 만들어 내는 사고 양식이면서 동시에 우리의 지식을 조직하기 위한 구조이며, 세계 만들기 방식인 것이다.

2) Hopkins(1994)의 접근 방식: 내러티브를 보는 관점(perspectives on narrative)

내러티브 연구 및 이론 구축의 전 범위를 여기서 검토할 필요는 없다. 그중 일부는 전문적(technical)이고 난해하며 우리의 목적과 직접적인 관련이 없다. 그러나 이것만은 명확해 보인다: 내러티브 과정이 역사, 문학 및 신화를 산출하고 이것이 사회 및 개인 정체성(문화와 자아) 발달에 중추적―주제화된(혹은 줄거리로 구성된) 경험―이기 때문에 그것은 교육 및 학습과 떼려야 뗄 수 없는 관계에 있다. 이하에서는 Hopkins의 저작(1994)을 중심으로 살펴보고자 한다(강현석 외 공역, 2013)

내러티브는 교육의 과정(process of education)뿐만 아니라 교과내용(subject matter)의 전체 스펙트럼과 관련될 수 있다. 내러티브가 사회과학, 문학, 비평, 심리학 및 정신분석, 언어학, 철학, 역사 그리고 심지어 자연과학에서 어떻게 작용하는지에 관한 연구는 최근 들어 급증하였고 이는 해석학적, 기호학적, 현상학적, 구성주의적―그리고 이에 따라 비심리학적―관점과 자주 연관된다. W. J. T. Mitchell(1980)이 편집한 모음집에는 다음과 같은 다양한 인사들의 글이 수록되어 있다. Hayden White(역사); Roy Schafer(정신분석); Jacques Derrida, Paul Ricouer 및 Nelson Goodman(철학); Frank Kermode, Barbara Hernnstein-Smith 및 Seymour Chatman(비평과 수사학); Victor Turner(인류학); 그리고 소설가 Ursula K. Le Guin.

자서전적 접근(autobiographical approach)을 수업 과정 연구에 활용하는 것에 대한 시사적인 학술 연구도 있다(Clandinin & Connelly, 1988; Connelly & Clandinin, 1987; Graham, 1989 참조).

내러티브 심리학에 대한 시어도어 사빈(Theodore Sarbin)의 연구(Sarbin 1986; Sarbin & Scheibe, 1983)는 "내러티브 원리(narratory principle)―인간은 내러티브 구조에 따라 생각하고 인지하고 상상하며 도덕적인 선택을 한다."―를 밝히고 있다(1986, p. 8). Sarbin은 내러티브를 잠재적인 새로운 뿌리 은유, 즉 "인간 행동에 대한 조직 원리(organizing principle)"(p. 11)로 취급하는데, 이는 인간이 지나간 삶의 경험에 의미를 구축하고 부여하는 수단이 된다.

우리는 과거를 설명하고 미래를 규정하기 위해, 그리고 우리 삶을 이해하기 위해 이야기를 사용한다. Sarbin과 Mancuso(Sarbin, 1983)는 연구 보고서의 폭넓은 표본추출을 통해 다음을 입증한다.

보편적으로 인지되고 있는 사실: 자극 투입은 패턴으로 조직되고 그 패턴의 형식은 이미 습득한 지식의 영향을 받는다. 패턴은 …… 내러티브 줄거리의 구성을 통해 표현되는 것 같다. 조직화 원리인 줄거리 구성(emplotment)은 의미부여(the assignment of meaning)를 무의미한 자극 투입에 보낸다(p. 235).

Sarbin(1986)은 내러티브를 기본적인 간주관적(intersubjective) 인간의 과정(human process)으로 본다. 이 뿌리 은유는 사회심리학—기계적 뿌리 은유로는 인간의 사회적 행동을 설명하기가 불충분하여 약화되고 있는 분야—에서 효과적으로 사용되고 있다. 그는 다음과 같이 적는다.

행동을 통제하기 위한 뿌리 은유의 힘은 심리학 이론가들이 기술적인 범주를 선택할 때 가장 잘 드러난다. 물리력의 전달(the transmittal of force)이 뿌리은유인 메커니즘 세계관은 자연에서 발견될 물리력(forces)을 찾아내어 통제할 것을 요구하였다. 심리학의 표준 어휘목록—더 이상 이미지를 자극할 힘이 없는 죽은 은유 표현—은 그러한 물리력을 대신하는 용어—충동, 본능, 리비도, 인지, 강화, 정신적 상태 등—으로 이루어져 있다. 그것은 마치 인간애의 드라마를 비인격적인 물리력의 연극으로 축소시키는 도덕적 책무가 있는 것 같다(p. 10).

Sarbin의 작업과 Mitchell의 수집물 외에도 내러티브에 관한 최근의 세 논문은 내러티브 원리가 교육에서 수반할 수 있는 것을 명확히 하는 것에 대해 특별한 관심을 받을 만하다.

가장 빨리 발표된 논문은 Polkinghorne의 저서 『Narrative Knowing and the Human Science』(1988)로 내러티브 관점을 사회과학에 통합시키는 것에 대한 포괄적인 논쟁을 다루며 나머지 두 논문과 마찬가지로 내러티브를 자아의 성장과 연관 짓는다.

우리는 내러티브 구성(narrative configuration)을 활용하여 현재의 정체성과 자아 개념을 성취하고 그것을 전개되고 밝혀지는 하나의 이야기 표현으로 이해함으로써 우리의 존재를 온전한 것으로 만든다. 우리는 자신의 이야기 속 한복판에 있으며 그 이야기가 어떻게 끝날지 확신할 수 없다. 또한 새로운 사건이 삶에 첨가됨에 따라 지속적으로 줄거리를 수정해야 한다. 그때 자아는 정적인 것 혹은 물질이 아닌 개인적 사건을 현재까지 발생한 것뿐만 아니라 앞으로 벌어질 일에 대한 예측을 포함하는 역사적 통일체

(historical unity)로 구성하는 것이 된다(p. 150).

Jerome Bruner가 쓴 『Acts of Meaning』(1990)의 마지막 장, "자서전과 자아(Autobio-graphy and the Self)"(pp. 99-138)에서는 "화자와 타자(Speaker and an Other)" 사이의 내러티브 관계에서 발달해 나온 "교류 자아(transactional self)"를 소개한다(p. 101). 여기서 Bruner는 독점적인 표준화된 연구방법론에 얽매인, 즉 "그 자체의 테스트 패러다임에 예속된" 반철학적 실험–경험 심리학(experimental-empirical psychology)을 대체하고 수정하는 새로운 "문화심리학(cultural psychology)"의 철학적 기반을 찾고 있다(p. 102). Bruner는 테스트 패러다임이 시간과 공간 속에서의 주체를 동결시키기 때문에 인간을 단지 '정보처리자(information processors)'로 여기며 경험한 삶인 유동적 패러다임을 부정하고 필수적 인간의 과정인 "의미 만들기(meaning-making)"를 부인한다고 시사한다.

Mitchell의 수집물에 있는 몇 가지 논의와 크게는 Polkinghorne의 저서를 기반으로 Bruner는 자아의 이해에 이르는 길은 '자서전(autobiography)' 혹은 내러티브와 같은 구성주의적 과정을 통하는 것이 당연하다는 결론을 내린다. 또한 그는 연구대상으로부터 유용한 내러티브 자료를 끌어내기 위해 동료들과 고안한 연구 프로토콜을 기술한다(pp. 123-136).

마지막으로 Anthony Paul Kerby의 좀 더 최신 저서인 『Narrative and the Self』(1991)는 '언어와 개인 사이의 관계'에 관한 철학적 담론이다. 그가 말하는 "유도 가설(guiding hypothesis)"에서 "자아(self)는 이미 정해진 내용이며 주로 내러티브 구조나 이야기 속에서 묘사 및 구현된다."(p. 1). Kerby에 따르면 "우리가 말하는 이야기는 우리가 되어 가는, 그리고 …… 시각의 방식, 우리에게 좋은 일과 나쁜 일, 또한 가능한 일과 그렇지 않은 일—우리가 될 수도 있는 사람을 구성하는 것—의 일부분이다."(p. 54).

Kerby에게 내러티브는 발달적 자극의 한 종류이다. 이야기는 '거기'에서 단지 들려주기를 기다리지 않고 재구성적 탐구에서처럼 말하는 상황에 따라 형성된다. 이야기는 우발적(contingent)이고 창발적(emergent)이서서 (교사와 같은) 타인의 조정에 영향을 받는 것 같다. 그는 "내러티브 표현이 단지 정보의 소통이 아닌 구성적이고 종합적인 활동이다."라고 쓴다(p. 92).

2. 내러티브 전환의 시대적 배경

1) 내러티브 전회(narrative turn)

최근 몇 년 동안 다양한 학문 분야에서 내러티브에 대한 논의가 활발히 이루어지고 있다. 문학이론, 역사학, 인류학, 드라마, 미술, 영화, 신학, 철학, 심리학, 언어학, 교육학을 위시하여 심지어는 진화론적 생물학에서조차 내러티브론(narratology)이라는 용어가 쓰이고 있다(Connelly & Clandinin, 1990: 2). 내러티브 연구는 이제 문학연구가들이나 민속학자들만의 영역이 아니라 인문·사회과학과 자연과학의 모든 분야에서 공유되는 지적 통찰이 되었다(Mitchell, 1981). Barth는 내러티브는 어디서나, 어느 사회에서나, 항상 있어 왔으며 "인간은 이야기하는 동물"이라고 말한다(Barth, 1966: 14; Polkinghorne, 1988 재인용). MacIntyre(1985)는 내러티브는 시인이나 극작가, 소설가의 전유물이 아니라 모든 인간이 삶을 이해하는 기본 원리이며, 인간은 이야기를 통하여 자아를 구성한다고 주장한다. Coles(1989)에 따르면, 우리는 각양각색의 이야기를 통해서 서로 다른 사람들이 처해 있는 상황, 문화, 생각뿐만 아니라 좋은 행위와 그렇지 못한 행위, 옳은 행동과 옳지 않은 행동, 그 사이에 존재하는 윤리적 딜레마 등에 대해서 배운다. 우리는 이야기를 통하여 자신과 타자를 관련짓고, 인간과 자연을 관조하고, 세상과 역사를 이해하며, 삶에 의미를 부여한다(박민정, 2012).

이와 같이 내러티브가 경험을 조직화하고 이해하는 가장 근본적인 수단이라는 사실에도 불구하고 우리는 내러티브를 '지어낸 이야기' 또는 '허황된 이야기'로 간주할 뿐만 아니라 내러티브는 단지 현실을 재현 또는 모방한다고 봄으로써 그것이 존재의 가능성을 창조하고, 표현하고, 드러내는 주요 수단이라는 점을 간과해 왔다. 보편성과 객관성을 추구하는 근대 인식론 속에서 거대 담론(meta-narrative)만이 강조되면서 일상적인 삶의 이야기의 중요성은 과소평가되어 왔고 교육은 패러다임적 사고만을 강조하는 방향으로 이루어져 온 것이다.

그러나 최근 들어 포스트모던 담론이 영향력 있는 담론으로 떠오르면서 교육 현장을 이해하고 해석하는 시각들도 많이 변화되었다. 과거의 교육에 대한 논의의 핵심을 이루던 보편성, 획일성, 안정성, 합리성의 논리들이 비판받으면서 인간의 다양한 앎의 방식과 다차원적인 삶의 측면들을 이해하고 표현하는 다양한 표상 형식들에 대한 관심이 확대되고 있다. 이러한 교육에 대한 논의의 흐름 속에서 내러티브에 대한 인식론적·

교육적 관심이 부각되기 시작했다. 내러티브는 인간이 경험을 조직화하고 이해하며 지식을 구성하는 주요 사고 양식이라는 점이 강조되면서 내러티브와 관련된 연구가 활발히 진행되기 시작했다.

우리나라에서도 내러티브에 대한 관심이 증가하면서 내러티브와 관련된 연구들이 여러 측면에서 이루어지고 있다. 이들을 크게 나누면 교수-학습 방법으로 내러티브의 활용을 다룬 연구논문, 교사교육에서 교사로서의 전문성을 발달시키는 수단으로 내러티브를 보는 논문, 내러티브 탐구방법을 소개하는 연구논문, 내러티브 탐구양식을 활용한 경험연구 등이 있다.

2) 내러티브를 통한 인간 이해 방식

인간에 대한 탐구에서 의식(consciousness)에 대한 연구는 심리학의 주요 과업이었다. 1870년대 과학으로 출발한 심리학적 연구는 단일의 과학적인 방법이 학문에 의해서 이용될 수 있다는 이상에 기초하여 왔다. 즉, 모든 신뢰할 만한 지식은 정확하게 동일한 인식론상의 원리로 생성된다는 것이다. 특히 1920년대에서 1960년대까지의 행동주의 심리학으로 대표되는 주류 심리학은 의식을 연구하는 것을 포기하고, 대중들이 직접 지각할 수 있는 것들에 의식의 데이터를 제한하였다(장사형, 2013).

그러나 지난 30여 년간에 걸쳐, 세계에 존재하는 대상이나 사물로서의 인간에 대한 연구에서 마음이나 의식에 대한 연구로 초점의 변화가 있었으며, 이러한 변화는 인간의 정신능력, 즉 지각하고 기억하고 유추하는 등의 수많은 것들을 인지라고 불리는 복잡한 체제로 조직화시켰다. 인지과학에서 가장 많이 연구되어 온 주제는 지각과 인식, 재생과 기억, 언어의 생산과 수용에서 인지적 활동의 역할이었다. 요컨대, 인지과학은 세계의 대산들을 연구하기 위해 동일한 탐구도구를 가지고 의식의 행위에 대한 연구에 접근하여 왔다(강현석 외 공역, 2009: 34-35; Polkinghorne, 1998).

의미 연구에 대한 연구는 모든 탐구에서 가장 기본적인 것임에도 불구하고, 의미 연구에 내재한 난점들로 인하여 적용 가능성이 제한된 방법을 사용하는 것은 인간의 존재에 대한 범위를 탐구하는 데 있어서 인문과학의 성공을 제한하고 있다. 이와 관련하여 Bruner(1990)는 비평가들의 주장을 빌어, 인간의 마음에 대한 연구에서 '객관주의'로 표현되는 인지과학적 설명이 마음의 개념을 탈인간화시켜 버리는 것을 감수하면서까지 일종의 공학적 성공을 쟁취하였으며, 그로 인해 인지과학은 다른 인간과학과 인문학으로부터 심리학의 많은 부분을 소원하게 만들어 버렸다고 비판한다. 그리고 지난 수

년 동안 인류학, 언어학, 철학, 문학 이론, 그리고 심리학에서 번성해 오고 있는 '의미 만들기'에 관련된 인지문제에 대해 더욱 해석적인 접근을 시도하고 있는 일련의 움직임을 '인지혁명(cognitive revolution)'으로 언급하면서, 이 인지혁명을 심리학의 핵심 개념으로서의 의미, 즉 자극과 반응이 아닌, 명백히 관찰할 수 있는 행동도 아닌, 그리고 생물학적 욕구와 그것들의 변형도 아닌, 그 의미를 확립하기 위해 전력을 다하는 전면적인 노력으로 상정한다(강현석 외 역, 2011: 24-25; Clandinin, 2007). 인지혁명의 목적은 인간이 세계와 접촉한 데서 만들어 낸 의미를 발견하고 형식적으로 기술하는 것이었다. 그러고 나서 그 어떤 '의미 만들기' 과정이 연관되는지에 대한 가설을 제안하는 것이었다.

이러한 인식론적 변화의 중심에 내러티브가 있다. 내러티브가 인간생활에 가지는 중요한 의미는 자연스러운 이야기 욕구를 통하여 인간의 삶과 행위를 이해할 수 있다는 것이다. 또한 인간의 경험이 이야기 형식을 통해서 비로소 의미를 부여받게 된다는 점이다. 내러티브로서 이야기는 단순한 사건들 그 이상이며, 인간의 삶에서 특정 경험들은 이야기 상황으로 구성됨으로써 나름대로의 정당성과 의미를 부여받는다.

우리의 존재와 행위에 대한 이해는 우리가 우리의 행위와 표현들을 안내하는 데 출발점이 되는 경험을 한 영역이나 삶을 산 영역을 만들어 낸 구조에 대한 지식을 필요로 한다. 따라서 의미 영역에 대한 연구는 특히 인간 경험을 설명하는 데 관련된 학문에 핵심적으로 중요하다. 인간 경험, 나아가 인간 존재의 본질을 설명하는 하나의 방법으로서 의미 영역에 대한 연구는 결국 인간의 의식 혹은 사고과정에 그 초점을 맞춘다. 인간의 사고 양식은 의미 내지 지식을 조직하는 구조이다.

Bruner는 실재를 구성하고 경험을 배열하는 상이한 방법을 제공하는 두 가지 양식의 인지적 작용, 즉 두 가지 사고 양식이 있음을 말하고, 이를 각각 "좋은 이론, 엄격한 분석, 논리적인 증거, 건전한 논증, 추론적인 가정을 이끌어 내는 경험적인 발견"을 가능케 하는 '패러다임적 사고(paradigmatic thought)'와 "좋은 이야기, 마음을 사로잡는 드라마, 반드시 진리인 것은 아니지만 믿을 수 있는 역사적인 설명"을 가능하게 하는 '내러티브적 사고(narrative thought)'로 구분하였다(Bruner, 1986: 13).[1]

---

[1] 내러티브 심리학 영역에서 Bruner는 '앎의 내러티브적 양식'으로 불리는 내러티브 접근의 권위자로 불린다. 그는 자서전, 이야기, 그리고 삶의 내러티브에서의 심리학적 연구에 대한 중요한 틀을 제공해 주었다. Bruner는 앎의 내러티브 양식은 인간 사고에서 중심적인 형식으로서 기능을 한다고 주장했다. 더 나아가 이들 양식은 자아와 정체성 구성에서 핵심적인 역할을 한다. 이러한 아이디어들은 특히 경험주의, 실험연구, 통계가 심리학과 거의 동일시되던 전통을 고려해 볼 때, 심리학 분야에 특히 미국에서 인식론적 도전을 가져왔다. Bruner는 우리에게 내러티브, 특히 면접을 통해 인간 삶을 탐구하도록 허락함으로써 그러한 연구들이 심리학이라는 학문 영역의 일부분이 되도록 해 주었다(강현석 외 역, 2011: 140; Clandinin, 2007).

패러다임적 사고는 이론적, 형식 논리적, 추상적, 그리고 일반적 진술로 구성된 과학적 사고라고 할 수 있으며, 사고의 진위에 대한 검증이 가능하고, 구체적인 상황적 맥락에 의해서 논리가 좌우되지 않는다. 이 사고의 용어는 일관성과 비모순성의 원칙에 지배를 받는다. 아이들을 이 사고에 바탕을 둔 생각과 행동을 하도록 교육을 받는다. 반면에, 내러티브 사고는 사람들 간의 관계 맥락, 교류 상태, 행위의 의도 등을 묘사하고 있기에 구체적이고 상황 특수적인 사고이다. 그리고 이것은 사람과 그들의 행위, 행위 의도, 목적, 주관적 경험에 초점을 맞추고 있으므로, 맥락적 상황에 따라 다르게 나타난다.[2]

이 두 가지 사고 양식은 상호 보완적이지만, 서로 환원될 수는 없다. 하나의 양식을 다른 것으로 환원하거나 하나만 사용하고 다른 쪽을 무시하면, 우리 주위에서 벌어지는 사건들을 이해하거나 설명할 때 풍성하고 다양한 사고를 포착하는 데에는 실패할 것이다.

그런데 근대 인식론의 영향으로 현대 교육은 전반적으로 패러다임적 사고만 중시하고, 인간의 삶의 심층적인 모습을 이해하려는 목적을 가진 내러티브적 사고는 도외시해 왔다. 내러티브는 의식적으로나 무의식적으로 자신이 알고 있는 것을 말할 수 있도록 해 준다. 그리고 현실을 새롭게 바라보고 구성할 수 있도록 해 준다. 그러한 과정을 통하여 현실을 더 깊고 의미 있게 이해할 수 있다. 내러티브는 혼란 상태의 사건들을 선택하고 조직해서 다양한 요소들을 의미 있는 경험으로 묶을 수 있는 틀을 제공한다. 이러한 의미에서 내러티브는 현실의 의미를 이해하는 방식이며, 지속적으로 삶을 채우는 사건들의 의미를 이해하는 방식이다.

사실, 심리학에서 내러티브 연구는 그다지 새로운 것이 아니다. James(1901/1994)는 '살아 있는 활동 속에서의 인간 마음의 다양성'을 이해하고자 하는 노력으로 내러티브 연구의 정신을 심리학에서의 신생 영역으로 인지했었다. 1930년대에서 1960년대에 이르기까지 개인의 삶의 심리학을 탐구하는 주요 촉매제가 된 것은 Murray(1938)의 인간학적 심리학(personology)[3]인데, 그의 학생이었던 White(1952)와 Allport(1937), 그리고

---

2) 한승희는 이 내러티브 사고를 다음과 같이 좀 더 해석학적으로 설명한다. 패러다임 사고와 내러티브 사고는 각기 다른 목적을 염두에 두고서 서로 다른 '세계 만들기'를 수행한다. 전자가 인간의 의도와 무관한 불변의 세계를 만든다면, 후자는 독자의 관점에 따라 변화하는 예측 불가능한 세계를 다룬다. 전자가 사물과 사건들의 불변성에 연결된 '존재'의 세계를 만든다면, 후자는 삶의 요구들을 반영하는 '인간적' 세계를 이해하려 한다. 진위 검증을 요구하는 전자와는 달리 후자는 옳다고 느끼거나 상상할 수 있는 어떤 관점과 부합되는 설명을 요구한다. 그리고 전자가 우리의 바깥 세계를 지향한다면 후자는 세계에 대한 관점과 입장을 추구한다. 바로 이 둘은 실재를 구성하는 두 가지 상이한 모델이다(1997: 404).

그의 동료들은 개별 사례 방법과 개인별 기록을 자신들의 연구에 활용하고 있었다. 이후 내러티브 심리학을 개념화하는 문헌은 지난 수세기 동안 확산되어 왔다(강현석 외 역, 2011: 139-140; Clandinin, 2007).

내러티브의 기초가 되는 것은 인간들이 갖는 의도성이다. 우리 각자는 자신의 의도에 따라 삶에서 경험하는 사건들을 이해한다. 교육적인 상황에 있어서 내러티브는 학습자들에게 의미를 만들어 주는 수단으로서, 삶에서 경험하는 사건이나 체험을 이해하고 전달하는 효과적인 도구로 사용될 수 있는 것이다. MacIntyre(1984)는 "인간은 근본적으로 이야기를 말하는 동물"이라고 지적하면서, 내러티브는 시인과 극작가와 소설가들의 전유물이 아니라고 한다. 왜냐하면 우리는 내러티브에 의해 우리 자신의 삶을 이해하고, 삶을 내러티브로 살기 때문이다. 이는 곧 인간은 이야기를 통해서 자아를 구성하고 이야기적 삶의 관계망 속에서 살아간다는 것을 의미한다. Taylor(1989) 또한 인간 존재를 '자기 해석적(self-interpreting) 동물'로 보고 있는 바, 인간으로서의 정체성은 그들의 언어적 공동체의 기반에서 도출된다는 것이다. 인지과학자인 Shank 와 Abelson(1995)도 인간의 지식체계는 이야기 구조로 구성되었다고 한다. 모든 지식이 전부 이야기 구조로 되어 있는 것은 아니지만, 대부분의 사회적 지식이 이야기 구조를 지니고 있다는 주장은 폭넓게 받아들여지고 있다(Baumeister & Newman, 1994; Graesser & Ottati, 1995; 이흔정, 2003: 19-20 재인용).

이러한 주장들과 관련하여, 우리가 지적해 볼 수 있는 것은 우리가 삶에서 어떤 사건들을 순서에 따라 이야기한다고 하였을 때, 그것은 우리의 경험을 있는 그대로 기술하는 것이 아니라는 점이다. 내러티브화 작업은 필연적으로 최초의 즉각적인 경험을 변형하게 마련인 것이다. Ricoeur가 주장한 것처럼 "이야기를 내러티브화한다는 것은 이미 이야기된 사건에 대해 반성하는 것"(Tappan, 1990: 246)이다. 이야기를 말한다는 것은 최초의 즉각적인 경험을 역사적으로 그대로 기술하는 것이 아니라, 특정한 방식으로 경험을 구조 짓는 것이며, 삶의 내용과 계속성에 형식을 부여하는 방식에서 경험을 구조 짓는 것이다. 그리하여 Bruner는 우리의 삶을 열거한다는 것은 해석학적인 작업이라고 말한다. "삶은 그것이 어떠했는가가 아니라, 그것이 어떻게 해석되고, 재해석되고, 말해지고, 되풀이 되는가이다."(1987: 36). 우리의 삶에 대해 말한다는 것은 일어났던 것에 대한 단순한 기록으로서가 아니라, 우리의 경험을 계속적으로 해석하고 재해

---

3) 인간학적 심리학은 주제통각검사 등과 같은 도구로 개인의 내러티브를 탐구하도록 고안된 방법을 사용하여 성격적 특성들이 어떻게 사회적 가치와 개인적 역사에 의해 영향을 받는지를 이해하려는 시도였다.

석함으로써 우리의 삶을 만들게 된다는 것이다(이혼정, 2003: 20-21 재인용).

논리실증주의적 전통에 서 있는 과학자들은 진리 또는 진실이라고 볼 수 있는 항상성에 미리 주어진 대상이 있다는 관점을 갖고, 대상과 대상의 관계 또는 대상의 불변하는 속성을 밝히려고 노력한다. 이들이 보기에, 관찰자와 대상은 독립적이며, 관찰자가 대상에 영향을 주지 않음으로써 대상들의 관계에 대한 보편적인 법칙이 발견될 수 있다. 그러나 사람들의 인식 체계는 상황마다 다르고, 개인 혹은 집단마다 다를 수 있다. 객관주의에 대립하는 주관주의는 문화와 개인의 경험에 따라 구성되는 내적 정보처리 구조에 의해서 자극에 대한 해석이 변한다는 관점을 지칭한다.

인간은 세계에 대한 경험을 통해 앎을 얻고, 삶의 방향을 설정한다. 그런데 일상 현실의 경험에 대해 특별한 주의를 기울이지 않게 되면 그것은 그대로 잊혀져 흘러가 버리고 만다. 인간은 그러한 무의미함을 극복하기 위해 삶과 존재의 의미를 찾는다. 인간은 끊임없이 반성적 사고를 통해 경험에 의미를 부여하는 행위를 지속한다. 이러한 의미에서 인간은 끊임없이 내러티브를 수행하는 존재인 것이다.

요컨대, 내러티브는 하나 혹은 일련의 사건에 질서를 부여한 담론 형식으로서 인간이 세계를 이해하고 구성하는 매개로 작용한다. 세계를 이해함에 있어, 인간은 세계를 자신과 분리할 수 있는 객관적 대상이 아니라 자신이 속해 있는 어떤 것으로 받아들이기 때문에 세계는 인간의 경험과 동시에 존재하게 된다. 그러므로 내러티브는 경험을 이해 가능한 형식으로 변형함으로써, 자신의 삶과 세계를 구성하고, 타자와 의미를 공유하도록 해 준다. 인간은 내러티브 사고를 통해서 자신의 삶과 자아를 구성해 나가며, 다른 사람의 삶과 행위를 이해할 수 있다.

3. 내러티브 전환의 역사적 거장들

1) 내러티브 지식: Lyotard의 이야기적 지식

이야기적 지식으로서 내러티브 지식은 이하 Lyotard의 논의(한혜정, 2006; 한혜정, 2007)를 중심으로 소개한다. Lyotard(1984)의 '이야기적 지식(narrative knowledge)'과 '과학적 지식(scientific knowledge)'의 구분과 설명은 하나의 유용한 틀을 제공한다. 그는 "과학적 지식은 지식의 전부가 아니며 그것은 이야기적 지식에 추가되어 그것과 갈등적이고 경쟁적인 관계에 있다."(Lyotard, 1984: 7)라고 주장하면서 지식이라고 하면 무조건 과학적 지식을 떠올리는 우리의 무의식을 경계한다. 또한 그는 과학적 지식과 이야기적 지식의 성격을 규정하는 데에 있어서도 이야기적 지식을 먼저 규정하고 그것에 비추어 과학적 지식을 규정하는 방식을 택한다. 말하자면 "과학적 지식의 성격은 이야기적 지식과의 대조를 통하여 명확하게 밝혀질 수 있다."(Lyotard, 1984: 18)는 것이다.

그에 의하면 본래 지식은 이야기적 지식을 가리키며 과학적 지식은 이야기적 지식의 변종일 뿐이다. 지식은 인지적 측면에서 어떤 현상이나 사람에 대하여 진리인 것을 말하고 그것대로 되어야 할 것을 말하는 지시적 진술로만 이루어진 것이 아니다. 지식은 그러한 진술을 포함하여 기술적, 규범적, 평가적 진술 등 온갖 진술들을 포함하며 그러한 다양한 형태의 진술을 '훌륭하게' 할 수 있는 능력, 그리고 그러한 다양한 진술들의 대상과 관련된 '훌륭한 수행'을 위하여 필요한 온갖 것이 구분될 수 없을 정도로 섞여 있는, "능력 신장의 수단들이 쭉 늘어서 있는 어떤 것이며 그것은 오로지 그것을 지닌 구체적인 한 인간을 통해서만 구현되어 나타나는"(Lyotard, 1984: 18-19) 것이다.

이러한 의미의 지식을 Lyotard가 '이야기적 지식'으로 부르는 것은 전통사회에서는 사회의 유지를 위하여 다음 세대에게 가르쳐야 할 것(지식)이 있다면 그것은 언제나 이야기의 형태로 전달되어 왔다는 사실에 착안한 것이다. 이야기 속에는 한 사회 속에서 한 개인이 태어나 살아가기 위하여 체득해야 할 모든 것이 한꺼번에 녹아들어 있다. 물론 한 가지 이야기 속에 그 모든 것이 담겨 있다는 것이 아니라 아이가 자라는 동안 어른들로부터 듣는 수없이 많은 이야기들이 모두 그러한 기능을 하였다는 것이다. 이야기적 지식의 특징은 그것이 전달되는 과정을 통하여 더욱 잘 드러난다. Lyotard는 전통사회에서 구전되어 왔던 많은 이야기들이 다음과 같이 어느 정도 고정된 틀에 의거하여 시작되고 끝난다는 사실에 주목한다(한혜정, 2006 재인용).

예컨대, 카시아나와족의 한 이야기꾼은 언제나 다음과 같은 고정된 틀로 이야기를 시작합니다. 여기에 ……에 관한 이야기가 있습니다. 이것은 내가 항상 들어 왔던 이야기입니다. 나는 여러분에게 이 이야기를 들려주려고 합니다. 잘 들어 주기를 바랍니다. 그리고 다시 다음과 같은 동일한 틀로 이야기를 끝맺는다. 여기에서 ……의 이야기가 끝납니다. 여러분에게 이야기를 들려준 사람은 ○○(카시아나와족의 이름)이며, 백인식으로는 ○○(스페인 혹은 포르투칼식 이름)입니다.

여기에서 다음과 같은 사실이 드러납니다. 그 이야기꾼은 자신이 그 이야기를 할 수 있는 자격이 있다는 것을 그 이전에 그것을 들어 본 적이 있다는 사실에서 찾는다. 그러므로 듣는 사람들은 그것을 듣는 것만으로도 그 이야기에 대하여 그와 동일한 권위를 잠재적으로 부여받는다. 이야기는 옛날부터 전해져 내려오는 것이고(비록 말하는 사람의 독창성이 좀 가미되더라도) 앞으로도 영원히 전달될 것으로 생각된다(Lyotard, 1984: 20).

앞의 인용이 드러내고자 하는 것은 이야기와 관련하여 그것을 전달하는 사람과 듣는 사람의 관계이다. 여기에서 이야기(지식)는 전달하는 사람의 것도, 전달받는 사람의 것도 아닌, 어느 누구의 것도 아니다. 그렇기 때문에 그것을 전달하는 사람의 권위는 그 사람이 그 이야기를 소유하고 있다는 데에서 나오는 것이 아니라 이야기가 과거에서부터 지금까지 전해져 내려왔다는 사실로부터 나온다. 따라서 그것을 듣는 사람은 단지 듣는 사람으로 수동적으로 고정되는 것이 아니라 앞으로 그것을 전달할 사람으로 잠재적으로 인정된다. 여기에서 지식, 지식 전달자, 학습자는 '유기적으로 평등한' 관계에 놓인다. 유기적으로 평등한 관계라는 것은 이야기를 전달하는 과정 속에서 전달하는 사람, 전달받는 사람, 이야기의 주인공의 위치가 고정적이 아니라는 뜻이다. 이야기를 전달하는 사람은 과거에 그 이야기를 듣는 사람이었고, 이야기를 듣는 사람은 앞으로 그것을 전달할 위치에 있게 되며 그 양자는 모두 이야기를 전달하고 듣는 동안 그 이야기 속 주인공이 되기도 한다. 이러한 과정 속에서 이야기를 하는 사람이나 듣는 사람은 모두 어떻게 행동할지, 어떻게 말할지, 어떻게 들을지에 대한 지식을 습득하게 되며 이 것을 통하여 사회 구성원들은 그 자신과 환경의 관계가 어떻게 규정되는지, 그 관계 속에서 어떻게 사는 것이 올바른 것인지를 자연적으로 알게 된다.

Lyotard는 이 점을 다음과 같이 수사학적으로 표현한다(한혜정, 2006 재인용).

이야기는 스스로 권위를 지닌다. 사람들은 어떤 의미에서 이야기를 현실화하는 것에 불과하다. 그들은 이야기를 하면서, 이야기를 들으면서, 이야기를 통해 스스로를 이야기하면서, 사회제도 속에서 이야기의 게임을 하면서 이야기를 하는 사람, 듣는 사람, 그리고 이야기 주인공의 위치를 번갈아 바꿔 가면서 이야기를 현실화한다(Lyotard, 1984: 23).

이러한 이야기의 전통에서 전달되는 지식은 지식과 삶이 일치된 지식이며, 지식의 내용과 전달방법이 일치된 지식이다. 또한 그것은 지식, 지식 전달자, 학습자가 각각 유기적으로 통합되어 있는 지식이다. 즉, 이야기적 지식은 지식이 전달되고 그 지식이 적용되는 사태가 곧 삶의 과정이고 "그것이 하고 있는 일 그 자체로 스스로 정당화되는"(Lyotard, 1984: 23) 지식이다. 지식을 이러한 의미로 파악할 때 현재 과학적 지식과 관련하여 제기되는 여러 문제들, 즉 지식과 삶의 괴리 문제, 이론과 실제의 괴리 문제, 지식의 정당화 문제, 지식의 생산자와 소비자의 관계 문제, 연구와 교육의 괴리 문제, 지식의 소유권 분쟁 문제 등이 생기지 않는다. 지식과 관련된 이러한 문제들은 본래 지식에 내재해 있는 문제라기보다는 '비판과 배제'를 본질로 삼는 과학적 지식에 의하여 우연적으로 생긴 문제이다.

2) 해석학: 리쾨르의 이야기 해석학을 중심으로

폴 리쾨르는 포스트모더니즘에 동조하지 않으면서도 주체 철학을 수정하려는 노력을 견지한 해석학자이다. 초기에 그는 마르셀, 무니에, 야스퍼스 같은 실존주의자들의 영향을 받았다. 또한 프로이트의 정신분석학과 레비스트로스의 구조주의에도 깊은 관심을 보였다. 그의 해석학은 이런 모든 대화의 과정이 녹아 이루어진 결정체이며, 모더니즘의 입장에서 모더니즘을 넘어서려는 노력이다. 그의 해석학은 하이데거의 존재론을 진지하게 논의하면서도 새로운 세계를 향한 상상력을 존재론 밖에서 찾으려 하는 일종의 대화주의이며 절충주의다. 어린 시절 그에게 영향을 준 개신교는 그의 사상 전반에 큰 영향을 미쳤다. 악의 문제, 실존주의, 시간론, 파롤(parole) 중심의 언어 철학과 서사론 등에 걸친 그의 사상은 성서적 세계관을 깔고 있다. '악의 상징'에서 보여 주듯이, 뿌리 깊은 악과 바탕의 선함 사이에서 벌어지는 긴장이야말로 리쾨르 사상 전체를 꿰뚫는 인생관이요, 세계관이다. 그는 반성 철학과 현상학을 넘어 해석학과 서사론으로 가며, 인식론 중심의 철학을 넘어 존재론에 관심을 기울인다. 리쾨르의 해석학에서 '이해'의 문제란 곧 텍스트의 이해를 의미한다. 텍스트의 이해, 그것은 글에 들어 있는 타인의 삶을 이해하며 자기를 이해하는 것이다. 또한 '상징'의 해석과정을 통해 주체 철학을 새롭게 규명하려 노력한다. 결론적으로, 그의 철학은 주체를 제한하면서도 주체를 인정하는, 악의 현실 속에서 긍정적인 세상을 꿈꾸는 세계관이라 할 수 있다.

이하의 이야기 해석학의 내용은 이민용의 논의를 중심으로 살펴보기로 한다(이민용, 2010).

(1) 이야기와 해석학

우리는 현실을 살면서 그것을 해석하고 이해할 필요를 느끼는 경우가 많다. 현실이 언제나 그 자체로 모습을 드러내는 것은 아니기 때문이다. 그래서 현실은 해석의 대상이 된다. 그런데 이렇게 현실을 해석하고 이해하는 것을 주목적으로 연구하는 것이 해석학이다. 주지하다시피 해석학은 원래 성서나 법률 서적, 고전 문헌을 제대로 해석하려는 성서학, 법학, 문헌학의 보조 기술로서 출발하였다. 그러다가 19세기 이후 슐라이어마허(F. Schleiermacher), 딜타이(W. Dilthey), 가다머(H. G. Gadamer), 하이데거(M. Heidegger) 등을 거치면서 해석학은 그 해석 대상의 영역을 텍스트를 넘어 현실로까지 넓혀 왔다. 그런데 이렇게 현실을 해석하고 이해하는 데에는 이야기를 통한 접근이 유용할 수가 있다. 우리는 이야기를 통해 정보를 나누고 의사소통하며, 세상과 자신에 대해 더욱 깊이 이해할 수 있기 때문이다. 이러한 점에서 이야기 해석학 이론을 전개하는 리쾨르의 철학은 우리의 관심을 끈다. 그는 현실을 해석하고 이해하는 일에서도 언어와 상징, 이야기가 중요한 역할을 하고 있다는 사실에 주목한다. 그는 『악의 상징』 (1960), 『살아 있는 은유』(1975) 풍의 저서를 통해 상징과 은유의 역할에 주목하기도 하였다. 이 과정에서 이야기의 역할에 주목하였으며, "상징은 생각을 불러일으킨다."는 상징과 은유, 이야기 모두에 적용되는 핵심 주장이라고 할 수 있다.

이야기가 현실 해석과 이해에서 중요한 역할을 할 수 있는 이유는 우선 이야기가 지닌 현실과의 구조적 유사성에서 찾아볼 수 있다. 서사학에서 담화(discourse)와 함께, 이야기(narrative)의 양대 요소로 꼽히는 스토리(story)에는 인물, 사건, 배경(시간, 공간) 등의 핵심 요소가 있다. 이야기는 이런 면에서 삶의 구조와 비슷하다. 우리는 현실 속에서 자기 삶의 주인공으로서 살아간다. 자기 삶의 이야기에서 주인공 역할을 하면서 살아가는 것이다. 한편, 이야기에는 이렇게 등장인물이 있을 뿐만 아니라, 사건도 필수 요소다. 우리는 끊임없이 행동하고 살아가며 사건을 만들어 간다. 이런 점에서 삶의 사건들은 이야기의 사건으로 전환될 수 있다. 그래서 삶은 비슷한 구조를 지닌 이야기를 통해 해석되고 효과적으로 이해될 수 있다.

또한 이야기와 현실은 둘 다 시간 구조물이라는 점에서도 비슷하다. 우리는 태어나서 죽을 때까지 시간의 흐름 속에서 사건을 경험하며 성장하고 늙어 간다. 어느 누구도 시간의 흐름 밖에서 존재할 수 없다. 그림, 조각, 건축과 달리 이야기 예술/기술도 시간의 흐름 속에서 존재한다. '이야기는 시간 모델의 본보기이다.' 아리스토텔레스가 그의 『시학』에서 비극의 플롯에는 처음과 중간, 끝이 있어야 한다고 강조한 것도 시간 예술로서의 이야기 속성을 잘 말해 주고 있는 유명한 말이다. 이렇게 시간을 매개로 이야기와 현실이 서로 유사한 구조를 공유하고 있기 때문에, 이야기는 현실을 해석하고 이해할 수 있는 통로가 될 수 있다. 그래서 시간은 이야기 방식으로 진술되는 한에 있어서 인간의 시간이 되며, 반면에 이야기는 시간 경험의 특징들을 그리는 한에 있어서 의미를 갖는다. 이야기의 시간과 실제 시간이 서로를 비추고 있기 때문에 이야기와 실제 삶 사이에 '건강한 순환'이 존재한다고 할 수 있다. 그런데 이렇게 시간 구조물인 이야기를 통해 역시 시간 구조물인 현실을 잘 해석하고 이해할 수 있는 메커니즘은 구체적으로 무엇인가? 시간 안에서 늘 분열되는 현존재를 하나의 전체로 만드는 것은 무엇인가? 리 쾨르는 인간의 '이야기할 수 있는 능력'이 바로 현존재에 통일성을 부여해 줄 수 있는 가능성이라고 본다.

(2) 주체의 이야기 정체성

리쾨르는 우리가 이야기를 통해 현실을 해석하고 이해할 수 있으며, 우리 자신의 정 체성과 생각을 정립할 수 있다고 주장한다. 그는 이 정체성을 시간성 및 이야기와 관련 해서 다룬다. 그에 따르면 인간은 시간적 존재이다. 그러나 시간은 원래 추상적인 것이 어서 그 자체로는 인식하기가 어렵다. 우리가 인식하는 시간은 그 속에서 일어나는 사 건들을 통해서 체험된다. 그런데 이러한 시간 속 체험들의 세계는 그 자체로는 불협화 음의 세계다. 질서도 없고 그 속에서 일관된 의미도 찾기 힘들다. 그래서 이러한 시간 속의 체험들이 질서와 의미를 가지려면 이야기의 세계로 포섭되어야 한다. 이야기에 는 시간의 순서에 질서를 부여하고 의미의 연결고리를 구성하는 힘이 있기 때문이다. 이야기의 줄거리(plot) 덕분에 목표와 원인과 우연들은 전체적이고 완전한 어떤 행동이 갖는 시간적인 통일성 아래 규합된다.

주체는 이야기를 통해 이러한 시간 체험을 자신의 경험으로 하고 자기 이해를 심화 시키게 되면 자기 정체성을 확보하게 된다. 이것을 리쾨르는 이야기 정체성(narrative identity)이라고 한다. 그는 다음과 같이 말한다(이민용, 2010 재인용).

> "자기 이름으로 지칭된 행동의 주체를, 출생에서 죽음에 이르기까지 늘어나 있는 삶 전체에 걸쳐 동일한 사람이라고 간주할 수 있는 근거는 무엇인가? 대답은 이야기일 수 밖에 없다. '누가?'라는 물음에 답한다는 것은, 한나 아렌트가 역설했듯이, 삶의 스토리 를 이야기하는 것이다. 이야기된 스토리는 행동의 누구를 말해 준다. '누구'의 정체성은 따라서 이야기 정체성이다. 이야기하는 행위의 도움 없이는 인격적 정체성의 문제는 사실상 해결책 없는 이율배반에 빠지고 만다.

리쾨르에게 개인의 자기 정체성은 동일성 정체성과 자기성 정체성으로 나뉜다. 전자 가 성격처럼 시간 속에서 변하지 않은 채 동일하게 지속되는 것이라면, 후자는 다른 사람과의 약속을 지키는 것 같은 타자(他者)와의 관계 속에서만 유치되는 동일성이라고 할 수 있다. 간략히 말하면, 동일성온 시간 속에서 변하지 않는 지속성의 차원에서 수적 단일성을 의미한다. 그것은 칸트적 의미의 실체의 범주에 속한다. 반면에 자기성은 하이데거적 의미로 현존재이다.

우리는 시간 속에서 변하지만 유사성의 연속과 그 기억으로 정체성의 동일성을 유지할 수 있다. 이것이 바로 자기성 정체성이라고 할 수 있다. 자기성 정체성은 시간성을 포함하고 유사성과 질서를 포함하기 때문에 이야기성을 포함한다. 리쾨르에게 동일성 정체성과 자기성 정체성은 이야기 정체성을 통해 통합된다. 리쾨르가 말하고자 하는 '자기'는 무시간적 실체로서의 형식적 주체가 아니라 역사성과 시간성을 포함하는 실존으로서의 자기이다. 이러한 '자기'는 리쾨르의 이야기 이론을 통하지 않고는 접근하기 어렵다. 인간 실존의 의미는 세계를 변화시키거나 지배하는 권력일 뿐만 아니라, 이야기 담론 속에서 기억되고 회상되는 능력, 잊혀지지 않게 되는 능력이기도 하다. 이야기성의 이러한 실존적·역사적 합의들은 매우 멀리까지 미치는데, 그것들은 문화적 의미에서 그 과거와 그 '정체성' 속에서 보존되고 영속화되어야 할 것을 결정하기 때문이다. 그래서 이야기 정체성을 통해 우리는 자신에 대한 이해를 정립하고 행동할 수 있다. 그런데 이러한 이야기 정체성은 고정적인 것이 아니다. 시간의 흐름 속에서 달라질 여지가 있는 역동적인 정체성이다. 이러한 이야기 정체성이 성립할 수 있는 근거는 무엇인가? 그것은 이야기의 핵심 요소인 뮈토스 덕분이다.

(3) 뮈토스

뮈토스는 '사건들의 체계적 배열을 의미하는 개념으로서 아리스토텔레스의 『시학』에 나오는 용어를 리쾨르가 수용한 것'이다. 그리스어 뮈토스(muthos, mythos)는 이야기(narrative)의 줄거리(story), 플롯(plot), 줄거리 구성(emplotment)으로 표현되기도 한다. 이야기가 주체의 정체성 형성에 기여하고 시간 체험의 불협화음을 이야기 체험 속에서 질서 있는 조화로운 세계로 만드는 데에 뮈토스가 큰 역할을 한다. 리쾨르는 이야기에서 상상력을 통해 세계에 질서를 부여하는 생산적인 창안의 기능을 하는 것이 뮈토스라고 말한다. 이야기의 뮈토스 이것은 흩어져 있는 복합적인 사건들을 함께 파악하여 하나의 완전한 전체 스토리로 통합해 낸다. 그리고 이로써 이야기 전반에 수반된 이해 가능한 의미를 체계화한다. 이야기는 시간에 의존하는데, 이야기가 되려면 사건들이 있어야 하고 그 사건들이 연이어 일어나야 한다. 이때 그 사건들에 질서를 부여하고 인과관계를 연결하는 것이 뮈토스의 역할이다. 이야기는 플롯, 즉 뮈토스에 의존함으로써 인간적 의미 중에서 가장 풍요로운 담론의 형식이 된다.

이야기에는 뮈토스가 핵심 역할을 하고 있기 때문에 이야기는 그 내용들, 즉 사건들을 단순한 목록으로, 무질서한 집합으로 품고 있지 않다. 이야기는 사건들 간의 인과적 관계를 묘사하고 설명한다. 설명에 실패한 이야기는 제대로 된 이야기가 아니다. 설명하는 이야기가 정상적인 순수한 이야기이다. 그러면 뮈토스가 이야기 속에서 구체적으로 작동되는 메커니즘은 무엇인가?

(4) 이야기 속에서 뮈토스의 작동 메커니즘: 세 겹의 미메시스

리쾨르는 이야기가 인간 행동의 미메시스(mimesis)를 통해 실현되는 것으로 보고, 이를 미메시스의 3단계로써 설명한다. 미메시스 역시 아리스토텔레스의 『시학』에 등장한 개념을 리쾨르가 수용한 것이다. 그가 보는 미메시스는 행동의 모방, 보다 정확히 얘기하면, 재현(representation)이다. 플라톤이 『국가론』 제10권에서 예술추방론의 입장에서 얘기하는 단순 모방과는 다르다. 이야기는 미메시스를 통해 의미를 재구성하기 때문이다. 리쾨르의 이론에서 이야기는 세 겹의 미메시스로 이루어져 있다. 하나의 미메시스는 다른 두 개의 미메시스가 작동하지 않으면 아무 의미를 갖지 못한다. '미메시스 1'은 전(前)형상화(prefiguration), 즉 이야기를 구성하는 것에 대해 우리가 가지고 있는, 다시 말해서 읽을 때 텍스트에 우리가 가져오는 전(前)이해다. 여기서는 미메시스의 대상이 되는 행동의 뜻을 체험된 시간의 층위에서 풀어 보고 이해하여 행동의 균열과 무의미를 극복하고 의미를 찾으려고 한다. 그래서 이를 통해 할 이야기가 생긴다. 그런데 이것은 할 이야기는 많지만 아직 말로 표현되지 않은, 이야기되기를 기다리는 이야기라고 할 수 있다.

'미메시스 2', 즉 형상화(configuration)는 '미메시스 1'에서 이해된 행동의 뜻을 줄거리로 꾸며 실제 이야기로 옮기는 과정이다. 현실을 재현하는 창조 행위의 과정인 것이다. 이 단계에서 형상화와 줄거리 구성, 즉 뮈토스는 일치한다. 여기서는 이야기되기 이전의 이야기와, 의미 있는 행동으로 체험된 시간에 질서와 형상을 부여하게 된다. 그래서 여기에는 불협화음보다 화음이 우세하게 된다. 이야기의 시학적 구성에서 세 번째 단계는 '미메시스 3', 즉 재형상화(refiguration) 단계이다. 여기서 이루어지는 일은 이야기의 수용자가 이야기의 뜻을 해석해서 삶의 의미를 찾아가는 작업이다. '미메시스 1'의 아직 이야기되지 않은, 앞으로 형상화될 이야기는 '미메시스 2'의 이야기된 이야기를 거쳐, '미메시스 3' 단계에서 이야기 수용자가 속한 현실의 세계로 넘어간다. 여기서는 세계에 대한 새로운 관점을 이야기가 제공함으로써 우리의 세계 이해가 증진된다.

리쾨르는 이렇게 미메시스를 세 겹으로 나눈다. '미메시스 1'은 선이해로서 이야기로 구성되기 이전의 현실에 대한 이해이고, '미메시스 2'는 세 겹의 미메시스 중에서 제일 중요한 것으로서 형상화를 의미한다. '미메시스 1'에서 '미메시스 2'로 전환될 수 있는 것은 뮈토스가 있기 때문이다. 여기서 뮈토스는 허구의 공간을 열고 문학작품의 문학성을 생산한다. 한편, 미메시스로 표현된 이야기 텍스트는 미메시스 3을 통해 현실화된다. 그런데 이러한 세 단계의 미메시스적 순환은 이야기에 의해, 선행하는 이야기의 끊임없는 수정과 그 결과인 재구성의 연쇄에서 유래한다는 점에서 이야기 정체성의 형성과정과 동일하다. 이야기 정체성은 이러한 해석학적 순환의 시학적 해결이라고 리쾨르는 말한다.

(5) 허구적 이야기와 역사 이야기

앞에서 이야기의 종류를 구분하고 민담, 동화, 소설 같은 허구적 이야기뿐만 아니라 현실의 실제 이야기도 언급하였다. 그런데 리쾨르가 이런 허구와 실제를 아우르는 이야기 이론을 전개해서 주목을 끈다. 여기서도 뮈토스가 연결고리를 하고 있다.

리쾨르에게는 두 유형의 이야기가 있다. 역사와 허구가 그것이다. 서로 다름에도 불구하고 역사와 허구는 공통점이 있다. 둘 다 지시적 진리보다 인간의 진리를 보여 준다. 그리고 역사와 허구가 이해되려면 둘 다 같은 종류의 '서사 능력'이 필요하다. 리쾨르는 역사와 허구가 공통점이 있을 뿐만 아니라, 삶에 대한 서사적 경험 속에서 상호 직조되어 있음을 증명하고자 한다.

역사는 이야기의 형식으로 이해된다는 것이 리쾨르의 테제이다. 역사적 이야기와 허구적 이야기는 단순히 그것들이 사건들의 목록에 불과한 것이 아니라는 공통점이 있다. 허구에서 '그 사람이 독약을 마셨다. 그 사람이 죽었다.'는 이야기가 아니다. 하지만 '그 사람은 독약을 마셨다. 그러고는 죽었다'는 이야기이다. 그 사람의 죽음은 음독의 결과라는 것이 함축되어 있기 때문이다. 이와 유사하게 역사에서 사건들의 목록은 단순한 연대기일 수 있다. 역사는 사건들 간의 인과적 관련성을 묘사하고 그 사건들을 설명한다.

작가가 허구에서 이야기의 소재를 구하지만, 역사가는 사실에서 그 소재를 구한다는 차이점은 있지만, 양자는 나열된 사건들을 줄거리로 구성한다는 점에서 비슷하다. 역사가 이야기가 되려면 역사에서도 줄거리 구성이 마찬가지로 중요한 위치를 차지해야 하기 때문이다.

리쾨르는 허구적 이야기와 역사적 이야기가 다른 점도 있지만 두 이야기가 뮈토스를 통해 의미를 재구성한다는 점에서 비슷하다고 본다. 그는 역사와 허구가 상호 직조되어 있다고 주장한다. 이것은 허구 이야기와 역사 이야기가 씨줄과 날줄이 되어 삶의 의미라는 직물을 함께 구성한다는 의미이다. 역사는 어떤 식으로든 시간을 재형상화하고자 허구를 사용하고, 허구도 역시 같은 목적으로 역사를 사용한다. 역사는 허구에서 두 가지를 빌려 온다. 첫째, 허구는 (형상화의 층위에서 작동하는) 구성 기법을 사용한다. '역사의 글쓰기는 이야기의 전통으로 전수된 줄거리 구성 유형을 모방한다.' 하지만 둘째, 더 중요한 것은 역사가 재형상화의 층위에서도 뭔가를 끌어온다는 것이다. 그것은 리쾨르가 '역사적 상상력의 재현적 기능'이라고 부른 것이다. 허구가 역사 안에 직조되어 있다면 역사도 허구 안에 직조되어 있다. 허구적 이야기는 그것이 사건들을 마치 과거인 양 말하는 한 역사 이야기를 암시하고 있는 것이다. 이야기되는 비실재적 사건들이 독자에게 말을 건네는 이야기적 목소리로는 지나간 일들이라는 점에서 허구 이야기는 준역사적이다. 바로 이 점에서 허구 이야기들은 과거 사건들과 비슷하고 허구는 역사와 비슷하다.

(6) 해석학적 순환

리쾨르의 해석학은 이야기 해석학이다. 그래서 해석학의 핵심인 해석학적 순환 모델은 여기서도 작용한다. 그의 이야기 이론에서 이것은 크게 세 측면에서 이루어진다. 첫 번째 해석학적 순환은 시간성과 이야기성 사이의 것이다. 시간과 이야기는 해석학적 순환의 관계에 있다. 시간은 이야기 양태로 구성되는 한에서 인간의 시간이 되며, 이야기는 그것이 시간적 실존의 조건이 되는 한에서 그것의 충만한 의미에 도달한다. 두 번째 해석학적 순환은 세 겹의 미메시스 사이에서 이루어진다. '미메시스 1'에서 출발한 이것은 뮈토스(줄거리 구성)의 매개를 통해 '미메시스 2'로 나아가서 '미메시스 3'으로 진행되는데, 이것은 이야기를 접하고 난 후에 가지게 되는 세계이해라고 할 수 있다. 그런데 이것은 여전히 미메시스이다. 지금 우리가 가지고 있는 세계이해는 그 안에 이야기를 포함하고 있기 때문이다. 우리는 방금 원을 크게 한 바퀴 돌았다. 우리는 세계를 이해하기 위하여 우리의 세계이해를 이야기로 가져왔다. 이것은 해석학적 순환이다. 왜냐하면 우리의 세계, 즉 독자의 세계만큼이나 텍스트의 세계를 받아들임으로써 우리의 이해가 늘었기 때문이다.

해석학적 순환은 또 이야기와 삶의 사이에서도 일어난다. 이야기는 인간 행동의 미메시스이다. 이야기와 삶의 사이에는 건강한 해석학적 순환이 있다. 이야기는 삶을 모방하고 우리는 이야기를 통해 삶을 배운다. 그리고 이 순환 속에서 삶에 대한 이해는 고양된다. 이렇게 리쾨르는 이야기의 해석학에서 해석학적 순환을 다층적으로 발견하는데, 이것은 선순환 구조, 즉 원으로 보고자 한다. 원이 돌 때마다 같은 지점은 더 높은 차원으로 이동하고 그 결과 자기 이해를 통해 인간 이해에 도달하고자 한다.

3) Polkinghorne의 접근: 내러티브 인식론과 인간과학

그다음으로는 폴킹혼(Polkinghorne)의 입장이다. Polkinghorne(1988)은 『Narrative Knowing and Human Science』에서 인간 존재의 영역과 의미의 관계에 대한 논의를 통하여 그의 인식론적 입장을 제시하고 있다.

경험은 의미심장한 것이고, 인간 행동은 이러한 의미로부터 생겨나고 이러한 의미를 통해 형성되면서 특징을 갖게 된다. 그래서 인간 행동에 관한 연구는 인간의 경험을 형성하는 의미체계에 대한 탐구를 포함하지 않으면 안 된다. 내러티브는 인간 경험이 유의미하게 만들어지는 데 필수적이고도 주요한 형식이다. '내러티브 의미'는 인간의 경험들을 시간적으로 유의미한 에피소드들로 조직하는 인지적 과정이다. 그것은 정신적 작용을 의미하는 인지적 과정이기 때문에, 내러티브 의미는 직접적인 관찰이 가능한 '대상'이 아니다. 그러나 인간의 내러티브들의 창작물로 드러나는 개인들의 스토리나 역사들은 직접 관찰이 가능한 것이다. 이러한 내러티브의 예들에는 개인적이고 사회적인 역사, 신화, 우화, 소설 등이 포함되며, 우리 자신과 다른 사람의 행위를 설명하는데 사용하는 일상의 스토리들이 포함된다(Polkinghorne, 1988: 1-3).

인간은 물질의 영역(material realm), 유기체의(organic) 영역, 의미의 영역이 융합된 일종의 통합적인 존재이다. 비록 이러한 영역들이 인간 존재에서 결합되기 때문에 특별한 경향을 띠더라도, 각 영역들은 각자 자신의 고유한 속성을 간직한다. 인간 존재의 문제는 인간이 아닌 문제의 속성을 공유한다. 창문 밖으로 추락한 사람은 어떤 다른 물체가 창밖으로 던져진 만큼의 동일한 비율의 가속도를 낼 것이다. 인간 존재 내에서 그러한 유기적 조직은 그들이 단지 다른 삶의 형태로 살아가는 것처럼 작용하게 된다. 그러나 비록 의미의 영역이 물질적 영역과 유기적 영역 간의 상호작용으로 항상 결합되지만, 의미의 영역은 단지 특별한 종합, 즉 인간 존재 내에서만 존재하게 된다.

왜냐하면 내러티브는 의미 영역의 작용들 가운데 하나이기 때문에, 이러한 영역에 대하여 구체적으로 알아보는 것은 내러티브를 이해하는 데 도움이 될 것이다. 첫째, 의미의 영역은 사물이나 실체(substance)가 아니라 활동이다. 예를 들어서, 집을 짓는 활동은 그 활동이 산출하는 구조와는 다르고, 극본을 쓰는 활동은 산출되는 극본의 원고와는 다르다. 집짓기와 글을 쓰는 것은 수행(performance)이지 실체가 아니다. 집짓기나 글쓰기 활동들이 만들어 내는 인공물은 실체이다. 활동으로서 의미 영역은 명사의 형태라기보다 동사의 형태로 기술된다. 활동의 일차적 차원은 시간이다. 그리고 행위의 부분들이 일어나는 계열은 활동의 종류가 어떠한 것인지를 정의하는 데 결정적인 것이 될 수 있다. 의미 영역에 대한 철학적인 혼란의 상당 부분은 실체로서 그것을 규정하려는 시도들과 관련되어 있다.

의미의 영역은 자연적인 사물이나 대상이 존재하는 것보다 상이한 형식으로 존재한다. 의미의 영역은 하나의 활동이지 사물이 아니다. 그것은 인간 외적인 도구를 통해서 포착되지도 않고 붙잡을 수도 없으며 측정되지도 않는다. Robert Romanyshyn은 실재는 거울에서 반사된 것과 같은 것으로, 즉 그것은 우리의 의식에 잠깐 동안 스쳐 지나가는 흔적이나 조짐과 같은 것으로 오며, 마치 도깨비불 같이 나타나는 것이라고 제시하고 있다. 의미는 의식에 대한 초보적인 지각이 변하면서 지속적으로 재구성된다. 우리에게 의미를 만드는 활동은 고정된 것이 아니며, 그래서 쉽게 파악되지도 않는다.

우리 각자는 의미의 한 영역, 즉 우리 자신에게만 직접적으로 접근할 수 있다. 그것은 직접적인 공개적 관찰이 불가능하기 때문에, 의미의 범위는 우리 마음의 영역에서 자기 반성적인 재생이나 자기 성찰을 통해서 접근이 되어야 한다. 그러나 의미를 만들어 내고 통합하는 활동은 인식의 외부에서 작용하는 것이며, 자기 반성을 통해서 가능한 것은 단지 의미 만들기 과정의 성과이지 과정 그 자체는 아니다. 그 이상의 문제는 일상의 생활에서 우리가 보통 바쁘게 살아가고 있으며, 의미는 단순히 우리의 행위나 말로 스스로 표현되고 있다는 점이다. 의미가 존재하는지 알아보기 위해서 우리는 의식적으로 의미의 영역 자체에 대한 의식의 초점을 바꿀 필요가 있다. 그러나 우리가 자기 반성적으로 의미의 영역에 초점을 맞출 때, 우리에게 이용 가능한 의미는 억압과 같은 다른 마음의 작용에 의해서 제한받을 가능성이 있다.

의미 영역에 대하여 연구하기 위해서는 언어적인 데이터들을 사용할 필요가 있다. 의미 영역에 직접적으로 근접한 문제들은 그것의 언어적 표현에 대한 연구를 통해 부분적으로 극복될 수 있다. 의미 영역의 일상적인 사용에서 언어는 사람들 사이의 의미를 전달할 수 있기 때문에, 의미에 대해서 다른 사람들의 영역에 관한 정보는 그들의 경험에 관해서 주어진 메시지를 통해서 수집될 수 있다. 언어의 구조 역시 의미의 영역에 대한 구조의 표시로 연구될 수 있다. 예컨대, 언어와 의미의 영역 둘 다는 위계구조와 중층구조를 가지고, 보다 복잡한 의미를 만들어 내는 것에서 단어와 개념과 같은 그들 자신의 창안물들을 이용할 수 있다. 그러나 의식에 관한 연구에서 데이터를 정량화하는 것보다는 일차적으로 언어적 자료를 가지고 연구해야 할 필요성이 연구자들에게는 분석의 문제들을 제시하게 된다. 왜냐하면 언어적인 진술은 문맥에 민감하며, 독립적으로 다루어질 때 그들 정보 내용의 다수를 잃어버리기 때문이다.

언어적 데이터의 분석은 해석학적인 추론을 이용한다. 해석학적인 이해는 언어적 메시지의 의미 내용에 관한 결론을 이끌어 내기 위해서 유추와 인지 패턴과 같은 과정들을 활용한다. 해석학적인 추론은 일상적인 경험에서 말이나 담화의 음파 혹은 종이에 쓰여 있는 표시가 나타내는 바를 이해하기 위해서 이용된다. 해석학적인 추론은 확실하고 필요한 결론을 만들어 내지는 못하고, 정량화된 데이터를 취급하기 위하여 행동과학과 사회과학에서 이용 가능한 정교한 통계적 도구들은 단지 언어적 데이터를 취급하는 데 보조적으로 사용된다. 의식의 형세나 윤곽은 수학적인 구조 대신에 언어적인 구조와 보다 밀접하게 조화를 이루고 있기 때문에, 의식에 대한 연구방법은 과학적으로 정확한 것이라고 말하기에 난점이 존재한다. 더욱이 연구방법은 인간 연구의 학문에 의해서 사용된 일상적 연구 형태의 전통 내에 있는 것도 아니다.

의미의 영역은 지각, 기억, 상상과 같은 다양한 표상 양식으로 나타나는 이미지와 아이디어들 간을 연결하는 통합된 앙상블이다. 그것은 추상, 의식, 통제의 다양한 수준들을 구성하는 층들 간에 상호작용을 하면서 복잡하게 작용한다. 그러한 복잡한 조직의 패턴은 응축과 치환을 통해서 조직 요소들 간에 서로 접어 넣고 요소들을 서로 연결하는데, 이러한 성격으로 인해 의미의 영역을 탐구하는 데 많은 어려움이 존재한다.

요컨대, 내러티브는 인간이 매 순간 하는 경험과 개인적인 행위들에 대해 의미를 부여하는 수단이 되는 하나의 도식이라는 점이다. 내러티브 의미는 삶에 대한 의도를 이해하는 데에 형식을 부여하고 매일 일상의 행위와 사건들을 에피소드의 단위로 통합하는 기능을 한다. 그것은 한 사람의 삶에 대한 과거 사건들을 이해하고 미래 행위들을 계획하기 위한 틀을 제공한다. 그것은 인간 존재가 유의미하게 되는 수단이 되는 일차적인 도식이다. 그래서 인간과학을 통한 인간 존재에 대한 연구는 일반적으로는 의미의 영역에, 특별하게는 내러티브 의미에 초점을 둘 필요가 있다.

마지막으로 내러티브 전환의 거장 중에서 우리가 반드시 마주해야 할 학자는 Bruner이다. 이하에서는 3절의 연속선상에서 Bruner의 내러티브 이론을 별도로 살펴보기로 한다.

4. Bruner의 내러티브 이론

1) Bruner의 반성적 성찰

브루너는 1950년대 중반부터 1960년대에 이르기까지 교육에서 인간의 인지와 그것을 발달시킬 도구 교과로 수학과 과학을 강조하며 미국의 교육개혁을 주도하였다. 그러나 10여 년이 지난 이후부터 그는 그의 기존 교육이론을 반성하며 새로운 연구로 돌아섰다. 새로운 연구 결과, 그는 1990년 중반에 『교육의 문화』를 출간하였고, 이 책에서 다음과 같이 당시 자신이 강조했던 교육적 관점에 대해 회고하고 있다.

> 내가 『교육의 과정』에 대해 처음으로 영감을 준 것은 바로 지속적으로 진행되어 온 심리학의 인지혁명이었다. 이것은 1950년대 말과 1960년대 초에 비교적 풍부한 토양 위에서 순탄하면서도 오히려 자족적으로 시작한 혁명이었다. 어쨌든 그 당시에 그 시기는 우리에게 최소한도 그렇게 보였다. 게다가 그 당시 어떠한 모든 내부적 관심사들에 우선하는 외부적 사건이 벌어졌는데, 그것은 냉전시대의 정치적 분위기였다. 그것은 이데올로기적이고 군사적인 전쟁이었으며, 더 나아가 기술전쟁이었다. 거기에는 '지식간극'의 문제가 도사리고 있었으며, 우리의 학교체제가 오히려 그 지식간극의 문제를 발생시키고 있다는 비판을 받고 있었다. 이 끝없는 냉전시대에 우리의 학교는 소련을 기술적으로 어떻게 앞서 나갈 수 있을까? 이런 점에서 볼 때 그 당시 교육개혁 운동의 주요 초점이 과학과 수학이었다는 것은 그리 놀랄 일이 아니었다. 이러한 교과들은 새로운 인지심리학의 원리들을 적용하는 데 가장 잘 부합되는 것들이었다. 이러한 새로운 원리들의 지침에 따라 수학과 과학 교육과정 개정이 활발하게 이루어졌다. 그 밖의 모든 것들은 당연한 것으로 취급되었다(강현석, 이자현 공역, 2005: 18-19; Bruner, 1996).

브루너는 구조주의 인지이론과 나선형 교육과정 이론으로 세계 교육학계에 각광을 받았던 학자이다. 그런 그가 자신이 제기한 학설을 뒤짚고 그것과 대조되는 새로운 학설을 제시하기는 쉽지 않았을 것이다. 하지만 그는 과감하게 자신의 기존 교육학설의 오류를 시인하였다. 그가 스스로의 오류로 지적한 결정적인 내용은 바로 인간의 사고를 너무 편협한 관정에서 바라보았다는 사실이다. 때문에 그는 이러한 오류를 바로잡기 위해서 인간의 사고 양식을 패러다임 사고와 내러티브 사고로 구분하고, 내러티브 사고의 중요성에 대해 역설하였다. 브루너가 내러티브 사고방식을 중시한 이유는 그것이 교육의 과정 속에서 의미 만들기에 효과적이기 때문이다.

브루너는 1960년 지식의 구조에 대한 체계적인 입장을 주장하였으며, 때문에 그의 이론은 합리적 구조주의의 틀 속에서 이해되어 온 경향이 강하다. 그로 인해 한국의 학자들 사이에서도 대부분 그의 이론을 그가 1950~1960년대 하버드 대학교 재직시절 제안하였던 지식의 구조를 중심으로 그의 이론을 이해하는 경향이 강하다. 그러나 강현석 (2006)에 의하면 브루너는 최근에 『교육의 문화』(1996)에서 문화주의(culturalism)의 전제하에 교육과정에 대한 새로운 입장을 제시하고 있다. 즉, 그는 마음은 인간 문화 속에서 구성되고 실현된다(강현석, 2006: 91; Bruner, 1996: 1)라고 말하며, 이에 대한 주요 근거로서 패러다임 사고에 대비되는 내러티브 사고 양식에 대해서 이야기하고 있다.

2) 내러티브에 대한 입장

브루너가 주장하는 내러티브(narrative)란 서사체를 말하며 하나의 이야기, 즉 시간적 연쇄로 구성된 일련의 사건을 의미한다(강현석, 2006: 91). 이때의 이야기는 사건들로 구성되고, 그 사건들은 특정의 계열을 이루며 배열된다. 때문에 내러티브는 사건들의 계열과 사건들이 만들어 내는 이야기에 의해서 특징화된다. 그러나 이때 이야기의 특징은 설명되지 않는다. 이야기는 그것이 왜 그렇게 시작되고 종결되는지에 대한 명료하고 검증 가능한 해답이 있는 것이 아니라 다만 그 이야기에 대한 다양한 해석이 존재할 뿐이기 때문이다. 브루너는 이것이 내러티브가 패러다임과 다른 점이라고 말한다.

즉, 그는 과학적 이론이나 논증은 검증됨으로써 판단되지만, 이야기는 다만 "있음 직한 가능성"(강현석, 2006: 91)에 기반하여 그 적절성, 정당성이 판단되기 때문이라고 말한다. 그리고 이러한 내러티브는 물리적 세계에 대한 관찰에 적용되기보다는 행위자로서의 인간, 인간의 의도적 행위를 파악하기 위한 곳에 초점을 둔다. 마음과 의지의 작용으로 발생하는 인간의 행위는 물리적 세계의 존재 방식과는 다르게 예측이 불가능하며, 그러한 행위의 발생 이유에 대한 명확한 설명 역시 불가능하다. 브루너에 의하면 내러티브의 탐구는 "원자화된 사실과 수의 데이터로 양화될 수 없는 인간적인 차원을 묘사하기 위한"(강현석, 2006: 92) 방법이 된다. 이러한 방법을 적용하는 이유는 인간과 인간의 행위는 양적으로 이해될 수 없고 질적 인식의 차원에서 이해될 수밖에 없기 때문이다.

강현석(2006)에 의하면 브루너가 제안한 내러티브 탐구를 위한 사고의 언어는 결국 듀이의 경험의 개념과 밀접하게 관련되어 있다고 보았다(Clandinin & Connelly, 2000: 49-50; 강현석, 2006: 92 재인용). 즉, 듀이의 경험의 상황, 연속성, 상호작용의 의미를 가지고 내러티브 탐구의 전략을 구성해 보면 인간 경험은 개인적이며, 사회적인 의미를 지닌다. 또한 과거, 현재, 미래와 연관되며 특정한 공간에 관련되어 있다. 인간 경험의 이러한 일시적 우연성, 공간 구속적이고 개인적이며 사회적인 것이 바로 내러티브를 구성하게 된다.

1950~1960년대에 브루너가 주장하였던 지식의 구조주의적 입장과 수학과 과학 등의 논리적·분석적 교과에 대한 강조는 앞서 브루너가 밝힌『교육의 문화』에서 충분히 반성되고 있다. 즉, 브루너는 인간을 이해하기 위해서는 분석적 지식과 양적 탐구가 중요한 것이 아니라 내러티브 사고를 바탕으로 한 질적 탐구가 필요함을 인식하고 새로운 연구를 시작하고 있다. 브루너의 이와 같은 학문적 입장에 대한 반성적 성찰은 내러티브 교육과정에 대한 논의의 기초적 단서를 제공해 주고 있다. 아울러 브루너는 양적·분석적·과학적 사고에 대한 교육만이 중요한 것이 아니라 교육에서 정말 중요한 것은 인간에 대한 이해이며, 이를 이해하기 위해 질적 차원을 탐구해야 하고, 이러한 질적 차원의 탐구에 예술교과가 유의미한 시사점을 줄 수 있다고 보았다.

보다 본격적인 브루너의 내러티브 이론은 7장에서 논의되고 있으며, 그에 앞서 내러티브 이론에 내재된 지식관의 문제와 지식을 가르치고 배우는 일, 지식을 조직하는 구체적인 논의는 제2부에서 이루어지고 있다.

5. 지식교육의 함의

과거 구조론에 의하면, 지식은 경험의 규칙성에 의미와 구조를 제공해 주는 것으로서 우리가 구성하는 모형이며, 구조는 어떤 현상에 질서를 부여해 주는 개념적 발명품이다. 브루너에 따르면 모든 학문이나 체계화된 지식체계가 이해될 수 있는 수단이 되는 어떤 폭넓은 개념적 틀이 존재한다는 것이다. 이것에 의하여 어떤 학문에 관련되는 다수의 아이디어, 개념, 감각, 사실, 자료들은 인식이 가능한 하나의 영역을 구성하기 위하여 하나의 통일된 구조에 조합된다. 따라서 모든 학문에는 기저가 되는 핵심적인 개념과 원리, 명제들의 조합이 구조를 구성한다. 이것이 객관적인 실재의 구현이다. 이러한 지식은 우리의 논리적 분석과 증명, 객관적이고 과학적인 설명을 통하여 발견된다. 소위 패러다임적 지식관의 반영이라고 볼 수 있다. 즉, 인식 주체 밖에 존재하는 객관적 실제에서 지식의 본질을 강구하는 입장인 것이다. 이제 지식을 보는 관점은 어느 한 관점만으로 이루어질 수 없으며, 그러한 관점은 약점을 지닐 수밖에 없다.

주지하다시피 일찍이 브루너는 패러다임적 사고와 대비되는 것으로 내러티브 사고를 제안(Bruner, 1985; 1986; 1987; 1996)하고 있다. 이러한 사고 양식들은 인지기능이면서 동시에 인간의 경험을 조직하거나 현상을 구성하는 방식이다. 내러티브 사고는 서술된 이야기 구조를 가지며 임의성을 띠고 비논리적이며 서술체인 사고 양식이다. 그것은 인간의 관점에 따라 다양하게 변하고 삶의 요구를 반영하는 인간적 세계를 해석하고 이해하고자 하며, 여기에서는 다수로 존재하는 의미가 상황의 적절성이나 있음직한 가능성에 의해 판단된다(강현석, 1998: 117-118). 내러티브의 기본적인 의미는 이야기 혹은 이야기를 만드는 것이다. 내러티브 사고에서는 인간이 자신들의 경험을 이야기하려는 보편적 경향을 가정한다. 그것은 인간이 삶을 해석하는 데 있어서 사람이 경험하는 사건, 인물, 행위, 감정과 정서, 의도와 생각, 그리고 상황과 장면 등을 총체적으로 통합시켜 주고 특정 경험이 이루어지는 맥락 속에 위치시켜 주는 인식의 틀이라고 볼 수 있다(강현석, 2005: 92).

이러한 관점에서 보면 지식은 우리 자신을 자신 및 다른 사람에게 설명하기 위하여 우리 자신의 경험을 이야기할 때 구성되고 재구성된다(소경희, 2004: 195). 즉, 이 관점에서 지식은 사람들이 다른 사람과 자신들의 아이디어와 이야기를 공유하는 상황에서 개인적·사회적으로 구성되고 재구성된다. 우리의 이야기는 우리의 특정 경험들로부터 말해지며 이 점에서 그것은 개인적·실천적 지식의 표현이라고 할 수 있다. 이러한 개인적·실천적 지식은 사회·문화·역사적 맥락 내에서 구현되고 구체화된다. 즉, 개인적·실천적 지식은 다른 사람들과의 상호작용 속에서 형성되는 것이다. 인식에 대한 이러한 견해는 인식의 과정에 개방성과 융통성을 허용하며, 지식을 탐구 바깥에 있는 혹은 탐구 이면의 종착지로서가 아니라 탐구 그 자체로, 즉 탐구 내의 목표로서 다루는 관점이라고 할 수 있다(Olson, 1995).

결국 내러티브 관점에서 지식은 개인이 자신의 경험을 다른 사람과 이야기하는 가운데 형성되며 이는 지속적으로 재구성될 수 있다. 지식이 개별 인식자에 의해 구성되는 것이다. 이러한 지식은 인식 주체인 개인과 무관하게 존재하는 탈맥락적인 것이 아니라, 개인이 처한 상황이나 개인의 주관적인 인식에 의해 영향을 받는 맥락적·주관적인 것이라고 할 수 있다. 따라서 지식은 개인 내에 구체화된 것으로서 개인은 개인적·사회적으로 구성된 상징적 형식을 통해서 경험을 해석한다. 이러한 지식관에서 인식자는 인식 대상으로부터 분리되지 않는다. 오히려 개인은 경험을 나타내기 위해 지식을 지속적으로 구성하고 재구성하는 인식 존재로 간주된다. 개인이 자기 경험의 권위적인 원천이 되는 것이다. 내러티브 관점에서는 모든 사람들이 이야기를 말할 수 있는 인식 자이기 때문에 모든 목소리가 권위를 가진 자원이 된다. 그리고 개인의 내러티브 권위는 경험의 지속적이고 상호작용적인 성격을 통해서 형성되고 재구성된다. 즉, 개인의 내러티브 권위는 경험을 통해서 성장하며, 모든 경험은 이전에 겪었던 경험으로부터 무엇인가를 취하고, 나중에 겪게 될 경험의 질에 영향을 준다는 점에서 지속성을 갖는 다(소경희, 2004: 195).

그러므로 이러한 내러티브 지식관에 따르면 학습자의 실제 경험에 가담하고 있는 개인들이 자신들의 경험을 다른 사람과 공유하기 위해 구성하는 이야기 속에 있는 것이다. 이 점 때문에 학습자들의 경험 및 그 경험에 대한 이야기가 지식의 주된 원천이 됨을 알 수 있다. 내러티브 관점에는 마음의 구성뿐만 아니라 인식론의 차원이 내포되어 있다. 여기에서는 해석적 관점과 구성주의적 시각을 토대로 하는 생성적 지식관이 핵심이다. 인간의 경험과 지식은 다양한 관점과 담론에 따라 상이하게 해석이 가능하며, 담론의 상황에 따라 많은 영향을 받는다(Bruner, 1990b: 112-114). 그리고 앎의 주체를 객체화하고 경험적이고 실증적인 증명을 강조하는 증명의 인식론은 극복되어야 하며(경험의 인식론으로 나아가야 하고), 다양한 시각, 개인적인 주관적 해석을 추구하지 않는 증명의 인식론은 상호작용적이며 대화적인 지식론으로 대체되어야 한다. 이러한 인식론에서는 지식의 발견보다는 창조를, 증명이 아닌 의미 교섭과 간주관성을 강조한다. 여기에서 지식의 능동적 측면을 알 수가 있다. 즉, 인간은 문화를 구성하는 상징적 세계의 관점에서 해석되지 않으면 그럴듯한 의미를 만들 수 없다는 것이다.

요약

제3장에서는 내러티브 전환에 대해서 논의한다. 여기에서는 내러티브의 다양한 접근, 내러티브 전환의 시대적 배경, 내러티브 전환의 거장들에 대해서 논의하고, 그 이후에 Bruner의 내러티브 이론을 살펴보고, 이상의 사항들이 지식교육에 지니는 함의를 논의하였다. 3장은 크게 다섯 개의 절로 이루어져 있다. 우선 내러티브 전환을 논의하기 위해서는 내러티브에 대한 다양한 접근(내러티브에 대한 다양한 의미 연구, 내러티브를 보는 Hopkins의 접근)을 살펴보고, 여기에 관련된 시대적 배경(내러티브 전회, 내러티브를 통한 인간 이해 방식), 내러티브 전환에 기여한 학문적 거장들(Lyotard의 이야기적 지식, Ricoeur의 이야기 해석학, Polkinghorne의 내러티브 인식론과 인간

5. 지식교육의 맥락

195

과학), 핵심적인 이론가인 Bruner의 내러티브 이론(브루너의 반성적 성찰, 내러티브에 대한 입장)을 살펴보았으며, 여기에 기반하여 종국적인 지식교육의 함의를 논의해 보았다. 이론적으로는 내러티브 전회로 알려진 혁신적 전환은 교육학 외에도 인문학, 사회과학, 예술 분야 등 인간 행위의 모든 분야를 설명하는 장르에서 주요한 논거로 채택되는 학문적으로 중요한 변화이다. 본 연구에서 중요한 근거로 삼는 이유도 여기에 있으며, 본 연구에서 중요한 기반을 제공하는 부분이다.

참고문헌

강현석(1998). 지식구조론 이후 Bruner의 교육과정이론 탐구. 교육과정연구, 16(2), 105-128.

강현석(2003). 문화주의적 교육과정이론: Bruner의 내러티브 탐구. 전영국 외 공저, 교육과학과 교과교육의 실제. 서울: 교육과학사.

강현석(2004). 지식구조론의 재구성을 통한 교육과정 설계 원리의 구성. 교육과정연구, 22(2), 55-85.

강현석(2005). 합리주의적 교육과정 체제에서 배제된 내러티브 교육과정 가능성과 교과목 개발의 방향 탐색. 교육과정연구, 23(2), 83-115.

강현석(2006). 교과교육학의 새로운 패러다임: 교과학의 이론과 실제. 서울: 아카데미프레스.

강현석(2007). 교육학에서의 내러티브 가치와 교육적 상상력의 교육. 국어국문학, 146, 305-351.

강현석(2008a). Bruner의 내러티브 논의에 기초한 교육문화학의 장르에 관한 학제적 연구. 교육철학, 제36집, 1-40.

강현석(2008b). 다문화교육과정 설계에서 문화심리학의 적용가능성 탐색. 사회과 교육, 47(2), 23-57.

강현석(2009). Bruner의 교육과정 이론에서 지식의 재해석: 지식의 구조와 내러티브. 교육철학, 제38집, 1-34.

강현석(2016). 인문·사회과학의 새로운 연구방법론: 내러티브학 탐구. 서울: 한국문화사.

강현석, 김경수 공역(2010). 이야기 만들기: 법/문학/인간의 삶을 말하다. 경기: 교육과학사.

강현석, 소경희, 박창언, 박민정, 최윤경, 이자현 공역(2007). 내러티브 교육과정의 이론과 실제. 서울: 학이당.

강현석, 유동희, 이자현, 이대일(2005). 내러티브 활용을 통한 교과교육론 구성 방향의 탐색. 한국교원교육연구, 22(3), 215-241.

강현석, 유제순 외 공역(2011). 인간 과학의 혁명: 마음, 문화, 그리고 교육. 서울: 아카데미프레스.

강현석, 이영효, 최인자, 김소희, 홍은숙, 강웅경 공역(2009). 내러티브, 인문과학을 만나다. 서울: 학지사.

강현석, 이자현(2006). 내러티브를 통한 교육과정 개발자로서 교사 전문성의 재개념화. 교육과정

연구, 24, 153-180.

강현석, 이자현 공역(2005). 브루너 교육의 문화. 서울: 교육과학사.

강현석, 이자현 외 공역(2011). 교육이론의 새지평: 마음과 세계를 융합하기. 경기: 교육과학사.

강현석, 이자현, 유제순(2007). 영재교육에서 내러티브 사고양식의 가치 탐색. 영재와 영재교육, 6(1), 95-126.

구자숙(1998). 문화심리학에 대한 사회심리학적 접근. 한국사회과학, 20(1), 133-165.

김만희, 김범기(2008). 내러티브 사고의 과학교육적 함의. 한국과학교육학회지, 22(4), 851-861.

김성곤(2003). 문화연구와 인문학의 미래. 서울: 서울대학교출판부.

김의철, 박영신 공역(1997). 문화와 사고. 서울: 교육과학사.

김재춘, 배지현(2009). 의미생성활동으로서의 스토리텔링의 교육적 함의. 초등교육연구, 22(1), 61-82.

김한식(2000). 리쾨르의 이야기론: 「시간과 이야기」를 중심으로. 중앙대학교 외국어문학연구소 외국학연구, 제4호.

김한종(1999). 역사수업 도구로서 내러티브의 구성형식과 원리. 사회과교육학연구, 3, 81-107.

도홍찬(2002). 내러티브(narrative)의 도덕 교육적 함의. BK21 두뇌한국21 인문사회분야 연구모노 그라프. 서울대학교 아시아 태평양교육발전연구단.

박민정(2006). 내러티브란 무엇인가?: 이야기 만들기, 의미 구성, 커뮤니케이션의 해석학적 순환. 아시아교육연구, 7(4), 27-47.

박성희(2011). 미술교육에 있어서 내러티브 교육과정에 대한 이해와 적용 방안 연구. 한국교원대 학교 대학원 석사학위논문.

소경희(2004). 교사양성 교육과정에 있어서 '내러티브 탐구'의 함의. 교육학연구, 42(4), 189-211.

소경희, 강현석, 조덕주, 박민정(2007). 내러티브 탐구: 교육에서의 질적 연구의 경험과 사례. 서울: 교육과학사.

안정애(2003). 내러티브를 활용한 국사 교과서 서술모형. 전남사학, 21, 115-148

양호환(1998). 내러티브의 특성과 역사학습에서의 활용. 교육종합연구원 사회교육연구소. 사회 과학교육, 제2집, 21-35.

양호환 외(2005). 역사교육의 이론과 방법. 서울: 삼지원.

염지숙(2003). 교육연구에서 내러티브 탐구의 개념, 절차, 그리고 딜레마. 교육인류학연구, 6(1), 119-140.

우찬제 외 공역(2008). 서사학 강의: 이야기의 모든 것. 서울: 문학과 지성사.

우한용(2004). 서사능력의 구조와 기능, 그리고 그 교육에 대한 이론적 탐구. 문학교육학, 13, 129-169.

유정완 외 공역(1992). 포스트모던의 조건. 서울: 민음사.

이경섭(1984). 현대 교육과정연구. 서울: 교육과학사.

이규호(1998). 말의 힘. 서울: 좋은날.

이미미(2000). 역사가의 사고 과정이 드러나는 서술의 특징과 교재 개발 방향. 서울대학교 대학원 석사학위논문.

이민용(2009). 이야기와 스토리텔링의 치유적 기능. 독일언어문학, 제43집, 225-242.

이민용(2010). 이야기 해석학과 이야기 치료. 헤세연구, 23

이숙희(2004). 초등학교 도덕과 교육의 서사적 접근. 한국교원대학교 교육대학원 석사학위논문.

이영효(2003). 내러티브 양식의 역사서술체제 개발. 사회과교육, 42(4), 93-121.

이차숙(2001). Bruner의 발견적 교수학습이론. 전성연 편, 교수-학습의 이론적 탐색. 서울: 원미사.

이흔정(2003). 내러티브 교육과정 적용에 대한 연구. 고려대학교 대학원 박사학위논문.

이흔정(2004). 내러티브의 교육과정적 의미 탐색. 한국교육학연구, 10(1), 151-170.

임병권 역(1997). 텍스트의 역학: 연행으로서 서사. 서울: 한나래.

임병권 역(2001). 서사의 본질. 서울: 예림기획.

임병권, 이호 역(1996). 이야기하기의 이론: 소설과 영화의 문화기호학. 서울: 한나래.

장사형(2013). 내러티브에 기초한 인간학의 방향. 교육철학, 제51집, 65-91.

정미진(2003). 도덕교육방법으로서의 서사. 한국교원대학교 대학원 석사학위논문.

정선영, 김한종, 양호환, 이영효(2009). 역사교육의 이해. 서울: 삼지원.

최상구 역(1999). 서사학이란 무엇인가. 서울: 예림기획.

최상진, 한규석(1998). 심리학에서의 객관성, 보편성 및 사회성의 오류: 문화심리학의 도전. 한국심리학회지: 일반, 17(1), 73-96

최상진, 한규석(2000). 문화심리학적 연구방법론. 한국심리학회지: 사회 및 성격, 14(20), 123-144.

최소옥(2000). 내러티브를 통한 중학생의 역사 이해. 서울대학교 대학원 석사학위논문.

최예정, 김성룡(2005). 스토리텔링과 내러티브. 서울: 글누림.

최인자(2003). 모티프 중심의 서사적 사고력 교육. 국어교육학연구, 18집, 472-498.

한승희(1990). 교육내용 어떻게 볼 것인가? 한국교육. 17권. 143-163.

한승희(1997). 내러티브 사고 양식의 교육적 의미. 교육과정연구, 15(1), 400-423.

한승희(2002a). 마음, 의미, 그리고 교육. 한국교육학회 교육과정분과학회 발표자료.

한승희(2002b). 왜 내러티브인가. 한국교육인류학회 발표 자료집, 79-95.

한용환, 강덕화 공역(1999). 서사란 무엇인가. 서울: 문예출판사.

한혜정(2006). 교육과정연구의 질적 연구에서 자서전적 방법이 가지는 의의. 교육과정연구, 24(2), 71-86.

한혜정(2007). 과학적 지식과의 관계 속에서 파악되는 이야기적 지식의 의미. 교육과정연구, 25(1), 25-38.

홍은숙(1999). 지식과 교육. 서울: 교육과학사.

홍은숙(2009). 교육의 개념. 경기: 교육과학사.

Ankersmit, F. R. (1983). *Narrative Logic: A Semantic Analysis of the Historian's Language*.

Boston, MA: M. Nijhoff.

Astington, J. W. (2000). *Minds in the Making: Essays in Honor of David R. Olson*. MA: Blackwell Publishers.

Barthes, R. (1977). Introduction to the structural analysis of narratives. In R. Barthes (Ed.), *Music, Image, Text*. (S. Heath, Trans.). London: Fontana/Collins.

Bigge, M., & Shermis, S. (1999). *Learning Theories for Teachers* (6th ed.). New York: An Imprint of Addison Wesely Lonhman, Inc.

Bruner, J. S. (1960). *The Process of Education*. Cambridge, Mass.: Harvard Univ. Press.

Bruner, J. S. (1962). *On Knowing: Essays for the Left hand*. New York: Atheneum.

Bruner, J. S. (1985) Narrative and Paradigmatic Models of Thought. In Einer (Ed.), *Learning and Teaching the Ways of Knowing. NSSE*, Chicago: Univ. of Chicago Press.

Bruner, J. S. (1986). *Actual Minds, Possible Worlds*. Cambridge, Mass.: Harvard Univ. Press.

Bruner, J. S. (1987). Life as Narrative. *Social Research, 54*(1).

Bruner, J. S. (1990). *Acts of meaning*. Cambridge, MA: Harvard University Press.

Bruner, J. S. (1996). *The culture of education*. Cambridge, Mass.: Harvard Univ. Press.

Bruner, J. S. (2002). *Making Stories: Law, Literature, Life*. New York: Farrar, Straus and Giroux.

Conle, C. (1999). Why Narrative? Which Narrative? Our Struggle with time and place in teacher education. *Curriculum Inquiry, 29*(1), 7-33.

Conle, C. (2003). An Anatomy of Narrative Curricular. *Educational Researcher, 32*(3), 3-15, 2003

Connelly, F. M., & Clandinin, D. J. (1990). Stories of experience and narrative inquiry. *Educational Researcher, 19*(5), 2-14.

Doll, W. E. Jr. (1993). *A Post-Modern Perspective on Curriculum*. New York: Teachers College Press.

Doyle, W., & Carter, K. (2003). Narrative and learning to teach: implication for teacher-education curriculum. *Journal of Curriculum Studies, 35*(2), 129-137.

Driscoll, M. (2000). *Psychology of Learning for Instruction* (2nd ed.). Allyn & Bacon., a Pearson Education Inc.

Egan, K. (1979). *Educational development*. New York: Oxford University Press.

Egan, K. (1986). *Teaching as story telling*. The University of Chicago Press.

Goodman, N. (1978). *Ways of Worldmaking*. Indianapolis: Hackett Pub.

Greenwood, J. D. (1991). *The future of folk psychology*. Cambridge: Cambridge University Press.

Grossman, P. L., Wilson, S. M., & Shulman, L. S. (1989). Teachers of substance: Subject matter knowledge for teaching. In M. C. Reynolds (Ed.), *Knowledge Base for the beginning teacher*. Perganmon Press.

Gudmundstrottir, S. (1995). The Narrative Nature of Pedagogical Content Knowledge. In H. McEwan & K. Egan (Eds.), *Narrative In Teaching, Learning, and Research* (pp. 24-38). Teachers College Press.

Hillman, J. (1979). A Note on Story. *Parabola, 4*, 43-45.

Hopkins, R. L. (1994). *Narrative Schooling: Experiential Learning and the Transformation of American Education*. Columbia: Teachers College Press.

Lauritzen, C., & Jaeger, M. (1997). *Integrating learning through story: The narrative curriculum*. New York: Delmar Publishers.

Levstik, L. S., & Pappas, C. C. (1992). New Directions For Studying Historical Understanding. *Theory and Research in Social Education, 24*(4), 1992.

MacIntyre, A. (1981). *After Virtue: A Study in Moral Theory*. Notre Dame, Ind.: University of Notre Dame Press.

Mandler, J. (1984). *Stories, scripts, and scenes: Aspects of schema theory*. Hillsdale, N.J: Erlbaum.

McEwan, H., & Egan, K. (1995). *Narrative In Teaching, Learning, and Research*. Teachers College Press.

Mink, L. O. (1978). Narrative form as a cognitive instrument. In Canzrt, R. H., & Kozicki, H. (Eds.), *The writing of history*. Chicago: University of Chicago Press.

Novak, M. (1975). "Story" and experience. In J. B. Wiggins (Ed.), *Religion as story* (pp. 175-200). Lanham, MD: University Press of America.

Oakeshott, M. (1962). *Rationalism in Politics and Other Essays*. Methuen.

Olson, D. R., & Torrance, N. (1996). *Mode of thought: exploration in culture and cognition*. Cambridge: Cambridge University Press.

Olson, M. R.(1995). Conceptualizing narrative authority: Implications for teacher education. *Teaching & Teacher Education, 11*(2), 119-135.

Pappas, C. C., Kiefer, B. Z., & Levstik, L. S. (1995). *An integrated language perspective in the elementary school: Theory into action* (2nd ed.). White Plains, NY: Longman.

Polkinghorne, D. E. (1988). *Narrative Knowing and Human Science*. Albany: SUNY Press.

Rankin, J. (2002). What is narrative: Ricoeur, Bakhtin, and Process approach. Concrescence. The Australasian. *Journal of Process Thought, 3*, 1-12.

Ricoeur, P. (1990). What is a Text? In M. J. Valdes (Ed.), *A Ricoeur reader: Reflection and imagination*. Toronto: University of Toronto Press.

Robinson, J. A., & Hawpe, L. (1986). Narrative Thinking as a Heuristic Process. In T. R. Sarbin (Eds.), *Narrative Psychology: The Storied Nature of Human Conduct*. New York: Praeger.

Sarbin, T. R. (1986). *Narrative Psychology*. New York: Praeger.

Schön, D. A. (1991). *The reflective turn: Case studies in and on educational practice*. New York: Teachers College Press.

Schwab, J. J. (1962). The concept of the structure of a discipline. *The Educational Record, 43*(3), 202–214.

Shweder, R. A. (1991). *Thinking Through Cultures: Expeditions in Cultural Psychology*. Cambridge, Mass.: Harvard Univ. Press.

Wells, C. G. (1986). *The meaning makers: The Children learning language and using language to learn*. Portsmouth, NH: Heinemann.

White, H. (1981). The Value of Narrativity in the Representation of Reality. In W. J. T. Mitchell (Ed.), *On Narrative* (pp. 1–23). Chicago: The University of Chicago Press.

제 **3** 부

지식교육의 이론적 문제: 지식관과 지식교육의 제 문제

제**4**장

지식관의 혁명

본 장에서는 내러티브의 시대적 전환을 맞이하여 요구되는 새로운 지식에 대한 입장을 살펴보기로 한다. 소위 지식관의 혁명으로 불리는 만큼 지식과 지식교육을 바라보는 시각은 근본적 전환을 맞이하고 있다. 이하에서는 이론적으로 네 가지 측면, 즉 실증주의 대 구성주의 논쟁, 발견 대 발명 논쟁, 정초주의 대 포스트모던 입장, 패러다임적 접근 대 내러티브 접근을 살펴보고 난 후에 내러티브 지식관의 측면을 살펴보기로 한다.

1. 실증주의 대(對) 구성주의 논쟁

1) 실증주의적 지식관의 문제

지금까지 우리의 담론이나 연구, 그리고 교육 분야에서는 주로 경험주의적이고 실증주의적인 지식관이 크게 영향을 미쳐 오고 있는 실정이다. 이러한 전통적 지식관에서는 주체의 밖에 존재하는 객관적인 실재만을 지식의 본질로 인식해 왔다. 대표적으로 교육 분야에서 교육과정에 관한 사고를 지배해 온 타일러(Tyler)의 교육과정은 행동과 그 위계로 특징지어지며, 교육내용을 단일한 객관적인 실재로 환원시켜 파악하려는 실증주의적 인식론을 보여 준다. 이러한 입장의 교육과정에서는 논리적 진술문의 구조와 인과적 관계의 논리를 가지는 과학적 지식으로 볼 수 있는 패러다임적 사고 양식의 내용들이 주로 등장해 오고 있다. 대부분의 교과에 걸쳐서 경험적 지식, 논리적 증명과 분석, 합리적 사고 양식, 과학적 이론, 논증과 검증된 지식 등이 학교교육과정의 주요 내용으로 선정되어 학생들에게 제시되고 있다. 이러한 경향을 패러다임적 교육과정 혹은 합리주의적 교육과정 체제라고 부를 수 있다.

합리주의적 교육과정 체제는 근대 이성에 바탕을 둔 지식관, 즉 근대적 패러다임을 전제로 하여 실증주의적 인식론을 기반으로 한다. 동시에 그것은 여러 다양한 모습을 띠고 있다. 주지주의적 합리주의, 자유교육의 전통, Eisner(1979)와 McNeil(1985)이 분류하는 학문적 합리주의 지향성, 본질주의와 신본질주의의 교육사조에 의한 교육과정적 입장 등이 그것이다. 이러한 다양한 모습들이 전제하는 핵심적 특징은 '주지주의적 합리주의'라고 볼 수 있다. 특히 주지주의 의미에는 교과 선택과정에서 이론적 학문 활동을 교과로 선택하는 것, 교과의 목적 설정 과정에서 활동의 명제적 요소를 강조하는 것, 교수과정에서 먼저 이론 및 규칙을 가르칠 것을 강조하는 것 등의 다의적 측면이 있으며(홍은숙, 1999: 13-38), 합리주의적 교육과정 체제는 이러한 점과 무관하지 않다.

따라서 지금까지 우리의 교육과정 체제는 이러한 합리주의적 체제에 편향되어 교육내용이 선정, 제시되고 있다. 이러한 방식은 나름대로 장점이 있다. 교과 선택과정에서 이론적 학문 활동을 강조함으로써 이론적 이성을 구사하는 탐구 활동을 강조하여 인간의 합리성을 개발하는 측면이 강조된 점, 활동의 명제적 요소를 강조하여 인지적 이해를 강조한 점, 교수활동에서 언어로 표현되는 이론적 명제나 방법적 규칙들을 우선시한다는 점 등이 바로 그것이다. 그러나 이러한 방식에도 많은 문제점이 있다. 어느 한 사고 양식만을 강조하게 되어 교육과정의 문제에 심각한 위협이 될 수 있다. 인간이 세계를 이해하는 방식에는 패러다임적 사고 양식만이 존재하는 것은 아니다. 이와는 상이한 사고 양식이 존재한다. 그럼에도 불구하고 학교에서 선정되어 제시되는 편향적인 교육내용으로 인하여 학생들의 편향된 학습 문제와 사고 양식 문제가 발생하고 공교육의 위기를 부채질하고 있는 형국이 되고 있다. 이 문제의 핵심에는 합리주의적 교육내용으로 인한 학교의 편향된 합리주의적 교육문화가 자리하고 있다고 보아야 할 것이다. 합리주의적이고 패러다임적인 교육문화는 학생들로 하여금 특정 능력과 사고 양식만을 강요할 가능성이 높으며, 인간의 다양한 삶의 차원을 폭넓게 경험하는 길을 차단할 가능성이 높다.

Oakeshott(1962)는 데카르트 이후 합리주의자들이 기법적 지식을 실제적 지식과 분리시켜서, 기법적 지식만이 권위를 지닌 유일한 지식인 것처럼 왜곡시켰다고 지적하였다. 기법적 지식이란 글이나 수식으로 기록할 수 있는 지식이며, 암기할 수 있는 지식이다. 그러나 이러한 지식만 가지고는 과학뿐만 아니라 어떠한 실제 활동도 이루어지지 않는다.

그런데 근대 교육의 가장 큰 문제는 기법적 지식을 기계적으로 암기하는 학습방식에 있다. 내러티브의 라틴어 어원을 살펴보면, 지식과 전문가 혹은 지식과 유능한 실천을 가깝게 연결한다는 의미를 가지고 있다(Gudmundsdottir, l995: 24). 즉, 내러티브는 실제 활동과 가장 가까운 형태의 지식을 학습자에게 전달할 수 있다는 의미를 내포하고 있는 것이다. 이는 교사의 내러티브가 실제적 지식에서 중요한 위치를 차지하는 암묵적 차원의 지식 및 전문가의 정서까지 실어 나를 가능성을 암시한다. 그러므로 근대 합리주의의 영향권을 제외한다면 고대로부터 현재에 이르기까지 경험이나 지식을 직접 조직하고 전달하는 방법으로서 가장 자연스럽게 먼저 써 온 것이 바로 이 내러티브 형식인 것이다. 따라서 학문 활동과 교과교육 활동에서도 내러티브는 동일한 가능성을 가지고 있다는 점을 짐작할 수 있다.

2) 새로운 구성주의의 등장: 문화구성주의(의미의 해석적 구성성과 내용의 문화적 맥락성)를 중심으로

일반적으로 구성주의 인식론에 기초하여 보면 학습목표에서 추출된 세부적 요소들을 논리정연하게 제시하는 방식은 지식의 기능적 성격과는 거리가 있다. 따라서 교과서 내용을 마스터해야 될 내용으로 정련화한 다음, 그 논리적인 계열성을 기초로 설계할 것이 아니라 학습자와의 실질적인 상호작용을 통해서만 그 의미가 발현되게 하는 경험적인 계열을 기초로 설계될 필요가 있다. 양미경(2002)은 이것을 설명형과 소재형으로 구분하고 있다. 구성주의 관점에서는 설명형이 아니라 소재형으로 이루어질 필요가 있다는 것이다. 교과별로 내용을 구분하여 설계하는 방식은 문제나 쟁점, 사고기능, 개념이나 범주 중심으로 교과 간의 학습내용을 통합적으로 재조직할 필요가 있다.

문화구성주의에서 인간 마음의 본질은 이야기 만들기에 있으며, 그것은 곧 내러티브를 통한 의미 해석을 의미한다. 내러티브 사고를 통하여 이루어지는 의미 구성은 문화의 내면화 과정이다. 이러한 맥락에서 교육과정은 문화적으로 지향된 인지심리학적 설계원리를 채택할 필요가 있다. 이 원리에서는 해석적 사고가 중시되며, 해석적 사고의 과정에서는 다양한 관점이 존중되며, 담론의 상황성에 기초한다. 따라서 교육과정 설계는 해석적 구성(hermeneutic composition)에 의존한다(Bruner, 1996: 137-138). 이러한 내러티브 사고에 의한 구성주의 입장에서 보면 교육과정 설계는 교육과정 자체에 대한 근본적인 관점의 변화, 교육과정 내용의 성격에 비추어 재개념화되어야 한다. 이제 교육과정이나 내용은 완결된 대상이나 설명된 객체가 아니라 구성되어 가는 것으로 볼 필요가 있다. 즉, 전달하고자 하는 대상의 객관적인 의미를 학생들에게 그대로 전수하는 객관주의 관점과는 달리 인식의 주체인 교사가 가르치는 내용의 의미를 구성하며, 또 다른 인식 주체자인 개별 학생과의 협동적인 상호작용을 통하여 새로운 의미를 창출하는 것으로 보아야 한다. 따라서 교육과정과 교육내용은 주어지는 객관적인 실체가 아니라 그야말로 가르치고 배우는 당사자들에 의해 구성되어 가는 것이다. 그러므로 교육과정 설계는 목표를 사전에 행동적으로 설정하여 그 달성 방법을 기술적인 절차의 처방으로 규정하는 방식을 넘어서야 한다.

교육과정의 개념을 해석되고 구성되어 가는 것으로 보는 입장에서는 절대적이고 가치 중립적인 지식보다는 가치 연관적인 지식, 보편적이기보다는 맥락 제한적, 문화 구속적, 시간 연관적 지식을 구성할 필요가 있다(양미경, 2002: 460). 여기에서는 특유의 개인 역사가 반영되는 의미 해석과 문화적 맥락에 의한 실재 구성 방식에 의존한다. 이 문제는 교과서 혹은 교재 구성과 관련하여 해석의 문제를 나타낸다. 이와 유사한 맥락에서 Doll(1993)은 함축성(rich)이라는 개념을 제시하고 있는데 이것은 교육과정의 심도·의미의 층·다양한 가능성 또는 해석을 말한다. 함축적인 교육과정은 Dewey가 의미하는 반성적 재조직과 재구성 그리고 경험의 변용기회를 제공하고 자체적으로 반성하면서 발전하기 때문에 중요하다. 학생들과 교사들이 체험적 변화를 기하기 위해서 교육과정에서는 적당한 정도의 불확정성, 생생한 경험이 포함될 필요가 있다. 이러한 점은 논리 과학적인 패러다임적 내용을 반성하고 내러티브 내용을 제안하는 맥락과 유사하다. 따라서 보편적이고 절대적인 내용의 설계보다는 학습자의 관심, 해석, 견해가 반영되어 내용이 특정 맥락에서 유의미하게 해석되고 적합한 의미가 재구성될 수 있는 방식으로 설계되어야 한다. 이러한 점은 국가의 기준 교육과정과 교재 구성에 대한 해석적 의미 구성의 가능성에 시사적이다. 의미 구성의 학습은 상호성을 전제하기 때문이다.

3) 다양한 앎의 방식의 등장

최근에는 인간 지식과 사고 양식의 다양성을 여러 학자들이 제기하고 있다. Harste(1994)의 다중적 앎의 방식이나 Eisner(1985a)의 앎의 방식에 대한 강조, Polkinghorne(1988)의 내러티브적 앎의 제안, Eisner의 제시 양식과 반응 양식의 다양성, 정보화 사회에서의 문자 언어의 탈피 등이 바로 그것이다. 인간의 지식은 하나의 형태, 하나의 앎의 방식, 하나의 의미 영역으로 통일되어 있지 않다. 여러 개의 다양하고 분명한 형태, 앎의 방식, 의미 영역으로 구분되어 있다. 그리고 각각 영역의 지식은 그 고유한 의미와 진리를 나타낸다. 즉, 세상에 대한 이해와 경험이 이루어지는 기본 방식을 제각기 갖고 있다.

이러한 점에서 볼 때 편향된 패러다임적 사고나 교육체제는 그 자체로서 편향된 인식론적인 문제를 안고 있으며, 동시에 다른 방식의 교육체제를 차별적으로 무시하고 배제해 버리는 결과를 초래할 수도 있다. 이론적 지식이나 실증주의적 지식만을 강조하고 분석적이고 인과적인 사고 양식만을 최우선시하는 교육내용의 관점은 이와는 상이한 교육과정 체제를 선택적으로 배제하여 학교교육과정에서 누락시키거나 주변적인 것으로 규정하여 학생들의 접근을 최소화할 가능성이 크다고 볼 수 있다. 이와 관련하여 일찍이 Eisner(1979)는 배제된 것으로서의 영 교육과정(null curriculum)을 개념화했으며, 학교에서 소홀히 하거나 공식적으로 가르치지 않는 지식, 사고 양식, 가치, 태도, 행동양식, 교과 등 학습자들이 아직 경험하지 못한 것의 가치를 환기시켰다. 즉, 교육적 가치가 있는 데도 이러한 것들을 공식적 교육과정에서 의도적으로 배제시켜버린다면, 학교교육의 가치와 의미가 왜곡될 수 있다고 경고하고 있다. 더욱이 배제의 의미와 양태에는 복합적인 측면, 즉 의도적으로 배제된 것, 우연적으로 배제된 것, 문화적으로 배제된 것 등이 있을 수 있어 그 문제는 더욱 복잡하다. 이러한 교육과정은 공식적 교육과정에서 중요하고 가치 있는 어떠한 교육내용이나 가치, 태도 등이 배제되고 있는지를 평가하는 데 중요한 단서를 제공해 줄 수 있다는 점에서 가치가 있다.

더욱이 최근에는 교육과정 지식의 탈근대성에 대한 논의가 활발하며, 인간의 사고 양식이나 앎의 방식의 다양성이 중요한 문제로 등장하고 있다. 합리주의적 교육과정 체제에 가정된 패러다임적 사고 양식의 문제는 근본적으로는 학교교육의 문화에 관한 것이다. 우리의 학교교육은 지나치게 패러다임적 사고로 편중되어 있다. 주체 외부에 존재하는 객관적 실재만을 지식의 본질로 인식해 온 전통적 지식관은 우리의 교육문화를 패러다임적 사고로 편향시킨 근본 원인이라고 할 수 있다. 패러다임적 사고 중심의 교육문화는 마음의 사용방식을 그야말로 패러다임적으로 강화시킨다. 이제 교육내용과 그에 작용하는 인식론적 입장은 새로운 변화를 요청한다고 볼 수 있다.

2. 발견 대(對) 발명 논쟁

1) 내러티브 사고에 대한 연구

어의적으로 보면 내러티브(narrative)란 서사체를 말하며 하나의 이야기, 즉 시간적 연쇄로 구성된 일련의 사건들을 의미한다. 이야기는 사건들로 구성되며 그 사건들은 특정의 계열(sequence)을 이루며 배열된다. 그러므로 내러티브는 사건들의 계열과 사건들이 만들어 내는 이야기에 의해서 특징지어진다. 그런데 우리는 이야기를 설명하지 않으며 다만 이야기에 대해 다양한 해석을 할 따름이다. 과학적 이론이나 논증은 검증됨으로써 판단되지만 이야기는 '있음직한 가능성'에 의해 그 적절성이 판단된다. 이러한 이야기는 물리적 세계보다는 인간 '행위자'에 관한 것으로 인간의 의도적 행위에 초점을 둔다. 이러한 의도적 행위로 인해 인간의 행위는 예측 불가능하기 때문에 그 행위 발생의 이유에 대한 명확한 설명은 불가능하게 된다.

한승희(1997)는 내러티브를 하나의 이야기, 즉 시간적 연쇄로 이루어진 일련의 사건들이라고 해석하고, '서사체'와 가장 가깝다고 보았다. 사실, 우리 문화에는 소설, 영화, 신화, 만화, 뉴스 등 많은 서사적 유형들이 있으며, 이들은 모두 만들어 낸 이야기를 가지고 있다. 이러한 이야기는 인과관계 및 의미를 나타내는 시간적 계열 속에서 배열된 사건, 인물, 상황 장면으로 구성된다. Polkinghorne(1988: 23)은 내러티브를 하나의 스토리를 만드는 과정, 그 스토리의 인지적 도식, 혹은 그 과정의 결과, 즉 소위 스토리(stories), 이야기(tales), 혹은 역사(histories)를 모두 지칭하는 것으로 보면서, 결국 이야기를 만드는 과정과 그 과정의 결과로 보고 있다. 특히 개인의 삶의 이야기는 자아 정체성과 관련되어 있다(1988: 151). Gudmundsdottir(1995)는 내러티브를 학문 영역에 관계없이 하나의 스토리를 구성하는 데 필요한 구조, 지식, 기술을 지칭하는 것이라고 보았다. 즉, 하나 혹은 일련의 사건을 글이나 말의 형태로 전달하는 것, 또는 그러한 글이나 말을 의미하며, 그것은 특히 인식의 틀로서 기능한다(강현석, 이자현, 2006). 즉, 내러티브 사고는 인간이 삶을 해석하는 데 있어서 사람이 경험하는 사건, 인물, 행위, 감정과 정서, 의도와 생각, 그리고 상황과 장면 등을 총체적으로 통합시켜 주고 특정 경험이 이루어지는 맥락 속에 위치시켜 주는 인식의 틀이라는 것이다.

한편, 내러티브 사고는 어의적으로 보면 내러티브를 만드는 마음의 인지적 작용이며, 내러티브는 내러티브 사고의 산물이다. 내러티브는 여러 학문 분야에서 다양하게 논의되고 있지만 그 기본적인 의미는 이야기 혹은 이야기를 만드는 것이다. 내러티브 사고에서는 인간이 자신들의 경험을 이야기하려는 보편적 경향을 가정한다. 본 연구에서는 Bruner가 제시하는 패러다임적 사고양식과의 대비를 통해서 드러나는 의미에 주목하면서도 여러 학문 분야에서 제시하는 다양한 의미의 공통성도 동시에 고려한다.

Bruner는 내러티브 사고에 대한 개념을 구체적으로 정의하지 않는다. 그는 패러다임적 사고와의 대비를 통해 그 특징을 설명하고 있다. 첫째, 논리적 진술문의 구조를 가지며 인과적 관계로 논리를 가지는 과학적 지식으로 볼 수 있는 패러다임적 사고 양식(paradigmatic mode of thought)과 둘째, 서술된 이야기 구조를 가지며 임의성을 띠고 비논리적인 서술체인 내러티브적 사고 양식(narrative mode of thought)이다. 이 두 가지의 사고 양식은 인간이 자신의 세계에 대한 경험을 서로 다른 문화적 풍토에서 다른 표현의 방식으로 서로 다르게 발전시켜 왔다. 인간 행위를 특징짓는 것은 의도적 행위이며 이것을 다루는 내러티브 사고는 인간 삶의 의미를 파악하는 데 그 목적이 있으며 다수로 존재하고 여기에서의 이해는 원인적 존재를 상정하지 않는다. 독자의 관점에 따라 변화하며 그것에 기초한 심리적 실재(psychological reality)는 검증 불가능하며 우리의 마음속에 존재한다.

이러한 내러티브가 인문·사회과학의 새로운 연구방법론의 핵심적인 근거로 작용한다는 점은 과연 무엇을 의미하는가? 의도적 행위의 주체자로서 인간이 만들어 가는 이야기를 통해 인간과학의 현상을 조망하는 하나의 인식 틀로 해석해 볼 수 있다는 점이다. 즉, 학문 탐구의 과정에서 의미 구성 주체인 인간의 내러티브를 통해 탐구 현상이나 문제를 구성할 수 있다는 가능성을 의미한다. Bruner는 내러티브가 세계에 대한 우리의 경험과 지식을 조직하거나 서로 간의 의사소통과 학습에 있어서 가장 보편적이면서도 자연스럽고 손쉬우며 강력한 형식 가운데 하나라고 보고 있다. 이러한 내러티브 사고의 보고는 문화이다. 내러티브 원천으로서 문화는 학문 탐구와 중요한 위치에 있게 된다. 이 점에서 학문 탐구나 학교교육은 분명히 문화가 젊은 세대를 그 표준적인 방식으로 안내하는 다양한 방식들 중에서 단지 그 일부분에 지나지 않지만 매우 중요한 역할을 한다. 사실, 학교교육은 심지어 젊은 세대들을 공동체 생활의 요건으로 안내하는 문화의 다른 방식들과 대립적 관계에 있을 수도 있다. 변화하는 시대에 살고 있는 우리는 학교를 자발적으로 선택하는 사람들이나 어쩔 수 없이 학교에 다니는 사람들에게 학교가 무엇을 해 줘야만 할 것인가 하는 문제, 혹은 그 문제와 관련하여 여타의 다른 여건과 상황 속에서 학교가 할 수 있는 것이 무엇인가 하는 문제에 관해 심도 있는 사고와 반성을 해야 할 필요가 있다.

2) 새로운 인식론으로의 전환

과거 지식구조론은 이제 객관적 실재를 가정하는 실증주의 인식론을 넘어선다. 인식 주체와 독립적으로 존재하는 객관적 구조는 이제 내러티브 사고를 통하여 구성적 과정에 놓이게 되며, 동시에 그 인식론은 상호작용적이며, 해석학적 인식론으로 대치되어야 한다. 지식의 구조의 새로운 인식론의 특징은 구성주의적 사고, 경험의 인식론, 해석학적 사고로 요약될 수 있다. Goodman의 구성주의 입장에서 보면 우리가 세계라고 부르는 것은 인간 마음의 결과물이며, 그 마음이 지니는 상징적 절차가 세계를 구성하는 것이다(Bruner, 1986: 95). 경험의 인식론은 경험주의와 증명의 인식론을 극복하는 것이며, 증명의 인식론은 이제 상호작용적이며 대화적인 지식론으로 대체되어야 한다. 상호작용적 인식론은 내러티브 사고를 기초로 하며, 그 과정에서 실재가 내러티브 사고에 의해 구성될 수 있다. 실재가 내러티브에 의해 구성되는 데에는 인간 행위자의 의도성을 중심으로 의미가 해석학적으로 구성되면서 상호 타협이 가능해야 한다. 해석학적 사고에서는 다양한 관점과 담론의 상황성에 기초하여 해석적 관점을 중요시하며,

인간 조건에 대한 존재론적 사고보다는 세계 구성의 이해 방법을 강조한다. 이를 통하여 상징적 문화의 체계 속에서 이루어지는 의미 생성과 교섭이 해석학적 체계 속에서 구성된다는 것이다. 이와 관련하여 Doll(1993: 124-131)은 Bruner의 지식의 구조를 표상적 인식론이라기보다는 생성적 인식론이며 해석학적 인식론으로, 증명론적 인식론이 아니라 경험적 인식론으로 볼 것을 요청하고 있다. 이 점에서 지식의 구조는 해석학적 체계 속에서 구성되는 의미 구성의 역동성을 함축하고 있다. 따라서 Bruner는 지식의 구조가 자체의 구조를 새로이 창조하면서 진화해 나가는 역동적 성질을 지니고 있기 때문에 구조의 중요성을 포기하지 않는다. 더욱이 구조는 내러티브 사고에 의해 재발견된다. 내러티브 사고 양식에 의한 구조의 발생적 측면, 구성주의 인식론에 의한 지식구조의 적극적 창조 과정, 문화적 상황 속에서의 의미의 교섭과 구성 행위 등은 지식의 구조가 단일의 실재를 상정하고 있다는 순진한 실재론적 관점의 반영이라는 비판을 넘어선다(강현석, 1998: 119). 따라서 Bruner(1996: 39)는 한 교과나 학문의 생성적 구조(generative structure)에 대한 의미, 즉 구조감을 학습자에게 주는 것이 중요하다는 점을 지속적으로 강조해 오고 있다.

이상의 논의에서 보면 학문 탐구는 새로운 인식론에 의해 지식의 역동성이 강조될 필요가 있다. 지식의 구조는 그 자체가 생성적 지식이며, 지식구조의 발견과정은 인지적이며 생성적인 과정이다. 또한 지식 구성을 구성주의와 관련지어 보면 구조의 발견과정은 객관적인 증명의 과정이 아니라 지식 구성의 순환적 매개과정과 동일하다. 이런 점에서 지식의 구조는 발견적 속성과 생성적 속성을 동시에 지니고 있기 때문에 발견이냐 구성이냐 하는 논쟁은 무의미하다. 발견의 과정에도 구성적 속성이 내재해 있으며, 구성의 과정에도 발견의 속성이 내재해 있다고 볼 수 있다. 구조를 학습하는 과정은 발견과 구성의 연속선상의 어느 지점에 놓여 있다고 볼 수 있다. 그리고 경험의 인식론에서 본다면 지식의 발견보다는 창조가 중요하며, 지식의 능동적 측면을 주목할 필요가 있다.

3) 탐구와 발견학습의 재구성

지식의 구조는 학습자와 독립적인 객관적 실재이기보다는 학습자와 상호작용을 통하여 부단히 새롭게 구성되는 해석적인 체계 속에서의 생성적인 구조이다. 그러한 구조는 사회적 상호작용을 통하여 해석적인 구성의 과정에서 발견되는 동시에 창안되고 발명되는 것이다. 따라서 구조를 발견하는 학습은 학습자 외부에 존재하는 객관적인 실재를 단순히 찾아내는 일 그 이상을 포함한다. 여기에는 구조를 발견하는 활동뿐만 아니라 학습자의 해석적이고 구성적인 활동을 통하여 구조를 만들어 내는 활동까지 포함된다. 이 과정에서 의미 구성의 과정이 중요하게 이루어지는데 이것은 인간이 그 자신과 그가 처해 있는 세상을 이해하기 위한 상징적 활동이다(Bruner, 1990). 이러한 활동 속에서 구조를 내면화하고 거기에서 출발하여 자신의 체험적 변화를 통하여 세계를 조망하고 구성한다고 볼 수 있다.

따라서 발견학습은 인지적 상호작용 과정으로서 이해될 필요가 있다(Bigge, 1999: 133-150). 비고츠키의 전통에 의하면 사회적(상황적) 구성주의에서 학습은 문화적으로 조직된 실제 활동들의 공동참여이다. 따라서 지식 구성 영역에서의 의미의 교섭이 중요하다(이차숙, 2001; Driscoll, 2000). 기본적으로 발견 행위는 인지적 성장에 대한 구성주의적 시각을 가정하고 있다. 인간의 인지적 성장은 단순히 어떤 지식을 가르쳐 줌으로써가 아니라 문화적 수단에 익숙해지게 함으로써 스스로 발견적 과정들을 통하여 일어난다. 결국 지식의 구조라는 것이 발생적인 것이므로 당연히 알아야 되는 것보다 더 많이 알 수 있도록 해 주는 방식으로 어떤 사실들을 학습자의 머릿속에 잘 조직하게 해 준다는 것이다. 그리고 이러한 일은 반성과 숙고를 거쳐야 하며 학습자가 이미 알고 있는 것에 대해 곰곰이 생각하는 성찰적 사고를 요구한다(Bruner, 1996: 129).

그런데 브루너는 최근 학습에서 사회 · 문화적인 측면들을 포함하는 방향으로 발견학습 이론을 확대시켜 가고 있다(1986; 1990; 1996). 이는 여러 가지 측면에서 비고츠키의 사회구성주의 이론과 맥을 같이하고 있는데 발견학습의 극대화를 위하여 비계설정(scaffolding)을 도입하고 있다. 이것은 학습이 사회적 상호작용과 인지적 노력을 통해서 얻어지는 것임을 시사하는 것이다. 이 점에서 볼 때 학습은 학습자 자신의 발견을 통해 새롭게 의미를 구성하고 지식을 구조화해 나가는 과정으로서, 새로운 발견과 의미 구성에 필요한 것들을 사회적 상호작용을 통하여 학습해 나가는 것이라고 볼 수 있다(Bruner, 1996: 151-153).

다른 한편으로 보면, 발견학습은 사회구성주의의 체계보다는 내러티브 사고에 의해 보다 풍부하게 재구성될 수 있다. 이런 맥락에서 Bigge(1999: 142-144)는 최근에 브루너의 학습에 관한 문제를 내러티브 중심의 과정으로 재구성하고 있다. 즉, 학습은 내러티브를 통하여 의미를 만들어 가는 과정, 즉 내러티브 발견법으로 볼 수 있으며, 그 발견은 일상심리학의 맥락에서 작용한다. 일상심리학은 사회적 세계 속에서의 경험과 지식, 상호작용과 관련된다. 이 관점에서 보면 인간 학습의 이유는 주어진 문화에 있으며, 그 문화 내에서의 의미를 위한 탐구 활동에 있다. 사람이 문화에 참여함으로써 그 속에서 의미는 공적인 성격을 띠며, 공유되는 것이다. 일상심리학은 의미 구성과정에 관련된 상호적 과정이다. 따라서 발견학습은 내러티브 사고에 의한 의미 구성과정인 동시에 문화 속에서의 해석적 구성과정이다.

이상의 내러티브적 발견과 해석적 체계에 의하면 발견학습은 더 이상 객관적인 구조를 수동적으로 혼자 찾아내는 활동이 아니다. 이러한 점에서 브루너는 자신의 탐구학습에 관한 초기의 생각이 불완전하다고 보고, 새롭게 탐구학습에 대하여 사회적 장면에서 구성원들의 교섭과 공유에 의해 재창조되어 가는 과정이 강조될 필요가 있다고 지적하였다.

이상의 탐구-발견학습에 대한 재구성 논의로부터 우선 지식의 역동성을 기초로 하는 상호적 학습을 중시하는 설계가 이루어져야 할 필요가 있음을 알 수 있다. 브루너에게 있어서 학습은 단지 지식 획득-변용-평가의 에피소드만을 의미하지는 않는다. 학습은 해석적 사고를 통한 의미 형성의 과정이며, 그것은 구성주의적 과정인 동시에 교사-학생 간의 상호작용 과정을 말한다. 상호작용 과정에서 학생들 간의 대화는 중요하며, 대화를 통해 언어에 의한 상호작용이 일어나며, 이 과정에서 의미의 교섭과 거래가 일어난다. 협동학습(collaborative learning)의 가치는 여기에 있다. 동시에 학습은 언어에 의한 상호작용 속에서 일어나지만 문화의 맥락에 놓여 있으며, 그 맥락 내에서 의미가 만들어지고 의미를 구성해 내는 교육적 상호작용으로서의 내면화가 일어난다. 따라서 학습은 상호 학습 공동체이며 교실은 이 지점에 놓여 있다.

3. 정초주의 대(對) 포스트모던

1) 기존 인식론에 대한 반성

인식론이나 방법론과 관련하여 장상호(2000: 384, 721)는 다음과 같이 언급한 적이 있다.

인식론이나 방법론은 넓게 말한다면 학문적인 지식의 성격, 그 탐구와 형성, 그리고 평가기준에 관한 연구라고 할 수 있다(장상호, 2000). 인식에 대한 혹은 방법에 대한 인식은 가능하다. 그러나 첫 번째의 인식에 비해 두 번째의 인식, 즉 인식론과 방법론은 아직도 어느 수준에서 지체되어 있는 것이 사실이다. 두뇌가 그 자신에 대한 설명을 제대로 하지 못하듯이 우리는 매일 인식활동을 하고 놀라운 학문적 성과를 얻고 있음에도 불구하고 그 발전에 대한 설명에 있어서 매우 낮은 단계에 있다. 전통적인 인식론이나 방법론은 그 흐름의 전반적인 형태에 비해서 너무 지엽적이거나 부분적이거나 혹은 스스로의 언어의 한계 속에 갇혀 있다.

인식은 변화의 과정을 거치며 그것의 특수한 종류의 하나로서 인식론도 당연히 변화의 과정을 거친다. 인식론은 앎에 관한 앎으로서 인식의 자기 성찰적 요소를 가지고 있다. 앎이란 무엇인가, 그것은 어떻게 형성되는가, 그리고 참된 앎과 거짓된 앎을 구분하는 기준은 무엇인가 등등 우리는 앎 자체에 대해 많은 의문을 가지고 있다. 그것 자체가 인식론이 아직도 발전할 소지가 많은 분야임을 말해 준다. 인식론에 있어서 최종적인 해답이나 절대적 기준이 있을 수 없다. 다양한 학설들은 발전하는 인식론의 다양한 수준을 반영하고 있고, 우리는 오직 상대적인 것에 대한 성실한 연구를 통해서만 발전으로 향하는 길을 모색할 수 있다. 즉, 우리는 인식 혹은 인식론에 있어서 특정한 하나의 관점에만 큰 비중을 두지 않고, 다양한 관점들을 초청하고 그들에게 보다 높은 수준의 인식 혹은 인식론으로 향하는 길이 있음을 보여 주는 절차를 취해야 할 것이다.

어떤 것을 보다 발전된 인식론으로 등장시키려면 그것이 이전에 전통적으로 이루어진 철학적 인식론과 어떤 연관성을 갖는지를 먼저 규명하는 것이 순서이다. 우리가 제안하려는 교육적 인식론은 이전의 인식론과 다른 것이다. 그렇다면 그것이 새로운 탐구 영역으로 성립되기 위해서는 먼저 근거가 제시되어야 할 것이다. 그 근거라는 것은 우선 현존하는 인식론이 봉착한 문제가 될 것이다. 내러티브 인식론은 전통적인 제반 인식론에서 제기된 난점과 문제를 새로운 방식으로 해결하는 연속선상에 있다. 이 때문에 여기에서는 우리의 내러티브 인식론을 제안하기에 앞서 고전 인식론의 문제, 그 기저가 되는 입장들을 종합적으로 살펴보고자 한다.

이제까지 철학적 인식론자들은 역사적으로 사실의 세계에서 일어났고 현재 일어나고 있는 현상을 해명하기보다는 그것들을 철학적 취향에 맞도록 재구성하는 일을 주로 하였다. 이들은 인식의 과정에 포함된 복잡한 문제나 그들의 전문적 능력 밖의 주제는 생략하거나 혹은 선험적인 것으로 가정하여 넘어가는 편법을 취하였다. 그들의 논의는 결과만을 놓고 보면 너무도 그럴듯한 정합성을 갖추고 있다. 그것은 철학자로서 불가피하고 당연한 처리방식이 될지도 모른다. 그러나 그것이 아무리 논리적인 정합성을 갖는다고 하더라도 현실에 맞지 않는다면 하나의 헛된 가공에 불과할 것이다.

그중 오늘날 크게 문제되고 있는 것이 전통적 인식론이 가지고 있는 이른바 정초주의(foundationalism)이다. 지금까지 서양의 인식론은 대체로 절대적 확실성이나 절대적 오류 불가능성이라는 이념 아래 전개되어 왔다. 철학자들은 인식의 문제를 다룸에 있어서 처음부터 아르키메데스적인 기점을 전제하고, 철학적 사유를 통해 그것에 대립하는 불확실하고 회의적인 모든 요소들을 개념적으로 배제해 나가면 종국에는 의심의 여지가 없이 확실한 인식의 체계를 이룩할 수 있을 것으로 생각하였다. 그들은 삶에서 직접적으로 나타나는 인식의 불확실성을 철학의 본령으로부터 축출하였다.

인식에 모종의 질서와 정초성(초석이 되는 근본성)을 찾고자 하는 노력의 저변에는 항상 그 궁극적 기반의 결여에서 나오는 허무주의, 무정부주의, 상대주의, 무질서, 혼돈, 그리고 혼란에 대한 불안이 자리 잡고 있었다. 그런 불안을 해소하고 절대적인 근거나 기반을 찾는 과정에서 정초주의자들은 세계는 우리의 인식과는 독립하여 미리 고정된 속성을 지니고 있다고 믿음으로써 인식의 토대를 찾아 왔다. 즉, 세계의 속성들이 어떠한 인지 활동보다 먼저 확정되어 있는 것이다. 그리고 나서 그들은 그것을 있는 그대로 표상하고 재현하는 인식 활동을 가정한다. 그래서 그들이 지닌 표상의 타당성을 판정할 수 있는 궁극적인 법정은 표상의 의미에 독립적으로 존재하는 세계이다. 이런 방식으로 그들은 실재와 완벽하게 대응하는 지식을 얻어 내는 엄밀한 방법을 발견했다고 공언하고 그 주장과 이념에 반대하는 철학자를 상대주의자로 매도하였다.

그 전형적인 예들이 인식론의 중심을 차지해 왔던 경험론, 합리론, 칸트의 인식론, 그리고 현상학과 분석철학 등이다. 그러나 이들이 가정했던 바는 점차 허물어지고 있다. 철학적 인식론이 철학자의 관심을 충족시키고는 있지만 이 현실적인 부적합함은 그 어느 역사적 사실에 비추어 보더라도 금방 드러난다. 그렇다면 그것은 인식론의 종말을 의미하는가? 결코 그렇지는 않다는 것이 우리의 결론이다. 이런 상황은 어느 분야에서나 흔히 찾아볼 수 있듯이 인식론이 다시 한 번 그 발전의 출구를 발견해야 하는 위기로 해석되어야 할 것이다. 인류 역사가 시작된 이래 인식 활동은 언제나 줄기차게 진행되어 왔으며 그것에 대한 우열의 판단 역시 꾸준하게 진행되어 왔다는 것은 의심의 여지가 없다. 학문의 세계는 역사적으로 유례가 없는 발전을 구가하고 있다. 인식론은 이 부인할 수 없는 사실을 설명하는 데 당분간 좌초하고 있다고 보아야 한다.

우리는 그런 인식론의 발전적 과정을 전제하는 입장에 서서 정초주의를 떠난 새로운 인식론의 지평을 열 수 있는 길을 모색해야만 하는 것이다. 절대적인 진리를 판명할 수 있는 절차나 방법에 대한 기대를 버려야 한다고 할 때 우리는 정초주의자들이 그토록 금기시해 왔던 상대주의를 그 대안으로 떠올린다. 상대주의자들은 다른 이론과 비교하여 한 이론의 우위성을 평가할 수 있는 보편적이고 초시간적인 합리성의 기준은 존재하지 않는다고 주장한다. 한 과학이론을 평가하는 기준은 개인과 사회에 따라 변하며, 개인이나 집단이 무엇을 가치 있는 것으로 평가하느냐에 따라 달라진다는 것이다. 그들에 따르면, 이론의 우위성을 평가하는 기준은 개인과 사회에 모두 상대적이다. 그러나 이런 사실을 인정하는 것이 반드시 정초주의자들이 우려하는 것처럼 무정부적인 결과만을 가져오는 것은 아니다. 설사 지식이 절대적일 수는 없다고 하더라도 상대적인 우열을 판별하는 가능성조차 부인되는 것은 아니다. 우리는 그 평가기준의 상대적 우위를 인정하고 거기서 학문적 탐구의 바른 길을 찾는 현실적인 방안을 찾을 수도 있다.

만약 우리가 지식의 상대성을 인정한다면, 누가 어떤 자격을 가지고 이론의 우열을 판단할 것인가? 이 문제와 관련하여 전통적인 인식론에서 주장해 왔던 해답은 주체가 배제된 모종의 객관적인 절차였다. 이제까지 인식 대상과 인식의 대응을 모두가 따질 수 있다는 신념이 하나의 확신으로 굳어져 왔다. 그러나 이런 가정은 더 이상 사실 자체에 부합하지 않다는 것이 분명해지고 있다. 알고 보면 우리에게는 실재에 곧바로 접촉할 길이 애초부터 차단되어 있다. 지금까지의 대응설적 가정을 받아들일 때 이 사실은 절망적인 증거가 될 것이다.

그러나 우리가 지식이라는 것을 좀 더 현실에 부합한 방식으로 규정할 수 있게 된다면 이것은 새로운 인식론의 출발을 의미한다. 만약 우리가 지식이라고 불러 왔던 것도 기실 실재에 대한 그림이 아니라 실재와 우리 자신의 상호작용의 한 양상이라고 보면 지식의 우위를 판단할 주체는 그 판단에 앞서 해당 지식들을 먼저 증득해야만 한다. 이것은 바로 지식의 판단에는 그것을 습득하거나 습득하도록 돕는 과정이 불가피하게 요구된다는 것을 의미한다.

이제 전통적인 인식론의 붕괴와 더불어 등장하고 있는 무정부적인 상대주의와 자의적인 주관주의에 대해서 우리가 가지고 있는 불안한 심정을 해소해 나갈 수 있게 된다. 그 해결의 단초는 마음에 대한 연구, 내러티브 사고 양식, 변증법, 해석학, 문화심리학, 문화구성주의, 상식심리학 등으로 이미 상당 부분 시사되었다.

2) 고전적 인식론과 그 문제

인식론은 멀리 기원전 5세기의 그리스에서부터 지식의 정의, 형성과정, 그리고 정당화와 관련된 제반 물음을 추구하는 과정에서 발전하였다. 그 이후 인식론의 중요한 과제는 어떻게 거짓 믿음의 가능성을 배제하느냐에 있었다. 그 가운데 여기서 검토하려는 정초주의의 입장은 그 논의의 발전과정에서 확실한 것을 찾을 수 없다거나 공인된 사상을 의문시하는 회의주의, 혹은 어떤 대상에 대한 하나 이상의 상반된 관점을 동시에 인정하는 상대주의와의 끊임없는 논변을 통해서 정립되어 왔다.

상대주의는 철학사적으로 "인간은 만물의 척도이다"라고 주장한 프로타고라스(Protagoras)의 선언과 더불어 시작되었다. 이는 현실은 있는 그대로 인식될 수 없고, 오히려 인식하는 의식을 통해서만 인식될 수 있다는 것을 함축하는 최초의 선언이다. 이런 관점은 당시 소피스트들에 의해 널리 채택되었으며, 그들은 상대주의적 관점에 의해서 절대적 지식 혹은 진리를 부정하였다. 인식론은 이처럼 객관적인 진리를 부정하는 회의론과 혼란을 견제하면서 참된 지식을 얻고 또 평가할 수 있는 질서를 찾으려는 동기에서 점차 발전하였다. 서양지성사의 주류를 형성하는 소크라테스, 플라톤, 아리스토텔레스 계열은 인식의 보편적 질서를 찾고자 하였다.

보편적 합리성과 객관성을 찾으려는 열망은 중세의 신학과 결부하여 극단의 형태에 이르게 된다. 4세기부터 15세기까지 약 천 년간 기독교가 유럽의 사회적·문화적 세계는 물론 개인적인 삶을 지배하는 동안 인식의 분명한 기점은 신으로 확정되었다. 절대적 진리와 가치가 지배하는 형이상학적 독단과 신학적 세계관이 이전까지의 모든 회의론을 추방하였다. 인식에 대한 모든 평가가 자명한 기점에서 연역되어 나왔기 때문에 불확정성을 가정하는 학문은 정체될 수밖에 없었다. 믿음, 헌신, 기도, 선한 일, 그리고 하느님과 교회에 대한 사랑과 복종이 중요한 이 시대에는 그리스의 자유롭고 이성적이며 독립적인 철학은 더 이상 존속되기 어려웠다. 신학과 자연과학을 분리시키려는 베이컨(F. Bacon: 1561~1627)과 근대 철학의 대표자로 등장한 데카르트(R. Descartes: 1596~1650)에 이르러서야 비로소 신학의 어두운 동굴을 빠져나오려는 새로운 인식론적인 입장이 드러나게 되었다.

이들은 17세기에 출현한 근대 자연과학과 더불어 새로운 활로를 찾았다. 그 근간을 이루었던 입장이 합리론과 경험론이다. 이 모두는 신학적 확실성과 고대 그리스에서 기원한 학문적 탐구를 구분하려는 당시의 시대사조를 반영하고 있다. 다만, 방법에 있어서 서로 이견이 있었다. 그러나 그들은 의견의 상대성을 벗어나서 결정적으로 확실한 지식을 구성한다는 취지에서는 서로 일치한다. 그런 입장은 데카르트에 이어 로크(J. Rocke: 1632~1704), 칸트(I. Kant: 1724~1804)로 이어지는 근대 인식론의 전개과정에서 찾아볼 수 있다. 더 나아가 그런 정초주의적 이상은 오늘날에도 현상학과 분석철학 등에까지 이르고 있다. 그들에게 있어서 절대적이고 확실한 인식을 위협하는 요소의 등장은 언제나 인식론의 위기였다.

인식론은 그때그때의 위기를 맞아 해체와 재정립의 과정을 거쳐 왔다. 인식론의 발전단계마다 이전의 인식론이 내포하고 있는 문제를 제기하고 더 확실한 지식을 보장할 수 있는 길을 모색하려는 시도가 있었다. 스콜라주의에 대한 데카르트와 로크의 경우에서 이 점을 확인할 수 있다. 칸트가 경험론과 합리론의 일면성을 공격한 경우에도 인식에 대한 정의 자체부터 포함하여 모든 것이 새로운 관점에서 재조정되었다. 그리고 이는 다시 헤겔(G. W. F. Hegel: 1770~1831)에 의해서 일면적인 것으로 부인되었다. 현대에 이르러서는 현상학자들과 분석철학자들이 이전의 철학적 지식과 인식론을 부정하고 새로운 길을 모색하고 있다. 그러나 그들의 주장 역시 해체에서 자유로운 것은 아니다. 이 모든 것이 더 나은 인식론으로 향하는 결정적인 단계로 우리에게 기억된다. 이런 발전은 이전의 인식론이 가지고 있는 잘못된 가정, 개념적 혼동, 혹은 실재에 대한 무의식적 곡해가 점차 드러남으로써 불가피하게 이루어진 것이다. 이처럼 이전의 인식론이 해체되고 새로운 것이 정립되는 과정을 거쳤기 때문에 상이한 인식론들 사이의 차이는 부분적인 것이 아니다. 그들이 서로 공유하는 개념은 사실상 없다고 해도 과언이 아니다. 각각의 개념은 그 체제 안의 맥락에서 규정된다. 이 때문에 하나의 새로운 인식론을 제안한다는 것은 이전의 것과 총체적으로 다른 것을 정립한다는 것을 의미한다. 인식론의 발전 역사에서 각 단계의 인식론은 그들 나름의 논리를 제시하고 있지만, 새로이 비판받아야 한다.

3) 포스트모던으로서 내러티브적 인식론

(1) 인간 존재와 내러티브

인간 존재에 대한 내러티브 이론에 의하면, 각 연구는 개인이 살고 경험하고 해석하는 것으로서의 존재에 주의를 기울이고 초점을 맞출 필요가 있다. 이러한 해석은 궁극적으로 의미의 질서뿐만 아니라 언어의 과정을 포함하게 되는데, 이때 의미의 질서는 언어와 상호작용하면서 언어에 물리적 및 유기체적 질서를 부여하는 것이다(Polkinghorne, 1988: 125-126).

Heidegger는 인간 경험의 원형은 해석학적 의미성에 있다고 제안하였다. 내러티브는 해석학적 의미가 표현되는 일차적인 틀이다. 인문학을 실제로 수행하는 데에 정보를 제공해 줄 수 있는 인간 존재에 대한 이론은 인간 경험과 존재에 있어서 내러티브가 중심이 된다는 것을 분명히 보여 주는 것이어야 할 것이다. 우선 인간 경험에서 나타나는 시간성의 수준에서 내러티브의 기능을 다룬다. 그리고 인간 행동을 내러티브에 의한 시간적 순서에 의해 구성되는 것으로 이해하는 문제를 다룬다. 마지막으로 자아와 개인의 정체성을 정의하는 데 있어서 내러티브의 역할을 다룬다.

　인문학들의 탐구 대상은 인간이며, 이러한 학문들이 각 주제에 관한 적절한 지식을 산출하기 위해서는 인간의 특성에 부응할 수 있는 지적 도구를 가져야만 한다. 계몽주의 시대에 형식 과학의 발달은, 행동과 반응이 불변의 법칙에 의해 지배되는 사물들로 구성된 평면 위에 인간을 포함한 실재가 궁극적으로 위치한다는 생각에 기초하였다. 이러한 관점에서 보면, 인간 존재는 여러 가지 사물들 중의 하나일 뿐이었다. 이것은 인간 존재의 본성은 일차적으로 영적이며, 자연의 법칙보다는 하나님과의 관계에 의해 지배된다는 계시적 생각을 뒤집는 것이었다. 그러나 인간 존재에 대한 계몽주의적 정의는 지나치게 환원주의적이다. 그것은 인간적 영역을 이해하기 위한 언어의 중요성을 간과하였다. 인문학들이 보다 설득력을 가지기 위해서는 인간 존재의 모든 단층들에 주의를 기울이는 이론을 발전시킬 필요가 있다.

　Maurice Merleau-Ponty와 Stephan Strasser는 인간 존재는 물리적 영역의 객관적인 단계로부터 언어학적 표현의 단계로 확장되는 실재의 상호작용적 단층들로 구성되었다고 주장하였다. 이러한 다양한 단층들을 통합하는 것은 표현하는 행위의 부분이며 언어적 특성에 따라 순서를 가지게 된다. 언어적 영역은 장소가 아니며, 일종의 활동이다. 그것은 존재의 의미를 창조하는 지속적인 과정으로서, 어떤 사람이 문장을 말하거나 시를 쓸 때 나타나는 의미의 창조 과정과 비슷하다. 따라서 인간이 된다는 것은 하나의 사물이 되는 것이 아니라, 일종의 의미 생성 활동을 하는 것이다. 그것은 살을 붙이고 구체화하여 의미를 만드는 것, 즉 그것은 일차적인 존재의 표현 양식이다.

　내러티브는 삶의 사건들이 일관성 있고 의미 있는 통합된 주제로 연결되는 표현 양식들 중의 하나이다. 하나의 관점에서 보면, 인간 존재는 하나의 삶으로 연결되는 일련의 지속적인 활동들의 연속이라고 볼 수 있다. 그러나 이러한 활동들은 여러 가지 분절된 시간에 따라 나누어진다. 분리된 사건으로 인식되는 짧은 기간의 활동들은 의식적 또는 무의식적 목적들의 결과로 이해된다. 즉, 그것들은 사고, 정서, 신체의 움직임과 같은 사건들을 포함한다. 다른 활동들은 개인적 시간의 장기적 기간에 해당하는 것으로 표시된다. 즉, 그것들은 아동에서 어른이 되기까지의 발달상의 변화를 포함한다.

　인간 경험의 시간성은 (예컨대, 50세 생일처럼) 자신의 고유한 삶에 따라 구획 지어질 뿐만 아니라 (1980년대와 같은) 역사의 장기간의 시간과 사회 진화 속에서의 자신의 위치에 따라 구획 지어진다. 내러티브는 이러한 시간에 대한 다양한 경험을 보여 주는 의미 생성 양식이다.

(2) 내러티브와 시간성

형식 과학이나 계몽주의에 의해 주창된 실재에 대한 객관주의적 견해에 의하면 세계는 현재의 순간을 이루는 시간의 단면을 움직이는 무의미한 사물들이 가득 찬 공간으로 묘사되었다. 세계에 대한 원래의 인간 경험으로부터 객관적 시간과 공간을 추상화할 때, 세계는 실지 있는 모습 그대로 보다 정확하게 묘사될 수 있다고 생각되었던 것이다. 그리하여 원래의 인간 경험의 위계적 조직은 무너지고 형식논리학의 틀에 맞도록 재조직되었으며, 인식되는 사물의 외형에서 의미가 배제되었다. Merleau-Ponty와 Heidegger에 의하면 원래의 인간 경험은 다층적이며, 해석학적으로 조직되며, 의미가 풍성하다. 이러한 원래의 경험을, 인간 경험과 분리하여 실재가 실지로 어떤 것인가라는 계몽주의적 관념을 창조하는 것으로 환원시키는 것은, 인간 경험에서 다양하고 풍부한 시간의 개념과 대비되는 극단적으로 빈약한 시간의 표상을 창출하였다 (Polkinghorne, 1988: 126-127).

(3) 행위와 내러티브

인간은 자신, 타인 그리고 세계를 의미 있게 이해하기 위해서 사회적으로 주어진 언어적 영역을 이용한다. 그 언어적 영역과 인간의 의미 질서는 해석학적 합리성에 따라 조직되며, 다양한 상호작용 수준에 따라 정렬된다. 이를 기반으로 하여 인간은 그들이 무엇을 원하는지와, 자신이 원하는 것을 만족시키기 위해 무엇을 할 필요가 있는지를 결정한다. 우리는 우리 자신과 공동체의 과거에 대한 이야기들을 회상하며, 이것들은 행동과 결과가 어떻게 연결되는가에 대한 모델을 제공한다. 회상한 모델을 사용하여, 우리는 우리의 전략과 행동들을 계획하고 다른 행위자들의 의도를 해석한다. 내러티브는 인간 행동에 형태를 부여하고 인간 행동을 의미 있게 해 주는 담화 구조이다. 계몽주의는 주체를 그의 신체 및 신체의 움직임과 분리시켰으며, 인식 주체를 인식된 세계의 부분으로서가 아니라 관람자로 보았다. 형식 과학은 이러한 분리를 받아들였고, 결과적으로 인간 행동을 행위자 및 행위자의 결정이라는 용어로 설명하는 것은 그릇되다고 보았다. Martin Packer는 『미국의 심리학자(American Psychologist)』에 실린 최근 논문에서 "최근의 연구들은 심리학이 인간 행동의 구조와 조직을 연구하는 방법 면에서 부족하다는 사실을 지적해 왔다."고 말했다(Polkinghorne, 1988: 135). 이와 관련하여 Polkinghorne이 제안하는 내러티브적 앎의 방식은 앞의 문제와 관련된다.

4) 포스트모던의 기저로서 의미 문제: Bruner의 의미 구성의 행위

Bruner는 비고츠키를 계승하고 문화인류학과 현대심리학을 취해서 통합했다. Michael Cole은 최초로 문화심리학(cultural psychology)이란 용어를 사용했다. Bruner에 의하면 모든 사고와 행동 자체가 곧 문화이다. 따라서 심리와 문화는 곧 동질적인 것이다. Rogoff는 문화·사회적 맥락 속에서 사람들의 행위과정을 기술하는 것이 심리학이라고 주장하며 태도, 가치관이 행위를 이해하는 도구는 될 수 있어도 그것이 행위 자체는 아니라고 주장하며 분석의 단위를 행위(action)로 할 것을 주장했다.

(1) 주류 심리학의 오류

학문이란 학자들이 구성한 세계이고 진리를 추구하는 방식이다. Bruner가 생각하는 인간을 연구하는 방식은 현대 실험심리학의 연구방법에 반하는 것이다. 인간의 의식을 연구하기 위해 현대심리학자들은 자극과 반응 간의 관계를 통해 인간의 감각을 연구하고자 하였다. 이러한 배경에는 과학, 특히 화학의 영향이 컸다. 화학의 환원주의적 관점을 택해 잘게 나누어진 원소를 연구하듯이 인간의 의식을 이루는 요소들을 찾고 그것들을 연구하는 것이 곧 인간 심리를 연구하는 것이라 생각했다. 그러나 이러한 연구들은 만족스러운 결과를 얻지 못해 행동주의가 출현하게 되었다. 행동주의자들은 의식을 블랙박스(Black Box)로 보고 연구대상에서 제외시킨 채 행동만을 연구했다. 이러한 행동주의자들의 연구는 다시 사람의 마음이 없는 심리학으로 변질되었다. 즉, 사람과 동물을 하나의 Family로 보고 동물의 행동을 사람에게 적용시킬 수 있다는 가정에서 출발한 것이다. 이러한 행동주의에 반해 일어난 것이 인지혁명(cognitive revolution)으로 Mind의 연구로 돌아가고자 하였다. 이러한 인지심리학은 오늘날 그 영역을 확대해서 인지과학이 되었다. 그러나 이러한 인지과학도 Mind를 찾고자 하는 본래의 취지에서 벗어났다. 인지과학은 연구도구인 컴퓨터를 인간의 대치물로 보고 컴퓨터 연구를 통해 인간의식을 연구하고자 하였다. 그러나 컴퓨터의 정보처리가 인간의 의미 창조와 같을 수는 없다. 인간은 컴퓨터와 달리 주체성(Agency)이 있고 의도(intention)를 가지고 있다. 인지과학은 컴퓨터 때문에 여러 학문 분야에 영항을 끼쳤으나 결국 컴퓨터 때문에 마음(Mind)을 찾지 못했다.

(2) 일상심리(Folk Psychology)에서의 의미

학문은 결국 사회적 요구에 따라 형성되는 것이다. 심리학은 여타의 사회과학과 보조를 맞출 수 없어 오늘날 학문적 고아가 되었다. 인간의 뇌 속에 장착된 하나의 장치를 찾고자 함으로써 인간과 문화를 단절시켰다. 그러나 인간의 마음은 사회·문화와 결코 단절될 수 없는 것이다. 그것은 사회·문화적 환경과 함께 변화한다. 마르크스와 앵겔스가 주장했듯이 인간은 사회·문화에 따라 변하는 동시에 행위주체(agent)로서 사회·문화에 새롭게 반응한다. 의식에 내면화된 사회·문화는 뫼비우스의 띠, 이면동체(異面同體)처럼 다시 사회·문화에 반응한다. Bruner는 의미를 심리학의 중심 개념으로 놓고 심리학을 인간이 외계 활동과의 접촉을 통해 만들어 낸 의미를 찾는 것으로 보았다. 이것은 비단 심리학에서만의 추세가 아니라 여타 학문에서도 새로운 관심으로 떠오르고 있는 주제이다. 예를 들어, 기호학, 인지 언어학 등이 그것이다. 의미는 인간의 세상에 대한 해석인 것이다.

의미나 해석이 중요한 이유는 구성주의를 제안한 Goodman에 의해 설명된 바, 그는 인간이 인지, 지각하는 것이 다른 이유는 대상의 속성에 따라 다른 것이 아니라 사회·문화적으로 구성된 인지자·지각자의 해석의 틀, 도구에 따라 다른 것이다. 문화는 상징체계를 가지고 있으므로 구성할 수 있는 것이다. 인간은 문화 속에 던져져 그 문화의 상징체계를 습득하게 되고 그로 인해 해석의 틀을 가지게 된다. Geitge에 의하면 인간이 언어를 통해 구성할 수 없다면 인간은 작동되지 못한 동물이다. 문화에 의해서만 인간은 인간다워질 수 있고 정신력(mental power)을 얻게 된다. 인간은 생리적 존재가 아니라 문화를 표현하는 존재이고 문화 없는 인간은 존재할 수 없다. 인간은 의미를 만들고 의미를 사용하는 존재로 조직화된다. 인간이 문화를 통해 의미를 사용하지 못한다면 인간 간의 의사소통은 불가능하다.

문화와 의미 간의 관계를 매개하는 것이 일상심리이다. 일상심리는 인간의 삶에 대한 문화적 설명이며, 일반인이 세상을 해석하고 지각하는 방법이다. 일반인의 믿음은 곧 세상에의 현현이고 일반인이 구성한 의식이 곧 현실이 되는 것이다.

과학적 심리학(scientific psychology)은 일상심리의 비과학성을 공격하지만 과학적 방법으로 연구될 수 없는 것이 바로 일상심리의 특성이다. 일상심리는 마음(mind), 믿음(belief), 바람(desire), 의도(intention)를 다루고 개념은 느슨하고 엉성하며 의도성을 다루므로 객관적 검증이 불가능하다. 그것은 문화를 반영하고 그 속에 가치성을 내포하며 일반인이 나름대로 지식을 얻는 방법을 가지고 있다. 일상심리가 문화적 의미를 중시하는 까닭은 문화가 모든 규범과 제도를 함축하기 때문이다. 이 모든 문화적 의미가 일상심리를 지원하고(support), 일상심리는 다시 문화를 지원한다.

일상심리는 문화와 강하게 연결되었고 문화사(Cultural History)와 비슷해서 일반인의 마음속에 작동되고 살아 움직인다. 모든 사람은 의미를 공유하고, 그것을 삶의 현장에서 적용한다. 사람들이 행동하는 것보다 말하는 것이 중요한 것이다. 기존 심리학에서 연구한 행동(behavior)은 목적성과 의도성이 배제된 것이다. 일상심리의 행위(action)는 의도성과 목적성을 강조한다. 즉, 수행(do)만큼 말하기(say)가 중요한 것이다. 일반인들은 의도성의 유무에 민감하다. 그럼에도 행동실천(do)만을 강조한 이유는 예언성을 찾기 위해서이고 말하기는 오류나 착각(환영)으로 간주되었다. say와 do는 분리될 수 없는 것이다. 말하기는 가치와 의미를 의미한다. 이것들이 없다면 인간은 인간다워질 수 없다. 정신과 인간의 관계는 가치(value)와 의미를 중심으로 구성된다. 문화는 마음을 만들고, 마음은 가치를 만든다.

(3) 일상심리학의 내러티브

브루너는 스키너에 대해 인간의 자유와 존엄성을 무시했다고 비판했다. 스키너의 행동주의는 객관주의와 실증주의에 몰입하기 위해 민주주의 가치를 부정하고 인간 본성을 무시한 것이다. 과학적 심리학이 모든 진리는 하나의 관점이라는 것을 인정한다면 더욱 발전할 수 있다. 즉, 심리학이 일반인의 일상심리학을 인정하게 될 때, 문화가 일반인의 자기만족적 상상이 아니라 함께 살아가는 데 필요한 전제라는 것을 인정하고 다른 학문과의 연계를 찾는다면 심리학은 훨씬 발전할 수 있다.

문화나 일상심리학은 내러티브(narrative)로 표현된다. 내러티브는 문화를 전수하고 구성하는 것이다. 내러티브는 마치 변사처럼 그 모든 것을 이해시킨다. 즉, 장면이나 상황을 이해시키고 맥락을 설명하며 인간의 의도나 마음을 이야기하고 그것을 그대로 읊는다. narration은 전지적 작가 시점을 거부하고, 이야기(talking about)하며 사실과 진실을 혼재시킨다. 내용이 사실이냐 거짓이냐는 중요하지 않으며 이야기의 구조에 맞게 의미 만드는 것(making sense)이 중요하다. 이러한 사건의 기술은 우리가 세상을 구성하고 생각하는 방법이다. 소설이나 과학은 다 같이 내러티브 형식을 취한다. 인간의 사고방식은 내러티브 형식을 취하는데, 그 말 뒤에는 항상 전제가 있다. 일상생활에서 일상성이 깨지는 순간에 내러티브가 발생한다. 내러티브는 일상성이 깨어지고 생겨난 변이(deviation)를 내러티브하게 만들고 기능적 자동화로 변수를 규범화시킨다.

사람들은 내러티브 틀(narrative frame)을 가지고 산다. 아리스토텔레스가 이야기한 모사란 세상에 대한 표상이다. 우리는 모사를 통해 세상을 이해한다. 모사 중에 가장 중요한 것이 비유와 은유이다. 우리는 마음에 대한 메타포가 풍부하다. 표상이나 모사는 하나의 세상에 대한 해석의 틀이다. 심정은 마음 상태에 대한 구성인데 이것은 내용이 아니라 형식인 것이다.

4. 패러다임적 접근 대(對) 내러티브 접근

1) 패러다임적 지식관과 그 변화: 지식의 구조와 내러티브(강현석, 2009)

전기 이론에서 지식의 구조는 결국 구조에 핵심적 의미가 있다. 어떤 교과든지 그 교과를 특징적으로 그 교과답게 해 주는 골간으로서 구조가 있다. 교과의 구조란 각 교과가 모태로 삼고 있는 학문 분야의 기본적인 아이디어나 개념 및 원리를 의미한다. 이러한 구조는 기본적이고 일반적이므로 단순하고 어린 나이에도 학습이 가능하며 따라서 새로운 문제에 대한 적용 범위도 넓다. 학습을 통해 획득된 교과의 구조는 한 현상을 어떤 원리의 특수한 사례로 인지할 수 있게 해 주고, 여러 현상들 사이의 관련성과 질서를 파악할 수 있도록 해 준다. 그러므로 교과의 기본 구조를 이해한다는 것은 관련 현상을 파악하는 안목을 획득하는 것일 뿐만 아니라 일반적 전이를 통해 장차의 활용에도 유익하다.

우선 지식의 구조에 대하여 브루너의 주장을 가장 잘 설명해 주는 것은 다음의 표현일 것이다(Bruner, 1964: 120).

> 지식이라는 것은 우리가 하는 경험에서의 규칙성에 의미와 구조를 제공해 주기 위하여 우리가 구성하는 모델이다. 모든 지식체계에서의 조직 아이디어는 우리의 경험을 경제적이고 서로 관련되는 것으로 만들어 주는 발명품이다. 따라서 우리들은 이해하기 위한 수단으로서 물리학에서의 힘, 화학에서의 결합, 심리학에서의 동기, 문학에서의 스타일과 같은 개념들을 발견하는 것이다. 즉, 구조란 서로 관련성을 가지지 않는 여러 관찰의 누적물에 어떤 질서를 주는 커다란 개념적 발명품인 까닭에, 구조는 우리가 배우게 될 내용에 의미를 주게 되며, 새로운 경험 영역을 열어 줄 수 있게 된다. 하나의 아이디어에 다른 아이디어를 따르게 만드는 지식의 관련성과 그의 파생을 지식의 구조라고 볼 수 있다.

이상의 언급에서 보면 지식은 경험의 규칙성에 의미와 구조를 제공해 주는 것으로서 우리가 구성하는 모형이며, 구조는 어떤 현상에 질서를 부여해 주는 개념적 발명품이다. 브루너에 따르면 모든 학문이나 체계화된 지식체계가 이해될 수 있는 수단이 되는 어떤 폭넓은 개념적 틀이 존재한다는 것이다. 이것에 의하여 어떤 학문에 관련되는 다수의 아이디어, 개념, 감각, 사실, 자료들은 인식이 가능한 하나의 영역을 구성하기 위하여 하나의 통일된 구조에 조합된다. 따라서 모든 학문에는 기저가 되는 핵심적인 개념과 원리, 명제들의 조합이 구조를 구성한다. 이것이 객관적인 실재의 구현이다. 이러한 지식은 우리의 논리적 분석과 증명, 객관적이고 과학적인 설명을 통하여 발견된다. 소위 패러다임적 지식관의 반영이라고 볼 수 있다. 즉, 인식 주체 밖에 존재하는 객관적 실제에서 지식의 본질을 강구하는 입장인 것이다. 이제 지식을 보는 관점은 어느 한 관점만으로 이루어질 수 없으며, 그러한 관점은 약점을 지닐 수밖에 없다.

주지하다시피 일찍이 브루너는 패러다임적 사고와 대비되는 것으로 내러티브 사고를 제안(Bruner, 1985; 1986; 1987; 1996)하고 있다. 이러한 사고 양식들은 인지기능이면서 동시에 인간의 경험을 조직하거나 현상을 구성하는 방식이다. 내러티브 사고는 서술된 이야기 구조를 가지며 임의성을 띠고 비논리적이며 서술체인 사고 양식이다. 그것은 인간의 관점에 따라 다양하게 변하고 삶의 요구를 반영하는 인간적 세계를 해석하고 이해하고자 하며, 여기에서는 다수로 존재하는 의미는 상황의 적절성이나 있음직한 가능성에 의해 판단된다(강현석, 1998: 117-118). 내러티브의 기본적인 의미는 이야기 혹은 이야기를 만드는 것이다. 내러티브 사고에서는 인간은 자신들의 경험을 이야기하려는 보편적 경향을 가정한다. 그것은 인간이 삶을 해석하는 데 있어서 사람이 경험하는 사건, 인물, 행위, 감정과 정서, 의도와 생각, 그리고 상황과 장면 등을 총체적으로 통합시켜 주고 특정 경험이 이루어지는 맥락 속에 위치시켜 주는 인식의 틀이라고 볼 수 있다(강현석, 2005: 92).

그러므로 이러한 내러티브 지식관에 따르면 학습자의 실제 경험에 가담하고 있는 개인들이 자신들의 경험을 다른 사람과 공유하기 위해 구성하는 이야기 속에 있는 것이다. 이 점은 학습자들의 경험 및 그 경험에 대한 이야기가 지식의 주된 원천이 됨을 알 수 있다. 내러티브 관점은 마음의 구성뿐만 아니라 인식론의 차원이 내포되어 있다. 여기에서는 해석적 관점과 구성주의적 시각을 토대로 하는 생성적 지식관이 핵심이다. 인간의 경험과 지식은 다양한 관점과 담론에 따라 상이하게 해석이 가능하며, 담론의 상황에 따라 많은 영향을 받는다(Bruner, 1990b: 112-114). 그리고 앎의 주체를 객체화하고 경험적이고 실증적인 증명을 강조하는 증명의 인식론은 극복되어야 하며(경험의 인식론으로 나아가야 하고), 다양한 시각, 개인적인 주관적 해석을 추구하지 않는 증명의 인식론은 상호작용적이며 대화적인 지식론으로 대체되어야 한다. 이러한 인식론에서는 지식의 발견보다는 창조를, 증명이 아닌 의미 교섭과 간주관성을 강조한다. 여기에서 지식의 능동적 측면을 알 수가 있다. 즉, 인간은 문화를 구성하는 상징적 세계의 관점에서 해석되지 않으면 그럴듯한 의미를 만들 수 없다는 것이다.

2) 내러티브 접근: 내러티브 인식론의 입장과 출발점

이하에서는 내러티브 접근의 특징을 인식론 차원에서 여러 경로로 제안하고자 한다. 우선 핵심적인 것은 Bruner의 입장(1986; 1990; 1996), Polkinghorne의 입장, 그리고 Clandinin과 Connelly(2000)의 내러티브에 대한 관점이다.

(1) Bruner의 내러티브 인식론

언어는 문화에서 중요한 역할을 한다. 언어가 물리적이고 생물학적인 세계의 이해를 위해서 기초가 되는 중요한 것이 된다면, 그것은 우리가 살아가고 있는 사회적인 세계에서 훨씬 더 진실한 것이 된다. 사회와 사회적인 삶의 '실재들'은 담화행위(speech acts)에서 표현되는 것처럼 대부분이 종종 언어적인 사용의 결과물(products)들이 된다. 일단 우리는 문화 그 자체가 그것에 참가하는 사람들에 의해 끊임없이 해석이 요구되는 애매한 텍스트를 포함한다는 관점을 견지한다. 그리고 사회적인 실재를 창조하는 데 있어서의 언어의 구성적인 역할은 실제적인 관심사가 된다(Bruner, 1986).

요컨대, 의미로서의 사회적 실재에 대하여 중요하게 고려할 필요가 있다는 점이다. 사람들 간의 교섭 속에서 우리는 사회적 개념의 의미를 찾을 수가 있다. 의미 혹은 실재란 머릿속에 머무는 것이 아니라 그러한 개념들의 의미에 대해 협상하고 논쟁하는 행위 속에 있는 것이다. 사회적 실재란 물리적인 것이 아니라 인간 조건을 공유함으로써 우리가 성취하는 의미인 것이다. 이런 점에서 협상적이고 해석학적이며 상호 교환적인 관점은 교육을 어떻게 수행할 것인가 하는 문제에 직접적인 암시를 제공해 준다. 이런 맥락에서 문화의 성격과 교육의 역할을 고려할 필요가 있다.

Bruner에게 있어서는 인간을 이해하기 위한 근거로서의 문화적 시스템이 중요하다. 이 확신은 두 가지 주장들에 기초하고 있다. 첫째는 인간을 이해하기 위해서 그의 경험과 행동들이 어떻게 의도된 상황에 의해 형성되는지를 이해해야만 하고, 둘째는 이러한 의도된 상황의 형식(form)이 문화의 상징적인 시스템의 참가자를 통해 실현된다는 것을 이해해야만 한다. 문화는 마음의 구성물이다. 이 과정에서 인간 행위에 의미를 부여하고 생물학적 한계를 초월하도록 하는 문화를 중요하게 간주해야 한다. 문화는 '있는 그대로의' 생물학적 한계들을 초월하여 능가하도록 하는 독특한 '인공의 장치'를 구안한다. 이러한 과정에서 일상심리학이 출현하였다. 이것은 Bruner가 '문화적인' 심리학이라고 불렀던 것이다. Bruner는 문화심리학을 '일상심리학(folk psychology)'이라고 이름 붙였다. 대체로 우리는 '일상적 사회과학(folk social science)'이라는 용어에 친숙할지도 모른다. 혹은 단순히 '상식(commom sense) 심리학'이라고 부를지도 모른다.

그런데 모든 문화는 일상심리학의 가장 강력한 구성 도구 중 하나이다. 이러한 일상심리학의 조직화의 원리로서 우리는 내러티브와 의미 만들기에 주목할 필요가 있다. 우선 사회적 세계와의 교섭, 사회적 세계에 대한 지식, 사회적 세계에서의 경험을 사람들이 조직하는 시스템으로서의 '일상심리학'에 대해 정확히 알아야 할 필요가 있다. 문화심리학이나 일상심리학의 중요한 구성요소들의 일부분을 이해하는 것이 중요하다. 일상심리학의 조직화된 원리는 개념적인 것보다는 오히려 내러티브적이기 때문에, 우리는 내러티브의 성질을 고려해야 할 것이고, 내러티브가 어떻게 경험을 조직하는지, '의미만들기' 과정을 명백히 이해해야 한다.

(2) Polkinghorne의 내러티브 앎(Narrative Knowing)

그 다음으로 Polkinghorne의 입장이다. Polkinghorne(1988)은 『Narrative Knowing and Human Science』에서 인간 존재의 영역과 의미의 관계에 대한 논의를 통하여 그의 인식론적 입장을 제시하고 있다.

경험은 의미심장한 것이고, 인간의 행동은 이러한 의미로부터 생겨나고 이러한 의미를 통해 형성되면서 특징을 갖게 된다. 그래서 인간 행동에 관한 연구는 인간의 경험을 형성하는 의미체계에 대한 탐구를 포함하지 않으면 안 된다. 내러티브는 인간 경험이 유의미하게 만들어지는 데 필수적이고도 주요한 형식이다. '내러티브 의미'는 인간의 경험들을 시간적으로 유의미한 에피소드들로 조직하는 인지적 과정이다. 그것은 정신적 작용을 의미하는 인지적 과정이기 때문에, 내러티브 의미는 직접적인 관찰이 가능한 '대상'이 아니다. 그러나 인간의 내러티브들의 창작물로 드러나는 개인들의 스토리나 역사들은 직접 관찰이 가능한 것이다. 이러한 내러티브의 예들에는 개인적이고 사회적인 역사, 신화, 우화, 소설 등이 포함되며, 우리 자신과 다른 사람의 행위를 설명하는 데 사용하는 일상의 스토리들이 포함된다(Polkinghorne, 1988: 1-3).

인간은 물질의 영역(material realm), 유기체의(organic) 영역, 의미의(mental) 영역이 융합된 일종의 통합적인 존재이다. 비록 이러한 영역들이 인간 존재에서 결합되기 때문에 특별한 경향을 띠더라도, 각 영역들은 각자 자신의 고유한 속성을 간직한다. 인간 존재의 문제는 인간이 아닌 문제의 속성을 공유한다. 창문 밖으로 추락한 사람은 어떤 다른 물체가 창밖으로 던져진 만큼의 동일한 비율의 가속도를 낼 것이다. 인간 존재 내에서 그러한 유기적 조직은 그들이 단지 다른 삶의 형태로 살아가는 것처럼 작용하게 된다. 그러나 비록 의미의 영역이 물질적 영역과 유기적 영역 간의 상호작용으로 항상 결합되지만, 의미의 영역은 단지 특별한 종합, 즉 인간 존재 내에서만 존재하게 된다.

왜냐하면 내러티브는 의미 영역의 작용들 가운데 하나이기 때문에, 이러한 영역에 대하여 구체적으로 알아보는 것은 내러티브를 이해하는 데 도움이 될 것이다. 첫째, 의미의 영역은 사물이나 실체(substance)가 아니라 활동이다. 예를 들어서, 집을 짓는 활동은 그 활동이 산출하는 구조와는 다르고, 극본을 쓰는 활동은 산출되는 극본의 원고와는 다르다. 집 짓기와 글을 쓰는 것은 수행(performance)이지 실체가 아니다. 집 짓기나 글쓰기 활동들이 만들어 내는 인공물은 실체이다. 활동으로서 의미 영역은 명사의 형태라기보다 동사의 형태로 기술된다. 활동의 일차적 차원은 시간이다. 그리고 행위의 부분들이 일어나는 계열은 활동의 종류가 어떠한 것인지를 정의하는 데 결정적인 것이 될 수 있다. 의미 영역에 대한 철학적인 혼란의 상당 부분은 실체로서 그것을 규정하려는 시도들과 관련되어 있다.

의미의 영역은 자연적인 사물이나 대상이 존재하는 것보다 상이한 형식으로 존재한다. 의미의 영역은 하나의 활동이지, 사물이 아니다. 그것은 인간 외적인 도구를 통해서 포착되지도 않고 붙잡을 수도 없으며 측정되지도 않는다. Robert Romanyshyn은 실재는 거울에서 반사된 것과 같은 것으로, 즉 그것은 우리의 의식에 잠깐 동안 스쳐 지나가는 흔적이나 조짐과 같은 것으로 오며, 마치 도깨비불 같이 나타나는 것이라고 제시하고 있다. 의미는 의식에 대한 초보적인 지각이 변하면서 지속적으로 재구성된다. 우리에게 의미를 만드는 활동은 고정된 것이 아니며, 그래서 쉽게 파악되지도 않는다.

우리 각자는 의미의 한 영역, 즉 우리 자신에게만 직접적으로 접근할 수 있다. 그것은 직접적인 공개적 관찰이 불가능하기 때문에, 의미의 범위는 우리 마음의 영역에서 자기 반성적인 재생이나 자기 성찰을 통해서 접근이 되어야 한다. 그러나 의미를 만들어내고 통합하는 활동은 인식의 외부에서 작용하는 것이며, 자기 반성을 통해서 가능한 것은 단지 의미 만들기 과정의 성과이지 과정 그 자체는 아니다. 그 이상의 문제는 일상의 생활에서 우리는 보통 세상사를 바쁘게 살아가고 있으며, 의미는 단순히 우리의 행위나 말로 스스로 표현하고 있다는 점이다. 의미가 존재하는지 알아보기 위해서 우리는 의식적으로 의미의 영역 자체에 대한 의식의 초점을 바꿀 필요가 있다. 그러나 우리가 자기 반성적으로 의미의 영역에 초점을 맞출 때, 우리에게 이용 가능한 의미는 억압과 같은 다른 마음의 작용에 의해서 제한받을 가능성이 있다.

의미 영역에 대하여 연구하기 위해서는 언어적인 데이터들을 사용할 필요가 있다. 의미 영역에 직접적으로 근접한 문제들은 그것의 언어적 표현에 대한 연구를 통해 부분적으로 극복될 수 있다. 의미 영역의 일상적인 사용에서 언어는 사람들 사이의 의미를 전달할 수 있기 때문에, 의미에 대해서 다른 사람들의 영역에 관한 정보는 그들의 경험에 관해서 주어진 메시지를 통해서 수집될 수 있다. 언어의 구조 역시 의미의 영역에 대한 구조의 표시로 연구될 수 있다. 예컨대, 언어와 의미의 영역 둘 다는 위계구조와 중층구조를 가지고, 보다 복잡한 의미를 만들어 내는 것에서 단어와 개념과 같은 그들 자신의 창안물들을 이용할 수 있다. 그러나 의식에 관한 연구에서 데이터를 정량화하는 것보다는 일차적으로 언어적 자료를 가지고 연구해야 할 필요성이 연구자들에게는 분석의 문제들을 제시하게 된다. 왜냐하면 언어적인 진술은 문맥에 민감하며, 독립적으로 다루어질 때 그들 정보 내용의 다수를 잃어버리기 때문이다.

언어적 데이터의 분석은 해석학적인 추론을 이용한다. 해석학적인 이해는 언어적 메시지의 의미 내용에 관한 결론을 이끌어 내기 위해서 유추와 인지 패턴과 같은 과정들을 활용한다. 해석학적인 추론은 일상적인 경험에서 말이나 담화의 음파 혹은 종이에 쓰여 있는 표시가 나타내는 바를 이해하기 위해서 이용된다. 해석학적인 추론은 확실하고 필요한 결론을 만들어 내지는 못하고, 정량화된 데이터를 취급하기 위하여 행동과학과 사회과학에서 이용 가능한 정교한 통계적 도구들은 단지 언어적 데이터를 취급하는 데 보조적으로 사용된다. 의식의 형세나 윤곽은 수학적인 구조 대신에 언어적인 구조와 보다 밀접하게 조화를 이루고 있기 때문에, 의식에 대한 연구방법은 과학적으로 정확한 것이라고 말하기에 난점이 존재한다. 더욱이 연구방법은 인간 연구의 학문에 의해서 사용된 일상적 연구 형태의 전통 내에 있는 것도 아니다.

의미의 영역은 지각, 기억, 상상과 같은 다양한 표상 양식으로 나타나는 이미지와 아이디어들 간을 연결하는 통합된 앙상블이다. 그것은 추상, 의식, 통제의 다양한 수준들을 구성하는 층들 간의 상호작용을 하면서 복잡하게 작용한다. 그러한 복잡한 조직의 패턴은 응축과 치환을 통해서 조직 요소들 간에 서로 접어 넣고 요소들을 서로 연결하는데, 이러한 성격으로 인해 의미의 영역을 탐구하는 데 많은 어려움이 존재한다.

요컨대, 내러티브는 인간이 매 순간 하는 경험과 개인적인 행위들에 대해 의미를 부여하는 수단이 되는 하나의 도식이라는 점이다. 내러티브 의미는 삶에 대한 의도를 이해하는 데에 형식을 부여하고 매일 일상의 행위와 사건들을 에피소드의 단위로 통합하는 기능을 한다. 그것은 한 사람의 삶에 대한 과거 사건들을 이해하고 미래 행위들을 계획하기 위한 틀을 제공한다. 그것은 인간 존재가 유의미하게 되는 수단이 되는 일차적인 도식이다. 그래서 인간과학을 통한 인간 존재에 대한 연구는 일반적으로는 의미의 영역에, 특별하게는 내러티브 의미에 초점을 둘 필요가 있다.

(3) Clandinin과 Connelly의 내러티브

다음으로 Clandinin과 Connelly(2000; 소경희 외, 2007: 59-63)의 입장이다. 우리는 개개인의 삶에 대한 경험의 연속성과 일체성을 생각하려고 노력할 때 우리들의 연구 문제를 깨닫게 된다. 우리들의 교육적인 연구에 있어서 이러한 연구 문제는 결국 우리들을 내러티브에 끌어들이게 된다. 그러므로 우리는 인간 경험과 관계있는 사회과학의 일체성을 곰곰이 성찰하기 시작하였다. 사회과학자들에 있어서, 그리고 결과적으로 우리들에게 있어서, 경험은 하나의 핵심 용어이다. 교육과 교육연구들은 경험의 한 형태이다. 우리들에게 있어서, 내러티브는 경험을 표현하고 이해하는 최선의 방법이다. 우리는 내러티브 사고가 경험의 중요한 형태이고 경험에 관한 글쓰기와 사고의 중요한 방법이기 때문에, 경험은 우리가 연구하는 것이고, 우리는 내러티브적으로 경험을 연구한다. 요컨대, 내러티브 사고는 내러티브 현상의 부분이다. 내러티브 방식은 내러티브 현상의 일부분 또는 한 측면이라고 할 수도 있다. 그러므로 내러티브는 사회과학의 현상과 방법이다.

그러나 이것이 내러티브에 우리를 끌어들인 논거는 아니다. 우리는 경험에 대한 내러티브적 관점을 지니고 시작하지 않았다. 우리는 교실생활과 학교생활, 그리고 다른 교육 환경에서의 생활에 익숙해지게 되는 더욱 직관적인 방법과 수년간 논쟁해 왔다. Bateson의 참여자들의 관찰과 같이, 내러티브는 우리와 우리의 연구 참여자들이 건전하고 생산적인 인간관계로 본 것을 묘사하기 위한 용어가 되었다. 내러티브의 통일성에 대해 연구한 MacIntyre의 것과 같은 이론적인 연구들은 우리에게 큰 영향을 끼쳤다. 왜냐하면 우리는 경험에 이름을 붙이고 그러한 명명 작업을 하면서 우리가 이미 진행한 연구를 확장시킬 수 있었기 때문이다.

Clandinin과 Connelly는 Geertz, Bateson, Czarniawska, Coles, Polkinghorne 등의 글에서 내러티브에 관한 자신들의 많은 실수들이 다른 학문 분야에서도 각양각색으로 발생한다는 것을 깨달았다. 그것들의 모든 복잡성에서 일어나는 현상을 중시하는 Geertz는 임기응변적이고 임시적인 인류학에 관한 내러티브 해석을 끊임없이 추진해오고 있다는 것에 의미를 부여한다. 『After the fact』에서 Geertz가 했던 것 이상으로, Bateson과 Coles는 더욱 일반적으로 삶의 의미를 부여하고 있다는 사실을 그들의 학문 분야에서 이해하기 위하여 힘썼다. 그들은 또한 "우리가 그렇게 해 왔기 때문에 경험이 먼저이고 다음에 내러티브"라고 말한다. Czarniawska와 Polkinghorne은 다른 사람들 보다 방법론자의 편의주의 감각을 지니고 있다. 그들은 삶과 내러티브가 연관성이 있 다고 말하고 있는 것처럼 보인다. 왜냐하면 그러한 연관성이 실효성 있는 것으로 보이 기 때문이다. 그들은 또한 내러티브가 그들의 학문 분야에 경험을 끌어오는 것으로 보 지만, 그들에 의하면 내러티브는 사전적인 것이기보다는 사후적이다.

요컨대, Clandinin과 Connelly(2000)는 내러티브 인식론에서 Dewey의 경험 개념에 크게 의존한다. Dewey에게 있어서 교육, 경험, 그리고 삶은 복잡하게 뒤얽혀 있다. 교 육을 연구한다는 것이 무엇을 의미하는가를 물었을 때, 가장 일반적인 의미에서 그 대 답은 경험을 연구하는 것이다. Dewey에 따르면, 교육에 관한 연구는 삶에 관한 연구 이다. 예를 들면, 그것은 어떤 사물이나 본질에 대한 직관이나 통찰, 전례나 풍습, 관례, 메타포, 그리고 일상의 행동들에 관한 연구이다. 우리는 삶에 관한 사고로부터 교육에 대하여 배우며, 교육에 관한 사고로부터 삶에 대하여 배운다. 경험에 대한 이러한 관심 과 교육을 경험으로서 생각하는 것은 교육자들이 학교에서 하고 있는 일의 일부이다.

결국 내러티브가 경험을 이해하는 방법이 된다. 우리의 내러티브에 대한 흥분과 관 심은 우리의 관심에 그 기원을 두고 있다. 우리의 관점으로서 내러티브를 채택하면서, 우리는 경험이 무엇이고, 그것이 어떻게 연구되어 연구자들의 텍스트에 표현될 것인 지를 생각해 보는 데 기초가 되는 타당한 판단 기준, 삶, 그리고 근거 등을 가질 것이 다. 이러한 관점에서 보면, 경험은 사람이 살아가는 이야기다. 사람들은 이야기를 살 아간다. 그리고 사람들은 이러한 이야기를 말하면서 그 이야기를 다시 재확인하고 수 정하며, 새로운 이야기를 만들어 낸다. 경험되고 말해진 이야기는 젊은이들이나 신진 연구자들과 같은 사람들을 포함하여 자신 및 다른 사람들을 교육시킨다(Clandinin & Connelly, 1994).

이상에서 살펴본 새로운 변화의 단서는 이른바 근대적 이성에 바탕을 둔 실증주의적 인식론에 대한 반성적 대안으로 논의되고 있는 생성적 인식론에서 찾아볼 수 있다. 근대 적 패러다임에서 인간 정신은 객관적 실체를 반영하는 표상적 존재로 이해되었다. 반면, 생성적 인식론에서 '마음'은 주어진 외부 진리를 받아들이는 표상적 존재로만 이해되지 않고, 스스로 변용과 창조를 해 나가는 생성적 존재로 이해된다. 따라서 교육에서 중요 한 것은 '진리의 인식'이 아니라 스스로 지식을 생성해 나가는 '생생한 경험'이며, 교육과 정은 학습자가 인간의 창조적인 조직 능력과 재조직 능력을 발휘하는 데 주안점을 둔다.

이러한 인식론적 변화의 중심에는 문화주의(culturalism)가 있다. 문화주의는 인지혁명 이후 마음의 작용에 관해 서로 극명하게 구분되는 두 가지 관점, 즉 인간의 마음은 컴퓨터처럼 기능한다는 소위 '컴퓨터 관점'과 문화를 마음의 핵심으로 상정하는 문화심리학(cultural psychology)이라고 구분한 것 중에서 후자의 관심을 의미한다. 전자가 인간의 마음의 본질을 컴퓨터 장치에 비유하여 정보처리 프로그램의 작동으로 설명하는 데 비해, 후자는 문화가 마음을 구성한다는 전제 위에 마음의 본질을 의미의 구성에 있다고 본다. 이제 정보처리 이론으로 인해 왜곡된 인간 마음의 본질을 정보처리에서 의미의 구성으로 복귀하려는 것이다.

이처럼 Bruner의 내러티브 인식론은 마음을 보는 관점의 전환과 문화심리학의 제안으로 구체화될 수 있다. 우선 첫 번째 문제로 전통적으로 대상의 논리로 파악해 온 인간의 마음은 이제 새롭게 파악되어야 한다는 점이다(Bruner, 1987). 지금까지 존재론적 시각에서 마음의 실체를 파악하려는 오류에서 벗어나 이제는 마음이 어떻게 의미를 만드는지, 즉 마음에 의해 실재가 어떻게 만들어지는지의 문제에 관심을 가질 필요가 있다. 이제는 마음의 실체가 무엇인지보다는 마음은 어떻게 활동하는지의 문제가 관심이 초점이 되었다. 다음으로 인간 마음과 문화의 관계를 새롭게 보는 Bruner의 문화심리학 문제이다. 즉 마음과 문화의 관계는 내러티브 사고로 볼 수 있다는 점이다. 3장에서 상술했듯이 내러티브는 실재의 구성, 의미 만들기, 자아 형성에 모두 관련되어 있으며, 특히 의미 형성과 협상에서는 내러티브적 해석이 중요하다. 이러한 관련성은 의미는 대화를 통해서 만들어지고 이야기 양식은 해석을 필요로 한다는 내러티브의 가정에 그 근거를 두고 있다.

Doll(1993: 118-131)에 의하면 Bruner의 내러티브 인식론을 포스트모던적 관심으로 보면서 크게 세 가지 특징, 즉 해석학적 사고, 경험의 인식론, 구성주의적 사고로 보았다. 첫째, 해석학적 사고는 Bruner가 언어의 해석학적 기능을 강조하고(1986: 125), 인간 조건에 대한 존재론적 사고보다는 세계 구성을 이해하는 방법을 강조(1986: 46)하는 것에서 그 특징을 알 수 있다. Bruner 자신도 자신의 입장을 해석주의자 관점으로 보고 있다(Bruner, 1990b: 112-114). 둘째, 경험의 인식론은 앎의 주체를 객체화하고 경험적이고 실증적인 증명을 강조하는 증명의 인식론에 대한 극복이다. 다양한 시각, 개인적인 주관적 해석을 추구하지 않는 증명의 인식론은 상호작용적이며 대화적인 지식론으로 대체되어야 한다는 것이다. 이러한 인식론에서는 의미 만들기와 자아 형성이 중요하며, 인간 문화를 구성하는 상징적 세계의 관점에서 그것들이 해석되지 않으면 그럴듯한 의미를 만들 수 없다. 셋째, 구성주의적 사고와 관련하여 Bruner(1983: 93-105)는 Goodman의 구성주의를 토대로 인간의 정신적 활동이나 상징적 언어와는 무관하게 선천적으로 존재하는 유일한 세계는 없다고 본다. 우리가 세계라고 부르는 것은 상징적 과정이 세계를 구성한다는 점에서 어떤 정신의 산물이다.

이러한 그의 입장은 단지 지식 그 자체의 문제만이 아니라 실재, 의미, 자아를 구성하는 주체의 마음을 문화적 상황 속에서 어떻게 구성하며 인간 발달의 문제를 사회·역사적 텍스트에서 어떻게 형성하고 해석하는가 하는 문제와 관련이 있다. 이런 점에서 그가 제시하는 새로운 인식론은 지식의 문제뿐만 아니라 문화적 상황성 속에서 구성되는 실재, 의미, 자아와 총체적으로 연관되어 있다. 내러티브를 사용함으로써 자아가 만들어진다는 것은 인식론적 시각에서 바라본 마음으로서 우리의 존재가 하나의 전개되는 이야기(의미)로 통합되는 것을 말한다. 내러티브를 흔히 '지어낸 이야기'라고 하는데, 곧 사실과 다른 허구의 세계를 의미한다. 내러티브는 이제까지 존재하지 않았던 새로운 세계를 만들어 낸다. 현실의 삶을 소재로 그것을 내러티브 사고의 상상력과 주관을 통해서 재구성하는 것이다. 그리고 그 현실의 세계에 대해 의미를 부여하는 것이다. 현실의 세계와 유사하면서 현실의 세계에서는 찾아볼 수 없는 어떤 독특한 세계, 그것이 곧 허구의 세계이며 내러티브이다. 이제 내러티브는 단순한 이야기를 넘어서 삶의 근원적이고 포괄적인 이해자로 등장하였다(한승희, 2002: 94-95).

3) 패러다임적 접근과 내러티브 접근의 관련성

Bruner는 실재를 구성하고 경험을 배열하는 상이한 방법을 제공하는 두 가지 양식의 인지적 작용, 즉 두 가지 사고 양식이 있음을 말하고, 이를 각각 "좋은 이론, 엄격한 분석, 논리적인 증거, 건전한 논증, 추론적인 가정을 이끌어 내는 경험적인 발견"을 가능케 하는 '패러다임적 사고(paradigmatic thought)'와 "좋은 이야기, 마음을 사로잡는 드라마, 반드시 진리인 것은 아니지만 믿을 수 있는 역사적인 설명"을 가능하게 하는 '내러티브적 사고(narrative thought)'로 구분하였다(Bruner, 1986: 13).[1]

---

1) 내러티브 심리학 영역에서 Bruner는 '앎의 내러티브적 양식'으로 불리는 내러티브 접근의 권위자로 불린다. 그는 자서전, 이야기, 그리고 삶의 내러티브에서의 심리학적 연구에 대한 중요한 틀을 제공해 주었다. Bruner는 앎의 내러티브 양식은 인간 사고에서 중심적인 형식으로서 기능을 한다고 주장했다. 더 나아가 이들 양식은 자아와 정체성 구성에서 핵심적인 역할을 한다. 이러한 아이디어들은 특히 경험주의, 실험연구, 통계가 심리학과 거의 동일시되던 전통을 고려해 볼 때, 심리학 분야에 특히 미국에서 인식론적 도전을 가져왔다. Bruner는 우리에게 내러티브, 특히 면접을 통해 인간 삶을 탐구하도록 허락함으로써 그러한 연구들이 심리학이라는 학문 영역의 일부분이 되도록 해 주었다(강현석 외 역, 2011: 140; Clandinin, 2007).

패러다임적 사고는 이론적, 형식 논리적, 추상적, 그리고 일반적인 진술로 구성된 과학적 사고라고 할 수 있으며, 사고의 진위에 대한 검증이 가능하고, 구체적인 상황적 맥락에 의해서 논리가 좌우되지 않는다. 이 사고의 용어는 일관성과 비모순성의 원칙에 지배를 받는다. 아이들을 이 사고에 바탕을 둔 생각과 행동을 하도록 교육을 받는다. 반면에, 내러티브 사고는 사람들 간의 관계 맥락, 교류 상태, 행위의 의도 등을 묘사하고 있기에 구체적이고 상황 특수적인 사고이다. 그리고 이것은 사람과 그들의 행위, 행위 의도, 목적, 주관적 경험에 초점을 맞추고 있으므로, 맥락적 상황에 따라 다르게 나타난다.[2]

이 두 가지 사고 양식은 상호 보완적이지만, 서로 환원될 수는 없다. 하나의 양식을 다른 것으로 환원하거나 하나만 사용하고 다른 쪽을 무시하면, 우리 주위에서 벌어지는 사건들을 이해하거나 설명할 때 풍성하고 다양한 사고를 포착하는 데에는 실패할 것이다.

그런데 근대 인식론의 영향으로 현대 교육은 전반적으로 패러다임적 사고만 중시하고, 인간의 삶의 심층적인 모습을 이해하려는 목적을 가진 내러티브적 사고는 도외시해 왔다. 내러티브는 의식적으로나 무의식적으로 자신이 알고 있는 것을 말할 수 있도록 해 준다. 그리고 현실을 새롭게 바라보고 구성할 수 있도록 해 준다. 그러한 과정을 통하여 현실을 더 깊고 의미 있게 이해할 수 있다. 내러티브는 혼란 상태의 사건들을 선택하고 조직해서 다양한 요소들을 의미 있는 경험으로 묶을 수 있는 틀을 제공한다. 이러한 의미에서 내러티브는 현실의 의미를 이해하는 방식이며, 지속적으로 삶을 채우는 사건들의 의미를 이해하는 방식이다.

---

2) 한승희는 이 내러티브 사고를 다음과 같이 좀 더 해석학적으로 설명한다. 패러다임 사고와 내러티브 사고는 각기 다른 목적을 염두에 두고서 서로 다른 '세계 만들기'를 수행한다. 전자가 인간의 의도와 무관한 불변의 세계를 만든다면, 후자는 독자의 관점에 따라 변화하는 예측 불가능한 세계를 다룬다. 전자가 사물과 사건들의 불변성에 연결된 '존재'의 세계를 만든다면, 후자는 삶의 요구들을 반영하는 '인간적' 세계를 이해하려 한다. 진위 검증을 요구하는 전자와는 달리 후자는 옳다고 느끼거나 상상할 수 있는 어떤 관점과 부합되는 설명을 요구한다. 그리고 전자가 우리의 바깥 세계를 지향한다면 후자는 세계에 대한 관점과 입장을 추구한다. 바로 이 둘은 실재를 구성하는 두 가지 상이한 모델이다(1997: 404).

5. 내러티브적 지식관과 그 양상

1) 지식관: 내러티브 인식론과 내러티브 지식

내러티브의 도구로서 문화심리학의 주요 학자인 Shweder(1984)는 근대적 의미의 인류학적 시도들을 계몽적 기획물이라고 비판하면서 근대 학문의 절대적 기준에 대하여 부정적인 시각을 피력하였다. 계몽주의적 사고의 핵심은 시간과 공간의 차이를 넘어서는 이성의 절대적 합리성에 대한 신념이며, 이러한 절대적 이성은 근대 학문의 과학성을 보장하는 방법으로 기능한다. 이 과학성은 보편적이며 객관적인 지식의 성립가능성에 대한 기초를 제공하며 진위를 판단하는 절대적 기준이 된다는 것이다. 문화심리학은 기본적으로 이러한 지식관을 부정하는 위치에 서게 된다.

문화심리학에서 전제하는 지식의 문제는 구성주의 인식론과 궤를 같이한다. 여기에서는 '의미의 구성과 해석'의 문제가 중요한 주제가 된다. 즉, 지식은 경험의 구성과 재구성에 의한 것이다. 경험은 지속적이고 상호작용적이다. 개인으로서 우리는 각자 독특하고 독립된 존재이며, 우리 자신의 독특한 전기와 내러티브를 가진 지속적인 경험 속에 놓여 있으며 동시에 세계의 일부분으로서 경험을 공유하기 위한 상호작용적 관계 속에 놓여 있다. 이런 점에서 인간의 경험은 개인이 속한 사회문화적 맥락 속에서 이야기됨으로써 개인 경험 간의 의미 있는 관련이나 공유할 수 있는 함축적인 의미를 발견하게 된다.

강현석의 논의(1998, 지식구조론 이후)에 의하면 문화심리학의 지식관 문제를 브루너의 문화주의의 측면에서 제시하고 있다. 그에 의하면 문화심리학에는 인간 발달과 마음의 구성 문제, 해석적이고 구성주의적인 인식론의 문제, 내러티브 사고가 그 주요 차원을 구성한다. 이러한 문화심리학은 그가 제안하는 인간 연구의 적절한 언어이다. 따라서 타당하게 인간 연구가 수행되기 위한 방법론으로서 문화심리학은 심리학의 또 다른 하위 유형이라기보다는 심리학의 새로운 조망 방식이다. 그러므로 문화심리학의 본질을 파악하기 위해서는 인간 발달을 새롭게 보는 문제와 여기에서 파생되는 마음과 자아의 구성 문제를 이해해야 한다. 여기에 그 기제로서 지식 구성과 내러티브 사고의 문제가 놓여 있는 것이다. 이 문제들은 문화주의의 배경이면서 동시에 그 구성요소로서 기능할 것이다.

따라서 이하에서는 문화심리학의 세 가지 핵심 요소로서 인간 발달의 문제, 인식론의 문제, 내러티브 사고 양식의 문제를 논의한다.

첫 번째로, **인간 발달의 문제**는 교육과정과 관련하여 그 구성의 심리학적 기초로서 중요한 기능을 수행해 오고 있다. 지금까지 보편적으로 인간 내부의 세계를 실증과학적으로 규명하고 그 결과를 교육과정 구성의 작업에 응용하려는 절차적 관심이 지배적 방식이 되고 있다. 인간 심리의 제 측면에 대한 발달(단계) 연구와 인간 마음의 내부 구조에 대한 과학적 규명은 그것이 지니는 과학적 설명력에 의해 교육과정의 중요한 구성 원리의 위치를 유지하였다. 특히 인지과학 분야의 발달은 이러한 양상을 점차 강화해 주고 있는 실정이다. 그러나 인간 마음은 보편적 인간 구성으로 나타나지 않으며 인간 마음의 내부적인 역동적 세계와 정신의 보편적 구조 규명에 심리적으로만 관심을 가져온 기존의 관심이 비판받기 시작하였다. Bruner는 이 비판의 근거로 문화심리학을 제안한다. 인간 발달과 마음의 구성에 대한 새로운 조망으로서 문화심리학은 인간 발달의 새로운 이해 방식을 요청한다.

이와 관련하여 Bruner(1990a: 344-355)는 문화심리학에 대해서 다음과 같이 진술하고 있다.

> 각 문화는 사람들이 어떻게 존재하는가, 그들은 어떻게, 그리고 왜 행위하는가, 그리고 문제를 어떻게 처리하고 해결하는가에 관하여 내러티브 형식으로 '민속심리학'을 만들어 낸다. 이 내러티브들은 전형적으로 사물의 규범적이고 표준적인 상태를 묘사하고 …… 전형적으로 한 문화의 제도적 조직과 구조는 그 민속심리학을 승인하고 심지어 실행토록 하는 데 효율적으로 기능한다. 아동들은 어려서부터 그가 속한 문화의 민속심리학 내에서 행위하기 위한 내러티브 형식을 숙달한다. ……

이와 같이 그는 문화심리학을 구체적으로 정의하고 있지 않으며 여러 경로를 통해 인간 마음의 구성과 문화와의 관계만을 설명하고 있다. 흔히 문화심리학은 정신적 삶의 원리가 본래 고정되어 있고, 보편적이고, 추상적이고, 내적이라고 가정하지 않으며 순수 심리학적 법칙이 없으며 의도성을 가정한다. 정신은 의도적 인간을 지칭하며 문화는 의도적 세계를 지칭한다. 즉, 문화적으로 구성된 실재(의도적인 세계)와 실재를 구성하는 정신(의도적 인간)이 계속적으로 상호작용하고 서로의 정체성에 침투하며 서로의 존재를 조건화한다. 결국 문화와 정신이 서로를 구성한다는 의미이다(Shweder, 1991: 98-106). 그리고 Bruner는 서로 상이한 문화를 비교하여 보편적이고 공통적인 속성을 밝히려는 비교 문화심리학을 자민족 중심의 심리학과 동시에 경계한다. 그는 민속심리학(folk psychology)이라는 용어와 동의어로 문화심리학을 사용하면서 인지과학을 비판한다.

요컨대, 문화와 인간 성장의 새로운 조망은 인지과학에서 민속심리학으로의 전환을 요청한다. 전통적 실증주의 과학의 세 가지 특성—감환주의, 설명과 예언—을 넘어서야 한다(1990b: xiii)고 주장하면서 문화심리학을 인간 발달의 토대로서 이해할 것을 지적하고 있다. 특히 이와 관련하여 그는 개인 심리 구성에 문화가 중요한 이유를 세 가지로 제시하고 있다(1990b: 12-15). 첫째, 문화의 구성적 역할과 관련하여 문화와 무관한 인간 심리, 본성은 없다는 것이다. 문화에의 참여를 통해 인간 지력의 반성을 실현할 수 있다는 것이다. 둘째, 문화에 참여함으로써 의미가 공적이 되고 서로 공유할 수 있다는 점이다. 문화적으로 적응된 삶의 방식은 공유된 의미와 개념에 의존하고 의미와 해석상의 차이점을 대화하고 협상하기 위한 공유된 담론의 양식에 의존한다는 것이다. 셋째, 인간 마음은 인간의 의도적 상태, 즉 신념, 희망, 의도, 헌신 등에 스며든 공유된 개념적 구조와 언어에 기원을 두면서 문화가 반영된 것이므로 앎의 방식뿐만 아니라 문화의 가치방식에 참여함으로써 의미를 구성할 수 있다는 것이다. 여기에서 인간 발달과 마음의 구성에 작용하는 문화심리학의 중요성을 엿볼 수 있다.

Bruner의 민속심리학의 제안은 인간 조건의 연구에 대한 그의 신념을 표현한다. 인지과학과 실증주의 사유방식의 한계를 비판하면서 인간 행위의 문화적 상황성에 기초한 문화의 도구로서 민속심리학을 강조하고 있다. 이러한 그의 입장은 과거 인지혁명이 핵심적 주제로서 의미 만들기를 포기하였고 대신에 정보처리와 컴퓨터적 인지(computation)를 선택한 것을 이유로 인지혁명을 비판(1990b: 1-32)하는 데서 나온 것이다. 문화심리학은 자신과 타인 그리고 자신이 살고 있는 세계에 대한 관점을 조직함으로써 문화적으로 형성된 개념으로서 그것은 사람들의 사적인 의미뿐만 아니라 문화적 융합의 근본적 기초가 될 수 있다. 이런 점에서 우리는 민속심리학을 가지고 우리의 기관과 제도를 만들어 내고 그 역으로 제도적 변화에 따라 민속심리학을 구성한다. Bruner는 이 구성이 논리적 명제의 체계라기보다 내러티브와 이야기하기(storytelling)에서의 실천으로서 내러티브 문화의 구조에 의해 지원된다고 보고 있다(1990b: 137-138). 그러므로 그것은 문화의 도구가 되는 것이다.

이러한 문화의 도구로서 민속심리학은 첫째, 인간을 이해하기 위해서는 그의 경험과 행위가 그의 의도적 상태에 의해 어떻게 형성되는가를 이해하고, 둘째, 이들 의도적 상태의 형태(form)는 문화의 상징적 체제에 참여함으로써만 실현된다는 근거를 지니는 새로운 인지혁명이다. 마음의 구성요인으로서 문화는 공적이고 상호 공동적 의미 획득을 가능하게 하고 인간의 의도적 상태를 해석 체제에 놓이게 함으로써 행위에 의미를 부여한다. 더욱이 모든 문화는 강력한 구성적 도구로서 민속심리학을 소유한다. 인간 발달은 이것을 지향한다. 이와 같이 인간 발달의 문제를 인간 마음과 의미의 문화적 구성 과정으로 조망하고 인간 발달의 이해도구로서 문화심리학을 제안함으로써 문화와 발달의 맥락적 관계를 분명히 제시해 주고 있다. 그러므로 그는 인간 발달의 문화적 상황성을 중시하고 마음의 구성물로서 문화를 조망하고 있다. 이 속에서 마음은 특정한 문화 형태의 역사에서 특정 시간에 일어나는 구성물로 이해함으로써 컴퓨터적 인지과학을 통한 인간 내부 구조의 보편적 규명의 한계를 넘어서고 있다.

두 번째로, 이러한 그의 인간 발달론에는 마음의 구성뿐만 아니라 **인식론의 문제**가 내포되어 있다. 이 인식론은 일반적인 문화심리학의 가정이기보다는 그가 제안하고 있는 문화심리학을 이해하기 위한 또 다른 차원으로서 여기에서는 해석적 관점과 구성주의적 시각이 그 핵심적 관심사가 된다. 이와 관련하여 Doll(1993: 118-131)은 Bruner의 인식론에 대한 사고를 포스트모던적 관심으로 보면서 크게 해석학적 사고, 경험의 인식론, 구성주의적 사고로 보았다. **해석학적 사고**는 Bruner가 언어의 해석학적 기능을 강조하고(1986: 125) 인간 조건에 대한 존재론적 사고보다는 세계 구성을 이해하는 방법을 강조(1986: 46)하는 것에서 그 특징을 알 수 있다. Bruner 자신도 자신의 입장을 해석주의자 조망(interpretivist perspective)으로 보고 해석적 관점의 특징을 다양한 관점, 담론 의존적, 담론의 상황성 등 세 가지로 제시하고 있다(Bruner, 1990b: 112-114).

그리고 **경험의 인식론**은 앎의 주체를 객체화하고 경험적이고 실증적인 증명을 강조하는 증명의 인식론에 대한 극복이다. 다양한 시각, 개인적인 주관적 해석을 추구하지 않는 증명의 인식론이 상호작용적이며 대화적인 지식론으로 대체되어야 한다는 것이다. 이러한 인식론에서는 지식의 발견보다는 창조를, 증명이 아닌 타협을 강조한다. 여기에서 지식의 능동적 측면을 알 수가 있다. 전자의 문제는 지식의 구조 문제에 관련하여 구조의 성격을 파악하는 데 단서를 제공해 주며 후자는 문화주의에 근거한 의미 만들기와 자아의 구성에 관련된 부분이다. 이와 관련하여 Bruner(1990b: 42)는 자아는 사회적 세계와 비교적 무관한 '내부의' 본질에서 성장하는 것이 아니라 모든 사람들이 불가피하게 관련되는 의미, 이미지, 그리고 사회적 유대 속에서의 경험에서 나온다고 보았다.

이와 같이 인식론에 관련된 자아 형성의 문제는 인간 문화의 상징적 체계 속에서 이루어지는 의미 생성과 타협이 해석학적 체계 속에서 구성된다는 것과 유관하다. 이런 점에서 Bruner(1990b: 138)는 우리가 구성하는 생활과 자아가 의미 구성 과정의 결과이며 자아는 머릿속에 잠겨 있는 고립된 의식이 아니라 사람 사이에 퍼뜨려져 있다는 것이다. 그래서 자아는 역사적 환경으로부터 형상을 부여받고 그 표현은 문화 속에서의 의미 만들기 과정 속에서 실현되는 것이다. 그래서 해석학적 사고와 경험의 인식론에서 우리가 알 수 있는 것은 인간 문화를 구성하는 상징적 세계의 관점에서 해석되지 않으면 그럴듯한 의미를 만들 수 없다는 것이다.

또한 지식의 능동적이고 적극적인 측면과 관련되는 **구성주의적 사고**는 '지식의 구조'의 성격을 이해하는 데도 중요한 단서 역할을 한다. 구성주의(constructivism) 문제와 관련하여서는 그는 N. Goodman의 견해를 수용한다(Bruner, 1983: 93-105). 우리가 살고 있는 세계들은 상징적 구성으로 창안된 것이다. 구성주의를 실재론과 관념론의 대안으로 보는 Olson은 Goodman의 견해를 다음과 같이 제시하였다.

> 우리의 실재는 주어진 것이 아니라 만들어지는 것이다. 우리가 창안하는 모든 실재는 단지 어떤 'prior reality'의 변형에 불과하고 그것은 본질상 주어진 것이 아니고 앎의 주체에 의해 주어진 것으로 볼 수 있다. 그래서 순진한 실재론을 포기한다. 우리의 지식은 원칙상 지각적 활동과 개념적 활동을 통해 우리가 구성하는 세계에 국한되어 있다. 그래서 우리는 우리가 찾는 것을 우리가 만들어야 한다(we have to make what we find)(Olson, 1990: 340).

이와 같이 Goodman의 구성주의를 토대로 보면 인간의 정신적 활동과 상징적 언어와 무관하게 선천적으로 존재하는 유일한 실세계는 없다. 우리가 세계라고 부르는 것은 상징적 과정이 세계를 구성한다는 점에서 어떤 정신의 산물이다. 이런 정신적 산물로서 세계관은 다수의 실재를 인식하는 것이며 서로 상충하는 참 세계관들은 같은 동일 세계 속에서는 동시에 참일 수가 없기 때문에 다수의 여러 세계가 존재해야 된다고 설명하는 것이다.

아울러 지식의 사회적 맥락의 측면에서는 사회적 세계에 근거를 두고 구성되는 지식의 성격에 그 강조점이 있다. 이것은 단지 지식 그 자체의 문제만이 아니라 실재, 의미, 자아를 구성하는 주체의 마음을 문화적 상황 속에서 어떻게 구성하며 인간 발달의 문제를 사회·역사적 텍스트에서 어떻게 형성하고 해석하는가의 문제와 관련이 있다. 이런 점에서 그가 제시하는 새로운 인식론은 지식의 문제뿐만 아니라 문화적 상황성 속에서 구성되는 실재, 의미, 자아와 총체적으로 연관되어 있다. 보다 중요한 것은 문화적 맥락 속에서 앎의 주체와 관련한 여러 가지의 측면을 모두 고려해야 하며 그 중심에는 문화가 인간 마음을 형성한다는 명제가 놓여 있다는 그의 제안이다.

마지막으로, 내러티브 사고의 문제이다. 이 문제는 앞에서 많이 다루어졌으므로 소략하기로 한다. 자신의 인식론적 입장 변화에 중요한 단서를 제공하는 것은 그의 내러티브 사고 양식의 강조에 있다. 내러티브는 실재 구성, 의미 만들기, 자아 형성에 모두 관련되어 있으며 특히 의미 형성과 협상에서는 내러티브적 해석이 중요하다. 이러한 관련성은 의미는 대화를 통해서 만들어지고 이야기 양식은 해석을 필요로 한다는 내러티브의 가정에 그 근거를 두고 있다.

2) 지식의 변화

지식은 경험의 구성과 재구성에 의한 것이다. 경험은 지속적이고 상호작용적이다. 개인으로서 우리는 각자 독특하고 독립된 존재이며, 우리 자신의 독특한 전기와 내러티브를 가진 지속적인 경험 속에 놓여 있으며 동시에 세계의 일부분으로서 경험을 공유하기 위한 상호작용적 관계 속에 놓여 있다. 이런 점에서 교사의 경험은 개인이 속한 사회문화적 맥락 속에서 이야기됨으로써 개인 경험 간의 의미 있는 관련이나 공유할 수 있는 함축적인 의미를 발견하게 된다(강현석, 2016).

내러티브 인식론은 직접적으로는 Bruner의 인간사고 양식의 구분에서 단서를 찾을 수 있으며, 그 간접적인 배경에는 심리학의 인지혁명으로부터 촉발된 인간 마음과 사고(앎)의 양식을 보는 관점의 전환에서 엿볼 수 있다. 이것은 Robinson과 Hawpe[3]의 내러티브 사고(narrative thinking)와 Polkinghorne[4]의 내러티브적 앎, 그리고 Noddings의 대화의 가치에 주목하면서 발전을 보인다. 이러한 내러티브 인식론은 기본적으로 마음에 대한 Bruner의 아이디어에 기반을 두고 있으며, 그 중심 특징은 문화주의(culturalism)에 있다. 문화주의는 인지혁명 이후 마음의 작용에 관해 서로 극명하게 구분되는 두 가지 관점, 즉 인간의 마음은 컴퓨터처럼 기능한다고 보는 '컴퓨터 연산적 관점'과 마음이 문화 속에서 형성된다고 보는 '문화심리학(cultural psychology)' 관점으로 구분한 것 중에서 후자의 관점과 관련된다. 전자가 인간 마음의 본질을 컴퓨터 장치에 비유하여 '정보처리' 프로그램의 작동으로 설명하는 데 비해, 후자는 문화가 마

---

3) Robinson, J. A. & Hawpe, L., "Narrative Thinking as a Heuristic Process", In Theodore R. Sarbin (Eds.), *Narrative Psychology: The Storied Nature of Human Conduct*. (New York: Preger, 1986).
4) Polkinghorne의 앞의 책.

음을 구성한다는 전제 위에 마음의 본질을 '의미 구성'에 있다고 본다. 이제 정보처리 이론으로 인해 왜곡된 인간 마음의 본질을 정보 '처리'에서 의미의 '구성'으로 복귀하려는 것이다.

이러한 인식론은 일정한 지식관을 전제한다. 기존의 지식에서 논의되는 패러다임적 관점은 실증주의 인식론에 토대를 두며, 소위 기술적 합리성의 정신을 계승한다. 그 기본적 성격은 합리주의적 관점을 노정한다. 따라서 패러다임적 관점에서 지식 구성은 가설로부터 시작하며, 원리, 명제, 이론들이 우리의 세계를 설명하는 데 사용된다. 이 과정에서 지식은 경험으로부터 추상화되며, 개인 경험의 맥락적인 상황으로부터 분리된 탈맥락적이고 객관적인 성격을 지니게 되어 결국 개별 인식자로부터 분리되는 것이다. 따라서 지식을 얻기 위해서는 개인의 경험이나 의견이 처해 있는 맥락적 상황을 초월해야 하며, 탈맥락화된 절대적이고 확실한 진리의 추구가 강조되는 것이다. 이러한 패러다임적 지식관에 따르면 교육을 위한 지식은 이미 객관적으로 정해져 있으며 이론의 형태로 구성된다. 그리고 이러한 이론은 교육하고자 하는 사람에게 전달 가능한 것으로 간주된다. 즉, 패러다임적 지식관에서는 교육을 위한 지식 기반으로서 교육자 개인의 주관적 인식이 고려될 여지가 없다.

그러나 내러티브 관점에서 지식은 사람들이 다른 사람과 자신들의 아이디어와 이야기를 공유하는 상황에서 개인적·사회적으로 구성되고 재구성된다. 즉, 지식은 개인 내에 구체화된 것으로서, 개인은 개인적·사회적으로 구성된 상징적 형식들을 통해서 경험을 해석한다. 따라서 패러다임적 관점에서의 지식은 개별 인식자의 경험과 맥락을 중시하는 내러티브 관점에 의해 보완될 필요가 있다.

내러티브 의미를 기초로 하는 지식의 관점은 인식자 주체의 경험과 반성을 중시한다는 점에서 기술적 합리성을 극복할 수 있는 대안의 중요한 근거가 된다. 인식에 대한 이러한 견해는 인식의 과정에 개방성과 융통성을 허용하며, 지식을 탐구 바깥에 있는 혹은 탐구 이면의 종착지로서가 아니라 탐구 그 자체로, 즉 탐구 내의 목표로서 다루는 관점이라고 할 수 있다.[5] 결국 내러티브 관점에서 지식은 개인이 자신의 경험을 다른 사람과 이야기하는 가운데 형성되며 이는 지속적으로 재구성될 수 있다. 지식이 개별 인식자에 의해 구성되는 것이다. 이러한 지식은 인식 주체인 개인과 무관하게 존재하는 탈맥락적인 것이 아니라, 개인이 처한 상황이나 개인의 주관적인 인식에 의해 영향

5) Olson, M. R., "Conceptualizing narrative authority: Implications for teacher education", *Teaching & Teacher Education, 11*(2), 1995, p. 119-135.

을 받는 맥락적·주관적인 것이라고 할 수 있다. 따라서 지식은 개인 내에 구체화된 것으로서 개인은 개인적·사회적으로 구성된 상징적 형식을 통해서 경험을 해석한다.

이러한 지식관에서 인식자는 인식 대상으로부터 분리되지 않는다. 오히려 개인은 경험을 나타내기 위해 지식을 지속적으로 구성하고 재구성하는 인식 존재로 간주된다. 그러므로 이러한 내러티브 지식관에 따르면 행위 주체자의 지식은 객관적으로 존재하는 것이 아니라 의도와 목적이 구현되는 행위 속에서 형성된다. 예를 들어, 교육과정 개발을 위한 지식 기반은 실제로 개발해 보는 경험에 가담하고 있는 개인들이 자신들의 경험을 다른 사람과 공유하기 위해 구성하는 이야기 속에 있는 것이다.

Rossiter와 Clark(2007: 13-21)에 따르면 내러티브 지식에서 우리가 중요하게 살펴볼 것은 내러티브 의미와 내러티브 앎(narrative knowing)이다. 우선 내러티브는 우리의 삶을 유의미하게 만들어 주는 기본 구조이다. 우리 인간 존재와 관련된 여러 사건이나 에피소드들은 우리 삶의 1차적 자료들을 형성한다. 그러나 우리의 삶은 그러한 자료들 그 이상의 의미를 지니고 있다. 여기에서 의미는 가치와 신념과 관련되어 있다. 우리의 희망과도 연계되어 있으며 의미는 맥락과 관련되어 있다. 그리고 우리의 해석과도 관련되어 있다. 즉, 의미는 신념, 맥락, 해석과 관련되어 있고 이러한 가치화, 맥락화, 해석 가능성이 우리의 내러티브의 질을 형성한다. Bruner의 핵심적 주장은 우리의 의미 구성의 작업을 위한 마음의 준비는 그 성격상 본질적으로 내러티브라는 점이다.

이러한 내러티브 의미는 내러티브 앎을 함축한다. 내러티브 앎의 방식(narrative way of knowing)은 단순한 사실이나 사건, 에피소드에 관심을 갖기보다는 이들의 전체적 구조 속에서 생성되는 의미에 주목한다. 즉, 내러티브 혹은 스토리와 연결되는 질적 특성인 맥락성, 의도성, 해석 가능성과 관련이 있다.

이러한 맥락에서 내러티브는 학문 탐구에서 중요한 가치를 지닐 수 있다. 우선 지식을 보는 관점에서 새로운 변화를 의미한다. 앞에서도 지적하였듯이 이 관점에서 지식은 개인적·사회적으로 재구성된다. 우리의 이야기는 특정 경험들로부터 말해지며 이 점에서 그것은 개인적·실천적 지식의 표현이라고 할 수 있다(소경희, 2004: 195). 따라서 지식은 개인 내에 구체화된 것으로서, 개인은 개인적·사회적으로 구성된 상징적 형식들을 통해서 경험을 해석한다. 결국 구조가 내러티브이고, 내러티브가 곧 구조이다. 결국 인식 주체 밖에 존재하는 객관적 실재에서 지식의 본질을 강구하는 것으로서 이러한 지식관은 많은 한계가 있다. 새로운 지식의 범주에는 지식의 발견적 속성뿐만 아니라 생성적 속성도 고려할 필요가 있다. 최근에 강조되는 지식관은 이러한 생성적 지식을 기초로 할 때 보다 타당하게 이루어질 수 있다.

요약

　제4장에서는 내러티브 전환에 대해서 논의하였다. 여기에서는 내러티브의 시대적 전환을 맞이하여 요구되는 새로운 지식에 대한 입장을 총체적으로 살펴보았다. 소위 지식관의 혁명으로 불리는 만큼 지식과 지식교육을 바라보는 시각은 근본적 전환을 맞이하고 있다. 구체적으로는 이론적으로 네 가지 측면, 즉 실증주의 대 구성주의 논쟁(실증주의적 지식관의 문제, 새로운 문화구성주의의 등장, 다양한 앎의 방식의 등장), 발견 대 발명 논쟁(내러티브 사고에 대한 연구, 새로운 인식론의 전환, 탐구와 발견학습의 재구성), 정초주의 대 포스트모던 입장(기존 인식론에 대한 반성, 고전적 인식론과 그 문제, 포스트모던으로서 내러티브적 인식론, 포스트모던의 기저로서 의미 문제: 의미의 행위), 패러다임적 접근 대 내러티브 접근(패러다임적 지식관과 그 변화, 내러티브 접근: 내러티브 인식론의 입장과 출발점, 패러다임적 접근과 내러티브 접근의 관련성)을 살펴본 후에 내러티브 지식관의 측면(지식관: 내러티브 인식론과 내러티브 지식, 지식의 변화)을 살펴보았다. 전통적으로 철학에서 말하는 인식론의 분야는 지적 역사의 측면에서 보면 대응이론이나 정합설, 칸트 류의 통합론이 주류를 이루고 있지만, 본 연구에서는 기존의 전통적인 분류방식이 아닌 새로운 방식, 즉 내러티브 인식론이라고 하는 새로운 주제를 중심으로 논의하였다.

참고문헌

강현석(1998). 지식구조론 이후의 Bruner의 교육과정 이론 탐구. 교육과정연구, 16(2), 105-128.

강현석(2004). 지식구조론의 재구성을 통한 교육과정 설계원리의 구성. 교육과정연구, 22(2), 55-85.

강현석(2005). 합리주의적 교육과정 체제에서 배제된 내러티브 교육과정의 가능성과 교과목 개발의 방향 탐색. 교육과정연구, 23(2), 83-115.

강현석(2009). Bruner의 교육과정 이론에서 지식의 재해석: 지식의 구조와 내러티브의 관계. 교육철학, 38집, 1-34.

강현석(2016). 인문·사회과학의 새로운 연구방법론: 내러티브학 탐구. 서울: 한국문화사.

강현석, 소경희, 박민정 공역(2011). 내러티브 탐구를 위한 연구방법론. 경기: 교육과학사.

박선미(1999). Bruner의 탐구학습에 대한 비판적 고찰. 교육과정평가연구, 2(1), 39-57.

소경희(2004). 교사양성 교육과정에 있어서 내러티브 탐구의 함의. 한국교육학연구, 42(4), 189-211.

소경희, 강현석, 조덕주, 박민정(2007). 내러티브 탐구: 교육에서의 질적 연구의 경험과 사례. 서울: 교육과학사.

손민호(1995). 브루너 탐구학습의 비판적 검토. 서울대학교 대학원 석사학위논문.

양미경(2002). 구성주의와 교육과정. 한국교육과정학회 편. 교육과정: 이론과 실제. 서울: 교육과학사.

이경섭, 김민남(1973). J. S. Bruner의 발견론. 경북대학교 논문집 제17집, 121-134.

이차숙(2001). Bruner의 발견적 교수학습 이론. 전성연 편. 교수-학습의 이론적 탐색 (pp. 199-212). 서울: 원미사.

이홍우(1988). Bruner의 지식의 구조. 서울: 교육과학사.

이홍우(1992). (증보)교육과정 탐구. 서울: 박영사.

임병덕(2000). 브루너와 지식의 구조. 고전순례.

장상호(2000). 학문과 교육(하). 서울: 서울대학교출판부.

전현정, 강현석(2009). 대안적 초등교육과정 개발 방향 탐색. 초등교육연구, 22(1), 169-198.

조덕주(2003). 교육과정 운영 지원을 위한 기초로서의 교사의 개인적 관심과 개인적 지식 탐구. 교육과정연구, 21(4), 51-76.

최상진, 김기범(2011). 문화심리학. 서울: 지식산업사.

최상진, 한규석(2000). 문화심리학적 연구방법론. 한국심리학회지: 사회 및 성격. 14(20), 123-144.

한승희(1990). 교육내용 어떻게 볼 것인가. 한국교육. 17, 143-163.

한승희(1997). 내러티브 사고 양식의 교육적 의미. 교육과정연구. 15(1), 400-423.

홍은숙(1999). 지식과 교육. 서울: 교육과학사.

Bigge, M., & Shermis, S. (1999). *Learning Theories for Teachers* (6th ed.). New York: An Imprint of Addison Wesley Longman, Inc.

Bruner, J. S. (1960). *The process of education*. Cambridge, Mass.: Harvard University Press.

Bruner, J. S. (1964). *On going beyond the information given, In Contemporary approaches to cognition*. Harvard University Press.

Bruner, J. S. (1966). *Toward a theory of instruction*. Cambridge, Mass.: Harvard University Press.

Bruner, J. S. (1985). Narrative and Paradigmatic Models of Thought. In Einer (Ed.), *Learning and Teaching the Ways of Knowing*. NSSE, Chicago: Univ. of Chicago Press.

Bruner, J. S. (1986). *Actual Minds, Possible Worlds*. Cambridge, Mass.: Harvard Univ. Press.

Bruner, J. S. (1987). Life as Narrative. *Social Research, 54*(1), 11-32.

Bruner, J. S. (1990a). Culture and Human Development: A New Look. *Human Development*, 33.

Bruner, J. S. (1990b). *Acts of Meaning*. Cambridge, Mass.: Harvard Univ. Press.

Bruner, J. S. (1996). *The Culture of Education*. Cambridge, Mass.: Harvard Univ. Press.

Clandinin, D. J., & Connelly, F. M. (2000). *Narrative inquiry: Experience and story in qualitative research*. San Francisco: Jossey-Bass.

Connelly, M., & Clandinin, J. D. (1988). *Teachers as curriculum planners: Narrative of experience.* New York: Teachers college Columbia University.

Doll, W. E. Jr. (1993). *A post-modern perspective on curriculum.* New York: Teachers College Columbia University.

Driscoll, M. (2000). *Psychology of Learning for Instruction* (2nd ed.). Allyn & Bacon., a Pearson Education Inc.

Eisner, E. (1979). *The educational imagination.* NY: Macmillan.

Goodman, N. (1978). *Ways of Worldmaking.* Indianapolis: Hackett.

Gudmundsdottir, S.(1995). The Narrative Nature of Pedagogical Content Knowledge. In H. McEwan & K. Egan (Eds.), *Narrative in Teaching, Learning, and Research* (pp. 24-38). Teachers College Press.

Harste, J. C., & Leland, C. H. (1994). *Multiple ways of knowing: Curriculum in a new key.* Heinman.

Oakeshott, M. (1962). *Rationalism in politics and other essays.* Methuen.

Olson, M. R. (1995). Conceptualizing Narrative Authority: Implications for Teacher Education. *Teaching & Teacher Education, 11*(2), 119-135.

Polkinghorne, D. (1988). *Narrative knowing and the human science.* Albany: SUNY Press.

Rossiter, M., & Clark, M. (2007). *Narrative and the practice of adult education.* Florida: Krieger Publishing Co.

Scheffler, I. (1965). *Conditions of knowledge.* Chicago: The University of Chicago Press.

Taba, H. (1962). *Curriculum development: Theory and practice.* New York: Haracout Brace Jovanvich Inc.

Whitehead, A. N. (1929). *The aims of education.* A Mentor Book, The New American Library.

제**5**장

지식을 가르치고
배우는 일

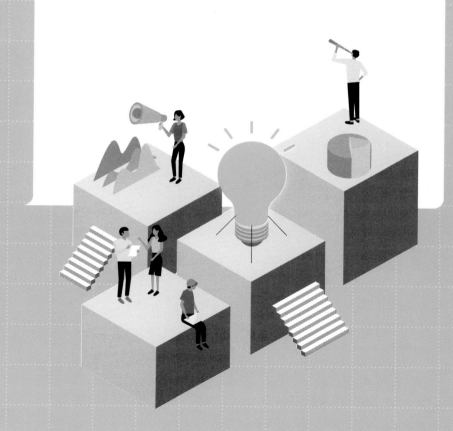

본 장에서는 새로운 지식관의 입장에서 바라보는 '가르치고 배우는 문제'를 논의하고 자 한다. 전통적으로 지식을 가르치는 입장은 어느 한 방향에서 다른 한 방향으로 지식을 전달하는 방식인 전달 모형이 주류였다. 이러한 방식에서는 학습의 주체에게는 지식이 자신의 것이 되지 못한다. 교수자와 학습자 사이에서 중간에 전달하는 방식인 것이다. 중간 언어 접근은 내면화에 못 이른다. 지식을 가르치고 배우는 방법으로 등장한 탐구학습과 발견학습도 진정으로는 내러티브 입장에서 재개념화되어야 한다. 그렇게 되었을 때 비로소 내러티브 중심의 교수—학습이 자리하게 된다. 이하에서는 이러한 문제를 크게 다섯 개의 절로 살펴보기로 한다.

1. 전달(도관) 모형

일찍이 Hopkins(1994)는 학교교육에서 지식을 가르치는 전형적인 방식을 근원적 은유에 빗대어 기계적인 방식으로 설명하였다. 당대 교육은 학교에서 지식을 기계적으로 가르치고 있다는 진단이다. 물이 한 방향으로 흐르는 도관의 비유(conduit metaphor)가 그것이다. 이하에서는 Hopkins(1994)의 주장에 토대를 두고 있다.

1) 기계론적 은유

미국과 산업화된 세계의 학교교육은 이러한 기계론적 은유로부터 심오한 영향을 받는다. 학교교육은 그의 의무교육적 지위에서부터 모든 본질적인 속성에 이르기까지 기계론적이다. 이는 시간과 공간을 조직하는 것, 수업을 실행하고 교실을 조직하는 것에서 나타난다. 우리 시대의 탁월한(그렇게 보편적이지는 않을지라도) 교육학은 교사들이 공장의 일차 단계의 감독관이 하듯이, 미리 정해진 목적을 달성하기 위하여 미리 서술된 과제를 실행함으로써 학생들의 경험을 통제하는 목적을 가진 것처럼 행동하게 한다. 자유로운 경험적 교육이 존재하기는 하지만 매우 드물다.

C. A. Bowers과 D. Flinders(1990)는 방대한 '교실경영 패러다임'—교수 모델—즉 교육대학에서 전달되고 '의식의 공학적 형태'의 산물로서 교육적 계속성 안에서 모든 수준의 교실에서 적용되는 것을 기술한다. 그 기원은 17세기로 거슬러 올라간다(Bacon, Descartes, Newton). 우리 시대에 좀 더 밀접하게, Raymond Callahan(1962)이 '효율성의

추종'이라고 부른 것에서 나타난다. 이것은 20세기부터 학교교육의 맥락에서 유지하고 있는 엔지니어링, 행동주의 기계주의의 원리들이다. 학교 경영에서 시작되었지만, 교육학에도 점차로 반영되어 갔다. 이것은 미리 설정된 목적을 향하여 학생들을 의도적으로 조작하고 학생들 자신의 경험을 무시하고 그것을 전체 과정을 오염시키는 것으로 간주한다.

이 모델은 성인은 아동이 알아야 하는 것이 무엇인지 알고 있고, 교사의 과제는 알아야 하는 것을 학생들의 의식과 깨달음 속에 포함시키고 흥미를 유발하고 노력을 지속하도록 조건을 만드는 것에 있다고 가정한다. 교수는 (마치 전쟁, 축구, 공장 과정, 정치와 같이) 규칙적이고 순서적이며 기술적이고 전략과 전술을 포함하는 것으로 인식되었다. 교육적 시스템과 실제로 만들어지는 전략은 지식 혹은 정보가 교사 혹은 교과서 혹은 밖의 다른 곳에서부터 학생들에게 이동되도록 안내한다. 교사는 이러한 무관심의 전쟁에서 전술가이다.

Lee Shulman과 Neil Carey(1984)은 이것을 교육의 "합리적인 모델"이라고 했으며, 다음과 같이 기술하였다.

> 교사는 지식과 기술을 가지고 있는 어떤 사람으로서 교실을 조직하고 지식을 학생들에게 전달하는 수업을 수행하는 것으로 간주한다. 교사는 학습의 촉진자, 지식의 전달자이다……. 교육적인 접근을 '전달 시스템'으로 비유하는 설명이 이상한 것은 아니다(p. 507).

교사는 언어를 통해 학생들에게 의미를 제시하는 전달자이다. 그다음에 학생들은 교사의 언어로부터 그 의미를 뽑아내는 의무를 가진다. 다양한 교실 전략은 학생들이 이러한 추출과정을 완성하도록 조작하고 유인하기 위하여 사용된다. 가장 흔한 것으로, 교사는 질문을 던진다. 그리고 정답을 구하기 위하여 교실을 쭉 훑어본다. 어떤 의미 맥락이 결여된 분절된 자원들의 제시로 교실은 만연되어 있다. 전달의 과정은 일방적이고 학생들의 '의미 구성의 내적인 세계, 의도성, 문화적 형태의 무의식적인 수행'은 무시된다(Bowers & Flinders, 1990: 10). 학생들이 그 메시지를 받은 것으로 나타날 때, 그들은 보상을 받게 된다. 그렇지 않을 때는 그들은 벌을 받게 된다(나중에 제시됨, Levine & Wang, 1983 참조).

실제적인 연구의 주류들은 학생들이 이 모델에 내재된 역할에 맞게 훈련된 것에 대해서 교사들이 거두는 성공을 평가해 왔다. Thomas Greenfield(1984)는 "학교는 정보의 형태로 가치를 분배하는 곳이다. 학교 교사들은 권력을 가진 리더의 압력에 의하여 그렇게 한다. 그 리더는 권력의 폭력으로 그렇게 하는 것이 충분하지 않을 때, 물리적인 폭력을 가할 것이다."라고 하였다.

그래서 성공적인 교사는 교실에서 행동의 순응을 일으키도록 교육을 받는다. 교사들은 의도한 역할과 과제 구조에 사회화된 학생들을 양성한다. P. C. Blumemfeld와 그의 동료들(1983)은 어떻게 이 시스템이 작동하는지를 매우 진술하게 기술하였다.

> 현대 학교는 아마도 교사의 행동이 형식적인 역할 제한에 의하여 주도되는 관료체계로 간주되어야 할 것이다. 교사는 위계 속에서 교장과 다른 행정가의 감독과, 학생들의 행동과 생산성을 감독하는 감시하에 행동한다. 그래서 학교에 들어오는 아동은, 교사는 관리자, 학생은 노무자로 취급되는 조직을 만나게 된다. 학교가 아동을 동시에 일꾼과 생산물로 취급하는 관료주의인 경우는 비일비재하다(p. 148).

교사의 교육적 행위는 대부분 말하기를 주로 한다. 거의 모든 이야기를 한다. 학생들에게 말하는 기회가 주어지면, 이것은 교사가 처음에 말한 것을 언어적으로 수용 가능한 방법으로 반복하기 위함이다.

몇몇 사람들이 말한 것처럼, 학교에서 학생들의 기능으로서 내러티브는 노골적으로 제외된다. 그 결과 학생들은 그 공동체의 진짜 구성원이 아닌, 자신들을 가르치는 사람이 포함된 그 집단의 진정한 공통 구성원이 아닌 것이 된다.

그래서 학교는 지식, 기술, 마음의 습관, 태도의 전달(생성, 창조, 구성이 아닌)을 위한 곳이다. 즉, 어떤 것이 학생들에게 일어나고, 학생들의 의식을 변화시키기 위하여 노력이 기울여지는 장소이다. 이곳은 관점을 공유하고, 세계에 대한 학생들의 호기심을 충족하기 위한 장소가 아니며, 심지어는 학교에서 가르쳐진 주제에 의하여 만들어진 프레임워크에 학생들의 삶이 녹여지는 것도 잘 되지 않는 곳이다.

학생들은 노동자가 작업장에서 일하는 것처럼, 특정하게 생산적인 과정을 수행하기 위하여 '학교에 나온다.' 이러한 절차들은 학생들의 관점을 확대한다기보다는 제한한다. 그리고 산업 현장에서 나타나는 것처럼, 교사의 권위와 학생들의 수동적 공격적 저항력 간에 무의식중의 분투가 일어난다. "학교교육은 아동과 교수의 형식적인 프로그램 간의 계약의 그 이하도 그 이상도 아니다."라고 발달심리학자 William Damon(1990: 45)은 말했다. "이러한 계약의 속성은 학생들이 그들로부터 무엇을 배웠는지를 결정하기 위하여 중요하다. 어떤 학교의 계약은 학습을 만들고 어떤 다른 학교들은 그렇지 않다."

이러한 계약의 속성은 행동주의 심리학으로부터 많은 영향을 받는다. 이것이 기계론 구조의 가장 순수한 전형이다. Theodore Sarbin(1986)은 다음과 같이 말했다.

> 기계론적 세계관은 자연에서의 사건들을 어떤 영향 요인들의 전달로 파생된 산출물로 본다. 현대 과학은 이러한 세계관을 형이상학적 기반, 즉 과학자들이 원인을 찾는 것을 지원하는 관점으로 본다. 행동주의와 급진적인 실험주의는 이러한 세계관을 가진 심리학적 철학적 동향의 사례이다(p. 8).

이러한 영향은 교재, 평가, 교육과정에서 잘 나타나지만, 더 심각하게는 교사의 실천, 즉 Seymour Sarason(1982)이 말한 학교교육의 '규칙'과 그것을 준비하는 교사의 이데올로기에서 나타난다는 것이다. 학교교육은 자극-반응 게임이다. 학생들은 목적을 향하여 관리되는데, 그 목적은 기본적으로 그들에게도 모호하며 어떤 경우에는 한 문화집단의 구성원으로 통합하는 데에 해가 되기도 한다. 교육학적 가정은 수업을 운영하는 사람들과 거의 공유되지 않는다. 여기에서 미스터리를 유지하는 것이 핵심인데, 왜냐하면 미스터리를 유지하는 것이 기계적 구조를 유지하는 것이기 때문이다.

극단의 경우에는, 이러한 교육학이 학생들은 컴퓨터와 같은 유기체이고, 문자, 소리, 단어, 역사적 사실과 같은 정보 바이트에 의하여 프로그램화될 수 있다는 가정하에 구성된다. 그러나 Mihaly Csikzentmihalyi(1990)가 말한 것처럼, 아동은 예측 가능하게 프로그램화 될 수 없다. 그들은 그들의 경험 속에서 의미 없는 것들을 무시할 수 있는 자유가 있다. 그들은 이 자유를 규칙대로 수행한다. 그들의 신체는 통제 가능할지라도 그들의 마음은 그렇게 되지 않는다. 교사들은 그들의 자유를 억압하거나 할 수 있지만, 그들의 의식은 그렇게 할 수 없다. 그래서 교사들은 학교의 의심스러운 조작에 대항하는 학생들의 무의식적 전략을 통제할 수 없다.

아마도 성인들은 비록 명백한 사실이 아닐지라도, 아동들이 하기 전에 미리 해야 하는 것을 더 잘 알 것이다. 문제는 한 사람에게 의미 있는 것이 다른 사람에게는 그렇지 않다는 것이다. 학생들은 그들을 위하여 의미가 있는 교재만 오로지 학습할 것이다. 교사들은 학생들에게 좋은 것이 무엇인지를 모르면서 그들의 완강한 저항에 괴로워하겠지만, 젊은 세대에게 불평하는 것이 문제를 해결하는 것은 아니다. 우리 모두는 때때로 노력하지 않아도, 우리의 편안하고 이로운 삶에서 우리에게 의미 있는 것을 가진 자원을 공부한다. 다른 사람들의 실제를 부인하는 것은 그들의 독특함의 진정성을 거부하는 것이고 그래서 그들의 관심을 잃게 만든다. 이것이 모든 사람이 손해를 보는 어려움이다.

교육의 경영은 Chris Argyris와 Donald Schön(1974)이 전문적인 이론이라고 부르는 것과 '행위 속의 이론'과의 불일치, 즉 사람들이 교육에 대하여 믿는 것과 실제로 행하는 것과의 차이에 의하여 규정된다. 미국 교육의 언어는 '진보주의적 주제'에서 나타나는 것으로 가득하다. 유명한 교육심리학자 Howard Gardner(1990)는 미국 교육의 전통과 진보의 지속적인 긴장 관계를 말했다. "진보적인 주제에 대한 지속적인 집중은 미국 유산의 중요한 부분이다. 이 요소는 미국 교육을 위한 어떤 처방에서 심사숙고되어야 한다."고 말했다.

수사적 수준에서 어떤 현상이 일어나든 간에, 기계론적 원리는 교실 상황의 우세한 고지를 차지하고 실제 실행 수준에서 적용되고 있다. 우리의 현황에서는 좀 더 융통성 있고 유연한 근본적 메타포가 필요하다.

2) 지식학습에서 교육학의 전환

미국 교육 연구의 주류 학자들은 교수-학습 과정의 기계론적 모델의 한계를 발견하기 시작했다. 물론 질적 연구자들과 급진적인 비판가들은 오래전부터 그렇게 해 왔다. 유명한 사회언어학자, 의사소통학자, 인지주의 학습이론가들은 가장 강력한 학습은 일상의 삶과 적응의 사회적 세계의 산물이다라고 결론을 내렸다. 그들 중에서 유명한 학자가 인지적 인류학자 Jean Lave(1988; Lave & Wenger, 1991)이다. 그의 학습 전이에 대한 흥미로운 연구는 군림하는 교육 모델의 효율성에 대하여 엄청나게 충격적인 의문을 던졌다. Lave(1988)는 학습의 '기능주의자'의 이론을 의문시했다.

> 아동은 만약에 일반적인 인지능력(예: 읽기, 쓰기, 셈하기, 논리적 · 비판적 사고)이 학생들의 경험으로부터 나온 지식을 사용하는 일상적인 맥락과 동떨어져 있다면, 이 능력들을 배울 수 있다. 학생들의 경험은 모든 상황에서 지식을 일반적으로 적용할 수 있도록 하기 위한 조건이 된다. 학교교육은 아동을 그들의 일상생활과 분리하여, 넓은 조직적 수준에서 이 아이디어를 반영한다(pp. 9-10).

Lave의 인지의 '사회적 실천이론'은 "실제 상황에서 구성되는 실천 속의 지식이 살아가는 경험된 세계의 인간의 가장 강력한 지적 능력의 핵심"이라고 말한다. 그녀가 주장하는 것처럼, "실천이론은 인지와 학교교육에 대하여, 기능적인 학교교육 이론, 교육 이데올로기, 인지주의와는 다른 입장을 제안한다."(p. 14).

Jean Lave는 교육연구 기반을 두지 않은 인류학자이다. 더욱 놀라운 것은 학습이라는 주제를 '멀티 소스 현상'으로써 설명하고 있다는 점이다. 학습의 과학적 연구(고립된 요인과 현상을 행동주의적 혹은 계산적 방법으로 탐구하는 연구)를 규정하는 '소외로 인한 간소화'는 '정확성과 관련성' 간의 깨지지 않는 격차를 만들었다고 인정했다(Iran-Nejad, McKeachie, & Berliner, 1990). 즉, 학습 과정에 대하여 가장 엄격하고 거만하고 인색한 과학적 연구는 세상에서의 학습을 인간의 실제적인 삶에서 멀어지게 한다. 이러한 고립에서 학습 요인을 측정하는 것은 살아 있는 인간에게서 나타나는 학습을 이해하지 못하게 한다. 학습은 '멀티 소스' 현상이다.

그들이 기록한 '멀티 소스 주제'는 "상황을 분절된 부분으로 구별함으로써 문제를 단순화는 것을 하지 말아야 한다고 제안한다. 왜냐하면 풀어내기에는 너무나 복잡한 고차원적 상호작용을 가진 수많은 요인이 있는 거울 방에 갇히는 꼴이 되기 때문이다." (p. 512) Carl Bereiter(1990)를 인용하면서, 그들은 "상황적 모듈로서 유기체"를 특성 짓는 것을 제안하였다. 이 제안은 자극-반응 실험과는 매우 다른 것이다.

Shulman과 Carey(1984)는 다음과 같이 설명한다.

> 합리적인 모델의 관점에서 연구하는 교육연구가들에게, 연구는 교사의 행동과 학생들의 행동 간의 상호관계와 인과관계를 밝히는 과정이 된다. 연구자의 역할은 분석하고 요소, 구조, 기능으로 세분화하는 것이며, 체계적인 관찰과 실험 방법을 적절히 활용하여 행동의 법칙을 찾는 것이다(p. 508).

물론 그런 법칙이 '거기에' 있다고 가정한다. Iran-Nejad, McKeachie, 그리고 Berliner는 이러한 전통적인 접근을 거부했다. 그들은 학습을 통합된 맥락적 과정으로 규정하고 학생들의 경험된 삶의 속성에 의존하는 것으로 규명하면서, 연구 실제와 관점에서 커다란 수정을 제안했다. 그들은 인지심리학의 경험적 연구의 구체적인 실체를 언급한다. 즉 과정이 깊고 정교하면 할수록 더 많이 맥락에 처해지고, 사건이 문화적 배경, 메타인지적 개인적 지식에 뿌리를 두면 둘수록, 더 쉽게 이해하고 학습하고 기억하게 된다(pp. 510-511). 비록 그들이 이 용어를 사용하지는 않을지라도 이것은 '살아낸 경험' 그 이상도 그 이하도 아니다.

3) 전달 모델(conduit metaphor)

어느 한 논문에서 Asghar Iran-Nejad(1990)는 다음과 같이 기술한다.

두 가지 암묵적인 가정이 학교의 학습을 주도하는 것 같다. 즉, 하나는 외적인 정보가 학습의 오직 한 가지 자원이라는 것이고 다른 하나는 교사의 의한 수행 통제가 자기 조절적 학습 과정의 오직 한 가지 내적 자원이라는 것이다. 그 결과, 주어지는 자극에 대하여 학습자가 억지로 주의를 집중하는 것은 학교 학습에서 가장 중요한 조절자로 간주한다. 이러한 두 가정은 학습 영역에 대해 많은 자원들의 역할을 심각하게 제한하고 사실과 정의를 암기하는 것에 국한시킨다(p. 573).

Iran-Nejad의 "학습에 동시에 영향을 미치는 다양한 자원"은 학생들의 경험 영역 안에 있다. 다른 곳에는 없다. Iran-Nejad의 논문의 목적은 그가 '전달 모델'이라고 부르는 것을 설명하고 비판하는 것이다. 그는 "아이디어, 생각 혹은 감성은 화자로부터 청중에게 전달된다"는 가정은 인지심리학에서 부정확한 설명 모델이며 수업 실천의 잘못된 지침이라는 것을 알아낸다(p. 574). 결국 '전달 모델'은 미국 교육의 많은 실패를 설명하는 메타포이다. "전달 메타포 개념화는 학교에 대한 부정적인 태도에 연계되고, 실패와 분열을 가져온다. 반면에 구성적인 개념화는 목표 지향점과 체계적인 연구를 성취하는 내적인 학습동기와 연계된다."(p. 577).

잠재적인 패러다임 변화의 보다 많은 증거는 탁월한 인지심리학자 Jerome Bruner (1990)의 현재 업적에서 찾을 수 있다. 그는 인간 삶의 의미 조직자로서 의도적인 상태를 인정하는 새로운 문화심리학을 주창하였다. 그는 인간 삶에서 경험의 힘을 부인하고 그들의 의도성을 무시하는 과학적 심리학은 지적으로도 실제적으로도 황량하다고 비판하였다. Bruner가 자신의 책에서 문제시한 실천적-실험적 심리학은 교육을 이해하고 우리 사회에서 그 기술을 구성하기 위한 주도적인 모델이다. 교육연구 공동체 내에서의 이러한 비판의 메시지는 그 지배적인 근본 메타포가 학습을 위한 황폐한 맥락을 제공한다는 것이다.

2. 중간 언어 접근

중간 언어 접근(middle language approach)이란 학교교육에서 가르치는 내용의 본질을 제대로 파악하지 못하는 일을 지적하는 말이다. 즉, 학교교육에서 가르치는 사람들은 교과 그 자체를 가르치지 않고 교과의 중간 언어를 가르친다는 지적이다. 이 경우 교과 자체는 교과의 본질을 의미하며 교과의 중간 언어는 교과 본질 자체가 아닌 교과에 관한 사실이나 지식들을 의미한다. 교육현실에서 중간 언어(middle language)는 부정적인 뉘앙스를 가리킨다. 이하에서는 Bruner의 입장을 중심으로 이혼정의 문헌(2004)에 제시된 바를 논의해 보기로 한다.

1) Bruner의 중간 언어: 지식의 구조로 가야함

Bruner(1960)는 『교육의 과정(The Process of Education)』에서 '무엇을 가르칠 것인가'의 문제에 대해 '지식의 구조'를 가르쳐야 한다고 주장했다. 그는 기존의 교육에서 '교과'를 가르치지 않고 교과의 '중간 언어'를 가르쳤기 때문에 제대로 교육이 이루어지 못하였다고 비판하였다. 따라서 중간 언어로 가르치지 않고 수업이 이루어진다면, "어떤 교과든지 올바른 형식으로 표현하면 어떤 발달단계에 있는 어떤 아동에게도 효과적으로 가르칠 수 있다."는 것이다.

Bruner는 중간 언어와 대비하여 교과 본질 자체를 지식의 구조로 표현한다. 지식의 구조는 교육내용의 선정과 조직뿐만 아니라 교수방법에까지 중요한 영향을 미쳤다. 특히 '지식의 구조'라는 아이디어는 학문중심 교육과정의 기초가 되어, 수업에서 발견학습이나 탐구학습을 강조하고, 교사의 역할에도 많은 변화를 준 이론이라고 볼 수 있다.

Bruner의 책에서 중간 언어와 관련된 부분을 이혼정의 연구(2004)에 기반하여 살펴보면 다음과 같다.

이제 학생은 과학자나 역사가와 다른 종류의 사람이 아니다. 물리학을 배우는 학생은 물리학자가 물리학을 연구하는 것과 똑같은 방법으로 물리학을 배우며, 우즈 호울 회의에서 소위 '중간 언어'라는 이름으로 통한, 물리학에 관한 포장된 사실들을 갉아먹는 소비자로서 배우는 것이 아니라, 중간 언어는 교과를 이야기하는 언어가 아니라 교과에 관하여 이야기하는 언어이다(Bruner, 1960: 14).

Bruner가 '탐구'의 방법을 통해 '지식의 구조'를 가르쳐야 한다고 했을 때, 그는 학문의 '중간 언어'와 그것을 통해 궁극적으로 배워야 할 것을 구분했다. 종래 교육의 문제점은 지식의 표층만을 가르쳤지, 그 지식의 표층 이면에 내재해 있는 지식의 구조를 가르치지 않았다는 것이다. 그리하여 종래의 교육에서는 지식의 표층에 있는 '사실의 더미'거나 해당 학자들의 탐구결과만을 외우게 했다는 것이다.

『교육의 과정』이 출판되고 10년이 지난 후 Bruner(1971)는 『교육과정의 재음미(The Proces of Education Reconsidered)』라는 글에서 '교사의 중간 언어'에 대해 다시 다음과 같이 언급하였다. 1960년대 초기의 여러 교육과정 개발 사업에서 우리는 훌륭한 수업으로서 학생들의 능력을 최대한으로 발휘하게 하는 것이 얼마나 어려운 일이라는 것을 몇 번이고 되풀이하여 깨닫게 되었다. 소크라테스와 노예 소년의 이야기가 끊임없이 사람들의 입에 오르내렸다. 우리가 어떤 교과내용이든지 올바른 형식으로 표현하면 어떤 발달단계에 있는 어떤 아동에게도 가르칠 수 있다는 결론을 내리는 것도 무리는 아니다. 이 말은 반드시 어떤 교과내용이든지 그것을 가르치는 궁극적인 형식이 있다는 뜻이 아니라, 학생들이 배워야 할 개념이나 원리를 학생들이 파악할 수 있는 형식으로 친절하게 '번역'해 주는 방법이 있다는 뜻이다. 이런 번역을 해 주지 않을 때, 우리는 학생들을 불친절하게 대하는 것이다. 이 이상을 추구하게 되었다는 것은 아마도 1960년대 교육과정 대 건설기의 가장 중요한 소득이라고 볼 수 있을 것이다(이홍우 역, 2003: 191).

2) 중간 언어를 가르치는 것을 극복하는 방법

(1) 지적으로 정직하게 가르치기

가르친다는 말은 그 표준적인 어의에 있어서는, 적어도 그 과정 중의 어느 시점에서는, 교사가 학생들의 독립적인 이해와 독립적인 판단을 교사 자신에게 내맡기는 것, 학생들이 이유를 요청할 때 거기에 응하는 것, 학생들이 충분한 설명을 받았다고 생각할 때까지 설명을 계속하는 것을 의미한다. 어떤 사람에게 이러이러하다고 가르치는 것은 단순히 그것을 믿게 하는 것이 아니다. 예컨대, 사기는 '가르치는' 방법이나 방식이 아니다. 가르친다는 것은 그 이상으로, 만약 학생들에게 이러이러하다고 믿게 하려면, 우리는 또한 학생들이 각각 알아들을 수 있는 범위 내에서 우리가 제시하는 이유 때문에 그것을 믿도록 한다는 뜻을 포함하고 있다. 그리하여 가르친다는 것은 그 표준적인 어의에 있어서는, 학생들의 '이성', 다시 말하면 학생들이 이유를 요구하고 제시된 이유를 판단하는 권리와 능력을 가지고 있다는 것을 인정하는 것이다(Scheffler, 1960: 57-58; 이홍우 역, 1992: 251 재인용).

학생들은 교사에 의해 조형되는 존재가 아니다. 그들도 교사와 동등한 이성을 가진 존재이다. 교사가 가르친다는 것은 '자신이 가르치는 내용에 대해 진정한 믿음을 가지고 있었기 때문에 학생들에게도 그것을 믿도록 요구할 수 있다'는 것이다. 이것이 지적으로 정직하게 가르친다는 의미이다. 결국 교사는 자신이 가르치는 내용에 대해 굳건한 믿음이 있어야 한다는 것이다. 그래야만 학생들에게 가르치는 내용을 믿도록 설득할 수 있고, 자신감도 생기게 되기 때문이다.

(2) 전달수업에서 이해수업으로

삶의 현실은 온갖 잡다한 형태의 대화로 이루어지지만, 인문학이 죽어 가는 이 땅의 교실에서는 주입과 단답의 교류가 횡행한다. 대화의 부재는 앎이 삶과 소통하지 못하고, 창의가 편벽으로 흐르고, 정보가 닻 없는 부표(浮漂)로 부랑하게 만드는 원인이다. 개인의 창의와 개성이 강처럼 흘러야 할 인문학 교실 내에서는 이미 대화는 질시 받고 소통 불가능한 지시와 명령이 직관인 양, 영감인 양, 계시 인양 맹목의 권위를 얻는다. 교육은 학생들로 하여금 무엇인가를 '알도록' 하는 일, 즉 모종의 지식 또는 앎을 전수하는 일이다. 여기서의 앎은 대체로 추상적인 명제들이나 정보들에 대한 지식이다. 어떤 학생이 명제를 외울 수 있다는 것만으로 지식을 가지고 있다고 보기 어렵다. 그 사람이 그런 지식을 가지고 있다는 것은 곧 그가 그 지식에 담겨 있는 사고방식을 이해하고 그 지식에 담겨 있는 관점과 태도를 체득했다는 것이다.

우리가 이해한다는 것은 전체를 아는 것이다. 즉, 사물이나 현상들이 관계 맺고 있는 모두를 아는 것이다. 따라서 이해하는 일은 사물이나 현상을 단순히 모아 놓는 일이 아니다. 그것은 마치 벽돌과 목재, 시멘트 등만으로 집이 되지 않는 것과 같다. 집을 짓기 위해서는 각각의 용도에 맞게 사용법도 알아야 하고, 스스로의 힘과 노력으로 힘써 짓는 노력이 필요하다.

교사가 수업에서 보여 주는 것은 바로 그런 노력의 결과물들이다. 겉으로 보기에 수업은 단순히 교과서의 내용을 전달하는 것처럼 보이지만, 그 안에는 교사만의 노력과 힘써 배운 흔적들이 배어 있게 마련이다. 이런 과정을 겪어 본 교사는 자신의 방법만이 아닌 다른 방법도 있음을 알기에 새로운 방법으로 학생들과 시도해 보기를 원한다. 결국 교사와 학생은 같은 재료로 서로 다른 집을 짓는 것과 같다. 학생들이 스스로 집을 짓도록 도와주기 위해서 교사는 각 재료들의 용도와 연장 사용법 등을 알고 있어야 한다. 그것들을 학생들의 언어로, 그리고 각각의 학생에 맞는 수준으로 설명해 주어야 한다. 이것을 Bruner의 설명대로 한다면, 학생들이 배워야 할 개념이나 원리를 그들이 파악할 수 있는 형식으로 친절하게 '번역'을 해 주는 것이다. 학생들의 수준이 계속 변화하고 성장하므로, 교사는 끊임없이 학생들을 새롭게 이해하려고 노력해야 한다.

(3) 수업에서의 'PCK'와 '교수학적 변환'

어떤 내용이든 가르칠 수 있는 일반적인 방법론이 존재하는 것이 아니라, 특정한 내용을 가르치는 특정한 방법론이 존재한다. 교사들은 대학에서 배운 지식이 그대로 교실 상황에 적용될 수 없음을 깨닫는다. 그리고 어떤 내용을 선택해서, 어떻게 가르치면 효율적인지 고민하게 된다. 이러한 경험의 축적을 통해 교사들은 내용과 교수방법을 결합하는 독특한 지식을 획득하게 된다. 이런 지식을 '내용교수지식(pedagogical content knowledge)'이라고 하며, PCK야말로 교사를 내용 전문가의 지식과 구별시켜 주는 지식이라고 보았다. 대부분의 교사들은 이런 내용교수지식이 부족하다. 이는 전달 중심의 단조로운 수업 관행을 통해 미루어 짐작할 수 있다. 교사들은 배경학문에 대해서 상당한 수준의 능력을 가지고 있지만, 배경학문을 넘어서서 교과의 목적에 비추어 적절한 내용을 취사선택할 수 있는 교과 지식의 개념은 부족하다. 그러나 교과 지식 보다 더욱 부족한 것은, 내용에 따라 적합한 수업방법을 활용하는 교수법적 내용지식과 관련된 부분이다.

수업의 주된 어려움은 가르칠 교과 지식을 학생의 수준에 맞게 변형시키는 것이다. 교과 지식은 단순히 가르치기 위해서 필요한 것이 아니다. 따라서 교과 지식을 사용 가능한 지식으로 바꾸기 위해서는 가르치는 동안에 인위적인 변환과정이 필요하다. 인식론자들은 이를 '교수학적 변환(didactical transposition)'이라고 한다(Brousseaus, 1997: 21). 지식을 보는 관점과 이해 수준은 학자, 교사, 학생에 따라 다르다. 이들 세 집단은 각각 학문적 지식(학자 중심), 가르칠 지식(교사 중심), 학습된 지식(학생 중심)을 소유하고 있다. 학문적 지식은 교육내용으로 재구성되기 이전의 학자들이 연구한 지식을 의미한다.

(4) 대화를 통해 수업하기

교실에서 가장 전통적인 소통 유형은 교사가 학생들에게 질문을 시작하고, 학생은 대답하고, 그 대답을 교사가 평가하는 전통적인 상호작용 유형을 말한다. 다른 유형은 교사가 의도한 답을 학생이 대답할 수 있도록 질문의 범위를 좁혀 문제를 여러 개의 하위 문제로 나누어 교사가 학생에게 질문하는 상호작용 유형이다. 또 어떤 유형은 학생과 교사가 동등하게 수업에 참여함으로써 상호작용하는 유형이다.

이와 같은 다양한 질문의 유형을 적절하게 수업 중에 활용하는 것이 필요하다. 그런데 현실에서 교사들은 학생들이 수업 중에 자유스럽게 참여하는 것을, 헛소리나 쓸데없는 소리로 혹은 엉뚱한 소리로 생각하는 경우가 많다. 교사는 학생들이 교사의 권위에 복종하지 않고 대들고 따지는 것에 대하여 불쾌하게 생각한다. 그리고 교사를 중심으로 수업 환경이 잘 정돈되어 있을 때 편안함을 느낀다. 이러한 태도는 교사 자신이 학교에 다닐 때 몸에 배인 관습과 태도 때문이기도 하다. 이러한 전형적인 권위자로서의 교사의 태도와 적극적으로 수업에 참여하려는 학생들 사이에 갈등이 생길 수 있다. 학교 수업에서 Freire는 대화가 매우 중요함을 강조하였다. 교사는 학생들이 수업 시간에 다양한 목소리를 낼 수 있도록 분위기를 조성하고, 균등한 소통 기회를 제공해야 한다. 표현하고자 하는 욕구와 표현의 자유를 존중해 주어야 한다. 이때 교사의 대화는 '일방향 소통'이 아니라, '양방향 소통'이 될 수 있도록 최대한 노력해야 할 것이다.

이상에서는 우리의 교육현실에서 중간 언어를 극복하기 위한 방안으로 네 가지를 제시하였다. ① 지적으로 정직하게 가르치기, ② 전달수업에서 이해하는 수업으로, ③ 수업에서의 '교수법적 내용지식'과 '교수학적 변환' 필요, ④ 대화를 통해 수업하기 등이다. 이러한 노력들이 수업을 통해 이루어진다면, 교사들은 국가가 제공한 교과서를 극본 삼아 연기하는 배우가 아니라, 스스로 극본을 써 나가는 작가이자 연출자로서 의미와 주체성을 회복할 수 있을 것이다.

3. 탐구학습과 그 내러티브 전환

이하에서는 기존의 전통적인 탐구학습에 대해서 간략히 살펴보고, 본 연구에서 강조하는 내러티브 입장에서 탐구학습을 새롭게 접근하는 문제를 논의하고자 한다.

탐구학습은 크게 두 가지 측면에서 의미를 지닌다고 볼 수 있다. 일반 명사의 측면에서는 과거 수용적 학습의 대조적 측면을, 고유 명사의 측면에서는 Bruner의 탐구학습의 측면을 지니고 있다. 우선 일반 명사의 측면에서는 주지하다시피 탐구학습은 전통적인 학습방법 중에서 일방적인 전달식·설명식 수업에서 학습자들의 피동적이고 수동적인 학습을 보다 적극적으로 모색하는 방안을 지칭한다. 그런 점에서 탐구학습은 전통적인 수용학습(receptive learning)에 대한 대비적인 학습의 총체를 일컫는다. 다른 한편으로, 고유 명사의 측면에서는 Bruner가 강조하는 탐구학습으로 지식의 구조를 발견하는 발견학습과 관련된 것이다. 이 경우 탐구는 구조를 발견하는 행위를 말한다.

이하에서는 내러티브 측면에서 Bruner의 탐구학습을 보다 확장적으로 해석할 수 있는 가능성을 논의하고자 한다.

1) 탐구와 발견학습

주지하듯이 지식의 구조가 요청하는 교수-학습의 문제는 탐구와 발견학습의 차원이다. 발견학습에서 발견 행위는 인간, 세계, 탐구의 세 측면을 지니고 있다(이경섭, 김민남, 1973: 123-124). Bruner(1966)는 인간 고등 정신의 발전을 확신하며 세계를 인간에 의해서 고안된 전망체(set of perspectives)로 해석하고, 지식은 대상에 대한 인간의 규칙성과 관계성의 발견 결과로 보고 있다. 우선 인간은 추상을 통해서 경험을 표현하는 힘을 가지고 있기에 현상과는 다른 상징적 세계를 구성할 수가 있다. 그런데 구성된 추상적 세계는 인간 경험을 체계화하고 해석해 주는 기능을 가지게 되며 역으로 인간은 자기에게 부닥치는 대상의 변화와 그 대상을 번역하는 방법의 변화에 의해서 정립된 상징적 세계를 재창조해 가는 것이다(Bruner, 1966: 159). 이러한 인간관은 경험적 기능주의와 대칭되는 진화적 도구주의에 입각한 것이라고 볼 수 있다. 세계는 무작위적인 것이 아니며 사태 간의 규칙성과 관계성은 세계에 대한 일정한 질서를 부여하고 있기 때문에 형태, 즉 사태 간의 규칙성과 관계성이 다름에 따라 동일한 세계도 다양한 의미적 세계로 나타나는 것이다. 인간과 세계의 상호작용인 탐구는 대상 간의 규칙성과 관계성을 찾으려는 기대감에서 출발한다. 발견 행위는 새로운 통찰에 의해서 주어진 자료를 뛰어넘도록 변혁하고 재조정하는 일련의 행위이다. 이 행위는 효과적인 범주 체제(다양한 정보를 조직하는 데 이용될 수 있는 형식이나 도식)하에서 창조적인 개념들이 형성되고 이들 개념들을 위치 지우는 행위이다.

개념은 경험을 경제적인 것으로 만들고 경험 상호 간에 관련을 지어주는 발명품이다(Bruner, 1966). 즉, 개념은 이해를 위한 수단으로서 우리가 발명해 낸 것이다. 우리가 어떤 현상에 대한 규칙성과 관계성을 발견해 낸다는 것은 현상 자체에 대한 직접적 결과가 아니고 개념(상징적 세계)을 통해 형성된 결과이다. 발견법에 있어서 지식의 구조란 서로 관련성이 없는 여러 관찰한 것들에 어떤 질서를 주는 개념적인 발명품이므로, 우리가 구조를 배우게 되면 어떤 내용에 의미를 주게 되고 새로운 경험 영역을 열어 줄 수 있게 된다. 이렇게 볼 때 구조란 학습 경험에 규칙성과 관련성을 부여해 주며 새로운 발견의 영역을 제시해 주는 것이라고 할 수 있다. 학습자의 앎의 과정은 인식 주체의 입장에서 보면 수동성보다는 능동성을 함축하고 있다. 인식 주체는 자신의 모델 구축 과정, 즉 발견의 행위에 참가해야 한다.

2) 탐구와 발견학습에 대한 비판

이러한 발견학습과 관련한 비판은 크게 세 가지로 요약될 수 있다(강현석, 1998; 2004). 첫째는 발견학습이 가정하는 구조의 실재 문제이고, 둘째는 발견학습의 의미, 셋째는 구조의 교수-학습의 문제이다. 이 문제들은 물론 관련되어 있다. 우선 구조의 실재 문제는 앞에서 어느 정도 논의하였기 때문에 여기에서는 두 가지 문제만을 살펴본다. 발견학습 의미를 축어적으로 해석하는 문제이다. 즉, 발견학습의 이면에는 '발견'이라는 말이 시사하듯이 실재론적인 관점이 개재되어 있다는 것이다. 발견은 인간 자신에 의해 만들어지는 발명이나 창조와는 달리 사전에 완전히 주어진 형태로 존속하며, 발견되는 것은 이미 거기에 존재하는 것이라는 비판이다.

그러나 지식의 구조의 발견을 '발견'이라는 사전적 의미에 집착하여 외부 실재를 경험적으로 발견하는 것으로 보아서는 안 된다(강현석, 2004: 62). 왜냐하면 Bruner가 말하는 발견에는 발명이나 창조의 의미가 들어 있기 때문이다. 발견과 발명, 창조를 서로 다른 것으로 보는 것은 온당치 않다. 손민호(1995: 33-34)의 지적, 즉 발명과 창조는 새로운 과학철학에 의해 가치를 지니지만 발견은 실증주의 유산이라고 보는 것은 제한적 해석이다. 과학철학에서 논의되는 '과학적 발견'의 성격을 가지고 Bruner의 구조의 발견과 탐구학습의 성격을 논의하는 것은 범주 착오로 판단된다. 양자는 논의의 맥락이 서로 다르다고 보아야 할 것이다. 따라서 과학적 발견과 자연에 대한 발견의 문제를 비교하는 논리를 가지고 지식구조의 발견 문제를 단순 비교하는 데에는 무리가 따른다. 아울러 구조를 발견하는 탐구학습이 구성주의 학습의 본질을 제대로 파악하지 못한다는 비판이 있다(박선미, 1999: 40-43). 구성주의에서 말하는 구성의 의미에 비추어 보면 탐구학습에서의 탐구의 의미는 제한점을 지니고 있다. 구성은 발견 이상의 것을 필요로 한다는 것이다. 이 비판 역시 축어적 의미에만 초점을 두고, 발견의 구성적 속성을 간과하는 약점을 지니고 있다.

또 다른 비판은 지속적 창조의 과정을 무시한 발견에 대한 축어적 비판이다. 즉, 어린 학생들과 학자 간의 구조적 수준 차이 문제를 형식적으로 비판하는 경우이다. 이러한 의문은 발견학습을 문자 그대로 해석하여 원래의 의미를 잘못 이해한 경우이다. 교육방법은 교육내용과 밀접한 관련을 맺고 있다. 발견학습은 지식의 구조라는 교육내용을 가르치는 방법상의 원리인 것이다. 발견학습은 학생들로 하여금 뉴턴과 같이 만유인력의 법칙을 발견해낼 수 있도록 하는 것이 아니라 그러한 법칙을 가르치는 방법상의 원리이다. 따라서 탐구와 발견학습에 대한 축어적 해석을 통한 비판은 온당치 못하다. 구조적 수준차에 대한 문제를 Bruner는 보다 적극적으로 인지적 도제 혹은 비고츠키의 비계설정으로 해결하고자 한다. 모든 학습이 발견이 될 필요는 없다. 발견은 단지 수업의 기법이 아니며, 그 자체는 중요한 수업의 성과이다. 종국적으로 교육은 발견의 과정이다. 발견은 객관적 실재의 파악이 아니라 지속적인 창조의 과정이다(강현석, 2004: 62).

발견학습이나 탐구학습에 대한 상식적인 가정에는 구조의 정적인 측면이 강하게 전제되어 있다. 즉, 완결된 형태로서 구조를 이해하고, 구조의 학습을 '저기에 존재하는' 그 완결된 객관적인 실재를 단순히 발견하는 것으로 본다는 점이다. 그러나 구조는 동적인 측면도 동시에 지니고 있으며, 동적인 측면이 구조의 본질에 더 가깝다. 이런 점에서 동적인 구조의 학습이 Dewey의 문제해결 과정과도 유사하다고 보는 Taba(1962)는 Bruner의 발견법과 Dewey의 교환적 경험은 모두 능동적 학습을 의미한다고 제안한다. 특히 Bruner는 이러한 능동적 학습을 조장하기 위한 방법으로 구조를 통한 직관을 강조하였다. 따라서 역동적인 구조는 '변형과 생성'을 허용한다. 그리고 구조는 일반화와 특수화를 가능케 함으로써 세계에 대한 우리의 이해에 도움을 주며, 귀납과 연역의 역동성과 전이(transfer)의 문제를 내포하는 다차원적인 성격을 지니고 있다. 더 나아가 구조는 완결된 개념으로서 내용만을 의미하지 않으며 내용과 과정을 동시에 통합한다. 따라서 탐구학습은 구조의 계속적인 변화를 상정하고 있으며, 구조를 완결된 것으로 보는 것이 아니라 계속적인 변화, 수정, 진화를 해 나가는 것으로 해석할 수 있다.

4. 발견학습과 그 내러티브 전환

1) 내러티브 학습: 실재 구조의 발견이 아닌 내러티브 발견법으로

앞에서 살펴본 바와 같이 우리가 지식을 이해하고 추구하는 궁극적인 목적은 탐구를 통한 새로운 지식의 생성에 있다. 따라서 구조의 학습은 지식의 내적 구조(개념체계)와 외적 구조(탐구구조)를 동시에 고려해야 한다. 구조의 발견 행위를 주어져 있는 것의 단순한 발견으로 보는 생각은 지식의 외적 구조, 즉 지식의 탐구구조에 대한 것을 배제하기 때문에 생기는 문제이며, 탐구 활동의 역동성을 모르는 처사이다. 따라서 지식의 구조는 기존의 지식을 도구적으로 사용함으로써 세계에 대한 새로운 통찰을 부여할 수 있는 개념적 장치이며, 결국 도구적 지식에 통일성을 부여할 수 있는 구성 개념이다(강현석, 2004: 61). 따라서 구조가 가정하는 지식은 생성적 지식이며, 역동적 지식이다. 구조는 내용이면서 과정이고, 지식이 탐구되는 과정인 동시에 구성적 개념이다. 이런 점에서 구조는 고정된 불변의 체계로서 객관적인 실재가 아니며, 주관과 객관의 상호작용 속에서 계속적으로 그 의미가 재구성되는 해석적 체계로 보아야 한다.

이런 점은 발견학습을 내러티브 사고체계에서 볼 때 더욱 분명하게 드러난다. Bruner는 내러티브가 세계에 대한 우리의 경험과 지식을 조직하거나 서로 간의 의사소통과 학습에 있어서 가장 보편적이면서도 자연스럽고 손쉬우며 강력한 형식 가운데 하나라고 보고 있다(Bruner, 1996). 내러티브는 우리가 의미를 만들기 위해 사용하는 구성의 도구이다. 실재는 내러티브로 구성될 수 있다. 의미를 만드는 내러티브 행위는 대화를 통해서 이루어지며, 내러티브 사고는 해석을 필요로 하는 동시에 해석학적 순환에 의해 이야기가 만들어진다. 인간은 이야기 속에서 살아간다. 세계에 대한 우리의 경험과 지식을 조직하거나 구성하는 가장 자연스러운 방법은 이야기를 만드는 것이다. 우리의 경험을 구조 짓고, 경험을 계속적으로 해석하고 재해석함으로써 학습이 심화되어 나간다. 이러한 교육과정 속에서 삶이 해석적으로 구성되며, 그 과정에서 내러티브는 경험의 구조화 양식으로 기능한다.

이상과 같이 우리의 경험을 조직하기 위한 구조로서 내러티브는 발견학습에 대한 새로운 해석에 중요한 근거로서 작용한다. 내러티브가 학습이나 교육의 과정에서 하나의 수단으로서 작용한다(Bruner, 1996: 119)는 점에서 보면 학습은 본질적으로 내러티브적으로 일어나는 것이며, 경험의 조직을 지속적으로 하면서 학습의 내면화가 이루어진다고 볼 수 있다. 왜냐하면 학습의 주요 대상인 지식은 사람들이 다른 사람과 자신들의 아이디어와 이야기를 공유하는 상황에서 개인적·사회적으로 구성되고 재구성되기 때문이다. 이 점에서 지식을 학습하고 내면화하는 것은 개인 내에 구체화된 지식을 재구성하는 것이며, 개인적·사회적으로 구성된 상징적 형식들을 통해서 경험을 해석하는 것이라고 볼 수 있다. 이 과정에서 내러티브가 곧 구조의 역할을 하는 것이다.

지식의 구조는 학습자와 독립적인 객관적 실재이기보다는 학습자와 상호작용을 통하여 부단히 새롭게 구성되는 해석적인 체계 속에서의 생성적인 구조이다(강현석, 2004: 65). 그러한 구조는 사회적 상호작용을 통하여 해석적인 구성의 과정에서 발견되는 동시에 창안되고 발명되는 것이다. 따라서 구조를 발견하는 학습은 학습자 외부에 존재하는 객관적인 실재를 단순히 찾아내는 일 그 이상을 포함한다. 여기에는 구조를 발견하는 활동뿐만 아니라 학습자의 해석적이고 구성적인 활동을 통하여 구조를 만들어 내는 활동까지 포함된다. 이 과정에서 의미 구성의 과정이 중요하게 이루어지는데 이것은 인간이 그 자신과 그가 처해 있는 세상을 이해하기 위한 상징적 활동이다(Bruner, 1990). 이러한 활동 속에서 구조를 내면화하고 거기에서 출발하여 자신의 체험적 변화를 통하여 세계를 조망하고 구성한다고 볼 수 있다.

발견학습에서는 의미의 교섭이 중요하며, 학습은 단순히 어떤 지식을 가르쳐 줌으로써가 아니라 문화적 수단에 익숙해지게 함으로써 스스로 발견적 과정들을 통하여 일어난다. 결국 지식의 구조라는 것이 발생적인 것이므로 당연히 알아야 되는 것보다 더 많이 알 수 있도록 해 주는 방식으로 어떤 사실들을 학습자의 머릿속에 잘 조직하게 해 준다는 것이다. 그리고 이러한 일은 반성과 숙고를 거쳐야 하며 학습자가 이미 알고 있는 것에 대해 곰곰이 생각하는 성찰적 사고를 요구한다(Bruner, 1996: 129). 그리고 Bruner는 학습에서 사회 · 문화적인 측면들을 포함하는 방향으로 발견학습 이론을 확대시켜 가고 있다(1986; 1990b; 1996). 이는 여러 가지 측면에서 비고츠키의 사회 구성주의 이론과 맥을 같이하고 있는 것으로 해석될 수 있다. 이 점에서 볼 때 학습은 학습자 자신의 발견을 통해 새롭게 의미를 구성하고 지식을 구조화해 나가는 과정으로서, 새로운 발견과 의미 구성에 필요한 것들을 사회적 상호작용을 통하여 학습해 나가는 것이라고 볼 수 있다(Bruner, 1996: 151-153).

2) 내러티브 발견법

특히 학습은 내러티브를 통하여 의미를 만들어 가는 과정, 즉 '내러티브 발견법'으로 볼 수 있으며, 그 발견은 일상심리학의 맥락에서 작용한다. 일상심리학은 사회적 세계 속에서의 경험과 지식, 상호작용과 관련된다. 이 관점에서 보면 인간 학습의 이유는 주어진 문화에 있으며, 그 문화 내에서의 의미를 위한 탐구 활동에 있다. 사람이 문화에 참여함으로써 그 속에서 의미는 공적인 성격을 띠며, 공유되는 것이다. 일상심리학은 의미 구성 과정에 관련된 상호적 과정이다. 따라서 발견학습은 내러티브 사고에 의한 의미 구성 과정인 동시에 문화 속에서의 해석적 구성의 과정이다. 따라서 발견학습은 더 이상 객관적인 구조를 수동적으로 혼자 찾아내는 활동이 아니다. 이러한 점에서 Bruner는 자신의 탐구학습에 관한 초기의 생각이 불완전하다고 보고, 새롭게 탐구학습에 대하여 사회적 장면에서 구성원들의 교섭과 공유에 의해 재창조되어 가는 과정이 강조될 필요가 있다고 지적하였다(강현석, 2004: 65).

이상의 탐구-발견학습에 대한 재해석은 지식의 역동성을 기초로 하는 상호적 학습의 가치를 환기시킨다. Bruner에게 있어서 학습은 단지 지식 획득-변용-평가의 에피소드만을 의미하지는 않는다. 학습은 해석적 사고를 통한 의미 형성의 과정이며, 그것은 구성주의적 과정인 동시에 교사-학생 간의 상호작용 과정을 말한다. 상호작용 과정에서 학생들 간의 대화는 중요하며, 대화를 통해 언어에 의한 상호작용이 일어나며, 이 과정에서 의미의 교섭과 거래가 일어난다. 협동으로서 내러티브 학습의 가치는 여기에 있다. 동시에 학습은 언어에 의한 상호작용 속에서 일어나지만 문화의 맥락에 놓여 있으며, 그 맥락 내에서 의미가 만들어지고 의미를 구성해 내는 교육적 상호작용으로서의 내면화가 일어난다. 따라서 학습은 상호 학습 공동체인 교실에서 내러티브적으로 이루어진다.

5. 내러티브 기반의 교수와 학습

이하에서는 앞의 네 가지 절에서 논의한 문제, 즉 ① 일방적 전달 모형의 문제점, ② 내면화가 이루어지지 못하는 중간 언어 전달식 교수-학습 문제, ③ 전통적인 탐구와 발견학습을 내러티브에 기반하여 해석하는 일 등에 기초하여 본격적으로 내러티브 기반의 교수-학습 가능성을 논의하기로 한다. 그 방안으로 내러티브 학습과 민속교수 혹은 일상교수학(folk pedagogy)을 논의한다.

1) 내러티브 학습

(1) Rossiter와 Clark의 내러티브 의미, 내러티브적 앎

Bruner와 Polkinghorne의 내러티브 이론을 학습과 연계시키는 데 주도적인 연구를 해 오고 있는 Rossiter와 Clark(2007: 13-14)에 의하면 내러티브는 우리의 삶을 유의미하게 만들어 주는 기본 구조라는 것이다. 우리 인간 존재의 사실들, 즉 행위, 사건, 에피소드 등은 우리 삶의 일차적 자료를 형성한다. 그러나 인간의 삶은 단순하게 발생하는 사건들 그 이상의 의미를 지닌다. 그 사건들이 무엇을 의미하는지에 대해서 이해하는 과정이 없다면, 그 사실들은 단순히 자료더미에 불과하다. 의미(meaning)는 가치와 신념과 관련이 있다. 즉, 어떤 사건이 일어나기를 바라는가, 우리가 희망하는 것이 우리 삶의 다음 사건에 무슨 영향을 미칠 것인가 등이다. 그리고 의미는 맥락(context)과 관련되어 있다. 즉, 특정 사건이나 발생한 일을 다른 사건과 관련지어 보거나 전체적인 큰 틀에서 보면 그 의미나 중요성은 무엇인가 등이다. 의미는 해석(interpretation)과 관련되어 있다. 이와 같이 가치화, 맥락성, 해석가능성은 내러티브의 특질을 이루고 있다. 따라서 내러티브적으로 의미를 구성한다는 것은 우리 인간 존재의 일차적 자료들을 이야기와 같은 형태로 이해한다는 것을 의미한다. 발달심리학자인 Irwin(1996)은 사람들은 자신들의 행위와 사건의 계열들을 플롯화함(emplotting, 줄거리 만들기)으로써, 즉 자신들의 삶을 이야기 형태로 구성하면서 자신들의 삶을 의미 있게 만든다고 하였다.

이러한 기본적인 개념은 인간과학에서 여러 학자들과 실천가들(Kenyon & Randall, 1997; Polkinghorne, 1988; Sarbin, 1986)에 의해 긍정되고 표현되고 있다. 이들에 의하면 내러티브 충동(narrative impulse)은 학습된 행동의 결과라기보다는 인간 본연의 욕구라는 점이다. 특히 Bruner의 아동 발달 연구에 의하면 의미 구성을 위한 준비도와 상호소통하고자 하는 의도는 언어 습득에 선행한다는 점이다. 이러한 점으로 인해 우리 인간 전체의 삶을 통하여 우리의 자연적인 경향은 우리가 보는 것과 경험하는 것에 관하여 스토리를 만들어 낸다는 점이다. 우리의 경험을 내러티브에 비추어 만들어 내는 우리의 능력은 의미를 만들어내는 중요한 도구가 된다는 것이다.

내러티브 의미에 핵심이 되는 것은 인간 삶에서 메타포로서 스토리의 아이디어이다. Sarbin(1986)은 내러티브를 인간 행동의 탐구와 이해를 위한 적절하고도 근원적인 메타포라고 보았다. 이것은 과거 인간과학에서 강한 영향력을 미쳤던 기계적 메타포나 유기체적 메타포와는 상이한 것이다.

이상의 내러티브 의미는 내러티브적 앎을 함축한다. 앎의 내러티브적 방식은 단지 사실이 아니라 그 사실에 담겨 있는 의미나 의미 만들기에 주목한다. 이 방식은 지식에 대하여 연계적이고(connected) 관계적이고(relational) 구성주의자(constructivist) 입장을 견지한다. 이 입장은 지식에 대한 실증주의자 접근과 대조적이며, Bruner(1986)의 내러티브 사고방식과 연관이 있다. Bruner가 제시하는 앎의 두 가지 방식은 과학적 방식과 내러티브 방식이다. 이 두 가지 양식은 서로 상이한 인지적 작용방식(cognitive functions)이자 의미를 구성하는 방식이며, 실재(reality)를 이해하는 접근 방식을 의미한다. 이 방식들은 지식에 대하여 서로 매우 상이한 입장에 놓여 있으며, 하나의 방식은 다른 방식에서 도출(유래)되는 것이 아니다. 이 방식들은 의도나 목적, 사용법, 지식의 타당도를 판단하는 기준이 상이하다. 과학적 방식은 잘 구조화된 논증의 형태를 지니며 진리에 의존하는 데 반해 내러티브 방식은 좋은 스토리의 형태를 지니며 생생한 인간 삶과 유사한 것에 의존한다.

Bruner에 의하면 가능한 세계로 표현되는 여러 실재들이 존재한다는 것이다. 그 다양한 실재들은 문화에 의해 매개되는 인간의 정신적 구성의 작용, 즉 내러티브 의미 만들기(narrative meaning making)이다. Polkinghorne(1988; 1996) 역시 실재(reality)의 세 가지 수준 혹은 영역, 즉 물질 영역, 유기적 영역, 의미 영역을 제시하였다. 이 영역들은 점증하는 복잡성의 진화적 과정을 통하여 계열적으로(물질-유기적-의미 영역으로) 발달한다. 이 과정에서 두 번의 큰 전환을 맞이하는데 하나는 물질(matter)에서 생물체(life)로, 다른 하나는 삶에서 의식(consciousness)으로의 전환을 맞이한다. 일반적으로 생물체에서 반성적인 의식과 언어로의 인간 존재의 창발적 출현은 의미의 질서라고 부를 수 있는 실재의 독특한 수준을 일으키는 근본적 변화이다.

내러티브적 앎은 크게 세 가지 측면에서 논리-과학적 방식과 지식의 입장에서 차이를 보인다.

첫째, 과학적 방식 혹은 패러다임적 방식은 범주에 의하여 특정 사례나 사건들을 분류하고 분석한다. 개념이나 범주들은 상하위로 구분 가능하며 그 수나 특성에서 공통적인 특성에 의해 규정된다. 그러나 내러티브 방식은 반드시 범주에 의하지 않고 사건의 계열에 초점을 둔다.

둘째, 실증주의적 특징을 지니는 과학적 방식은 측정 가능하고 관찰 가능한 지식에 초점을 둔다. 그러나 내러티브 방식에서는 지식은 관찰된 것과 인식된 것은 인식 주체의 경향이나 참조체제와 분리될 수 없다. 내러티브는 관찰 가능한 사실들을 객관적으로 다루기보다는 인간 경험에 내재해 있는 동기, 바람, 의도들에 주목한다.

셋째, 패러다임적 방식의 절차와 방법은 관찰 가능하고 측정 가능한 데이터에 강조를 두면서 이에 부합하는 통계적 분석에 근거하고 있다. 그러나 내러티브 데이터와 내러티브 앎에 적절한 방법은 반드시 해석적이고 언어에 기반을 두고 있다. 내러티브 데이터는 살아 있는 경험을 해석한 것이다. 내러티브 데이터의 중요성을 결정하는 기준은 진실이냐 거짓이냐가 아니라, 즉 실제 일어났는지의 여부가 아니라 사건의 가치와 중요성에 대한 행위 주체자가 현재 평가하는 것을 반영하는지의 여부이다.

요컨대, 내러티브 인식론은 인식 주체와 인식 대상 간의 관련성과 관련이 있는 다양한 인식론적 가정들을 포함한다. 앎과 지식에 대한 본 연구의 입장은 기능적으로도 개념적으로도 매우 중요하다. 인식 주체와 대상 간의 관계는 세계와 삶 자체와의 관련성이 된다. 이제 인식론은 윤리의 문제가 된다. 내러티브 인식론은 우리가 어느 것을 알고자 추구하는가 하는 문제와의 관련성 속에 우리를 관련시킨다. 우리가 추구하는 그 지식과의 관계 속에서 우리는 그 지식을 드러내기도 하고 만들어 내기도 한다.

(2) Moon: 학습이론으로서의 내러티브

학습이론으로서의 내러티브를 활용한 접근법은 특별한 패러다임이며 이는 내러티브에 대한 확실한 이론적 믿음을 동반한다. 사회문화적 틀 속에서 학습이론의 실행이라는 접근법과 그에 대한 학습법은 효과적인 이론적 모형을 표현한다. 교사는 보다 향상된 학습자의 다양한 학습 결과물의 생성이 가능하도록 계속적인 도움을 제공한다. 이 과정에서 가장 효과적인 지원 방법이 내러티브 모형이 될 수 있다. 또한 계속적인 학습이론의 제공 후 반성적 단계를 통해 보다 실제적인 모형이 될 수 있도록 지원하는 것이 중요하다.

① 내러티브의 실제

일반적으로 교사들은 언어를 통해 수업을 실시하며 교수, 학습 원리를 통해 교육과정을 운영한다. 또한 내러티브에 대한 패러다임과 관련 있는 내용을 조사하기 위해 교사는 글의 이해를 고려하여 내러티브의 활용 방법을 연구한다. 많은 교사들이 앎으로서의 내러티브를 따르면서 내러티브의 적합함에 대한 혼동과 그 자체로 학습도구로서의 의무 또는 패러다임에 대한 원천적인 개념의 어려움을 느낀다. 이로 인해 내러티브 패러다임은 불명확하게 존재하고 있다(Mcdrury, 2013: 43). 내러티브의 피상적인 의미의 전달과 단순성이 보편화되면서 학습 현장에서의 내러티브의 의미, 정의에 대해 혼동이 생기고 있으며, 내러티브 그 자체로서 단순히 흥미, 호기심, 동기유발의 한 요소로 인식이 되는 경우가 많고, 보다 심오한 내용적 접근과정은 그 의미 이해의 어려움으로 인해 복잡하고 어렵게 다가온다.

학습자는 정보의 수용보다 지식의 역동적인 구성을 하며 학습자는 다양한 경험, 아이디어, 학습으로의 접근을 조합하게 한다. 학습자는 전이된 지식을 가지고 지적 활동을 통해 그들 스스로의 의미 구성을 통해 지식을 형성한다. 대화를 촉진하는 학습 과정은 효과적인 내러티브 방식의 핵심이다. 또한 그것은 의미 형성 및 반영 과정을 포함한다. 내러티브를 기본적 수업도구로 사용하는 경우, 학습이 발생하는 방법에 대한 고민 또한 중요하다. 학습과 내러티브의 상호관련성을 살펴보면 〈표 5-1〉과 같다(이윤호, 2013; Mcdrury, 2013; Moon, 1999).

〈표 5–1〉 학습과 내러티브의 상호관련성

학습지도(map of learning) (Moon, 1999)	내러티브를 활용한 학습 (learning through narrative)
주목하기(noticing)	이야기 찾기(story finding)
감지하기(making sense)	이야기하기(story telling)
의미 형성하기(making meaning)	이야기 확장하기(story expanding)
의미 활용하기(working with meaning)	이야기 진행하기(story processing)
변형적 학습하기(transformative learning)	이야기 재구조화하기(story reconstructing)

② 학습지도

가. 주목하기

주목하기는 우리 주위를 둘러싸고 있는 것이 무엇인지 이해하는 학습의 첫 단계이다. 이 단계는 다양한 요소들에 의해 영향을 받는데, 그 네 가지 요소는 학생들이 이미 알고 있는 것, 그들이 배우고자 하는 것의 목적으로 떠올리고 있는 것, 어떤 감각적인 반응을 환기할 수 있는 것, 자료가 학생들에게 제시되는 방법 등이 있다. 무엇인가를 알아차리는 것은 학습이 일어날 것이라는 것을 의미하는 것이 아니라 학생들이 표면적인 수준에서 학습하는 것을 의미한다.

나. 감지하기

학습 측면에 대한 접근을 특징으로 하며 이 단계에서는 학생들은 학습자료 자체에 관여하며 그 이전의 지식이나 경험과는 관련이 없다. 주요 초점은 학습의 재료를 선택하는 것과 아이디어를 함께 조직하는 것에 있다.

다. 의미 형성하기

이 단계에서 학생들은 자신의 인지구조에 새로운 내용을 흡수하고, 동시에 인지구조는 이미 알고 있는 것을 바탕으로 그들의 새로운 학습을 이해하기 위해 이 자료를 활용한다. 그 결과로 의미 있는 학습과 이해가 발행하고 이 경우에 학생들은 정서적 정당성의 의미를 경험할 수 있다.

라. 의미 활용하기

이 단계에서의 초점은 학습 조절의 과정 안에서 수정될 수 있는 원래의 학습자료로부

제5장 지식을 가르치고 배우는 일

272

터 지속적인 학습의 결과로 생성된 아이디어로의 이동이 시작되며 문제해결 전략을 구현하고 판단을 하게 된다. 학생들은 개인적인 지식의 활용 상황에서 자신의 의식을 검토하며 학습 과정에 참여할 수 있다. 학생들은 전문적인 문맥을 통해 다양한 학습 상황에 영향을 받으며 인식을 높이고 학습 과정을 검토하여 적극적으로 참여할 가능성을 가진다.

마. 변형적 학습하기

이 단계에서는 학습인지구조의 보다 정교하고 종합적인 내용을 포함하고 있다. 학생들은 자신의 프레임을 평가하고 자신과 다른 사람의 지식에 대한 이해를 전달하는 능력을 보인다. 학습 과정 자체의 이러한 인식은 학생들이 자신에 대한 이해 및 다른 사람의 지식을 이해할 수 있는 상황을 제시한다.

③ 반성적 학습

우리는 학습도구로 내러티브를 사용할 때, 학생의 과거 경험 이야기는 어떻게 처리되는지와 무엇을 배우는지와 그 방법에 대한 영향을 고려한다. 내러티브는 모든 이야기가 화자와 청자의 관점에서 제시되고 있는 것을 이해하는 것이 기본이 되어야 한다. 화자들은 분명히 감정 개입의 수준을 결정한다. 일부 학생들에게 어필하는 이야기는 의사 표현 과정에 있어 문화적인 관련성을 가진다.

가. 이야기 찾기

일반적인 반응단계로서 감정적인 내용을 포함한다. 흥분된 상황, 혼란, 호기심 등에 대한 인식의 이유를 발견할 수 있다.

나. 이야기하기

이야기 자체의 목적을 추구하며 화자와 청자가 조직된다. 표면적인 의미를 지니며 화자와 청자의 관계 정립을 통해 이야기에 대한 감각 만들기에 관심을 둔다.

다. 이야기 확장하기

이 단계는 공유되는 사건의 의미를 만드는 것이 특징이다. 화자와 청자는 반성적 과정을 통해 기존의 지식과 경험을 활성화하고 인지구조의 변화를 일으킨다. 특정한 사건과 관련된 느낌의 강도는 다를 수 있지만 이 단계에서 학습의 가능성에 대해 영향을 줄 수 있게 되며 해결방식과 행동양식에 대한 의미를 공유하며 학습이 시작되는 단계에서부터 보다 심층적인 접근이 가능하게 된다.

라. 이야기 진행하기

화자와 청자는 개인적인 지식에 영향을 미치는 작업을 통해 실천의 맥락에서 자신의 의식을 강화하며 이야기의 과정 속으로 참여한다. 그들은 이야기를 통제하고, 확인, 통합 및 설명을 시도한다. 이 단계는 다른 이야기와의 결합을 시도하며 비판적 의미와 문맥의 특수성에 대한 중요성을 이해하게 된다.

마. 이야기 재구조화하기

화자와 청자가 비판적으로 이야기를 분석하게 되며, 자신의 관점에 대해 새로운 구성을 시작한다. 이야기의 다양한 변화를 통해 스토리의 이동과 연결, 일관성에 영향을 주며, 이야기 목표의 명확화를 추구한다. 이 단계에서는 이전에 미처 알지 못했던 삶의 측면을 알게 되지만, 형식적인 재구조화는 이야기가 계속적으로 반복되며 학습의 기회를 놓칠 수 있기 때문에 주의하여야 한다.

이상의 내용들을 살펴보면 음악과 수업을 하는 데 있어 내러티브는, 첫째, 교사의 이야기가 아닌 수업을 하면서 가장 먼저 사용되는 수업 방식이기도 하고, 교사와 교사, 교사와 학생 간의 상호작용이 일어나게 하는 촉매 역할을 하기도 한다는 것을 알 수 있다. 둘째, 교사의 내러티브는 음악 수업을 하는 데 있어 학습목표에 가장 잘 근접하게 이끌어 주는 효과적인 도구가 될 수 있다는 것이다. 교사는 학습목표를 알고 학생들이 이에 잘 다가가게 하기 위해서 내러티브를 사용하여 지식을 구조화하고 구조화된 지식을 학생들이 이해하기 쉽게 나타내는 것이다. 음악과 수업에서는 제재곡에 따른 학습목표가 너무도 분명히 나타나기 때문에 교사의 내러티브적 사고는 학생들에게 다양한 방식으로 나타날 수 있다. 이러한 내러티브적 사고의 양상들이 학생들에게는 의미를 형성하고, 활용하며, 때로는 변형되어 반성적 학습으로 나타나 이야기를 확장하여 지식을 재구조화하는 결과로 나타나는 것이다.

(3) 그룹을 통한 내러티브 학습

Hopkins(1994: 208)에 의하면, 내러티브 학교교육은 어떤 면에서는 Freire의 '학습 주기'와 유사한 그룹 주변에서 구성된 학습 공동체에서 일어날 것이다. 그 그룹(9~10명의 구성원으로 형성되며 '학급당'교사 1인이고 학생수가 30명이면 3개의 그룹이 구성됨)은 혼성

집단(학력별 학급편성 배제), 무학년, 자율성을 특징으로 하며 스스로 책무 준거를 수립할 것이다. 그것은 학교의 전체 연령대를 아우를 것이다. 즉, 매년 학생들이 졸업하고 새로운 학생들이 가입하므로 그룹은 변화한다. 따라서 그룹은 마치 우리 삶 속에서 그런 것처럼 지속성과 변화 모두의 문제점을 다룬다.

교사는 그룹 작업을 촉진하거나 이끌거나 지시한다. 각각의 교사는 2~3개의 그룹을 담당하는데 어떤 경우에는 특정 문제를 수행하기 위해 소그룹을 모아 전체 그룹을 만들기도 한다. 교사는 모근 그룹에서 활용 가능하기 때문에 각 그룹은 시간이 경과함에 따라 자립심과 자기-유도 그리고 자기주도성을 개발한다. 교사의 최우선적 강조는 각 그룹의 과정과 개발에 놓이고 개별 내러티브의 최종 생성과 공유를 향해 그리고 각 포트폴리오의 구성, 유지 및 지속적인 성장과 확대로 방향설정이 된다.

내러티브 프로그램의 중심 도구는 그룹이다. 구두 내러티브는 그룹에 의해 말해지고, 서면 내러티브는 그룹에 의해 읽혀지며, 대리 내러티브(비디오, 드라마, 시, 그래픽 혹은 플라스틱 공예품, 사진, 오디오 레코딩 등)는 그룹에 의해 제시된다. 그 그룹은 (필요시 교사의 도움을 받으며) 내러티브적 정의(narratory definition)에서 듣고, 감사(audit)하고, 지원하고, 비평하며, 보조한다.

사실, 그룹의 가장 강력한 기능 중 하나는 내러티브의 개념을 공동체 활동으로 풍요롭게 하고 연장하는 것이다. 각 그룹의 구성원은 서로서로의 과거의 삶, 현재의 삶, 그리고 예견되는 미래의 삶을 이야기한다. 이는 반성적이고 구성적인 과정, 즉 자아 형성에 있어서 간주관적인 운동이다. 그러나 구성원들이 연관성과 공통성을 추구하므로 내러티브는 또한 그룹의 것이기도 하다.

학교에서 인종, 민족, 성, 사회계층, 사전 준비 그리고 나이의 견지에서 인구학적 구성이 허용하듯 그룹은 구성에 있어서 이질적이다. 이것은 '다양성'에 대한 낭만적인 약속에서 도래한 것이 아니라 이러한 배치에서 모두를 위해 잠재적으로 더 배울 것이 있기 때문이다. 이것은 민주주의와 공동체를 위한 공감과 사회 평화를 위한 교육이다. 내러티브에 반하는 도관 모형(conduit model)은 사람들 사이의 무지의 벽 …… 우리가 서로서로 이야기를 모를 때 우리는 잘못된 신념으로 그 사람을 대체한다. 우리가 그러한 신념만을 가동시키면 우리는 그의 진실을 전혀 알지 못한 채 대개 의도하지 않았음에도 그 사람을 상처 입힌다. 사실, 우리의 학교와 사회는 그러한 상처로 가득 차 있다. 그 상처는 우리를 갈라놓고 정치에 손상을 주고 이타적이고 공감적인 자극을 질식시켜 버린다.

다양성은 실제적이며, 그것은 정치 및 사회적 환경에 존재한다. 내러티브 학교교육은 공동체를 구축하기 위해 다양성을 활용하고자 시도한다. 학생들은 서로에 관해 배우고 '직면하게 된' 서로에 맞서면서 서로서로의 관점을 향해 발전한다. 그룹은 메커니즘 구조의 무미건조한 수직성을 대체할 수평적 입지를 표명한다.

아마도 변형에 일관성을 부여하고 이에 영향을 주는 그룹의 힘은 도관 모형 학교가 왜 학습 촉진에 있어서 그것들을 단지 사소하고 일시적인 방식으로 사용하는 경향이 있는지를 설명한다. 즉, 그것들은 성인 통제를 위협하는 잠재력을 갖고 있다. 이 모든 것에는 불가피한 갈등 혹은 갈등의 두려움으로부터 발산된 마비가 있다. 갈등은 재구성적 탐구에 있어서 학습 상황에 기여하는 것과 똑같은 스트레스와 긴장 속에서 나온다. 사회적 환경에는 그리고 사람 사이의 관계에는 진정한 갈등이 있다. 그것은 무시되거나 거행되거나 직접 처리될 수 있다. 내러티브 자극은 이러한 대안책의 후반을 명확하게 가리킨다. 그룹 과정의 간주관적인 힘은 인간의 차이와 다양성에 대한 창의적인 혼합물에 존재한다.

각 그룹은 스스로를 창조하고 그 자신의 유기체적 자질을 개발하며 한계를 정하고 목표를 수집하고 다소 외적인 영향력에 스스로를 개방한다. 그것이 그룹이다. 그것은 단순한 집합주의자가 아니며 그들을 그룹으로 만든다. 그것들은 복잡한 독립체(entity)이며 늘 구성원들이 그들에게 가지고 들어오는 외부 경험의 영향을 받는 대로 변한다. 더 큰 사회적 이해에 이르는 길은 이러한 미시복잡성(micro-complexity)에 직면하고 이것을 다루는 법을 배움으로써 가능하다. 상호 의존적인 소그룹 형성에의 참여는 이렇게 의무적인 각 학생 이야기의 중요한 일부에서 벗어날 수 있도록 하거나 최소한 다르게 사용하도록 하는 발달 경험이 될 수 있다.

구성(composition)에 있어서 차이점 때문에 몇몇 소그룹은 의심할 여지없이 타 그룹보다 그 구성원들의 삶 속으로 좀 더 깊게 더 많이 찾고, 더 많이 발견하면서 파고들 것이다. 그러나 다른 간주관적인 배경의 삶에 있는 것으로서, 이것은 개인 요소들이 그룹 발달과정에서 나올 때 그 요소들의 상호작용에서 기인할 것이다.

어떤 그룹은 구성원들의 사회 발달 수준 때문에 다른 그룹보다 좀 더 안전하게 발달한다. 어떤 그룹은 더 큰 지지와 안락을 제공하나 학습 잠재력은 다른 문제 그룹만큼 클 수 있다. 왜냐하면 그러한 그룹은 해결할 문제와 좀 더 인간적인 프로젝트가 많기 때문이다. 미숙함은 성장 잠재력과 같다는 John Dewey의 주장을 기억하라. 교사는 그룹 삶의 상태로 인해 흥분된 과정을 중재하기 위해, 그리고 발달된 능력의 현실적인 한계에서 각 그룹이 작용하도록 밀어붙이기 위해 일한다.

2) Folk Pedagogy: 문화심리학에 기초한 교수모형의 재개념화

최근에 교육과정과 교수의 지배적인 양식에 대한 비판이 다양하게 제기되고 있다. 즉, 패러다임적 사고방식에 경도되어 논의되어 온 기존의 교육과정 문제는 인간이 삶과 의도의 문제, 의미 구성의 문제를 등한시함으로써 교육과정의 문제를 왜곡시켜 왔다고 볼 수 있다. 내러티브 사고방식을 중심으로 교육과정의 문제를 조망하는 문화주의 이론에서는 문화 속에서 형성되는 인간 발달과 마음의 구성 문제에 주목한다. 그것은 내러티브 사고 양식을 매개로 하는 의미 형성의 문제를 중핵으로 한다. 보다 근본적으로는 내러티브 사고에 의한 실재의 구성 문제에 토대를 두고 있다.

이러한 문제들은 인간 경험의 조직 방식에 대한 새로운 제안으로 볼 수 있다(강현석, 1998: 109). 그것은 인간 개체의 내적인 심리적 문제만을 중립적으로 탐구해 온 인지심리학에 대한 새로운 반성으로 나타나고 있다. 기존의 인지심리학은 시공을 초월한 인간 보편의 마음과 심리의 문제를 소위 중립적이고 과학적으로 다루어 옴으로써 인간의 문제를 이해하는 데 제한적인 방식을 고집해 오고 있다. 이러한 문제에 대해 문화심리학은 의미 있는 대안이 될 수 있다. 그것은 의미 구성, 문화와 사고의 문제를 다루는데, 인간 경험의 조직방식에 대한 대안으로 기능할 수 있다. 따라서 문화심리학은 인간의 문제와 교육과정의 문제를 새롭게 조망할 수 있는 기초를 제공해 주며 교육과정의 문제에서 인간 발달과 마음의 구성 문제, 해석적이고 구성주의적인 인식론의 문제, 내러티브 사고 등에 주목한다. 요컨대, 문화심리학은 심리학의 또 다른 하위 유형이 아니라 심리학의 새로운 조망 방식으로서 인간 연구 혹은 교육과정 연구의 적절한 언어이자 새로운 탐구방식을 의미한다. 따라서 그것은 타당하게 인간 연구를 수행하기 위한 방법론을 의미한다.

그러므로 문화심리학에서는 지식 구성과 내러티브 사고의 문제가 중핵적이며, 인간 발달의 문화적 상황성을 중시하고, 마음의 구성물로서 문화를 조망하고 있다. 이 속에서 마음은 특정한 문화 형태의 역사에서 특정 시간에 일어나는 구성물로 이해함으로써 컴퓨터 인지과학을 통한 인간 내부 구조의 보편적 규명의 한계를 넘어서야 한다.

사실, 문화주의는 인간이 다른 사람의 마음을 알게 되는 방법인 '간주관성'과 깊이 관련된다. '문화심리학적 접근' 또는 간단하게 '문화심리학'은 그 범위 내에 주관성을 포함하고, 종종 '실재의 구성'을 가리키지만, 존재론적 의미에서의 '실재'를 분명히 제외시키지는 않는다. 인식론적 근거에 비추어 보면, '외적'이거나 '객관적인' 실재는 마음의 속성과 마음이 의존하는 상징체계에 의해서만 알려질 수 있는 것이다.

이러한 입장에 비추어 보면 기존의 교수모형은 몇 가지로 재개념화될 수 있다.

첫째, 대화적 모형(dialogue model)이다. 교수는 많이 아는 교사가 잘 모르는 학생에게 '전달'해 주는 일방적 활동이 아니다. 이제 교수는 전달 메커니즘에서 탈피할 필요가 있다. 특정 내용을 어느 일방으로 전달하는 과정에는 타인의 마음에 대한 고려가 소극적일 수밖에 없다. 가르치는 활동은 쌍방 간의 대화의 과정으로 나아갈 필요가 있다. 대화는 관심과 배려(caring)에서 출발한다. 관심과 배려는 다양하게 구현될 수 있다. 학습자의 수준에 대한 고려, 인지구조에 부합하는 학습과제의 구성, 역동적 학습 환경의 마련 등으로 나타난다.

둘째, 의미 교섭적 구성 모형(negotiation model)이다. 교수활동은 소위 객관적인 지식을 전달하고 습득시키는 관리적 차원에서 일방적으로 진행되는 사업(enterprise)이 아니다. 그것은 교육적 상황에서 당사자 간의 협상과 교섭을 통한 의미 거래의 과정이다. 그 과정에서 의미를 형성하고 서로 간의 반성적 숙의를 통하여 지식을 구성해 나가는 것이다. 학습은 학습자 자신의 발견을 통해 새롭게 의미를 구성하고 지식을 구조화해 나가는 과정으로서, 새로운 발견과 의미 구성에 필요한 것들을 사회적 상호작용을 통하여 학습해 나가는 것이라고 볼 수 있다(Bruner, 1996: 151-153).

셋째, 내러티브 모형(narrative model)이다. 학습은 가장 자연스럽게 이야기를 통하여 이루어진다. 학습의 과정, 즉 지식 획득-변용-평가라는 에피소드는 학습자의 이야기를 통해 가장 잘 조직될 수 있다. 학습 조직의 한 수단으로서 내러티브는 학습의 목적인 동시에 수단이 된다. 이제 발견학습은 더 이상 객관적인 구조를 수동적으로 혼자 찾아내는 활동이 아니다. 그것은 내러티브적 발견에 의해 가능하며, 학습의 해석적 과정을 고려할 필요가 있다. 따라서 탐구학습 역시 사회적 장면에서 구성원들의 교섭과 공유에 의해 재창조되어 가는 과정이 강조될 필요가 있다.

넷째, 인지적 상호작용 모형(cognitive interaction model)이다. 비고츠키의 전통에 의하면 사회적(상황적) 구성주의에서 학습은 문화적으로 조직된 실제 활동들에의 공동참여이다. 따라서 지식 구성 영역에서의 의미의 교섭이 중요하다(이차숙, 2001; Driscoll, 2000). 기본적으로 발견 행위는 인지적 성장에 대한 구성주의적 시각을 가정하고 있다. 인간의 인지적 성장은 단순히 어떤 지식을 가르쳐 줌으로써가 아니라 문화적 수단에 익숙해지게 함으로써 스스로 발견적 과정들을 통하여 일어난다. 결국 지식의 구조라는 것이 발생적인 것이므로 당연히 알아야 되는 것보다 더 많이 알 수 있도록 해 주는 방식으로 어떤 사실들을 학습자의 머릿속에 잘 조직하게 해 준다는 것이다. 그리고 이러한 일은 반성과 숙고를 거쳐야 하며 학습자가 이미 알고 있는 것에 대해 곰곰이 생각하는 성찰적 사고를 요구한다(Bruner, 1996: 129).

다섯째, 문화적 상황학습 모형(situated model)이다. 학습은 객관적인 조건에서 모든 학습자에게 공통적이고 보편적인 내적 과정을 거쳐 이루어지기보다는 교육 상황이 처한 문화적 맥락과 조건(cultural situatedness)에 영향을 받는다. 따라서 내적이고 중립적인 메커니즘으로 학습을 이해하기보다는 교수-학습의 당사자들의 언어와 사고, 마음의 이론, 즉 의도, 목적, 신념 등에 영향을 받는다.

여섯째, 해석적 순환 모형(hermeneutic circle model)이다. 기존의 실증주의적 도식에서는 학습은 주로 직선적이고 논리적인 계열을 따라 이루어지는 것으로 본다. 그러나 학습은 직선적 계열을 띠기도 하지만 근본적으로는 순환적 성질을 띠면서 질적인 변화를 통해 내면화되는 과정을 밟는다. 외부에서 지식을 주입하거나 타인이 전달해 주는 것만으로는 학습의 총체적 모습을 온전히 설명할 수 없다. 학습의 과정은 해석적 체계로 설명되어야 하며, 그 기제는 순환적이다.

요약

제5장에서는 지식을 가르치고 배우는 일에 대한 모형과 그 일이 지니는 의미를 살펴보았다. 여기에는 전달 모형(conduit metaphor), 중간 언어 접근(middle language approach)이 있고, 이 논의와 연계하여 탐구학습과 발견학습이 내러티브 전환과 어떠한 관련을 맺을 수 있는지 살펴보았으며, 마지막으로 내러티브에 기반한 교수-학습 문제를 살펴보았다. 구체적으로 새로운 지식관의 입장에서 바라보는 '가르치고 배우는 문제'를 논의하였다. 전통적으로 지식을 가르치는 입장은 어느 한 방향에서 다른 한 방향으로 지식을 전달하는 방식인 전달 모형이 주류였다. 이러한 방식에서는 학습의 주체에게는 지식이 자신의 것이 되지 못한다. 교수자와 학습자 사이에서 중간에 전달하는 방식인 것이다. 중간 언어 접근은 내면화에 못 이른다. 지식을 가르치고 배우는 방법으로 등장한 탐구학습과 발견학습도 진정으로는 내러티브 입장에서 재개념화되어야 한다. 그렇게 되었을 때 비로소 내러티브 중심의 교수-학습이 자리하게 된다. 구체적으로 이러한 문제를 크게 다섯 개의 절로 살펴보았다. 즉, 전달(도관) 모형(기계론적 은유, 지식학습에서 교육학의 전환, 전달 모델), 중간 언어 접근(브루너의 중간 언어: 지식의 구조로 가야 함, 중간 언어를 가르치는 것을 극복하는 방법), 탐구학습과 그 내러티브 전환(탐구와 발견학습, 탐구와 발견학습에 대한 비판), 발견학습과 그 내러티브 전환(내러티브 학습, 내러티브 발견법), 내러티브 기반의 교수와 학습(내러티브 학습, 일상교수학) 등을 개략적으로 논의하였다. 이러한 내용은 제6장의 4, 5절에서 보다 구체적으로 논의하였다.

참고문헌

강현석(1998). 지식구조론 이후의 Bruner의 교육과정 이론 탐구. 교육과정연구, 16(2), 105-128.

강현석(2003). 문화주의적 교육과정이론: Bruner의 내러티브 탐구. 전영국 외 공저, 교육과학과 교과교육의 실제(pp. 85-106). 서울: 교육과학사.

강현석(2004). 지식구조론의 재구성을 통한 교육과정 설계원리의 구성. 교육과정연구, 22(2), 55-85.

강현석(2005). 합리주의적 교육과정 체제에서 배제된 내러티브 교육과정의 가능성과 교과목 개발의 방향 탐색. 교육과정연구, 23(2), 83-115.

강현석(2016). 인문 · 사회과학의 새로운 연구방법론: 내러티브학 탐구. 서울: 한국문화사.

강현석, 이자현 역(2005). 브루너 교육의 문화. 서울: 교육과학사.

곽영순(2003). 질적 연구로서 과학수업비평. 서울: 교육과학사.

김은희(1980). J. S. Bruner의 교과구조론에 관한 연구. 숙명여자대학교 대학원 석사학위논문.

김한종(1999). 역사수업 도구로서 내러티브의 구성형식과 원리. 사회과교육학연구, (3). 81-207.

박선미(1999). Bruner의 탐구학습에 대한 비판적 재고찰. 교육과정평가연구, 2(1), 39-57.

박소영(2005). "Bruner의 Folk Pedagogy가 교육과정 설계에 주는 시사점 탐구"에 대한 토론. 한국교육학회 2005 추계학술대회 교육과정분과 발표 자료집, 17-21.

박재문(1981). 구조주의 인식론에 비추어 본 Bruner의 지식의 구조. 서울대학교 대학원 박사학위논문.

박혜원(1980). J. S. Bruner의 교육과정이론 고찰. 이화여자대학교 대학원 석사학위논문.

손민호(1995). 브루너 탐구학습의 비판적 검토. 서울대학교 대학원 석사학위논문.

손민호(2000). 사회구성주의와 수업 연구의 방법론적 모색. 교육인류학연구, 7(1), 37-72.

양미경(2002). 구성주의와 교육과정. 한국교육과정학회 편, 교육과정: 이론과 실제. 서울: 교육과학사.

이경섭(1968). 교육과정 이론에서 Discipline 이론. 경북대학교 논문집, 12, 199-215.

이경섭(1973). J. S. Bruner의 발견론. 경북대학교 논문집, 17호, 121-134.

이윤호(2013). 스토리텔링을 활용한 교과서 진술 방안 연구. 경북대학교 대학원 박사학위논문.

이차숙(2001). Bruner의 발견적 교수학습 이론. 전성연 편, 교수-학습의 이론적 탐색(pp. 199-212). 서울: 원미사.

이홍우(1992). 증보 교육과정 탐구. 서울: 박영사.

이흔정(2003). 내러티브 교육과정의 적용에 관한 연구. 고려대학교 대학원 박사학위논문.

이흔정(2004). 교사의 중간언어 넘어서기. 교육문제연구, 제21집, 207-226.

한순미(1999). 비고츠키와 교육. 서울: 교육과학사.

한승희(1990). 교육내용 어떻게 볼 것인가? 한국교육, 17권, 143-163.

한승희(1997). 내러티브 사고 양식의 교육적 의미. 교육과정연구, 15(1), 400-423.

한승희(2002a). 마음, 의미, 그리고 교육. 한국교육학회 교육과정분과학회 발표자료.

한승희(2002b). 왜 내러티브인가. 한국교육인류학회 발표 자료집. 79-95.

허경철(1999). 지식생성 교육을 위한 지식의 구조 분석. 한국교육, 26(1), 101-127.

Arends, R. I. (2004). *Learning to Teach* (6th). Boston: McGrawHill.

Astington, J. W., & Gopnik, A. (1991). Theoretical explanations of children's understanding of the mind. *British Journal of Developmental Psychology, 9*, 7-31.

Aubery, C. (1994). *The role of subject knowledge in the early years of schooling.* London: The Palmer Press.

Bigge, M., & Shermis, S. (1999). *Learning Theories for Teachers* (6th). New York: An Imprint of Addison Wesely Lonhman, Inc.

Bruner, J. S. (1960). *The Process of Education.* Cambridge, Mass.: Harvard Univ. Press.

Bruner, J. S. (1966). *Toward a Theory of Instruction.* Cambridge, Mass.: Harvard Univ. Press.

Bruner, J. S. (1983). *In Search of Mind.* New York: Harper & Row Publishers.

Bruner, J. S. (1985). Narrative and Paradigmatic Models of Thought. In Einer (Ed.), *Learning and Teaching the Ways of Knowing.* NSSE, Chicago: Univ. of Chicago Press.

Bruner, J. S. (1986). *Actual Minds, Possible Worlds.* Cambridge, Mass.: Harvard Univ. Press.

Bruner, J. S. (1987). Life as Narrative. *Social Research, 54*(1), 11-32.

Bruner, J. S. (1990a). Culture and Human Development: A New Look. *Human Development, 33*, 344-355.

Bruner, J. S. (1990b). *Acts of Meaning.* Cambridge, Mass.: Harvard Univ. Press.

Bruner, J. S. (1991). The invention of self: Autobiography and its forms. In D. R. Olson (Ed.), *Literacy and Orality.* New York: Cambridge Univ. Press.

Bruner, J. S. (1996). *The Culture of Education.* Cambridge, Mass.: Harvard Univ. Press.

Bruner, J. S. (2002). *Making the Stories: Law, Literature, Life.* New York: Farrar, Straus and Giroux.

Cherryholmes, C. H. (1988). *Power and Criticism: Poststructural Investigations in Education.* New York: Teachers College Press.

Conle, C. (2003). An Anatomy of Narrative Curricula. *Educational Researcher, 32*(3), 3-15.

Doll, W. E. Jr. (1993). *A Post-Modern Perspective on Curriculum.* New York: Teachers College Press.

Doyle, M., & Holm, D. T. (1998). Instructional Planning through Stories: Rethinking the Traditional Lesson Plan. *Teacher Education Quarterly, Summer*, 69-83.

Driscoll, M. (2000). *Psychology of Learning for Instruction* (2nd ed.). Allyn & Bacon., a Pearson Education Inc.

Egan, K. (1986). *Teaching as story telling.* The University of Chicago Press.

Goodman, N. (1978). *Ways of World-Making*. Indianapolis: Hackett Publishing Company.

Gopnik, A. (1990). Knowing, Doing, and Talking. *Human Development, 33*, 334-338.

Gowin, B. (1970). The Structure of Knowledge. *Educational Theory, March,* 319-328.

Gowin, B. (1981). *Educating*. Ithaca and London Cornell Univ. Press.

Greenfield, P. (1990). Jerome Bruner: The Harvard Years. *Human Development, 33*, 327-333.

Grossman, P. L., Wilson, S. M., & Shulman, L. S. (1989). Teachers of substance: Subject matter knowledge for teaching. In M. C. Reynolds (Ed.), *Knowledge base for the beginning teacher*. Pergamon Press.

Gudmundsdottir, S. (1991). Story-maker, story-teller: Narrative structure in curriculum. *Journal of Curriculum Studies, 23*(3), 207-218.

Gudmundsdottir, S. (1995). The Narrative Nature of Pedagogical Content Knowledge. In H. McEwan & K. Egan (Eds.), *Narrative In Teaching, Learning, and Research* (pp. 24-38). Teachers College Press.

Huang, Yueh-Mei (2003). Rethink teacher's practical knowledge-Institution, educational discourse and folk pedagogy. *The collection of Papers to The First World Curriculum Studies Conference*(I), 286-287.

Lauritzen, C., & Jaeger, M. (1997). *Integrating learning through story: The narrative curriculum*. New York: Delmar Publishers.

Mcdrury, J. (2013). *Learning through storytelling*. New Zealand: Dunedin.

Moon, J. (1999). *Reflection in learning and professional*. London: Kegan Page Limited.

Polkinghorne, D. (1988). *Narrative knowing and the human science*. Albany: SUNY Press.

Posner, G, J., & Strike, K. A. (1977). A Categorization Scheme for Principles of Sequencing Content. *Review of Educational Research, 46*(4), 665-690.

Presno, C. (1997). Bruner's Three Forms of Representation Revisited. *Journal of Instructional Psychology, 24*(2), 112-118.

Rossiter, M., & Clark, M. C. (2007). *Narrative and the practice of adult education*. Florida: Krieger Publishing Co.

Sarbin, T. R. (1986). *Narrative psychology*. New York: Praeger.

Schwab, J. (1964). *Education and the Structure of Knowledge*. Chicago: Phi Delta Kappa.

Short, E. C. Ed. (1991). *Forms of curriculum inquiry*. Albany, New York: SUNY Press.

Shweder, R. A. (1991). *Thinking Through Cultures: Expeditions in Cultural Psychology*. Cambridge, Mass.: Harvard Univ. Press.

Smith, M. K. (2002). *Bruner and the Culture of Education*. In The Encyclopedia of Informal Education. New York: Infeed.

Taba, H. (1962). *Curriculum Development: Theory and Practice*. New York: Haracout Brace

Jovanvich Inc.

Vygotsky, L. (1962). *Thought and Language*. Cambridge, Mass.: MIT Press.

Whitehead, A. N. (1929). *The aims of Education*. A Mentor Book, The New American Library.

Witherell, C., & Noddings, N. (1991). *Stories lives tell: Narrative and Dialogue in education*.
   New York: Teachers College Press.

제 **6** 장

지식을 조직하는 일

본 장에서는 지식교육의 새로운 관점에서 지식을 조직하는 과제를 탐색해 보고자 한다. 기존의 방식에서는 순서와 절차에 초점을 두는 조직 방식을 강조하였다면, 내러티브 관점에서는 새로운 방식으로 지식을 조직할 필요가 있게 된다. 이 과제를 탐색하기 위하여 기존 방식의 문제점을 살펴보고, 인지 유연성에 기반한 조직 방식을 탐색해 보았다. 그리고 나선형 조직 방식을 내러티브 관점에서 재해석하였고, 새로운 조직 방식으로 스토리텔링, 시나리오 방식, 내러티브 기반 단원 구성 방식을 탐색해 보았다.

1. 순차적 접근: 계열성과 순차성

지금까지의 교육 장면에서 지식을 조직하는 가장 오래되고 전통적인 방식은 지식을 질서정연하게 조직하는 방식이었다. 이러한 방식은 여러 명칭으로 불리곤 하였다. 이들 명칭에는 체계적 방식, 계열적 방식, 논리적 방식, 위계적 방식, 순서적 접근, 선형적 접근, 조직적 방식 등이 그것이다. 이들 방식을 본 절에서는 일단 '순차적 접근'이라고 보고 논의를 해 본다(강현석, 이자현, 2005).

흔히 교육의 실천적 장면에서 지식을 순차적으로 조직하고 가르치는 방법으로 흔히 거론되는 것이 학습과제 분석방법(learning task analysis)이다. 학습자가 학습할 과제를 과제의 구조와 성격에 맞도록 순서 있게 조직하는 방식으로 알려져 있다. 이하에서는 이와 관련한 문제를 살펴보기로 한다.

학습과제를 분석하는 절차는 일반적으로 세 가지 단계로 이루어진다. 먼저 학습과제의 유형을 분류하고, 다음에는 특정한 유형으로 분류된 학습과제가 학습되는 과정을 정보처리 단계로 분석한다. 이것은 어떤 과제를 학습하기 위해서 필요한 사고와 활동이 무엇인지를 찾기 위한 과정이다. 그리고 이들 단계를 학습하는 데 반드시 알고 있어야 할 선행 지식이나 기능이 무엇인지를 찾기 위해서 하위 기능 분석을 실시한다(최동근 외, 2001: 83).

이상의 단계에 따르면 우선 학습과제의 유형을 분류하는 일이 가장 먼저 진행되어야 한다. 이후에 논의할 것처럼 래티스 모형은 인지적 유연성 이론을 전제하고 있기 때문에 이 단계에서는 학습과제의 인지적 유형을 구조적 차원에서 구명하는 일이 수행되어야 한다. 특히 교과수업 차원에서는 특정 교과의 학습과제가 어떤 점에서 비구조적 영역과 연관이 있는지를 파악해 볼 필요가 있다. 벤자민 블룸(Benjamin Bloom, 1956)의 인지적 영역에서의 수준 확인, 가네(R. M. Gagné, 1985)의 지적 기능과 인지 전략과의 관련성, 메릴(M. D. Merrill, 1994)의 수행과 내용의 매트릭스에서의 구조 등과 관련을 짓는 일이 필요하다.

다음으로 학습과제의 유형에 대한 분류가 이루어지면 그 과제의 내용 구조와 학습 단계를 분석한다. 교육과정과 수업 설계는 학생의 사고활동을 도와주는 과정이다. 잘 설계된 교육과정과 수업은 바로 학생의 사고활동이 활발하게 이루어질 수 있도록 학생의 학습 환경을 가장 적합한 상태로 조정한 것이다. 교육과정과 수업을 잘 설계하기 위해서는 무엇보다도 학습과제에 대한 분석이 면밀하게 이루어져야 한다. 정보처리 단계의 분석과 관련하여 학습과제의 유형 분석을 통해서 학습목표가 결정되면 그 목표가 학습되는 과정을 단계별로 나누어 볼 수 있다. 이것은 학생이 그 목표에 도달하기 위해서 맨 처음 시작하는 학습에서부터 맨 나중에 학습이 끝나는 지점에 이르는 전 과정을 주요한 절차나 마디로 분할하는 과정이다. 그런데 래티스 모형은 순차적이지 않기 때문에 이 단계에서는 학습과제의 순차성을 확인하는 일보다는 비순차성과 십자형의 양태를 확인하는 것이 필요하다.

세 번째 단계인 하위 기능 분석에서는 일반적으로 위계 분석(hierarchical analysis), 군집 분석(cluster analysis), 통합 분석(combining analysis), 하이퍼텍스트를 활용할 수 있으나 래티스 모형이 가정하는 학습과제의 성격상 위계 분석을 넘어서는 비순차적인 구조 확인이 선행되어야 한다. 여기에 하이퍼텍스트 활용이 가능하다.

하이퍼텍스트란 인간의 사고과정을 따라 정보 탐색이 이루어져야 한다는 부시(Bush, 1945)의 발상을 시초로 형성된 강력한 교수—학습 환경 설계의 원리로서, 구조적으로 학습자로 하여금 그들의 필요에 따라 다양하고 막대한 양의 정보에 비순차적·무선적으로 접근할 수 있도록 허용해 주는 체제이다. 따라서 여러 특정 중에서도 학습자가 학습의 보조나 경로를 스스로 선택하고 결정할 수 있게 해 주는 상호작용적·탐구적 환경을 제공하는 것이 최대의 장점이라고 할 수 있다. 즉, 이와 같은 특성을 교육의 영역에 적용하게 되면 학습자 스스로 막대한 정보에 다양하게 접근하고 탐색할 수 있도록 높은 정도의 상호작용을 허용함은 물론, 학습자에게 이러한 상호작용을 통제할 수 있는 책임의 권한을 부여함으로써 학습자의 동기유발과 개별화 학습에 공헌할 수 있고 궁극적으로는 학습 결과에도 긍정적인 영향을 미칠 것으로 기대된다. 이러한 하이퍼텍스트 체제의 특징으로 인하여 교수—학습의 목적으로 이 원리를 적용한 체제를 사용할 때, 상대적으로 높은 정도의 상호작용성을 제공할 수 있다는 것이 다른 매체들과 구별되는 가장 강력한 장점으로 평가되기도 한다(Jih & Reeves, 1992; 김미량, 1998 재인용).

1) 교육적 문제점

앞에서 제시한 순차적 접근의 문제점을 이하에서는 크게 두 가지, 즉 도관 모형과 전달 모형의 차원에서 살펴보기로 한다(Hopkins, 1994). 이 두 모형은 논리적으로나 사실적으로 유사한 동류모형이다.

(1) 도관 모형의 문제

도관 모형은 수돗물이 특정 수도관을 따라 한 방향으로 흐르듯이 지식도 일방적으로 학습자에게 흐르게 하는 모형을 비유하는 것이다. 이 모형의 문제로 학습자의 생생한 경험을 무시한다는 점, 교육의 전반적인 흐름을 유연하게 보지 못하고 공장의 물품 생산의 기계론적 절차로 파악한다는 문제점이 있다.

① 경험에 대한 무시

이 문제는 특히 중등학교의 교수 실제에서 학생들의 경험을 거의 완전히 무시하고 있다는 점에서 특별하다. 중등학교는 객관화된, 추상적인, 종종 학생들과는 동떨어진 어떤 것에 의한 강력한 통제와 조작의 경기장이다. 많은 학생들을 위하여, 그 시스템이 어떻게 작동하는지를 이미 배워 온 학생들에게조차도, 학교에 가는 것은 실제 삶이 시작하기 전까지 이겨 내야 하는 비실제적인 경험이다.

이러한 조건의 심각한 결과 중의 하나는 학생들의 에너지가 학교에 대한 의미를 찾거나 그것에 대항하는 것에 소비된다는 것이다. 물론 순응은 어느 사회 시스템에서나 필요한 것이다. 거기에는 배워야 할 유용한 것도 있다. 그러나 너무 많은 학생들이 그들의 자연스러운 발달적 충동, 즉 작업과 내러티브 행동을 통하여 스스로 규명되어야 하는 충동을 억제해야 하는 비상식적인 환경에 적응하는 데에 너무 많은 에너지를 쓴다는 것이다.

어떤 학생들은 그 성공 게임을 아주 잘 해낸다. 그리고 대부분은 잘하기도 한다. 그러나 다른 학생들은 그 환경에서 벗어났을 때, 그들의 흥미가 더 잘 살아난다는 경험을 확신하면서 실패하는 방법을 배운다. 더욱이 몇몇 학생들이 이기는 그 게임은 존재에 대한 전혀 의도하지 않은 부정적인 성향을 가르친다. 예를 들면, 끈기에 대한 대가는 학생들이 그들의 꿈과 열망, 발달적인 에너지를 감가하고 학교의 통제와 질서에 대한 집착에 종속시키는 것을 배우게 할 것이다. 이것은 측정할 수는 없지만 매우 중요한 학습에 대한 사랑과 성장의 대가와도 연계된다.

거기에는 에너지와 잠재력에 대한 침울한 손실이 있다. 경험에 대한 혐오감은 학교의 학문적 미션을 실패로 이끌 뿐만 아니라, 우리를 수동적이고 비민주주의적으로 만든다. Sidney Jourard(1971: 113)는 다음과 같이 기술하였다.

> 이 나라에는 교육이 없었다. 경험하는 방법과 행동하는 방법인 이데올로기를 세뇌하는 기관들이 있다. 초등학교, 중·고등학교, 대학교, 대학원의 졸업생들은 교육을 받지 않는다……. 하나 혹은 또 다른(대부분 돈) 수단에 의한 …… 리더들의 …… 요구를 반영한 교육과정의 원천은 그러한 관점들이 심어지고 그들의 능력이 주입되는 것을 확고하게 한다. 그것은 그 상태를 지속할 것이다. 교육되지 않은 사람들이 있지만, 그렇게 되어야 하는 것을 훈련받은 사람은 그 시스템을 유지할 것이다. 사람들은 교사들의 계몽에 의한 것이 아니라, 캠페인이나 숨은 세력가, 정치적 헛소리에 의하여 좀 더 효과적으로 세뇌될 것이다.

Jourard는 학교를 관찰하였고, 증명되지 않은 교육적 힘의 불완전한 세계가 학생들의 외적·내적 삶 속에 흐르고 있음에도 불구하고, 상자와 같은 교실의 탈맥락적인 환경, 억눌려진 에너지와 호기심을 발견하였다. 그가 염려하는 것은 이러한 환경이 학생들의 권한, 민주주의 사회에서 자율적인 존재로서 자신을 인식하는 능력을 부정하고, 호기심, 자율성, 사회적 비판, 지적 자주성을 억제한다는 것이다. 그러나 Jourard가 본 20년 전의 상황이 아직도 지속된다는 것이다. 많은 학교들은 절름발이식의 반민주주의적 결과를 초래하고 있다.

Dewey(1933)는 학교가 협력적인 과정이 되기를 원했다. 그는 주장하기를, 우리는 학생들의 경험을 심오하게 받아들이고 그렇게 하는 것이 민주주의의 미래에 중요한 영향을 미친다는 것을 인정하지 않는 한, 우리의 사회적·정치적 시스템을 유지하기 위하여 교육할 수 없다고 하였다. Dewey가 이것을 주장한 이래로 수년 동안, 문제는 항상 어떻게 이것을 가능하게 할 것인가에 있었으며, 현재 하고 있는 것을 더 잘하는 것만으로는 충분하지 않을 것이다. 미국 교육의 문제는 공학, 효율성, 이윤을 목적으로 하는 학교와 기업과의 협동, 심지어는 더 좋은 교수에 의해서는 해결될 수 없을 것이다. 오래된 모델은 낡았다. 만약에 전통적인 학교교육의 교재와 방법이 젊은 세대에게 인류의 복잡한 문제에 대처하는 방법을 가르치기에 충분하다면, 교육 개혁을 위한 요구는 없을 것이다. 학교들은 만약 권력, 복잡성, 외부환경의 접근성에 의하여 압도되지 않는다면 특히 중등교육 수준에서 주의를 기울이고 젊은 세대의 에너지에 집중하는 것을 매우 어렵게 만드는 것에 의하여 위협을 받고 있다.

현대 사회에서 지식은 이동적이며 액화되어 간다. 학교는 경제적·사회적 환경에 의하여 그들에게 요청되는 요구, 특히 민주주의 사회의 요구에 부합하려고 한다면, 외부 세계의 유동성, 격변, 불확정성에 대응하는 방법을 찾아야 한다. 그러나 이것은 왜 그들이 그들의 기본적인 과정을 바꾸어야 하는지에 대한 단 하나의 강력한 이유이다. 학교가 경험을 무시할 때, 비록 학생들의 성공의 부족이 학습의 무능력에서 비롯된다고 할지라도, 학생들은 학교교육이 줄 수 있는 가능성으로부터 멀어지고, 결과적으로 실패한 것으로 판단된다. 이러한 실패는 사람들의 삶에 영향을 준다. 이것은 인간의 잠재력을 거대한 폐기물로 만든다. 이것은 현재 한국 사회에서도 마찬가지 문제를 야기하고 있으며, 거의 참기 어려운 스트레스를 만든다. 한국의 현재 상황에서 보면, 이러한 문제는 피할 수 있고 해결 가능하기 때문에 우리가 지적·실천적 노력을 게을리해서 학생들이 힘들어하는 상황을 방치하고 있어 매우 가슴 아픈 현실이 되어 가고 있다.

② 공장의 기계론적 효율성 모형에 집착

미국과 산업화된 세계의 학교교육은 기계론적 모형으로부터 매우 큰 영향을 받는다. 학교교육은 자체 의무교육적 지위에서부터 모든 본질적인 속성에 이르기까지 기계론적이다. 이는 시간과 공간을 조직하는 것, 수업을 실행하고 교실을 조직하는 것에서 나타난다. 우리 시대의 탁월한 교육학은 교사들이 공장의 일차 단계의 감독관이 하듯이, 미리 정해진 목적을 달성하기 위하여 미리 서술된 과제를 실행함으로써 학생들의 경험을 통제하는 목적을 가진 것처럼 행동하게 한다. 자유로운 경험적 교육이 존재하기는 하지만 매우 드물다.

C. A. Brown과 D. Flinders(1990)는 방대한 '교실경영 패러다임'—교수 모델—즉 교육대학에서 전달되고 '의식의 공학적 형태'의 산물로서 교육적 계속성 안에서 모든 수준의 교실에서 적용되는 것을 기술한다. 그 기원은 17세기로 거슬러 올라간다(Bacon, Descartes, Newton). 우리 시대에 좀 더 밀접하게, Raymond Callahan(1962)이 '효율성의 추종'이라고 부른 것에서 나타난다. 이것은 20세기부터 이 나라가 유지하고 있는 엔지니어링, 행동주의 기계주의의 원리들이다. 학교 경영에서 시작되었지만, 교육학에도 점차로 반영되어 갔다. 이것은 미리 설정된 목적을 향하여 학생들을 의도적으로 조작하고 학생들 자신의 경험을 무시하고 그것을 전체 과정을 오염시키는 것으로 간주한다.

이 모델은 성인은 아동이 알아야 하는 것이 무엇인지 알고 있고, 교사의 과제는 알아야 하는 것을 학생들의 의식과 깨달음 속에 포함시키고 흥미를 유발하고 노력을 지속하도록 조건을 만드는 것에 있다고 가정한다. 교수는 (마치 전쟁, 축구, 공장 과정, 정치와 같이) 규칙적이고 순서적이며 기술적이고 전략과 전술을 포함하는 것으로 인식되었다. 교육적 시스템과 실제로 만들어지는 전략은 지식 혹은 정보가 교사 혹은 교과서 혹은 밖의 다른 곳에서부터 학생들에게 이동되도록 안내한다. 교사는 이러한 무관심의 전쟁에서 전술가이다.

Lee Shulman과 Neil Carey(1984: 507)은 이것을 교육의 "합리적인 모델"이라고 했으며, 다음과 같이 기술하였다.

> 교사는 지식과 기술을 가지고 있는 어떤 사람으로서 교실을 조직하고 지식을 학생들에게 전달하는 수업을 수행하는 것으로 간주한다. 교사는 학습의 촉진자, 지식의 전달자이다……. 교육적인 접근을 '전달 시스템'으로 비유하는 설명이 이상한 것은 아니다.

언어는 교사가 학생들에게 의미를 제시하는 전달자이다. 그다음에 학생들은 교사의 언어로부터 그 의미를 뽑아내는 의무를 가진다. 다양한 교실 전략은 학생들이 이러한 추출과정을 완성하도록 조작하고 유인하기 위하여 사용된다. 가장 흔한 것으로, 교사는 질문을 던진다. 그리고 정답을 구하기 위하여 교실을 쭉 훑어본다. 어떤 의미 맥락이 결여된 분절된 자원의 제시는 만연되어 있다. 전달의 과정은 일방적이고 학생들의 '의미 구성의 내적인 세계, 의도성, 문화적 형태의 무의식적인 수행'은 무시된다(Bowers & Flinders, 1990: 10). 학생들이 그 메시지를 받은 것으로 나타날 때, 그들은 보상을 받게 된다. 그렇지 않을 때는 그들은 벌을 받게 된다. 실제적인 주류 연구들도 학생들이 이 모델에 내제된 역할에 맞게 훈련된 것에 대한 교사의 성공을 평가해 왔다. Thomas Greenfield(1984)는 "학교는 정보의 형태로 가치를 분배하는 곳이다. 그들은 권력을 가진 리더의 압력에 의하여 그렇게 한다. 그 리더는 권력의 폭력으로 그렇게 하는 것이 충분하지 않을 때, 물리적인 폭력을 가할 것이다."라고 하였다.

그래서 성공적인 교사는 교실에서의 행동의 순응을 일으키도록 교육을 받는다. 그들은 의도한 역할과 과제 구조에 사회화된 학생들을 양성한다. P. C. Blumemfeld와 그의 동료들(1983: 148)은 어떻게 이 시스템이 작동하는지를 매우 진솔하게 기술하였다.

> 현대 학교는 아마도 교사의 행동이 형식적인 역할 제한에 의하여 주도되는 관료체계로 간주되어야 할 것이다. 교사는 위계 속에서 교장과 다른 행정가의 감독과, 학생들의

행동과 생산성을 감독하는 감시하에 행동한다. 그래서 학교에 들어오는 아동은 교사는 관리자, 학생은 노무자인 조직을 만나게 된다. 학교가 아동을 동시에 일꾼과 생산물로 취급하는, 흔치 않은 관료주의인 경우는 많다.

교사는 대부분 말하기를 주로 한다. 거의 모든 이야기를 한다. 학생들에게 말하는 기회가 주어지면, 이것은 교사가 처음에 말한 것을 언어적으로 수용 가능한 방법으로 반복하기 위함이다. 몇몇 사람들이 말한 것처럼, 내러티브는 학교에서 학생들의 기능으로서 노골적으로 제외된다. 그 결과, 학생들은 그 공동체의 진짜 구성원이 아닌, 그들을 가르치는 사람이 포함된 그 집단의 공통 구성원이 아닌 것이 된다. 그래서 학교는 지식, 기술, 마음의 습관, 태도의 전달(생성, 창조, 구성이 아닌)을 위한 곳이다. 즉, 어떤 것이 학생들에게 일어나고, 학생들의 의식을 변화시키기 위하여 노력이 기울여지는 장소이다. 이곳은 관점을 공유하고, 세계에 대한 학생들의 호기심을 충족하기 위한 장소가 아니며, 심지어는 학교에서 가르쳐진 주제에 의하여 만들어진 프레임워크에 학생들의 삶이 녹여지는 것도 잘 되지 않는 곳이다.

학교교육은 아동과 교수의 형식적인 프로그램 간의 계약 그 이하도 그 이상도 아니다. 이러한 계약의 속성은 행동주의 심리학으로부터 많은 영향을 받는다. 이것이 기계론 구조의 가장 순수한 전형이다. Theodore Sarbin(1986)은 기계론적 세계관은 자연에서의 사건들을 영향력 전달의 산출물로 본다고 주장하였다. 현대 과학은 이러한 세계관을 형이상학적 기반, 즉 과학자들이 원인을 찾는 것을 지원하는 관점으로 본다. 행동주의와 급진적인 실험주의는 이러한 세계관을 가진 심리학적 철학적 동향의 예이다.

이러한 영향은 교재, 평가, 교육과정에서 잘 나타나지만, 더 심각하게는 교사의 실천, 즉 Seymour Sarason(1982)이 말한 학교교육의 '규칙'과 그것을 준비하는 교사의 이데올로기에서 나타난다는 것이다. 학교교육은 자극-반응 게임이다. 학생들은 목적을 향하여 관리되는데, 그 목적은 기본적으로 그들에게도 모호하며 어떤 경우에는 한 문화집단의 구성원으로 통합하는 데에 해가 되기도 한다. 교육학적 가정은 수업을 운영하는 사람들과 거의 공유되지 않는다. 여기에서 미스터리를 유지하는 것이 핵심인데, 왜냐하면 미스터리를 유지하는 것이 기계적 구조를 유지하는 것이기 때문이다.

극단적인 경우에 이러한 교육학이 학생들은 컴퓨터와 같은 유기체이고, 문자, 소리, 단어, 역사적 사실과 같은 정보 바이트에 의하여 프로그램화될 수 있다는 가정하에 구성된다. 그러나 Mihaly Csikzentmihalyi(1990)가 말한 것처럼, 아동은 예측 가능하게 프로그램 될 수 없다. 그들은 그들의 경험 속에서 의미 없는 것들을 무시할 수 있는 자유가 있다. 그들은 이 자유를 규칙대로 수행한다. 그들의 신체는 통제 가능할지라도 그들의 마음은 그렇게 되지 않는다. 교사들은 그들의 자유를 억압하거나 할 수 있지만, 그들의 의식은 그렇게 할 수 없다. 그래서 교사들은 학교의 의심스러운 조작에 대항하는 학생들의 무의식적 전략을 통제할 수 없다.

아마도 성인들은 비록 명백한 사실이 아닐지라도, 아동들이 하기 전에 미리 해야 하는 것을 더 잘 알 것이다. 문제는 한 사람에게 의미 있는 것이 다른 사람에게는 그렇지 않다는 것이다. 학생들은 그들을 위하여 의미가 있는 교재만 오로지 학습할 것이다. 교사들은 학생들에게 좋은 것이 무엇인지를 모르면서 그들의 완강한 저항에 괴로워하겠지만, 젊은 세대에게 불평하는 것이 문제를 해결하는 것은 아니다. 우리 모두는 때때로 노력하지 않아도, 우리의 편안하고 이로운 삶에서 우리에게 의미 있는 것을 가진 자원을 공부한다. 다른 사람들의 실제를 부인하는 것은 그들의 독특함의 진정성을 거부하는 것이고 그래서 그들의 관심을 잃게 만든다. 이것이 모든 사람이 손해를 보는 어려움이다. 결국 기계론적 원리는 현재 교실 상황의 우세한 고지를 차지하고 실제 실행 수준에서 적용되고 있다. 이제 한국 상황에서도 좀 더 혁신적이고 융통성 있는 유연한 근본적 전환이 필요하다.

(2) 전달 모형의 문제

일찍이 Asghar Iran-Nejad(1990)는 전달 모형의 문제를 비판하였다. 두 가지 암묵적인 가정이 학교의 학습을 주도하는 것 같다. 하나는 외적인 정보가 학습의 오직 한 가지 자원이라는 것이고 다른 하나는 교사의 의한 수행 통제가 자기 조절적 학습 과정의 오직 한 가지 내적 자원이라는 것이다. 그 결과, 주어지는 자극에 대하여 학습자가 억지로 주의를 집중하는 것은 학교 학습에서 가장 중요한 조절자로 간주한다. 이러한 두 가정은 학습 영역을 많은 자원들의 역할을 심각하게 제한하고 사실과 정의를 암기하는 것에 국한시킨다. 따라서 학습자 경험에 주목해야 하는데, 학습에 동시에 영향을 미치는 다양한 자원은 학생들의 경험 영역 안에 있지 다른 곳에는 없다는 점을 자각할 필요가 있다는 것이다.

그는 '전달 모형'이라고 부르는 것을 설명하고 비판하는 것이다. 그는 "아이디어, 생각, 혹은 감성은 화자로부터 청중에게 전달된다."는 가정은 인지심리학에서 부정확한 설명 모델이며 수업 실천의 잘못된 지침이라는 것을 알아차린다. 결국 '전달 모형'은 미국 교육의 많은 실패를 설명하는 메타포이다. 전달 메타포 개념화는 실패, 학교에 대한 부정적인 태도에 연계되고, 분열을 가져온다. 반면에 구성적인 개념화는 목표 지향점과 체계적인 연구를 성취하는 내적인 학습동기와 연계된다.

이제 패러다임 변화를 Jerome Bruner(1990)의 연구 노력에서 찾을 수 있다. 그는 인간 삶의 의미 조직자로서 의도적인 상태를 인정하는 새로운 문화심리학을 주창하였다. Bruner에 의하면, 인간 삶에서 경험의 힘을 부인하고 그들의 의도성을 무시하는 과학적 심리학은 지적 · 실제적으로 황량하다. Bruner가 자신의 책에서 비판한 실천적–실험적 심리학은 교육을 이해하고 우리 사회에서 그 기술을 구성하기 위한 주도적인 모델이다. 교육연구 공동체 내에서의 이러한 비판의 메시지는 그 지배적인 근본 메타포가 학습을 위한 황폐한 맥락을 제공한다는 것이다.

① 통제 환경

수십 년 동안 여러 연구가 진행되어 온 가운데, 가장 뛰어난 연구자들과 해설가들은 학교교육과정에 의하여 아동과 젊은 세대의 독립적인 정신에 끼친 손상에 관심을 가지고 있다. 이 손상은 교육과정이나 공학, 기술 혹은 물리적인 자원 때문이 아니라, 학생들의 시간과 공간 사용을 관리하는 방법인 통제된 맥락과 과정에 의하여 발생한다. 그들은 학생들에게서 지루함, 나태함, 체념, 기회주의와 같은 것을 발견한다.

Ernest Boyer의 미국 고등학교에 대한 연구에서 학생들은 "우리는 그냥 일하고 시험을 볼 뿐이다."라고 말했다(Gross & Gross, 1985 재인용). 그래서 그들은 '좋은' 고등학교에서 삶의 지루함을 불평했다. 몇몇 비슷한 일화를 제시한 후에, Boyer(1983: 131-132)는 말했다.

> 어떻게 …… 학생들의 상대적으로 수동적이고 온순한 역할이 그들을 잘 알려진 능동적이고 성찰적인 시민으로 참여할 수 있도록 만들 수 있는가? 어떻게 교실의 엄격한 시간표와 일상화된 분위기가 학생들을 성인과 같은 독립성을 갖도록 만들 수 있는가? 우리가 교실에서 그렇게 체계적으로 개별성을 막을 때, 어떻게 학생들의 삶을 통하여 비판적 창의적 사고 능력을 신장할 수 있는가?

Edgar Friedenberg는 청소년의 교육에 대한 그의 연구에서 고등학교의 삶이 감성적 · 지적으로 불성실함을 알게 되었다고 고백한다. 학교는 젊은 학생들이 그들 세대에 맞는 스타일을 만들 수 있는 기회를 저버린다. 청소년의 성장을 촉진하는 가장 기본적인 첫 단계는 그들의 성적인 에너지와 그들의 정체성에 대하여 때로는 과감한 의문을 과거와 현재 문화의 좀 더 커다란 측면과 연계하는 것이다. 이것은 어떤 감각을 의미하고, 그리고 훈련된 자아 표현이 요구하는 것을 말한다. 만약 청소년의 바로크적 표현이 뚱한 억압의 태도를 불러일으킨다면 …… 청소년은 그가 아직 개발하지 않은 자원으로 되돌아가게 된다는 것이다.

그리고 유명한 Theodore R. Sizer 역시 미국 교육에서 개인들을 위한 독특함과 자아 중요성의 의미는 실재에서는(수사적으로는 아니지만) 무시되고 있다. 더욱이 교육자들은 그들 스스로를 파괴하는 맥락을 만들어 왔다. 어떤 사람이 자신의 이름이 혼자 나타났을 때, 자신이 가진 독특함과 가치를 인식하는가? 자신감과 확신감이 빈정거림에 의하여 혹은 개인의 가치를 훼손하면서 길러질 수 있는가? 만약에 어떤 사람에게 책임감이 주어지지 않는다면, 자신을 믿어 주는 사람이 없다면, 능력을 개발할 수 있는가? 물론 아니다. 그러나 너무 많은 학교들이 무의식적으로 혹은 대안이 없어서 이러한 방식으로 운영되고 있다. 이러한 의미에서 Jonathan Kozol이 말한 것처럼, 어떤 학교는 아동의 가슴과 마음을 파괴한다고 해도 과언이 아니다(p. 59).

그리고 주지하다시피, John Goodlad 역시 지적하기를 교실은 제한된, 제한이 있는 환경이다. 이 환경을 교사의 통제에서 멀어지게 하는 것은 많은 교사들을 놀라게 한다. 그들은 그들이 감당할 공포를 위하여 학생들에게 많은 '공간'을 주는 것을 방해한다. 학생들이 그 신호를 선택할 것에는 의심할 여지가 없는 것 같다. 어느 한 고등학교 학생이 간결하게 말한 것처럼, "우리는 새장에 갇힌 새이다. 문은 열려 있지만, 밖에는 고양이가 있을 뿐"이라는 자조 섞인 비판에 귀 기울일 필요가 있다.

2) 해결 방안

이상에서 제시한 학습과제 분석의 선형적 문제와 전통적인 도관 모형의 문제를 해결하는 방안을 적극적인 방안(내러티브 모형)과 소극적인 방안(순차주의)으로 구분하여 보면 다음과 같다.

(1) 내러티브 모형(Hopkins, 1994)

내러티브 모형을 제안하는 것은 기존의 교육방식을 재개념화하는 작업이다. Hopkins에 의하면, 이것은 미국 교육을 위한 새로운 메타포를 생각하는 것으로서 새로운 제안을 제공한다. 뿐만 아니라, 학생들의 삶을 설명하는 근본적인 교육학적 구조를 제공한다. 이것은 경험과 학습에 대한 아이디어를 기반으로 재개념화하는 것이다. 이것은 학생들이 경험으로 펼쳐내는 것처럼, 학생들 세계의 자원을 교실로 가져오는 합리적인 방법을 제공한다.

학교는 경험에 대한 고려를 가로막으면서 내러티브를 향한 인간의 깊은 충동을 방해한다. 경험으로서의 개방 없이, 내러티브도 있을 수 없다. 그리고 내러티브는 플롯을 만들고 의미와 속성을 연결하는 불가피한 과정이다. Erickson은 "사회, 문화, 교사, 학생은 학습과제의 규명과 실행에서 상호 관통한다."(1984: 543)라고 말했다. 내러티브 교육학을 위한 질문은 우리가 이해하고 서로 잘 관통하도록 더 잘 매개하는 문제이다. 이것이 가능하다고 믿는 이유가 있다. 학습이 일어나는 의미의 구조는 우리의 삶을 구조화하고 주제화하는 우리의 충동을 자라나게 하는 구성에 있다. 이 점을 감안한다면(만약 이것이 사실이라면), 우리가 살고 있고 의미를 부여하는 우리 삶이 만들어 내는 산출물보다 더 좋은 교육적 메시지는 없을 것이다. 그래서 내러티브 교육학은 이들의 변형적인 목적을 성취하기 위한 수단을 제공할 것이다.

그러나 가장 중요한 것은 내러티브 학교교육이 자유의 교육학이라는 점이다. 말 그대로 이것은 사람들에게 목소리를 부여한다. 몇몇 사람들이 논쟁하는 것과 같이, 이것은 혼돈으로부터 벗어나는 보호막이 된다. 내러티브 학교교육은 무작위의 경험을 핵심적인 발달과제로 전환함으로써 막 시작된 무질서를 포용하고 승화시킨다. 교육에 잠재된 실제 혼돈은 살아진 경험에 귀 기울이는 통합된 원리가 없다는 것이다.

① 내러티브를 보는 관점

내러티브 연구 및 이론 구축의 전 범위를 여기서 검토할 필요는 없다. 그중 일부는 전문적(technical)이고 난해하며 우리의 목적과 직접적인 관련이 없다. 그러나 이것만은 명확해 보인다. 즉, 내러티브 과정이 역사, 문학 및 신화를 산출하고 이것이 사회 및 개인 정체성(문화와 자아) 발달에 중추적―주제화된(혹은 줄거리로 구성된) 경험―이기 때문에 그것은 교육 및 학습과 떼려야 뗄 수 없는 관계에 있다.

내러티브는 교육의 과정(process of education)뿐만 아니라 교과내용(subject matter)의 전체 스펙트럼과 관련될 수 있다. 내러티브가 사회과학, 문학, 비평, 심리학 및 정신분석, 언어학, 철학, 역사 그리고 심지어 자연과학에서 어떻게 작용하는지에 관한 연구는 최근 들어 급증하였고 이는 해석학적, 기호학적, 현상학적, 구성주의적―그리고 이에 따라 비심리학적―관점과 자주 연관된다. W. J. T. Mitchell(1980)이 편집한 모음집에는 다음과 같은 다양한 인사들의 글이 수록되어 있다. Hayden White(역사); Roy Schafer(정신분석); Jacques Derrida, Paul Ricouer 및 Nelson Goodman(철학); Frank

Kermode, Barbara Hernnstein-Smith 및 Seymour Chatman(비평과 수사학); Victor Turner(인류학); 그리고 소설가 Ursula K. Le Guin. 자서전적 접근(autobiographical approach)을 수업 과정 연구에 활용하는 것에 대한 시사적인 학술 연구도 있다 (Clandinin & Connelly, 1988; Connelly & Clandinin, 1987; Graham, 1989 참조).

내러티브 심리학에 대한 Theodore Sarbin의 연구(Sarbin 1986; Sarbin & Scheibe, 1983)는 "내러티브 원리(narratory principle)—인간은 내러티브 구조에 따라 생각하고 인지하고 상상하며 도덕적인 선택을 한다."—를 밝히고 있다(1986: 8; 11). Sarbin은 내러티브를 잠재적인 새로운 근본적 은유, 즉 "인간 행동에 대한 조직 원리(organizing principle)"로 취급하는데, 이는 인간이 지나간 삶의 경험에 의미를 구성하고 부여하는 수단이 된다.

우리는 과거를 설명하고 미래를 규정하기 위해, 즉 우리 삶을 이해하기 위해 이야기를 사용한다. Sarbin과 Mancuso(Sarbin, 1983: 235)는 다양한 연구 보고서를 통해 다음과 같이 언급하고 있다.

> 보편적으로 인지되고 있는 사실, 즉, 자극 투입은 패턴으로 조직되고 그 패턴의 형식은 이미 습득한 지식의 영향을 받는다. 패턴은 …… 내러티브 줄거리의 구성을 통해 표현되는 것 같다. 조직(화) 원리인 줄거리 구성(emplotment)을 통해 무의미하게 투입되는 자극들에 의미를 부여하게(the assignment of meaning)된다.

Sarbin(1986: 10)은 내러티브를 기본적으로 간주관적인(intersubjective) 인간적인 과정 (human process)으로 본다. 이 근본적인 은유는 사회심리학(기계로 비유하는 은유로는 인간의 사회적 행동을 설명하기가 불충분하여 약화되고 있는 분야)에서 효과적으로 사용되고 있다. 그는 다음과 같이 언급하고 있다.

> 행동을 통제하기 위한 근본적 은유의 힘은 심리학 이론가들이 기술적인 범주를 선택할 때 가장 잘 드러난다. 물리력의 전달(the transmittal of force)이 근본적 은유인 기계적 세계관은 자연에서 발견될 물리력(forces)을 찾아내어 통제할 것을 요구하였다. 심리학의 표준 어휘목록(더 이상 이미지를 자극할 힘이 없는 죽은 은유 표현)은 그러한 물리력을 대신하는 용어들, 즉 충동, 본능, 리비도, 인지, 강화, 정신적 상태 등으로 이루어져 있다. 그것은 마치 인간애의 드라마를 비인격적인 물리력의 연극으로 축소시키는 도덕적 책무가 있는 것 같다.

Sarbin의 작업과 Mitchell의 수집물 외에도 내러티브에 관한 최근의 세 논문(내러티브 원리가 교육에서 수반할 수 있는 것을 명확히 하는 것)에 주목해 보자. 가장 빨리 발표된 논문은 Polkinghorne의 저서 『Narrative Knowing and the Human Science』(1988)[1]로 내러티브 관점을 사회과학에 통합시키는 것에 대한 포괄적인 논쟁을 다루며 나머지 두 논문과 마찬가지로 내러티브를 자아의 성장과 연관 짓는다.

> 우리는 내러티브 구성(narrative configuration)을 활용하여 현재의 정체성과 자아 개념을 성취하고 그것을 전개되고 밝혀지는 하나의 이야기 표현으로 이해함으로써 우리의 존재를 온전한 것으로 만든다. 우리 존재는 우리 자신의 이야기 속 한복판에 있으며 그 이야기가 어떻게 끝날지 아무도 확신할 수 없다. 또한 새로운 사건이 삶에 첨가됨에 따라 지속적으로 줄거리를 수정해야 한다. 그때 자아는 정적인 것 혹은 물질이 아닌 개인적 사건을 현재까지 발생한 것뿐만 아니라 앞으로 벌어질 일에 대한 예측을 포함하는 역사적 통일체(historical unity)로 구성하는 것이 된다(p. 150).

Jerome Bruner가 쓴 『Acts of Meaning』(1990)의 마지막 장, "자서전과 자아(Autobiography and the Self)"에서는 '화자와 타자(speaker and an other)' 사이의 내러티브 관계에서 발달해 나온 '교류적 자아(transactional self)'를 소개한다(1990: 99-138). 여기서 Bruner는 독점적인 표준화된 연구방법론에 얽매인, 즉 "그 자체의 테스트 패러다임에 예속된" 반철학적 실험-경험 심리학(experimental-empirical psychology)을 대체하고 수정하는 새로운 '문화심리학(cultural psychology)'의 철학적 기반을 찾고 있다. Bruner는 테스트 패러다임이 시간과 공간 속에서의 주체를 동결시키기 때문에 인간을 단지 정보처리자(information processors)로 여기며 경험한 삶인 유동적 패러다임을 부정하고 필수적 인간의 과정인 의미 형성(meaning-making)을 부인한다고 시사한다(1990: 101-102).

Mitchell의 수집물에 있는 몇 가지 논의와 크게는 Polkinghorne의 저서를 기반으로 Bruner는 자아의 이해에 이르는 길은 '자서전(autobiography)' 혹은 내러티브와 같은 구성주의적 과정을 통하는 것이 당연하다는 결론을 내린다. 또한 그는 연구대상으로부터 유용한 내러티브 자료를 끌어내기 위해 동료들과 고안한 연구 프로토콜을 기술한다(1990: 123-136).

---

1) 본 저서의 한글판은 강현석, 이영효, 최인자, 김소희, 홍은숙, 강웅경 공역(2009). 내러티브, 인문과학을 만나다. 서울: 학지사.

마지막으로, Anthony Paul Kerby의 저서인 『Narrative and the Self』(1991)는 언어와 개인 사이의 관계에 관한 철학적 담론이다. 그가 말하는 '유도 가설(guiding hypothesis)'에서 자아(self)는 이미 정해진 내용이며 주로 내러티브 구조나 이야기 속에서 묘사 및 구현된다. Kerby에 따르면 "우리가 말하는 이야기는 우리가 되어 가는, 그리고 …… 시각의 방식, 우리에게 좋은 일과 나쁜 일, 또한 가능한 일과 그렇지 않은 일—우리가 될수도 있는 사람을 구성하는 것—의 일부분이다(1991: 54).

Kerby(1991: 92)에게 내러티브는 발달적 자극의 한 종류이다. 이야기는 '거기'에서 단지 들려주기를 기다리지 않고 재구성적 탐구에서처럼 말하는 상황에 따라 형성된다. 이야기는 우발적(contingent)이고 창발적(emergent)이어서 (교사와 같은) 타인의 조정에 영향을 받는 것 같다. 그는 내러티브 표현이 단지 정보의 소통이 아닌 구성적이고 종합적인 활동이라고 보고 있다.

② 내러티브 실천 방안: Hopkins의 제안

가. 내러티브를 실천으로 옮기기

교사와 모든 수준의 학생들은 널리 퍼져 있는 기계론적 은유의 뿌리에 걸려들어 표준화된 시험 점수의 강박관념 및 관련된 통제와 조작의 이데올로기 덫에 빠져 있다. 학교생활을 구성하는 규칙성이 여기서 명시된 방향으로 수정된다면 이것은 뿌리 수준에서 변화되어야 한다. 스승과 제자가 경험한 삶은 내러티브 학교에서라면 분명 다를 것이다. 내러티브 학교교육은 학교에 존재하는 서로 다른 방식을 내포한다.

따라서 이것은 체계적인 변화임에 틀림없다. 요지는 이것이다. 내러티브 뿌리 은유에서 생성된 원리는 초등학교에서 시작하여 중등학교에 이르기까지 모든 수준의 학교교육으로 스며들어야 한다. 어린 학생들은 읽고 쓰고 셈하는 법을 배울 때처럼 내러티브 방식으로 사고하도록 훈련받아야 한다. 그러면 중등학교 교육과정을 추진할 좀 더 정교한 내러티브 구성에 합류할 수 있다. 사실, '과정 기록(process writing)'과 같은 기본 기능이나 수학과 같은 중요 과목을 지도하는 좀 더 재미있고 생산적인 방식은 내러티브 원리에 기초한 방식 그 자체이다(Frankenstein, 1989; Shor, 1992 참조).

그러나 중등학교 수준에서는 좀 더 급진적인 변화가 일어날 것 같다. 그 이유로 이 장의 나머지 부분은 중등학교에서의 내러티브에 집중할 것이다. 지나간 경험에 관해서라면 고학년 수준의 특징이 되지만 반면에 이치상으로 생활과 학교 사이의 경계는 저학년에 훨씬 잘 스며든다. 초등학교는 이미 내러티브 이전의 원리를 운용하는 것 같다.

어린이들은 희망과 열정을 가지고 학교교육을 시작하는 경향이 있다. 그들의 의존성과 천진난만함 속에서 그들은 감출 것이 없다.

내러티브 원리는 한편으로 유아들 내에서 이야기-들려주기(story-telling)와 이야기-쓰기(story-writing)처럼 널리 퍼져 있는 전통에서 견고하게 확립된다. 어린이들은 이야기를 듣고 그 이야기를 어른들과 서로서로에게 들려주는 것을 학습함으로써 언어 기술을 배운다. James Mancuso(1986)와 Brian Sutton-Smith(1986)와 같은 연구자들은 유아들이 허락을 받기만 하면 이야기를 들려주고 싶어 한다는 직관적 지식(intuitive knowledge)을 재확인한다. 어린이들은 유아기에 내러티브 이전의 놀라운 행동 신호를 보이며 그 후 발달 스펙트럼을 따라 좀 더 복잡해지는 수준에서 내러티브 언어 활동에 참여하게 되는데 그들이 들려주는 이야기와 말하는 방식에는 주제의 일관성이 있다. 3~4세가 되면 서로서로 혹은 어른들에게 일상에서 벌어지는 사건에 대해 이야기를 들려줄 수 있다. 이러한 발달 에너지는 초등학교 수준에서의 기능 발달로 전달된다.

Mancuso는 성숙을 향한 발달이 사람들로 하여금 스토리텔링 능력에 공헌하는 방식으로 지식을 흡수하도록 하는 '내러티브 문법 구조'의 증대된 습득을 (이상적으로) 수반한다는 명확한 증거를 언급한다. 이 모든 것은 저학년에서 지속되며 다양한 교육 및 사회·정치적 이유로 그곳에서 생존하도록 허용되는 듯하다. 확고한 방향과 선견지명으로 이렇게 자연스런 경향은 프로그램 형태를 취할 수 있다.

그러나 고등학교에 이를 때까지 자율성(autonomy)을 향한 학생들의 에너지와 의욕은 우선순위를 지닌 교과와 외출 및 기타 지나친 제한으로 인해 심각하게 억제되고, 개인 경험의 의미와 그것의 지도력은 대개 무시된다. 학교가 학생들로 하여금 그들의 진화하는 이야기로부터 분리시키는 데에는 시간이 소요된다. 점차적으로 교과는 통제 장치로 활동하고 세계를 멀리하면서 밀폐된 개념 용기를 인계받는다. 이런 환경에서 학생들은 규정된 학습을 회피하는 데 좀 더 진보적인 기술을 갖추게 된다. 나이가 든 학생들은 육체적으로 좀 더 문제가 된다. 그들은 몸집이 커지고, 좀 더 역동적이며, 경험이 풍부해지고, 잠재적으로 좀 더 위협적이고 '위험'하며, 힘(agency), 친밀감 그리고 성(sexuality)과 관련된 일에 몰입한다. 그들은 많은 일에 대해 박식해지는데 그러한 일 모두가 주로 학교의 범주 안에 있는 것은 아니며 학교가 학습한 쟁점(issue)은 그들에게 심각한 정치적인 문제를 부과한다.

이때가 의존성, 자율성, 세계로의 이동 및 불안정성이 가장 문제시되는 시기이고 대인관계의 문제가 가장 첨예한 시기이며 학교는 학생들의 생활과 환경에서 격렬하게 원심분리가 되는 힘을 억누르는 것에 사로잡히는 시기이다. 이때는 교육주기에 있어서 학교가 세계와 가장 공개적으로 경쟁하는 시기이며 그 세계를 내러티브를 통해 학교로 가져오는 것으로부터 얻는 것이 많은 때이다. 학생들은 보다 유동적(mobile)이기 때문에 만일 그들의 관심 대상이 직업과 관련되고 자아의 진화라는 말로 정의 내릴 수 있다면, 그들이 세계를 좀 더 결실 있게 활용하기 위해 일정한 상태에 머물게 되는 발달주기의 휴지 기간(interval)이 있다.

중등학교 기간에는 어느 정도의 재구성적 개혁이 몹시 필요하다. 학교의 소문난 '실패'는 여기서 가장 두드러지며 이 시기에서의 교육과정은 가장 혼란스럽다. 경험에 저항하는 결과가 가장 참혹하다. 대부분의 대도시 중심가에 있는 고등학교의 특징으로 보이는 매우 높은 중퇴율(dropout rates)과 폭력 및 범죄 행위의 저류는 '위기'를 가장 극적으로 보여 준다. 그러나 도시 외곽 학교에서조차도 타인의 실패를 대가로 얻은 지루함, 권태 그리고 성공이 널리 퍼져 있다. 만일 학교가 제대로 돌아가지 않는다면 실패와 그 실패의 결과가 가장 생생하게 드러나는 곳이 바로 여기다. 그래서 중등학교와 초등학교는 일종의 상호 간의 리듬(reciprocal rhythm)으로 재구성되어야 한다. 각각 변화함에 따라서 나머지 하나는 요구받는 대로 실행(practices)을 수정할 것이다. 그러나 이는 중등학교에서는 힘든 과업이 될 것이므로 이러한 설명(explication)은 초등학교 이후의 소용돌이 기간에 집중된다.

만일 새로운 이상적인 중등학교가 이름을 갖게 된다면 좀 더 용이한 내러티브를 형성할 수 있다. 원시사회와 문명화, 지속성과 변화, 낭만적인 것과 '현실 상황', 억압과 자유 그리고 선과 악 사이의 긴장감에 대한 Mark Twain의 가상적 내러티브의 중심 인물 이름을 딴 Huckleberry Finn 학교보다 더욱 적절한 것은 무엇인가? 중심 은유인 거대한 Mississippi와 더불어 Huckleberry Finn은 경험의 흐름에 관한 것이고, 변화, 과도기(transition), 성숙 그리고 미래의 도래에 관한 책이다. 그것은 성장에 관한 것이고 세계의 애매모호함(ambiguities)과 행동으로부터 도덕적 원리가 발생하는 것을 수용하는 것에 관한 것이다. 그것은 경험에서 나온 학습을 통한 변형에 관한 것이다. Huck은 학습의 대부분을 학교 밖 세계에서 획득했기 때문에 그 자신은 학교교육에 대한 신랄한 비평가이다. 여기서 출발한 Huck Finn 학교는 내러티브 원리를 일상생활과 정책에 구현해야 한다. 다음의 조직 원리는 내러티브 프로그램을 실행하는 유일한 방식이 아니라 근본적인 변화 없이 새로운 뿌리 은유를 반영하고 지원하기 위해 고안된 것이다.

나. 강압에서 벗어나 반응적인 자유 운동을 향하여

Huck Finn 고등학교는 자유 운동 학교, 즉 건강한 무질서와 발달 변형(developmental

mutation)을 위한 공간이다. 어떤 요소에 있어서든 임의적으로 강제적이지 않다. 민주적 방법으로 수집되지 않았거나 학교 프로그램의 목표를 달성하는 데 도움이 되지 않는 강제 출석, 외출, 돌아다니는 것(예: 화장실 가는 것)에 대한 임의적 제한, 그리고 다른 모든 속박(confinements)과 제지(restraints)는 제한된다. 단지 안전 및 적정한 질서 기준에 꼭 필요한 것만 존재한다.

강제 출석 및 다른 억압적 조치를 폐기하는 목적은 자유에 대한 약속 그 자체 때문만은 아니며 실천적인 이유 때문이기도 하다. 만일 학교과정이 책임감 있는 자유를 가르치는 것이라면, 환경의 통제―그리고 누군가의 육체 및 환경에서의 표현의 통제―를 학생들에게 맡겨야 한다. 그들은 자유롭게 창의적인 무질서, 즉 억압보다는 더 풍부한 잠재적 학습 자원을 선택해야 한다. 자유―운동 학교는 목표를 위한 에너지 표출을 안전하게 하면서 모든 구성원들이 신체화(embodiment) 감각을 확립하도록 한다(Mark Twain의 Huckleberry Finn과 같은 사람이 실제로 존재한다면 그는 온전히 구현된 사람이다! 문명화의 부패와 모순이 장막을 드리우자 그는 "영토를 위해 불을 밝혔다."). 구현(한 개인이 목표달성을 위해 자신의 육체와 마음을 자유롭게 사용하는 심리적이고 사회적인 상태)과 '가능화(possibilization)'는 상황과 관련된 특질이다. 우리는 그곳에서 우리의 육체를 사용하는 방식을 통해 우리의 공간을 정의한다. 각기 다른 육체적 태도는 공공장소보다는 각자가 자신만의 공간에서 가능하다. 따라서 누군가의 환경을 소유하는 것은 구현의 중요한 양상이다.

Huck Finn 고등학교는 구조 내에서의 자유(freedom-within-structure)를 지향한다. 아마도 이것에 대한 좋은 은유는 농구경기일 것 같다. 농구를 할 때 선수들은 하나의 구조 내에서 목표에 집중하고 수행하지만 그 목표를 달성하기 위해서 가능성의 한계를 반복적으로 밀어붙이며 경이로울 정도로 그들의 육체를 자유롭게 움직인다(Michael Jordan을 보라). 움직임이 엄격히 규정되고 신체화(embodiment)에 극심한 제한이 주어지는 가부키(일본의 전통 가무극)처럼 제한된 상황에서 경기를 한다면 그 경기가 어떨지 상상해 보라.

구현하는 유기체로서의 자아(self)에 관한 책에서 Richard Zaner(1981)는 만일 우리가 구현을 표출할 능력이 없다면 우리는 어떤 상황에서든지 진정으로 존재하는 것이 아니라고 암시한다. 이것은 학생으로 붐비는 학교조차도 질적인 면에서는 텅 비는 이유―왜냐하면 수업과 수업 사이의 순간을 제외하고는 구성원들의 자기 표출인 생활이 없기 때문에―를 말해 준다. 내러티브는 각자의 판단 형식에 따라 처신하기 위해서 표현의 자유(freedom of expression)와 연계될 자유(freedom to articulate)를 요구한다.

신체화의 결핍은 인간 기능의 장애이기 때문이 이것은 필수적인 것이다. 현상학자인 E. L. Murray(1971: 320)은 다음과 같이 쓰고 있다.

> 육체 덕분에 인간은 세상에 존재한다. …… 의식의 육체화(bodiliness) 및 육체의 의식화로 인해 인간은 그가 사는 세상을 구성한다. …… 공간성(spatiality)은 경험세계에서 너무도 두드러져 단지 인간의 의식적인 육체화(conscious bodiliness)라는 용어만으로 이해될 수 있는데 이를 통해 인간은 앞과 뒤, 좌측과 우측, 여기와 저기, 가까운 곳과 먼 곳을 경험한다.

신체화를 수직−수평 차원과 함께 생각해 보는 것은 유용하다. Bernd Jager는 수평 및 수직적 삶의 방식을 명확히 구분한다. 수직성은 무미건조한 지성, 유아론(solipsism), 홀로서기 그리고 추상(abstraction)−지적 및 정신적 분리와 이탈(disengagement)−같은 도관 모형의 특질이다. 수직적 차원의 모든 양상과 연관된 하나의 주제는 서로 직면하는 상대의 부재이다. 수직적인 것은 수평적인 것(접촉, 직면, 육체적 존재의 우발, 그리고 사랑의 경험에서 나온 의존성과 취약성)으로부터의 비행(flight)을 구성하는 것과 같다. 따라서 수직적인 것은 이때까지 다른 사람들 내에서 일상생활의 요구로부터 도피 수단으로 등장하였다. 수평성(horizontality)은 불확실성에 완전히 개입해 있는 것이며 그 자체로 불완전하고 탁한 세계에서 살아가고 있는 것의 실체이다. 수직성의 가장 극단적인 형태는 강경증(catatonia)으로 보일 수 있고, 수평성의 가장 순수한 형태는 완벽한 조합이며 소통이고 간주관적인 경험에 대한 완벽한 환대이다. 수평적인 지각의 입지에서 우리는 우리 관점의 수평선을 향해, 그리고 학습이 발생하는 가장자리를 향해 이동할 수 있고, 수평선을 향한 이동에서만, 우리는 가능성을 향한 그러한 술책으로부터 발달할 새로운 자아에 접근할 수 있다. 성장과 발달은 목적, 즉 예견된 목적을 향한 움직임에서 나온다.

도관 모형은 매우 적은 수평성을 허용하고 교과를 수직화한다. 재구성적 탐구는 조작 및 동화작용의 양상에서 수직과 수평을 통합한다. Huck Finn 고교에서는 수직성이 근본적인 수평적 자극에 의존하지만 세계의 학습자는 어떤 유형이 주어진 시간에 적절한지 선택해야 하고 표현적 판단(expressive judgement)을 향한 동향에서 그 둘 사이를 자유롭게 왔다 갔다 할 수 있어야 한다.

중등학교 수준에서 의무 출석의 문제(issue)는 솔직하게 다뤄지고 해결되어야 할 때가 되었다. 의무 출석을 집행하는 것은 값비싼 관료주의적 악몽이며 이는 최소한 부적절한 경찰국가(police-state) 전략으로 가득 차 있다. 의무적인 학교 출석은 효과가 없고 오늘날에는 본래 목적에도 도움이 되지 않는다. 그것은 이제 관습에 얽매이지 않는 정책이 아니다. 그것은 어느 누구의 관심도 충족시키지 않으며, 사실 아마도 가장 중요한 것은 그것이 학교로 하여금 학습이 모든 사람들에게 매력적인 것이 되도록 하는 방식으로 스스로를 재구성하는 것을 피하도록 한다는 것이다.

우리 학교가 학생들을 붙들고 있기 위해 학교는 그들의 삶, 경험, 현실을 보는 관점을 진지하게 받아들여야 한다. "그들의 언어, 의상(dress), 그리고 가치관을 탐구를 위한 출발점으로 …… 자신의 삶의 의미를 탐구하도록 돕는 방식으로 받아들여야만 한다. 대부분의 학교 중퇴자들은 법이 그들 스스로 나갈 수 있도록 하기 훨씬 전부터 정신적으로 낙오되었다. 분명 학교는 고객들에게 의미 있는 곳이어야 하고, 유용하고 의미 있는 삶이 구축될 내러티브 체계 혹은 틀(latticework)을 제공할 책임이 있다. 이것을 부정하는 것은 구성적이고 타당한 인간 발달의 본질을 부정하는 것이며 현대 미국인 삶의 맥락에서 교육적 경험의 의미 검토를 회피하는 것이다.

이렇게 복잡한 문제를 해결하는 첫 단계는 의무교육 규정을 철회하고 최소한 중등학교 수준에서의 학교로 하여금 본질적으로 요구하는 학교교육의 형태를 통해 학생들의 시간을 권유하도록 하는 것이다. 만일 이것에 대한 답이 해방된 젊은이들이 범죄, 비행 그리고 다양한 종류의 나태하고 비생산적인 활동(어린 나이에 딱히 할 일이 없어 선택하는 일)을 선택하는 일이라도 그것은 중요하다. 만약 정치적 및 경제적 시스템이 이런 종류의 어려움을 낳는다면 우리가 학교라 부르는 제도의 결합체는 진정으로 근본적인 해결책을 규정하기 위한 사회 및 정서적 지원 없이 이러한 난관을 홀로 헤쳐 나가야만 하는가? 학교는 단지 그 정도만큼만 할 수 있다. 만약 자유로이 그렇게 한다면 그런 상황의 전개를 배제하기 위해 기능을 발휘할 때, 학교는 불만을 품을 것이라고 추정하는 자들을 위한 감옥으로 기능할 필요는 없다.

학교에 가는 경험이 확실하지 않고 억압적일 때의 해결책은 더 많은 불확실성과 억압이 아니라 인간 욕구 및 인간 발달의 필수사항을 다소 수용하는 것이다. 심도 있는 학교 개혁은 만일 그것이 성장 및 기회의 잠재력을 제공했다면 아마도 중퇴자들을 학교로 복귀시킬 진정한 쟁점에 관해 조직하고 상호작용할 것이다.

달리 가정하는 것은 사춘기 아이들은 그들이 원하는 것을 알 수 없고 자기 자신의 학습에 대한 적절한 상황을 판단할 수 없다는, 만일 있다손 치더라도 자기충족의 가정이다. 이러한 쟁점에서 우리는 다시 한 번 목적-수단 질문이 교육에서 어떻게 작용하는지 본다. 의무교육을 지지하는 19세기 논쟁 중 하나는 만일 세금이 부과된 자산을 지닌 사람들에게 과세가 의무적인 것이라면 학교 출석이 당연시되는 수혜자에게도 마찬가지로 의무적이다. 이는 결함이 있는 삼단논법이나, 그럼에도 불구하고 우리 역사를 통틀어 일관적이었던 태도였다.

Michael Katz(1987)는 미국 교육에 대한 역사적 연구에서 미국의 학교가 한 세기에 걸쳐 잠재적인 문제아들을 거리로 내몰고 특수교육 및 다른 보상수단을 통해 하위 계층을 통제하고 구성하는 수단으로 간주되었음을 보여 주었다. 그리고 이러한 불필요한 찬조의 수혜자는 기대된 감사를 늘 보여 주지는 않았다.

교육에 있어서 의무의 논리는 교육의 도관 모형 논리와 밀접하게 얽혀 있다. 이는 실패의 논리이며 잘못된 질문에 대한 '답'이다. 그것은 내러티브 원리가 그것을 질식시키듯 내러티브 원리를 질식시킨 논리이다.

다. 현장과 공간성(site and spatiality)

내러티브 프로그램은 현존하는 학교 시설에 기초한다(그러나 이에 제한되어서는 안 된다). 현존하는 학교가 내러티브 프로그램을 시행하기 위한 가장 최고로 이상적인 장소는 분명 아니지만 학교는 그곳에 있고, 거대한 투자를 대표하며, 사라지지 않을 것이고, 누군가 '교육을 받기' 위해 가는 곳으로 알려져 있다. 다르게 사용되어도 그 정도면 충분할 것이다. 그리고 어떤 경우에서든지 내러티브 학교교육에서의 학교 건물은 더 넓은 지역사회의 탐험과 개척 기능의 토대로만 작용한다.

이것은 공간성과 교육프로그램의 질 혹은 기타 인간 제도(human institution)의 중요성을 부인하는 것이 아니다. 구현된 자아는 그 자아의 움직임 그리고 환경의 공간 구성 가능성에 불가피한 영향을 미친다. 건물은 특정 가능성을 다른 가능성의 범위 안팎에 둔다. 대부분의 학교 건물은 기계적 구조의 유물이며 그것은 자유로운 움직임의 조작과 통제를 위한 작은 단위를 포함한다. 그것들은 간주관적이고 소통적인 가능성과 자발성을 극심하게 제한한다. 학교 건물은 수평성이 아닌 수직성을 위한 장소이다.

아마도 건물의 가장 강력한 사용은 인간 삶에 있어서의 공간성의 힘을 이해하게 되는 대상일 것이다. 중요한 내러티브의 결말은 '어떻게 이런 장소의 물리적 성질, 즉 건물이 우리가 여기서 하고자 하는 것에 영향을 미치는가? 우리는 이러한 한계를 어떻게 극복할 수 있는가?'이다. 이는 '나의 출신 공간이 내가 되거나 될 수 있는 모습에 어떻게 영향을 미치는가?'와 같이 내러티브 학습을 위한 일부 강력한 정치·사회적 자원을 생성할 수 있는 질문을 초래할 것이다.

분명 현존하는 시설은 내러티브 프로그램을 위해 수정되어야 할 것이다. 그러나 그 수정은 연장되거나 비용이 많이 소요될 필요는 없다. 쿠션 매트, 빈백 의자, 이동 가능한 비품으로 방을 꾸미고, 고정식 칠판을 떼어 내고, 대신 누구든 자유롭게 사용할 수 있는 이젤과 떼어 쓸 수 있는 방습지를 사용하라. 그러면 전과는 매우 다른 학습 환경을 만들게 되고 이곳에서 자유로운 소통이 가능할 것이다.

따라서 Huck Finn 학교에서는 기존의 공간에 대한 물리적 수정을 재구성적 탐구의 가능성을 실현하기 위해 계획되어야 한다. 자유-운동(free-movement) 내러티브 학교는 어떤 면에서는 (학생들을 통해) 모든 것으로 이동하기 때문에 어디든지 배치될 수 있다. 그것은 사람들을 구현시키고 힘을 불어넣어 주는 학생들이 '소유한' 개방된 환경이어야 한다.

라. 그룹을 통한 내러티브 학습(narrative learning through groups)[2]

내러티브 학교교육은 어떤 면에서는 Freire의 '학습 주기'와 유사한 그룹 주변에서 구성된 학습 공동체에서 일어날 것이다. 그 그룹(9~10명의 구성원으로 형성되며 '학급당'교사 1인이고 학생수가 30명이면 3개의 그룹이 구성됨)은 혼성집단(학력별 학급편성 배제), 무학년, 자율성을 특징으로 하며 스스로 책무 준거를 수립할 것이다. 그것은 학교의 전체 연령대를 아우를 것이다. 즉, 매년 학생들이 졸업하고 새로운 학생들이 가입하므로 그룹은 변화한다. 따라서 그룹은 마치 우리 삶 속에서 그런 것처럼 지속성과 변화 모두의 문제점을 다룬다.

교사는 그룹 작업을 촉진하거나 이끌고 지시한다. 각각의 교사는 2~3개의 그룹을 담당하는데 어떤 경우에는 특정 문제를 수행하기 위해 소그룹을 모아 전체 그룹을 만들기도 한다. 교사는 모근 그룹에서 활용 가능하기 때문에 각 그룹은 시간이 경과함에 따라 자립심과 자기-유도 그리고 자기주도성을 개발한다. 교사의 최우선적 강조는 각 그룹의 과정과 개발에 놓이고 개별 내러티브의 최종 생성과 공유를 향해 그리고 각 포트폴리오의 구성, 유지 및 지속적인 성장과 확대로 방향설정이 된다.

내러티브 프로그램의 중심 도구는 그룹이다. 구두 내러티브는 그룹에 의해 말해지고, 서면 내러티브는 그룹에 의해 읽혀지며, 대리 내러티브(비디오, 드라마, 시, 그래픽 혹은 플라스틱 공예품, 사진, 오디오 레코딩 등)는 그룹에 의해 제시된다. 그 그룹은 (필요시 교사의 도움을 받으며) 내러티브적 정의(narratory definition)에서 듣고, 감사(audit)하고, 지원하고, 비평하며, 보조한다.

---

2) 앞의 5장에서는 내러티브 학습 차원에서 논의하고 있다(pp. 274-276).

사실, 그룹의 가장 강력한 기능 중 하나는 내러티브의 개념을 공동체 활동으로 풍요롭게 하고 연장하는 것이다. 각 그룹의 구성원은 서로서로의 과거의 삶, 현재의 삶, 그리고 예견되는 미래의 삶을 이야기한다. 이는 반성적이고 구성적인 과정, 즉 자아 형성에 있어서 간주관적인 운동이다. 그러나 구성원들이 연락가능성(correspondence)과 공통성(commonalities)을 추구하므로 내러티브는 또한 그룹의 것이기도 하다.

학교의 교육과정 자원은 이러한 목적을 위해 과거를 이해하고 현재의 문제를 다루며 미래의 잠재력을 구축하는 방식으로 이용되고 형성된다. 달리 말하자면 그룹의 내러티브 연습은 개인 및 공동체 삶의 가능성을 위한 리허설이다. Huck Finn 고교와 그 학교의 교과과정, 도서관, 교직원(정규, 겸임) 그리고 기술(technology)은 이러한 목적을 지원하는 자원 공동체(resource community)로서 있다. 학교에서 인종, 민족, 성, 사회계층, 사전 준비 그리고 나이의 견지에서 인구학적 구성이 허용하듯 그룹은 구성에 있어서 이질적이다. 이것은 '다양성'에 대한 낭만적인 약속에서 도래한 것이 아니라 이러한 배치에서 모두들 위해 잠재적으로 더 배울 것이 있기 때문이다. 이것은 민주주의와 공동체를 위한 공감과 사회 평화를 위한 교육이다.

도관 모형은 Paula Wehmiller(1992)가 다음과 같이 부른 것을 구축한다. "사람들 사이의 무지의 벽 …… 우리가 서로서로의 이야기를 모를 때 우리는 잘못된 신념으로 그 사람을 대체한다. 우리가 그러한 신념만을 가동시키면 우리는 그의 진실을 전혀 알지 못한 채 대개 의도하지 않았음에도 그 사람을 상처 입힌다." 사실, 우리의 학교와 사회는 그러한 상처로 가득 차 있다. 그 상처는 우리를 갈라놓고 정치에 손상을 주고 이타적이고 공감적인 자극을 질식시켜 버린다.

다양성은 실제적이며, 그것은 정치 및 사회적 환경에 존재한다. 내러티브 학교교육은 공동체를 구축하기 위해 다양성을 활용하고자 시도한다. 학생들은 서로에 관해 배우고 '직면하게 된' 서로에 맞서면서 서로서로의 관점을 향해 발전한다. 그룹은 기계적 구조의 무미건조한 수직성을 대체할 수평적 입지를 표명한다. 아마도 변형에 일관성을 부여하고 이에 영향을 주는 그룹의 힘은 도관 모형 학교가 왜 학습 촉진에 있어서 그것들을 단지 사소하고 일시적인 방식으로 사용하는 경향이 있는지를 설명한다. 이 모든 것에는 불가피한 갈등이 있다. 그룹이 되는 것과 개인으로서 서로 직면하는 방법을 학습하는 데 있어서 그 그룹은 필수적으로 다음과 같은 몇 개의 수준에서의 차이점과 갈등을 인식하고 해결하는 법을 배워야 한다. 상호관계와 책임, 영향, 지위, 그리고 통제에 대한 갈등, 인종 갈등, 계층 갈등, 성(gender) 갈등 등이다. 그룹 밖에서만(그룹의 도움이 있다 할지라도) 해결될 수 있는 내러티브 과정에 있어서 잠재적인 갈등의 수준이 많이 있다.

갈등의 존재는 나약함이나 혼란이 아닌 프로그램의 강점 혹은 성공의 표시이다. 그룹을 형성하는 이유는 다양한 관점에 내재되어 있는 갈등(혹은 표출된 차이점)을 드러내고 다루기 위해서다. 갈등은 재구성적 탐구에 있어서 학습 상황에 기여하는 것과 똑같은 스트레스와 긴장 속에서 나온다. 사회적 환경에는 그리고 사람 사이의 관계에는 진정한 갈등이 있다. 그것은 무시되거나 거행되거나 직접 처리될 수 있다. 내러티브 자극은 이러한 대안책의 후반을 명확하게 가리킨다. 그룹 과정의 간주관적인 힘은 인간의 차이와 다양성에 대한 창의적인 혼합물에 존재한다.

각 그룹은 스스로를 창조하고 그 자신의 유기체적 자질을 개발하며 한계를 정하고 목표를 수집하고 다소 외적인 영향력에 스스로를 개방한다. 그것이 그룹이다. 그것은 단순한 집단주의자가 아니며 그들을 그룹으로 만든다. 그것들은 복잡한 독립체(entity)이며 늘 구성원들이 그들에게 가지고 들어오는 외부 경험의 영향을 받는 대로 변한다. 더 큰 사회적 이해에 이르는 길은 이러한 미시복잡성(micro-complexity)—우리 학교 혹은 우리 기관에서는 거의 시도되지 않은 무엇—에 직면하고 이것을 다루는 법을 배움으로써 가능하다.

소그룹에서는 사회적 삶의 복잡한 정치가 고통스러운 현실에서 유발되는데 이는 왜 우리의 개인적인 사회에서 진정한 대면을 피하기 위해 그렇게 극단적인 거리를 가는지 설명할 수 있다. 상호 의존적인 소그룹 형성에의 참여는 이렇게 의무적인 각 학생 이야기의 중요한 일부에서 벗어날 수 있도록 하거나 최소한 다르게 사용하도록 하는 발달 경험이 될 수 있다.

집단 구성(composition)에 있어서 차이점 때문에 몇몇 소그룹은 의심할 여지없이 타그룹보다 그 구성원들의 삶 속으로 좀 더 깊게 더 많이 찾고, 더 많이 발견하면서 파고들 것이다. 그러나 다른 간주관적인 배경의 삶에 있는 것으로서, 이것은 개인 요소들이 그룹 발달과정에서 나올 때 그 요소들의 상호작용에서 기인할 것이다.

어떤 그룹은 구성원들의 사회 발달 수준 때문에 다른 그룹보다 좀 더 안전하게 발달한다. 어떤 그룹은 더 큰 지지와 안락을 제공하나 학습 잠재력은 다른 문제 그룹만큼 클 수 있다. 왜냐하면 그러한 그룹은 해결할 문제와 좀 더 인간적인 프로젝트가 많기 때문이다. 미숙함은 성장 잠재력과 같다는 John Dewey의 주장을 기억하라. 교사는 그룹 삶의 상태로 인해 흥분된 과정을 중재하기 위해, 그리고 발달된 능력의 현실적인 한계에서 각 그룹이 작용하도록 밀어붙이기 위해 일한다.

마. 내러티브 포트폴리오(narrative portfolio)

프로그램을 위한 중심적인 조직 수단은 모든 학생과 모든 이용 가능한 매체에 의해 개발되고 유지된 지속적인 내러티브 포트폴리오가 된다. 학습 그룹은 다음에 명시된 바와 같이 도움을 주는 교사와 함께 포트폴리오 개발을 충고하고, 조력하며, 즉각적인 청중이 되고, 평가하며, 또한 일반적으로 관찰한다.

포트폴리오(portfolio)는 문서, 서류, 서면 자료를 운반하기 위한 가방(작은 여행가방)이다. 그리고 그것은 누군가의 투자된 가치의 혹은 예술가나 장인의 경우에 있어서는 누군가의 창조적 산출의 총합을 표시한다. 이러한 의미는 가장 핵심적이나 어떤 면에서는 이런 모든 의미가 내러티브의 가치에 담겨 있다. 내러티브 포트폴리오는 Huck Finn 고교에서 보여 준 내러티브 학습 과정의 (어떤 매체에서든지 간에) 공예품이며 뚜렷한 기록이고 구체적인 각인이다. 그것은 능동적이고 생산적인 세계의 학습자로서 학생 경력의 산출 수단이다. 그것은 서면의 서류, 비디오테이프, 오디오테이프, 수리능력의 전시, 소설이나 시집, 예술적 결과물, 혹은 이런 것의 결합이다. (모든 포트폴리오는 기본적인 구두 및 수리능력 기술을 보여 주어야 하는데 이는 형편없는 생각은 아닌 듯하다.) 그것은 처리되고 저장되며 운반되고 전시될 수 있다. 그것은 또한 평가될 수 있는데 이는 의심의 여지없이 우리 세계에서 여러 용도 중 하나임에 틀림없다. 그것은 형식적이고 사무적인 전사물(transcript)을 대체할 수 있는데 최소한 전사물로 포트폴리오 안에 포함될 수 있다.

그러나 그것은 또한 대표되는 과정에서의 은유 용도로 의도된 것이다. 사람(구현된 사람의 지나간 삶에 있어서 운송되는 자아)의 인간적 자질을 드러내는 그것은 진리만이 아닌 의미이기도 하다. 이 의미는 외부 세계에 해당될 뿐만 아니라 그것에 해당되는 학습 경험을 지닌 학생들에게도 해당된다. 내러티브 자아의 구성은 현재는 몇몇 사람들(운동선수, 화가, 작가, 공연가, 음악가, 모든 종류의 생산적인 사람들)에게만 가능한 예견된 목적(end-in-view)을 모든 학생들에게 제공한다.

포트폴리오는 경험을 기반으로 하는 학습 주기를 구성한다. 그것은 재구성적 탐구의 산출과정, 즉 Justus Bucher의 세 가지 판단 형식의 증거가 되는 산출이다. 그리고 그것은 끝이 아닌 삶과 학습의 지속적인 고리에서의 일종의 정지화면, 즉 Dewey가 동시에 일어나는 불연속성(discreteness)과 연속성(continuity)으로 기술한 경험된 삶에 대한 확산-수렴 자질의 증거인데 이 경험된 삶은 학습자 습관이 경험세계를 만나고 통합하는 방식에 대한 공개(disclosure)이다. Dewey가 『Art as Experience』(1934; 1958)에서 쓴 습관(habits)은 자료를 주문하고 운반하는 방식이다. 우리의 습관을 아는 것은 우리가 스스로의 과정을 선택한 세계에서 우리 자신을 학습자이자 배우로 알고 있다는 것이다. 포트폴리오는 자아에 영향을 미치고 내러티브 학교의 과정을 구동한다.

바. 교육과정: 교과의 활용(curriculum: uses of subject matter)

교육과정이란 용어는 라틴어인 currere('달리다')에서 유래된 것이다. 그 말은 본시 교과과정과 사건의 정적인 일정, 그리고 대부분의 동시대 중등학교의 수업 프로그램을 구성하는 포장된 자료와 경시된 교과서가 아니라 행동과 움직임을 나타내는 말이다. 그리고 그것은 도관 모형에서 동시대적 용법에 함축된 제한적 매트릭스라기보다는 '경주, 경주로, 경력'에서 보이듯 개별적 에이전시(agency)를 암시한다. 라틴어 의미로 교육과정은 한 사람이 행하거나 통제하는 무엇이며 그것이 진화함에 따라 그것은 그 사람에게 부과된 무언가가 된다. Huckleberry Finn 고교의 교육과정은 그 용어를 본래의 용법과 흡사한 것으로 돌린다.

내러티브 학교교육을 전통적인 교과(subject matter)에 대한 공격으로 보는 사람들의 우려를 주목할 필요가 있다. 그것은 만일 교과와 학생들이 경험한 삶 사이의 관계가 그 자체를 드러내도록 허용된다면 모순(상반된 것)이 진실이라고 주장한다. 이 단계에서는 내러티브 학교가 탐구 과정을 통해 자료의 재구성적 동화를 자극하는 내러티브 충동(narrative impulse)으로부터 학생들의 예견된 목적까지 에너지를 이끌어 내면서 메타교육과정 주변에서 조직된다는 것을 기억하는 것이면 충분하다. 내러티브 교육과정의 자료는 학생들이 탐구하고 이해하도록 설득되는 기관의 환경—가족, 사업체, 조직체, 정부—에서 그리고 지원적 학교 프로그램을 구성하는 과정의 교과에서, 특히 이 두 가지의 관계에서 발견된다.

Huck Finn 고교에서의 모든 교수활동은 내러티브 포트폴리오 개발의 과정을 지원한다. 그 중심에는 소그룹—일주일 중 하루는 종일, 매일 2시간씩, 혹은 적당할 때마다 만나는—이 있고, 그 소그룹의 각 구성원은 독특한 포트폴리오 개발 활동에 참여한다. 코스(courses) 및 다른 교육서비스와 자원은 학교 외부의 지역사회에 존재하는 것을 포함하여 이러한 중심활동 주위를 돈다.

교과 코스(subject-matter courses)는 개개인의 자기-발달(self-development) 요구로 구동되는 내러티브 교육과정에 도움을 주긴 하지만 이를 추진하지는 않는다. 코스는 포트폴리오 개발을 지원하고, 그 과정(process)의 본질이 요구하는 대로 적응하면서(길이, 강도 등에 있어서) 늘 개방된 상태에서 지속된다. 그러나 어떠한 강의도 필수적인 것은 아니다.

이것은 아마도 처음에는 학생들이 항상 들락날락하며 교과에 대해 또한 개별 교사에게 요구하는 것이 많아 교사들에게 거대하면서도 복잡한 관리 문제를 부과할 수 있다. 그러나 만일 모든 교과를 가르치는 것이 내러티브 차원이나 지향을 지니고 있다면 굳이 그럴 필요는 없다. 내러티브 은유의 목표는 교과내용을 도관을 통해 효율적으로 보내는 것이 아니라 학생들의 내러티브에 도움이 되는 것임을 기억하라. 동기부여 에너지의 최우선적 자원은 교사에게서 나와 학생에게로 이동한다.

새로운 학생이 어느 날 도착하고 대화에 참여한다. "나는 왜 이 과목을 공부하고 이 기능을 개발시켜야 하는가? 이 교과는 나의 인생에 어떤 의미가 있는가? 이것은 드러나는 내러티브에 어떻게 부합될 것인가? 이것은 내가 나의 삶을 이해하거나 방향을 제공하는 데 어떤 도움을 줄 것인가?" 이러한 대화과정은 이미 존재하는 학생들을 위해 공개적으로 발생하며 그 학생들은 새로운 학생을 위해 참여할 학문이나 교과의 구조를 명백히 하는 수단—전통적 교수에서는 거의 성취될 수 없는 것—으로써 그 교과를 맥락화하는 능력을 부여받는다. (학교 규칙은 그 구조가 드러날 수 있는 기회를 부여하고자 새로운 학생이 최소 횟수의 학급 모임을 위한 강의를 고수할 것을 요구한다.)

여기서의 가정은 교과내용이 고전, 역사, 수학, 외국어, 화학, 생물학 혹은 물리학이든지 간에 그것이 자신들의 삶을 살고(계획하고) 있는 실제 사람들의 실제적인 내러티브 구조와 관련될 때, 즉 다시 말하자면 전개되고 있는 미래와 관련될 때 활기를 띤다는 것이다.

교과 강의의 지속적인 메뉴 외에도 학생들은 스스로의 학습 경험을 생성하고 전공자, 전문가, 퇴직한 실천가 등의 지역사회 인력풀을 포함하여 활용 가능한 다른 자원으로부터 가르침을 구한다. 적절한 자료는 자기-속도로 프로그램화된 수업, 컴퓨터화된 교수 기계, 매체 등을 통해 제시된다. 자료의 검색은 내러티브 과정의 중요한 차원(dimension)이다.

포트폴리오 작업은 학생들이 삶의 의미를 표출하기 위한 판단 형태를 찾을 때 지속적으로 진화하는 목적을 제공한다. 자신의 과거에 대한 관점을 제공하기 위해 역사를 공부하고, 의미의 구성에 대한 상상 접근법을 경험하기 위해 문학 작품을 읽으며, 경제 주체로서의 자아의 관점으로부터 경제학을 검토하고, 스스로를 물질, 에너지, 그리고 삶의 과정의 환경에서 기능하고, 성장하고, 발달하는 유기체로서 이해하기 위한 수단으로서 과학 교과를 조사하며, 자신의 민족성, 인종 혹은 사회·정치적 존재로서의 삶의 조건에 대한 이해를 추구하기 위해 사회과학을 살피고, 이러한 목적 모두를 위해 도서관을 이용하며, 포트폴리오 구성을 보조하기 위해 읽기, 쓰기, 또는 수학실 혹은 미술 및 매체 작업실을 활용한다.

이것이 모든 교육받은 사람들이 이 세계에서 살고 적응하고 학습할 때 늘 하는 것이다. 문제시되는 상황이 생기면 우리는 그것을 조사하고 우리에게 익숙한 자료세계에서 해결책을 찾는다. 지식이 있는 친구로부터 공공 도서관, 서점에 이르기까지 지식의 실용적 탐색을 위한 제2의 학습은 효과적인 사람들과 위축되고, 속수무책이며, 희생당한 사람들을 구별하는 것이다. Huck Finn 고교는 이러한 체험적 습관의 개발에 전념한다.

(2) Bruner의 전통 모형 재해석(강현석, 2004)

① 순차주의 모형: 탐구학습의 순차성

브루너는 교육과정을 아동의 수준에 맞도록 설계하여 아동의 발견을 이끌어 내야 한다고 보았지만 그것이 단지 현 수준에 머물도록 하는 것은 아니다. 오히려 보다 높은 수준의 과제를 제시하여 학습할 수 있도록 안내한다는 의미로 보아야 한다. 따라서 발달단계에 대한 의미를 재해석할 필요가 있다. 이것은 발견학습이 학습자가 능동적으로 여러 가지 가능성을 탐색하는 데서 촉진되는 것이라는 점과 그 가능성의 탐색 행동을 강하게 나타나도록 하기 위해서는 가능성의 탐색을 상위 수준의 과제를 제시하여 불확실성이 유지되도록 하는 맥락과 유사하다. 즉, 아동의 수준보다 한 단계 더 높은 지식을 학습하도록 설계할 필요가 있다. 학습자의 인지구조와 새로운 지식 간의 모순을 경험하게 하여 학습이 일어나도록 하는 특정 조건을 생각할 수 있다. 가르치는 상황에서 최종적인 지식체계인 것처럼 학생들에게 피상적인 학습을 하게 할 것이 아니라 최종적 지식의 수준과 학생의 수준 사이에는 간극이 존재하므로 자신의 지적 구조를 점차적으로 재구성하면서 계속적으로 의미의 창조과정을 체험하도록 해야 한다. 따라서 교육내용을 선정할 때에는 최종적인 지식이 아니라 학습자의 현 지적 체계보다 한 단계 더 높은 수준의 지식이 선정되도록 해야 한다. 그런 점에서 이것은 논리적 계열도 아니고 심리적 계열도 아닌 교육적 계열성, 즉 순차성을 의미하며, 설계는 이 점을 고려해야 한다.

학습자들은 전문 과학자의 수준에 오르기 위하여 부단히 자신의 체험 구조를 재구성해 나가야 하는데 탐구학습의 목적은 학습자의 체험 구조를 허물면서 한 수준 더 높은 지적 체험 구조를 추구하는 역동적 과정에 참여하도록 하는 데에 있다(손민호, 1995). 이런 점에서 탐구학습은 지식의 구조를 내면화하는 것이 아니라 학습자의 현재의 수준보다 더 높은 지식을 추구하도록 해 주는 일이라고 볼 수도 있다(그러나 구조를 제대로 내면화한 사람이 더 높은 지식을 추구하려는 의욕을 가질 가능성이 높다고 볼 수 있다). 따라서 탐구학습에서는 각 학습자에게 맞는 학습자의 현 수준을 극복하고 한층 더 끌어올리는 학습자료의 제시가 필요하다. 현 수준과 다음 수준 간의 불일치에 의해 비롯되는 지적 호기심을 추구하는 것은 학자나 학생이나 마찬가지이다. 순차성은 탐구학습의 추진력으로서의 필요충분조건이다.

결국 지식을 학습한다는 일은 구조의 내면화를 통해 존재 양상의 변화를 가리키는 것이다. 그것은 체험성의 변화이다. 탐구학습은 학습자의 체험을 재구성하는 과정이다. 이러한 맥락에서 브루너의 지식의 구조를 발견하는 탐구학습에 대하여 보다 적극적으로 해석하고 보완할 필요가 있다는 것이다(손민호, 1995: 64-78). 구조를 가르칠 때 교육적 계열성(순차성)을 고려하여 학습자의 현 지식체계보다 한 단계 더 높은 지식이 선정되어야 하며, 구조를 배우는 학습은 구조의 내면화를 거쳐 궁극적으로는 총체적인 체험성의 재구성으로, 구조 학습을 평가하는 것은 학습자 스스로의 자기 반성적 평가로서 바라보는 것이 보다 바람직하다. 따라서 설계는 이 점을 고려할 필요가 있다.

② 나선형 모형의 본질을 인식하고 단순한 비판을 넘어서야

우리가 처음으로 지식을 조직하고 경험하는 가장 자연적인 방식은 내러티브 형식을 통하여 이루어진다. 나선형 교육과정의 아이디어를 우리가 처음에 초보적으로 이해하고, 그다음에 과도기를 거쳐 나중에 그 아이디어를 충분히 파악하는 일은 나선형의 아이디어를 스토리나 내러티브 형식으로 구체화시켜 보는 활동에 의존할 수밖에 없다. 의미를 전달하고 소통하는 사태의 계열로서 내러티브는 과학적 설명에 의해 증명되는 것이 아니라 그럴듯한 인간의 의도적 세계를 이야기처럼 다양하게 해석하는 것을 의미한다. 나선형 교육과정의 사태는 과학적 검증이 가능한 물리적 세계가 아니라 학습자가 특정 목적이나 의도를 가지고 어떤 사태를 이해하고 그 속에서 의미를 구성해 나가는 인간 '행위자'의 세계이다. 이 세계에서는 학습자의 마음속에 어떤 일이 일어났는가 하는 것을 단지 '해석'할 수 있을 뿐이다(강현석, 2004: 65-66).

나선형 교육과정은 교과를 가르치는 데 있어 학습자가 도달할 수 있는 '직관적' 설명으로 시작하여, 학습자가 충분한 발생적 힘(generative power)으로 교과를 습득할 수 있을 때까지 학습자가 필요한 만큼 순환을 하면서, 그다음에는 보다 형식적이거나 매우 구조화된 설명으로 순환적으로 회귀한다는 아이디어이다. 윌리엄 돌(William E. Doll, 1993: 208-209, 297-302)은 나선형 교육과정을 마음의 회귀(recursion)로 해석한다. 즉, 그것은 나선형의 계열을 통한 학습자의 정신 성장의 해석적 과정인 동시에 사고가 스스로 재반복하는 반성적 과정으로, 학습 코스의 측면에서 스스로에게 되돌아와야 하는 것이다. 그래서 브루너는 회귀적 교육과정을 나선형으로 정의하기 시작했다고 보고 있다.

　나선형의 본질을 잘 나타내 주는 순환적 회귀는 반복과는 다른 것이며, 회귀는 고정된 시작과 끝이 없는 것을 말한다. 듀이가 지적했듯이 각각의 끝은 새로운 시작이며 각각의 시작은 이전의 끝에서 시작된다. 교육과정의 분절, 일부분, 계열은 격리된 단위로서 보는 대신에 반성을 위한 기회로 본다. 이러한 틀 속에서는 의미 생성자로서 우리 자신과 의문이 가는 텍스트를 탐구, 논의, 질문하는 것이다. 규정된 수행을 향상하기 위하여 설계되는 반복(repetition)과는 다르다. 회귀는 무언가를 발견적으로 조직, 결합, 질문하는 능력을 개발하는 데 목적이 있다. 반복과 회귀의 기능적 차이는 반성(reflection)이 각각에서 작용하는 역할에 있는데 반복에서 반성은 부정적 역할을 하며 과정을 중단시키지만 회귀에서는 긍정적 역할을 한다. 따라서 나선형 교육과정은 회귀적 성격을 지니고 있으며, 이런 점에서 그것은 반성적 학습 과정인 동시에 스스로 재반복하는 사고를 표현한다고 볼 수 있다. 이와 같이 나선형은 순환과 반복의 역동적 순환 과정(cyclic process)이며, 수업 역시 이 과정을 반영해야 한다.

③ 지식의 구조의 새로운 의미에 주목해야

　지식의 구조는 고정적인 실체가 아닌 만큼 구조의 역동성을 충분히 반영해야 한다. 지식은 지속적으로 구성되고 진화하며 적극적으로 창조의 과정에 놓이게 된다. 설계는 지식의 지속적인 창조의 과정에 놓여야 한다. 객관적으로 존재하는 구조를 단순히 실증적으로 발견하는 선형적인 설계는 적합하지 않다. 객관적인 구조를 발견하는 실증주의적 설계는 지식의 창조성을 고려하는 역동적인 설계로 대체되어야 한다. 이러한 설계방식은 학습자들이 구조의 탐구와 발견과정에 일치하는 학습을 가능하도록 해 주어야 하며 그 결과 구조감을 제공할 수 있도록 설계되어야 한다.

　더욱이 지식의 구조는 자체의 구조를 새롭게 창조하면서 발전해 나가는 역동적 성질을 지니고 있기 때문에 설계의 단위 그 자체도 구조의 이러한 역동적인 성질을 잘 고려해야 한다. 이러한 점에서 브루너(1996: 39)는 지식의 구조가 교과학습에서 자기 스스로 형성해 나가는 발견(self-generated discovery)의 역할이 중요하다는 점을 강조하고 있다. 따라서 미술과 교육과정 설계는 이러한 점을 인정하면서 동시에 내러티브 사고와의 관련성도 동시에 고려할 필요가 있다. 변화된 입장에서 역시 구조는 내러티브 사고 양식에 의해서 새롭게 그 의미가 조명될 수 있다. 즉, 구조 자체가 창조적이고 생성적인 측면을 지니고 있다는 점은 지식의 기능성과 역동적인 측면을 말한다. 그리고 구성주의 인식론에 의한 지식구조의 적극적 창조 과정과 문화적 상황 속에서의 의미의 교섭과 구성 행위 등은 선형적이고 절차적인 설계 방식에 대한 대안적 설계 방식을 요청한다고 볼 수 있다. 대안적 설계는 구조의 성질을 내러티브와의 관련성에 비추어 보아 확장되는 지식의 구조 의미와 학자가 하는 일의 성격에 대한 재개념화를 통해서 가능하다. 대안적 설계의 핵심은 지식의 구조 의미가 지식의 발견적 본질과 아울러 생성적 본질을 고려해야 하며 이 양자는 상보적 관계에 있다는 점이다.

④ 내러티브적 가능성을 주목해야

브루너의 나선형에 의한 학습 문제는 내러티브 중심의 과정(Bigge, 1999: 142-144)으로 재구성될 수 있다. 따라서 학습 경험과 기회를 적절하게 조직하여 제공해 주는 설계의 문제는 내러티브를 중심으로 이루어질 수밖에 없다. 이야기하기로서의 내러티브는 인간의 의사소통과 학습에서 일상적으로 편재하는 핵심적인 형태이다. 따라서 내러티브는 일상심리학의 자연적 수단이다. 학습은 내러티브를 통해 의미를 만들어 가는 과정이다. 브루너가 보기에 우리는 특정 의미가 창조되고 전달되는 보다 큰 맥락의 구조와 일관성을 구체화할 수 있는 데까지만 절제된 방식으로 의미와 의미 구성 과정을 해석할 수 있을 것이다. 우리가 구성하는 삶과 우리 자신은 이러한 의미 구성 과정의 결과물이다(Bruner, 1990: 64-77).

이것은 최근에 등장하고 있는 이야기를 통한 교육과정 설계와 수업 설계에서 다양하게 이루어지고 있다(Doyle & Holm, 1998). 전통적인 교육과정 설계와 수업 설계에 대하여 재검토해 보고 내러티브 탐구로서 교육과정 설계를 재개념화하는 것이다. 동시에 내러티브 탐구의 방법을 활용하여 교육과정을 설계하는 것이 가능하다(Conle, 2003). 왜냐하면 교육과정의 실재가 내러티브에 의해 구성되며 설계의 행위가 곧 내러티브 행위이기 때문이다.

내러티브 원리에서 보면 내러티브 사고와 관련되는 내용들이 선정되어 논리적인 지식과 보완될 필요가 있다. 신화, 소설, 민담이나 인간의 삶의 목적과 우연성을 담은 내용들, 인간의 상상력을 풍부하게 해 주는 내용들이 선정될 수 있다. 이러한 내러티브적 내용들은 논리정연한 질서보다는 이야기 구조 속에서 우연성과 아이러니를 표현하는 방식으로 조직될 필요가 있다. 교육내용은 실재를 내러티브적으로 구성하는 원리에 맞게 조직될 필요가 있다(Bruner, 1996: 133-147). 우선 내용이 기계적이고 규칙적으로 전개되고 조직되는 방식이 아닌 인간적으로 적절한 시간(Ricoeur, 1984)에 맞게 조직되고, 의미가 서로 교섭되는 방식으로, 그리고 전체 이야기 구조 속에서 풍부하게 해석적으로 재구성되는 방식으로 조직될 필요가 있다.

(3) 내러티브 기반 재구성적 탐구 모형(Hopkins, 1994)

재구성적 탐구(reconstructive query)는 기계적 구조 및 교육의 도관 모형을 특징으로 하는 주체-객체 이원론(subject-object dualism) 모두를 배척한다. 자극-반응 그리고 다양한 제한적 조작을 통해 학습 조건을 통제하는 것을 최우선적으로 강조하는 도관 모형(conduit model)은 학생들을 분산시키고 그들의 능동 에너지를 억누른다. 이것은 종종 간접적인 결과가 아닌 직접적인 목적이 된다. 그것은 젊은이들에게 그들이 매일 아침 깨우고 학교가 파하면 되돌아가는 발달 프로젝트의 세계를 봉쇄하고, 그들이 처한 환경에서 그렇게 귀중한 프로젝트를 거의 제공하지 않는다. 그것은 경험에 관한 사고가 불가능하도록 만들며 줄거리 구성(emplotment) 혹은 의미의 귀인(attribution of meaning) 목표를 위한 교육 자료 활용을 완전히 방해한다.

대안 교육학(alternative pedagogy)에 대한 비심리학적 접근(non-psychologistic approach)은 학교교육을 경험된 세계의 힘(power)과 자유의 실행에 개방할 것을 요구한다. 재구성적 탐구에서는 동화와 조작의 분산-수렴 과정을 통해 학습자의 습관이 재구성-학습이 발생-되며, 이를 위해 도관 모형의 엄격한 스콜라 철학은 지나칠 정도로 제한된다. 두 개의 주요 용어인 재구성과 탐구는 학교 담장 너머로 활력 넘치게 뻗어 나가는 조직적으로 정렬된 과정의 작업을 설명한다. 이것은 세계 속에 존재하는 학습자들이 비록 그 세계의 처치곤란과 저항 및 역설에 익숙해진다 하더라도, 자신들의 의지 주체로서 작용하고 세상을 문제가 많고 조작에 개방된 것으로 여기며 교과내용을 생활-프로젝트로 사용하는 교육 개념이다.

이렇게 능동적인 존재의 자질은 틀에 박힌 학교교육에서 뜻밖의 일에 대한 수동성 및 억압으로 인해 소멸된다. 만일 교육이 그 과정 및 본질에 있어서 삶(life)과 관련성이 있다면 그것은 그 자체를 삶과 연관 짓는 방법을 찾아야 한다. 만일 학교교육이 철학자들이 지칭하는 '가능화(possibilization)'의 문을 열지 않는다면 그것은 누군가에게는 잘못된 근거에 대한 의미가 되고 또 다른 이에게는 전혀 의미가 없는 속이 텅 빈 형식주의(formalism)가 된다.

도관 모형은 메커니즘에 대한 근본적인 뿌리 은유(root metaphor)의 결과물로서 의지 구성체(construction of will)로서의 자아(self)를 침해한다. 그것은 도덕적 및 정치적 발달을 제한하며 독단, 천박함 그리고 복잡성에 대한 혐오를 강화한다. 그것은 인간의 욕구 및 가능성에 대한 왜곡된 시각에 기초한 시스템이다. Paolo Freire가 자신의 혁명 프로젝트에서 기술한 바와 같이 그것은 억압의 도구다. 그것은 널리 퍼져 있는 개인의 실패와 사회적 불안에 기여한다. 우리는 경험적인 존재 원리를 기반으로 하는 뿌리 은유가 필요하다. 그렇게 새로운 뿌리 은유에서 프로그램을 발견하게 될 것이다.

재구성적 탐구는 교육적 실행의 근본적 개혁을 위한 이론적 기반을 제공하지만 그것은 일정한 프로그램이 아니며 교육자들이 실제로 해야만 하는 해볼 법한 일에 관해 의문만 제기할 뿐 답을 제공하지 않는다. 그것을 실천 가능한 형태로 바꾸기 위해 필요한 것은 여기서 시작된 자질과 개념을 수용할 수 있는 체험적 구조, 즉 '조직 원리(organizing principle)'이다. 우리는 Freire가 『The Pedagogy of the Oppressed』(1968)에서 기술하고 Courtney Cazden과 Dell Hymes(1978)가 지적한 교사가 유일한 화자인 조작적인 관계(manipulative relationship)로부터 확장된 내러티브의 개념(그리고 사회적 현실)에서 중심적인 조직 원리를 발견한다. 학생들 사이에서 내러티브 자극은 해방도구(liberating instrument)가 될 수 있으며 그것을 통해 학생들은 경험의 흐름에 구조를 얹고 그들 자신의 삶과 학교교육의 전통적인 자료에 의미를 부여할 수 있다.

① 근본 은유로서의 내러티브(narrative as root metaphor)

요체는 학교가 학생들이 자신들의 이야기를 구성하는 곳으로 또한 내러티브 의식을 개발하는 곳으로 적합하다고 여겨질 수 있는 개념을 정립하는 데 전념한다. 연계학습(articulated learning)으로서의 내러티브는 그 과정 및 구조에 있어서 거의 완벽할 정도로 재구성적 탐구와 동일하며, 그것은 뿌리 은유로서 학습의 대부분의(전부가 아니라면) 요소를 적절한 경험으로 갖추고 있다. 좀 더 상세하게 논의될 사항으로 Donald Polkinghorne(1988: 143)은 다음과 같이 적고 있다.

> 내러티브는 사건을 한데 모아 줄거리를 만드는데 이야기의 주제와 관련되는 사건은 의미와 중요성(signification)를 부여받는다. 줄거리는 여러 사건을 하나의 통일체로 형성하고, 그 사건들은 단순히 연속적이거나 독립된 우발 사건에서 전체적인 주제(theme)에 공헌하는 의미 있는 사건으로 변형된다. 개별 단어의 의미와 기능이 그 단어가 들어 있는 문장이 이해될 때 명확해지는 것과 같이 개별 사건의 의의는 그것이 속해 있는 줄거리를 이해할 때 분명해진다.

의미를 유발하는 줄거리 구성의 힘과 다른 구조적 요소의 연관된 상호 간의 성질 때문에, 내러티브는 체계적이고 근본적으로 재구성적이며 표현력이 풍부하고 연계적이다. 내러티브는 재구성적 탐구에 있는 모든 비평적 과정이며 또한 재구성적 주기에 기술되어 있는 것과 정확히 같은 방식으로 판단과 선택을 수반한다. 더 나아가 내러티브 '줄거리 구성'은 '주제화(thematizing)', 즉 재구성 주기의 초기 단계에서 '계기가 되는 (triggering)' 사건과 구분이 되지 않는다. 재구성적 탐구와 마찬가지로 내러티브는 다시 시작되는 끝을 만들어 낸다. (인생은 단편적인 사건의 연속으로 보이나 사실 그것은 지속적인 흐름 안에 있다.) 그것은 사람들이 의미 형성의 기초 단계에서 하는 일이지만 중재 조정(mediation)의 대상에 되는데, 이는 학생들이 학교라는 배경에서 좀 더 풍부하고 복잡한 결과와 관련될 때 도움을 받을 수 있음을 의미한다.

2. 인지 유연성과 래티스 모델

1) 인지 유연성 이론적 접근

(1) 인지적 다원주의의 특징과 중요성

인지적 다원론의 기반은 20세기 중반 이후에 인지 분야에서 이루어진 모든 연구 노력들에서 출발한다. 인지적 다원주의는 지난 30년간 인지와 사고 분야에서 매우 중요한 교육적 노력을 의미한다(Eisner, 1994a: 79). 이것은 여러 상징들을 창조하고 다루는 것이 인간의 독특한 특징이며, 이런 능력이 문화적 생산물들을 창조할 수 있게 한다는 점을 강조한다. 따라서 인지적 다원주의의 핵심적 가정은 특정 상징체계 내의 특정한 형식의 의미들, 예를 들어 시는 수학이나 산문과 같은 다른 체계 내에서 표현될 수 없기 때문에 다양한 표현 형식들에 대해 아는 것은 동등하게 중요하다는 것이다(Eisner, 1994b).

아이즈너(1982)와 가드너(1983)는 학교교육에서 이러한 여러 인지적 형식들의 독특한 기능과 다양한 형식의 문해력을 육성해야 한다고 강조해 오고 있다. 이들은 학교교육의 우선 목표가 다양한 형식들 내에서의 경험을 통해 표현하고 의미를 발견할 수 있는 학생들의 능력을 육성하는 것이어야 한다고 역설하며 다양한 상징 형태들의 이용을 가능케 하는 균형적인 교육과정을 구성할 것을 주장해 왔다. 이러한 점에서 본다면 인지적 다원주의는 일반교육에서 매우 중요한 필수 요소로서 예술 분야의 가치를 천명하는 것이라고 볼 수 있다. 특히 본 연구에서 주목하는 애플랜드(2002: 2)의 인지적 다원주의 시각은 예술을 통한 학생들의 인지적 가능성의 확장에서 강조되고 있다.

그런데 1960년대 이후 학문중심 교육과정 출현으로 촉발된 형식주의자 인지 모델이 가정하는 인지 개념은 제한적이다. 즉, 이 시기의 교육과정 개혁운동과 인지연구의 새로운 흐름의 영향 하에 시작되었던 미적 발달에 대한 주장은 본질주의 전통을 기반으로 하고 있다. 예술 작품 구성의 구조적인 면들을 강조하는 형식주의 시각은 인지심리학내의 게슈탈트 심리학과 '구조'에 대한 개념으로 조화를 이룬다. 애플랜드(1995)에 의하면 예술 지식의 인지적 구조들은 개념들, 어휘들, 그리고 예술 작품 안에서 보이는 디자인 요소들로 파악되며, 이 요소들은 함께 예술을 인식하고, 해석하고, 판단하고, 그리고 궁극적으로 이해하게 하는 수단을 제공한다는 것이다. 여기에 기초하여 구성된 학습 모델이 형식주의자 인지 모델이며, 정보처리 과정 이론과 함께 학문중심 교육과정, DBAE의 기본 구조로 사용되었다.

백경미(2005: 108)에 따르면, 다른 일반 형태의 지식들과의 공통적인 면들을 추구하는 이 모델은 인지개념의 제한성에 대해 지적 받아 왔다(Davis & Gardner, 1992). 설리번(Sullivan, 1989)은 이 모델이 정보처리라는 것이 처리되는 내용에 관계없는 공통된 과정이라는 일반적인 믿음을 강조한다는 점을 우려하였다. 애플랜드(1995) 또한 직선적 · 계층적 인지구조에 기초한 이 모델의 구조는 지식의 본질이 유동적이고 복잡하게 나타나는 불규칙적인 체계로 된 시각예술에서 학습자들이 전후관계들을 파악하기에 부적합하다고 지적하였다. 이 점이 래티스 모델의 제안을 자극한 것으로 판단된다.

이하에서는 아이즈너 입장을 중심으로 인지적 다원주의가 지니는 특징을 몇 가지로 논의해 본다(이자현, 강현석, 2005: 55-57). 첫째, 인지에 대한 포괄적인 개념이다. 기존에는 개념 형성 과정에서 감각의 역할이 무시되었다. 이것은 편협한 인지관의 문제를 초래하였다. 인지 활동을 수반하지 않는 감정 활동은 존재하지 않는다. 장차 미술교육에서는 넓은 의미의 인지에 주목할 필요가 있다. 아이즈너는 의미의 문제에 관심을 가지고 있으며, 서로 다른 표상 형식이 만들어 내는 서로 다른 종류의 의미에 관심을 가지고 있다. 우리가 무엇을 '알아 가는 것'은 감각기관들을 통해 얻게 되는 경험과 깊은 관련이 있다. 우리가 무엇을 알기 위해서는 우리는 그것을 경험할 수 있어야만 한다. 경험은 앎의 필요조건이기 때문에, 그리고 경험의 성격은 그것이 지향하는 것의 질에 의존하기 때문에 경험의 질은 우리의 감각기관이 포착한 것과 우리가 감각기관을 얼마나 잘 사용할 수 있느냐에 의존한다(박승배, 2003: 75).

둘째, 표상 형식의 중요성이다. 표상 형식은 사적으로 형성된 개념을 공적으로 만들기 위하여 사용하는 도구이다. 이와 관련하여 아이즈너(1994b)는 우리가 어떤 표상 형식을 선택하면 그 형식이 우리가 '경험할 내용'에도 제한을 가한다고 보고 있다. 개념들은 그 감각적 형식에 관계없이 인간 경험의 개인적 측면이며, 비록 그 개념들이 그 개념을 소유하고 있는 사람들에게는 명백할지라도 그 개념은 사적인 것이기 때문에 그것들이 공적인 것으로 바뀌기 전에는 결코 공유될 수는 없다. 즉, 표상 형식은 사적인 개념을 공적인 개념으로 바꾸기 위해 인간이 사용하는 수단이다.

셋째, 표상 형식을 통한 공적 상태의 확보이다. 시각적, 청각적, 운동감각적, 후각적, 미각적, 촉각적인 개념이 표상 형식을 통하여 공적인 상태를 확보할 수 있다는 것이다. 이러한 공적인 상태는 언어, 사진, 수학, 무용, 그림 등의 다양한 형식을 취할 수가 있다. 우리가 사용하기 위해 선택하는 표상 형식은 어느 것이든지 한 가지 또는 그 이상의 감각체계를 통하여 정보를 전달해야 한다. 그러므로 표상 형식은 다양하다.

요컨대, 아이즈너가 강조하는 인지적 다원주의자(cognitive pluralist)의 입장에서는 인지는 느낌(feeling)보다는 앎을 다루는 하나의 현상으로서 접근한다. 지식은 단지 언어적 구성 개념이라고만 볼 수는 없다는 것이다. 즉, 언어의 구조에 의해 제한이 되는 언어적 구성 개념이 될 수는 없다. 아이즈너(1994b: 28-29)에 따르면 학교교육에서 지식을 개발하는 데 가치 있는 것은 감각이 제공하는 자료로부터 도출되는 이미지를 형성하고, 우리 자신의 의식을 확장시키기 위한 일차적 수단으로서 감각을 정련시키는 일이다. 사람들은 상이한 표상 형식이나 상징체제의 경험에 접근할 필요가 있다. 특히 애플랜드가 비판하는 인지 개념의 제한성과 직선적·계층적 인지구조에 기초한 학습의 문제점에 주목한다면 인지적 다원주의에 기초한 미술교육은 지식의 본질에 유의할 필요가 있다. 시각예술에서의 지식의 본질은 유동적이고 복잡하게 나타나는 불규칙적인 체계로 되어 있기 때문에 학습자들이 전후관계들을 파악하기에 적합한 구성주의적 학습 설계가 요청된다.

(2) 인지적 다원주의의 중핵으로서 구성주의

앞에서 논의한 인지적 다원주의의 핵심에는 학습자의 인지적 다양성이 놓여 있다. 이것은 학습자의 인지과정의 구성적 측면을 강조하는 구성주의와 맥을 같이한다. 1950년대 중반 이후부터 인지과학의 발전으로 인지이론의 제한점이 다양하게 보완되고 교육의 영역에서 많은 발전을 보이고 있다. 특히 인지적 다원주의가 과거 인지 개념의 편협성을 극복하고 1990년대 이후 교육의 장면에서 새로운 형태로 구현된 것이 구성주의 측면과 긴밀하게 관련되어 있다. 최근에 구성주의는 교과학습의 중요한 학습 원리로서 인정되고 있다. 특히 학습자 중심의 교육 환경을 강조하는 학습이론으로서의 구성주의에는 구성주의자들 나름의 지식 형성과 습득에 대한 이해와 관점을 기반으로 여러 다양한 구성주의적 교수-학습 모델을 제시하고 있다. 다양한 구성주의적 모델 중에서 '인지적 도제(Brown et al., 1989; 1988; Collins, 1991)' 모델, '상황적 학습(Anchored

Instruction)' 모델(Bransford et al., 1990; Cognitive Technology Group at Vanderbilt, 1990; 1992; 1993), 그리고 '인지적 유연성(Cognitive Flexibility)' 모델(Spiro et al., 1987; 1988; 1990) 등 세 가지 모델이 가장 대표적이다. 이상의 모델들을 비교, 제시해 보면 〈표 6-1〉과 같다(강인애, 1996: 4).

〈표 6-1〉 **구성주의 모델의 이론적 특성 및 차이점 비교**

구성주의 원칙	인지적 도제 모델	상황적 교수 모델	인지적 유연성 모델
학습의 주도권 (주인의식)	문제해결의 주변적 참여에서 시작하여 전반에 걸친 완전한 참여와 주도	다른 문제 자체의 형성에서 시작하여 문제해결안을 제시	거의 언급이 되고 있지 않는 부분
인지적 자기 성찰	메타 인지적 능력 강조: 과제 해결 대안들에 대한 탐색, 명료화, 비교분석 능력	인지적 도제 모델과 동일	인지적 도제 모델과 동일
협동학습	동료학생, 교사와의 사회적 관계에서 토론을 통해 사회적 학습행위를 익히고 자신의 인지적 활동을 통제하는 능력을 습득	인지적 도제 모델이 협동학습의 의미와 동일한 것을 추구	거의 언급되지 않고 있는 부분
교사의 변화된 역할: 촉매자로서의 그리고 같이 배우는 자	학생들의 학습을 도와주는 촉매자의 역할 강조	학생들의 학습을 도와주는 촉매자 역할과 더불어 같이 배우는 자로서의 역할을 강조	인지적 도제 모델과 거의 유사한 역할 강조
복잡하고 실제 상황성이 담긴 과제	학습하려는 과제의 배경이 되는 사회집단에 문화적 동화가 이루어질 수 있도록 실제 상황에서 깃들인 과제를 다룬다.	여러 상황이 함축되어 있는 학제간 지식의 활용을 필요로 하는 복잡한 문제를 다룬다.	구조화하거나 정형화하기 힘든 복잡한 과제를 다룬다.
상황성이 강조되는 학습 환경	특정 사회집단에서 필요로 하는 실제적이고도 다양한 상황적 특이성이 포함되어 있고 복잡한 문제해결에 참여	다양한 지식 간의 연결을 통해 해결할 수 있는 복잡고 실제적인 문제가 하이퍼미디어 프로그램을 통해 서술적 형태로 제시되어 문제해결에 이르도록 한다.	다양한 각도에서 접근이 가능한 실제적 과제를 단편적으로 나누어서 여러 차례 다른 각도와 의도에서 접근하여 그 과제에 깃들인 복잡함을 학습

이상에서 보는 바와 같이 구성주의는 학습자 중심의 교육 환경을 강조하고 있으며, 구성주의자들 나름의 지식 형성과 습득에 대한 이해와 관점을 기반으로 여러 다양한 교수-학습 모델들을 제안하고 있다. 특히 본 연구의 초점인 래티스 모델과 관련이 있

는 인지적 유연성 이론은 학습과제와 관련해서는 구조화하거나 정형화하기 힘든 복잡한 과제를 다룬다. 그리고 다양한 각도에서 접근이 가능한 실제적 과제를 단편적으로 나누어서 여러 차례 다른 각도와 의도에서 접근하여 그 과제에 깃들인 복잡함을 학습하는 데에 중점을 두고 있다.

2) 대안으로서 래티스 모형(강현석, 이자현, 2005)

(1) 인지적 유연성 이론에서의 래티스 교육과정 모형

애플랜드(1995)는 브루너가 제안한 나선형 모형의 문제를 극복할 수 있는 방안으로 래티스 모형을 제안하였는데, 그 이론적 근거로 인지적 유연성 이론을 들고 있다. 인지적 유연성 이론(Cognitive Flexibility Theory)은 쉽게 구조화되고 정형화될 수 없는 성격을 지닌 과제를 여러 가지 다른 상황과 시각에서 접근하여 상황성이 강하게 배여있는 스키마(혹은 지식의 구조)의 연합체를 형성하도록 하는 이론이다.

이 이론에서 가장 중요한 것은 '인지적 유연성'이다. 스파이로(J. Spiro)와 그의 동료들(1990: 165)에 따르면, 인지적 유연성은 "여러 지식의 범주를 넘나들고 연결 지으면서, 다양한 방법으로, 그리고 급격하게 변화해 가는 상황적 요구에 대하여 적응력 있게 대처하는 능력"을 말한다. 이런 능력은 그냥 얻어지는 것이 아니고, 끊임없이 그리고 지속적으로, 비정형화된 지식구조를 지닌 지식 영역을 다루고, 혹은 복잡하고 비규칙성을 띠는 고급 지식들을 접하게 함으로써 자연적으로 '비순차적'이고 '다원적'인 지식구조를 형성할 수 있게 하는 소위 '임의적 접근 수업 혹은 학습(random access instruction)'의 결과라는 것이다(강인애, 1996: 16).

이 이론에서 중요한 교육과정적 의의는 학생이 특정 과제를 학습해 나가는 양태에 있다. 논리적이고 순차적인 학습이 아니라 비순차적이고 종횡으로 학습해 나가는 것이다. 이러한 양태를 '임의적 접근 학습'으로 표현하고 있다. 이 방법은 다른 말로 '십자형(criss-crossing) 접근'이라는 표현으로도 사용되고 있는데, '십자형 접근'이라는 것은 말 그대로 어떤 특정 과제가 주어졌을 때, 그것을 다양한 문맥과 관점에서 접근하고, 가르치는 순서도 재배치해 보고, 그 특정 과제와 연결하여 가능한 많은 예들을 다루어 보는 방법을 일컫는다.

이러한 의미에 근거하여 애플랜드는 래티스 모형을 제안하였다. '십자형 접근'이라는 것도 결국은 비구조적인 지식에 내재하고 있는 복잡한 여러 의미를 비순차적이고 다차원적 학습 전략을 활용하여 학습하며 결과적으로 지식의 전이성을 효과적으로 높인다는 것이다(강인애, 1996: 16). 이와 동시에 이런 십자형 접근으로 학습을 하거나 교육과정을 설계해 주면 지식의 구조도 마치 그물망처럼 서로 잘 짜여 있고 연결되어 있는 구조로 형성될 수 있다는 것이다. 따라서 학습자는 복잡하고 비예측적이고 변화무쌍한 어떤 상황과 요구에 접하더라도 융통성 있고 유연적인 인지작용을 통해 문제를 해결해 나갈 수 있다는 것이다.

이러한 인지적 유연성 이론의 가장 기본적인 이론적 전제는 지식의 특성과 지식구조 형성 과정에 관한 것이다. 즉, 지식은 단순한 일차원적 개념으로 표현될 수 있는 것이 아니고 복잡하고 다원적 개념으로 형성되어 있으며, 이런 복잡하고 다원적 개념의 지식을 제대로 재현할 수 있기 위해서는 "상황 의존적인 스키마의 연합체(situation-dependent schema assembly)"(Spiro et al., 1990: 165)를 형성해야 한다는 것이다. 따라서 전통적 교수-학습 원칙에 의거한 단순화된 지식 습득을 지양하고, 대신 비정형화된 성격의 지식을 습득하여 복잡성과 비규칙성의 특성을 지닌 고급지식 단계에서도 순조로운 학습이 이루어지도록 특정 학문 분야의 가장 초보적 단계에서부터 지식의 '복잡성과 비규칙성'을 포함시킨 과제와 학습 환경이 제공되어야 한다. 이 문제를 해결해 주는 것이 래티스 모형이다.

(2) 래티스 교육과정 모형의 의미와 본질

래티스의 사전적 의미는 격자(格子)나 격자 무늬 혹은 살창 무늬를 말한다. 더 확대해 보면 단순히 순차적이고 직선적인 구조가 아니라 상하 좌우, 종횡으로 연결된 모양을 의미한다. 애플랜드(1995: 146)는 일찍이 알렉산더(Christopher Alexander)의 아이디어에서 이 비유어를 차용하고 있다. 알렉산더가 도시 계획에서 도시는 엄격한 '트리(tree)' 구조가 아닌 '세미래티스(semi lattice)' 구조로 계획되어야 한다고 언급한 데에서 이 용어를 사용하고 있다. 그것은 사통팔달의 도로, 십자형 교차로, 종횡의 구조를 띠는 도시 모양을 의미한다.

이러한 의미가 교육과정에 적용되어 학생의 학습 양태를 비유(analogy)한 말로서 의미를 지니게 되었다. 보다 엄격하게 말하면 학습과제의 성격에 기초한 학습의 양태가 순차적이고 단순한 구조가 아니라 비순차적이고 다차원적인 탐구 과정을 시사하는 것이다. 특히 이러한 의미는 과거 나선형 모형이 가정하는 학습 양태가 순차적이고 계층적이고 직선적이라는 점을 전제하는 말이다.

애플랜드에 의하면 래티스는 교육과정의 표현체로서 의미를 지닌다. 또한 래티스는 비구조화된 영역에서의 학습에 보다 관련성이 높다는 것이다. 이것은 인지적 유연성 이론과의 연관성을 시사하는 대목이다. 특히 애플랜드(1995: 148)는 예술이나 인문학 분야의 지식의 구조는 트리 구조나 래티스 구조에 보다 가까우며, 이러한 양태로 교육과정이나 학습 과정이 설계되어야 한다고 주장한다. 즉, 교육과정 설계는 통합적으로 지식을 구성하는 방향으로 이루어져야 한다는 것이다. 따라서 래티스 모형은 지식과 학습의 구조에 대한 특정의 입장을 가정하고 있다고 볼 수 있다.

교육의 이러한 통합적 지식 구성의 필요성에 대해, 애플랜드(2002: 82)는 "학습자들이 실제 세계의 상황들에 관련되는 방식으로 그들의 지식을 사용할 수 있도록 하는 정신의 질"을 의미하는 '인지적 유연성 이론'을 토대로 다양한 여러 영역의 지식을 통합하는 방법에 대해 연구하였다. 학습자들이 인지적으로 유연할 경우, 자신의 학습에서 이전에 습득했던 지식들을 다양한 방식으로 해석하고, 각색하고, 또한 여러 표현 형식들을 복합적으로 사용하면서 다른 상황으로 쉽게 적용할 수 있다고 보았다. 이런 학습능력은 실제 세계의 복잡한 상황 내에서의 지적인 연습을 통해 발전시킬 수 있는데(Lipman, 2003; Parsons, 1992; Smith, 1990), 애플랜드는 특히 지식체계가 복잡한 구조로 되어 있는 시각예술을 통해 효과적으로 육성될 수 있다고 주장했다. 복잡한 영역의 지식체계는 규칙적인 구조로 된 영역의 특성인 포괄적인 규칙들과 광범위한 일반 개념들이 부재하기 때문에 학습은 개별 사례들로부터 얻게 되는 집합적인 지식에 의해 구성된다. 예를 들어, 애플랜드(1995)에 따르면 개인은 고딕 양식의 건축 또는 프랑스 인상주의에 대한 파악을 위해, 그 탐구 방식 또는 규칙을 형성할 개념들의 그룹과 묘사적 특징들을 집합적으로 모으게 된다(백경미, 2005: 110).

이상의 논의를 요약하면, 이러한 유형의 다원지향적인 지식 탐구를 허락하는 학습 모델이 애플랜드(1995)의 '격자형 교육과정 모델(Lattice curriculum model)'이다. 계층적 학습경로를 묘사하는 나선형 모델과는 달리, 이 모델은 학습 개념들을 다양한 상황들에서 재방문하도록 허락하는 격자 구조의 엇갈린 패턴으로 묘사된 학습 경로를 제시하면서 이 경로를 따라 학습자가 개별 사례들의 불규칙적인 양상들을 다원적인 방향으로 탐구하도록 유도한다. 때문에 이 모델은 학습자들이, 종전의 경우 분리된 단편적 지식들로 남겨지게 되었을 정보들을 상호 연결하면서 그 의미를 구성할 수 있도록 한다. 애플랜드(2002)는 만일 교육의 목적이 학생들이 그들의 개인적 그리고 사회적 세계를 이해할 수 있도록 하는 것이라면, 학교교육과정은 각 학생들이 그들 자신들의 특별한 질문들을 추구하면서 다양한 주변 정보들을 연결하고 의미들을 재구성하도록 도와주는 지적 여행의 경로들을 제공해야 할 것이라고 강조한다. 그 실현을 위해 그는 또한 예술이 중심적인 역할을 할 수 있다는 것을 강조하고 있다.

3) 실천 가능성

(1) 적용 가능 방안

이상의 논의를 통해서 볼 때 래티스 교육과정 모형은 교육과정과 인지와의 관련성을 크게 강조하는 것으로서 학습자의 인지적 사고 구조와 학습과제의 관계를 정교하게 조직하는 측면에서 상당한 의미를 지니고 있다. 만약 애플랜드의 주장이 옳다면 기존의 계층적인 나선형 모형은 비순차적인 격자 모형으로 전환되어야 하고, 특히 예술과 인문학과 같은 비구조적 학습과제의 성격이 강한 교과에서는 보다 적극적으로 격자 모형을 적용하여 교육과정을 구성할 필요가 있게 된다. 따라서 이러한 맥락에서 교육과정을 구성하고 설계할 때에는 다음의 몇 가지 사항을 고려할 필요가 있다.

첫째, 십자형의 임의적 접근학습을 통해 비순차적이고 다양한 제시를 강조하고 수업에 관련된 깊이 있고 종합적인 이해를 함양시키기 위한 인지적 모형 틀을 구성할 필요가 있다. 다양한 탐구학습의 경로를 마련해 주고, 과제의 인지적 구조와 성격에 부합하는 인지 학습 전략을 구안할 필요가 있다.

둘째, 학습자가 습득하게 될 학습과제의 제시와 관련하여 다양한 상황과 적당한 규모의 학습과제가 설계되어 제시될 필요가 있다. 즉, 학습과제가 다양한 상황에서 제시되면서 동시에 학생들이 감당할 수 있는 작은 규모의 과제를 설계할 필요가 있다.

셋째, 엄격하게 미리 세분화된 상태의 학습 환경과 완전히 비구조적인 학습 환경과의 중간 정도의 학습 환경을 설정할 필요가 있다. 이것은 미술 교과내용의 성격과 구조에 부합하는 학습 환경의 독특성을 말한다. 미술 교과의 내용과 학습과제의 인지적 구조는 여타의 내용이나 과제와는 다른 구조를 지니고 있기 때문에 여기에 인지적으로 부합하는 학습 환경의 구안이 요청된다.

넷째, 학습자의 필요에 따라 유동적으로 학습내용을 구조적으로 재편집할 수 있는 가능성이 있어야 한다. 학습내용의 체계화 정도가 획일적이고 학습자의 접근 가능성이 용이하지 못한 학습내용은 가급적 수정되어 제시될 필요가 있다. 학습자의 인지 능력의 유연성과 융통성을 발휘할 수 있도록 해 주는 방향으로 학습내용의 구조가 탄력적으로 재구성될 수 있어야 한다.

다섯째, 교과서적인 인위적 과제 대신에 개념별·주제별로 상황성이 깃들어 있는 실제적인 과제를 제공할 필요가 있다. 구성주의적 학습 설계에서 가장 중시되는 것으로서 학습자의 수행 능력이 구현되는 장면과 상황의 맥락이 반영되는 그야말로 참된 의미의 과제가 제공되어야 한다. 이것은 미술 교과의 내용 분석과 교재 연구를 통하여 가능하며, 특히 학습의 전이 문제를 고려할 필요가 있다.

(2) 인지적 교과 교육과정을 위한 유의 사항: 미술과 사례

교육과정은 인지과학의 발전과 관련하여 초기 피아제의 영향하에 개인의 이성적 사고를 강조하는 정신에 대한 상징적-정보처리 과정적 시각을 기초로 구성되었다. 초기 인지혁명을 주도하였던 브루너(1996)는 최근에 인지-정보처리 이론이라는 관점의 제한성과 학문중심 교육에 의해 그동안 심화되어 왔던 지식의 분절화에 대한 대안으로 의미들의 문화적 교류를 활성화해 주는 내러티브(narrative) 사고를 강조하고 있다(강현석, 이자현 역, 2005). 기존의 내용 없는 '논리-과학적' 사고중심 교육과정에 대한 대안으로 내러티브 사고를 강조하고 있다. 1990년대 후반으로 접어들면서 미술교육의 관심도 시각예술 내의 각 학과들의 독자성과 차별성에 대한 강조에서 학과 간의 연결 관계 형성으로 전환하면서 사회문화적 교류에 의한 의미 형성의 필요성이 제기되고 있다(Krug, 2000)

인지적 유연성 이론은 전통적으로 제창되어 왔던 교수-학습의 원칙, 즉 '개요(epitome)'라든지 '일반적인 명제(generality)'에 기초하여 지식을 단순화하고 세분화하고 일반화된 형태로 접근하려는 근본 원칙은 정형화될 수 없고 복잡한 성격의 지식들—예를 들어, 모든 고급(advanced) 지식이나 인문·사회계통의 지식—의 특성을 무시한 처사라고 비판하였다. 이런 전통적 이론에 의거해 학습되다 보면, 단지 단순하고 미리 규명된 진리를 추구하는 지식만을 강조하게 되고, 더 나아가서 결코 정형화되고 구조화된 틀로써 가르칠 수 없는 분야의 지식 역시 순전히 교수적 효율성과 효과성이라는 명목하에 지나치게 단순화되어 가르쳐진다는 것이다. 그러다 보면, 정작 복잡한 사고를 요하는 지식의 단계에 이르러서는 이러한 단순화된 지식들은 심각한 학습적·인지적 방해요소가 된다는 것이다. 결국 이러한 전통적 교수-학습 원칙에 의거한 단순화된 지식 습득을 지양하고, 대신 비정형화된 성격의 지식을 습득하여 복잡성과 비규칙성의 특성을 지닌 고급 지식 단계에서도 순조로운 학습이 이루어지도록 특정 학문 분야의 가장 초보적 단계에서부터 지식의 '복잡성과 비규칙성'을 포함시킨 과제와 학습 환경이 제공되어야 한다는 것이다(강인애, 1996).

애플랜드(2002: 104-105)는 예술교육을 위한 인지적 유연성 이론의 시사점을 크게 다섯 가지로 제시하고 있다. 첫째, 인지적 유연성 이론은 하나의 지식 영역이 다른 영역과 어떻게 다른지를 인지적으로 설명해 주며, 이러한 영역 간의 차이점을 무시하는 것은 학습을 위해서 하등의 소용이 없다는 인지적 결과를 제공해 준다는 점이다. 둘째,

영역들 간의 구조적 차이점을 인식하는 것은 각 지식 영역을 충실하게 표현하기 위하여 교육과정 자료를 설계하는 설계자에게는 매우 중요한 일이라는 점이다. 셋째, 학습자가 지식 영역의 구조에서 차이점을 인식하는 것이 중요하며, 이와 동시에 다양한 영역에서의 숙달을 위한 적합한 전략을 획득할 수 있는 기회를 가지는 것 역시 중요한 일이라는 점이다. 넷째, 영역 구조의 차이는 상이한 평가 형태를 필요로 한다는 점이다. 다섯째, 예술을 해석한다는 것이 그 사회적이고 문화적인 맥락에 적합해야 한다는 점을 필요로 하기 때문에 예술은 교육과정 내에서 통합의 수단으로서 작용할 수도 있다는 점이다.

그러나 인지적 유연성 이론은 이상과 같이 미술교육에 많은 시사점을 제공하기도 하지만 반면에 제한점도 존재한다. 즉, 이 이론이 학습자의 인지적 작용과 과정에만 초점을 두기 때문에 지식 구성의 사회적 측면이 무시되었다는 점이다. 다시 말하면, 특정 사회 구성원들 간의 사회적 상호작용과 협동학습을 통한 지식의 습득이라는 측면이 도외시되어 있음을 알 수 있다. 그리고 이론적 전제에서 나타나는 것으로서 자신들의 이론적 적용 범위를 축소하고 있다. 이 이론에서는 특정 지식 내용에 특정 학습 전략을 활용해야 한다고 보았는데, 잘 짜인 구조를 지니고 있는 지식(흔히 자연과학 계통의 지식을 일컫는데)이나 특정 학문의 초보적 단계를 가르칠 때는 이 유동적 인지이론이 적합하지 않으며, 오히려 자신들의 이 이론은 비정형적 구조의 지식(흔히 인문·사회 계통의 지식)이나 특정 학문의 고급 단계에만 적용될 수 있다고 스스로 자신들의 이론적 적용 범위를 축소하고 있다.

이제 애플랜드의 래티스 교육과정 모형은 나선형 모형의 문제를 단순한 차원에서 비판한 것을 근거로 삼는 것에는 토대가 박약하다. 왜냐하면 나선형 모형의 문제는 그리 단순한 것이 아니며, 더욱이 많은 제한점을 지니고 있는 인지적 유연성 이론조차도 문제를 내포하고 있다. 따라서 본 연구자들은 양자의 모형, 즉 나선형 모형과 래티스 모형의 장점을 살릴 수 있는 통합 모형의 구안을 제안하며, 그것이 미술교육과정에 더욱 적합하리라고 판단한다.

3. 나선형 교육과정의 재해석

1) 나선형 조직의 전통적 의미

나선형(spiral)이라는 말은 달팽이나 조개껍질에서 보듯이 동그라미가 작은 것에서 연속적으로 점점 크게 돌아나가는 모양을 의미한다. 이와 같은 모양으로 동일한 교과 (동일한 구조, 동일한 개념과 원리)가 학년이 올라감에 따라 점차로 심화 · 확대되어 가도록 조직하는 것이다. 학문중심 교육과정 유형에서는 교육내용이 지식의 구조가 되며, 지식의 구조가 학문의 기본적인 것이 되므로 초등 수준의 지식과 고등 수준의 지식에 차이가 없으며, 학년별 · 학교별 수준에 따라 깊이와 폭이 달라진다.

결국 동일한 교육내용이 학교와 학년에 따라 깊이는 깊어지고 폭은 넓어지는 조직형 태를 의미한다. 보다 정확하게 말하면 서로 관련이 있는 내용을 시간이 경과함에 따라 수직적으로(비근접적으로) 조직하는 것으로 계열성과 유사한 성질을 지니는 방식(helic type)이다(Posner, 1974). 취급내용을 몇 개 분야로 구분하여 그 분야들을 반복 회전하면서 위로 올라갈수록 퍼지는 이른바 나선형이 되도록 기본 개념 또는 과정, 방법 중 어느 하나를 중심으로 구조화하는 방법이다.

2) 나선형 조직의 재해석(강현석, 2004)

나선형은 교과를 가르치는 데 있어 처음에는 직관적 설명으로 시작하고, 그다음에는 학습자에게 생성력(generative power) 있는 학습을 보장하기 위해 심화 · 발전 단계의 순환을 거치고, 종국에는 보다 형식적이거나 매우 구조화된 설명으로 진행되는 방식을 말한다. 이 과정에서 학습은 순환적으로 회귀한다. 브루너는 본래의 나선형 교육과정이 가지고 있는 과학적 가능성을 포기하지 않는다. 과거 지식구조론에서 제안했던 그 아이디어의 적절성은 아직도 유효하다. 나선형에 대한 재구성 근거의 핵심은 나선형의 아이디어를 어떻게 내러티브 형식으로 해석하느냐 하는 것이다.

우리가 최초로 지식을 조직하고 경험하는 가장 자연적인 방식은 내러티브 형식을 통하여 이루어진다. 나선형 교육과정의 아이디어를 우리가 처음에 초보적으로 이해하고, 그다음에 과도기를 거쳐 나중에 그 아이디어를 충분히 파악하는 일은 나선형의 아이디어를 스토리나 내러티브 형식으로 구체화시켜 보는 활동에 의존할 수밖에 없다. 의미를 전달하고 소통하는 사태의 계열로서 내러티브는 과학적 설명에 의해 증명되는 것이 아니라 그럴듯한 인간의 의도적 세계를 이야기처럼 다양하게 해석하는 것을 의미한다. 나선형 교육과정의 사태는 과학적 검증이 가능한 물리적 세계가 아니라 학습자가 특정 목적이나 의도를 가지고 어떤 사태를 이해하고 그 속에서 의미를 구성해 나가는 인간 '행위자'의 세계이다. 이 세계에서는 학습자의 마음속에 어떤 일이 일어났는가 하는 것을 단지 '해석'할 수 있을 뿐이다(강현석, 1998: 121).

나선형은 어느 한 발달단계의 영역에서 도전적인 새로운 문제에 직면했을 때 훌륭한 직관을 가지고 다음 단계에로 보다 훌륭히, 보다 일찍, 그리고 보다 깊이 사고할 수 있다는 것을 의미한다. 이와는 다른 측면에서 Doll(1993: 121-123, 176-183)은 나선형 교육과정을 마음의 회귀(recursion)로 해석한다. 즉, 그것은 나선형의 계열을 통하여 이루어지는 학습자의 정신 성장을 해석적 과정으로 파악하는 것을 의미한다. 여기에는 사고가 스스로 재반복하는 반성적 과정을 가정하며, 동시에 학습을 그 과정의 측면에서 스스로에게 되돌아와야(recurrere)하는 것으로 이해한다.

이런 점에서 브루너(1986: 97, 127) 역시 나선형을 회귀적 교육과정으로 보고 있다. 이런 순환적 회귀는 반복과는 다른 것이며, 회귀는 고정된 시작과 끝이 없는 것을 말한다. 듀이가 지적했듯이 각각의 끝은 새로운 시작이며, 각각의 시작은 이전의 끝에서 시작된다. 교육과정의 분절이나 계열은 격리된 단위가 아니라 반성을 위한 기회로 작용하며, 회귀는 사전에 규정된 수행을 향상하기 위하여 설계되는 반복(iteration)과는 다르다. 따라서 회귀는 무언가를 발견적으로 조직, 결합하는 능력을 개발하는 데 목적이 있다. 반복과 회귀의 기능상의 차이는 반성(reflection)이 수행하는 역할에서 찾아볼 수 있다. 반복에서 반성은 부정적 역할을 하며 과정을 중단시키지만, 회귀에서는 긍정적 역할을 한다. 브루너가 말했듯이 우리가 하는 행위에서 뒤로 물러나 우리들 자신의 사고로부터 어느 정도 거리를 두는 것이 필요하다. 그러므로 회귀에서 교사와 학생이 서로 비평하며 반응하는 것이 중요하며 그런 점에서 교사와 학생의 대화는 필수적이다. 대화에 의해 형성된 반성이 없다면 회귀는 변용적인 것이 아니라 피상적이 되며, 반성적 회귀가 아니라 단지 반복일 따름이다. 따라서 학습자의 지식 성장 과정이 누적적이고 직선적인 양적 확장의 과정이 아니라 구조적이고 총체적인 변화의 과정이라는 것이다.

따라서 나선형 교육과정은 회귀적 성격을 지니고 있으며, 이런 점에서 그것은 반성적 학습 과정인 동시에 스스로 재반복하는 사고를 표현한다고 볼 수 있다. 브루너의 나선형에 대한 Doll의 포스트모던적 해석은 Whitehead(1929: 27-40)의 교육의 리듬과 유사한 측면을 지니고 있다. 화이트헤드는 모든 교육의 과정 속에서 로맨스와 집중 그리고 일반화의 세 가지 단계가 리드미컬한 순환관계를 이루면서 반복되어야 한다고 보았다. 이와 같이 나선형은 순환과 반복의 역동적 순환과정(cyclic process)이며, 수업 역시 이 과정을 반영해야 한다.

3) 내러티브와 나선형

내러티브주의: 내러티브 지향성

학습의 문제는 이제 내러티브 중심의 과정으로 새롭게 재구성될 수 있다. 따라서 학습 경험과 기회를 적절하게 조직하여 제공해 주는 설계의 문제는 내러티브를 중심으로 이루어질 수밖에 없다. 이야기하기로서의 내러티브는 인간의 의사소통과 학습에서 일상적으로 편재하는 보편적인 형태이므로 일상심리학의 자연적 수단이 된다. 따라서 학습은 내러티브를 통해 의미를 만들어 가는 과정이다. 브루너가 보기에 우리는 특정 의미가 창조되고 전달되는 맥락 내에서 의미와 의미 구성 과정을 해석할 수 있을 것이라는 것이다. 우리가 구성하는 삶과 우리 자신은 이러한 의미 구성 과정의 결과물이다(1990: 64-77). 이러한 내러티브와 관련하여 브루너는 교육과정 설계에서 고려해야 할 다섯 가지의 원리를 제시하고 있다(Bigge, 1999: 143-144). 첫째, 학교교육과정을 통하여 학생들 자신의 추측의 가치와 수정 가능성을 발견하도록 촉진하고, 문제해결에서 가설을 수립하고 해결을 시도하는 활동의 효과를 자각하도록 권장할 필요가 있다. 둘째, 현재의 조건과 미래의 결과를 관련시키는 마음의 사용을 통해 문제해결의 가능성에 대한 학생의 신뢰를 개발하는 데 강조점을 두어야 한다. 셋째, 다양한 교과내용과 관련하여 학생 자신의 추진력을 배양하고, 스스로 조작해 나갈 수 있는 능력을 개발해야 한다. 넷째, 마음을 경제적으로 사용할 수 있는 능력을 개발할 필요가 있다. 다섯째, 학생의 지적인 정직성을 개발하는 것이다. 결국 내러티브 사고과정과 탐구기능을 개발할 수 있도록 설계되기 위해서는 설계 과정과 절차 역시 내러티브 사고의 속성을 반영하는 것이 되어야 한다. 이것은 최근에 등장하고 있는 이야기를 통한 교육과정 설계와 수업 설계에서 다양하게 이루어지고 있다(Doyle & Holm, 1998). 이러한 방식에서는 전통적인 교육과정 설계와 수업 설계에 대하여 재검토해 보고 내러티브 탐구로서 교육과정 설계를 재개념화하는 것이 중요하다. 이와 동시에 내러티브 탐구의 방법을 활용하여 교육과정을 설계하는 것이 가능하다(Conle, 2003). 왜냐하면 교육과정의 실재가 내러티브에 의해 구성되며 설계의 행위가 곧 내러티브 행위이기 때문이다.

내러티브 원리에서 보면 내러티브 사고와 관련되는 내용들이 선정되어 논리적인 지식과 보완될 필요가 있다. 신화, 소설, 민담이나 인간의 삶의 목적과 우연성을 담은 내용들, 인간의 상상력을 풍부하게 해 주는 내용들이 선정될 수 있다. 이러한 내러티브적 내용들은 논리정연한 질서보다는 이야기 구조 속에서 우연성과 아이러니를 표현하는 방식으로 조직될 필요가 있다. 교육내용은 실재를 내러티브적으로 구성하는 원리에 맞게 조직될 필요가 있다(Bruner, 1996: 133-147). 우선 내용이 기계적이고 규칙적으로 전개되고 조직되는 방식이 아닌 인간적으로 적절한 시간(Ricoeur, 1984)에 맞게 조직되고, 의미가 서로 교섭되는 방식으로, 그리고 전체 이야기 구조 속에서 풍부하게 해석적으로 재구성되는 방식으로 조직될 필요가 있다. 여기에 구성주의의 가치가 있다.

4) 현재 조직의 개선 방안

순환주의: 반성적 나선성과 순환적 회귀성

객관주의 인식론에서의 교육과정 설계는 직선적이고 계열적인 경향이 강하다. 초등학교부터 대학에 이르기까지 학습내용을 논리적·학문적으로 계열화하고 단계별로 객관적인 기준에 따라 학습을 진행해 나가도록 직선적인 내용 구성 방식을 사용한다. 따라서 이러한 방식에서 가정하는 지식의 성장과정은 객관적인 지식의 양적인 누적과정이며, 학습자의 이해는 누적되어 나가는 지식과 독립되어 있다. 그러나 학습의 과정은 직선적이면서 누적적이기보다는 이전에 배운 내용을 단서로 하여 보다 높은 수준으로 나아가면서 이전의 수준과 대화하면서 끊임없이 새로운 관점에 의해 재해석하는 과정이라고 볼 수 있다. 따라서 학습의 초기 단계에서 취급하였던 내용을 다시 정교화시켜 점차 발전된 형태로 제시할 필요가 있다. 즉, 이전에 배운 내용에 기초하여 다음의 내용을 지속적으로 학습할 수 있도록 나선형으로 설계되어야 한다. 이 과정은 이전과 이후 수준과의 관계를 반성적으로 성찰한다. 나선형의 조직은 지식의 단순한 누적적 이행도 아니며, 동시에 동일 수준의 반복도 아니다. 여기에는 자신의 체험 구조를 재해석하면서 자신의 의미체계를 성찰하고 반성하는 활동이 내재되어 있다. 인지적 구성주의자의 관점에서 Posner(1977)는 나선형에 대해 서로 관련성 있는 공통적인 내용을, 시제성의 차원에서 보면 비근접적으로 조직하는 것으로 해석하고 있다. 그러나 비근접적이라는 말은 단순 반복과 동시적 연속성이 아니며 수준 간의 대화인 동시에 반성을 의미한다.

나선형의 과정은 바로 대화와 반성의 과정이다. 대화와 반성은 함축성(rich) 속에서 성장한다. 성장의 과정은 직선적 계열이기보다는 해석적 순환을 의미한다. 순환은 회귀를 포함한다. 이런 점에서 함축적인 교육과정은 반성적 재조직을 필요로 하며, 함축성과 정교성 속에서 발전하기 때문에 나선형의 회귀성은 중요하다. 그러므로 Doll(1993: 177-178)은 나선형의 본질을 순환적 회귀로 해석하며, 그 속성으로 관계(relation)와 엄격(rigor)의 개념을 제안한다. 관계는 아이디어와 의미 간의 관계에 대한 계속적 탐구와 역사적·문화적 맥락의 이해를 의미한다. 이런 점에서 교육과정은 교과서 저자에 의해서가 아니라 학급 공동체에 의해서 창조될 필요가 있으며, 많은 것을 가르치지 말고 한 가지를 철저하게 가르치며, 주요 아이디어들을 가능하면 여러 가지로 조합이 되도록 가르칠 필요가 있다. 그리고 엄격은 측정되고 조작될 수 있는 것이 아니라 모든 아이디어들을 다양하게 조합하여 다른 대안이나 연관을 찾는 것을 의미한다. 여기에는 해석과 불확정성이라는 중요한 특징이 스며 있다. 독자와 텍스트 간의 대화는 양방향적 과정이며, 각각은 제 목소리를 가지고 있고 이러한 대화 속에 확정성과 불확정성의 융합이 존재한다. 이상의 맥락에서 보면 나선형은 해석적 순환 속에서 대화를 통한 반성에 의해 학습자 체험의 구조적이고 총체적인 변화가 일어나도록 설계되어야 한다.

4. 스토리텔링과 시나리오 모델

1) 스토리텔링 모델(강현석 외, 2015)

(1) 스토리텔링과 학습

우리는 학생들과 그들의 스토리, 우리가 형식적인 의미에서 스토리텔링 모델을 통해 반성적 학습을 발전시키기 위한 발견에 대해 연구하는 여러 가지 방법이 이 5단계에 반영되어 있다. 구체적인 모델을 제시하기 전에 〈표 6-2〉에서 Moon(1999)의 학습지도와의 연결을 보여 주고 있다.

〈표 6-2〉 **학습과 스토리텔링의 연결**

학습지도안(Moon, 1999)	스토리텔링을 통한 학습
• 주목하기	• 스토리 발견하기
• 이해하기	• 스토리텔링하기
• 의미 만들기	• 스토리 확장하기
• 유의미하게 학습하기	• 스토리 처리하기
• 변형적으로 학습하기	• 스토리 재구성하기

(2) 스토리텔링을 통한 반성적 학습

우리가 학습도구로써 스토리텔링을 사용할 때 학생들의 과거 경험, 스토리텔링을 향한 자세, 그리고 특정한 스토리에 의해 발생된 기분의 강렬함, 이러한 스토리들이 진행되는 방법과 더불어 어떻게 그리고 무엇을 배우게 되는지에 영향을 미친다. 스토리텔링이 이야기를 하는 사람과 듣는 사람 모두에게 의존을 하는 동안 (반면에) 모든 스토리는 말하는 사람의 관점으로부터 진행된다는 것을 인지하는 것은 필수적이다. 모티브, 아이디어, 단어 또는 사건들은 그들의 보는 관점을 묘사하고, 목소리 톤, 강조점, 제스처에 의해 입증된다. 말하는 사람은 어떠한 요소가 포함되고 제외되는지 그리고 그들이 어떻게 그들의 스토리를 표현할 것인지 선택한다. 말하는 사람은 또한 그들이 표현할 정서적 몰입의 수준을 결정한다.

몇몇의 학생들에게만 매력적인 스토리들은 아마 다른 사람들에게는 거의 관련성이 없을 것이다. 이해하는 과정은 문화적으로 만들어져왔다. 몇몇 들이 강력한 카타르시스 반응들을 환기시키는 반면에, 다른 이야기들은 아마 거의 영향을 미치지 않을 것이다. 만약에 영향을 미친다면, 감정적인 관련성이다. 학생들이 흥미가 있고 말하기를 원하는 경향이 있는 그 이야기들은 종종 그들의 경험과 관련된 몇몇 방법과 연결되어 있는 어떤 것들이다. 이러한 연결성은 아마 주제와 관련되거나, 사회적이거나, 문화적이거나 또는 아마 현재의 관심과 연결 되어있다. 예를 들어, 교육 실습생은 그녀와 흥미롭거나 그녀와 관련된 교실 상호작용에 대해서 이야기할 것이다.

학습에 대한 5단계 접근법을 취함으로써 우리가 발견한 Moon(1999)과 같이, 우리는 학생들과 그들의 의미 있는 이야기로 작업할 수 있었다. 스토리텔링 모델을 통한 성찰적 학습의 단계를 지금부터 제시해 보고자 한다.

① 스토리 발견하기

우리가 발견한 그리고 말하기 위해 시급한 필요성을 가진 이야기들은 종종 높은 감정적인 내용이다. 상황에 대한 어떤 것은 우리를 흥분시키고, 화나게 하고, 또한 흥미롭게 한다. 우리는 감정에 의해 아마 압도당할 것이고 왜 우리가 특정한 상황에 대한 생각하는지 인지하지 못할 것이다. 우리의 스토리텔링의 한 수업에서, 왜 우리가 특정한 이야기를 이야기해야 하는지 물었을 때 이야기하는 사람은 말했다. "모르겠어." 이것은 첫 단계 동안 흔한 반응이다.

② 스토리텔링하기

두 번째 단계에서, 말하는 사람과 듣는 사람은 내용을 조직하고 배열하는 것에 초점을 맞춘다. 이야기되고 들려지는 이야기는 이야기를 그 자체로 이해하기 위한 것이다. 학생들은 맥락과 인간의 경험 모두를 이해하려고 시도한다(Josselson, 1995). 아마 몇몇 생각의 관련성이 있다. 그러나 이것은 표현 레벨에 있을 경향이 있다. 말하는 사람과 듣는 사람은 존재되어지고 있는 이야기를 이해하는 것에 더 관심이 있다. 비록 이 단계에서 말하는 사람과 듣는 사람과의 관계는 설립되는 과정에 있다.

③ 스토리 확장하기

이 단계는 공유되고 있는 사건들의 의미를 만들면서 특징화되어 있다. 모양을 잃어버린 스토리텔링 과정 전체는 종종 다시 되돌려진다. 그렇기 때문에 때때로 역추적의 정도가 필요하다. 질문되고 확장된 중요한 양상 질문, 그리고 분류된 감정, 작용ㆍ반작용적으로 과정에 참여된 말하는 사람과 듣는 사람은 새로운 학습이 그들의 동시에 그것을 수용하는 인지된 구조 속으로 동화된다. 그리고 존재하는 지식과 과거의 경험으로 만들어지기 위해 연결할 수 있다.

과거 경험은 얼마나 자주 묘사된 상황의 양상들이 발생했는지 말하는 사람들에게 그리고 얼마나 그들이 인지하는지 포함할 것이다. 특정한 이야기와 관련이 있는 감정의 강도는 아마 이전의 상황으로부터 해결하지 못한 감정들의 존재를 나타낼 것이다. 그 이전의 상황은 그것들을 상기시키는 몇몇 방법들이 유사하다. 그리고 이 관계는 몇몇 말하는 사람을 위한 학습의 잠재력에 영향을 미친다. 이것은 또한 유사한 상황을 경험했던 듣는 사람에게 사실이다.

어떠한 이야기의 성공적인 발표에 대한 결정은 얼마나 '왜?'라는 질문이 많이 발생하는가 하는 것이다. 왜 상황들이 특정한 방법으로 발생하고 왜 핵심 플레이어가 특정한 방법에서 행동하는 것일까? 의미 있고 타당한 관련성이 만들어지고 공유된 사건들에 대한 전체적인 접근의 증거가 있을 때, 피상적 학습에서부터 심층적 학습으로의 변화는 발생한다.

④ 스토리 처리하기

심층적 학습은 반성적인 행동과 연결되어 있다. 그런데 의미를 가지고 활동하는 것, 특히 개발, 반성적인 대화를 통해서, 사건의 다양한 관점으로 이 단계의 핵심 양상은 초점이 바뀐다. 말하는 사람과 듣는 사람은 처리 과정들을 검토하는 것에 관련된다. 그

처리 과정은 어떻게 개인적인 지식이 전문적으로 사용되는 맥락들에서 발생하는 행동에 영향을 미치는지에 대한 의식이나 지각을 고양시킨다. 말하는 사람의 감정은 인지되고 평가된다. 해결되지 않는 상황에 대한 가능한 결의안과 해결책은 만들어진다.

어느 정도까지는, 듣는 사람의 이해력과, 여기에 관계되어 있는 상황을 자신들이 경험하는 것이 이 단계를 구성한다. 듣는 사람이 말하는 사람에게 어떻게 반성적으로 질문하는가 하는 방식은 그들 스스로 무엇을 배우는지에 영향을 미친다. 듣는 사람이 대화를 통해서 통찰력을 얻을 수 있는 반면에, 말하는 사람은 그들의 이야기의 통제력을 얻을 수 있고 듣는 사람에 의해서 발생할 수 있는 양상들을 확인하고, 정교하게 설명하고, 분류하고, 반박할 수 있다. 동시에 요점들은 비평적으로 분석될 수 있고, 특정 이야기의 중요성의 심층적 이해와 의미와 맥락 사이의 연결성을 반박할 수 있다.

이 단계는 종종 잊혀져왔던 네 번째 양상들이라고 불린다. 그리고 이 단계는 상황을 나타내기 위하여 어떤 방식으로 연결된 다른 이야기들을 표면으로 가지고 올 수 있다. 이런 연결들을 잘 연계되도록 반성적으로 처리하는 것은 현재 상황과 과거 경험 사이에서 만들어져 왔다. 그리고 대안적 관점들에 개방적인 것은 말하는 사람들로 하여금 중요한 강조점을 지니는 5단계로 옮아 가게 할 수 있다.

⑤ 스토리 재구성하기

마지막 단계에서, 말하는 사람과 듣는 사람은 가능한 많은 관점으로부터 이야기를 비판적으로 심문하기 위한 능력을 입증한다. 그들은 또한 결의안과 해결책의 잠재가능성을 비판적으로 평가한다(Kemmis, 1985; Taylor, 1998). 자신과 실제에 대해 주는 시사점은 각각의 결의안이나 해결책이 평가되는 경우에 고려된다. 대화는 논리정연하고 사려 깊고 건설적이다. 말하는 사람과 듣는 사람은 무엇이 그들의 관점을 만들었는지 보다 잘 자각한다. 스토리들은 재구성되며, 그 과정 속에 '스토리에 의해 변형되고, 변모되고, 그리고 구전되는' 것과 관련된 것들을 위한 잠재가능성이 들어 있다(Jackson, 1995). 이 단계는 말하는 사람과 듣는 사람에게 실제를 변화시킬 수 있는 기회들을 제공한다.

Gudmundsdottir(1995: 34)는 내러티브는 귀중한 변형 도구이며, 대부분의 경우에 다음과 같다고 계속하여 말하고 있다.

…… 변형은 불완전한 스토리에서 보다 완전하고 매력적인 스토리로의 진행과정을 의미한다. 우리는 우선 시간에 연속적으로 걸쳐서 스토리 라인을 이동시키는 연결성이

나 일관성을 확립함으로써 변형을 수행한다. 다음에는 스토리의 목적이자 포인트인 스토리의 방향이다. 스토리의 목적을 잘 설정하면, 사건이 선정되고, 거절되고, 변형되며, 그리고 아주 매력적으로 독자들을 홀렸다면 중요성을 띠게 된다.

어떤 스토리들은 지식과 크게 관련 없는 방식으로 우리를 변화시키지만, 우리 삶이 존재하는 방식과 보다 밀접한 방식으로 우리를 변화시킨다. 스토리가 이러한 방식으로 우리를 감동시킬 때, 다른 사람들과 우리 자신, 그리고 우리가 살고 있는 세상을 돌이킬 수 없도록 변화시킨다. "우리는 이전에 알려지지 않았던 삶의 양상을 알아 가게 된다. 요컨대, 스토리들은 우리를 변형시키고 개인으로서 우리를 변화시킨다."(Jackson, 1995: 9).

그러나 이 이득들은 항상 발생하지 않는다. 몇몇 스토리들은 얘기되고 또 얘기된다. 진보나 해답의 명백한 생각 없이. 질문들은 응답이 없거나 대립된 채 남겨지고 근심은 해결되지 않는다. 그 결과, 학습의 기회들을 놓친다. 그러므로 어떻게 스토리텔링이 가장 많이 얻을 수 있도록 이끌 수 있는지를 조사하는 데 유용하다. 만약 "내러티브적 앎의 모델은 형성 중에 있는 과정의 모델들이다."라고 Josselson(1995: 35)이 주장한 것처럼, 우리는 우리가 어떻게 스토리를 얘기하는지 고려해 볼 필요가 있다.

2) 시나리오 접근(오승민, 2011; 2014)

(1) 시나리오 기법의 의미와 특징

시나리오 기법이란 불확실한 미래를 예측하기 위해 미래의 변화에 영향력이 큰 결정 변수를 추출하고, 이들의 변화 방향을 예상함으로써 전략적 대응이 가능하게 하는 미래 예측 기법의 하나이다. 시나리오 기법은 불확실한 미래 상황을 극단적인 몇 가지 경우로 가정해 발생 가능한 모든 상황에 유연하게 대응할 수 있도록 해 준다. 불확실성이 증가함에 따라 단정적 미래 예측의 활용성은 줄어드는 반면, 시나리오 기법은 전략적인 의사결정을 도와주는 도구로서 관심이 증대되고 있다. 시나리오는 불확실한 경계를 정의하고 미래에 다가올 기회와 위협의 영역을 파악하고 이에 대처함으로써 불확실성이 높을 때 효과적인 예측 수단이다. 시나리오 기법은 현재 미국과 유럽을 비롯한 세계 유수의 기업들과 정부의 전략 입안자들에 의해 활용되고 있다. 시나리오 기법은 2차 세계대전 이후 미 공군의 군사작전 수립을 위해 처음 등장하였으며 1960년대 Herman Kahn에 의해 기업에 응용되기 시작하였다. 세계적인 정유회사인 Shell사는 고유가에 대비한 시나리오 기법을 통해 1970년대 오일쇼크에도 경쟁사들에 비해 성공적으로 대응한 사례가 있다(남상성, 2009: 2-3).

또한 시나리오 기법은 장래에 예상되는 긍정적·부정적 전개과정에 대한 표상을 포괄적인 영상과 모형, 즉 가능하고 개연성이 있는 미래의 모습으로 요약하는 데 도움을 줄 수 있는 방법이다. 시나리오는 결코 현재와 과거에서 나온 정확한 정보에 의존하여 이것을 단순히 미래로 연장시키려고 하는 예측도 아니며, 그렇다고 하여 예를 들어 미래워크숍의 틀 속에서 개발할 수 있는 바와 같이 현실과는 먼 유토피아와 환상도 역시 아니다. 그런 점에서 볼 때, 시나리오는 우리의 복잡한 세계를 일단 제대로 파악하고 적절하게 의사결정을 내릴 수 있는 능력을 갖추도록 하기 위하여 과학과 정치 그리고 개개인에게 도움을 줄 수 있는 사유 모형이다(허영식, 2009: 101-102).

시나리오는 '미래에는 어떤 일들이 일어날 것인가?' '이러이러한 조건들이 만족된다면, 혹은 이러이러한 사건들이 발생한다면 어떠한 일들이 일어날 것인가?'와 같은 질문에 대답하는 것을 그 목적으로 한다. 그렇기 때문에 이는 단순히 하나의 사건이 발생할 확률이 산술적으로 몇 %에 달한다는 식의 단선적 예측이나, 우리가 미래에 발생하기를 염원해 마지않는 비전과도 다르다. 시나리오는 발생 가능한 여러 상황들을 제시하면서, 한 상황만을 염두에 두고 전략을 적용했을 때 발생할 수 있는 위험성들을 감소시켜 준다. 또한 시나리오는 미래에 담보해 줄 수 없는 불확실성을 우리가 잘 따를 수 있도록 해 주는 방법이다. 기존의 전략들이 단시간 안에 벌어질 수 있는 상황들을 염두에 두고 반대로 썼다면, 시나리오 작업은 보다 멀리 내다보고 예측하는 작업이다(최항섭, 2007: 21).

시나리오 방법론에서는 보통 3~4개의 시나리오가 제시된다. 물론 10~20개 이상의 시나리오를 만들어 내는 것은 가능하지만 실제로 유용한 시나리오는 3~4개 정도다. 컴퓨터 기법을 응용할 때에도 많은 경우의 수가 나오지만 실제로 채택되는 것은 3~4개이다. 너무 많으면 오히려 혼돈을 줄 수도 있고, 아무런 의미가 없는 작업이 될 수도 있다. 문제는 시나리오를 3~4개로 줄이는 과정에서 임의성이 크게 개입될 여지가 많다는 것이다. 즉, 가장 발생가능성이 높거나 매우 중요한 시나리오는 아니지만 미래에 있어 중요할 수도 있는 시나리오들이 무시될 수 있는데, 이것은 시나리오 방법론의 본질적인 약점이기도 하다(최항섭, 2007: 49).

시나리오는 현재의 특정 시점에서 출발하여 미래의 특정 시점을 향하여 점점 크게 퍼져 나가면서 연결되는 깔때기 모양에 비유할 수 있다. 여기서 깔때기는 미래와 관련하여 복합성과 불확실성을 상징한다. 오늘의 상황에서 미래를 향하여 나아갈수록 그

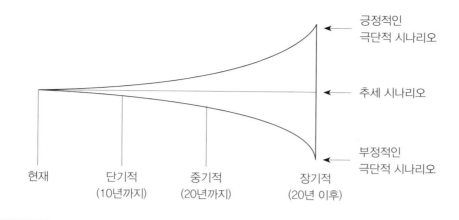

긍정적인
극단적 시나리오

추세 시나리오

부정적인
극단적 시나리오

현재   단기적   중기적   장기적
      (10년까지)   (20년까지)   (20년 이후)

그림 6-1 깔때기 모양의 시나리오와 세 가지 기본 유형

만큼 더 불확실성이 커지고 그만큼 더 복합성이 포괄적이고 다양하게 된다. 예를 들면, 단기적(약 5~10년) · 중기적(약11~20년) · 장기적(20년 이상) 측면에서 그때그때 나타나는 깔때기의 절단면은 목표점으로 삼은 시간(시간지평)에 해당하는 모든 미래 상황, 즉 생각할 수 있고 이론적으로 가능한 모든 미래 상황의 총계를 가리킨다(Weinbrenner, 1997a: 147-148; Weinbrenner, 1999a: 373; 허영식, 2009: 102 재인용).

　시나리오 기법의 장점은 일단 원칙적으로 가능하고 개연성이 있는 모든 시나리오를 특징짓기 위하여 가능한 범위 내에서 가장 좋은 미래의 전개과정을 나타내는 긍정적인 극단적 시나리오와 가능한 범위 내에서 가장 나쁜 미래의 전개과정을 나타내는 부정적인 극단적 시나리오, 현재의 상황을 그대로 미래로 연장시키는 것, 즉 현재의 상태에서 관찰할 수 있는 기지(旣知)의 사실로부터 미래에 발생할 미지(未知)의 사실을 추정하는 추세 시나리오, 이렇게 세 가지 시나리오를 개발하면 된다(허영식, 2009: 103). 이 세 가지 시나리오 모형을 그림으로 제시하면 [그림 6-1]과 같다.

(2) 시나리오 기법의 단계

　시나리오 기법은 엄격한 도식의 단계에 따라 진행되는데, 기업에서는 대개 8~10단계의 절차 모형을 활용한다. 하지만 이 경우에는 특히 기업기획의 틀 속에서 활용되고 종종 컴퓨터의 뒷받침을 받아 수행되는 이른바 '전략적 시나리오'를 추구한다. 그러한 기획구상은 물론 원칙적으로 볼 때 특히 직업학교와 전문대학에서도 적용할 수 있다. 하지만 대부분의 경우 학교에서는 하드웨어와 소프트웨어 측면에서 설비가 미비할 수도 있고 그것을 위해 양성된 교사도 역시 부족한 편이다(Weinbrenner, 1997a: 149-150;

Weinbrenner, 1997b: 143-144; Weinbrenner, 1999a: 375-378; 허영식, 2009: 105 재인용). 이하에서는 교수법상 환원된 4단계 모형인 모형을 바탕으로 제시하였다.

① 1단계: 문제분석

모든 시나리오의 출발점은 사회 문제이다. 사회 문제란 비교적 많은 사람들 혹은 다수의 사람들이 만족스럽지 못하다고 바라보는 현상이나 사태, 따라서 시급히 혹은 절실하게 해결해야 할 필요가 있다고 간주하는 현상이나 사태를 말한다. 그리고 그 문제에 대해서 대개 학문적으로나 정치적으로 서로 다른 해결 방안, 즉 논쟁점이 되는 방안이 제공되는 경향이 있다. 문제분석 혹은 과제분석이 이루어진 뒤에는 문제에 대한 정확한 기술이 나와야 한다.

② 2단계: 영향범위(세력권) 확인 및 규정

두 번째 단계는 환경 분석 및 지표 규정의 단계라고도 할 수 있는데, 여기서 가장 중요한 일은 조사·연구해야 할 문제에 직접적으로 영향을 미치는 영역인 영향범위와 요인을 확인하고 규정하는 것이다. 여기서 이미 시나리오 기법과 체제분석의 밀접한 연관성이 분명하게 드러난다. 단계별로 접근하는 과정에서 이제 중요한 일은 체제 연관성을 찾아내는 것, 그것도 전체에서 상세한 부분으로 나아가면서 찾아내는 것이다. 연구범위를 정한 다음에 이제 영향범위와 영향을 미치는 요인을 규정하면서 체계도 혹은 발견학적인 전체 모형의 작용 구조를 개발한다.

③ 3단계: 시나리오 개발과 구성

이 단계에서는 그동안 확인하고 진단한 요인들과 개연성이 있는 그것들의 전개과정을 고려하면서, 다시 말하면 그동안 이루어진 요인분석과 지표 규정에 기반을 두고, 이제 상세한 시나리오, 즉 전체적인 미래의 모습을 만들어 내야 하기 때문에 시나리오 기법의 정점이라고 지칭할 수 있다. 이 미래상은 구체적이고 인상적인 방식으로 가능한 미래들의 전개과정과 그 귀결을 내다볼 수 있도록 하고 또한 논의할 수 있도록 한다. 참여자가 20~30명 정도의 집단일 경우 대개 네 모둠으로 나누어 두 개의 긍정적 시나리오와 두 개의 부정적 시나리오를 작성하면 된다.

④ 4단계: 문제해결을 위한 전략과 조치의 개발

이 마지막 국면에서 학습자들은 출발 상황의 문제분석과 다시 연결시키면서 이제는 앞 단계에서 개발한 시나리오에서 귀결을 도출하고 행위 전략 혹은 미래 전략을 개발해야 한다는 과제를 떠맡게 된다. 이때 주안점은 물론 가능하면 바람직하지 못한 전개 과정이 발생하지 않도록 하고 바람직한 발전 경향에 기여할 수 있는 방안을 모색하는 데 놓여 있다.

바람직한 발전 경향을 추구하기 위해서 그때그때 어떤 전략과 조치에 영향을 미칠 수 있는지 알아내기 위해서는 2단계에서 찾아낸 영향범위와 요인 그리고 지표를 다시 한 번 살펴보아야 한다. 여기서 목표로 삼고 있는 점은 우선순위에 따른 목록의 형태를 띤 일련의 행위를 작성하는 일이다. 이때 목표 달성에 기여할 수 있는 잠재력을 갖추고 있는가를 염두에 두면서 모든 사회적 행위 영역을 고려해야 한다.

(3) 실천전통 내러티브와 시나리오의 관련성

오승민의 연구(2014)에 의하면 시나리오는 실천전통 내러티브와도 관련이 된다. 시나리오는 계열적인 내러티브를 사용하는 맥락적인 이야기이다. 시나리오는 미래에 일어날 수 있는 여러 가지 모습을 몇 가지 변수들을 통하여 과학적으로 예측하는 것이다. 즉, 있음 직한 일들에 대한 가능성들을 고려하면서 미래의 모습을 이야기를 통해 만들어 내는 것이다. 이러한 시나리오는 내러티브적 특징을 가지고 있다.

앞서 내러티브는 크게 네 가지 의미를 가지고 있었는데 그것은 이야기, 이야기하기로서의 내러티브, 사고 양식으로서의 내러티브, 경험을 구조화하는 도식이며, 소통 과정으로서의 의미, 세계 만들기 방식으로서의 내러티브였다(강현석, 전현정, 2009; 102-106). 이러한 내러티브의 의미를 가지고 시나리오 기법을 바라본다면 내러티브는 시나리오의 가장 좋은 재료가 된다. 미래의 모습이라는 추상적인 개념을 내러티브적 인식론과 사고를 통하여 예상하고 추측함으로써 미래의 이야기를 만들어 낼 수 있으며 시나리오 기법은 Egan(1990)이 제시한 스토리 구조를 활용하면서 내러티브 교육과정을 개발하는 데 효과적이다. 또한 미래의 모습을 예상하면서 상호 간의 소통 과정이 내러티브이며 그것은 미래의 삶의 내용에 형식을 부여해 주는 역할을 한다.

시나리오에서 이야기는 어떤 해결책에 대한 준거를 가지고서 진술된다. 그러나 해결책이 고정되어 있는 것은 아니다. 학습자가 시나리오와 상호작용하면서 어떤 결정을 하고 행동하는가에 따라서 다른 결과를 산출할 수 있다. 시나리오는 허구적인 것일 수도 있고 아닐 수도 있다. 수업을 목적으로 하는 시나리오는 역사적 사건을 기반으로 만들어질 수 있다(Salas, Wilson, Priest, & Guthrie, 2006; 정옥년, 김동식, 2013: 15 재인용). 즉, 시나리오 기법은 미래의 모습에 영향을 미칠 수 있는 변수를 내러티브적으로 인식하여 상호 간의 소통을 통하여 미래의 세계 만들기 방식으로서의 내러티브를 이야기로 만드는 기법이라고 할 수 있다.

시나리오는 실천전통의 사회적 측면인 전통의 탐구를 위한 좋은 방법이다. 시나리오라는 내러티브 방식을 통하여 미래의 최상의 모습과 현재의 모습이 지속될 때의 모습, 그리고 최악의 모습을 예측해 봄으로써 우리 사회가 기대하는 가장 좋은 행위를 당위적이고 도덕적으로 인식할 수 있는 것이다.

3) 기존 접근에 대한 대안 가능성: Egan의 교육적 발달단계 모형

인간의 마음을 어떻게 생각하고 있느냐에 따라 인간의 사고를 육성하는 방법 또한 달라진다. Bruner(1996: 42-49)는 인간의 마음에 대한 두 가지 모형을 대비시켜 설명하였는데 하나는 '정보처리 이론'의 영향을 받은 정보 '처리' 모형이고, 다른 하나는 '문화주의'를 바탕으로 한 마음의 '구성' 모형이다.

정보 '처리' 모형은 인간의 마음을 컴퓨터와 같다고 가정하며 미리 규정된 규칙에 의해 통제받는 인공지능처럼 설명한다. 반면에 마음의 '구성' 모형에서는 인간 문화의 사용에 의해 마음이 구성되고, 실현된다고 본다. 인간의 마음은 미리 규정할 수 없을뿐더러 규칙에 의해서만 통제되는 것이 아니다. 인간의 마음은 컴퓨터의 정보처리와는 달리 경험에 대한 기억과 상상력을 사용한다. 이때 경험은 인간이 속한 문화적 상황과 맥락에서 동떨어질 수 없는 것이다. 따라서 교육과정의 내용은 문화적 상황과 맥락을 고려해야 하며, 아이들과 동떨어진 것이 아니라 일상생활의 경험을 확장하는 데 필요한 것을 기초로 하여 선택되어야 한다. Egan은 그러한 내용을 가장 자연스럽고 이해하기 쉽게 조직하는 방법이 이야기라 하였으며 이야기를 활용한 모형을 제시하였다. Egan(1997)은 학습자인 아동을 교사가 채워야 할 빈 존재로 보지 않고 명확하게 설명할 수는 없지만 기본적인 개념 도구를 가지고 있는 상태로 본다. 아이들이 '신데렐라'나 '백설공주' 이야기를 즐겨 읽고 이해하는 이유는 '선과 악'이라는 대립적인 개념 구조를 이미 가지고 있다고 보기 때문이다. 이는 학습자를 수동적이고 가르쳐야 할 대상으로 보기보다는 능동적이고 서로 의견을 교환할 수 있는 학습의 협력자로 보는 입장을 바탕으로 하고 있는 것이다.

Egan(1986)은 교육과정을 계획하고 개발하는 데 있어서 목표를 설정하고 내용을 선정하고, 적절한 수업 방법을 고르고 평가를 어떻게 할 것인가를 결정하는 타일러 방식에서 탈피하고자 하였다. 우리가 경험을 인식하고 의미를 구성해 가는 과정은 이런 직선적 형식으로 이루어지지 않는다. 교사는 가르치기 위해 경험과 기억에 대한 의미를 구성하고, 교수활동 중에 새롭게 인식하는 것도 있으며, 이러한 것들이 순환적으로 영향을 끼치며 교사의 실천적 지식이 된다. 이 모든 과정들은 교사 자신의 이야기로 만들어지는 것이다.

기존의 교육과정에서는 아이들의 창의력과 상상력을 무시해 왔고 학습자 또한 매우 수동적인 존재로 인식하고 있다. 그러나 과학자의 업적이 단지 과학적 지식의 발견과 증명에 의해 이루어지는 아니라 상상력과 창의력에 근거한 의미 구성 능력과 과학자적 안목에 의한 것이었듯이 학습 또한 개별 지식의 합으로 이루어지기보다는 어떤 주제에 대한 이야기를 만들어 가는 과정으로 보아야 할 것이다.

Lauritzen과 Jaeger(1997)는 유의미하고 확실한 방법으로 다른 학문을 연결시키는 본질적 요소를 맥락이라고 보며, 맥락에 의해 전통적인 교과 영역 접근을 뛰어넘을 수 있는 교육과정을 구성할 수 있다고 하였다. 또한 Egan(1986)은 교육과정에서 단원과 차시를 달성해야 할 일련의 목표로 보지 않고 좋은 이야기로 볼 것을 제안한다. 이는 학생의 창의력과 상상력을 사용하여 의미를 강조하는 통합적인 방식으로 교육과정을 설계·개발할 수 있도록 한다. Eisner(1979)는 학생들에게 의미 있고 다양한 학습기회를 제공할 수 있도록 교육목표와 내용을 변화시키는 능력을 '교육적 상상력'이란 용어로 언급하며, 교사들은 이러한 능력을 가지고 있어야 한다고 하였다. Egan이 제시한 대안적인 교육과정 모형은 학생들이 이야기를 통해 풍부한 의미에 접근하고 참여하도록 할 뿐 아니라 교사들의 교육적 상상력을 발휘할 수 있게 하는 교육과정이다.

Egan(1992: 99-125)은 아동들이 각 연령에서 세계를 가장 잘 이해하고 경험할 수 있는 몇 개의 주요 범주를 제시하였다. 아이들이 가장 열중하고 몰두하는 이야기와 게임들은 풍성한 주제들을 제공해 주는데 아이들은 성장해 감에 따라 색다른 유형의 이야기를 즐기게 된다. Egan은 이러한 체계를 4개의 주요 교육적 발달단계, 즉 신화적 단계(mythic stage), 낭만적 단계(romantic stage), 철학적 단계(philosophic stage), 반어적 단계(ironic stage)로 구분하였다. 본 연구에서는 그중에서 초등학교 연령에 해당하는 낭만적 단계에 대해 자세히 살펴보기로 한다.

신화적 단계에서 낭만적 단계로의 이동은 10세 때 일어나서 15~16세까지 지속된다. 이 시기의 아이들에게는 '타인'의 개념이 발달하는데 외부 세계와 반응하는 데 있어서 더 이상 신화적 개념[3]이 맞지 않음을 인식하게 된다. 아이들은 자기, 가족 그리고 기

---

3) 요정, 신, 말하는 동물등과 같이 의인화되어 표현하며 세계를 자율적이고 객관적인 것이 아닌 절대적 존재에 의해 이루어지는 것으로 의식한다(Egan, 1992: 103-106).

초적인 인간관계들로부터 유도된 기본적인 정서적·도덕적 개념들이 외부 세계를 충분히 이해하는 데 부적합하다는 것을 점점 명확하게 인식하게 되면서 사고하기 위해 세계를 이용하기 시작한다. 이 시기의 아이들은 자율적인 세계와 새로운 관계를 구축하여 낯선 세계에 대처할 수 있는 방법을 획득해야 하고 자신의 분명한 정체감을 확립해야 한다.

낭만적 단계의 '낭만적' 이야기란 독자가 주인공과 동일시되며, 위협적인 것(사건, 제도, 이념, 국가 등)을 극복하고 영광을 위해 적과 투쟁하는 남녀 주인공이 있는 이야기이다. 독자는 주인공과 함께 영광을 맛보며 자아를 지지하게 되고(ego-supporting) 정체감을 갖는다.

낭만적 단계의 이야기 특징은, 첫째, 신화적 단계의 이야기보다 구성이 더욱 복잡하면서 현실적이 되고, 둘째, 상상적인 세계를 다룰 때조차도 현실적인 문제나 가능성과 연관되며, 셋째, 분명하고 강력한 남녀 주인공이 있고, 넷째, 현실성과 가능성을 고려하고 있지만 이국적인 배경들을 설정하는 경향이 있으며, 다섯째, 신화적 단계의 이야기보다 더욱 복잡한 동기를 가진 등장인물들 간의 차이점을 묘사하기도 한다. 이러한 유형의 이야기로는 안데르센 동화 유형이나 로빈슨 크루소 같은 모험이야기, 공상과학 이야기, 동물 이야기 등이 있다.

낭만적 단계의 아이들은 실제 세계의 생활에서 마주치게 되는 도전들을 가장 잘 초월할 수 있는 특징인 용기, 숭고함, 불굴의 정신, 천재성, 권력, 에너지, 창조성 등을 구체화시키려고 우주 속의 어떤 것과 연합을 형성하게 된다. 또한 아이들은 사실상 세계가 작용하는 방법에 대한 낯선 규칙들을 정신 자체에 적응시켜야만 한다. 따라서 이항 대립들을 내부로부터 구안하는 대신, 현실적인 범주 내에서 바깥으로부터 찾고자 한다.

낭만적 단계의 학생들이 관심을 갖는 지식의 특성은 학생들에게 현실적이고 가능성 있는 것들이며 또 다른 특성은 학생들이 알고 경험해 온 것과는 다른 독특성이 있어야 한다는 것이다. 학생들의 관심은 다양한 삶의 형태를 느끼고자 하는 것이며 동시에 그 것을 시험해 보는 것이다.

Egan의 교육적 발달단계는 피아제나 에릭슨과 같은 교육심리학자의 영향을 받지 않았지만 아이들의 놀이나 게임을 유심히 관찰한 것에서 나온 것이다. 아이들은 어린 나이부터 이야기와 게임에 몰두하는데 이것은 단순히 놀이로 그치는 것이 아니라 사고를 확장해 가는 과정이다. 그러므로 이야기에 대한 발달적 측면에 초점을 두고 이것을 교육적으로 활용하는 방안을 고려해 보아야 한다. 여기에서는 다른 단계들을 상세히 나타내지 않았지만 앞의 네 단계는 우리의 문화 속에서 아동의 보편적인 사고 발달과정을 다소 정확하게 기술하고 있다.

Egan의 이야기 형식 모형은 단원계획이나 수업계획에 관한 원리들을 직접적으로 안내해 줄 뿐만 아니라 이야기를 통한 교육과정의 통합 방식도 제안하고 있다.

피아제는 아동이 학습을 할 때 구체적인 것에서 추상적인 것으로, 알고 있는 것에서 모르는 것으로 배운다고 하였지만 실제 어린아이들은 판타지 이야기를 이해하며 강한 흥미를 느낀다. 만약 아이들도 구체적이고 친숙한 것만 안다고 한다면 한 번도 본 적이 없고 정확한 개념도 가지지 않은 요정이나 말하는 애벌레 등을 어떻게 이해하는 것일까? 아이들은 이러한 것들을 정확한 용어로 설명할 수는 없지만 마음속에 그러한 개념들을 이미 가지고 있기 때문에 이해하는 것이다. 또 대부분의 이야기들을 보면 강력한 이항 대립쌍을 가지고 있다(예: 요정과 마녀, 경찰과 도둑, 싸움과 협동 등). 아이들은 이러한 두 가지 상반된 개념을 가지고 그들 간의 타협을 통해 변증법적으로 새로운 개념을 이해해 나간다. 예를 들어, 기온에 대해 배운다면 뜨거운 것과 차가운 것이라는 상반된 개념부터 먼저 배운다. 이런 두 가지의 상반된 것을 상정하고 그들 간의 타협을 도모하는 변증법적 과정을 통해 새로운 개념인 따뜻한, 미지근한 등의 개념을 알고 온도의 개념을 이해하고 학습한다.

Egan(1986)은 이야기 속에서 이런 변증법적 방식을 활용하여 대안적인 교육과정 모형을 제시하였다. 그가 제시한 이야기 형식 모형은 '주제에서 가장 중요한 것은 무엇인가를 인지하는 것'으로 시작된다. 간단히 말해, '이것은 무슨 이야기인가'를 드러내는 것이다. 그리고 난 후 학생들이 쉽게 이해하고 이를 통해 새로운 지식을 알 수 있도록 해 주는 강력한 두 가지 이항 대립 개념(binary abstract concepts)에 기초하여 주제를 구조화시키며 단원(unit)이나 수업(lesson)을 이야기 형태로 조직한다. 또한 기대감을 만족시키고 사건을 해결하면서 혹은 이야기의 시작 부분에 설정된 갈등이 중재되면서 이야기를 마무리한다.

이러한 모형에 근거한 교육과정을 "세계 교육과정에 대한 위대한 진실 이야기(Great True Stories of the World Curriculum)"라고 명명하며 이것은 이야기를 통하여 통일성 있는 교육과정으로 설계할 수 있도록 하였다. 교사는 어떤 소재나 주제에 대한 체계적이고 상세한 내용보다는 놀라움이나 경이로움을 불러일으키는 질문을 선택하여 아이들의 상상력을 자극해야 한다.

이야기에 근거한 교육과정 모형은 단원이나 수업의 시작 부분에 갈등이 되는 문제 상황을 제시하고 드라마적인 긴장을 장치해 두며 결말에서 있을 갈등해결을 예측할 수 있도록 한다. 이러한 이야기 형식 모형을 살펴보면 [그림 6-2]와 같다(전현정, 강현석, 2011).

이야기 형식 모형 (story form model)	
단계	**주요 활동**
1. 중요성 인식하기 (Identifying importance)	• 이 주제에서 가장 중요한 것은 무엇인가? • 이것이 왜 학생들에게 중요한가? • 이것과 정서적으로 연결되는 것은 무엇인가?
2. 이항 대립 찾기 (Finding binary opposites)	• 주제의 중요성을 가장 잘 나타낼 수 있는 이항 대립쌍은 무엇인가?
3. 내용을 이야기 형태로 조직하기 (Organizing content into story form)	• 이항 대립쌍을 가장 극적으로 구체화시킬 수 있는 것은 어떤 내용인가? • 주제를 이야기 형태로 가장 잘 만들 수 있는 것은 어떤 내용인가?
4. 결론 (Conclusion)	• 이항 대립 속에 내재된 극적 갈등을 해결하는 가장 좋은 방법은 무엇인가?
5. 평가 (Evaluation)	• 교사는 어떻게 학생들이 주제를 이해했고 중요성을 인지했으며 내용이 학습되었다는 것을 알 수 있는가?

그림 6-2 Egan의 이야기 형식 모형

이와 같은 이야기 형식 모형은 수업을 어떻게 설계해야 하는지뿐만 아니라 어떤 종류의 내용을 담아야 하는지도 함축하고 있다. 수업이나 단원을 시작할 때 이야기의 리듬에 따라 간단하고 명확한 내용을 설정해야 하고 갈등이나 문제에서 시작한다. 결론에서는 이 문제를 해결 가능하게 해야 하므로 이야기 시작부의 갈등 선택이 매우 중요하다. 따라서 먼저 가르칠 주제에서 가장 중요한 내용(리듬)이 무엇인지를 파악하고, 아이들이 이미 이해하고 있는 개념에 기초하여 찾아야 한다. 이러한 내용들은 또한 아이들과 정서적으로 관련된 것이어야 하는데 이러한 기준이 교육과정에서 무엇을 포함해야 하고 무엇을 배제시켜야 하는지를 알려 준다.

4) 교실 장면에서의 적용 가능성

본 연구에서는 Egan(1986)이 제안한 이야기 형식 교육과정에 기초하여 대안적인 초등학교 교육과정 모형을 개발하였다.

〈표 6-3〉 대안적 교육과정 모형 비교

구분	1단계	2단계	3단계	4단계	5단계
Egan의 이야기 형식 모형	중요성 인식하기	이항 대립쌍 찾기	내용을 이야기 형태로 조직하기	결론	평가
초등학교 이야기 모형	주제 알아보기	문제 찾기 (사례와 반례)	이야기 만들기	함께 생각하기	되돌아보기

Egan의 대안적인 교육과정 모형은 초등학교 아이들의 특성을 잘 반영하고 있기는 하지만 각 단계의 내용이 은유적으로 표현되어 있어서 교사들이 실제 수업에 적용하기 힘든 면이 많다. 이야기 수업 모형은 이들 단계를 보다 구체화시켜 주제 알아보기, 문제 찾기, 이야기 만들기, 함께 생각하기, 되돌아보기의 5단계로 이루어져 있다.

먼저 '주제 알아보기'에서는 단원 개발이나 수업계획 전에 교사가 어떤 주제에 대해 어떤 문제를 제시할 것인지를 생각해 보는 단계이다. 교육과정에서 핵심으로 제시하고 있는 주제 중에서 아이들이 공감할 수 있는 부분이 있는지, 정서적인 부분을 어떻게 관련시킬 것인지 전체적인 이야기 흐름을 파악하고 계획한다.

둘째, '문제 찾기' 단계에서는 주제를 가장 극명하게 대립시킬 수 있는 요소 두 가지를 찾는 단계이다. 대립되는 쌍을 하나 이상 생각해 봄으로써 수업 활동을 보다 다채롭게 만들 수 있고 학생들의 반응에 따라 적절하게 수정·보완해 나갈 수 있도록 준비한다.

셋째, '이야기 만들기' 단계는 대립 요소를 적절히 포함하면서 주제를 전개시켜 나가는 단계이다. 이야기는 기본적으로 정(正)-반(反)-합(合)의 변증법적으로 전개된다. 그러므로 문제를 포함한 갈등요소나 반례를 충분히 수집하여 이야기를 만드는데, 여기에서는 우화나 신화, 동화나 잡지 기사 등 여러 가지 이야기들이 포함될 수 있다. 또한 해당 교과뿐만 아니라 타교과와의 통합이 이루어질 수도 있으며 다양한 시청각적 자료를 준비, 활용할 수도 있다. 아이들이 주제에 대해 수집한 이야기들을 첨가할 수 있도록 여지를 둔다.

넷째, '함께 생각하기'는 이야기에서 전개된 갈등을 해결하는 방법을 모색하는 단계이다. 이것은 교사의 지시나 주도로 이루어지는 것이 아니라 학급 구성원들의 생각을 공유하는 단계이다. 개인이나 모둠별로 토의 및 토론을 통한 결과물들을 발표하거나 결과물에 대한 토의 및 비평을 한다.

마지막으로, '되돌아보기' 단계는 학습한 내용에 대해 자신의 생각을 정리하며 알게 된 내용을 다시 한 번 되새긴다. 또 더 알고 싶은 점이나 부족한 점을 제시하여 심화학습 할 수 있는 거리를 제공해 준다. 교사는 학생들의 학습 여부를 평가할 수 있는 평가지나 평가 관점을 통해 평가활동을 한다. 여기서 평가지는 때에 따라 단답형이 될 수도 있겠지만 주로 아이들의 생각을 쓰거나 표현할 수 있는 평가를 하도록 한다.

다음은 초등학교 이야기 모형을 6학년 사회과 수업을 계획하는 데 적용하여 보았다. 이것은 6학년 사회과 단원 중 한국사에 관한 것이다. 이 단원은 조선에서 근대로 이행하는 과정을 '배척과 개방'이라는 주제로 다룰 것이다. 전통을 고수하며 서양을 배척하려는 집단과 서양 문물을 받아들이는 데 찬성하며 개방하려는 집단 사이의 갈등과 해결이라는 이야기 구조를 제시하려고 한다. 따라서 이항 대립쌍으로 양쪽 입장을 대표하는 '홍선대원군과 명성황후'라는 소재를 선택하였다. 홍선대원군은 나라의 문을 잠그고 서양과는 전혀 의사소통하지 않는 쇄국정책을 펼쳤지만 그의 며느리이자 고종의 왕비였던 명성황후는 개화를 선택하였으며 이 둘의 갈등은 조선의 근대화에 많은 영향을 주었다.

이야기 모형에서는 학생들이 쇄국과 개화가 무엇인지 정확하게 단어의 개념을 설명할 수는 없지만 이런 단어의 의미를 이해할 수 있는 개념 도구를 가지고 있다고 가정한다. 학생들은 양쪽 입장이 팽팽히 맞서는 갈등 상황에 대해서도 충분히 공감할 수 있을 것이다. 왜냐하면 가족이나 학교의 또래집단, 현재의 국제 관계에서도 전통고수와 개방이라는 문제는 존재하기 때문이다. 따라서 이러한 갈등 상황이 뚜렷하게 나타나도록 이야기를 만드는 것이 이 수업 모형의 핵심이다.

	사회과-이야기 만들기 수업 모형 예시 (주제: 쇄국과 개화)
주제 알아보기	−이 주제는 왜 중요한가? 역사를 배우는 이유는 무엇일까? 인간의 삶은 다양하지만 자세히 들여다보면 공통적인 요소들이 있다. 역사를 통해 현재의 문제를 인식할 수 있고 앞으로 나아가야 할 방향을 찾을 수 있다. 현대에도 우리는 여전히 외국의 통상 압력을 받고 있으며 이에 적절하게 대처하는 것이 국익을 신장하는 것이다. 그러므로 이 단원에서는 똑같은 갈등이 있었던 조선의 근대화를 다룰 것이다. (우리는 외국에 시장 개방 압력에 적극적으로 수용해야 하는가? 배척해야 할까?)
문제 찾기 (사례와 반례)	−쇄국정책과 개화정책 • 도입−〈프랑스로 실려 간 조선의 『의궤』〉 (프랑스 국립도서관 별관에서 사서로 근무하던 한국 여성이 1979년 도서관 지하창고에서 조선의 책인 『의궤』를 발견하였다. 국보급 가치를 가진 조선의 책이 왜 프랑스에 있을까?) • 흥선대원군과 명성황후의 이야기 (흥선대원군의 쇄국정책과 명성황후의 개화정책의 대립) • 〈조선과 일본의 근대화 그 후 100년〉 쇄국정책을 펴다가 결국은 강제로 개방을 하게 된 조선과 서양문물을 적극적으로 받아들였던 일본의 현재 이야기
이야기 만들기	(조선 후기 어린 나이로 왕위에 오른 고종 대신 아버지 흥선대원군이 통치를 하였다. 흥선대원군은 왕권을 강화하기 위해 나라 안으로는 개혁 정책을, 나라 밖으로는 서양과 전혀 소통하지 않는 쇄국정책을 폈다. 그러나 미국, 영국, 프랑스, 러시아 등을 비롯한 서양 여러 나라들은 항구를 개방할 것과 물건을 사고팔 수 있는 통상을 요구하였다. 쇄국과 개화의 갈림길에서 흥선대원군은 쇄국을 택하였지만 고종과 명성황후는 개화를 선택하였다. 결국 조선은 일본에 의해 아주 불평등한 조약을 맺게 되었는데……)
함께 생각하기	−내가 조선시대의 왕이었다면 쇄국과 개화 중 어떤 쪽을 선택하였까? −조선이 일본처럼 적극적으로 서양 문물을 받아들였다면 우리나라는 어떻게 되었을까?
함께 생각하기	−토의 및 토론 (글로벌 시대인 요즘도 우리나라는 FTA 협상과 같은 외국의 끊임없는 통상 압력을 받고 있다. 이에 우리는 어떻게 대처해야 할까?)
되돌아보기	−평가문항 ('내가 만약 흥선대원군이나 명성황후였다면 어떤 선택을 하였을까?'를 주제로 토론하기) (기본 개념의 습득과 개별 내용에 대한 학습 여부를 평가할 수 있는 성 평가지를 통한 평가) ('현재 우리나라에 닥친 외국의 통상 요구에 우리는 어떻게 대처해야 할까?'에 대한 논설문 쓰기) −토론활동, 논설문 쓰기 활동에 임하는 태도에 대한 관찰평가 −교수활동에 대한 교사의 자기 평가 및 학습활동에 대한 학생의 기 평가

4. 스토리텔링과 시나리오 모델

그림 6-3 대안적 초등교육과정 사회과 적용 사례

이 단원의 주제는 학생들이 일상적으로 마주치는 배척과 개방이라는 개념을 한국사의 한 부분으로 가져와서 사고를 확장시켜 역사를 이해하고 오늘날 우리의 생활에도 적용해 볼 수 있도록 하는 것이다.

(1) 주제 알아보기

이 단원은 '쇄국과 개방'이라는 주제를 중심으로 흥선대원군과 명성황후라는 역사적 소재를 선택하였다. 현재의 우리 생활에서도 외국의 끊임없는 개방 요구와 통상협정에 대한 압력이 있음을 인식하여 개방의 요구는 어느 시대에나 존재함을 느끼게 한다(이 때 뉴스나 신문기사는 좋은 이야깃거리가 된다). 이에 우리들이 지혜롭게 대처할 수 있는 방법이 무엇인지를 사고하는 것이 이 단원의 핵심이다. 생각의 차이로 갈등이 있었던 흥선대원군과 명성황후의 이야기는 학생들의 흥미를 끌기 쉽고 드라마틱한 전개로 이야기를 조직하기 쉽다.

(2) 문제 찾기

이 수업은 여러 차시에 걸쳐 진행될 수 있으며 블록수업으로 이루어질 수도 있다. 조선이 근대 사회로 진입하는 과정에서의 진통을 보여 주고자 하는 것으로 갈등을 일으키는 사례와 반례로 '쇄국과 개화'를 선정하였으므로 이를 가장 잘 보여 줄 흥선대원군과 명성황후라는 소재를 선택하였다. 또 사례와 반례로는 서양 문물을 배척하고자 하였던 조선과 서양 문물을 적극적으로 받아들였던 일본으로 할 수도 있다.

(3) 이야기 만들기

이 수업의 도입 부분은 개천절과 단군신화로 시작한다. 우리나라는 오랫동안 단군신화를 통해 같은 조상을 가진 한민족임을 강조하였다. 특히 유교를 정치의 근본으로 삼았던 조선시대는 전통을 보존하고 고수하려 하였으며 한민족 이외의 사람들을 오랑캐라 하여 배척하려고 하였다. 그러나 조선 후기 프랑스 배가 식민지를 만들기 위해 처음 조선의 바닷가에 나타난 이후 미국, 영국, 러시아의 배들이 자주 나타나기 시작했다. 당시 어린 나이에 왕이 된 고종 대신 정치를 하였던 그의 아버지 흥선대원군은 서양의 통상 요구를 거부하며 아예 상대하지 않는 쇄국정책을 펼쳤다. 그러나 일본이 강화도 앞바다에 갑자기 나타나 먼저 공격했다는 것을 빌미로 통상을 요구해 왔다. 운요호라는 일본 배의 작전에 말려든 조선은 일본과 불평등한 조약을 맺게 되었다. 당시 국제법을 잘 몰랐던 조선 조정은 내용도 잘 모른 채 조약을 맺게 되었고 이후 미국, 프랑스, 영국과 같은 서양의 다른 강대국과도 불평등한 조약을 맺게 되었다. 고종이 성인이 되자 아버지를 몰아내고 직접 정치를 하게 되었는데 그의 정책에 가장 영향을 준 사람은 왕비인 명성황후였다. 고종과 명성황후는 흥선대원군과는 달리 외국 문물에 강한 호기심을 보이며 개화를 찬성하는 쪽이었다. 특히 명성황후는 흥선대원군과의 견해차로 인해 갈등의 골이 깊었다. 쇄국정책을 폈던 흥선대원군과는 달리 명성황후는 청나라와 손을 잡고 청나라식 개화 방식을 따르고자 하였다.

차시 수업으로는 개화를 선택하는 입장에서도 일본처럼 급속한 개화를 원했던 입장과 청나라처럼 천천히 개화하고자 하였던 입장의 갈등을 다룰 수도 있다.

(4) 함께 생각하기

이 단원은 다양한 방식으로 끝맺을 수 있다. 흥선대원군과 명성황후의 입장이 되어서 쇄국과 개화에 대한 다양한 근거를 제시하며 주장을 펼칠 수 있을 것이다. 이것이 모둠별 토론으로 진행되거나 학급 전체의 토론으로 이어질 수도 있다. 또 다른 방법으로는 만약 조선이 외세 세력에 의한 근대화가 아니라 스스로 근대화하려고 하였다면 현재 우리나라는 어떠할까에 대한 이야기를 나누어 볼 수도 있을 것이다. 현재도 전 세계는 글로벌 시대임을 강조하며 자유무역과 통상 요구를 해 오고 이를 저지하려는 사람들 사이에는 갈등과 긴장이 존재한다. 조선이 근대화된 역사를 바탕으로 현재 우리나라는 어떻게 대처해야 하는지에 대해서도 학생 자신의 생각을 나타내고 가장 적절한 해결책을 찾아보는 것으로 수업을 마무리할 것이다.

(5) 되돌아보기

이와 같은 역사 수업에서 기억력에 의존한 선다형 검사는 중요하지 않다. 조선이 근대화되는 과정에서 겪었던 갈등에 대해 스스로 정리하고 연표나 보고서를 만들어 보는 것, 혹은 현재의 국제 정세에 맞는 연설문 등을 써 보는 활동이 이야기 모형에 적합한 평가방법이 될 것이다.

5. 내러티브 기반 교육과정 단원

1) 기존 단원 구성의 실태와 문제점

(1) 순차적 조직과 관련된 내용 주제 항목 조직

교육과정 개발에서 교사들에게 가장 밀접하게 관련되는 수준은 단원이라고 볼 수 있다. 교사는 항상 단원으로 구성된 교과서를 가지고 수업하기 때문에 단원이 어떻게 구성되는지, 단원을 어떻게 재구성하여 보다 효과적인 수업을 도모해야 할 것인지를 고민해야 한다.

단원을 구성하는 방법에는 여러 가지 방식이 있을 수 있다. ① 내용 항목이나 주제, 제재 중심의 단원 구성 방법이 있다. 우선 내용 주제 항목 중심의 단원 구성법이다. 이 방식은 전통적인 방식으로 학생들에게 가르칠 내용 중에서 핵심적인 내용을 단원의 제목이나 주제로 정하여 주제와 관련된 내용들을 일정한 기준에 의해 분류하여 배열, 조직하는 방법이다. 이 과정에서 내용만을 배열하거나 학습활동 중심으로 단원을 구성하기도 한다. 그리고 단원의 크기에 따라 대단원, 중단원, 소단원으로 분류하여 각 단원의 주제나 제제들 간의 연계성에 관심을 기울이기도 한다.

이러한 전통적인 방식 외에도 ② 수업 초점 중심의 단원 설정법, ③ 의도한 학습성과(ILOs) 중심의 단원 설정 방법이 있다. ④ 두 번째는 ILOs 중심의 단원 구성 방식이다. 이 방식은 ILOs의 유목을 중심으로 단원을 군집화하는(clustering) 방식이다. 즉, 세계 관련, 개념 관련, 탐구 관련, 학습 관련, 활용 관련 원칙을 포함하는 조직의 기본 원칙에 따라 ILOs 군집화에 따라 단원을 조직하는 것이다. ILOs 유목에는 기능(심동적-지각적 기능, 인지기능, 정의적 기능)과 이해(정의적 이해, 인지)로 이루어져 있다. 우선 단원에서 달성해야 할 ILOs를 정련화하는 일이 우선이다. 그리고 ILOs의 우선순위를 정하고 전체 ILOs들 간의 균형을 고려해야 한다. 이 과정에서 단원 목표와 단원의 핵심 질문, 개념지도와 흐름도에 비추어 ILOs를 살펴보는 일이 필요하다.

구체적으로 보면, 단원의 크기는 '5~10가지의 ILOs 사이'와 같이 일정한 지침은 없으나, 단원을 구성하는 ILOs들은 조화되어 상호 연관되어야 하며, 관련되고 일관성 있는 학습성과들로 파악할 수 있을 만큼 그 범위가 적당해야 한다. 그리고 간혹 하나의 유목에서 도출된 ILOs만으로 단원이 구성될 수도 있으나 여러 유목의 ILOs를 한 단원 속으로 혼합하는 것이 의미가 있다. 그리고 우선순위가 매우 높은 ILOs는 여러 단원에 포함될 수 있다. 단원의 수는 모든 ILOs를 취급하고 포함시킬 수 있어야 하며, 강조해야 할 필요성이 큰 ILOs는 반복될 수 있을 만큼 충분히 많아야 한다.

다음은 세계와 관련된 기본 원칙에 따라 ILOs를 묶은 두 가지 사례이다.

• 단원: 연못(위치)

연못에 서식하는 곤충을 확인한다.

연못에 사는 물고기를 확인한다.

연못에 흔한 식물의 유형을 비교한다.

연못에 사는 여러 가지 생물들이 생태계의 균형에 미치는 영향을 생각한다.

• 단원: 썰물(연대순)

달이 조수에 미치는 효과를 이해한다.

썰물 때 물고기가 어떻게 그물에 걸리는지를 이해한다.

썰물 때에 관찰할 수 있는 동식물의 이름을 기억한다.

코스를 구성하고 있는 ILOs를 몇 가지 단원으로 묶는다. 만약에 ILOs를 군집화하기가 코스 단원 구성에 적절하지 못한 접근 방식처럼 여겨진다면 수업 초점으로 단원 수정을 시도할 수도 있다. 그런데 대부분의 ILOs가 여러 단원에 응용되는 경우 ILOs를 단원으로 군집화하게 되면 심각한 문제점이 생긴다. 이럴 경우 ILOs가 아닌 새로운 초점을 설계해야 한다.

⑤ 세 번째 방식으로는 수업 초점 중심의 단원 구성 방식이다. 이 방식은 학생들이 학습할 주제나 문제를 중심으로 단원을 구성하는 것이다. 즉, 프로젝트나 논쟁, 현장답사, 신문이나 실험과 같은 활동을 중심으로 사례연구, 관찰 및 사진촬영을 중심으로, 혹은 책이나 시와 같이 우리가 알고 느끼는 바를 의사 전달하기 위한 수단을 중심으로 구성하는 것이다. 이 방식에서 활용되는 주제, 문제, 활동, 자극 및 수단 등을 수업 초점(instructional foci)이라고 한다. 이것은 학습 초점의 역할을 하며, ILOs에 일관성을 가져다준다.

Goodlad는 수업 초점을 학습 초점으로 보며 조직중심이라는 용어를 사용한다. 이것은 교육과정이라는 뼈대에 수업이라는 살을 붙이는 것이다. 수업 초점은 성격상 목적이나 목표와는 다른 것으로 수단적인 성격을 띤다. 좋은 수업 초점이 되기 위해서는 학생으로 하여금 바라는 행동 유형을 연습해 보도록 권장하고 여러 가지 현상을 동시에 학습할 수 있도록 조정해 주는 기능을 가지고 있어야 한다. 그리고 서로 다른 수업 영역의 학습성과를 지원해 주고 보충해 줄 수 있어야 한다.

코스에 사용할 수 있는 수업 초점의 한 가지 예로서 지역의 역사박물관 견학을 둘 수 있다. 이 수업 초점은 다음과 같은 ILOs를 성취하기 위해서 선정되었다.

- 학생은 그 지역사회에 관한 역사의식을 지닌다.
- 학생은 기술공학적 변화에 수반되는 생활양식의 변화를 인식한다.
- 학생은 유물을 보고 미국 혁명기의 특징을 인식한다.

동일한 ILOs일지라도 여러 가지 다른 수업사상, 즉 책이나 필름 등에 모두 적절할 수도 있다. 코스에는 여러 가지 ILOs가 포함되어 있으며, 모든 ILOs가 지역 역사박물관과 연관이 있거나, 그것을 통해서 성취되는 것도 아니다.

(2) 순차적 조직에 수반되는 학습의 실효성 문제

앞에서 논의한 계속성이나 계열성을 추구하는 내용 조직은 여러 가지 문제를 드러내는 것으로 파악되고 있다. 그 문제는 다음과 같다.

첫째. 학습자들의 학습의 맥락과 관심사를 적극적으로 고려하는 데에 실패하고 있다는 점이다. 앞에서 논의한 전달 모형이나 도관 모형에서는 내용의 대량 전달이 우선적인 목적이므로 정해진 시간 안에 빠르게 학습자들에게 일방적으로 전달하는 것이 학습이므로 이러한 문제는 불가피하게 내재되어 있는 것이다.

둘째, 교재 내용의 논리적 위계만을 강조하다보니 학습자들의 심리적 요인들을 무시하고 있다는 비판이 존재한다. 학습이라는 것은 교과서 내용을 학습자들이 내면화시켜야 하는 일이다. 그럼에도 불구하고 내용 논리의 우선 인식은 과거 전통적인 학습 패러다임에 국한된 문제로서 시급히 해결되어야 한다.

셋째, 학습의 과정을 어느 일방으로 규정해 버린다는 점이다. 앞에서 논의한 인지 다원주의나 구성주의, 문화심리학, 내러티브 심리학의 이론에 의하면 이제 학습은 인지적 유연성이나 스토리 기반의 학습 과정, 다원적인 학습 과정들을 고려해야 한다. 순차적 조직이나 기계적 조직 방식들은 새로운 기반에 의해 개선될 필요가 있다.

넷째, 학습자들을 학습의 주인공이 아닌 주변인으로 전락시키고 있다는 점이다. 학습에서는 학습자가 주인공으로 등장해야 한다. 즉, 학습자들의 경험이나 삶의 관심사가 중요 주제로 등장하고 일차적인 주제로 다루어져야 한다. 그럼에도 불구하고 교과서의 논리적인 내용이 우선시되어 학습자들이 학습의 중심에서 밀려나고 있는 것이다. 특히 내러티브 학습이론에 의하면 이 점이 큰 문제로 등장하고 있다.

다섯째, 최신의 학습 원리나 기법들을 효과적으로 잘 반영하지 못하고 있다는 점이다. 특히 기계적인 학습 메커니즘에 편향되어 최신의 학습과학 원리나 새로운 방안들을 적극적으로 반영하지 못하고 있다는 점이다. 내러티브 심리학, 스토리텔링 학습이론, 시나리오 학습, 내러티브 기반 뇌신경과학 학습이론 등 최신의 학습이론들을 적극적으로 반영하여 새로운 단원 구성 방식을 개선해야 한다.

2) 스토리텔링으로서 내러티브의 대안적 가치

Lauritzen과 Jaeger(1997)가 강조하는 이야기의 중요성을 전현정은 다음과 같이 설명하였다(전현정, 2005)

첫째, 이야기는 기억하기 쉽다. 내러티브[4]는 가장 기본적인 인간 활동으로, 이야기는 인간 경험을 문자 사용 이전의 문화로 되돌리는 근본적인 구조이며 현대적 의사소통의 기본 모습이다. 이야기는 뇌가 쉽게 인지할 수 있으며 정보에 대한 중요한 초인지적 조직자이다.

둘째, 삶과 유사하게 관련시킬 수 있다. 이야기는 단순하고, 이해 가능한 구조에 기초하고 있기 때문에 학습자가 이해하기 쉽다. 또 실제 문제를 해결하고 삶과 유사한 패턴을 형성하는 사실적이고 믿을 만한 특성을 가지고 있다. 학습자는 이야기를 통해서 다른 삶을 대리경험 할 수 있고 그 과정에서 자신의 삶에 대한 이해와 인식을 발달시킬 수 있다.

셋째, 의미를 구성하는 수단을 제공한다. 이야기는 실재를 개혁하거나 재발견하도록 도와주며 그렇게 함으로써 이야기를 훨씬 더 깊고 의미 있게 이해하게 된다. 이야기는 독립된 사건이나 사실들이 서로 뜻이 통하고 의미를 가지도록 서로 관련짓고 연결한다. 이야기는 우리 삶을 채우고 있는 실재와 사건들이 지니는 의미를 형성해 나가는 방식인 동시에 그 의미를 파악하고 이해하는 방식이다.

넷째, 유의미한 맥락에서 학습할 수 있도록 해 준다. 내러티브 맥락은 탐구를 안내하고 어떤 영역에서 지식이 어떻게 사용되는지를 학습자들이 이해할 수 있도록 안내한다.

다섯째, 개인차를 반영할 수 있다. 텍스트는 독자들 사이에서 다양하게 해석되며 그

---

4) 내러티브에 대한 정의는 학자에 따라 다양하다. 여기에서는 내러티브를 이야기와 같은 의미로 사용한다.

것과 상호작용하는 모든 사람들에 의해 새롭게 창조된다. 이야기는 다양한 지적 수준과 발달단계에서 접근할 수 있기 때문에 학습자들이 어떤 사회적·학문적·발달적 수준에 있든지 그들의 마음을 확장하고 가능성을 탐구하며 조사하도록 한다.

여섯째, 공동체에 참여하도록 한다. 이야기는 공동체 의식에 공동의 판단(평가) 기준을 제공한다. 공유하는 이야기가 있다면, 우리는 다른 사람과 더 깊은 친밀감을 느낄 수 있다.

Egan(1992)은 교육에서 상상력의 중요성에 대해서도 말하였다. 인간은 컴퓨터처럼 정보를 저장하거나 재생하지 않는다. 그러나 공학의 발달로 인해 사람도 기계와 같이 사고하고 학습한다고 생각하게 되었다. 평가 또한 얼마나 정확하게 기억하고 있느냐에 대한 선다형 혹은 단답형으로 이루어진다. 그러나 인간의 사고나 행동은 목적과 의도를 가지고 이루어지는 것이며 상황에 영향을 받는 것이다. Bruner(1996)가 문화와 분리하여 인간의 행동과 사고를 생각할 수 없다고 했던 것과 일맥상통한다. 문화나 상황, 맥락은 모두 인간의 마음을 담고 있으며 이것은 이야기로 가장 자연스럽게 표현될 수 있다. 교수-학습 활동은 사람과 사람 사이에서 일어나는 일이므로 이야기로 전달되고 이야기로 소통될 수 있다. 학습자들이 지식을 구성해 나가고 내면화하는 가장 자연스러운 방식도 이야기 형식이다.

이상에서 알아본 것 외에도 이야기는 아동의 흥미를 끌고 상상력을 자극하여 경험과 공감, 이해를 더 광범위하게 확대시킬 수 있다. 또한 이야기를 듣는 것은 인지적 기능의 총체적인 범위를 자극할 수 있다. 게다가 아이들은 정서적으로 이야기 형태에 더 잘 끌리며, 낯설고 신비스러운 이야기일수록 아이들의 지적 활동을 촉진시킨다(Egan, 1986: 50).

Egan은 이런 이야기의 가치와 중요성을 바탕으로 기존의 교육과정에 대한 대안을 제시하였다. 아동들이 각 연령에서 세계를 가장 잘 이해하고 경험할 수 있을 것 같은 몇몇 주요 범주들을 구분하였다. 이러한 4개의 주요 교육적 발달단계에서 이야기가 어떻게 사용되는지를 설명하며 이야기를 활용한 교육과정 모형을 제시하였다. Egan이 제시한 대안적인 교육과정 모형을 살펴보도록 하자.

3) 내러티브 기반 교육과정 단원 구성의 과정: 모형별 과정

(1) Egan의 낭만적 내러티브 모형과 실천전통

낭만적 내러티브 모형은 Egan(1983; 1986; 1989)이 제시한 모형이다. Egan은 학교 교과를 이야기 형태로 조직하고, 수업도 달성해야 할 목표들의 집합체가 아니라 좋은 이야기로 보았다. 그가 주장하는 낭만적 내러티브 모형은 해당 연령 학생들의 인지적 · 정의적 특성을 반영하고 있다. 학생들은 이야기 형태에 정서적으로 더 잘 끌린다. 낯설고, 감탄스럽고 신비스러운 이야기일수록, 학생들의 지적활동을 촉진시킬 수 있다. 또한 이야기가 다른 사람의 삶 속에서 구체화되었을 때 학생들의 이해를 도울 수 있다(이흔정, 2003: 46).

Egan은 아동의 교육적 발달단계를 신화적 단계(mythic stage), 낭만적 단계(romantic stage), 철학적 단계(philosophic stage), 반어적 단계(ironic stage)로 나누고 있다. 내러티브와 관련된 교육적 발달단계는 우리나라 유아기, 초등학교 저학년의 학습자 정도에 알맞은 신화적 단계와 초등학교 중 · 고 학년의 정도에 알맞은 낭만적 단계가 있다. 본 연구에서는 낭만적 단계에 알맞은 이야기 모형 중심으로 논의를 전개하고자 한다.

Egan(1986)은 이야기 속에 변증법적 방식을 활용하여 이야기 형식 교육과정 모형을 제시하였다. 수업은 '주제에서 가장 중요한 것이 무엇인가?'를 인지하는 것으로 시작된다. 간단히 말해, '이것은 무슨 이야기인가'를 드러내는 것이다. 그리고 난 후 학생들이 쉽게 이해하고 이를 통해 새로운 지식을 알 수 있도록 해 주는 강력한 두 가지 이항 대립 개념(binary abstract concepts)에 기초하여 주제를 구조화시키며 단원이나 수업을 이

〈표 6-4〉 Egan의 낭만적 내러티브 모형과 실천전통

단계	주요 활동	실천전통의 고려 사항
1. 중요성 인식하기	• 이 주제에서 가장 중요한 것이 무엇인가? • 왜 학생들에게 중요한가? • 이것과 정서적으로 연결되는 것은 무엇인가?	• 교육내용 선정, 학습자 측면에서의 실천전통
2. 이항 대립 찾기	• 주제의 중요성을 가장 잘 나타낼 수 있는 이항 대립쌍은 무엇인가?	• 교육내용 선정에서의 실천전통
3. 내용을 이야기 형태로 조직하기	• 이항 대립쌍을 가장 극적으로 구체화시킬 수 있는 것은 어떤 내용인가? • 주제를 이야기 형태로 가장 잘 만들 수 있는 것은 어떤 내용인가?	• 교육방법에서의 실천전통
4. 결론	• 이항 대립 속에 내재된 극적 갈등을 해결하는 가장 좋은 방법은 무엇인가?	• 사회적 측면에서의 실천전통
5. 평가	• 교사는 어떻게 학생들이 주제를 이해했고 중요성을 인지했으며 내용이 학습되었다는 것을 알 수 있는가?	• 학습자 · 사회적 측면에서의 실천전통

야기 형태로 조직한다. 이야기가 가지는 특성이 기-승-전-결의 구조를 가지고 있는 것이므로 이야기의 시작 부분에 갈등(여기에서는 이항 대립)을 제시하고 이야기의 시작 부분에 설정된 갈등이 중재되면서 혹은 해결되면서 이야기를 마무리한다(전현정, 2009: 179).

Egan(1986)은 이러한 낭만적 단계의 학생들의 특징을 반영한 모형을 〈표 6-4〉와 같이 제시하였다.

Egan(1990)의 내러티브 모형은 교육적 관심과 발달적 측면에 초점을 두고 있다. 이들 단계가 갖는 교육적 시사점들은 다음과 같다. 먼저, 각 단계들은 단원계획 및 수업계획의 원리들을 이끌어 주어야 한다. 낭만적 단계의 경우, 가장 효율적인 수업을 위해 학생들의 일상적인 경험과는 거리가 먼 것들로부터 시작하여야 한다. 즉, 그것은 학생이 낭만적으로 연합할 수 있는 어떤 강력한 초월적 특성을 포함해야 한다. 이 같은 서두에서의 주제는 발전적인 기대나 복합적인 기대를 설정한다. 동시에 그러한 기대를 만족시키는 분명한 종말이 있어야 한다. 또한 단원 내에서는 아주 세세한 것까지 조사할 수 있는 기회를 주어야 한다. 어떤 의미에서 중간과 끝 부분에서는 극단의 탐구나 주제의 제약성에 대해 관심을 가져야 한다. 다시 말해, 어떤 사실을 객관적으로 표현하지 않고, 인간의 소질, 투쟁, 결단 등의 산물로 사람들의 삶을 통해 표현한다면 이야기 내용은 보다 더 쉽게 이해될 수 있을 것이다(이흔정, 2003: 49).

둘째, 각 단계들은 교육발달의 전 과정에 대한 보편적 이미지를 제공한다. 신화적 단계는 편리할 때마다 현실의 제약성을 무시한다. 그래서 결코 존재하지도 않는 창조물들과 세계들을 확산시켜 나감과 동시에 한편으로는 기본적인 사고 범주들을 정교화시켜 나간다. 그리고 낭만적 단계에서는 사고의 제약을 탐구함과 동시에 사고를 현실 내에 제한하는 활동을 한다. 이어지는 철학적 단계에서는 현실에 대한 보편적 특징들을 보다 상세히 그려내며, 반어적 단계에서는 특수한 것들 그 자체를 탐구한다. 이러한 보편적 과정은 각 단계 내에서도 반복된다. 일단 어느 한 단계에 이르면 그 단계의 가장 보편적인 특징들을 따르면서 점차로 그것들을 세분화시켜 나간다(이흔정, 2003: 49).

(2) Lauritzen과 Jaeger의 내러티브 교육과정 모형과 실천전통

Lauritzen과 Jaeger(1997)는 내러티브 교육과정이 교육 개혁에 있어 중요한 역할을 할 수 있다고 하면서, 내러티브 설계 템플릿을 제안하였다. 앞서 언급하였듯이 실천전통은 내러티브적 특성을 가지고 있다고 하였다. 마찬가지로 실천전통에 근거한 교육과정을 설계할 때에도 Lauritzen과 Jaeger(1997)가 제시한 내러티브 교육과정의 설계 단

기본 목표: 문제를 해결하라—비판적이고 창의적으로 사고하라—기술을 사용하라—의사소통하라—정량화하라—자기주도적인 학습을 하라—협동/협력하라

적용: 공공의 이슈를 심사숙고하고, 인간 경험을 해석하며, 다양성, 건강습관, 과학/수학의 관계를 이해하는 능력

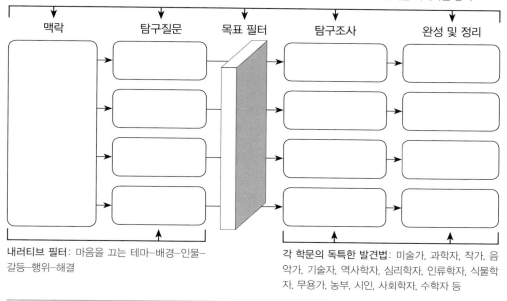

맥락　　탐구질문　　목표 필터　　탐구조사　　완성 및 정리

내러티브 필터: 마음을 끄는 테마—배경—인물—갈등—행위—해결

각 학문의 독특한 발견법: 미술가, 과학자, 작가, 음악가, 기술자, 역사학자, 심리학자, 인류학자, 식물학자, 무용가, 농부, 시인, 사회학자, 수학자 등

그림 6-4　Lauritzen과 Jaeger의 내러티브 설계 템플릿

계를 제시하고 이러한 설계 단계에서 실천전통에서 교육내용과 학습자 측면 및 사회적 측면 등 세 가지 유형의 내용 요소를 찾아 기술하고자 한다.

Lauritzen과 Jaeger(1997)는 내러티브 교육과정이 학생들에게 자연스럽고 지속적인 학습방식을 제공하고 있다고 확신하면서 다섯 단계의 내러티브 설계 과정을 제안하였다. 템플릿을 설계하는 것은 내러티브 교육과정을 만드는 데 도움이 된다. 설계 템플릿은 한 페이지로 이루어진 시각적 포맷으로 교육과정의 이론적 조직을 나타내면서 우리에게 내러티브 교육과정의 원리를 제시하고 있다. [그림 6-4]는 Lauritzen과 Jaeger(1997)가 제시한 내러티브 설계 템플릿이다.

① 맥락: 학습자의 총체적 삶의 형성으로서 실천전통

맥락(context)은 하나의 사건이 일어나는 전반적인 상황이다. 학교 수업에 있어서 맥락은 학습이 일어나는 모든 상황을 말한다. 또한 학습자와 교사를 모두 포괄하는 환경이다. 어원상 맥락(context)은 라틴어의 '함께 엮는다(to weave together)'에서 나왔다. 교육에 이러한 어원을 적용해 본다면 맥락은 '모든 학습을 함께 짜 나가기'가 될 수 있다. 내러티브 교육과정 중 학습방법적인 측면에서 함께 짜 나가기는 실천전통을 학습할 수

있는 효과적인 단계이다.

학교에서 학생들이 경험하는 것들 중에서 맥락적인 요소를 고려하지 못하는 경우가 종종 있다. 교사들은 학습내용들을 진도에 맞춰 나가는 경우가 많다. 학생들도 교과서의 학습 진도에 따라 분절된 지식들을 배우게 된다. 이러한 수업에서는 학생들이 당면하는 실제적 현실과 그들의 경험을 반영하기 어렵다.

학교교육은 학생들 삶의 중요한 한 부분이며, 교육과정은 삶을 반영해야 한다. Harste(1994)는 "교육과정이란 우리가 살고 싶은 삶에 대한 은유이다."라고 하였다. 따라서 실천전통에 근거한 내러티브 교육과정의 기초는 학생들이 의미 있는 방식으로 살아갈 수 있도록 구성되어야 한다. 내러티브 교육과정의 구성 틀에서 맥락은 실제 상황에서 주인공이 들어 있고, 문제의식을 담고 있으며, 해결책을 생각할 수 있어야 한다. 따라서 맥락은 구체적으로 명료하게 구성된 이야기여야 한다. 이러한 이야기를 통하여 학생들의 경험을 이야기로 풀어내게 하고, 이야기를 통해 경험할 수 있게 해 줌으로써 의미를 만드는 것이다.

실천전통에 근거한 내러티브 교육과정에서 이야기는 학생들에게 동기부여와 의미 구성의 소재가 된다. 따라서 학생들에게 매력적이면서 다양한 질문을 이끌어 낼 수 있는 이야기의 선택은 매우 중요하다. 많은 연구들에서 이야기가 성립하기 위해서는 필수적인 요소가 담겨야 한다고 한다(강현석 역, 2007: 190-194; 이흔정, 2003: 51-56; Lauritzen & Jaeger, 1997).

실천전통 교육관에 입각하여 본 맥락은 학습자 측면에서 개인의 총체적 삶의 형성으로서의 실천전통에의 입문 단계라고 볼 수 있다.

② 탐구질문: 교육내용 및 개인적 · 사회적 측면에서의 실천전통

맥락이 확고하게 정립되면, 템플릿의 다음 부분은 탐구질문(inquiries) 단계이다. 탐구질문은 진리나 정보, 지식을 찾아가는 단계이다. 질문의 과정에서 학생들은 가능한 방법을 모두 동원한다. 주로 묻고 대답하는 형태로 진술되며, 학생들이 더 알고 싶은 내용들이 포함된다. 이러한 내용들을 교사가 리스트로 작성한다.

탐구질문의 단계에서 제일 먼저 고려해야 할 일은 교사가 먼저 질문을 구성하는 것이다. 교사들이 먼저 맥락 속에서 중요하다고 생각되는 아이디어나 학생들이 제기할 수 있는 질문을 생각해 두어야 한다. 탐구질문의 단계에서 주도권은 교사가 아니라 학생이어야 한다. 탐구질문에서 두 번째로 고려해야 하는 사항은 어떻게 다양한 원리들을 문제해결에 연결시키는가이다. 질문을 좀 더 잘 구성하기 위해서는 학생들에게 전문가적인 관점에서 질문을 하도록 한다. 그러면 학생들의 질문의 폭과 깊이가 더 넓어질 수 있다. 이러한 과정을 통하여 원리의 발견을 유도하는 것이다.

이러한 측면에서 볼 때, 학생들이 질문을 통해 하는 발견은 교과 내용과 사실적 정보뿐만 아니라 학자나 전문가들의 생각하는 방법까지도 포괄하는 것이라고 볼 수 있다. 교사와 학생들이 이와 같은 방법으로 질문을 만들어 나간다면 많은 질문들이 제기될 수 있고, 그만큼 목표를 성취할 기회도 많아지게 된다. 교사가 학생들의 질문을 유도할 때에도 "전문가처럼 생각해 보아라"라고 제시할 수도 있고, 전문가의 관점에서 질문하고 말해 보라고 할 수 있다. 이러한 과정에서 교사의 역할은 매우 중요하다. 교사는 학생들이 핵심 원리를 발견하도록 하는 사고과정을 키워 주기 위해서 질문을 잘 유도해야 한다. 그렇게 하기 위해서 교사들은 각 원리의 내용과 관점에 대해 잘 알고 있어야 한다. 앎의 한 방법으로써 질문과 탐구를 통해 원리를 아는 것이 중요하다. 질문을 탐구하는 단계에서 교사가 반드시 기억해야 할 사항이 있다. 그것은 질문들이 이야기 지도에서 언급된 주제나 배경, 인물, 갈등, 행동, 이야기의 결론과 모두 연관을 맺고 있어야 한다는 것이다(강현석 역, 2007: 203-208; Lauritzen & Jaeger, 1997).

③ 목표 필터: 실천전통 목표 달성을 위한 탐구질문 재검토

일반적인 교육과정에서는 목표의 수립이 먼저 이루어진다. 실천전통에 근거한 내러티브 교육과정에서도 초기에 목표가 선정된다. 하지만 질문 구성 단계에서 교사와 학생들 간에 질문을 거치면서 초기에 세운 목표대로 나아갈 수 없게 되는 것이다. 목표 필터(goals filter) 단계는 이러한 것을 다시 고려하는 것이다.

객관적으로 맥락과 질문을 검토하기 위해서는 교육목표의 달성가능성에 비추어 보아야 한다. 또한 목표들이 학생들의 요구를 충족시킬 만큼 맥락과 질문이 상호작용할 수 있는지도 살펴보아야 한다. 목표는 의도된 수업의 중심이 되어야 하며, 이어지는 활동에 도움이 되어야 한다. 맥락을 읽고 다양한 질문을 도출해서 탐구가 가능하도록 하려면 반드시 설정된 목표와 밀접한 연관을 가져야 한다. 이처럼 목표 필터는 맥락의 선택 단계와 질문 단계, 탐구 단계에서 지속적인 안내자 역할을 한다(강현석 역, 2007: 208-214; Lauritzen & Jaeger, 1997).

④ 탐구조사: 교육내용 및 방법으로서의 실천전통

교사와 학생들이 공동으로 질문을 만들어 내고 나면 탐구조사(explorations)로 이어진다. 탐구란 발견을 위한 조사이며, 모험이다. 탐구는 학생들이 어떤 것을 찾기 위해 적극적으로 하는 활동이다. 목표를 달성하기 위해 자신들이 알아야 할 내용을 찾는 것이다. 탐구는 간단한 지명 찾기부터 다른 교과 영역 조사까지의 모든 활동이 포함된다. 복잡한 질문이라면 더욱 많은 탐구 활동이 필요하다.

탐구조사에서 가장 중요한 것은 선정된 목표에 따라 탐구가 이루어져야 한다는 것이다. 예를 들어, 비판적 사고의 향상이 목표라면, 그러한 목표를 달성하기 위해 탐구 활동이 이루어지는 것이다. 탐구 단계에서 이루어져야 할 또 하나의 중요한 점은 원리의 발견이다. 마지막으로, 탐구 단계에서 중요한 것은 학생들이 자신의 학습에 대한 의미를 형성해 나가는 구성주의적 관점에 대한 고려이다. 탐구를 하는 데 있어 학생들은 자신들이 갖고 있는 기존의 지식들을 활성화시키고, 다른 학생들과 새로운 경험을 나누고, 이런 것들을 토대로 의미를 구성하는 것이다(강현석 역, 2007: 216-222; Lauritzen & Jaeger, 1997).

⑤ 완성 및 정리: 교육내용 및 방법으로서의 실천전통

완성 및 정리(culminations) 단계에서 정리란 최고점의 결정적인 단계이다. 학생들이 최종 목적지에 이르도록 하기 위해서 적극적으로 탐구할 수 있도록 하는 것이다. 탐구의 결과가 정리이다. 정리는 학생들에게 자신들이 탐구한 결과를 공개적으로 공유할 수 있도록 기회를 제공하는 것이다. 완성 및 정리 단계는 내러티브 교육과정의 가장 좋은 점 가운데 하나이다. 앞서 언급했듯이 탐구 단계는 자신들이 제기한 질문들에 대한 답을 찾기 위해서 이루어진다. 탐구의 결과로서 학습의 정리 단계는 자연스러운 복습 과정이 된다.

완성 및 정리 단계는 학습자들 간에 서로 자신들이 제기한 질문들의 결과를 알려 주고 관련성을 맺는 단계이다. 학생들이 서로 같은 맥락의 이야기를 읽었기 때문에 학습의 결과는 모두 연관성을 갖는다. 이러한 과정을 통해서 학생들은 다른 사람들이 알아낸 사실들에 더 관심을 갖게 된다.

또한 정리된 결과물들은 교사나 부모, 다른 학급의 친구, 학급 외의 관련자들에게 보여 줄 수 있는 기회를 제공해 준다. 이런 기회를 통해 자신들의 학습에 대한 외적인 타당성도 인정받을 수 있다(강현석 역, 2007: 222-224; Lauritzen & Jaeger, 1997).

4) 새로운 단원 구성의 사례

선행연구 검토에서도 지적하였듯이 최근에 이루어진 이야기 활용, 내러티브 중심의 교육과정은 비교적 이야기로 전개하기 쉬운 도덕, 국어, 사회과에서 주로 개발되었다. 그러나 Egan은 교수활동의 과정이 기본적으로 이야기 형식으로 이루어지고 있다고 하면서 사회과, 수학과, 언어과, 과학과 등 모든 교과에서 이야기 형식 모형을 적용할 수 있다고 하였다. 이상의 각 교과별로 이야기 형식 교육과정을 적용한 사례는 다음과 같다(전현정, 2009; Egan, 1986: 65-102).

(1) 사회과의 사례

사회과의 내용은 사건, 가치, 장소, 의도, 인물, 집단 등을 포함하고 있고 이미 부분적으로 이야기로 만들어져 있기 때문에 이야기 형식 모형을 적용하기 가장 쉬울 것이라고 생각한다. 그러나 주제에서 정말로 중요한 것이 무엇인지, 주제를 가장 잘 드러낼 수 있는 이항 대립쌍에 대한 진지한 고려가 없다면 단순하게 내용을 모형의 범주 속에 포함시키는 오류를 가장 범하기 쉬운 교과이기도 하다. 따라서 이야기 형식 모형을 사회과에 적용할 때에는 주제의 의미와 아이들과의 정서적인 관련성을 따져 보아야 한다.

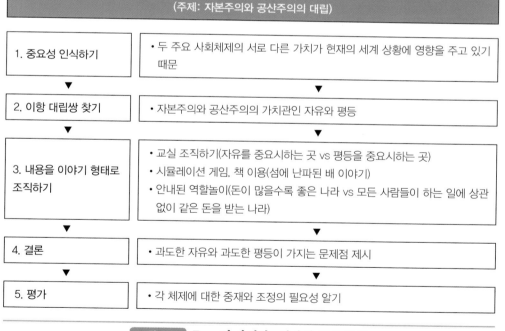

그림 6-5 Egan의 사회과-이야기 형식 모형

(2) 수학과의 사례

기존의 초등학교 수학과 교육과정의 목표는 연산능력의 신장에 주로 초점을 두고 있었다. 그러나 이야기 형식 모형은 연산 과제를 산출한 인간의 의도, 기대와 불안 등을 결속시켜 수학을 어떤 특수한 기능으로 보는 것이 아니라 인간의 기대나 의도, 불안 등을 해결하는 것으로 본다. 이것은 의미 있는 맥락 속에서 수학적 사고를 하게 하는 것으로 계산을 위한 수학이 아니라 '인간화된' 수학이다. 마치 수학자가 사고하는 것과 같이 학습자가 속한 상황에서 의도와 기대에 의해 특정한 수학적 사고와 연산을 하도록 하는 것이다. 다음은 십진수를 이해하기 위한 수학과 이야기 형식 모형 예시이다.

수학과-이야기 형식 모형 예시 (주제: 십진수의 이해를 위해 10의 자리수와 100의 자리수 도입)	
1. 중요성 인식하기	• 숫자와 수를 당연시하는 것을 탈피하여 마술과 같은 경이로움을 느끼게 하는 것, 십진법의 독창성을 이해하는 것 • (기초적인 수학적 창안물의 독창성에서 경이로움을 발견하는 것: 수학자들은 어떻게 그런 생각을 하게 되었을까?)
2. 이항 대립쌍 찾기	• 십진법의 독창성과 평범한 숫자 세기
3. 내용을 이야기 형태로 조직하기	• 우리가 당연히 여기는 것이 놀라운 성취의 산물임을 보여 주기 위해 숫자 감각과 계산하기는 중요한 차이가 있다는 것을 제시하기 • 도입(까마귀와 농부 이야기–사람은 까마귀와는 다른 방식으로 숫자를 셀 수 있는데 이것은 독창력을 갖고 있기 때문임을 보여 줌) • 이야기 만들기(마다가스카르 왕의 병사 세기–많은 수의 수를 빠르게 세는 방법을 보여 주는 이야기)
4. 결론	• 정리 부분(인간의 기본적인 수 체계와 독창성 강조, 유클리드의 원론에 대해 들려주기)
5. 평가	• 십진법의 기본 개념에 대한 표준검사 • 수의 경이로움에 학생들이 자극받았는지에 대한 교사의 관찰

그림 6-6 Egan의 수학과-이야기 형식 모형

(3) 언어과의 사례

기존의 언어(국어)교육은 읽기나 듣기, 말하기 활동을 하위 기능으로 세분하여 하위 기능을 습득하는 것에 초점을 두었다. 이것은 전체적인 언어활동을 보지 않고 부분으로만 접근하는 환원주의적 · 분석적 방식을 취한 것이다. 그러나 하위 기능을 습득하였다고 해서 읽기 능력이나 말하기 능력이 우수하다고 할 수 없듯이 이야기 형식 모형은 언어에 대한 총체적인 접근 방식을 취하고 실제적인 맥락에서 접근하고자 한다. 읽기, 듣기, 쓰기는 모두 의미를 구성하는 활동이다. 방법론적으로 정교하다 하더라도 전체적인 의미 파악이나 의미 구성이 되지 않는다면 올바른 언어교육이라 할 수 없다. 언어교육은 학습자 스스로 의미를 구성하고 자신의 세계를 표현할 수 있는 기회를 제공해 주어야 한다. 다음은 마침표 사용에 관한 이야기 형식 수업에 대한 계획이다.

언어과–이야기 형식 모형 예시 (주제: 마침표 사용)	
1. 중요성 인식하기	• 마침표의 올바른 위치는 부수적으로 지도되는 것 (쓰기의 양식 강조–개성이 없는 천편일률적인 글쓰기에서 벗어나 자신만의 색깔이 있는 양식 개발하기)
2. 이항 대립쌍 찾기	• 개성이 드러나는 글과 단조롭고 지루한 글 두 개 읽어 주기 (단조로운 글 vs 개성이 드러나는 글)
3. 내용을 이야기 형태로 조직하기	• (똑같은 일을 경험한 두 친구의 일기) A의 글: 어제 눈이 왔다. 우리는 눈싸움을 하면서 재미있게 놀았다. B의 글: 나는 눈싸움을 하면서 손이 너무 시렸다. 톰이 눈을 내 옷덜미 안에 넣고 그것이 몸속으로 들어가서 나는 목이 아플 정도로 웃고 소리치면서 놀았다.
4. 결론	• 아이들이 쓴 글을 읽어 주고 선정된 글은 비교와 비평을 통해 학급 전체에서 공유 • 교사는 마지막으로 여러 문법적 규칙 중에서 마침표 사용의 오류에 대해 말하면서 논평을 함 • 아이들은 자신의 글을 마지막으로 퇴고함
5. 평가	• 초고에 대한 논의를 할 때, 글 쓰는 동안, 마지막 퇴고의 과정에서 개성 있는 글쓰기에 대한 교사의 관찰

그림 6-7 Egan의 언어과–이야기 형식 모형

(4) 과학과의 사례

초등학교 과학의 가장 일반적인 수업방법은 관찰, 측정, 실험, 결과 예측하기 등과 같이 과학적 방법론의 기초 기능을 안내하고 실험을 하며, 여러 과학 활동에서 도출된 과학적 지식을 가르쳐 주는 것이었다. 그러나 이러한 수업 방식 역시 과학자처럼 사고하기보다는 기능에만 집중하여 기능인으로서의 과학자, 방법론적 지식만 뛰어난 과학자를 육성하는 것이 된다. Egan은 과학 또한 다른 교과와 마찬가지로 인간의 독창성, 희망 등을 통한 마술로 보거나, 신화를 비롯하여 인간의 모험에서 점차 과학이 된 이야기로부터 수업을 시작할 것을 제안한다. 열에 대한 단원을 이야기 형식 모형으로 구성하면 다음과 같다.

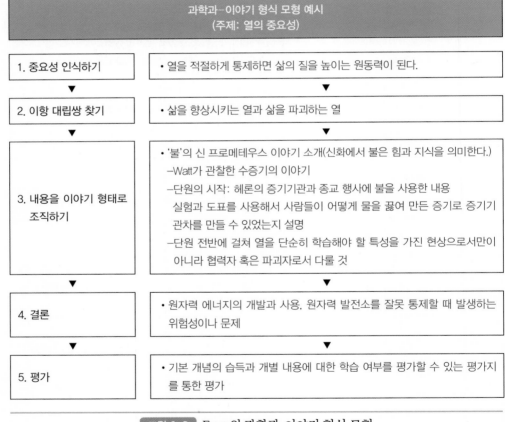

과학과-이야기 형식 모형 예시 (주제: 열의 중요성)	
1. 중요성 인식하기	• 열을 적절하게 통제하면 삶의 질을 높이는 원동력이 된다.
2. 이항 대립쌍 찾기	• 삶을 향상시키는 열과 삶을 파괴하는 열

3. 내용을 이야기 형태로 조직하기	• '불'의 신 프로메테우스 이야기 소개(신화에서 불은 힘과 지식을 의미한다.)
	  －Watt가 관찰한 수증기의 이야기
	  －단원의 시작: 헤론의 증기기관과 종교 행사에 불을 사용한 내용
	   실험과 도표를 사용해서 사람들이 어떻게 물을 끓여 만든 증기로 증기기관차를 만들 수 있었는지 설명
	  －단원 전반에 걸쳐 열을 단순히 학습해야 할 특성을 가진 현상으로서만이 아니라 협력자 혹은 파괴자로서 다룰 것

4. 결론	• 원자력 에너지의 개발과 사용. 원자력 발전소를 잘못 통제할 때 발생하는 위험성이나 문제
5. 평가	• 기본 개념의 습득과 개별 내용에 대한 학습 여부를 평가할 수 있는 평가지를 통한 평가

그림 6-8 Egan의 과학과-이야기 형식 모형

앞에서 살펴본 것과 같이 이야기 형식 모형은 단지 사회과와 같은 특정 교과에만 적용할 수 있는 것이 아니라 학습내용을 이야기 형태로 조직한다면 여타의 다른 교과에도 적용할 수 있다.

이야기는 인간의 문제를 다루고 있고 인간의 왜 그렇게 행동하였는지에 대한 의도와 정신을 포함하고 있다. 따라서 교육과정을 단편적인 지식의 모음에서 벗어나게 해 주면서 가장 자연스러운 방식으로 조직할 수 있도록 해 준다는 것을 알 수 있다.

5) 변화하는 교사교육

(1) 반성적 전문성: 내러티브 전문성(강현석, 이자현, 2006)

① 과거 전문성: 기술적 합리성과 문제점

Schön(1983)은 전문직 종사자를 교육시키는 일에 대한 일반적인 생각을 기술적 합리성이라고 명명하고 그 근원을 논리실증주의 인식론에서 찾는다. 논리실증주의자들은 실제적 지식에 대해 주어진 목적을 달성하기 위한 수단을 발견하는 지식으로 간주하며, 실험을 통해 답할 수 있는 경험적 지식의 범주에 넣었다. 즉, '내가 어떻게 행해야 하는가?'라는 실제적 질문을 과학적 지식과 기술을 적용함으로써 해결할 수 있는 과학적 질문으로 해석한 것이다.

그는 '기술적 합리성'을 주어진 목적을 달성하기 위하여 수단을 찾아 '적용'하는 능력이라고 부른다. 이것은 전문적인 활동을 잘하려면 먼저 과학적 이론이나 기술을 가르친 후 그 이론을 실제 문제해결에 도구적으로 적용하도록 해야 한다는 주장이다. 주요 전문직은 분명한 목적이 있고, 전문화되고 체계적이고 표준화된 과학적 지식에 기초해 있다. 이러한 전문직은 주어진 목적을 달성하기 위하여 도구적으로 문제해결을 하게 된다. 전문직이 다른 직종과 구별되는 것은 전문화된 과학적 이론과 기술을 엄격히 적용하기 때문이다. 기술적 합리성이라는 말은 전문적 지식, 즉 과학적 이론과 기술이 주어진 목적 달성을 위한 도구로서 얼마나 합리적으로 실제의 문제해결에 적용되는가 하는 것이다(Schön, 1983: 21-23).

기술적 합리성은 다음과 같은 전문적 지식의 세 가지 요소의 위계에 기초한다. 첫째, 가장 높은 수준의 지식은 '일반 원리'로서, 이것은 활동 양식이 기초하고 있는, 또 그것이 발달되어 나온 기저 학문 또는 기초 과학의 요소를 의미한다. 둘째, '응용과학' 또는 '공학적 요소'로서 이것은 실제 활동에서 문제를 진단하고 해결하는 방법을 제공한다. 즉, 나날의 진단 절차와 문제해결을 제공하는 지식이다. 셋째, 기저 학문과 응용 지식을 사용하여 실제로 고객에게 서비스를 할 때 관여하는 기술과 태도의 요소이다(Schön, 1983: 24).

이와 같이 기술적 합리성에서는 과학적 이론과 기술을 적용한 도구적 문제해결을 강조한다. 전문가의 실천은 과학적 이론과 기술을 엄격히 적용하여 실제 문제를 해결하는 것이다. 따라서 전문가의 지식은 과학적 이론과 기술의 실제 문제에의 적용을 특징으로 한다. 여기에서 적용(application)은 기술적 합리성 패러다임에서 전문가의 지식을 설명하는 핵심 개념인데, 이렇게 적용을 강조할 때 적용의 수준에 따라 전문 지식은 일반적 원리가 가장 높은 위치를 그리고 구체적인 문제해결이 가장 낮은 위치를 차지하는 방식으로 위계화될 수 있다. 즉, 일반적 지식의 적용은 구체적 지식을 파생하고 구체적 지식은 일반적 지식에 종속된다. 그리하여 더 기초적이고 일반적일수록 전문 지식의 사다리에서 더 높은 위치를 차지한다. 기초학문 → 응용학문 → 기술의 전문 지식 체계가 중요하다고 볼 수 있다(서경혜, 2005).

이와 같이 전문 지식을 이론적 지식의 실제 문제에의 적용으로 보는 기술적 합리성 패러다임은 적용 관점에서 기초하고 있으며, 그로 인한 전문 지식의 위계화는 연구와 실천의 분리를 가져왔다. 실천가는 기초·응용 학문에서 도출된 지식을 적용하여 문제를 해결하며, 그 지식의 효율성을 점차 정교화해 나가게 된다. 실천가가 기초·응용 학문의 지식으로 실제의 문제를 해결할 수 없을 때 이 문제를 연구자에게 제공한다. 연구자는 기초·응용 학문의 지식을 기반으로 실제 문제를 해결할 수 있는 지식을 도출하여 실천가에게 제공한다. 실천가는 연구자가 제공한 지식을 실제 문제에 적용해 보고 이론적 지식의 유용성을 검증한다. 실천가의 실천을 통해 검증된 지식은 전문 지식으로 인정되고 이러한 과정을 통해 전문 지식은 확장된다. 이처럼 기술적 합리성 패러다임에서는 연구 중심과 실천 중심의 분리가 자연스럽게 발생한다(Schön, 1983). 예를 들어, 교육계에서 교수와 교사의 분리는 이러한 패러다임을 반영하는 것으로 볼 수 있다(서경혜, 2005: 290).

기술적 합리성을 주장하는 견해에 의하면 전문 분야의 활동가나 기능인들은 실제에 적용할 수 있도록 근본적인 이론을 먼저 알아야 하며, 이러한 이론을 만들어 주는 사람은 대학에 기반을 둔 과학자나 학자들이라는 것이다. 따라서 전문인을 양성하는 학교에서는 전문적 활동의 기초가 되는 일반화되고 체계적인 이론 지식을 학생들에게 전달하는 기능을 해야 한다. 이러한 '기술적 합리성'을 가르치는 것은 교수 과정에 대한 올바른 이해인가? 숀에 의하면 실제 상황은 기술적 합리성을 믿는 사람들이 생각하는 것보다 훨씬 복잡하다. 어떤 활동을 수행한다는 것은 단순히 문제를 해결하는 과정이 아니며, 해결해야 할 문제가 처음부터 주어지는 것도 아니다. 오히려 어떤 활동을 수행한다는 것은 문제를 '만드는' 과정, 즉 문제, 성취해야 할 목적, 그 목적에 대한 수단 등을 정의해 나가는 과정인 것이다. 따라서 활동 수행을 위해서는, 주어진 목적 달성을 위해 수단을 찾아 적용하는 '기술적 합리성' 대신에, 활동의 목적과 그것의 수행에 필요한 과정을 모두 고려하는 '활동 속의 사고(reflection-in-action)'가 요구된다. 또한 단순히 문제를 해결하는 경우조차 문제 상황의 독특성과 변화성 때문에 이론을 기계적으로 적용할 수 없다. 따라서 활동을 수행하는 것은 오히려 예술적이고 직관적인 과정이라고 볼 수 있으며, 여기에서는 말로 표현할 수 없는 묵시적인 앎이 필요하다고 Schön은 다음과 같이 말한다(Schön, 1983: 39-49; 홍은숙, 1999 재인용).

> 전문인의 일하는 생활은 행위에 나타나는 묵시적인 앎에 의존한다. 유능한 전문인이라면 합리적으로 정확하고 완전하게 기술할 수 없는 현상이 있음을 알 것이다. 나날의 전문 활동을 하다 보면, 적절한 준거를 제시할 수 없는 질적 판단을 무수히 해야 하며, 또한 규칙이나 절차를 말할 수 없는 기술(技術)을 발휘해야 하는 것이다. 그가 연구에 기초한 이론이나 테크닉을 의식적으로 사용하는 경우라 할지라도, 여전히 말로 표현될 수 없는 인식과 판단과 기술(技術) 발휘가 요구되는 것이다(Schön, 1983: 49-50).

기술적 합리성의 가정은 어떤 활동 양식을 배우는 데에 이론적 지식이나 명제 규칙이 반드시 필요하며, 따라서 교육에서 우선적으로 이론적 명제를 가르쳐야 한다는 것이다. 탁월한 행위에는 말로 표현할 수 없는 묵시적인 앎과 판단력이 요구되는 예술적이며 직관적인 과정이다. 따라서 단순히 주어진 목적을 달성하기 위하여 기계적으로 전문 지식 및 기술을 적용하는 도구적 합리성은 새로운 패러다임에 의해 보완될 필요가 있다.

기술적 합리성 패러다임에서는 전문가의 실천을 적용을 통한 문제해결로 볼 때 문제제기 과정을 간과하게 된다. 실제 세계에서 문제는 실천가에게 주어지지 않으며, 문제라는 것은 불확실하고 불안정하며 특수하고 가치갈등을 특성으로 하는 문제 상황으로부터 실천가에 의해 구성되어야 한다. 문제제기 과정이 간과되는 것은 기술적 합리성 패러다임이 목적에 대한 합의에 기초하기 때문이다. 목적이 분명하면 문제해결은 도구적 문제가 된다. 그러나 목적이 불분명한 상황하에서는 문제가 규명되지 않으며, 더욱이 과학적 이론과 기술을 적용해서 문제를 해결할 수 있는 것도 아니다. 실천 상황의 불확실성, 불안정성, 특수성, 가치갈등은 이론과 기술의 적용 문제를 넘어서는 것이다. 따라서 실천가, 즉 교사들은 이러한 상황에서 전문성의 위기의식을 느끼며, 그 위기를 극복할 수 있는 것을 좀처럼 찾기가 어렵다.

결국 교사의 전문성을 개발하기 위해서는 기술적 패러다임을 극복해야 한다(서경혜, 2005: 292). 교육 현장을 보는 관점의 전환이 필요하다. 교육 현장은 이론적 지식이 그대로 적용될 수 있는 안정되고 통제된 상황이 아니라 불확실성, 불안정성, 특수성, 가치갈등을 특성으로 한다. 교사의 실천을 보는 관점의 전환이 필요하다. 교사의 실천은 이론적 지식을 적용하여 실제 문제를 해결하는 도구적 문제해결이 아니라 불확실하고 불안정하며 특수하고 가치갈등이 있는 교육 현장의 문제 상황에서 문제가 무엇인지 도출하고 이를 실천적 지식을 이용해 해결하는 문제 제기와 해결을 특성으로 한다. 교사의 전문지식을 보는 관점의 전환도 필요하다. 교사의 전문 지식에 있어 핵심은 기초·응용 학문의 이론적 지식이 아니라 교사가 교육 현장에서 형성하는 실천적 지식이다. 교사의 전문성은 바로 이 실천적 지식에 있다. 그렇다면 전문가의 실천적 지식은 어떻게 형성되는가?

② 반성을 통한 실천적 지식

Schön(1983)은 기술적 합리성 패러다임의 한계를 극복하는 대안으로 반성을 제시한다. 즉, 불확실성, 불안정성, 특수성, 가치갈등을 특징으로 하는 실천 상황에서 전문가가 발휘하는 예술적이고 직관적인 인식과정을 담아내는 실천의 인식론을 제안하였다. Schön은 전문적 실천가의 앎은 '행위 중 앎(knowing-in-action)'으로 그의 지식은 실천 행위 속에 녹아 있는 것이라 주장한다. 이러한 '행위 중 지식(knowledge-in-action)', 즉 실천적 지식은 '행위 중 반성(reflection-in-action)'을 통해 형성된다. 전문적 실천가가 불확실하고 불안정하며 특수하고 가치갈등적인 실천 상황에서 문제가 무엇인가 규명하고 이를 해결하는 것은 바로 행위 중 반성을 통해서이다.

Schön(1983)은 행위 중 반성의 특징은 바로 앎과 행위의 상호작용에 있다고 주장한다. 행위 중 반성은 행위 기저의 앎을 표면화하고 비판하고 재구성하여 새로운 앎을 형성하는 데서 멈추지 않는다. 여기까지의 과정은 '행위 후 반성(reflection-on-action)'과 별로 다를 바 없다. 그러나 행위 중 반성은 행위 중 앎을 재구성하는 것에서 멈추지 않고 재구성을 통해 형성한 새로운 잠정적 앎을 즉석에서 실천에 옮긴다. 새로운 앎은 행위에 변화를, 즉 실천가의 일상화된 무의식적 실천 행위의 변화를 가져오는 것이다. 이제 실천가의 행위는 새로운 잠정적 앎을 확증 혹은 반증하는 실험이 된다. 이 실험 결과에 따라 새로운 잠정적 앎은 새로운 실천적 앎으로 정착될 수도 혹은 기각될 수도 있다. 이와 같이 새로운 앎이 행위에 즉각적인 영향을 주는 것이 행위 중 반성이 다른 종류의 반성과 구별되는 특징이다. '행위 후 반성'은 행위의 즉각적인 변화를 가져오지 못한다. 행위 후 반성을 통해 행위 기저의 앎을 재구성했다 하여도 이미 행위가 끝난 상황이기에 재구성을 통해 형성된 새로운 잠정적 앎을 즉각 실천에 옮길 수 없다. 새로운 앎이 이후의 실천 상황에서 실천되어 행위의 변화를 가져올지는 미지수이고 새로운 앎은 실천으로 검증되지 않은 앎, 실천되지 않은 앎, 그저 머릿속에 있는 앎으로 남아 있을 수 있다. 이런 점에서 행위 중 반성의 가장 중요한 특징은 행위 중 앎을 표면화하고 비판하여 재구성한 앎을 즉석에서 행위로 옮기는, 즉 새로운 앎의 실천인 것이다(서경혜, 2005: 296).

전문적 실천가가 실천 중 반성을 할 때 그는 실천 상황에서 연구자가 된다. 전문적 실천가는 이론적 지식에 맹목적으로 의존하지 않는다. 그의 실천은 이론적 지식의 적용이 아니다. 전문적 실천가는 자신의 실천 중 앎을 표면화하고 비판하고 재구성하여 새로운 잠정적 앎을 형성하고 이를 즉석에서 실천에 옮겨 검증한다. 전문적 실천가의 새로운 잠정적 앎은 실천의 변화를 낳고 이것은 새로운 실천적 앎을 낳는다. 따라서 전문적 실천가의 실천 중 반성에 있어 앎과 행위, 연구와 실천은 분리되지 않는다. 그의 실천이 바로 연구이다. 실천 중 반성을 통해 실천가는 전문성을 향상시켜 나가고 전문적 실천가로 성장한다. 그러므로 전문적 실천가는 반성적 실천가이다.

Schön의 반성 개념은 앎과 행위의 상호작용을 강조한다. 반성은 그저 행위를 돌이켜 살피는 것이 아니라 행위 기저의 앎을 비판적으로 재구성하여 이를 행위로 옮겨 검증하는 것이다. 새로운 앎은 행위의 변화를 낳고 새로운 행위는 행위 중 앎의 변화를 낳는다. 이러한 행위 중 반성을 통해 실천가는 실천적 지식을 형성, 발전시킨다. 행위 중 반성을 통해 실천가는 전문적 실천가로 성장한다.

③ 통합적 접근

여기에서는 이상의 연구 외에도 유사한 연구들을 통합하고자 한다. 첫째, 교사의 실천적 지식에 대한 다양한 연구를 수용하고, 둘째, Schön의 반성에 대한 보다 중요한 본질을 파악하고, 셋째, 반성을 지원해 주는 방안을 고려하는 것이다. 이를 더 자세히 살펴보면 다음과 같다.

첫째, 교사의 실천적 지식은 인식 주체의 개인적 참여는 지식을 불완전하게 만드는 것이 아니라 필수불가결한 요인이 되며 학문적 전통이 새로운 지식 창조의 기반임과 동시에 '창조적 이견'에 대해 개방되어야 한다는 Polanyi의 개인적 지식에 그 철학적 근거를 둔다. 즉, 교사는 교수행위를 할 때 강의나 책을 통해서 이미 배운 이론적 지식을 그대로 적용하는 것이 아니라 상황을 온몸으로 이해하고, 그 상황에 맞는 이론적 지식을 참고하고, 자신의 가치관이나 현장 경험을 고려하여 그 자신이 창의적으로 구성한 지식에 근거한다는 것이다. Elbaz(1983)는 사례연구를 통해 교사는 그들이 가르치는 일의 모습을 결정하고 방향 짓기 위해 적극적으로 사용하는 복잡하고 실제적으로 지향된 일련의 이해체계를 가지고 있음을 발견하였다. 그는 이 지식을 '실천적 지식'이라고 명명하고, 다음과 같이 성격을 규정하였다(김자영 외, 2003: 81).

> 실천적 지식은 우선적으로 학습자의 학습방식, 흥미, 요구, 장점과 어려움 그리고 수업 기술의 측정과 교실 운영 기술의 경험을 포함한다. 교사는 생존과 성공을 위하여 학교와 사회 구조가 무엇을 요구하는지를 안다. 교사는 학교가 한 부분으로 속해 있는 지역사회에 대해 알고, 그 지역사회가 용인하는 것과 그렇지 않은 것에 대한 감각을 갖고 있다. 이러한 경험적 지식은 교과, 아동 발달, 학습, 그리고 사회이론과 같은 영역에 대해 교사가 갖고 있는 이론적 지식에 의해 영향을 받는다(Elbaz, 1983: 5).

이러한 교사의 지식은 여러 학자들에 의해서 다양하게 연구되어 왔다. 그중에서도 Clandinin(1985)의 교사의 지식에 대한 정의는 이 지식을 교사의 실제 교수행위에 근거가 되는 지식, 개인이 가진 신념이나 가치관이 관여되어 형성된 지식으로 보았다는 점에서 Elbaz와 상당 부분 일치한다(김자영 외, 2003: 82). Clandinin(1985)에 의하면 교사의 지식은 교수와 학습, 그리고 교육과정의 이론이라는 점에서 볼 때 완전히 이론적이지 못하며, 아동을 안다는 점에서 볼 때도 부모가 자녀에 대해서 아는 것과 같지 않기 때문에 완전히 실제적이지 못하다. 그는 이러한 점에서 교사의 지식을 특별한 지식이라고 하였다. 그는 교사의 특별한 지식이 개인의 모든 의식적·무의식적 경험에 영향을 받아 형성되고, 행동으로 표현되는 신념체라는 점에서 이 지식을 '개인적·실천적 지식'으로 명명하였다. 교사 지식의 형성에는 개인적·맥락적·역사적·정치적·사회적·경험적 차원 등 다양한 요인이 영향을 미치는데 Clandinin은 그중에서도 특히 한 개인이 가지는 경험의 역사를 강조하였다(Cole & Knowles, 2000).

이상에서 볼 수 있듯이 교사의 교수행위에 근거가 되는 실천적 지식은 학자에 따라 다양하게 이해되고 있지만 다음과 같은 공통점을 가진다(김자영 외, 2003: 83). 첫째, 교사는 다양한 상황에 적절하게 활용할 수 있는 지식을 가지고 있다는 것이다. 둘째, 이러한 지식은 교사가 강의나 책을 통해 배운 이론이나 지식, 자신의 가치관과 현장 경험 등의 요인이 통합되어 형성된 지식이라는 것이다. 셋째, 이러한 지식은 현장에서 일어나는 교사의 모든 행동과 판단의 근거로써 사용된다는 것이다. 이와 같은 점에서 교사의 지식은 공통된 의미를 가지고 있다고 볼 수 있다. 요컨대, Elbaz에 의하면 실천적 지식이란 교사 개개인이 그가 가지고 있는 이론적 지식을, 그가 관계하는 실제 상황에 맞도록 그 자신의 가치관이나 신념을 바탕으로 종합하고 재구성한 지식으로, 그것은 그의 교수행위에 근거가 된다.

두 번째, Schön의 반성에 대한 본질 인식이다. Schön(1983)은 Dewey의 반성적 사고에 대한 개념을 근거로 전문가(professional expertise)의 개념을 언급한다. 그에 따르면, 반성적 사고란 전문가가 자연스럽게 사고하고 행위하는 방식이다. 따라서 전문가는 갈등, 독특성, 불확실성을 필연적으로 포함하는 전문적 상황에서 반성적으로 사고하면서 실천할 수 있는 사람으로 정의한다. 전문적 상황 속에서의 실천행위, 불확실성에 대한 대처, 문제해결 등은 Schön의 반성 개념 중 핵심적인 것이라고 할 수 있다. '행위 중 반성'은 개인이 문제를 구조화하고, 상황을 이해하며, 문제를 이끌어 오는 가정들의 기저를 비판적으로 평가하고, 검증될 수 있는 대안적인 해결방식을 구성하도록 허용하는 하나의 의식적인 탐구이다(Schön, 1987). 이는 능동적 · 역동적 학습 경험으로서 어떤 놀라움이 행위 중 앎의 흐름을 방해하면 적극적인 주의가 야기되고, 의문이 일어나며, 검증되고 평가될 수 있는 하나의 해결책을 적극적으로 예언하거나 혹은 어떻게 문제가 해결될 수 있는지를 역동적으로 인식하게 된다. 해결책이 역동적으로 나타나면, 그것은 적극적으로 분석되며, 만약 그 해결책이 문제가 있으면, 문제가 재해결될 때까지 능동적인 자기 조정이 개입된다(이진향, 2002: 174-175).

Schön(1983)에 따르면 진정한 전문가로서의 능력은 '행위 중 반성'과 보다 밀접한 관련이 있다. 이는 전문적 행위를 하고 있는 동안 변화가 내재된 행위 방식에 대해 생각하며, 자신이 무엇을 하고 있는지를 알고 있다는 것을 의미한다. 따라서 '행위 중 반성'은 실천적 이론과 실험을 포함하게 되며, Schön(1983)은 이러한 '행위 중 반성' 과정을 통해 진정한 전문성 발달이 이루어질 수 있다고 본다. 즉, 반성은 실천을 수반하는 것으로 보아야 한다. 실천을 수반하지 않은 반성을 강조할 때, 반성은 이론적 지식과 방법적 기술로 전락할 위험이 있다. Schon의 반성 개념에서는 반성만 강조하지 않으며, 실천을 수반한 반성을 강조한다. 실천 없는 반성, 반성 없는 실천은 한계에 빠질 수밖에 없다. 반성과 실천은 교사의 전문성 개발을 위한 핵심 개념이다(서경혜, 2003: 303).

세 번째, 교사의 반성을 어떻게 지원할 것인가? 교사의 반성에 대한 연구 결과를 기초로 교사의 반성을 지원하기 위한 다양한 프로그램과 방법들이 개발되었다. 그중에서 최근에 가장 각광을 받고 있는 것이 저널 쓰기, 내러티브, 스토리 등 다양한 형태의 이야기 쓰기이며, 이는 교사양성 교육과정에서 반성을 지원하는 중요한 활동으로 활용되었다.

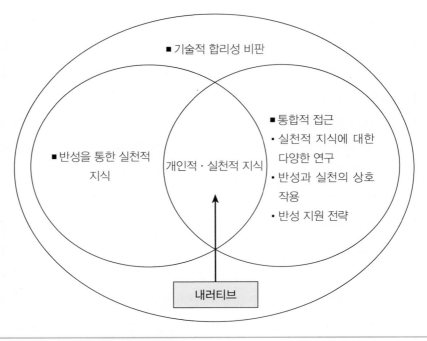

■ 기술적 합리성 비판

■ 반성을 통한 실천적
지식

개인적·실천적 지식

■ 통합적 접근
• 실천적 지식에 대한
다양한 연구
• 반성과 실천의 상호
작용
• 반성 지원 전략

내러티브

그림 6-9 새로운 교사 전문성 구상을 위한 기초

이와 같이 새로운 교사 전문성 관점을 구상하기 위한 기초를 마련하기 위해서 이상의 통합적 접근을 [그림 6-9]와 같이 나타낼 수 있다.

(2) 내러티브 기반 학습 공동체

① 교육과정 개발에서 내러티브 전문성 전략의 기저

여기에서는 앞 장에서 논의한 내용을 바탕으로 교육과정 개발에서 교사가 활용할 수 있는 내러티브 전문성 전략의 기저를 구성해 본다. 여기에는 두 가지 차원이 가능하다. 첫 번째 차원은 간접적인 것으로 내러티브 교육과정의 개념적 조건에서 유래하는 것이며, 두 번째 차원은 직접적인 것으로 교육과정 개발에서 내러티브 관점, 특히 개인적·실천적 지식의 관점에서 유래하는 것이다. 이하에서는 전자를 간략하게 살펴보고, 후자를 중심으로 전문성 신장 방안을 논의한다. 왜냐하면 전자보다는 후자가 보다 본질적인 것이기 때문이다.

첫째, 내러티브 교육과정에 대한 개념화에서 유래하는 것이다. 내러티브 교육과정은 내러티브를 통해 학생의 학습기회를 구성적이고 해석적으로 조직하여 지식과 경험을 지속적으로 재구성할 수 있도록 해 주는 구조를 의미하는 것으로, 내러티브 자체가 곧 교육과정을 의미하는 것이다(강현석, 2005: 98). 이러한 의미에 초점을 둔다면 내러티브 전문성의 전략은 몇 가지로 구성될 수 있는데, 첫째, 스토리 구조를 활용하는 방안, 둘째, 내러티브 사고를 직접적으로 활용하는 방안, 셋째, 이야기를 통한 통합 학습을 활용하는 방안, 넷째, 교육과정의 공통 요인을 활용하는 방안, 다섯째, 내러티브 설계 원리를 활용하는 방안 등을 들 수 있다. 이 모든 방안들은 결국 교육과정에 대한 교사들의 인식이 중요하며, 내러티브 속성에 비추어 교육과정을 해석할 수 있는 능력이 요청된다고 볼 수 있다.

둘째, 교육과정 개발에서 내러티브 관점, 특히 개인적 · 실천적 지식의 관점에서 유래하는 것이다. Poole(1996)에 따르면 교사의 의미 구성은 변증법적 과정이고 실제에 대한 이전의 경험이 새로운 경험의 해석에 영향을 주고 이러한 새로운 경험은 실재의 구성에 영향을 주게 된다. 개인은 끊임없이 자신의 경험과 의미를 반성적으로 검토하면서 개인적 지식을 재구성한다. 교사 개인의 실천적 지식을 재구성하면서 교사 스스로의 변화가 얼어나게 된다. 이러한 끊임없는 의미의 재구성이 이루어지면 이러한 재구성 결과는 한 개인의 인격의 일부가 된다. 즉, 자신의 체험에 의하여 반성적 인간이 된다.

특히 개인적 지식을 탐구하는 방법에서 내러티브 탐구를 전적으로 교육과정화하여 내러티브 교육과정을 주장하는 Conle(2003)은 이러한 교육과정이 교육과정 실제와 현상에 대한 이해를 증진하고, 그것이 교육과정 해석 능력을 증진한다고 보고 있다. 그 결과로, 교사는 상상과 실천에 있어 유용한 각종 레퍼토리를 풍부하게 하고, 삶에 변화를 가져오며, 미래의 비전을 획득할 수 있게 된다는 것이다. 이러한 점은 개인적 지식을 탐구함으로써 가능한 것이다. 이러한 관점에 근거하여 Ben-Peretz(1975; 1990)는 두 가지 전략, 즉 교육과정 잠재력(curriculum potential)과 교육과정 해석(curriculum interpretation)의 전략을 제시하고 있으며, Connelly와 Clandinin(1988: 148-153)은 교육과정의 잠재 가능성, 교육과정 탐구(curriculum inquiry), 실행연구(action research) 전략을 제시하고 있다.

② 내러티브에 의한 전문성 신장 방안

여기에서는 앞의 내러티브 관점에 의한 전략들을 종합하여 교육과정 잠재력, 교육과정 해석, 교육과정 탐구, 실행연구, 교육과정 재구성 전략을 전문성 신장 방안으로 제안해 본다(강현석, 전현정, 2011).

가. 교육과정 잠재력

교육과정이 지니는 잠재력은 교육과정을 읽고 해석하는 주체에 따라 상이하게 구성된다. 교육과정 자료가 지니는 가치가 교사 개인의 개인적·실천적 지식에 따라 다양하고 상이하게 해석되고 구성되기 때문에 그 잠재 가능성은 고정적이기보다는 교사의 경험과 의미 체계에 따라 달리 재구성된다. 교육과정 개발의 상황에서 개별 교사들은 상이한 교육과정 상황에 처해 있는 상이한 개별자들이다. 교사가 처해 있는 상황은 우리 각자들로부터 서로 다른 의미를 유인해 낸다. 이러한 동일한 아이디어가 교육과정 자료에 적용되는 경우에 상이한 교육과정 상황이, 주어진 일정한 교육과정 자료들로부터 상이한 의미들을 유인해 낸다고 말할 수 있다(Connelly & Clandinin, 1988: 148). Ben-Peretz(1975)는 교육과정 자료가 지니는 이러한 특성을 명명하기 위하여 교육과정 잠재력의 개념을 개발하였다. 잠재력이 사실상 교육과정 자료가 지니는 성격을 말하는 것이지만, 그것은 결국 교사의 개인적·실천적 지식에 따라 상이하게 재구성되는 교사 전문성이 구현되는 매개체이다. 왜냐하면 교사들은 자신들의 지식에 따라서 교육과정을 읽고 해석하기 때문이다. 따라서 교사 전문성은 교육과정 잠재력을 극대화하는 방향으로 개발될 필요가 있으며, 그러기 위해서는 교사의 해석적 능력과 전문적 상상력을 자극시킬 필요가 있다.

이러한 교육과정 잠재력을 개발시키는 방안으로 Ben-Peretz(1990: 55-61)는, 첫째, 교사 자신의 교육과정 스토리를 창안하는 것, 둘째, 교육과정 잠재력을 분간하는 능력과 교과교육학적 지식(pedagogical content knowledge) 간의 연계성을 인식하는 것, 셋째, 교육과정 개발 과정에서 교사를 '사용자–개발자(user-developers)' (Connelly, 1972)로서 충분한 파트너로 인식하는 것 등을 제안하고 있다. 교육과정 잠재력에 대한 교사의 활용 정도는 교과교육학적 지식에 기초하고 있으며, 교육과정 스토리와 같은 실현된 잠재력의 사례는 다시 교사의 전문적 지식 기반의 일부가 된다. 그리고 교사는 이제 교사가 배제되어 개발된 교육과정의 사용자도 아니며, 단순히 능동적인 실행자도 아닌 교육과정 개발에서의 진정한 파트너(Connelly & Ben-Peretz, 1980)로 인식되어야 한다.

나. 교육과정 해석

교육과정 해석은 교육과정 자료들이 가진 잠재력을 드러내는 하나의 방법으로 제안되었다. 여기에서 말하는 교육과정 잠재력이란 교사들이 다양한 교육과정 자료들을 사용하는 데 적극적이고 의도적으로 열중할 때에 교사와 자료의 상호작용에 의해 나타나는 것으로 교육과정에 매우 긍정적인 측면으로 인식된다. 즉, 그것은 자료가 시작점을 제시하고 교사는 그들의 통찰력, 교육학적 지식 그리고 기존 자료에 기초하여 교사 자신의 교육과정적 발상들을 개발할 수 있는 전문적 창작력을 이용한다. 교재 안에 구체화된 교육과정의 스코프, 다양성, 풍부함은 그것들이 지니는 내용 가치, 구조의 유연성, 또는 견고함에 의하여 결정된다. 이러한 자료를 바라보는 다양한 관점에서의 해석을 통해 교사들이 교육과정 잠재력을 키우는 방법을 모색하고자 하는 것이다.

Ben-Peretz(1990)는 교육과정 해석에 관한 몇 가지 특성들을 제시하고 있다. 교육과정 해석의 양식과 그것에 따른 분석의 틀들은 교육과정 해석을 위한 도구의 기초가 된다. Ben-Peretz가 제안한 교육과정 해석의 틀을 재구성하여 제시해 보면 〈표 6-5〉와 같다.

〈표 6-5〉 **교육과정 해석의 틀**

양식	근거	개념적 틀	내용
주관적 양식	해석자의 개인적 지식과 경험	• Kelly의 개인적 구인이론 (PCT: personal construct theory)	• 교육과정 자료의 해석을 위한 교사 자신의 척도를 탐구할 수 있는 개념적 구조
		• Connelly와 Clandinin의 개인적·실천적 지식(PPK)	• 교육과정에 대한 교사의 실천적 지식
객관적 양식	사전에 결정된 분석 범주	• 내적 분석의 틀	• 개발자의 합리적 근거(의도와 목적)에 바탕을 둔 해석
		• 외적 분석의 틀	• 이론적 관점 활용 • 교육과정 공통요인(common places, Schwab)에 근거를 둔 외적 분석 계획

이상의 표에 의하면 교사는 다양한 양식으로 교육과정 해석을 할 수 있다. 특히 주관적 해석에서 교사는 개인적 구인이나 개인적·실천적 지식에 근거하여 교육과정의 가치를 해석한다는 것이다. 이러한 점은 교육과정 잠재력에 대한 교사의 독해 능력이 교과 전문 지식, 과거 교수 경험, 교실 현실의 느낌, 해석 능력 등에 따라 다양하고 상이하게 구성된다는 점을 뒷받침해 준다. 따라서 교사들은 보다 구체적으로 교육과정 해석을 위한 도구와 절차들을 사용할 필요가 있는 데, 이것을 표로 재구성하여 제시해 보면 〈표 6-6〉과 같다(남유리, 2004: 52; Ben-Peretz, 1990: 87-107).

〈표 6-6〉 교육과정 해석의 전략

전략	이론적 근거	특징	해석 양식
CIR (교육과정 항목 분석표)	Ben-Peretz et al. (1982)	교사들이 교육과정 자료를 해석하는 데 사용하는 개인적 구인을 증명하는 데 사용함	주관적 양식
SSA (교수요목과 교사 지침서 분석 도식)	Silberstein & Ben-Peretz(1983)	교수요목과 교사용 지침서를 해석하기 위한 것으로 교사의 내적 조망을 기초로 함	객관적-내적 참조 틀
SACM (교육과정 자료의 분석 도구)	Ben-Peretz (1983)	객관적 양식의 외적 틀로서 외적 조망을 반영하며, 교육과정 자료의 분석을 위해 공통 요인-교과, 학생, 교사, 환경-을 기초로 함	객관적-외적 참조 틀
Matching Wheel	Ben-Peretz & Lifmann(1978)	내적·외적인 객관적 양식 모두에서 교육과정 해석을 할 수 있도록 만들어짐	객관적-내적·외적 참조 틀

다. 교육과정 탐구

교육과정 탐구는 교사들이 흥미 있는 자료들을 잠재가능성이 풍부하게 읽고 연구하는 동일한 방식으로 교육과정 자료를 읽고 연구하는 과정을 의미한다. 이러한 교육과정 탐구의 목적은 교육과정이 지니는 의미를 되찾고 회복하는 일이며, 교육과정 개발 자료들을 개인적·실천적 지식의 관점에서 읽는 것이다. 이 과정에서 교사는 지속적으로 자료들이 지니는 교육과정적 의미를 탐구하고 자신이 처한 상황하에서의 자료의 가치와 의미를 재구성해 내는 것이다. 여기에서 교육과정 자료와 교사 간의 상호작용이 중요하며, 이 과정에서의 의미 교섭과 교사 자신의 교육과정 스토리를 구성해 내는 것이 중요하다.

교사는 자신이 대면하는 특수한 교육과정 상황, 학생, 지역사회 등에 따라서 교육과정 혹은 교과서 내에서의 다양한 잠재력을 발견하고 구성해야 한다. 동일한 텍스트를 교사들은 상이하게 읽고 해석할 수 있으며, 이런 경우에 교육과정 개발 자료들은 상이한 독해가 가능하며, 더욱더 다양한 방식으로 구성된다. 교사로서 우리는 자신의 개인적·실천적 지식을 신뢰하고, 우리의 내러티브를 이해하고, 교실 상황의 복잡한 맥락 속에서 요구되는 것이 무엇인지를 결정해야 한다. 이러한 문제들은 타인에 의해서 결정되어서는 안 된다. 훌륭한 교육과정 개발 자료는 상이한 환경 속에 있는 여러 학생들에게 서로 다르고 다양하게 많은 잠재력을 지니고 있어야 한다(Connelly & Clandinin, 1988: 151-152). 교사로서 우리는 이 잠재력을 반드시 실현해야 한다. 교육과정 탐구의 목적은 바로 여기에 있다.

교육과정 탐구와 관련하여 교실 수업의 문제에서는 반성적 수업 모형을 통해 교사 전문성을 신장시킬 수 있다. 반성적 수업 모형은 교사의 전문적 판단을 발달시키고 지속시키는 과정으로 실천적 능력과 직접적으로 관련되며, 교사가 자신의 실천 행위에 대해 반성적으로 탐구함으로써 효율적인 교수행동으로 변화해 가도록 하는 순환적 과정의 의미를 가지는 것을 보고되고 있다(이진향, 2002). 수업에 대한 반성적 사고를 촉진시키는 방법들은 교사들이 다양한 관점에서 상황을 바라보는 능력, 교실 사건에 대한 대안적인 설명을 할 수 있는 능력, 그리고 의사결정이나 자기의 입장을 지지 혹은 평가하기 위하여 증거를 사용하는 능력을 향상시키는 것을 공통적인 목적으로 한다.

라. 실행연구

현장연구라고도 불리는 실행연구는 교사가 교실에서 작용하고 활동하는 어떤 것을 연구하고 시도해 보는 것을 지칭한다. 이 연장선상에서 Hopkins(1985)는 실행연구를 교사 자신의 교수나 동료들의 교수를 개선하고, 실천 속에서 교육이론의 가정을 검증하기 위하여 교사가 수행하는 행위로 보고 있다. 간단하게 보면 실행연구는 교육과정 탐구의 개념을 확장한 것이며, 교육과정 자료의 잠재력이라는 아이디어에 내축되어 있다. 그것은 혁신적인 교사가 코스의 문제로서 수행하는 과정을 의미한다. 혁신적인 교사들은 새로운 개발 자료들이 자신들의 교실 상황 속에서 어떻게 작용하고 기능하는지를 알아보기 위하여 새로운 자료들을 지속적으로 시도해 본다.

Clandinin은 우리 모두의 내러티브는 복잡하고, 우리의 개인적이고 전문적인 삶에서 일종의 지속성과 통일성을 꿰매어 주는 다양한 실들을 포함한다고 보고 있다(Connelly & Clandinin, 1988: 153). 또한 내러티브는 새로운 상황에 돌려지는 이전 경험을 특수하게 질서 지우는 것이다. 따라서 이러한 질서들은 우리가 누구인지, 그리고 우리가 과거에 행하였던 것을 우리가 어떻게 행하고 있는지에 관하여 스토리를 말하는 새로운 방식을 만들어 내고 있다. 그러므로 실행연구는 새로운 상황을 창안해 내고 우리가 누구인지 스토리를 말하는 신중하고도 의도적인 방식으로 볼 수 있다. 이러한 실행연구는 미래로의 신중하고도 실험적인 움직임들로 이루어지며, 그 과정에서 우리가 배우는 내용 때문에 우리를 변화시킨다. 특히 교육과정 연구에서 참여자로서 교사가 문제에 입문하여 그 문제를 주도해 나가는 실습(problem-initiation practicum)이라는 전략(Connelly & Ben-Peretz, 1981)과 교육과정 개발에서 능동적인 파트너로서 공동 계획(joint planning) 전략은 실행연구의 맥락에서 교사가 다양하게 활용할 수 있다.

마. 교육과정 재구성

이제 교사의 역할도 교육과정을 주어진 것으로 보고 전달하는 것에서부터 교육과정을 상황에 맞게 그리고 교사 자신의 개인적·실천적 지식에 부합되게 해석하고 재구성하는 것으로 보아야 한다. 교사에 의한 교육과정 재구성은 교사의 자율성 신장과 반성적 실천가로서의 역할에 부응하는 타당한 방안이라는 인식이 점증하고 있다. 이러한 교육과정 재구성 과정에서 교사의 지식이 중요한 영향을 미친다. 교사의 지식은 교사가 교실 상황에서 직면하는 일상적인 딜레마에 대한 지식이라는 점에서 실제적이고 맥락적이다. 교사의 지식은 자신들이 일하는 실제적 상황에 대해 개별적으로 이해하고 거기에 기초한다는 점에서 개인적이다. 교사의 학문적 지식은 수업을 조직하고 교육과정을 학생에게 제시하는 방법에 영향을 미친다.

이러한 맥락에서 Colton과 Sparks-Langer(1993)는 교사의 전문적 지식 근거를 7개의 범주(내용, 학생, 교수법, 맥락, 이전 경험, 개인적 견해와 가치, 스크립트)로 제시하면서 이러한 지식에 기초하여 지식과 의미의 과정을 거쳐 행위(계획, 시행, 평가)로 이어지는 교사의 반성적 의사결정 발달을 나타내기 위한 개념 틀을 제시하였다(박현주, 1996: 237-238). 이러한 교사의 반성 과정을 통해 교사가 실제적 문제에 직면하여 그 문제를 해결하는 과정이 곧 교육과정 재구성이다. 이러한 방안을 Ben-Peretz(1990)는 교육과정 해석의 과정으로 제시하였으며, 그 해석의 과정을 활용하여 남유리(2004)는 네 가지 교육과정 재구성 전략을 제시하였다.

요약

제6장에서는 지식을 조직하는 일로서 여기에 해당하는 전통적, 혁신적 접근들을 살펴보고, 그 의미를 논의하였다. 여기에는 전통적으로 순차적 접근 외에 최근의 인지심리학의 발달로 촉망받는 인지 유연성과 래티스 모델, 나선형 교육과정, 스토리텔링과 시나리오 모델 등을 살펴보고, 마지막으로 내러티브에 기반한 교육과정 조직을 논의하였다. 특히 지식교육의 새로운 관점에서 지식을 조직하는 과제를 탐색해 보았다. 기존의 방식에서는 순서와 절차에 초점을 두는 조직 방식을 강조하였다면, 내러티브 관점에서는 새로운 방식으로 지식을 조직할 필요가 있게 된다. 이 과제를 탐색하기 위하여 기존 방식의 문제점(도관 모형의 문제점, 전달 모형의 문제점)을 살펴보고, 그 해결 방안(Hopkins의 내러티브 모형, 브루너의 이론에 기반하여 전통 모형들을 재해석한 것, 내러티브에 기반한 재구성적 탐구 모형)을 제시하였다. 이와 동시에 그 구체적인 대안으로 논의되어 온 인지 유연성에 기반한 조직 방식을 탐색해 보았다. 이 방식에 좀 더 현대적으로 접근 가능한 나선형 모형을 논의한 바, 나선형 조직 방식을 내러티브 관점에서 재해석하였고, 새로운 조직 방식으

로 스토리텔링과 시나리오 방식(기존 접근에 대한 가능성, 교실 장면에서의 적용 가능성 등), 내러티브 기반 단원 구성 방식을 탐색해 보았다. 이 과정에서 기존 단원 구성의 실태와 문제점들을 살펴보고, 내러티브 기반 단원 구성의 과정을 제시하였다. 보다 구체적으로는 특정 교과를 교실에서 재구성하고 가르치는 장면에서 실천 가능한 방안들을 제시하였다.

참고문헌

강인애(1996). 구성주의 모델들의 특징과 차이점: 인지적 도제이론 상황적 학습 이론, 인지적 유연성 이론을 중심으로. 교육공학연구, 12(1), 3-23.

강현석(1998). 지식구조론 이후의 Bruner의 교육과정 이론 탐구. 교육과정연구, 16(2), 105-128.

강현석(2003). 문화주의적 교육과정이론: Bruner의 내러티브 탐구. 전영국 외, 교육과학과 교과교육의 실제 (pp. 85-106). 서울: 교육과학사.

강현석(2004). 지식구조론의 재구성을 통한 교육과정 설계원리의 구성. 교육과정연구, 22(2), 55-85.

강현석(2005). 합리주의적 교육과정 체제에서 배제된 내러티브 교육과정의 가능성과 교과목 개발의 방향 탐색. 교육과정연구, 23(2), 83-115.

강현석(2016). 인문·사회과학의 새로운 연구방법론: 내러티브학 탐구. 서울: 한국문화사.

강현석, 이영효, 최인자, 김소희, 홍은숙, 강웅경 공역(2009). 내러티브, 인문과학을 만나다. 서울: 학지사.

강현석, 이자현 역(2005). Efland의 Lattice 모형이 교육과정 설계에 주는 시사점 탐구. 미술교육논총, 19(3), 105-130.

강현석, 이자현 역(2005). 브루너 교육의 문화. 서울: 교육과학사.

강현석, 이자현(2006). 내러티브를 통한 교육과정 개발자로서 교사 전문성의 재개념화, 교육과정연구, 24, 153-180.

강현석, 전명남, 현영섭, 이윤복 공역(2015). 스토리텔링 학습법 혁명. 서울: 박영스토리.

강현석, 전현정(2011). 내러티브 중심의 교육과정 재구성 방향 탐색. 교육철학, 제44집, 287-325.

강현석, 홍은숙, 장사형, 허희옥, 조인숙 공역(2013). 내러티브, 학교교육을 다시 디자인하다. 서울: 창지사.

곽영순(2003). 질적 연구로서 과학수업비평. 서울: 교육과학사.

김미량(1998). 하이퍼텍스트 학습체제에서의 상호작용 증진 전략 연구. 서울대학교 대학원 박사학위논문.

김은희(1980). J. S. Bruner의 교과구조론에 관한 연구. 숙명여자대학교 대학원 석사학위논문.

김자영, 김정효(2003). 교사의 실천적 지식에 대한 이론적 탐색. 한국교원교육연구, 20(2), 77-96.

김재춘, 배지현(2009). 의미생성활동으로서의 스토리텔링의 교육적 함의. 초등교육연구, 22(1), 61-82.

김한종(1999). 역사수업 도구로서 내러티브의 구성형식과 원리. 사회과교육학연구, (3), 81-207.

남유리(2014). 교사에 의한 교육과정 재구성 전략의 구안. 경북대학교 석사학위논문.

박선미(1999). Bruner의 탐구학습에 대한 비판적 재고찰. 교육과정평가연구, 제2권, 1호, 39-57.

박승배 역(2003). 인지와 교육과정. 서울: 교육과학사.

박재문(1981). 구조주의 인식론에 비추어 본 Bruner의 지식의 구조. 서울대학교 대학원 박사학위논문.

박혜원(1980). J. S. Bruner의 교육과정이론 고찰. 이화여자대학교 대학원 석사학위논문.

백경미(2005). 인지적 다원론과 시가예술교육. 미술과 교육, 6(1), 99-117.

서경혜(2005). 반성과 실천: 교사의 전문성 개발에 대한 소고. 교육과정연구, 23(2), 285-310.

손민호(1995). 브루너 탐구학습의 비판적 검토. 서울대학교 대학원 석사학위논문.

손민호(2000). 사회구성주의와 수업 연구의 방법론적 모색. 교육인류학연구, 7(1), 37-72.

양미경(2002). 구성주의와 교육과정. 한국교육과정학회 편, 교육과정: 이론과 실제. 서울: 교육과학사.

오승민(2011). 시나리오 기법을 적용한 지구온난화 문제 수업의 설계 및 분석. 청주교육대학교 대학원 석사학위논문.

오승민(2014). 실천전통 교육관에 근거한 내러티브 교육과정 설계. 경북대학교 대학원 박사학위논문.

이경섭(1968). 교육과정 이론에서 Discipline 이론. 경북대학교 논문집, 12, 199-215.

이경섭(1973). J. S. Bruner의 발견론. 경북대학교 논문집, 17호, 121-134.

이진향(2002). 교사의 수업개선을 위한 반성적 사고의 의미 고찰. 한국교원연구, 19(3), 169-188.

이차숙(2001). Bruner의 발견적 교수학습 이론. 전성연 편, 교수-학습의 이론적 탐색 (pp. 199-212). 서울: 원미사.

이홍우(1992). 증보 교육과정 탐구. 서울: 박영사

이흔정(2003). 내러티브 교육과정의 적용에 관한 연구. 고려대학교 대학원 박사학위논문.

이흔정(2004). 교사의 중간언어 넘어서기. 교육문제연구, 제21집, 207-226.

전현정(2009). Egan의 이야기 형식 모형에 기반한 교육과정 개발 및 적용. 경북대학교 대학원 박사학위논문.

전현정, 강현석(2011). 내러티브 중심의 교육과정 재구성 방향 탐색. 교육철학학, 제44집, 287-325.

한순미(1999). 비고츠키와 교육. 서울: 교육과학사.

한승희(1990). 교육내용 어떻게 볼 것인가? 한국교육, 17권, 143-163.

한승희(1997). 내러티브 사고 양식의 교육적 의미. 교육과정연구, 15(1), 400-423.

한승희(2002a). 마음, 의미, 그리고 교육. 한국교육학회 교육과정분과학회 발표자료.

한승희(2002b). 왜 내러티브인가. 한국교육인류학회 발표자료집. 79-95.

허경철(1999). 지식생성 교육을 위한 지식의 구조 분석. 한국교육, 26(1), 101-127.

Arends, R. I. (2004). *Learning to Teach* (6th ed.). Boston: McGrawHill.

Astington, J. W., & Gopnik, A. (1991). Theoretical explanations of children's understanding of the mind. *British Journal of Developmental Psychology, 9,* 7-31.

Aubery, C. (1994). *The role of subject knowledge in the early years of schooling.* London: The Palmer Press.

Bigge, M., & Shermis, S. (1999). *Learning Theories for Teachers* (6th ed.). New York: An Imprint of Addison Wesely Longman, Inc.

Bruner, J. S. (1960). *The Process of Education.* Cambridge, Mass.: Harvard Univ. Press.

Bruner, J. S. (1966). *Toward a Theory of Instruction.* Cambridge, Mass.: Harvard Univ. Press.

Bruner, J. S. (1983). *In Search of Mind.* New York: Harper & Row Publishers.

Bruner, J. S. (1985). Narrative and Paradigmatic Models of Thought. In E. Eisner (Ed.), *Learning and Teaching the Ways of Knowing. NSSE,* Chicago: Univ. of Chicago Press.

Bruner, J. S. (1986). *Actual Minds, Possible Worlds.* Cambridge, Mass.: Harvard Univ. Press.

Bruner, J. S. (1987). Life as Narrative. *Social Research, 54*(1), 11-32.

Bruner, J. S. (1990a). Culture and Human Development: A New Look. *Human Development, 33,* 344-355.

Bruner, J. S. (1990b). *Acts of Meaning.* Cambridge, Mass.: Harvard Univ. Press.

Bruner, J. S. (1991). The invention of self: Autobiography and its forms. In D. R. Olson (Ed.), *Literacy and Orality.* New York: Cambridge Univ. Press.

Bruner, J. S. (1996). The Culture of Education. Cambridge, Mass.: Harvard Univ. Press.

Bruner, J. S. (2002). *Making the Stories: Law, Literature, Life.* New York: Farrar, Straus and Giroux.

Cherryholmes, C. H. (1988). *Power and Criticism: Poststructural Investigations in Education.* New York: Teachers College Press.

Conle, C. (2003). An Anatomy of Narrative Curricula. *Educational Researcher, 32*(3), 3-15.

Doll, W. E. Jr.(1993). *A Post-Modern Perspective on Curriculum.* New York : Teachers College Press.

Doyle, M., & Holm, D. T. (1998). Instructional Planning through Stories: Rethinking the Traditional Lesson Plan. *Teacher Education Quarterly, Summer,* 69-83.

Driscoll, M. (2000). *Psychology of Learning for Instruction* (2nd ed.). Allyn & Bacon., a Pearson Education Inc.

Efland, A. D. (1995). The spiral and the lattice. *Studies in Art Education, 36*(1), 134-154.

Egan, K. (1986). *Teaching as story telling.* The University of Chicago Press.

Eisner, E. (1994a). *The educational imagination*. NY: Macmillan Publishing Co.

Eisner, E. (1994b). *Cognition and curriculum reconsidered*. NY: Teachers Collge Press.

Eisner, E. (2002). *Art and cognition*. NY: Teachers College, Columbia Univ.

Goodman, N. (1978). *Ways of World-Making*. Indianapolis: Hackett Publishing Company.

Gopnik, A. (1990). Knowing, Doing, and Talking. *Human Development, 33*, 334-338.

Gowin, B. (1970). The Structure of Knowledge. *Educational Theory, March*, 319-328.

Gowin, B. (1981). *Educating*. Ithaca and London Cornell Univ. Press.

Greenfield, P. (1990). Jerome Bruner: The Harvard Years. *Human Development, 33*, 327-333.

Grossman, P. L., Wilson, S. M., & Shulman, L. S. (1989). Teachers of substance: Subject matter knowledge for teaching. In M. C. Reynolds (Ed.), *Knowledge base for the beginning teacher*. Pergamon Press.

Gudmundsdottir, S. (1991). Story-maker, story-teller: Narrative structure in curriculum. *Journal of Curriculum Studies, 23*(3), 207-218.

Gudmundsdottir, S. (1995). The Narrative Nature of Pedagogical Content Knowledge. In H. McEwan & K. Egan (Eds.), *Narrative In Teaching, Learning, and Research*. (pp. 24-38). Teachers College Press.

Hopkins, R. L. (1994). *Narrative Schooling: Experiential Learning and the Transformation of American Education*. Columbia: Teachers College Press.

Huang, Yueh-Mei (2003). Rethink teacher's practical knowledge-Institution, educational discourse and folk pedagogy. *The collection of Papers to The First World Curriculum Studies Conference*(I), 286-287.

Lauritzen, C., & Jaeger, M. (1997). *Integrating learning through story: The narrative curriculum*. New York: Delmar Publishers.

McDrury, J., & Alterio, M. (2003). *Learning through Storytelling in Higher education: Using Reflection & Experience to improve Learning*. New York: Dunmore Press Limited.

Polkinghorne, D. (1988). *Narrative knowing and the human science*. Albany: SUNY Press.

Posner, G, J., & Strike, K. A. (1977). A Categorization Scheme for Principles of Sequencing Content. *Review of Educational Research, 46*(4), 665-690.

Presno, C. (1997). Bruner's Three Forms of Representation Revisited. *Journal of Instructional Psychology, 24*(2), 112-118.

Shön, D. (1983). *The reflective practitioner: How professionals think in action*. NY: Basic Books.

Schwab, J.(1964). *Education and the Structure of Knowledge*. Chicago: Phi Delta Kappa.

Short, E. C. Ed. (1991). *Forms of curriculum inquiry*. Albany, New York: SUNY Press.

Shweder, R. A. (1991). *Thinking Through Cultures: Expeditions in Cultural Psychology*.

Cambridge, Mass.: Harvard Univ. Press.

Smith, M. K. (2002). *Bruner and the Culture of Education*. In The Encyclopedia of Informal Education. New York: Infeed.

Vygotsky, L. (1962). *Thought and Language*. Cambridge, Mass. : MIT Press.

Whitehead, A. N. (1929). *The aims of Education*. A Mentor Book. The New American Library.

Witherell, C., & Noddings, N. (1991). *Stories lives tell: Narrative and Dialogue in education*. New York: Teachers College Press.

제**4**부

지식교육의 토대와 미래

제 **7** 장

지식교육의 대전환과
문화적 토대

본 장에서는 앞 장들에서 논의해 온 내용들에 기반하여 지식교육을 혁신적으로 전환하는 문제들과 그 토대가 되는 근거들을 살펴보았다. 기존의 지식교육에서 새로운 관점으로 대전환하는 데에 제일 핵심적인 근거는 인간 마음을 접근하는 새로운 이론과 문화심리학에 기반한 새로운 설명방식이다. 동시에 Bruner가 제안하는 교육의 문화적 접근에 기초한 내러티브 방식이다. 이 문제를 탐구하기 위하여 일상심리, 상호 학습 공동체, 내러티브 과학을 탐색해 보고, 궁극적으로는 지식, 마음, 그리고 문화를 새롭게 바라보는 문제를 논의하였다.

1. 마음의 이론과 간주관성의 토대

1) 마음의 이론과 교육과정, 문화심리학

대체적으로 마음 이론이란 타인의 마음을 이해하는 능력이다. 타인의 경험, 내재적 상태 및 행동 간의 관계를 이해하는 아동의 사고체계를 의미한다. 타인의 마음이 행동을 매개하는 일련의 과정에 대해 아동이 생각하고, 판단하며, 이해하는 양상들에 대해 붙은 이름으로 알려져 있다. 마음의 이론은 아동이 타인의 생각, 욕구, 감정 등을 정확하게 추론하는 능력과 이러한 추론을 바탕으로 특정 상황에서 타인의 행동을 정확하게 예언하는 능력의 발달과정을 보여 준다. 이러한 점으로 인해 사회성 발달 영역의 중요한 주제가 되는 것으로 이해되고 있다. 이하에서는 배기조와 최보가(2002)의 논의를 차용해 본다.

인지적으로 성숙한 성인에게는 상대방이 그 사람 나름대로 의도, 신념, 정서 상태 등의 독특한 심리 상태를 가지고 있고 외현적인 모습이 전부가 아니라는 것을 이해하는 것이 그리 어려운 일이 아니다. 그러나 어린 아동의 경우 상대방의 마음을 이해하는 능력은 인지 발달과정에서 획득해야 할 중요한 과제 중의 하나이다. 또한 자신과 타인의 마음을 이해하는 능력은 물리적인 세계를 이해할 뿐만 아니라 인간 행동을 이해하고 사회적 상호작용을 촉진시키기 위해 반드시 필요하다. 전통적으로 발달심리학자들은 취학 전 아동들이 자기중심적이며 다른 사람의 관점을 이해하지 못할 뿐만 아니라, 자신이나 타인의 인지과정을 표상하고 추론하는 상위인지 능력이 발달되지 않아 다양한 정신 현상에 대한 이해가 불가능하다고 보았다. 그러나 최근 많은 발달연구자들이 취학 전 아동의 정신 현상의 이해에 관한 전통적인 견해를 재평가하고 있다. 2세 아동들은 가장과 실재를 구분할 수 있고(Lesile, 1987), 3세 아동들도 자극 상황에 따라 대상물이 어떻게 보이는지를 이해할 만큼 높은 수준의 조망수용 능력을 가지고 있다(Flavell, 1988; Flavell, Everett, Cfoft, & Flavell, 1981). 4세 이후의 아동들은 행동하려는 의도와 실제 행동은 다를 수도 있다는 것을 이해할 수 있다(Taylor, 1988). 그리고 정신적 현상을 지칭하는 용어의 이해에 관한 연구에서도 취학 전 아동이 외부의 물리적 세계와 이에 대한 정신적인 표상을 구별하는 이원론적 사고가 가능함을 밝혀 주었다(Lillard & Flavell, 1990; Wellman & Estes, 1996). 이와 같이 아동이 마음 및 정신 과정과 외부세계와의 관계를 이해하는 현상을 가리켜 아동이 '마음의 이론(theory of mind)'을 획득한다고 말한다(Astington & Gopnik, 1991).

마음의 이론에 관한 연구 초기에는 아동이 외부의 물리적 자극사상과 정신적 현상이 다르다는 것을 이해할 수 있는지 여부(Estes, Wellman, & Woolley, 1989; Lillard & Flavell, 1990)와 아동이 마음의 이론에 대한 지식을 습득하기 시작하는 시기(Chandler, Fritz, & Hala, 1989; Permer, Leekman, & Wimmer, 1987; Wellman & Estes, 1986)에 관한 연구가 주로 이루어졌다. 이와 같이 많은 연구자들이 발달 시점을 두고 오랜 시간동안 연구해 온 것은 아동의 사회인지 발달에서 연령이 가지는 중요성을 시사하고 있다.

마음의 이론 발달 시기를 규명하려는 연구와 더불어 최근에는 많은 연구자들이 마음의 이론 발달에 영향을 미치는 요인들을 밝히고자 하는 경향이 있다. 이와 같은 경향은 아동의 마음의 이론 발달과 가정환경 및 부모의 양육방식과의 관계에 관한 연구(Permer, Ruffman, & Leekman, 1994)에서도 알 수 있다. 아동의 정신적 현상 이해와 가족적 특성을 관련시키는 접근은 인지 발달 연구와 사회성 발달 연구를 통합적으로 보며, 결국 인지와 사회성 발달이 독립적으로 이루어진다기보다 상호 영향을 주고받으며 발달한다는 생태학적 체계 이론과 인지 발달의 주요인으로 보다 유능한 사회 성원과의 협력적인 사회적 상호작용을 강조한 Vygotsky 이론에 비추어 볼 때 보다 바람직한 발달 연구 방향이라 여겨진다.

인간이 무력한 존재로 태어나 자립할 수 있을 때까지 가족은 가장 중요한 사회화의 매개체로서 사회적 행동 발달의 근원이 된다. 가족 내에서의 경험은 아동이 사회적 상호작용과 감정을 조정하고 표현하는 방법을 학습하도록 해 준다(Astington & Gopnik, 1991l; Cummmgs & Davies, 1994; Dunn, 1995). 즉, 가족이 어떤 식으로 감정을 표현하고 어떻게 의사소통을 하는지가 아동의 정서와 사고의 이해에 영향을 미치고 차후의 사회인지 발달에 영향을 줄 수 있다는 것이다. 또한 아동의 조망수용 기술을 길러 주려면 부모가 타인지향적인 지도를 하는 것이 효율적이며(Maccoby, 1980), 일상생활에서 아동이 어머니와 친밀감 및 감정표현을 자주 나눔으로써 서로 간에 의견 차이가 있을 때 생각을 논리적으로 정리할 수 있는 능력을 키워 주기도 한다(Tizard & Hughes, 1984). 그리하여 어린 자녀와 친밀한 상호작용을 더 많이 하는 어머니의 행동은 마음의 이론 발달에 핵심적인 역할을 한다고 볼 수 있다(Ruffman, 1997). 즉, 자녀에게 애정을 더 많이 쏟는 어머니의 자녀가 그렇지 않은 어머니의 자녀보다 타인의 정서를 더 잘 식별할 수 있으며(Dunn, Brown, Slomkowski, Tesla, & Youngblade, 1991), 양육방식에서의 차이가 실재와 다른 신념 과제에서 아동의 수행 차이와 관계가 있다는 연구(Ruffman, 1987)는 부모−자녀 관계의 양상이 아동의 마음의 이론 발달과 관계있음을 보여 주고 있다.

그러나 이와는 달리 아동의 정신적 상태를 표상하고 반영하는 능력은 생래적이어서 사회적 경험의 영향은 거의 받지 않는다는 상반된 주장(Frith, Morton, & Lesile, 1991)도 있다. 게다가 양육태도와 마음에 대한 이해 능력과의 관계는 문화에 따라 다르다(Vinden, 1997)는 연구도 있으므로 이를 우리 문화권의 아동을 대상으로 연구해 볼 필요가 있다. 또한 가정의 사회경제적 지위(SES)와 마음의 이론과는 정적 상관이 있음을 밝힌 연구가 있다(Cole & Mitchell 1998; Hughes, Deater-Dectard, & Cutting, 1999). 사회경제적 지위가 높은 부모는 부정적인 정서를 덜 나타내 보이고, 지나치게 엄격한 훈육과 부정적인 통제도 덜할 뿐만 아니라 긍정적인 통제를 더 많이 하므로 아동의 마음의 이론 발달에 도움이 된다는 것이다. 이와는 달리 사회경제적 지위가 낮은 부모들은 자신의 속마음을 그대로 드러내지 않는 얼굴 표정을 짓는 능력이 생존에 필요하다고 생각하고 이러한 기술의 습득을 고의로 조장할 가능성이 있기 때문에 그러한 가정의 자녀는 자신의 속마음을 숨기거나 타인의 의도를 알아차리는 데 더 능숙할 수도 있을 것이다(Ogbu, 1981). 이와 같이 사회경제적 지위가 마음의 이론 발달에 미치는 영향에 대한 상반된 결과가 있으므로 연구해 볼 필요가 있다.

한편, 아동은 연령이 증가함에 따라 언어의 내용, 형태 등 모든 면에서 언어 능력이 급속히 발달한다. 이러한 언어 능력에서의 차이가 마음의 이론 발달과 관계가 있다고 한다(Astington & Jenkins, 1999; Jenkins & Astington, 1996; Wilson, 1998). 우선 마음의 이론 연구에서 사용되는 도구 자체도 언어적 진술문의 형태로 제공되며 아동의 반응도 대부분 언어적 표현을 하게 된다. 그러므로 연령에 따른 마음의 이론 발달 양상을 올바르게 이해하기 위해서는 언어 능력의 개인차를 고려하는 것도 좋을 것이다.

한편, 몇몇 마음의 이론 연구가들의 견해는 자신과 타인을 이해하는 능력은 사회적 관계의 상황 내에서 발달하며, 복잡하고 반성적인 추론 능력에 의존한다는 사회

인지 이론가들의 견해와 일치한다(Damon & Hart, 1988; Wellman, 1990). 마음의 이론이 발달된 아동과 그렇지 못한 아동 간에는 의사소통에서 차이가 있으며(Astington & Jenkins, 1995), 아동의 사회적 상호작용과 마음의 이론 과제 수행 간의 관계를 밝힌 연구(Lalonde & Chandler, 1995)를 보더라도 자신과 타인의 마음을 인식하는 데 있어서 사회적 관계를 소홀히 할 수는 없는 듯하다.

지금까지 외국에서는 지난 20여 년간 마음의 이론에 관한 연구가 활발히 진행되어 온 데 비해 국내에서는 비교적 드문 편이었으며, 초기에는 실재와 다른 신념 과제를 이용하여 3~4세 아동의 이해 능력을 비교하는 연구가 대부분이었다. 하지만 최근에는 자폐아동을 대상으로 한 마음의 이론 연구와 아동의 정서와 마음의 이론과의 관계를 밝힌 연구가 이루어지고 있다. 하지만 마음의 이론 발달에 영향을 미치는 여러 변인들 간의 관련성을 살펴보는 연구도 필요하다(배기조, 최보가, 2002)

2) 마음의 이론에서 간주관성

(1) 간주관성에 대한 기본적인 철학적 의미[1)]

① 어의와 그 문제 상황

자구적으로 보면, '간주관성'이라고 번역되는 경우도 많지만, '상호주관성'이라고 번역되기도 한다. 어느 것이든 복수의 주관이 각각 주관인 그대로(요컨대, 다른 주관의 하나의 대상으로서가 아니라 공통의 '우리'로서) 공동으로 쌓아 올린 하나의 상호관계를 가리킨다. 그 관계는 인간끼리의 사회관계를 근거 지을 뿐만 아니라 사물의 객관성의 기저를 이루는 것으로서 후설의 현상학에서 특히 중요한 역할을 짊어지고 있었다. 굳이 말할 필요도 없이 우리는 평생 눈앞에 펼쳐진 세계의 객관적 실재를 자명한 것으로 믿는 '자연적 태도'를 지니며 살고 있지만, 후설의 현상학은 우선 그 신뢰성에 중단을 외치고('에포케', 판단중지), 그 세계가 실은 우리 의식의 '지향작용'에 의해 '구성'된 의미적 통일체라는 것을 밝히고자 하는 목표를 지닌다.

그러나 이러한 구상은 기본적으로 패러독스를 포함한다. 그것은 첫째, 이러한 사고방식 속에는 본래 자신 이외의 타인을 어떻게 파악해야 할 것인가가 명확하지 않다는 점이다. 왜냐하면 타인이 단적인 사물이 아니라 바로 살아 있는 타인인 것은 그 역시

---

1) 이하는 철학사전(2019)을 참고함. 주로 현상학의 입장에서 접근하고 있음.

자신과 마찬가지로 세계에 대해 구성적으로 활동하는 하나의 자아, 즉 '타아(alter ego)'이기 때문임에도 불구하고, 타아는 어디까지나 나의 초월론적 의식에 의해 구성된 지향대상에 불과한 것으로 되기 때문이다. 이것이 보통 '유아론(solipsism)'이라고 불리는 사고방식인데, 그와 같은 유아론에서는 주관끼리의 본래적인 상호관계가 적절히 파악되지 않는 것이다.

둘째, 그와 같은 각자의 자아 의식에 의해 구성된 세계는 당연한 일이지만 각자의 것일 뿐이고, 따라서 세계는 우리의 자아 내지 의식이 존재하는 것과 동일한 수만큼 존재하게 되지만, 이것은 우리가 자신의 세계를 유일한 세계라고 믿는 것과 합치하지 않으며, '객관성'이라는 것 역시 불가능하게 만드는 것이다. 이와 같은 의미에서 상호주관성 문제의 원형은 '초월론적 자아'에 의한 타아의 구성, 요컨대 '타아 경험'의 문제에 있게 되며, 그리하여 후설은 타아 구성의 문제에 대한 해명으로부터 상호주관성이라는 문제에 접근하고자 했던 것이다.

② 기본적인 사고방식

여기서도 후설은 우선 우리의 세계 속에서 타인과의 관계를 포함한다고 생각되는 일체의 것을 사상하고, 전적으로 나만의 세계로 되돌아오는 데서 시작한다. 이와 같은 가정하에서는 타인은 내게 있어 무엇보다도 우선 하나의 '물체'로서 발견된다고 후설은 생각한다. 이리하여 타아가 구성되면 그 타아는 당연히 나 자신이 경험하고 있는 것과 동일한 세계를 경험하는 것으로서 주어지기 때문에, 나는 단지 많은 타아가 존재하는 세계라고 말할 뿐 아니라 '모든 사람에게 있어 현존하는' 세계, 요컨대 '상호주관적 세계'를 경험하게 된다. 따라서 이 세계는 이를테면 단 하나의 '모나드 공동체'인 바, 우리의 일상적인 사물들이 거기서 다양하게 의미 부여받고 있다는 의미에서 그것은 바로 '초월론적 상호주관성'인 것이다.

그리고 그것은 또한 다양한 인공물과 문화적 대상뿐 아니라 자연적 대상에게마저 전제되는 이른바 객관적 세계라고 말하지 않을 수 없다. "우리가 초월론적 상호주관성이라고 부른 모나드 공동체는 …… 순수하게 나의 지향성의 원천들로부터만 내게 대해 구성되는 것이지만, 그 공동체는 변양되면서도 모든 타아 속에서 동일한 것으로서, 다만 다른 주관적 현출 방식에서 구성된 것으로서, 더욱이 동일한 객관적 세계를 필연적으로 스스로의 속에서 짊어지는 것으로서 구성되는 것이다."

이러한 후설의 사고방식은 안이하게, 이른바 객관적 세계의 자명성에서 출발하는 것을 거부하고자 하는 다양한 입장의 사람들에게 커다란 영향을 주었다. 철학의 영역에서는 사르트르와 메를로-퐁티, 사회학의 영역에서는 슈츠 등이 그러한 영향을 받은 사람들이다. 그 중에서도 메를로-퐁티는 "궁극적인 근원적 주관성, 즉 초월론적 주관성은 상호주관성에 다름 아니다."라고 하여 후설의 상호주관적 구성이라는 사고방식을 가능한 한에서 강조하고자 했다.

③ 새로운 패러독스

자기이입에 대해서 후설은 반드시 우리가 우선 자신을 지각한 후에 그 지각을 타인에게 이입한다고까지는 주장하지 않는다(실제로 만약 그렇다면, 예를 들어 자신에 대해 충분한 앎을 갖지 못한 유아 등에게서는 타인 경험도 없다고 하는 기묘한 귀결이 생기게 될 것이다). 따라서 후설은 내가 (타인 경험에서) 실제로 보고 있는 것은 기호와 단순한 유사물, 어떤 자연적 의미에서의 모상이 아니라 타인인 것이라고 말한다. 요컨대, 후설은 우리가 타인 그 자체를 보고 있는 것이지 단순한 추리와 상상에 의해 타인을 마음에 그리는 것은 아니라고 이야기하고 있는 것이다. 후설이 이야기하고 있는 것에는 확실히 그와 같은 논의도 있지만, 그럼에도 불구하고 그는 우리가 타인의 체험을 직접적으로 체험한다는 것은 인정하지 않는다.

그리하여 이후의 메를로-퐁티 등은 이러한 '자기이입'을 좀 더 신체적인 차원에서 일어나는 공명과 같은 것으로 파악하고, 따라서 처음부터 자기와 타자의 구별을 지니지 않는 '익명적인' 활동으로서 보고자 한다. 예를 들면, 유아가 엄마의 웃는 얼굴에 동조하는 것과 같은 '몸가짐의 수태' 등은 바로 그러한 익명의 사건인데, 그것은 이미 '자기이입'이라고 부를 수 없는 것이다. 그리고 이와 같이 생각하면 세계가 하나인가 무수히 많은가라는 문제 역시 새롭게 전개되지 않을 수 없을 것인 바, 이를테면 그것은 타자 구성 이전에 우리가 이미 그렇게 살고 있는, 말하자면 익명의 기능 그 자체라고 하는 사고방식도 가능해지는 것이다.

확실히 후설의 논의에는 그와 같은 문제가 포함되어 있었으며, 그것을 둘러싼 그의 고투에서 그 문제를 단지 '자기이입'설에 얽혀 있는 문제로 볼 것인가 아니면 초월론적 철학 그 자체의 문제로 볼 것인가 하는 것은 이후의 우리 자신의 과제라고 말해야만 할 것이다(네이버 지식백과, 철학사전, 2019).

(2) 간주관성에 대한 Bruner 입장

① Olson의 해석(의도성, 간주관성 그리고 언어 발달) (Olson, 1990; 2007 : 49-52)

> [유아는] 세상이 다른 사람의 마음에서 나타나는 방식에 있어 초자연적인 감각을 가진다(Bruner 1996: 165).

한동안 Bruner는 '심리학의 부재 …… 심리학적 분석의 정확한 형태의 부재 …… 의도에 대한 역할과 타인의 의도에 대한 지각의 부재 ……'(Bruner 1980: 141)라고 비판한 바 있다. 지식의 단순한 정신 모형을 만들려는 시도뿐만 아니라 의도(성)라는 주제는 Bruner의 사고에 있어서의 또 다른 전환을 일으켰다. 의도는 성 Thomas Aquinas와 Abelard와 같은 스콜라학파 철학자에 의해 사용된 용어로, 신의 눈에는 의도는 외적 행위보다 더 중요한 것이며, 이것은 현대 과학에서는 너무 유심적(mentalistic)이고 정신적이란 이유로 옆으로 물러나 있었다. 행동주의는 그 결과의 산물이었다. 하지만 사고가 과학적인 연구에 주어질 수 있다면, 왜 의도는 없겠는가? 의도와 타인의 의도에 대한 인식은 유아의 연구에서 벗어날 수 없는 것이다. 유아는 정보를 찾을 뿐만 아니라─어떤 얼굴 그림이 나왔을 때 그들이 스크린에 넋이 나간 표정으로 주의를 기울인 반면, 그것들이 사라졌을 때는 주의를 기울이지 않았던 것을 회상하라─어떤 새로운 그림이 나타나면, 그들은 마치 "저거 봤어요?"라고 하는 듯 자기를 돌보는 어른에게 시선을 돌릴 것이다. 이러한 긴밀한 상호작용을 Bruner는 공유된 이해 혹은 상호주관성을 보여주는 것이라 보았다. 심지어 가장 어린 아동들도 행위의 주체를 인식하여 하는 것과 일어난 것을 구분하게 된다. 이후 12개월 정도가 되면, 그들은 행동에 담긴 의도를 알게 되며, 그것은 목표이자 그 목표를 이루기 위한 수단이다. 이러한 인식은 모방의 핵심이 된다. 12개월까지의 아동은 행동을 단순히 모방하는 것이 아니라 목표를 다루기 위한 수단으로서 행동을 모방한다. 즉, 그들은 행동의 목적이나 의도를 안다(Tomasello, 1999).

Bruner는 행동은 목적적이고, 마음은 능동적이라는 것을 오랫동안 주장해 왔지만, 1970년이 되어서야 그는 행동을 설명하기 위해 의도(성)의 개념을 사용하기 시작했다. 의도는 "행동과 목적과 그리고 우리의 앎과 지식 사용에 영향을 미치는 편향된 효과와"관련이 있다(1971: xii). 의도(성)의 개념은 아이들이 말하기를 배우는 방법, 즉 언어를 습득하는 방법을 설명하려는 Bruner의 시도에서 분명한 역할을 했다. 이것은 또한

Piaget의 견해로부터는 다소 떨어져 있음을 확인할 수 있다.

Bruner는 Piaget의 멋지고 구조적인 이론을 매우 존경했지만, 그는 인간의 발달에 있어 사회적 상호작용의 역할과 좀 더 일반적으로, 문화에 대해서는 불충분한 관심을 가졌다고 믿었다. 반면에 Piaget에게 아동은 어떠한 자양분, 음식이나 손 등을 통해 자기만의 지적 구조를 형성할 수 있다. 하지만 Bruner에게 있어 아동이 구성하는 것은 문화에 의해 제공되는 특정한 활동이나 모형에 있어 성인과의 밀접한 사회적 상호작용에 달려 있다고 본다. 이러한 면에서 Bruner는 Piaget의 글보다 Vygotsky의 글에 더 공감했다. Piaget 또한 또래와의 상호작용의 중요성을 주장한 적이 있는데, 그것은 자기 자신의 지각과 관점을 정제하기 위한 수단일 때이며, 문화가 정신 성장을 위한 본질을 크게 개조한다는 생각에 대해서는 공감하지 않았다. Piaget에게 있어 마음은 생물학적인 기관이며, 이 자체 내에 발달을 위한 메커니즘이 있다고 보았다. Vygotsky와 같이 Bruner에게 있어 마음은 문화와 밀접하게 연관되어 있는 것이다.

Bruner는 그 이후의 저서(1996)에서 그러한 문화적 모형은 상호주관성이라 그가 부르는 과정을 통해 성인과 함께 공동으로 구성되는 것이라고 주장하였다. 상호주관성은 '표정과 시선을 아는' 것을 통해 마치 '너 내가 본 것을 봤어?'라고 하는 듯한 결속과 동의를 표현하도록 표현된 비언어적 의사소통의 보편적인 형태라고 볼 수 있는 기술적 용어이다. 이러한 상호주관성은 성인 사이에만 나타나는 것이 아니라 어떤 아동과의 상호작용에 의해서도 관찰될 수 있으며, 아동은 당신이 그들을 보고 있는지, 그리고 그 후 무엇을 바라보고 있는지를 확인하기 위해 당신의 눈을 바라볼 것이다. 이러한 상호성이나 상호주관성은 아동이 게임을 하거나 무언가를 만들 때 다른 사람들과 협력하기 위해 공동의 관심과 그 후 공동의 의도를 가지게 하는 것을 가능하게 해 준다. Bruner는 아동은 개인적인 경험으로만 단순히 배우는 것이 아니라 타인과 사회적인 세계를 공유함으로써 학습을 한다고 주장하였다. 그러므로 아동이 습득한 개념은 개인에게만 독특한 것이 아니라, 공유된 언어로 표현될 수 있는 공동의 저장소라 할 수 있다. Bruner는 처음에는 하버드에서 Colwyn Trevarthan과 Barry Brazelton 등과 함께, 그 이후에는 옥스퍼드에서 Judy Dun과 Kathy Sylva 등과 함께 유아 연구 과제를 통해 발달에 대한 개념을 한층 발전시켰다. Bruner는 그의 연구를 유아의 문화에 대한 성향의 관점으로 생각하였으며, 문화적 지식은 그러한 상호작용과 결과적으로 교육의 사회적 국면을 통해 세계에 대한 한 사람의 표상의 일부가 된다고 보았다.

Bruner는 성인인 보호자의 관심을 조정하는 방식—타인의 마음에 세계가 표현되는 방식에 대한 그들의 초자연적인 감각—에서 유아의 불가사의한 간주관성에 주목했다

(1996: 165). 인간의 문화와 문화적 진화를 가능하게 하는 것은, "누군가의 상대방이 가진 의도적인 상태에 대한 상호성이 촘촘하게 짜인 패턴"이라고 그는 썼다(1996: 182). 공동의 관심은, 즉 성인이 보고 있는 것과 같은 방향으로 바라보는 경향성과 성인에 의해 조사된 사물을 조사하려는 흥미와 단순한 피카부(peek-a-boo) 게임 이후에 찾아오는 즐거움은, 아동이 세계에 대한 정신 표상을 구상할 때 그들은 성인과 공유된 표상을 만들고 있다는 사실을 모두 나타낸다. 사실, 공유된 의식과 경로는 문화로 들어가는 근본적인 관문이 된다.

Bruner에 따르면 언어 습득을 가능하게 해 주는 것은 공동의 혹은 공유된 관심과 타인의 의미와 의도에 대한 민감성이다. Bruner가 인간에게만 주어진 특유의 언어적 유창성과 같은 Chomsky의 생성적 문법이란 개념의 열성적인 지지자이긴 하지만, Bruner는 Chomsky가 언어 학습의 너무 많은 부분을 타고난 문법 탓으로 돌렸다고 생각했다. 아동의 관찰에 기초하여 그는 다음과 같이 지적하였다.

> 곧 너무나도 당연한 것은 엄마와 아이가 의사소통을 통해 그들 각각의 의도를 조정한다는 것이다. 어떠한 전통적인 수단을 사용하여 아무도 아직 만들지 못한 새로운 전통을 낳고 창안할 수 있게 된다. 아동이 하는 가장 최후의 일은, 내가 보기에는, 문자그대로의 표현에 초점을 두는 것으로, 그들에게 보편적인 문법의 깊은 규칙을 얻는 것이다. 그리고 우리의 엄마들이 하는 가장 최후의 것은 '문법 수업'을 해 주었는지에 관해 관심을 기울이는 것이다(Bruner, 1983a: 167; 1983b).

언어의 화용론, 즉 의사소통 및 주관성의 정교화를 위한 사용은 근본적인 것으로 간주되었다. 언어의 구조를 습득하는 것은 공유된 의미의 산물이었다.

② 간주관성의 도전(Bruner, 1996: 428)

문화화된 인간 마음에 대한 논평을 하면서 영장류에서부터 인간의 상징 작용의 변화에 접근하는 두 가지 방법을 언급하였다. 그 첫째는 임의적인 상징 기호를 통한 상징적인 '무엇을 의미하고 나타내고 대표하는(standing-for)' 관계를 파악하는 각 개인의 인간 능력을 강조하였다. 두 번째 접근법은 더욱 교섭적이고 더욱 상호주관적이며, 인간이 어떤 문화에서 어떻게 그들과 같은 종의 생각과 의도, 그리고 정신 상태를 읽을 수 있는지에 강조점을 두었다. 왜냐하면 인간의 진화는 바로 그런 발전으로 특징지어지기 때문이다. 그것은 상호적 기대가 얽혀 가는 조직망(공동사회를 살아가는 문화화된 인간의 특징)이 계속 커져 감으로써 더욱더 촉진된다. 이런 조직망은 부분적으로 구축되고 대부분의 경우 상호 간의 기대들을 안정시키고 제도화해 주는 공통 언어와 전통 체계의 이용으로 강력하게 확장된다.

우리 인류에 나타난 간주관성의 출현을 계통발생학적으로, 그리고 개체발생학적으로 탐구해 보고자 하는 것이 Bruner의 의도이다. 이런 탐구 과정 속에서 상호주관성이 인간 병리에 부딪힐 때 어떤 일이 일어나는지도 고려해 보고자 하였다.

가. 우리는 다른 사람의 마음을 어떻게 알 수 있는가?

다른 사람의 마음 상태를 알아내는 데 도움이 되기 위해서는 어떤 종류의 이론을 개발하거나 습득해야 하는가? 이런 추정 능력이 어떻게 발전되고 성숙되어 가는가? 그 진화적 기원은 무엇이며, 문화적 역사가 그것을 어떻게 형성시켜 왔는가? 이 문제는 너무도 큰 주문이다. 다행히도 우리에게 도움이 되는 십여 년간의 폭발적인 연구, 앞에서 이미 언급했던 작업이 있어 왔다. 그 작업은 일반적으로 유아의 마음, 자폐성, 다른 사람의 마음이 어떻게 작용하는지에 대한 아이들의 발달이론, 그리고 침팬지의 문화화에 대해 연구에 집중된 것이었다.

유아의 마음. 진화론자들이 인지혁명에 비추어 유아의 정신생활을 새롭게 바라보고자 결정을 내리자마자 새로운 유아 연구가 시작되었다. 처음에는 동물학자였다가 인지 연구 센터에서 일한 Colwyn Trevarthen이 그중에서 제일 먼저 유아의 몸짓이나 목소리 패턴이 엄마와 상당히 일치한다는 의견을 제시하였다. 그것은 엄마의 아이에 대한 반응에 따라오는 아이의 엄마에 대한 반응이라는 단순한 한 단계씩의 연속 짜맞춤으로는 설명될 수 없다고 그는 주장하였다. 그보다는 Lashley가 음악을 연주하거나 사전 문법식의 말을 하는 경우에서처럼, 한정된 기간에서 나타나는 반복적이거나 순환적인 모든 패턴에 필수적인 것으로 제시했던 더 높은 수준의 조정력과 유사해 보인다. 그러나 엄마와 아기라는 상황에서 두 유기체는 〈백조의 호수〉에서 2박자 스텝(pas de deux)을 추는 Nureyev와 Margot fonteyn처럼 이런 확장된 공시성을 창출하고 있다. 그들 각자는 모든 단계마다 상대방이 무엇을 하려고 하는지를 알고 있는 듯했다.

어떻게 되어 가고 있는 지를 설명하기 위해 Trevarthen은 스코틀랜드의 철학자 MacMurray에게서 '상호주관성'이란 용어를 빌려 왔다. 그 이후 아기와 엄마의 유대에 대한 연구를 하던 젊은 정신과 의사인 Daniel Stern은 같은 현상에 매달려 연구를 하며 그것을 아기와 엄마의 동조라는 명칭을 붙였다. 그리고 얼마 지나지 않아 이 흥미로운 주제에 매달리는 영세 산업이 일어났다. 다른 연구 전통에서 나온 많은 관찰 연구들이 이 주제에 매료되었다. 그 관찰 연구에는 Bowlby-Ainsworth-Main의 유아 분리에 대한 연구, 정신분석학, 다윈에서 시작된 유아의 얼굴에 나타나는 감정 표현 인식에 대한 연구 등등이 포함된다. Scaife와 나의 상당히 조심했던 초기의 연구에서 어린 아기들은 고정시켜야 할 대상을 어른의 시선을 따라 찾으며, 그런 탐색은 먼저 어른과 아기의 시선 접촉을 조건으로 한다는 것을 보여 주었다.

Scaife와 Bruner의 연구는 아기가 다른 사람이 무엇에 주의를 기울이는지를 어떻게 '알았는가'라는 의문에 중점을 둔 '공동 주의(joint attention)'라는 현상에 대한 연속적인 실험을 착수하였다. Moore와 Dunham이 편집한 공동 주의에 대한 최근의 연구논문집에서 보다시피 그 작업은 여전히 계속되고 있다. 다음의 것들을 포함해서 많은 도전적인 결과들이 도출되었다. ① 생물학적 토대에 대해 말해 주는 시선의 지각적 접촉을 처리하는 인간의 뇌피질에는 단위 수용체가 있다. ② 인간이 아닌 영장류의 아기는 비교할 만한 시선 접촉의 특징이 없는 반면에 어린 원숭이라 하더라도 그전의 시도를 통해 음식이 어디에 숨겨져 있는지 알고 있는 동물의 시선을 탐지하여 그 지형을 탐색해나간다는 훌륭한 증거가 있다. ③ 영장류의 사회적 행동은 그들에게도 어떤 종류의 마음 이론이 있다고 주장하는 다소 마키아벨리적인 방식으로 동종을 속이려는 의도를 바탕에 깔고 있는 경우가 종종 관찰된다. ④ 짧게 끝나는 경우가 아닌 시선 접촉은 특히 비비원숭이의 경우 다 자란 남자 원숭이에게서는 부자연스럽고 위협적인 행동을 유발시킨다. 그리고 인간에 있어서도 가볍게 넘어가는 경우가 별로 없다. 이것은 단지 새로운 유아 연구의 샘플링이며 그 결과일 뿐이다.

나. 아동기의 자폐성

Kanner의 초기 입장에 따르면, 자폐성은 엄마와 아기 간의 잘못된 상호작용에 뿌리를 두고 있는 사회적 반응에서 보이는 후천적 결함으로 간주되어 왔다(정통 정신분석학자들이 아직도 굳건히 지니고 있는 견해). 물론 수년 동안 알려져 온 것은 정상 아이와는 달리 자신을 돌보는 사람과의 시선 접촉을 회피하는 자폐증이 있는 아기들이 다른 이가 가리키는 것이나 시선을 따르지 않고 흔히 표현하듯이 자기만의 세계에서 살려는 것으로 보인다는 것이었다. 특히 자폐증 환자는 언어 발달이 매우 뒤처지며, 이런 발달 지연은 구두 이전에서 구두적 대화로 넘어가도록 길을 들이는 언어 전의 상호작용 체제에 들어가기를 꺼리거나 하지 못하는 형태를 보여 준다.

자폐증에 대한 예전의 개념을 완전히 바꾸어 놓은 것은 Hermelin과 Neil O'connor의 식견을 토대로 한 Beate Hermelin, Alan Leslie, Simon Baron-Cohen의 연구에 의한 것

이었다. 그들은 이런 당혹스럽고 불안한 징후의 근원은 다른 마음 이론에 결함이 있다거나 심지어 완전히 결여되어 있는 것이라고 주장하며 설득력 있게 증명하였다. 자폐증 환자가 사회적 반응을 못하게 만드는 것은 어린 시절 엄마와 아기 간의 상호작용의 어려움 때문이 아니라 이런 결함 때문이었다. 그런 어려움이 자폐증을 만들기보다는 그 결함에 의해 생기게 되는 것이다. 그리고 자폐증 환자에게는 가장(假裝) 놀이를 하지 못하는 것과 같이 연관된 어려움들이 있다.

Bruner와 Carol Feldman이 자폐증 아이들은 내러티브나 스토리를 말하거나 이해하는 데 상당히 결함이 있어 보이는 것에 주목하였다. 물론 내러티브를 이해하기 위해서는 주인공의 의도와 기대를 파악해야만 하며, 이야기의 원동력은 대체로 주위 상황에 의해 그 의도가 왜곡되었다가 대단원에서 그것이 다시 고쳐지는 데 있다. 흥미로운 추측을 내리게 하지만, 마음의 이론에서 결함이 생기게 만드는 것이 내러티브의 이해력 결여 때문인지, 그 반대인지는 지금 우리가 관여할 바가 아니다. 요점은 내러티브를 파악하지 못한 채로 자폐증이 있는 아이는 그를 둘러싼 인간 세계에 대한 중요한 지식원, 특히 인간의 욕망, 의도, 믿음, 그리고 갈등과 관계된 지식원에서 떨어져 나가 버린다는 것이다. Happe와 Sacks가 최근 너무도 생생히 예증했다시피, 아스퍼거 증후군[2]을 앓고 있는 재능 있는 자폐증 아이조차도 사람들이 염려하고 있는 것이거나 단순히 염두에 두고 있는 것을 파악하기 위해 어색한 연산이나 공식에 강제적으로 연연하게 만든다. 우리가 수학을 배워야 하는 것처럼 그들도 마치 삶을 배운 것처럼, 그들의 사회-정서 생활에 있어서 그들은 경직되고 부자연스러워 보인다. 만약 이런 결과들이 정밀한 조사를 거친 후에도 설득력을 지닌다면, 예전의 많은 사람들이 그 질서나 체계의 어떤 점에 의혹을 제기하기도 했지만, 우리는 내러티브를 통하여 문화의 본질적인 측면들이 어떻게 전수되는지에 대한 결정적인 어떤 것을 배우게 될 것이다.

---

2) 오스트리아 빈의 의사인 한스 아스퍼거(Hans Asperger)의 이름에서 따온 신경 정신과적 장애로 일종의 자폐증이다. 사회적인 관계 형성이 어렵고 흥미와 활동이 제한되어 있다. 인지나 언어 발달에는 지연이 나타나지 않는 것이 특징이다. 남자에게서 많이 나타나고, 상태가 오래 지속되기 때문에 사회생활에 지장을 주게 된다. 아스퍼거 장애 아동은 전형적인 자폐 아동에 비해 높은 기능 수준을 나타낸다. 대부분의 아스퍼거 장애 아동은 또래 친구와 사귀는 데 어려움을 가진다. 그들은 혼자 지내는 경향이 있고 독특한 행동을 보일 수 있다. 예를 들어, 아스퍼거 장애 아동은 날마다 몇 시간 동안 길을 지나가는 차의 숫자를 세거나 또는 오직 TV의 기상 채널만 보는 것에 집착하며 시간을 보내기도 한다. 이들 아동에서 협응(coordination, 조화롭고 균형 있는 근육 운동)의 어려움이 흔하게 나타난다. 이 아동들은 특수교육을 필요로 하는 경우가 많다. 아스퍼거 장애의 원인이 아직 완전히 규명되지는 않았지만, 현재까지의 연구 결과들은 이 상태가 가족적인 경향이 있음을 시사하고 있다. 아스퍼거 장애 아동들은 우울증, 주의력결핍 과잉행동장애, 정신분열증과 강박장애 등을 포함한 다른 정신적 질병에 대한 위험성이 있다(필자 발췌 주).

다. 마음의 이론

이제 바로 정상적인 발육기의 아이가 지니는 다른 사람의 마음에 대한 이론에 대해 돌아가 보기로 하자. 자라는 아이가 일반적으로 흔히 그러하듯이 다른 사람을 통해서이기보다는 직접적인 실제 접촉을 통해서 세상에 대한 지식을 얻는 것처럼 여기는 널리 알려진 피아제의 고전적인 연구에 대한 불만에서 이 주제에 대한 연구가 어느 정도 증가되었다. 우리는 직접적으로 이곳 저곳을 찔러 봐서가 아니라 다른 사람의 생각을 듣고서, 물리적 세상에 대해 훨씬 더 많은 것을 배우기 때문이다. 그렇다면 다른 사람이 믿고 있는 것을 어떻게 이해하는가? 이 질문은 유효한 지식이란 논제에 항상 매달려 있는 철학자들이 아니라 영유아 연구소에 갇혀 있는 심리학자라는 또 다른 지지자들을 자극하였다. 3~4세 이전의 아이는 참과 거짓을 구별하지 못하는 것으로 드러났다. 한 아이에게 몇 개의 상자 중에서 사탕이 숨겨져 있는 상자를 보여 주고 나서 그 아이를 밖으로 내보내고 없는 사이에 다른 상자에 사탕을 옮겨 놓고 처음부터 계속 있었던 아이에게 아까 그 아이가 다시 방으로 들어오면 어디에서 사탕을 찾을까 라고 물어보았다. 사실, 이 나이 또래의 아이들은 거짓된 믿음이란 개념도 파악할 수 없는 것으로 보인다. 이 유명한 실험 이후로 '맞지만, 그러나' 하는 류의 연구가 계속 이어졌고 그 대부분이 Janet Astington의 뛰어난 저서에 훌륭하게 요약되었으며, 본 연구에서도 언급한 서너 권의 책을 쓴 Carol Feldman의 비평문에 실린 그 이론적 가설에 따라 날카롭게 분석되었다.

어린 유럽 원숭이조차도 사회적 이익이나 먹이를 획득하려고 의도적으로 서로를 속이기도 하는데, 세 살 된 인간 아이가 그렇게 퇴보된다는 것이 실지로 있을 수 있는가? 의도적으로 다른 동물을 속인다는 것이 실지로 원숭이의 머리에 참과 거짓을 구분하는 능력이 있다는 것을 나타내 주지는 못하는가? (이것은 영장류 동물학자들이 Andrew Whiten이 출간한 최근의 권위 있는 논문집에서 작업 방향으로 삼은 의문이다.) 세 살 된 사람의 아이가 어린 원숭이만큼도 할 수 없다는 것은 분명히 직관에 반하는 것이다. 사실, Chandler는 거짓 믿음 시험에 통과하지 못한 아이들이 자발적인 놀이에서는 서로를 속이려 한다는 것을 증명하였다. 아마도 Chandler의 실험 결과에 가장 적합한 설명은 Broca의 대뇌 피질부는 그 아이에게 어떤 의도가 있을 때만 활성화되고 다른 사람이 묻는 질문에 대답해야 하는 수용적이어야만 할 때는 그렇지 못하다는 것이다. 가설적인 것들을 처리하는 데 관여하는 것이 바로 Broca의 뇌 피질이라고 믿는 데에는 많은 이유가 있다. 그 아이가 방으로 돌아왔을 때 다른 아이는 실제로 어디에서 사탕을 찾을 것인가? 진료실의 문턱에 서 있는 Henry Head 경의 그 유명한 실어증 환자를 기억해 보라. 다음과 같은 질문을 받고서 그는 결정을 못하고 묵묵부답이 되어 버린다.

"들어올 것인가요? 거기에 그대로 있을 건가요?" 그러나 따로따로 어느 한 가지를 질문하면 자신의 뜻을 명확하고도 주저 없이 말한다. 처음부터 제시한 방법은 어떤 조건이 Broca의 뇌 피질을 활성화시키는지 알아내기 위해서는 거짓 믿음 실험을 살펴볼 뿐만 아니라 세 살짜리 두뇌에 PET 스캔도 해 보아야 한다는 것이다. 원숭이의 마키아벨리식의 속임수는 Broca의 뇌 피질에 좌우될 수 없다는 것을 우연히 알게 되었다. 그들에게는 그 부분이 없다. 그래서 새로운 방향에서 연구하고 있다.

3) 교육과정과 수업의 혁신

학습자 모형에 따른 수업이론

Bruner는 교사가 이해해야 하는 학습자의 마음에 대한 개념화인 네 가지 관점의 학습자 모형에 따른 수업이론을 제시한다. 앞서 살펴본 Folk pedagogy는 학습자인 아동의 마음을 이해하여 교수방법에 반영하는 것이므로 학습자 모형과 관련된다. 학습자 모형에 따른 수업이론은 아동에 대한 다양한 가정을 반영하며 교사가 학생을 어떻게 가르칠 것인가에 도움을 주는 이론이다.

학습자의 마음에 대한 네 가지 모형은 아동을 모방하는 학습자로 보는 관점, 아동을 교훈적인 상황에서 배움을 얻는 학습자로 보는 관점, 아동을 사고하는 학습자로 보는 관점, 아동을 아는 것이 많은 학습자로 보는 관점 등이다. 네 가지 모형에서는 학습자에 대해 갖고 있는 관점이 다르므로 학습자가 습득하게 되는 지식의 유형과 학습하는 방법에 차이가 있다.

첫 번째, 아동을 모방하는 학습자로 보는 관점에서는 아동이 방법적 지식을 성인의 시범을 보며 모방을 통해 학습하게 된다고 보았다. 두 번째, 아동을 교훈적인 상황에서 배움을 얻는 학습자로 보는 관점에서는 학습자의 마음을 백지 상태로 가정하고 아동이 교훈적인 상황에서 자신의 정신적 능력의 도움으로 지식을 습득하게 된다고 본다. 세 번째, 아동을 사고하는 학습자로 보는 관점에서는 아동이 성인과 같이 자신의 사고에 대해 스스로 생각하고 메타인지를 통해 아이디어를 바로잡을 수 있다고 보았다. 이 관점에서 지식은 구성과 논쟁의 산물이며 토론과 협동의 방법으로 이해를 촉진할 수 있어 교육의 역할을 아동이 이해를 잘할 수 있도록 돕는 것으로 보았다. 네 번째, 아동을 지식이 풍부한 학습자로 보는 관점에서는 세 번째 관점에서 강조한 지식을 구성하는 데 있어서 사회적 교환으로 인해 과거로부터 축적된 문화와 같은 지식의 중요성이 과소평가될 수 있는 위험성을 지적하였다. 아동이 개인적으로 알게 된 지식과 문화적으로 알려진 지식 간의 차이를 구별할 수 있도록 교사가 도와주어야 하며 과거로부터 오랜 시간에 걸쳐 알려진 지식을 습득하고 해석하는 것의 중요성을 강조하였다(Bruner, 1996: 53-61).

2. 민속심리(학)와 상생성

1) 기존 심리학의 문제: 주류 심리학의 오류

학문이란 학자들이 구성한 세계이고 진리를 추구하는 방식이다. Bruner가 생각하는 인간을 연구하는 방식은 현대 실험심리학의 연구방법에 반하는 것이다. 인간의 의식을 연구하기 위해 현대 심리학자들은 자극과 반응 간의 관계를 통해 인간의 감각을 연구하고자 하였다. 이러한 배경에는 과학, 특히 화학의 영향이 컸다. 화학의 환원주의적 관점을 택해 잘게 나누어진 원소를 연구하듯이 인간의 의식을 이루는 요소들을 찾고 그것들을 연구하는 것이 곧 인간 심리를 연구하는 것이라 생각했다. 그러나 이러한 연구들은 만족스러운 결과를 얻지 못해 행동주의가 출현하게 되었다. 행동주의자들은 의식을 black box로 보고 연구대상에서 제외시킨 채 행동만을 연구했다. 이러한 행동주의자들의 연구는 다시 사람의 마음이 없는 심리학으로 변질되었다. 즉, 사람과 동물을 하나의 Family로 보고 동물의 행동을 사람에게 적용시킬 수 있다는 가정에서 출발한 것이다. 이러한 행동주의에 반해 일어난 것이 인지혁명(cognitive revolution)으로 마음(Mind)의 연구로 돌아가고자 하였다. 이러한 인지심리학은 오늘날 그 영역을 확대해서 인지과학이 되었다. 그러나 이러한 인지과학도 마음을 찾고자 하는 본래의 취지에서 벗어났다. 인지과학은 연구도구인 컴퓨터를 인간의 대치물로 보고 컴퓨터 연구를 통해 인간의식을 연구하고자 하였다. 그러나 컴퓨터의 정보처리가 인간의 의미창조와 같을 수는 없다. 인간은 컴퓨터와 달리 행위 주체성(agency)이 있고 의도(intention)를 가지고 있다. 인지과학은 컴퓨터 때문에 여러 학문 분야에 영향을 끼쳤으나 결국 컴퓨터 때문에 마음을 찾지 못했다.

2) 문화심리학과 일상심리

문화심리학은 다음과 같은 입장을 취하고 있는 것으로 파악된다. 첫째, 문화심리학에서는 문화를 사람의 마음속에 내재하는 마음의 구성요소로 파악하여 심리학 이론 자체 내에 문화적 개념을 심리학적 개념으로 용해하여 이론 구성요소로 포함시킨다 (Bruner, 1993; Jahoda, 1992). 문화를 심리 밖에 존재하는 외생변수로 보고 문화가 심리의 구성과 과정에 영향을 미치는 인과적 모델을 채택하는 입장과는 다르다. 이는 마음의 구성요소로 문화를 보는 입장이 강조되고 있다.

둘째, 문화는 사람을 포함해서 세상을 알고 이해하고 구성하는 방식이며(Bruner, 1993: 516), 따라서 문화는 인간이 행하는 사고와 행위에 대하여 적절한 이유를 제공한다. 그래서 그 문화권의 사람들이 왜 또는 무슨 이유나 무슨 목적 또는 동기로 그러한 행동을 하는가를 문화를 살아가는 일반인들의 입장(민속적 입장 혹은 민간인의 입장)에서 밝히고 설명하는 일에 관심을 둔다. 즉, 문화를 살아가는 일반인들의 심리학적 설명, 즉 일상심리 혹은 민속심리(folk psychology)에 초점을 둔다. 이런 점에서 이러한 설명을 초월하여 존재하는 범문화적 보편성 심리기제를 찾아내고 이를 자연과학적 연구방식에 따라 검증하는 것이 아니다. 그것은 일상심리학의 관점에서 인간의 사고와 행위의 이유를 설명하는 데에 초점을 둔다.

셋째, 문화적 마음의 내용과 사고의 과정을 문화적 삶의 맥락 속에서 있는 그대로 작용하는 바대로 이해하고 이를 체계화하고 해석한다. 인간 마음의 작용을 문화적 맥락 내에서 성찰하고 이해하고자 한다는 점이다.

넷째, 문화를 살아가는 일반인들의 주관적 설명, 해석, 귀결, 판단, 평가 등과 같은 일반인의 공유적 또는 간주관적 세계를 있는 그대로 이해하고 체계화하고 이론화한다. 공유적 또는 공구성적 주관적인 세계를 추상화하여 객관적인 심리세계로 재구성하는 실증적이고 객관주의적인 연구를 지양한다. 따라서 간주관적 구성주의의 입장에서 인간 행위나 마음의 작용을 설명하고 이해하고자 한다.

(1) 문화심리학의 개념과 학문적 성격[3]

① 문화심리학의 등장배경

기존의 주류 심리학은 생물학적 인간을 연구대상으로 삼았기 때문에 실생활과 유리되고 타학문과 단절되는 결과를 초래했다. 주류 심리학(실험심리, 생리심리, 발달심리학 등)의 관점은 인간은 타고난 것을 개발시키는 존재라는 것이다. 발달심리에서 주장

---

3) 이 내용은 최상진, 한규석(1998; 2000), 구자숙(1998)의 것을 재구성하여 인용하였음을 밝힌다.

하는 인간의 발달은 서열순차적 능선의 발현이며, 환경과 문화는 인간 발달에 부차적 기능을 한다고 간주하였다. 인간을 피동적인 존재로만 여기고 환원론적 방법을 사용, 법칙성의 발견에만 초점을 두었다. 사람의 심리는 저기에 있고, 인간은 저기에 있는 존재라는 결정론적 관점이 주류를 이루었다. 인지심리학도 인간을 내재적으로 가진 정보처리 방식에 따라 외계에서 들어오는 정보를 수동적으로만 처리하는 것으로 간주하고 가치, 동기, 의지가 결여된 행동을 강조했다.

이와 달리 문화심리학은 주류 심리학의 문제를 비판하며 1960년대의 인지혁명이 인간에 대한 적절한 이론을 발전시키는 데에 실패하였다는 자성의 목소리(Bruner, 1990)로 등장한다. 우리의 기대를 모았던 인지혁명은 극단적인 행동주의에 반대하여 심리학에 마음을 다시 가져오려는 시도였으나 놀라운 테크놀로지의 발전으로 오히려 심리학의 비인간화를 가져왔다는 것이다. 시초에 인류학, 언어학, 철학, 역사학 등의 인문 및 사회과학의 분야들과 합세하여 인간이 세상과 자신을 구성하고 의미를 부여하는 과정을 발견하고 기술하려는 목표를 가지고 출발하였으나 그 강조점이 곧 의미에서 정보로, 의미의 구성에서 정보의 처리로 옮겨지게 되었다. 이 체계 내에서는 믿음, 욕망, 의도, 획득과 같은 의도적인 상태에서의 마음이 설 자리가 이미 없었으며, 그 결과 심리학을 다른 인문과학들로부터 더욱 멀어지게 하였다.

1950년대에 행동주의에 대한 혁명으로 나타난 인지심리학도 그 본래의 연구대상은 인간의 마음이었다. 즉, 인지심리학은 생각하기(believing), 원하기(desiring), 의도하기(intending), 의미 파악하기 등과 같은 의도적인 마음의 의도적인 지향 상태(intentional state), 상태로서의 마음을 심리학의 대상으로 다시 끌어들이는 데 목표를 두고 생겨났다. 그러나 그 발전의 방향과 궤적은 본래의 목적과는 다르게 컴퓨터 모델로 기울어져 의미보다는 정보, 의미 구성보다는 정보처리 과정을 연구의 대상으로 삼았으며, 컴퓨터 이론을 정보처리의 기저 메타포로 삼았다(Bruner, 1990: 1-10).

이러한 형태의 인지심리학에는 마음이 들어갈 자리가 없어지게 되어서 Bruner는 원래의 취지대로의 복귀를 지향한 거꾸로 혁명(retro-revolution)이 필요하다고 주장한다. 이런 취지에서 Bruner는 이러한 인지심리학의 문제점을 직시하고 새롭게 문화심리학을 구성하고, 인간의 의미와 의미 구성의 본질과 문화적 형성 과정을 문화심리학의 중앙에 위치시켰다. 이와 같은 문화심리학적 맥락에서 문화심리학을 창시를 주도한 Vygotsky(1978), Harre(1986), 그리고 Shweder(1991) 등도 인간의 마음을 기본 축으로 놓고 그러한 마음이 사회·문화 및 역사의 과정 속에서 어떻게 구성되는가를 문화심리학의 핵심 과제로 설정하고 있다.

그리고 문화심리학의 혁명적 요소는 인간을 생물학적 존재라기보다는 문화적 구성체로 파악하고, 문화를 인간의 마음 형성을 포함한 인간성 구성 및 실현의 본질적 조건이며 필수적인 요소로 개념화하고 있다는 점이다. 전통 심리학에서는 인간의 발달을 인간 내적 잠재성의 실현으로 보며, 여기서 문화는 잠재성의 실현에 대한 제약조건 또는 촉진조건으로 파악하지만, 문화심리학에서는 문화의 습득과 이용이 인간 발달의 근간이 되며, 더 나아가 인간을 생물학적 한계조건으로부터 해방시키는 기능을 갖는 것으로 파악하고 있다. 따라서 생물학적 조건은 다만 제약 또는 촉진 조건에 불과하다. 인간을 자동차에 비유하여 그 차이를 설명하면 차가 움직이는 것은 엔진이 있기(생물학적 입장) 때문이 아니라 운전자가 운전할 목적이 있으므로 움직인다고 보는 것이다(문화심리학적 입장). 엔진이 없는 차라면 운전하려고 들지 않았을 것이다(Bruner, 1990).

Greenfield(1999)에 따르면 문화심리학이라는 용어는 『사회심리학편람 2판』에 처음 등장하는 것으로 판단된다. 문화심리학의 발단은 Wundt의 민족심리학(volke psychologie)으로까지 거슬러 올라가나 오늘날 문화심리학으로 새롭게 재구성되어 논의되는 것은 1970년대 이후의 일이다. 심리학을 창시한 Wundt는 최초로 심리학의 개념과 목적을 제안했다. 그는 두 개의 심리학을 제안했는데, 그것은 문화를 연구하는 고등 정신과정과 실험실 연구를 주로 하는 하위 정신과정의 두 가지였다. 그러나 감각도 문화에 의해 재조직될 수 있고, 이러한 재조직을 통해 형성된 것이 고등 정신과정이다. 고등정신(심리) 연구과정은 folk psychology로 비실험적·해석학적 방법으로 연구되며, 언어, 민속, 생활습관 등을 분석한다. 이러한 초기 심리학이 미국으로 건너가면서 실용적인 미국 문화 안에서는 실험심리학만이 발달하게 된다.

원어의 뜻은 민족심리학이며, 현대적 의미로는 문화-사회심리학이다. 공식적 심리학의 개념체제에서 벗어나 일반인의 심리학 그 자체를 일반인이 쓰는 용어를 사용해 체제화하려는 노력이며, 상식적인 심리학, 일반인의 심리학이다. 일반인이 가지는 지각 내용 및 과정에 작용하는 법칙이나 지각 내용 자체를 있는 그대로 파악하고 체제화하는 노력을 의미한다.

② 상식심리학으로서 문화심리학[4]

일상적으로 우리는 사람의 행동은 그들의 마음, 즉 그 사람이 갖고 있는 믿음, 바람 등과 같은 정신적 생각으로 인하여 일어난다고 생각한다. 예를 들어, 친구가 열쇠

---

[4] 이 내용은 최상진, 한규석(1998; 2000)의 것을 부분적으로 인용하였음을 밝힌다.

를 찾기 위해서 책상 서랍을 뒤지고 있다면 우리는 그 친구가 책상 서랍에 열쇠가 있다고 믿고 있기 때문이라고 생각하며, 친구가 빨강 색 옷을 샀으면 그 친구가 예쁘게 보이고 싶고 또 빨강색이 자신에게 잘 어울린다고 생각했기 때문이라고 생각한다. 즉, 사람들의 행동은 그들 자신의 마음, 예를 들어 믿음(belief), 바람(desire), 의도(intention)와 같은 마음 상태에서 기인하는 것으로 생각한다. 이처럼 우리 자신과 남들이 마음 상태(mental state)를 갖고 있으며 이 마음 상태가 행동을 결정한다는 것은 상식적으로 생각하면 너무나 당연한 것이어서 이를 상식심리학 혹은 민속심리(commonsense psychological theory 또는 folk psychology)라고 한다(Olson, Astington, & Harris, 1988).

이와 같이 상식심리학은 인간의 행동을 믿음이나 욕구 같은 지향적 심리 상태를 원인 삼아 설명하는 방식이다. 이를테면, 철수가 민주당에 투표한 행동이 세금이 내렸으면 하는 바람과 민주당이 세금을 내릴 것이라는 믿음에 의해 야기되었다는 식의 설명, 또는 영희가 아이스크림을 먹지 않는 이유가 살찌고 싶지 않은 소망과 아이스크림이 살찌게 한다는 믿음 때문이라는 식의 설명이 바로 상식심리학인 것이다.

이 같은 상식심리학은 우리의 일상생활에 너무나 깊게 뿌리박고 있어서, 우리는 그것에 어떤 이론적 전제가 있다는 사실을 의식하지 못하고 있다. 하지만 모든 이론적 설명이 그러하듯 인간의 사고와 행동에 관한 상식적 설명의 배후에도 암묵적이나마 이론적 전제가 관여하고 있다. Fodor에 따르면, 상식심리학 배후에 깔려 있는 전제는 크게 다음의 두 가지로 요약될 수 있다. 첫째로 상식심리학은 믿음이나 바람 같은 지향적 심리 상태들이 의미론적 속성을 가지고 있다고 전제하고 있다. 두 번째 전제는, 심리 상태와 심리 상태 사이에 또 심리 상태와 행동 사이에 의사결정 이론(decision theory) 규칙이나 추론 규칙 같은 규칙들이 존재하고 있어서, 그런 규칙에 따라 한 심리 상태의 예화(tokening)가 다른 심리 상태나 행동의 예화를 유발하게 된다는 전제이다. 예를 들면, 가령 철수가 점심 때 스파게티 먹기를 바라고, 또 이탈리아 식당에 가면 스파게티를 먹을 수 있다고 믿는다면, 철수는 다른 문제가 없는 한 점심 때 이탈리아 식당으로 가리라 예상된다.

행동은 주체적 경험에 관여되는 마음과 생각을 추론하거나 확인하는 외현적 단서의 하나로 취급된다. 연구대상으로서 심리현상을 개념화함에 있어서 연구자가 개념의 특성을 조작적으로 정의, 구성하기보다는 그 현상에 대한 일반인의 표상과 이러한 현상 및 표상과 관련된 일반인의 경험양식을 민속심리(folk psychology)의 입장에서 분석하고 이를 기초로 하여 그 현상을 개념적으로 구성한다(Bruner, 1990).

요컨대, 문화심리학은 바로 행동주의가 버렸던 마음을 오히려 '설명되어야 할 그 무엇으로' 관점을 반전시키고 있다. 마음을 배제한 심리학은 사람이 없는 심리학이며, 인간의 삶 그 자체, 예컨대 행복, 불행, 성공 등은 마음을 빼놓을 때 존재할 수도 구성할 수도 없는 것이다. 문화심리학에서 마음은 일반인이 살아가는 데 관여되는 '삶의' '살아 있는' 마음이며 동시에 심리학자가 아닌 일반인들이 구성한 일반인의 습속과 민속에 스며든 심리(folk psychology)를 의미한다.

③ 정신과 문화의 관계

정신은 의도적인 인간을 지칭한다. 문화는 의도적인 세계를 지칭한다. 의도적인 인간과 의도적인 세계는 상호 의존적이다. 상호 의존적인 것은 의도적인 활동과 관습을 통해 변증법적으로 구성된다. 의도적인 활동과 관습은 의도적인 인간과 세계의 산물이며 그것들을 구성한다. 새로운 방식으로 문화에 대해 생각해 볼 때, 사회문화적인 환경이 의도적인 존재에 의해 구성되고 점유되며 사용되는 세계임을, 우리 자신에게 반복해서 상기시키는 것이 중요하다(강현석, 2008).

정신과 문화는 서로 밀접하게 관련되어 있다. 사람과 정신적인 조직은 그 자체, 사회, 그리고 자연에 대한 개념에 의해 주로 가능하며 또한 주로 그들을 표현한다. 그렇지만 자기, 사회 그리고 자연에 대한 문화적 개념들을 이해하는 최선의 방법 중 하나는 의도적인 개인의 주관적 삶 속에서 문화적 개념들을 조직하고 기능하는 방식을 검토하는 것이다. 문화적으로 구성된 실재(의도적인 세계)와 실재를 구성하는 정신(의도적인 인간)이 계속적으로 상호작용하고, 서로의 정체성에 침투하며, 서로의 존재를 조건화한다(Shweder, 1990).

결국 문화심리학에서 문화와 마음 또는 심리 현상 간의 관계는 비록 형태는 다르지만 내적·질적으로 공존 단위이며, 따라서 마음속에 문화가 있고, 문화 속에 마음이 있는 것으로 개념화한다. 여기서 문화는 마음과 마찬가지로 의도적 지향성을 가지며 따라서 문화와 마음은 변증법적으로 상호의 구축 및 변형에 기여한다. 문화와 마음 간의 매개는 학자에 따라 약간의 차이를 보이지만 일반적으로 언어, 삶의 활동, 일반인의 상식심리(folk psychology), 사회제도 및 물적 구조 등이 중요한 매개개념 및 현상으로 설정하고 있다. 또한 이러한 매개체계들은 개인 심리적 과정보다는 집합적·사회적 구성 속에서 구성된다는 점에서 사회적·역사적 맥락성을 갖는다.

한편, 현대적 의미의 문화심리학은 서로 다른 학문적 배경과 이론적 전통을 가진 학자들에 의하여 서로 독립적 맥락에서 거의 공시적으로 구성되었다. 심리학 분야에서는 Gergen(1985)에 의한 역사-문화적 구성주의 심리학이 제안되고, Bruner(1990)는 문화심리학의 핵심 개념을 '의미의 사회적 구성'으로 삼고, 심리와 문화의 연결고리를 일반인심리학(folk psychology)으로 설정하였다. 즉, 인간의 심리에 가장 중요한 현상과 개념은 의미이며, 문화는 의미 형성과 변형에 영향을 미치고, 문화가 인간 심리에 영향을 미치는 과정과 매개는 일반인심리(학)이라는 것이다. 문화가 인간의 심리에 대한 영향 또는 제약변수라기보다는 인간 심리의 핵심 구성물(constituents of psychology)이며, 사고 및 경험의 문법이다.

그렇다면 문화심리학에서 문화의 위치는 어떠한가? 첫째, 문화심리학에서는 문화를 사람의 마음속에 내재하는 마음의 구성요소로 파악하여 심리학 이론 자체 내에 문화적 개념을 심리학적 개념으로 용해하여 이론 구성요소로 포함시킨다(Bruner, 1993; Jahoda, 1992). 문화를 심리 밖에 존재하는 외생변수로 보고 문화가 심리의 구성과 과정에 영향을 미치는 인과적 모델을 채택하는 입장과는 다르다.

둘째, 문화는 사람을 포함해서 세상을 알고 이해하고 구성하는 방식이며(Bruner, 1993: 516), 따라서 문화는 인간이 행하는 사고와 행위에 대하여 적절한 이유를 제공한다. 그래서 그 문화권의 사람들이 왜 또는 무슨 이유나 무슨 목적 또는 동기로 그러한 행동을 하는가를 문화를 살아가는 일반인들의 입장에서 떠내며 밝히고 설명하는 일에 관심을 둔다. 즉, 문화를 살아가는 일반인들의 일반인 심리적 설명에 충실한 편이다. 이런 점에서 이러한 설명을 초월하여 존재하는 범문화적 보편성 심리기제를 찾아내고 이를 자연과학적 연구방식에 따라 검증하는 것이 아니다.

셋째, 문화적 마음의 내용과 사고의 과정을 문화적 삶의 맥락 속에서 있는 그대로 작용하는 바대로 떠내며 이를 체계화하고 해석한다.

넷째, 문화를 살아가는 일반인들의 주관적 설명, 해석, 귀결, 판단, 평가 등과 같은 일반인의 공유적 또는 공구성적 주관적 세계를 있는 그대로 떠내서 체계화하고 이론화한다. 공유적 또는 공구성적 주관적 세계를 추상화하여 객관적인 심리세계로 재구성하는 실증적이고 객관주의적인 연구를 지양한다.

문화심리학은 단순히 문화를 심리연구에 반영한다거나 문화를 심리학 이론 구성과 연구에 도입한다는 차원을 넘어서서 전통적인 심리학 일반에서 당연시되던 심리학의 기본 전제와 인식론과는 상충되는 대안적인 패러다임을 제안하고 있다(Bruner, 1990).

Bruner는 인간은 생물학적 존재이며 문화의 영향을 받는다는 전통적 과학의 시각에 문제가 있음을 지적하고 그 반대로 인간은 문화적 존재로서 생물학적 구속을 받는다고 주장한다. 즉, 인간 행위의 원인이 생물학적 소인에 있다는 시각은 잘못이다. 그 이유는 문화와 문화권에서 의미의 추구가 행위의 원인이 되기 때문이다. 즉, 생물학은 행위의 원인이 아니라 행위의 구속조건에 불과하다.

　최근까지 문화는 심리학 이론에서 상대적으로 주변적인 역할을 담당해 왔다. 사회심리학자들이 문화가 사회적인 존재로서의 인간을 구성한다는 사실에 주목하면서 문화의 개념이 중요하게 다루어지고 있다. Bruner(1990)는 문화가 심리학에서 중심적인 개념이 되어야만 하는 이유로 세 가지를 들었다. 첫째, 인간이 문화에 참여하고 문화를 통해 자신의 정신 능력을 구현하므로 인간의 심리를 개인 혼자만을 기초로 하여 구성하는 것은 불가능하다는 점이다. 둘째, 개인의 심리는 문화에 젖어 들어 있으므로 심리학은 인간을 문화에 연결시키는 의미 창출과 의미 사용의 과정을 중심으로 하여 조직되어야 한다는 점이다. 셋째, 사람들은 민속심리(folk psychology)를 사용하여 예측을 하고 서로를 평가하는 등의 일상적 활동을 하는데, 민속심리학이란 바로 인간을 움직이는 것이 무엇인가에 대한 문화의 설명이다.

　우리가 자신과 타인들을 경험하는 것도 민속심리학적인 범주들임을 생각할 때 행동에 대한 설명에서 민속심리학과 문화를 제외시킨다는 것은 심리학이 설명해야 하는 바로 그 현상을 던져 버리는 것과 같다. 이러한 문화적인 접근에서는 심리적인 과정과 구조들이 문화적인 의미와 관습들에 의하여 패턴화되며, 또한 의미와 관습들은 특정한 인간 사회라는 맥락을 떠나서는 아무런 의미를 가지지 않는다. Sheweder(1990)가 문화와 정신은 서로를 구성한다고 한 것은 바로 이런 의미에서이며, 문화심리학의 출발점은 바로 여기에서부터이다. 문화적인 관습과 의미들은 심리적 과정을 완성시키고 정보를 제공하며, 일단 형성된 심리적 과정들은 문화적 관습과 의미들을 변형시키고 생성한다. 다시 말해, 심리적인 과정들은 각 개인이 다양한 문화적 세계에 적극적으로 참여한 결과로 형성되고 유지된다. 정신은 사회문화적 · 역사적으로 구성된 환경의 함수이다. 이렇게 발달된 심리적 과정들은 그 과정들이 유출된 문화적 체계를 유지하고 재생하는 역할을 한다(Bruner, 1990; Cole, 1991; Sheweder, 1990).

　이상에서 몇 가지 측면에서 살펴본 문화심리학이 추구하는 목표는 세 가지로 정리될 수 있다(구자숙, 1998). 첫째, 여러 가지 문화적인 의미들이나 관습들, 그리고 이들과 연관되어 있는 심리적인 구조나 과정들을 알아보는 것이다. 둘째, 문화적으로 형성된 사회성과 정신의 다양성 기저에 깔려 있는 체계적인 원칙을 발견하기 위한 것이다. 셋째, 문화가 어떻게 심리적 과정들을 창출하고 지지하는지 그리고 어떻게 이러한 심리적인 경향성들이 반대로 문화적 체계를 지지하고 재생하고 때로는 변화시키는지를 밝힘으로써 정신과 문화가 서로를 구성하는 보편적인 과정을 기술하기 위한 것이다.

　이와 유사하게 문화심리학의 주요 특징을 Cole(1996)은 다음과 같이 제시하고 있다.

첫째, 구체적 문화 맥락 속에서의 매개적 행위(mediated action)를 강조한다. 둘째, 역사적, 개체 발생적, 미시 발생적 분석 등을 활용하여 발생론적 방법(genetic method)을 추구한다. 셋째, 분석의 대상을 일상적인 사건에 둔다. 넷째, 문화심리학에서 마음은 집단 상황에 있는 사람들 간에 매개된 활동을 통해 생겨나고 형성된다고 본다. 따라서 마음은 상호 구성되고(co-constructed), 상호 분산(distributed)된다. 다섯째, 개인은 개체의 자기발달 측면에서 볼 때 능동적 행위자(agent)가 되며, 사회적 상황 맥락에서 볼 때 자의적으로 행동하는 존재가 아님을 가정한다. 여섯째, 인과관계, 자극−반응관계, 설명 과학보다는 활동 속에서 생겨나는 마음의 본질을 선호하고 우선하며, 설명보다는 해석에 초점을 둔다. 일곱째, 사회과학, 생물과학은 물론 인문학의 방법론을 사용한다.

궁극적으로 우리 일상생활의 모든 것들이 사회적 · 문화적 산물이며, 어떤 절대적인 현실(reality)이 아니라는 것을 인식하자는 것이고 자문화중심주의에서 벗어나서 다른 문화적인 현실들, 우리의 것과 다름없이 타당하고 의미 있는 존재양식을 바라보고 문화적인 공감을 갖자는 것이다. 이러한 의미에서 문화심리학은 또한 다른 사람들을 통해서 생각하는 과정이다(Shewer, 1995). 다른 문화나 사람들을 통해 봄으로써 자신의 의식을 보다 잘 알고자 하는 것, 다른 사람들의 신념, 욕구, 관습들을 그들의 현실에서 이해함으로써 바로 알자는 것이기도 하다. 이것이 바로 Bruner(1990)가 말하는 열린 마음(open-mindness)이 의미하는 바일 것이다.

3) 일상심리에 비추어 본 지식교육의 변화 가능성

(1) 일상교수학에 관한 연구(황은주, 2019)

먼저 일상교수학(folk pedagogy) 이론을 중심으로 한 연구로는 교육과정에서 일상교수학(folk pedagogy)의 의미와 중요성을 논하고 기존의 학습자 마음 모형을 비평하여 교육과정 설계의 방향과 원리를 제시하는 강현석, 이자현(2005)의 연구가 있다. 현재의 학교 수업의 문제점을 개선하기 위해 Bruner의 일상교수학과 일상심리학의 아이디어를 문화생태학에 접목하여 수업의 방향을 탐색하는 이윤복, 강현석(2016)의 연구도 있다. 손민호(2004)는 사회 구성주의 관점에서 교실에서 일어나는 사회적 상호작용을 드러내는 일상교수학에 대해 소개하고, 교사와 학생 및 학생과 학생 간의 상호작용 현상에 대해 어떻게 접근할지에 대해 논의한 연구방법론이 있다. 이 연구에서는 사회적 상호작용을 나타내는 일상교수학과 대화 분석에 대해 소개하고 사회 구성주의 관점이 학교 수업에서 이루어지는 사회적 상호작용에 대한 이해에 주는 시사점이 무엇인지 탐색하였다.

일상교수학 이론을 수업 설계에 적용한 연구는 거의 이루어지지 않았으나 황소연(2010)은 일상교수학 이론을 중학교 음악 감상 수업에 적용한 수업 지도 방안을 모색하였다. 학년별로 감상곡을 한 가지씩 선정하여 교수-학습 과정안을 계획하고 이를 실제 수업에 적용하였을 때 기대되는 효과에 대해 연구하였다. 하지만 실제로 일상교수학에 기반한 수업 방법을 음악 감상 수업에 적용해 보고 그 결과를 분석한 연구는 이루어지지 않았다.

국내에서는 Bruner의 일상교수학의 아이디어가 실제 학교의 교사와 학생을 통해 어떻게 나타나는지에 관한 남경희, 남호엽, 류현종(2005)의 사례연구[5]가 있다. 이 연구에서는 학습자의 개인차에 대한 교사의 관점을 중심으로 초등학교 교사마다 사회과 수준별 교육과정을 운영하는 양상이 서로 다르게 나타나는 것을 일상교수학 이론을 근거로 해석하였다. 국내에서는 일상교수학 이론과 관련한 사례연구가 아직 충분히 이루어지 않은 상태이다. 국외에서는 일상교수학 이론과 관련하여 학교 현장의 교사와 학생들을 대상으로 이루어진 사례연구가 국내에 비해 활발히 이루어졌다는 것을 확인할 수 있었다.

Preiss(2005)는 칠레(Chile)의 초등학교 교사들의 일상교수학이 그들이 근무하는 학교의 교육 시스템과 관련이 있다는 것을 수업 중에 이루어지는 teacher talk 등을 분석하여 제시하고 있다. 칠레의 초등학교 교사들이 가지고 있는 교수법의 특징을 밝히는 데 목적이 있는 이 논문에서는 칠레의 교사들이 가지고 있는 교수법에 영향을 주는 문화적 요인들에 대해 논의한다. 사립 초등학교보다 낮은 학업 성취도를 보이고 있는 공립 초등학교에 근무하고 있는 교사들의 일상교수학에 집중하며 수업 방법에 대한 이론과 실제 사이의 차이를 줄이기 위한 일상교수학의 역할에 초점을 맞추고 있다. 일상교수학은 교사들이 매일 실제로 수업하거나 경험하면서 형성되며 교사들이 학급에서 만나는 실제 문제들을 해결하는 데 도움을 준다고 제시하였다.

일상교수학은 교과 지식도, 교육과정 관련 지식도 아니지만 실제로 교수-학습 과정에서 중요한 결과를 이끌어 내는 지식의 형태로 간주된다. Preiss(2005)는 교사들의 실제 수업을 관찰하며 초등학교 교사들이 인식하는 일상교수학에 차이가 있는지, 그리고 실제로 초등학교에서 학습을 지원하는 일상교수학에 차이가 있는지에 대해 연구하였다. 이를 위해 교실 내 상호작용과 담화를 비디오를 이용하여 분석하였다. 교사 발문은

---

5) 이 연구에서는 '민간교수학'으로 용어를 사용하고 있다.

수업을 통제하거나 정보를 확인하는 데 집중되었고 학생에 대해 가지고 있는 교사의 개인적인 신념에 근거하여 이루어졌다. 이를 통해 칠레의 교육적 결핍은 가난, 가정 문제뿐만 아니라 오랜 불평등과 관련 있는 사회구조적 문제들이 교사의 교수법과 학생의 학습 환경에 영향을 미치며 이는 교실 내부, 학교, 지역사회 등 사회적 맥락과 관련이 있다는 것을 알 수 있었다. 유럽이나 미국의 교육 시스템을 따라가기보다는 교육 개혁의 방법을 찾기 위해 그들 고유의 문화적 전통을 반영하고 교사들은 그들 자신의 수업을 반성하고 질문과 피드백을 돌아볼 수 있는 기회를 가지도록 해야 하며 수업 내에서 이루어지는 상호작용이 교육적으로 효과적인지 생각해 보아야 한다고 강조한다. 이 연구에서는 칠레의 교사들이 학생들의 창의력을 극대화할 수 있는 대안적인 교육 프로그램을 개발할 잠재력을 지니고 있음을 알게 되었다. 또한 학생들의 지적 잠재력을 존중하지 않는 대화 방식, 수업 구조 등의 약점을 극복하여 칠레 교육을 더 발전시킬 수 있는 방법을 찾을 수 있을 것이라는 결론을 얻었다.

Chen과 Walsh(2008)는 초등학교 두 곳의 미술 교사들이 각 학교의 미술 교육과정과 지역의 문화를 토대로 어떻게 학습자들에게 예술적 경험을 안내하는지를 통해 두 학교의 일상교수학의 양상을 제시하였다. Ahn(2002)은 교사교육 프로그램에서 5명의 예비 교사들의 정신적 활동을 연구하였다. 일상심리학의 틀 속에서 예비교사들이 학생, 학생의 학습, 그들의 교육관에 대해 가지는 신념과 가치관에 대해 연구하여 교사교육에 있어서 일상교수학을 실제적인 방법으로 탐구할 필요성을 강조하였다. 문화심리학을 기반으로 위기에 처한 어린이를 가르치는 유치원 교사가 그의 문화적 맥락에 의해 어떻게 제약을 받는지에 대한 Lee와 Walsh(2004)의 연구가 있다. Katz(1998)는 일상교수학과 공통교육과정을 행동주의 일상교수학과 구성주의 일상교수학 관점에서 비교하여 제시하였다.

3. Bruner의 교육의 문화

1) 인간 마음에 대한 접근 변화

본 절에서는 이 문제를 Bruner가 제안하는 마음의 개념화 방식(1996)에 근거하여 반성적으로 검토해 본다(강현석, 이자현, 2005).

(1) 정보 '처리' 모형: 컴퓨터 연산주의(computationalism)

인간의 마음을 컴퓨터에 비유하는 관점은 정보처리와 관계가 있다. 정보처리 이론이라는 것은 세계에 관해 정형의 부호화되고 분명한 정보가 컴퓨터 장치에 의해 어떻게 등록, 분류, 저장, 정리, 인출, 처리되는가 하는 이론이다. 이 관점에서는 세계의 상태를 지도화해 주는 것으로 사전(事前)에 존재하는 규칙화된 코드와 관련하여 이미 정해지고 설정된 어떤 주어진 것으로서 정보를 취급한다. 이러한 관점이 전제하는 신념은 컴퓨터를 효과적으로 프로그램화하는 방법적 지식을 통하여 어떻게 하면 인간을 보다 효과적으로 가르칠 수 있는가에 관하여 무엇인가를 발견할 수 있어야 한다는 것이다. 예를 들어, 특히 의문이 나는 지식도 잘 정의된다면 컴퓨터는 학습자들이 지식의 체계를 습득하는 데 큰 도움을 제공한다는 사실에 거의 의문을 달지 않는다. 잘 프로그램화된 컴퓨터는 결국에는 '인간이 생산하기에는 부적합한 것'으로 볼 수 있는 과제들을 처리하는 데 특별히 유용하다는 것이다. 왜냐하면 컴퓨터가 보다 신속하고 질서 정연하며, 기억하는 데 덜 불규칙적이고 싫증이 나지 않기 때문이다. 그런데 앎의 과정은 이러한 관점, 즉 컴퓨터 관점이 허용하는 그러한 것보다 종종 복잡하고 훨씬 더 애매한 것으로 가득 차 있기 때문에 이 모형은 문제가 있다. 물론 우리가 사용하는 컴퓨터보다 우리가 잘하거나 혹은 못하는 것이 무엇인가를 물어보는 것이 우리 자신의 마음과 우리가 처해 있는 인간 상황을 풀어헤치는 일이다(Bruner, 1996: 2).

결국 인간의 마음을 컴퓨터에 비유하는 이른바 컴퓨터 모델은 마음을 컴퓨터에 내장된 프로그램으로 여긴다. 이 모델의 이상은 이른바 인공지능(artificial intelligence)으로 인간의 마음 역시 미리 규정된 규칙에 의해 통제받는 인공지능처럼 설명된다. 그러나 인공지능은 컴퓨터 프로그램 자체의 특성으로 비롯한 근원적 문제점을 갖고 있다. 컴퓨터 프로그램의 규칙이나 연산은 정보가 투입되기 이전에 미리 규정되어야 하며 또 모호성과 애매성을 완전하게 배제해야 한다. 그리고 규칙과 연산은 동시에 일관성이 있어야 한다. 이는 이전의 결과로부터의 피드백에 따라 연산이 바뀔 수 있으며, 그 변화 또한 일관적이어야 하고 미리 규정된 체계에 의해 이루어져야 한다는 것을 의미한다. 요컨대, 컴퓨터 프로그램의 성패는 '명세적 정확성'과 '사전 명세성'을 확보할 수 있는가에 달려 있다(한승희, 2002: 81-82). 이것은 컴퓨터 모델의 강점인 동시에 약점이다. 컴퓨터는 프로그램의 규칙이나 연산이 정보를 분류하는 과정에서, 의미 적재된 모호한 내용과 상황 지향적인 형태의 내용을 다룰 수 없다.

컴퓨터주의의 목표는 잘 구조화된 정보의 흐름을 관리하는 모든 작용체제를 형식적으로 정련되게 재기술(re-description)하는 데에 있다. 이 작업은 사전에 미리 예측할 수 있는 체계적 성과를 산출하는 방식으로 진행된다. 그러한 시스템의 하나가 인간 마음이다. 신중한 컴퓨터주의가 주장하는 것은 정보를 처리하는 모든 종류의 시스템은 투입물을 무엇으로 할 것인가를 통제하는 명세적 규칙 혹은 절차들에 의해 통제되어야 한다는 점이다. '실제 마음'은 그 동일한 인공지능 통칙(AI generalization), 즉 코드화된 정보의 흐름을 처리하는 명세적인 규칙에 의해 통제되는 시스템에 의해 기술될 수 있다. 그러나 모든 정보시스템의 공통적인 규칙들은 복잡하고, 애매하고, 그리고 맥락에 민감하게 작용하는 의미의 형성 과정을 다루지 못한다. 이러한 의미 형성 과정은 매우 '애매모호하고', 메타포적인 범주시스템으로 구성되는데, 이것은 이해할 수 있는 성과를 산출할 수 있도록 투입을 분류하기 위해 명세적 범주를 사용하는 활동만큼이나 분명한 활동의 형태이다.

컴퓨터주의자들이 직면하는 난점은 컴퓨터의 조작에서 가능한 '규칙들'이나 연산의 종류에 내재해 있다. 우리가 알고 있는 것처럼, 그러한 규칙이나 연산들은 사전에 미리 명세화되어야 하고, 애매함이 없이 분명하고 정확해야 한다. 또한 그것들은 컴퓨터의 연산과정에서 서로 조화롭게 일관적이어야 한다. 즉, 연산과정이 직전 단계의 결과로부터 피드백을 통하여 변경될 수 있으며, 그러한 변경은 사전에 일관되게 배열된 체계성을 반드시 준수하면서 일어나야 한다. 컴퓨터 작용이나 연산의 규칙은 우연적으로 적용될 수도 있지만, 그렇다고 하여 사전에 예측 불가능한 우연성을 처리할 수는 없다. 그래서 어느 인공지능의 프로그램에서 이러한 일은 성공적으로 일어날 수는 없는 것이다. 아무리 훌륭한 인공지능 프로그램이라 하더라도 인간이 의도하는 일은 일어날 수가 없다. 인공지능 프로그램이 예측 불가능한 우연성을 모두 처리할 수는 없기 때문이다. 컴퓨터주의가 지니는 가장 심각한 한계는 정확하게 이러한 범주들이 지니는 명료성과 사전에 확정되어 버리는 고정성에 있다(강현석, 이자현 역, 2005; Bruner, 1996: 6).

(2) 마음의 '구성' 모형: 문화주의와 문화심리학

인간 마음은 인간 문화의 사용을 통해 구성되고, 인간 문화의 사용에서 실현된다. 마음은 문화 없이는 존재할 수 없다는 진화적 사실로 출발한다. 인간 마음의 진화는 삶의 방식의 발달과 연계된다. 의미의 교섭가능성(소통가능성)을 보증해 주는 것이 바로 의미의 문화적 조건과 상황이다. 학습과 사고는 늘 문화적 조건과 상황 속에서 진행되며 문화적 도구와 자원들을 활용하는 방식에 따라 달라진다. 이 모형에서는 인간이 문화공동체 속에서 의미를 어떻게 창조하고 변형하는가 하는 데에 전적으로 관심을 집중한다. 여기서 우리는 학교 교실 실제의 '일상교수학'을 형성하고, 소크라테스식의 대화를 선호한다. 문화주의자들의 의미 형성 활동은 해석적이고, 애매하며, 특정 사건에 민감하고 사후에 구성된다. 인간의 전반적 문화계획은 이러한 의미의 해석학적 순환에 달려 있다(강현석, 이자현 역, 2005).

이 모형은 마음은 문화가 없이는 존재할 수 없다는 사실에 기초하고 있다. 여기에서 '실재'는 문화공동체의 구성원들이 공유한 상징주의에 표현되며, 이러한 문화공동체 내에서의 기술적-사회적 삶의 방식은 그러한 상징주의에 의해 조직되고 구성된다. 그리고 인간의 마음은 실재가 그렇게 표현되는 곳에서의 삶의 방식의 발달과 연계되어 있다. 이 상징적 양식은 공동체에 의해 공유될 뿐만 아니라 보존되고, 정교화되며, 후세에게 전달된다. 이러한 전달과정을 통하여 문화의 정체성과 삶의 방식을 지속적으로 유지한다. 이런 점에서 문화는 개인을 초월한 '초유기체적' 성질을 가지고 있다.

그러나 문화는 개인의 마음 또한 형성한다. 문화의 개별적 표현은 '의미 만들기'에 내재되어 있으며, 의미 만들기는 특별한 경우에 상이한 환경에서 사물에 의미를 부여하는 것을 뜻한다. 의미 만들기는 '그것들이 무엇에 관한 것인가' 하는 문제를 알기 위하여 적절한 문화적 맥락에서 세상과 마주치는 것들을 위치시키는 것과 관련된다. 비록 의미가 '마음속에' 있지만 의미의 기원과 중요성은 의미가 새로 만들어지는 문화 속에 있다. 의미의 교섭가능성, 그리고 궁극적으로 의미의 소통가능성을 보증해 주는 것이 바로 의미의 문화적 상황성(cultural situatedness of meaning)인 것이다. 그래서 문화는 비록 사람이 만든 것이지만, 사람의 마음이 작용 가능한 방식을 특징적으로 구성하고 형성해 준다. 이 관점에서 보면 학습과 사고는 항상 문화적 상황과 조건 속에 놓여 있으며, 늘 문화적 도구와 자원들을 활용하는 방식에 따라 달라진다. 마음의 본질과 사용 방식에 있어 나타나는 개인들 간의 차이조차 상이한 문화가 제공하는 다양한 기회로부터 기인한다. 이러한 다양한 기회들은 비록 정신이 작용하는 기능 방식에서 차이를 가져다주는 유일한 원천은 아니지만, 그 기회에 따라 마음의 사용 방식은 얼마든지 달라진다고 볼 수가 있다.

컴퓨터주의자들이 주장하는 정보처리와는 달리 문화주의자들이 강조하는 의미 형성의 활동은 원칙상 해석적이며, 애매성으로 가득 차 있으며, 특정의 사건에 민감하며, 사후(事後)에 구성된다. 그 과정에서 '체계적으로 구조화되지 못한 절차들'은 그 성격상 충분하게 명세화가 가능한 규칙들이기보다는 오히려 '공리'에 가깝다고 볼 수 있다. 그러나 그렇다고 해서 그런 절차들이 원칙이 없는 것은 아니다. 그 절차들은 '해석학(hermeneutics)'과 같은 것이다. 그것의 전형적인 경우는 텍스트 해석에서 찾아볼 수 있다. 부분과 전체에 대한 의미의 해석학적 순환의 경우가 그러하다. 텍스트의 해석에서

한 부분의 의미는 전체가 지니는 의미에 대한 종합에 달려 있으며, 다시 그 전체의 의미는 전체를 구성하는 부분들의 의미에 대한 우리의 판단에 기초를 두고 있다. 그러나 앞으로 우리가 많은 경우를 살펴보게 되겠지만, 인간의 전반적인 문화적 계획은 이러한 의미의 해석학적 순환에 달려 있다. 그런데 이러한 '해석학적 순환방식'은 의미를 형성하는 활동과 과정의 중심에 놓여 있다.

지금까지 논의한 인간 마음에 대한 두 가지 모형을 비교하여 제시해 보면 〈표 7-1〉과 같다(강현석, 2005).

〈표 7-1〉 **마음의 두 가지 개념화 방식의 비교**

구분	정보'처리' 모형	마음의 '구성' 모형
지향점	• 정보처리(정보처리 과정) • 구조화된 정보처리 방식	• 마음의 구성(의미 만들기 과정) • 해석학적 의미 형성
기본 신념	• 컴퓨터 연산주의	• 문화주의, 문화심리학
전제	• 사전에 예측 가능한 성과	• 해석적 의미 형성 활동과 간주관성
목표	• 코드화된 정보의 흐름을 처리하는 명세적인 규칙에 의해 통제되는 시스템에 의한 기술	• 복잡하고 맥락에 민감하게 작용하는 의미 형성 과정의 해석
이상적 모델	• 인공지능	• 문화 속의 마음
방법	• 일관적인 컴퓨터 연산 처리와 규칙의 적용 • 기술적인 조작을 통한 형식화	• 의미의 해석학적 순환 • 내러티브 해석
교수-학습의 관점	• 실증주의적 • 논리적, 직선적, 계열적	• 해석학적 • 역동적, 순환적, 회귀적
한계	• 인공지능 프로그램이 예측 가능한 모든 우연성을 처리할 수는 없음	• 간주관성의 문제

이 두 가지 관점은 근본적으로 서로 다른 목적을 위해서 기능한다. 컴퓨터주의는 앞에서 언급한 것처럼, 잘 짜이고 정형화된 정보가 조직되고 사용되는 모든 방식에 관심을 가지며, 넓은 의미로 보면, 학문 간의 경계나 구분에 대한 인식도 없고, 심지어 인간이 하는 기능과 동물이 하는 기능 간에 구별을 두지도 않는다. 이와는 반대로, 문화주의(culturalism) 관점은 인간이 문화공동체에서 의미를 어떻게 창조하고 변형하는가 하는 데에 전적으로 관심을 집중하고 있다.

그런데 이상의 컴퓨터주의와 문화주의가 교육에 접근하는 방법 역시 상이하다. 마음의 이론이 교육적으로 흥미가 있으려면 마음의 기능과 작용이 어느 정도 중요한 방식으로 어떻게 개선되고 변경될 수 있는가에 대한 어떤 일정한 세부 사항(최소한의 함의점)을 포함해야 한다(Bruner, 1996: 8-9). 교육적으로 흥미로운 마음에 관한 이론들은 마음이 효과적으로 작용하는 데 필요한 '자원'에 관한 일종의 세부 사항들을 포함한다. 이러한 세부 사항들에는 정신적 '도구'와 같은 수단적 자원뿐만 아니라 효과적 조작에 필요한 상황이나 조건들이 포함된다. 필요한 자원과 상황조건에 대한 세부 사항이 없다면, 마음의 이론은 전적으로 '내부에서 외부로(inside-out)' 차원의 성격을 지니며, 교육의 문제에 대해 제한적으로 적용될 수밖에 없을 것이다. 마음의 이론은 보다 더 '외부에서 내부로(outside-in)' 차원의 성격을 유지할 때만이 흥미로운 것이 되는데, 이 경우 마음을 효과적으로 사용할 수 있도록 하는 데 요구되는 세계의 종류, 예를 들어 어떤 종류의 상징체계인가, 과거를 어떠한 방식으로 설명하는가, 어떠한 예술과 과학인가 하는 등등의 문제를 가리키면서 외부–내부적이 될 때 더욱 흥미 있는 이론이 된다고 볼 수 있는 것이다.

교육에 대한 컴퓨터주의의 접근은 기억 속에 세계에 관한 단편적 정보를 새겨 넣음으로써 세계를 마음속으로 들여오는 방식을 취하고 있지만, 본질적으로는 내부에서 외부로의 경향성을 띤다. 이러한 방식은 우리가 앞에서 살펴본 사전의 예를 든 것과 동일하며 '순람(look-up)'의 절차에 의존한다. 문화주의는 이보다 훨씬 외부에서 내부로의 성격을 지닌다. 비록 정신적 조작 그 자체에 관한 요건을 포함한다 하더라도, 가령 연산가능성에 대한 형식적 요건만큼이나 구속적이지는 않다. 왜냐하면 교육에 대한 컴퓨터주의자의 접근은 사실 연산가능성에 관련되는 제약요인에 한정되어 있기 때문이다. 즉, 마음에 제공되는 어떠한 보조물이라도 컴퓨터의 연산 장치에 의해 조작이 가능해야만 한다. 우선 교육에 대한 컴퓨터주의 접근 방식은 세 가지로 나타난다. 첫째, 학습(교수)이론을 컴퓨터 처리가 가능한 형태로 재형식화하기, 둘째, 풍부한 프로토콜을 분석해서 컴퓨터이론에 적용하고 나서 그 과정이 어떻게 도움이 될 수 있는지를 해석하기, 셋째, 인간 문제 해결을 위한 적응적 컴퓨터 처리방식(시스템)을 위한 만능이론 (theory of everything)과 같은 규칙인 재기술하기(redescribe)이다.

이와는 대조적으로 문화주의자들은 매우 다른 방식으로 교육의 문제에 접근한다. 교육은 홀로 존재하는 섬이 아니라 문화라는 대륙의 한 부분이다. 거시적 측면에서 문화주의는 가치, 권리, 교환, 책임과 의무, 기회, 권력의 체제로서 문화를 탐구한다. 미시적 측면에서 문화는 문화 체제의 요구가 문화 속에서 행위해야 하는 사람들에게 어떻게 영향을 미치는가 하는 문제를 탐색한다. 미시적 측면에서 볼 때, 문화주의는 각각의 인간들이, 얼마만큼의 자신의 희생과 비용으로, 어떤 기대되는 성과를 가지고 자신들을 그 체제에 적응시키는 '실재'와 의미를 어떻게 구성하는가 하는 문제에 관심을 집중한다. 문화주의는, 특히 의미를 형성하는 인간의 기능에 영향을 미치는 타고난 정신생물학적 구속요인과 관련되는 요인들을 당연하게 생각하고, 문화와 그 속에서 제도화된 교육체제에 의해 그 요인들이 어떻게 처리되고 관리되는지를 고려한다. 인간이 다른 사람의 마음을 알게 되는 방법인 간주관성(inter-subjectivity)과 관련 있다. 문화주의는 주관성(subjectivity)의 과학들 사이에서 중시된다. 문화심리학은 범위 내에서 주관성을 포함하고 실재의 구성을 가리키며 존재론적 의미에서의 실재 또한 포함한다. 인식론적 근거에 비추어 보면 외적이거나 객관적인 실재는 마음의 속성과 마음이 의존하는 상징 체계에 의해서만 알려질 수 있다.

그런데 교수-학습 상황에서 어느 한 사람이 채택하는 인간의 마음에 관한 모형이 어떠한 종류의 것인가 하는 문제는 중요하다. 비교적 타당하다고 판단되는 마음의 구성 모형은 학교 교실 실제의 '일상교수학'을 형성한다. 연합과 습관 형성의 힘과 동등한 것으로 간주되는 마음의 관점은 진정한 교수학으로서 '반복 연습'에 특권을 주지만, 필요한 진리의 본질에 대한 성찰과 대화를 위한 역량으로서 간주되는 마음의 관점은 소크라테스식의 대화를 선호한다.

2) 교육의 문화적 접근(Bruner, 1996)

문화구성주의 관점은 교육에 대한 심리 · 문화적 접근을 안내해 주는 아홉 가지 입장 혹은 신조로 구체화된다. 이 아홉 가지 입장들은 교육에 대한 문화심리학적 접근으로 기본적 시각, 구속주의, 구성주의, 상호작용적 입장, 외적 구체화주의, 도구주의, 제도화, 정체성과 자존심, 내러티브 사고이다(강현석, 이자현, 2005).

(1) 기본적 시각

의미는 해석되는 관점에 따라 상대적이다. 의미 해석에 관한 문화의 판단은 다양하다. 문화주의의 기본적 시각은 인간 사고의 해석적이고 의미 구성적인 측면을 강조한다. 의미를 해석하는 일은 개인의 특징적인 역사뿐만 아니라, 실재를 구성하는 문화의 표준적인 방식도 반영한다. 그 어떤 것도 문화로부터 자유롭지는 않지만, 그렇다고 해서 개인들이 속한 그 문화를 단순하게 반영하는 것또한 아니다. 이와 같이 개인의 사고에 공적인 것을 부여해 주고, 그리고 동시에 문화의 삶의 방식, 사고방식 혹은 감정에 어느 정도 예기치 않은 풍요함을 부여해 주는 것은 다름 아닌 바로 개인(의미 해석)과 문화 사이의 상호작용이다. 이런 입장에서 볼 때 효과적인 교육은 주로 문화 속에서 항상 위험 속에 처해 있게 되고, 혹은 융통성을 촉진시키기보다 현상 유지에 더욱 급급해하는 사람들 때문에 항상 위험 속에 처해 있게 마련이다. 이러한 일로 인하여 응당 초 래되는 결과는, 교육이 해석적 탐구를 해 나가면서 그 범위를 좁혔을 때, 그것은 변화 에 적응하는 문화의 힘을 감소시킨다는 것이다. 그리고 동시대의 현 세계에서 변화는 기준으로 인식되고 있다. 문화주의의 기본적 시각이 인간 사고의 해석적이고, 의미 구 성적인 측면을 강조하지만, 그와 동시에 그것은 이러한 인간의 정신적 삶의 측면을 깊 이 계발시키다 보면 그것으로부터 야기될 수도 있는 부조화의 내재적인 위험을 인식하 기도 한다. 교육을 다소 위험한 일로 만들거나, 혹은 오히려 지루하고 틀에 박힌 것으 로 만드는 것이 바로 이처럼 야누스와 같은 교육의 양면성 때문이다.

(2) 구속주의 입장(constraints tenet)

모든 문화에서 인간의 정신 활동이나 의미 만들기에는 두 가지 구속 요건이 존재한 다. 그것은 첫째로 선천적인 정신적 경향이 지니는 한계와 둘째로 상징체계의 한계를 들 수 있다. 선천적인 정신적 경향이 지니는 한계는 인간 정신 기능의 본질로서 다양한 현상을 공통적이고 기본적인 속성이 있을 것이라고 개념화, 보편화하려는 것이다. 상 징체계란 Whorf-Sapir가설처럼 "사고는 그것이 구성되고 표현되는 언어에 의해 형성 된다."는 것이다. 하지만 선천적인 정신적 경향이 지니는 한계는 보다 강력한 상징체계 인 문화가 개발한 도구장치, 메타언어적 재능, 문해력의 확산 등을 통해 극복된다. 교 육의 기능은 이러한 과정을 통해 인간에게 필요한 상징체계를 갖추는 것이고, '언어적 자각성'을 계발하는 것이다. 사고에 관한 사고는 교육을 통해 능력을 계발하고 기회를 부여하는 실제에서 중요한 요소이다.

(3) 구성주의 입장(constructivism tenet)

우리가 살고 있는 세계의 실재는 구성된 것이다. 실재의 구성은 전통과 사고방식에 대한 문화 도구장치에 의해 형성된 의미 구성의 산물이다. 이러한 의미에서 교육은 우 선 학습에서 젊은이들을 의미 만들기와 실재 구성의 도구를 사용하도록 도와주고, 다 음으로 학생들 자신을 발견하는 세계에 더 잘 적응하도록 도와주고, 그리고 마지막으 로 필요한 만큼 세계를 변화시키는 과정에서 도와주도록 지원해 주는 활동으로서 인식 되어야 한다.

(4) 상호작용적 입장(interactional tenet)

학습은 보여 주고 말하는 활동을 통해서가 아니라 서로에게서 상호 학습하는 상호작용적 과정이다. 상호 학습자 공동체 사회를 형성하는 것은 인간 문화의 본질에 내재한다. '간주관성'이란 언어, 제스처, 혹은 다른 수단을 통해서든 다른 사람의 마음을 이해하는 인간의 능력이다. 우리는 간주관성으로 인해 상호 학습이 가능하다. 상호적인 학습사회는 실천과 앎의 방식을 모형화하고 경쟁의 기회와 해설, 초보자를 위한 비계와 맥락을 제공한다.

(5) 외적 구체화주의(externalization tenet)

인지적 활동을 함축성으로부터 구원해 주는 것으로, 공적이며 협상 가능하고, 집단적인 유대를 형성하게 해 준다. 외적 구체화주의는 후속하는 반성과 초인지에 좀 더 쉽게 접근한다. 읽고 쓰기, 컴퓨터, 이메일 등 공동으로 협상 가능한 사고가 공적으로 예술작품으로 외형화될 수 있는 방법은 매우 많다. 프랑스 문화심리학자 Meyerson은 모든 선정된 문화적 활동의 주요 기능을 작품(works, 예술작품)을 생산하는 것으로 보았다.

외적 구체화의 첫째 이점은 집단적인 공동의 예술작품이 집단적 유대와 결속을 낳고 지속시키는 것으로 산물을 생산하는 노동 분화의 의미를 촉진한다. 그에 대한 예로, 주별 활동을 제도화함으로써 공동의 집단 작업을 강조하는 프로그램을 들고 있다. 외적 구체화의 둘째 이점은 정신적 노력의 기록을 만들 수 있는 것이다. 그 기록은 기억 속이 아닌 외부에 존재한다.

문화적 활동으로 생산된 거시적 측면의 작품에는 예술, 과학, 법률, 시장, 역사 등이 있고, 미시적 측면의 작품에는 자부심, 정체성, 연속성 등 멘탈리티가 있다. 멘탈리티는 다양한 환경하에서 상이한 시대의 삶을 사는 상이한 집단들을 특징짓는 사고의 스타일로 그 예로 주별 활동(주별 민족지학)에의 접근 방법을 들고 있다.

(6) 도구주의(instrumentalism tenet)

교육은 교육을 체험하는 사람들의 이후 삶에 결과적으로 영향을 미친다. 교육을 받음으로써 얻어지는 결과들이 개인의 삶에 있어서 도구적 성격을 지닌다. 교육은 중립적이지 않고 항상 정치적이다. 교육은 우리에게 생각하고, 느끼고, 말하는 기술과 방법들을 제공하는데 이것은 후에 사회에서 다른 사람과 구분되는 '차별, 구별'로 교환된다. 재능과 기회에 관련한 문제가 있다. 재능에서 마음을 사용하는 다양한 방식들은 상징 체계와 언어등록기(문명의 도구체)를 숙달하도록 배움으로써 향상시킨다. 기회에서 학교는 계발하고자 하는 마음을 어떻게 사용할 것인가에 관해 선별적이다. 학교의 주된 배움거리는 학교 그 자체이다.

(7) 제도적 입장(institutional tenet)

교육이 점차 제도화됨에 따라 마땅히 수행해야 하는 것처럼 교육이 작용한다. 다른 제도들과 교육이 구분되는 것은 젊은이들이 문화의 다른 제도 속에서 좀 더 능동적인 역할을 수행할 수 있도록 준비하는 데 교육이 특별한 역할을 가진다는 것이다. 문화는 제도들로 구성된다. 문화는 다양한 교환매체를 가진 정교한 교환시스템으로 인식된다. 문화 그 자체의 힘 속에는 문화를 구성하는 개별 제도들을 갈등해결의 변증법을 통해 통합할 수 있는 능력을 가진다. 제도들은 상호 의존적이다. 학교교육에 대한 제도적 문화인류학에 관심을 쏟아야 한다. 첫째, 유용한 정보 수집이다. 교육의 인류학에서는 사회에서의 교육이 처한 상황(인종차별, 마이너리티의 권리 등)에 관한 연구에 관심을 가져야 한다. 둘째, 유용한 지식을 정치적인 대안책으로 전환할 수 있는 반성적인 장치[예: 연방준비위원회(FRB)]를 마련해야 한다.

(8) 정체성과 자존심(tenet of identity and self-esteem)

가정생활 이후 처음으로 제도적으로 접하는 것이 학교교육이다. 따라서 학교교육은 자아 형성에 중요한 역할을 한다. 자아의 두 가지 측면은 다음과 같다. 첫째, 능동적이고 주체적인 행위이다. 세계와의 적극적이고 주체적인 만남에 대한 기록은 역사와 가능성을 가지고 있는 자아로 확대되는 개념적 체계를 구성한다. 작인은 행위의 시작뿐 아니라 행위를 완성하는 능력까지 함축하므로 기능이나 노하우도 포함한다. 둘째, 평가이다. 우리는 자신을 행위 동작의 주인으로 경험하고 잘 수행했는지에 대한 효능을 평가한다. 자아는 가치평가의 성격을 띤다. 주체적인 행위자 효능감과 자기평가의 결합을 자아존중감이라고 한다. 학생들 자신의 힘(그들 스스로 행위자로서의 인식)과 의미화된 기회(자아존중감)에 대해 젊은 학생들이 어떻게 개념 형성을 하도록 학교가 무엇을 어떻게 하고 있는지 끊임없이 재평가해야 한다.

(9) 내러티브 사고(narrative tenet)

우리가 다루어야 할 문제는 학교 교과목이나 교육과정이 아니라 세계관을 창조할 수 있도록 도와주는 사고와 감정의 양식이다. 이야기 만들기, 즉 내러티브가 그러한 세계관을 창조하는 데 필요한 것이다. 우리 자신이 누구인가를 파악하고 이해하는 것은 이야기들의 내용이 아니라 이야기들의 내러티브 전략이다. 첫째, 아이가 그 문화에 대한 이야기, 신화 등에 대해 알고 느껴야 한다. 그것이 정체성을 형성한다. 둘째, 상식은 사실을 통해 상상력을 촉구한다. 교육체계는 하나의 문화 안에서 자라나는 사람들이 그 문화 내에서 하나의 정체성을 찾도록 도와주어야 한다. 그것은 이야기 양식을 통해서 가능하다. 학교는 내러티브 양식을 개발해야 한다. 교육은 단순히 잘 관리된 정보처리에 대한 기술적 사업도 아니고, 교실에 학습이론을 단순히 적용하거나 과목 중심의 성취검사 결과를 사용하는 문제도 아니다. 교육은 하나의 문화에 그 구성원들이 욕구를 맞추고 그 구성원들과 앎의 방식들을 그 문화의 요구에 맞추는 복잡한 추구과정이다.

3) 내러티브와 교육문화

(1) 삶과 내러티브(Goodson & Gill, 2013)

내러티브와 이야기는 가끔 사회 연구에서 서로 호환되어 사용된다. 여기 하나의 정의에 주목할 필요가 있다.

> 인간과학에서의 내러티브(이야기)는 명확한 인과관계를 가져, 특정 독자들로 하여금 의미 있는 방식으로 사건들을 연결시켜 줄 수 있는 이야기로서, 세계에 관한 그리고 (혹은) 그 세계에 대한 인간의 경험에 대한 통찰을 제공할 수 있는 담화로서 잠정적으로 정의될 필요가 있다(Hinchman & Hinchman, 1997: xvi).

이러한 정의에서는 다음과 같이 내러티브와 이야기에 의해 공유되는 세 가지 공통적인 특징이 강조된다.

첫째, 시간성(temporality): 모든 내러티브는 사건의 순서를 포함한다.

둘째, 의미(형성): 개인적 중요성과 의미는 삶의 경험을 말함으로써 구체화된다.

셋째, 사회적 만남: 모든 내러티브는 독자들에게 이야기되며, 말하는 자와 듣는 자 사이의 관계에 의해 필연적으로 형성된다.

또 다른 관점에서의 내러티브를 특징짓는 방식은 Gergen(1998)에 의해 제시되었다. Goodson은 이것이 다음과 같은 특징들을 가진다고 제안하였다.

첫째, 가치로운 점 혹은 중요성의 결과이다. 이것은 의미 혹은 의미 있는 것과 연결되지만, Gergen은 이야기의 요지는 바로 이것이 가치를 지니는 데 있으며, 그 가치는 그 이야기를 하는 사람에 의해 결정되며, 이야기가 일어나는 문화적 전통 안에서 연결된다.

둘째, 선택된 사건은 결말과 연관된다. Gergen은 내러티브가 '의미를 가진 결과'를 요구한다고 인식하였는데, 이는 이야기를 하는 사람이 모든 사건을 이야기하는 것에서 자유롭지 못한 것이 아니라, 오직 결말에 기여하는 것에만 자유롭지 못함을 의미한다.

셋째, 사건의 순서이다. 이것은 앞에서 기술된 시간성과 연결되지만, Gergen은 Bakhtin(1981)의 말을 이용하여 더 상세히 설명하는데, 시간적인 순서는 '사건의 존재'에 대한 필요에 의해 결정된다.

넷째, 정체성의 안정성이다. 이 특성은 이야기에서 어떤 변화가 일어나지 않는 이상, 이야기에 나타나는 등장인물은 시간이 지나더라도 다소 지속적이고 일관성 있는 정체성을 지니는 경향성을 가지고 있음을 제시한다.

다섯째, 인과관계적인 연결이다. 사건의 선택은 설명을 하는 데 그 목적이 있으며, 따라서 모든 이야기와 결론은 인과적으로 연결된다.

여섯째, 경계 표시이다. Gergen은 이 특징은 앞에서 나타난 시간적 성격묘사와는 다른 것으로, 이야기의 시작과 끝을 나타낸다고 설명한다.

확실히, Hinchman과 Hinchman의 내러티브에 대한 정의와 묘사는 내러티브 구성에 있어서의 사회적 상호작용과 인간 경험의 의미로의 전환을 강조한다. 반대로, Gergen은 이야기의 구조와 이야기의 조직, 그리고 그것들이 말하는 이가 가정하고 있는 내적인 가치 혹은 의미를 통해 어떻게 구성되는지에 좀 더 초점을 두고 있다. 본 연구에서는 종합적으로 접근하기 위하여 이러한 내러티브의 두 가지 개념, 한 가지는 사회적 만남에 강조를 두며, 다른 한 가지는 이야기 구조에 초점을 둠에 주목한다. 따라서 내러티브를 이해하기 위한 생애사 접근 방식과 이야기에 대한 탐구로서의 내러티브 접근 방식 사이의 중요하고 큰 차이점을 통합적으로 접근한다.

하지만 여기에서 묘사된 삶의 내러티브는 비록 다를지라도, 사는 것으로서의 삶과 개인의 내러티브에서 얘기되는 삶 사이의 중요한 연결이 있다는 공통적인 가정을 공유한다. 사실, 인간의 삶과 내러티브 사이의 연결은 여러 철학적 관점에서 논의되어 왔는데, 특히 해석학점 관점에서 그러하였다. 몇몇 사상가들은 삶과 내러티브는 내생적으로 연결되어 있으며, 인간의 삶은 내러티브를 통해 해석된다고 주장해 왔다(MacIntyre, 1981; Ricoeur, 1988; 1992 참조). 이러한 저자들에 따르면, 인간의 삶은 내러티브 해석의 과정으로서 인식된다. 다른 말로, 삶은 의미가 있지만, 그 의미는 암시적이며, 내레이션을 통한 내러티브에서 외현적이게 된다. 내러티브에 대한 해석학적 해석은 서로 다른 사고의 연원에 근원을 두고 있는데, Gadamer가 만든 '지평의 융합(fusion of horizons)'을 야기한 해석학적 이해에 대한 대화적 접근법도 포함하고 있다.

다시 삶의 내러티브에 대한 정의가 왜 탐색할 만한 가치가 있는 개념인지를 생각해 보자. 넓게, 사회학자들이 살아가는 것으로서의 삶과 내러티브로서의 삶을 비교하는 데에는 다음의 세 가지 주요 원인이 있다.

첫째, 내러티브는 내재적으로 인간의 개념으로 인식되었다. Roland Barthes는 다음과 같이 주장한다.

> 내러티브는 모든 연령, 모든 곳, 모든 사회에 존재한다. 내러티브는 인류의 오랜 역사와 함께 시작하며, 내러티브 없는 사람이 존재하는 곳은 어디에도 없다(Barthes, 1975: 79).

이와 비슷하게, Ricoeur(1984)는 삶, 그리고 어떤 의미에서 시간까지 내러티브 안에서, 그리고 내러티브를 통해 인간이 된다고 한다. 인간의 삶은 항상 내러티브의 그물망에 깊이 놓여 있으며, 이것은 결국 개인, 사회, 문화, 국가로 하여금 그들이 누구이며, 그들이 어디에서 무엇을 해 왔으며, 그들이 어떻게 살아왔으며, 그들이 무엇을 염원해 왔는지를 표현하도록 허용해 준다. 내러티브는 인간이 되는 것의 중심에 놓인 것으로 고려되는데, 이는 우리의 목적, 의미, 자아, 가치, 염원에 대한 의식의 많은 부분이 우리의 내러티브를 기반으로 하고 있기 때문이다(Grassie, 2008). 그리고 내러티브는 삶의 일관성과 지속성을 구성하는 데 있어 인간에게 필수적이다(Taylor, 1989). 동시에, 내러티브는 개인으로 하여금 그들의 이야기에 적응하고, 변형하고, 전환하게 하여 최종적으로 살아온 경험이 전환될 수 있는 가능성을 허용한다.

둘째, 인간의 삶은 가끔은 정돈되어 있긴 하지만, 종종 혼란스럽다. 반면, 내러티브는 이야기와 시간성을 통해 개인으로 하여금 특정한 구조와 그들 삶에 대한 배열을 가정하는 것을 가능하게 한다. 이는 인간이 행동의 방향과 통합을 발달하는 것을 가능하게 한다(MacIntyre, 1984). MacIntyre는 내러티브가 인간의 행동을 설명하는 데 도움을 준다고 믿는다. 그는 그들의 삶을 얘기하는 것을 통해, 개인은 자신의 행동을 "그들이 속한 환경의 역사 속에서의 역할과 관련하여 혹은 그들이 속한 환경에서"(1984: 208) 의도의 맥락 내에 위치시킨다고 주장한다. 이는 성찰(reflexive)의 과정으로, 개인이 그들의 역사에 대한 '더 많은 부분을 작성하도록' 하는 기회를 가지게 된다. 이러한 방식으로, 내러티브 구성에서, 인간의 행동은 그들의 의도, 가치, 목적과 함께 결합된다. 삶이 내러티브화될 때, 이것은 살아가는 것이라 할 수 있다. 삶은 '일어난 내러티브'가 된다(1984). 이는 삶과 내러티브 상호 간의 구성요소적인 관계를 강화한다. 삶은 내러티브의 근본적인 기초를 형성하며, 내러티브는 거기에 순서, 구조, 그리고 삶의 방향을 제공하며, 의미를 더욱 풍부하고 통합적인 방식으로 발달시킬 수 있도록 도와준다.

셋째, 사회학자들은 삶과 내러티브 사이의 복잡한 관계를 추구하는 데 흥미를 갖고 있는데, 이는 그러한 관계가 다른 개념인 내러티브가 구성하는 자기정체성에 심오한 시사점을 가진다고 보기 때문이다. 정체성 그 자체는 단순히 심리학적 개념이 될 수 없다. 오히려, 그것은 동시에 문화적·역사적·사회적·개인적인 것이다.

개념으로서 정체성은 다양한 관점에서 정의되어 왔다. 종종 다양한 정의를 가지기도 했으며, 가끔씩은 정의가 부족하기도 했고, 이러한 것들은 혼동을 초래해 왔다. 그럼에도 불구하고, 정체성과 내러티브는 내생적으로 연결되어 있으며, 우리는 이러한 개념들에 대한 우리만의 이해를 제시하기에 앞서 이러한 개념들을 간단하게 살펴볼 필요가 있다.

(2) 학습 공동체 문화로서의 교육(Bruner, 1996)

Bruner는 일찍이 학습 공동체 문화의 훌륭한 사례로 Oakland 프로젝트를 거론하곤 하였다. 이 프로젝트는 Ann Brown이 감독하고 있으며, 지금은 그 주변의 학교들이 구성한 컨소시엄의 허브가 되었다. 이것은 일상적인 것(읽기 수준의 향상, 시험 점수의 향상)과 학교 개혁이 성취하고자 하는 모든 다른 표준 결과들을 쉽게 성취하였다. 이보다 훨씬 중요한 것은 학생과 교사 모두를 함께 참여시킴으로써 그것이 창조해 내는 협동적 학교 문화의 종류이다. Oakland 프로젝트는 실제적 의미에서 한 집단인 동시에 협동적 공동체이다. 그리고 공동체 구성원은 예술작품(oeuvre)이라는 합동 생산품을 생산해 낸다. 학생들은 서로 동등한 입장에서 서로를 '가르치는' 것이다. 여기에서는 '공유함으로써 가르치는(teaching by sharing)' 것이 목표였다. Bruner는 이러한 접근법이, 학습이 학생들을 일반적으로 도와주기 때문이 아니라, 학생의 나머지 삶에 적절한 문화를 제공해 주기 때문에 중요하다고 믿는다. 특히 가난한 아동에게는 이 프로젝트가 소외, 무력감, 무목적성과 같이 이들을 쇠약하게 만드는 것에 교육적으로 긍정적인 역할을 하였고, 중산층 아동에게도 적절한 프로젝트였다.

수년 동안 어린 아동을 포함해 성인들을 대할 때 책임감 있게 집단에 공헌하고, 특정한 역할을 수행해야 할 과제가 있는 사람으로 대한다면, 정말로 사람들이 그렇게 된다는 것을 알아 왔다. 우리는 학교가 '가능하게 하는' 문화에 대해 더 자세하게 연구할 필요가 있다. 성공적인 Head Start 프로그램처럼 성공적인 학교 문화는 구성원의 자긍심을 높이는 것과 마찬가지로 의식과 메타인지를 높이는 '반 문화'로 인식되어야만 한다. 학교는 실습에 대한 교훈의 함의를 탐구하기 위한 강력한 기회를 제공한다. 학교는 마음을 이용하는 방법, 권위에 대처하는 방법, 타인을 다루는 방법에 대한 센스를 길러 주는 특별한 장소이다. '외부인'을 자신의 놀이로부터 배제하는 보육학교 아동의 파벌은 '내부인'으로 간주되는 구분에 대한 대답에서 타인을 배제하는 것을 연습하는 것이다. 이것은 일상적인 것이다. 살아가면서 배타적인 내집단도 있고 외집단도 명백히 있다. 한 아동을 놀이 집단에서 배제시키는 것은 우리가 세계를 다룰 때 나중에 당연하게 만나게 되는 그런 실제(혹은 실천)의 원형인 것이다. 그것은 Bourdieu가 '아비투스'라 부르는 것이다. 아비투스는 유사한 위치에 있는 사람들의 집합무의식이다. 우리는 명시적으로 행동하도록 사고할 수 있는 것이 아니라 더 내적인 사고로 행동하는 경향이 있다.

가난한 집단, 성취한 집단, 위태로운 집단을 포함한 국가 문화의 정체성의 관점 및 하위 문화의 관점에서 볼 때 변화하는 시대에 부과된 점증되는 갈등을 궁극적으로 인식하는 유치원이 필요하다고 주장해 오고 있다. 이 증가하는 압력은 우리의 세 가지 이율배반이 국가 문화 속에서 그 자신을 반성하고 성찰한다. 결과적으로, Bruner는 학교와 유치원이 격변하는 사회에서 새로운 기능을 제공해야 한다고 생각한다. 이것은 학습자들의 상호 공동체로 작용하는 학교 문화 건설을 필요로 한다. 학습자들은 서로를 교육시키는 과정에서 문제해결 과정에 함께 참여한다. 그러한 집단은 가르치기 위한 장소뿐만 아니라 정체성과 공동 과제를 위한 초점도 제공한다. 이러한 학교가 문화적 상호관계의 실천의 장(praxis)을 위한(선언이 아닌) 장소가 되도록 하자. 이는 아동이 그들이 무엇을 하고 있는지, 어떻게 하고 있는지, 왜 하고 있는지에 대한 인식을 증진시킨다는 것을 의미한다. 개개인과 집단 효율성 사이의 균형은 집단의 문화 속에서 작용되며, 민족적·인종적 정체성과, 그들을 포함하는 더 넓은 공동사회의 의미에 대해 균형을 잡는다. 상호학습자의 학교 문화가 자연스럽게 그들 내의 노동 분화와 분업을 형성하기 때문에, '자신의 능력에 따라서'라는 좀 더 인간적인 형태로 집단 내부에서 표현된다. 그러한 학교 문화에서 어떤 것을 선천적으로 더 잘한다는 것은 다른 사람들이 그것을 더 잘할 수 있도록 돕는 것을 의미한다.

Bruner는 학교가 문제에 대해 새로운 인식을 배양해 주는 센터와 같은 '반 문화 집단'이라고 논평했다. 우리는 아동에게 기회를 주어야 한다. 우리는 간단히 문화를 과거처럼 재생하려고 노력하지는 않는다. 미국이 필요로 하는 것은 국가를 세계 시장에서 더 나은 경쟁자가 되도록 하는 기능을 기르는 것이 아니라, Bruner가 '학교 문화'라고 부르는 것을 일신하고 재고해야 한다. Bruner는 이 새로운 아이디어를 학습자 공동체를 창조하는 것으로 특징지으려고 노력해 왔다. 학습자들은 수용적인 태도보다는 '참여적이고, 순향적이며, 공동체적이고, 협동적이며, 의미 구성에 헌신하고 몰두할 때' 가장 최상으로 학습에 참여한다.

어떤 교육 개혁도 능동적이고 정직하게 참여하는 교사 없이는 정상궤도에 올라 현실화될 수는 없다. 최대로 복잡한 상황 속에서 이루어지는 학습은 보다 큰 문화에서 의미를 창안하고 교섭하는 것을 의미한다. 그리고 교사는 문화의 대리자이다. 여러분은 부모가 배제된 가정을 상상할 수 없는 것처럼 교사가 배제된 교육과정을 상상할 수가 없다. 왜냐하면 교사는 궁극적인 변화의 대리인이기 때문이다. Bruner는 학습 문화로서 학교를 변화시킬 뿐만 아니라, 그 학습 문화에서 교사의 역할을 변화시키는 것도 강조한다.

4) 내러티브 기반 교과를 가르치는 일(Bruner, 1996)

내러티브에 기반하여 교과를 가르친다는 것은 특정 교과에 대한 정보나 지식을 가르치는 것이 아니라 그 교과를 해 보는 것이다. 다른 말로 교과하기라고 볼 수 있다. 과학을 가르친다는 것이 과학에 관한 지식을 가르치는 것이 아니라면 무엇이어야 하는가? 이 질문에 Bruner는 과학하기(doing science)라고 말한다. 내러티브는 과학하기의 전형이라는 것이다. 이하에서는 과학하기의 문제를 특정 교과인 과학과가 아닌 메타 수준에서 지식의 구조를 학습하고 가르치고 조직하는 문제로 보고 이를 살펴본다.

(1) 탐구와 발견학습

주지하듯이 지식의 구조가 요청하는 교수-학습의 문제는 탐구와 발견학습의 차원이다. 발견학습에서 발견 행위는 인간, 세계, 탐구의 세 측면을 지니고 있다(이경섭, 김민남, 1973: 123-124). Bruner(1966)는 인간 고등 정신의 발전을 확신하며 세계를 인간에 의해서 고안된 전망체(set of perspectives)로 해석하고, 지식은 대상에 대한 인간의 규칙성과 관계성의 발견 결과로 보고 있다. 우선 인간은 추상을 통해서 경험을 표현하는 힘을 가지고 있기에 현상과는 다른 상징적 세계를 구성할 수가 있다. 그런데 구성된 추상적 세계는 인간 경험을 체계화하고 해석해 주는 기능을 가지게 되며 역으로 인간은 자기에게 부닥치는 대상의 변화와 그 대상을 번역하는 방법의 변화에 의해서 정립된 상징적 세계를 재창조해 가는 것이다(Bruner, 1966: 159). 이러한 인간관은 경험적 기능주의와 대칭되는 진화적 도구주의에 입각한 것이라고 볼 수 있다. 세계는 무작위적인 것이 아니며 사태 간의 규칙성과 관계성은 세계에 대한 일정한 질서를 부여하고 있기 때문에 형태, 즉 사태 간의 규칙성과 관계성이 다름에 따라 동일한 세계도 다양한 의미적 세계로 나타나는 것이다. 인간과 세계의 상호작용인 탐구는 대상 간의 규칙성과 관계성을 찾으려는 기대감에서 출발한다. 발견 행위는 새로운 통찰에 의해서 주어진 자료를 뛰어넘도록 변혁하고 재조정하는 일련의 행위이다. 이 행위는 효과적인 범주 체제 (다양한 정보를 조직하는 데 이용될 수 있는 형식이나 도식)하에서 창조적인 개념들이 형성되고 이들 개념들을 위치 지우는 행위이다.

개념은 경험을 경제적인 것으로 만들고 경험 상호 간에 관련을 지어 주는 발명품이다(Bruner, 1966). 즉, 개념은 이해를 위한 수단으로서 우리가 발명해낸 것이다. 우리가 어떤 현상에 대한 규칙성과 관계성을 발견해 낸다는 것은 현상 자체에 대한 직접적 결과가 아니고 개념(상징적 세계)을 통해 형성된 결과이다. 발견법에 있어서 지식의 구조란 서로 관련성이 없는 여러 관찰한 것들에 어떤 질서를 주는 개념적인 발명품이므로, 우리가 구조를 배우게 되면 어떤 내용에 의미를 주게 되고 새로운 경험 영역을 열어 줄 수 있게 된다. 이렇게 볼 때 구조란 학습 경험에 규칙성과 관련성을 부여해 주며 새로운 발견의 영역을 제시해 주는 것이라고 할 수 있다. 학습자의 앎의 과정은 인식 주체의 입장에서 보면 수동성보다는 능동성을 함축하고 있다. 인식 주체는 자신의 모델 구축 과정, 즉 발견의 행위에 참가해야 한다.

이러한 발견학습과 관련한 비판은 크게 세 가지로 요약될 수 있다(강현석, 1998; 2004). 첫째는 발견학습이 가정하는 구조의 실재 문제이고, 둘째는 발견학습의 의미, 셋째는 구조의 교수-학습의 문제이다. 이 문제들은 물론 관련되어 있다. 우선 구조의 실재 문제는 앞에서 어느 정도 논의하였기 때문에 여기에서는 두 가지 문제만을 살펴본다. 발견학습 의미를 축어적으로 해석하는 문제이다. 즉, 발견학습의 이면에는 '발견'이라는 말이 시사하는 것처럼 실재론적인 관점이 개재되어 있다는 것이다. 발견은 인간 자신에 의해 만들어지는 발명이나 창조와는 달리 사전에 완전히 주어진 형태로 존속하며, 발견되는 것은 이미 거기에 존재하는 것이라는 비판이다.

그러나 지식의 구조의 발견을 '발견'이라는 사전적 의미에 집착하여 외부 실재를 경험적으로 발견하는 것으로 보아서는 안 된다(강현석, 2004: 62). 왜냐하면 Bruner가 말하는 발견에는 발명이나 창조의 의미가 들어 있기 때문이다. 발견과 발명, 창조를 서로 다른 것으로 보는 것은 온당치 않다. 손민호(1995: 33-34)의 지적, 즉 발명과 창조는 새로운 과학철학에 의해 가치를 지니지만 발견은 실증주의 유산이라고 보는 것은 제한적 해석이다. 과학철학에서 논의되는 '과학적 발견'의 성격을 가지고 Bruner의 구조의 발견과 탐구학습의 성격을 논의하는 것은 범주 착오로 판단된다. 양자는 논의의 맥락이 서로 다르다고 보아야 할 것이다. 따라서 과학적 발견과 자연에 대한 발견의 문제를 비교하는 논리를 가지고 지식구조의 발견 문제를 단순 비교하는 데에는 무리가 따른다. 아울러 구조를 발견하는 탐구학습이 구성주의 학습의 본질을 제대로 파악하지 못한다는 비판이 있다(박선미, 1999: 40-43). 구성주의에서 말하는 구성의 의미에 비추어 보면 탐구학습에서의 탐구의 의미는 제한점을 지니고 있다는 것이다. 구성은 발견 이상의 것을 필요로 한다는 것이다. 이 비판 역시 축어적 의미에만 초점을 두고, 발견의 구성적 속성을 간과하는 약점을 지니고 있다.

또 다른 비판은 지속적 창조의 과정을 무시한 발견에 대한 축어적 비판이다. 즉, 어린 학생들과 학자 간의 구조적 수준 차이 문제를 형식적으로 비판하는 경우이다. 이러한 의문은 발견학습을 문자 그대로 해석하여 원래의 의미를 잘못 이해한 경우이다. 교육방법은 교육내용과 밀접한 관련을 맺고 있다. 발견학습은 지식의 구조라는 교육내용을 가르치는 방법상의 원리인 것이다. 발견학습은 학생들로 하여금 뉴턴과 같이 만유인력의 법칙을 발견해낼 수 있도록 하는 것이 아니라 그러한 법칙을 가르치는 방법상의 원리이다. 따라서 탐구와 발견학습에 대한 축어적 해석을 통한 비판은 온당치 못하다. 구조적 수준 차에 대한 문제를 Bruner는 보다 적극적으로 인지적 도제 혹은 비고츠키의 비계설정으로 해결하고자 한다. 모든 학습이 발견이 될 필요는 없다. 발견은 단지 수업의 기법이 아니며, 그 자체는 중요한 수업의 성과이다. 종국적으로 교육은 발견의 과정이다. 발견은 객관적 실재의 파악이 아니라 지속적인 창조의 과정이다(강현석, 2004: 62).

발견학습이나 탐구학습에 대한 상식적인 가정에는 구조의 정적인 측면이 강하게 전제되어 있다. 즉, 완결된 형태로서 구조를 이해하고, 구조의 학습을 '저기에 존재하는' 그 완결된 객관적인 실재를 단순히 발견하는 것으로 본다는 점이다. 그러나 구조는 동적인 측면도 동시에 지니고 있으며, 동적인 측면이 구조의 본질에 더 가깝다. 이런 점에서 동적인 구조의 학습이 Dewey의 문제해결 과정과도 유사하다고 보는 Taba(1962)는 Bruner의 발견법과 듀이의 교환적 경험은 모두 능동적 학습을 의미한다고 제안한다. 특히 Bruner는 이러한 능동적 학습을 조장하기 위한 방법으로 구조를 통한 직관을 강조하고 있다. 따라서 역동적인 구조는 '변형과 생성'을 허용한다. 그리고 구조는 일반화와 특수화를 가능케 함으로써 세계에 대한 우리의 이해에 도움을 주며, 귀납과 연역의 역동성과 전이(transfer)의 문제를 내포하는 다차원적인 성격을 지니고 있다. 더 나아가 구조는 완결된 개념으로서 내용만을 의미하지 않으며 내용과 과정을 동시에 통합한다. 따라서 탐구학습은 구조의 계속적인 변화를 상정하고 있으며, 구조를 완결된 것으로 보는 것이 아니라 계속적인 변화, 수정, 진화를 해 나가는 것으로 해석할 수 있다.

(2) 내러티브 학습: 실재 구조의 발견이 아닌 내러티브 발견법으로

앞에서 살펴본 바와 같이 우리가 지식을 이해하고 추구하는 궁극적인 목적은 탐구

를 통한 새로운 지식의 생성에 있다. 따라서 구조의 학습은 지식의 내적 구조(개념체계)와 외적 구조(탐구구조)를 동시에 고려해야 한다. 구조의 발견 행위를 주어져 있는 것의 단순한 발견으로 보는 생각은 지식의 외적 구조, 즉 지식의 탐구구조에 대한 것을 배제하기 때문에 생기는 문제이며, 탐구 활동의 역동성을 모르는 처사이다. 따라서 지식의 구조는 기존의 지식을 도구적으로 사용함으로써 세계에 대한 새로운 통찰을 부여할 수 있는 개념적 장치이며, 결국 도구적 지식에 통일성을 부여할 수 있는 구성 개념이다(강현석, 2004: 61). 따라서 구조가 가정하는 지식은 생성적 지식이며, 역동적 지식이다. 구조는 내용이면서 과정이고, 지식이 탐구되는 과정인 동시에 구성적 개념이다. 이런 점에서 구조는 고정된 불변의 체계로서 객관적인 실재가 아니며, 주관과 객관의 상호작용 속에서 계속적으로 그 의미가 재구성되는 해석적 체계로 보아야 한다.

이런 점은 발견학습을 내러티브 사고체계에서 볼 때 더욱 분명하게 드러난다. Bruner는 내러티브가 세계에 대한 우리의 경험과 지식을 조직하거나 서로 간의 의사소통과 학습에 있어서 가장 보편적이면서도 자연스럽고 손쉬우며 강력한 형식 가운데 하나라고 보고 있다(Bruner, 1996). 내러티브는 우리가 의미를 만들기 위해 사용하는 구성의 도구이다. 실재는 내러티브로 구성될 수 있다. 의미를 만드는 내러티브 행위는 대화를 통해서 이루어지며, 내러티브 사고는 해석을 필요로 하는 동시에 해석학적 순환에 의해 이야기가 만들어진다. 인간은 이야기 속에서 살아간다. 세계에 대한 우리의 경험과 지식을 조직하거나 구성하는 가장 자연스러운 방법은 이야기를 만드는 것이다. 우리의 경험을 구조 짓고, 경험을 계속적으로 해석하고 재해석함으로써 학습이 심화되어 나간다. 이러한 교육과정 속에서 삶이 해석적으로 구성되며, 그 과정에서 내러티브는 경험의 구조화 양식으로 기능한다.

이상과 같이 우리의 경험을 조직하기 위한 구조로서 내러티브는 발견학습에 대한 새로운 해석에 중요한 근거로서 작용한다. 내러티브가 학습이나 교육의 과정에서 하나의 수단으로서 작용한다(Bruner, 1996: 119)는 점에서 보면 학습은 본질적으로 내러티브적으로 일어나는 것이며, 경험의 조직을 지속적으로 하면서 학습의 내면화가 이루어진다고 볼 수 있다. 왜냐하면 학습의 주요 대상인 지식은 사람들이 다른 사람과 자신들의 아이디어와 이야기를 공유하는 상황에서 개인적·사회적으로 구성되고 재구성되기 때문이다. 이 점에서 지식을 학습하고 내면화하는 것은 개인 내에 구체화된 지식을 재구성하는 것이며, 개인적·사회적으로 구성된 상징적 형식들을 통해서 경험을 해석하는 것이라고 볼 수 있다. 이 과정에서 내러티브가 곧 구조의 역할을 하는 것이다.

지식의 구조는 학습자와 독립적인 객관적 실재이기보다는 학습자와 상호작용을 통하여 부단히 새롭게 구성되는 해석적인 체계 속에서의 생성적인 구조이다(강현석, 2004: 65). 그러한 구조는 사회적 상호작용을 통하여 해석적인 구성의 과정에서 발견되는 동시에 창안되고 발명되는 것이다. 따라서 구조를 발견하는 학습은 학습자 외부에 존재하는 객관적인 실재를 단순히 찾아내는 일 그 이상을 포함한다. 여기에는 구조를 발견하는 활동뿐만 아니라 학습자의 해석적이고 구성적인 활동을 통하여 구조를 만들어 내는 활동까지 포함된다. 이 과정에서 의미 구성의 과정이 중요하게 이루어지는데 이것은 인간이 그 자신과 그가 처해 있는 세상을 이해하기 위한 상징적 활동이다(Bruner, 1990). 이러한 활동 속에서 구조를 내면화하고 거기에서 출발하여 자신의 체험적 변화를 통하여 세계를 조망하고 구성한다고 볼 수 있다.

발견학습에서는 의미의 교섭이 중요하며, 학습은 단순히 어떤 지식을 가르쳐 줌으로써가 아니라 문화적 수단에 익숙해지게 함으로써 스스로 발견적 과정들을 통하여 일어난다. 결국 지식의 구조라는 것이 발생적인 것이므로 당연히 알아야 되는 것보다 더 많이 알 수 있도록 해 주는 방식으로 어떤 사실들을 학습자의 머릿속에 잘 조직하게 해 준다는 것이다. 그리고 이러한 일은 반성과 숙고를 거쳐야 하며 학습자가 이미 알고 있는 것에 대해 곰곰이 생각하는 성찰적 사고를 요구한다(Bruner, 1996: 129). 그리고 Bruner는 학습에서 사회·문화적인 측면들을 포함하는 방향으로 발견학습 이론을 확대시켜 가고 있다(1986; 1990b; 1996). 이는 여러 가지 측면에서 비고츠키의 사회 구성주의 이론과 맥을 같이하고 있는 것으로 해석될 수 있다. 이 점에서 볼 때 학습은 학습자 자신의 발견을 통해 새롭게 의미를 구성하고 지식을 구조화해 나가는 과정으로서, 새로운 발견과 의미 구성에 필요한 것들을 사회적 상호작용을 통하여 학습해 나가는 것이라고 볼 수 있다(Bruner, 1996: 151-153).

특히 학습은 내러티브를 통하여 의미를 만들어 가는 과정, 즉 '내러티브 발견법'으로 볼 수 있으며, 그 발견은 일상심리학의 맥락에서 작용한다. 일상심리학은 사회적 세계 속에서의 경험과 지식, 상호작용과 관련된다. 이 관점에서 보면 인간 학습의 이유는 주어진 문화에 있으며, 그 문화 내에서의 의미를 위한 탐구 활동에 있다. 사람이 문화에 참여함으로써 그 속에서 의미는 공적인 성격을 띠며, 공유되는 것이다. 일상심리학은 의미 구성 과정에 관련된 상호적 과정이다. 따라서 발견학습은 내러티브 사고에 의한 의미 구성 과정인 동시에 문화 속에서의 해석적 구성의 과정이다. 따라서 발견학습은 더 이상 객관적인 구조를 수동적으로 혼자 찾아내는 활동이 아니다. 이러한 점에서 Bruner는 자신의 탐구학습에 관한 초기의 생각이 불완전하다고 보고, 새롭게 탐구학습에 대하여 사회적 장면에서 구성원들의 교섭과 공유에 의해 재창조되어 가는 과정이 강조될 필요가 있다고 지적하였다(강현석, 2004: 65).

이상의 탐구-발견학습에 대한 재해석은 지식의 역동성을 기초로 하는 상호적 학습의 가치를 환기시킨다. Bruner에게 있어서 학습은 단지 지식 획득-변용-평가의 에피소드만을 의미하지는 않는다. 학습은 해석적 사고를 통한 의미 형성의 과정이며, 그것은 구성주의적 과정인 동시에 교사-학생 간의 상호작용 과정을 말한다. 상호작용 과정에서 학생들 간의 대화는 중요하며, 대화를 통해 언어에 의한 상호작용이 일어나며, 이 과정에서 의미의 교섭과 거래가 일어난다. 협동으로서 내러티브 학습의 가치는 여기에 있다. 동시에 학습은 언어에 의한 상호작용 속에서 일어나지만 문화의 맥락에 놓여 있으며, 그 맥락 내에서 의미가 만들어지고 의미를 구성해 내는 교육적 상호작용으로서의 내면화가 일어난다. 따라서 학습은 상호 학습 공동체인 교실에서 내러티브적으로 이루어진다.

(3) 나선형 조직, 내러티브로 (해야) 살아난다

지식의 구조 입장에서 보면 각 교과의 중요한 기본 구조는 조기에 가르칠 수 있고, 학년이 올라감에 따라 지적으로 올바르게 계속적으로 계열성 있게 학습이 된다면 학습의 정도는 깊이와 폭이 점점 깊고 넓어져 간다. 일반적으로 말하면 나선형은 동일한 교육내용, 즉 지식의 구조가 학년이 올라감에 따라 점차로 심화되고 확대되어 가도록 조직하는 방식이다. 지식의 구조가 학문의 기본적인 것이 되므로 초등 수준의 지식과 고등 수준의 지식에 차이가 없으며 학년별·학교별 수준에 따라 깊이와 폭이 다르게 된다.

이러한 나선형 조직은 학습자들로 하여금 기본적인 아이디어에 통달하게 하고 그 아이디어를 점점 더 복잡한 형식으로 다룰 수 있도록 하고 교육내용에 대한 이해를 깊게 하는 조직 방식이다. 따라서 이 조직 방식은 교과를 가르치는 데 있어 학습자가 도달할 수 있는 '직관적' 설명으로 시작하여 학습자가 충분한 발생적 힘으로 교과를 습득할 수 있을 때까지 학습자가 필요한 만큼 순환을 하는 것이다. 그리고 그다음에는 보다 형식적이거나 매우 구조화된 설명으로 순환적으로 회귀한다는 아이디어가 나선형 교육과정이다.

결국 나선형은 교과를 가르치는 데 있어 처음에는 직관적 설명으로 시작하고, 그다음에는 학습자에게 생성력(generative power) 있는 학습을 보장하기 위해 심화·발전 단계의 순환을 거치고, 종국에는 보다 형식적이거나 매우 구조화된 설명으로 진행되는 방식을 말한다(Bruner, 1996). 이 과정에서 학습은 순환적으로 회귀한다. Bruner는 본래의 나선형 교육과정이 가지고 있는 과학적 가능성을 포기하지 않는다.

이런 점에서 과거 지식구조론에서 제안했던 그 아이디어의 적절성은 아직도 유효하다. 왜냐하면 나선형의 아이디어와 그 실제적 조직 방식은 과거 피아제의 발달단계에 입각한 표현 양식의 문제를 넘어서서 인간 마음의 양상과 학습의 포스트모던적 성격을 반영하는 것으로 재해석될 수 있기 때문이다. 특히 학습의 나선성은 최근에 생성의 인식론으로 접근하는 Doll(1993)에 의해 보다 새롭게 부각되고 있으며 마음의 회귀로 설명되는 나선형 조직은 그 자체로도 유효하지만 내러티브 조직에 의해 보다 풍부한 가치를 드러낼 수 있게 된다.

최근에 논의되는 나선형에 대한 재구성 근거의 핵심은 나선형의 아이디어를 어떻게 내러티브 형식으로 해석하느냐 하는 것이다. 우리가 최초로 지식을 조직하고 경험하는 가장 자연적인 방식은 내러티브 형식을 통하여 이루어진다. 나선형 교육과정의 아이디어를 우리가 처음에 초보적으로 이해하고, 그다음에 과도기를 거쳐 나중에 그 아이디어를 충분히 파악하는 일은 나선형의 아이디어를 스토리나 내러티브 형식으로 구체화시켜 보는 활동에 의존할 수밖에 없다. 의미를 전달하고 소통하는 사태의 계열로서 내러티브는 과학적 설명에 의해 증명되는 것이 아니라 그럴듯한 인간의 의도적 세계를 이야기처럼 다양하게 해석하는 것을 의미한다. 나선형 교육과정의 사태는 과학적 검증이 가능한 물리적 세계가 아니라 학습자가 특정 목적이나 의도를 가지고 어떤 사태를 이해하고 그 속에서 의미를 구성해 나가는 인간 '행위자'의 세계이다. 이 세계에서는 학습자의 마음속에 어떤 일이 일어났는가 하는 것을 단지 '해석'할 수 있을 뿐이다(강현석, 1998: 121).

나선형에 대한 최근의 해석들은 유의미하다. 본래 나선형은 어느 한 발달단계의 영역에서 도전적인 새로운 문제에 직면했을 때 훌륭한 직관을 가지고 다음 단계에로 보다 훌륭히, 보다 일찍, 그리고 보다 깊은 사고를 할 수 있다는 것을 의미한다.

4. 상호학습 공동체와 학교교육

1) 교과를 가르치고 평가하는 일을 넘어서서: 학교의 새로운 기능(Bruner, 1996)

브루너는 초기에 교육의 중요한 문제를 교과를 가르치고 평가하는 일에 주목하였다. 그러나 그 일이, 아니 교육이라는 것이 단순히 교과를 가르치고 평가하는 일을 넘어서는 중요한 문화적 행위이자 활동(enterprise)이라고 보았다. 이하에서는 이러한 점에 유의미한 시사를 제공해 주는 교육목적의 복잡성 측면을 그의 저작물(1996)을 중심으로 제시하고자 한다.

우리가 시작한 세 가지 이율배반, 즉 자아실현 대 문화보존, 선천적 능력 대 도구 제공, 특정 대 보편의 이율배반은 우리가 지금까지 전개한 이 토론의 결론을 맺을 수 있는 적절한 끝맺음을 제공해 준다. 교육은 문화를 재생해야 하는가? 또는 교육은 인간의 잠재력을 풍부하게 하고 배양해야 하는가? 교육은 최상의 선천적 능력을 부여받은 사람들의 본래적 재능을 차별적으로 배양하는 데 기초해야 하는가 아니면 모든 사람에게 유용한 문화적 도구를 갖추게 하는 데 우위를 두어야 하는가? 우리는 대체로 보편적 문화의 가치와 방법을 제공해야만 하는가, 아니면 그것을 구성하는 특수한 하위 문화의 정체성에 자부심을 주어야 하는가?

물론 기준이 되는 경건한 행위는 우리가 각각의 이율배반의 양 축을 존중하거나 '그 사이의 중도적인' 어떤 것을 하는 것이다. 실제 진리는 두 개의 투쟁하는 것들 사이에서 절대로 중도에 있지 않을 수도 있으나 그 '차이점을 분리시키는 것'과 마찬가지로 교육과 연결되는 이율배반을 포함해서 그것 모두를 무시하는 것도 위험하다.

불우한 환경에 속해 있는 아동에 대한 취학 전 교육의 초기 결핍—대체 은유(deprivation-replacement metaphor)는 모두 해서 최고를 낳는 기준으로 '모든 사람을 양육하는 것'에 대한 이미지에 너무 밀접하게 연결되어 있었다. 그것은 문화의 자기재생적 실제를 고려하는 데 실패하였다. 그리고 그것은 초기 인간성에 대해 너무 수동적으로 기초하고 있다. 오히려 인간 영혼의 고전적인 백지(tablua rasa) 이론과 마찬가지로 말이다. 그리고 인간 문화의 '가능하게 하는 본질'을 자신의 세계에 대해 보다 정통하도록 적극적으로 노력하고 추구하기 위한 도구로서 인식하는 데도 실패하였다.

초기 인간 상호작용의 중요성과, 상호작용의 환경에서 자기 주도적이고 자기 방향적인 활동의 역할에 대한 중요성의 발견은 앞으로의 중요한 한 걸음이었다. 그러나 그것은 연구자와 교육자를 '문화적 결핍'과 같은 자민족 중심적인 생각으로 이끌지 말았어야 했다. 그러한 결핍은 좁게는 이상화된 미국 중산층 아동의 중심적 양육 방법이 존재하지 않는 것으로 해석되었다. 그것 역시 문화적 정체성과 그것에 노출된 다양한 민족성, 그리고 하위 사회계층 아동과 가족에 대한 특수성에 대해서는 거의 여지를 남기지 않았다. 그것은 인간 집단과 인간 문화의 성질과 인간이 자신의 정체성과 전통성을 인식할 필요를 검증하지 않은 채 남겨 두었다.

초기 교육실제의 이율배반에 대해 다시 생각해 봐야 한다. 우리는 특히 미국에서, 가

난하게 생활하는 사람들의 부류와, (장기적 전망이 아무리 불확실하다 하더라도) 자신의 아동을 위한 열망을 가지고 국가 정체성과 계급 정체성이 충분히 확립될 정도로 확실히 느끼는 사람들 부류로 첨예화된 양극성을 목격하게 된다. 우리의 세 가지 이율배반이 국가 문화 속에서 압력을 발생시키는 세력과 힘에서 그 자신을 반성하고 성찰한다. 이것은 학습자들의 상호 공동체로 작용하는 학교 문화 건설을 필요로 하고, 서로를 교육시키는 과정에서 모두에게 기여하는 것과 함께 문제해결 과정에 함께 참여한다. 그러한 집단은 가르치기 위한 장소뿐만 아니라 정체성과 공동 과제를 위한 초점도 제공한다. 이러한 학교가 문화적 상호관계의 실천의 장(praxis)을 위한(선언이 아닌) 장소가 되도록 하자. 이는 아동이 그들이 무엇을 하고 있는지, 어떻게 하고 있는지, 왜 하고 있는지에 대한 인식을 증진시킨다는 것을 의미한다. 개개인과 집단 효율성 사이의 균형은 이 집단의 문화 속에서 작용되며, 민족적 또는 인종적 정체성과, 그들을 포함하는 더 넓은 공동사회의 의미에 대해 균형을 잡는 것도 마찬가지다. 그리고 상호학습자의 학교 문화가 자연스럽게 그들 내의 노동 분화와 분업을 형성하기 때문에, 원래의 재능을 배양하는 것과, 그리고 모두가 앞으로 움직일 수 있도록 하는 것 사이의 균형이, '각각 그 자신의 능력에 따라서'라는 좀 더 인간적인 형태로 집단 내부에서 표현되었다. 그러한 학교 문화에서(그리고 나는 이것들 중 하나를 간략하게 기술하려고 노력해 왔다.) 다른 것들 중에 어떤 것을 선천적으로 더 잘한다는 것은 다른 사람들이 그 어떤 것을 더 잘할 수 있도록 돕는 것을 함의한다.

우리가 세계 시장에서 경쟁하는 것이 바람직하다는 것과, 어떤 한 분야에서 첫 번째가 되는 것이 우리가 나머지 분야에서 첫째가 되도록 도와줄 것이라는 것을 의심하지 않는다. 그러나 만약 우리가 인간 잠재력을 가능한 한 최대한 발달시킨다는 것에 대하여 서로 상쇄되는 바람직한 이상을 논의하고 해결하지 않는다면 '첫 번째'가 되는 것이 무슨 의미를 가지는가? 그리고 그것은 우리의 행복한 가정들이 더 넓은 공동체에서 증가하는 부당한 부의 분배에 대해 느끼는 것으로서 사회경제적으로 위태로운 느낌과 체감을 어떻게 말할 수 있는가? 만약 더 넓은 문화가 상호 공동체 사회에 도전을 한다면, 아마도 우리 미래의 무용담에 대한 자랑은 학교에서 열심히 연구함으로써 국가를 더 부강하게 만드는 것만이 아니라, 국가의 부를 보다 평등하게 분배하는 새로운 패턴을 야기할지도 모른다는 것을 보장함으로써 따라 나올지도 모를 일이다. 한마디로, 우리는 간단히 문화를 과거처럼 재생하려고 노력하지는 않을 것이라는 것이다.

브루너는 미국 교육에 대해 매우 비판적이다. 미국이 다른 선진국들보다 더 큰 변화를 감내하고 있다고는 믿지 않는다. 또한 인종주의와, 그리고 미국이 세계에서 경제적으로 하강 국면에 있다는 사실을 시인하고 대면하기 싫어하는 것과 같은 많은 특이한 미국적인 문제로 인해 상황이 더욱 악화된다는 것을 알지라도 우리의 교육 위기가 다른 대부분의 나라에서보다 더 심각하다고도 생각하지 않고 있다. 브루너가 말하고 싶은 한 가지 포인트는 다른 선진국들처럼 미국이 필요한 것은 국가를 세계 시장에서 나은 경쟁자가 되도록 하는 기능을 단순히 일신하는 것이 아니라, 자신이 '학교 문화'라고 부르는 것을 일신하고 재고해야 한다는 점이다. 그는 이 새로운 아이디어를 학습자 공동체를 창조하는 것으로 특성화하려고 노력해 왔다. 실로, 우리가 최근 인간 학습에 대해 학습한 것에 기초하여 보면, 학습자들이 수용적인 태도보다는 참여적이고, 순향적이고, 공동체적이고, 협동적이고, 의미 구성에 헌신하고 몰두할 때 학습이 가장 최상으로 일어난다. 우리는 더 전통적인 학교에서보다 그러한 학교에서 과학, 수학, 언어학을 가르치는 데 더 잘할 것이다.

어떤 교육 개혁도 능동적이고 정직하게 참여하는 교사—서로 도움을 주고받고, 도움을 공유하고, 서로 위안을 주고, 서로 뒤를 받쳐 주고 할 준비가 되어 있고 그리고 그것을 기꺼이 하려는 교사—없이는 정상궤도에 올라 현실화될 수는 없다. 최대로 복잡한 상황 속에서 이루어지는 학습은 보다 큰 문화에서 의미를 창안하고, 교섭하는 것을 의미하며, 그리고 교사는 대체로 문화의 대리자이다. 여러분은 부모가 배제된 가정을 상상 할 수 없는 것처럼 교사가 배제된 교육과정을 상상할 수가 없다. 그리고 개혁에 있어 노력할 중요한 과업—특히 내가 간략하게 요약한 참여적인 종류—은 교사를 토론으로 끌어들이고 변화를 형성하게 하는 것이다. 왜냐하면 교사는 궁극적인 변화의 대리인이기 때문이다. 거의 1세기 동안의 헌신을 통해 마침내 프랑스 혁명의 이상을 실현한 것은 헌신적인 교사 단체였다.

미국에서 교사의 관점을 연구해 온 Ernest Boyer는 1988년의 교수(teaching)의 진보를 위한 카네기재단의 연례 보고에서 다음과 같이 지적하고 있다.

우리나라의 교사가 너무 회의적이기 때문에 걱정된다. 지금까지 행해진 교육 개혁에 있어 비도덕적이고 대체로 감명 받지 않은 집단이 많은 사람들 중에 왜 교사일까? ……
개혁 움직임은 거의 국회의원이나 행정가의 개입에 의해 대체로 주도되어 왔다. 이 움직임은 보상보다는 규제에 가까운 것으로 개혁은 전형적으로 졸업 이수조건, 학생 성취, 교사 준비와 시험, 그리고 감시 활동에 초점을 맞춰 왔다. 그러나 이 모든 것에서 교사는 중요함에도 불구하고 대체로 소외되었다. 우리 연구에서 가장 혼란스러운 발견은 조사된 교사 중 반 이상이 교직 내의 사기가 1983년 이후 실질적으로 떨어져 왔다고 믿고 있다는 것이다. 차후에 학교 개혁의 국면에서 가장 긴급하게 필요한 것은 교사가 모든 수준에서 파트너로서 보상을 받도록 깊이 헌신하는 것이다. 지금 그 도전은 규제하는 것 이상으로 진보해야 하는 것이며, 보상에 초점을 맞추고 교사가 이 과정에 충분히 참여하도록 만드는 것이다.

브루너가 강조하는 바, 지금까지 말한 모든 것이 학습 문화로서 학교를 변화시킬 뿐만 아니라, 그 학습 문화에서('문화에서의 학습'이 아닌) 교사의 역할을 변화시키는 것과 연관되어 있다는 점을 강조하고 있다.

2) 문화주의에서의 학교교육

실제의 학교교육은 결코 하나의 학습자 모델 혹은 하나의 교수 모델에 한정되지 않는다. 학교에서의 대부분의 일상적 교육은 기능과 능력을 배양하기 위해(첫째 모형), 이론과 사실에 관한 지식을 전하기 위해(둘째 모형, 넷째 모형), 사람들의 의도나 신념에 대한 이해를 위해(셋째 모형) 고안된다. 교육학 실제 중에 어떤 것을 선택하더라도 학습자에 대한 개념을 포함한다. 그리고 그 학습자에 의해서 학습 과정에 대한 적절한 사고방법으로서 시의 적절하게 채택될 것이다. 왜냐하면 교육학의 한 선택은 불가피하게 학습자와 학습 과정의 개념을 이어 주기 때문이다. 교육학은 결코 단순하지 않다. 그것은 그 자체의 메시지를 전달하는 하나의 매개체이다. 다음에서 언급되는 일상심리학에 관한 네 가지 관점들은 일관된 통일성으로 잘 융화되야 하고 공통된 하나의 부분들로서 인식되어야 한다. 우리는 다음 네 가지 관점(마음과 가르침의 모형)을 부분적으로 나누어 생각하는 편협한 배타주의에서 벗어나야 한다. 인간 발달 연구에 있어 최근의 진보는 교수–학습의 통합된 이론이 성립될 수 있는 기반을 제공한다. 이러한 진보와 더불어 아동은 하나의 적극적이고 의도적인 존재로 이해된다. 사람에 의해 만들어진 지식과 세상 및 서로에 대한 우리의 지식이 어떻게 구성되며, 동시대의 사람과 오래 전에 세상을 떠난 사람들 모두와 어떻게 협의했는가에 관심을 가져야 한다.

(1) 교수–학습의 차원

다음에서 제시되는 교수–학습의 네 가지 견해를 두 가지 차원으로 구분하면 다음과 같다.

① 내부적–외부적 차원

내부적 차원(내면주의자, 본질주의자)	외부적 차원(외면주의자, 형식주의자)
• 아동 내부에 초점을 둠	• 아동 외부에 초점을 둠
• 아동이 무엇을 할 수 있으며, 아동은 무엇을 생각하면서 하고 있느냐, 학습이 그러한 의도적인 상황에 어떻게 전제될 수 있는가에 초점을 둠	• 학습을 촉진시키기 위해 어른이 외부에서 아동을 위해 무엇을 할 수 있는가를 강조함
• 셋째 모형(간주관적 상호교환의 발달)	• 첫째 모형(방법적 지식의 습득) • 둘째 모형(명제적 지식의 습득) • 넷째 모형(객관적 지식의 관리)

② 간주관적–객관적 차원

간주관적	객관적
• 간주관적 이론에 관심을 가지는 학자들은 아동들이 그들의 학습을 조직하고 그들의 삶을 경영하는 데 있어서 아동들을 위한 유용한 심리학 이론을 창조하고자 함	• 객관주의자들은 아동들을 개미집단에 주목할 곤충학자나 코끼리를 주목할 코끼리 조련자로 간주함
• 셋째 모형(간주관적 상호교환의 발달)	• 첫째 모형(방법적 지식의 습득) • 둘째 모형(명제적 지식의 획득) • 넷째 모형(객관적 지식의 관리)

(2) 마음의 모형과 가르침의 모형 네 가지

학습자의 마음에 관한 네 가지 모형들은 서로 다른 교육목표를 강조한다. 이러한 모형들은 우리가 어떻게 가르치고 교육시키는가 하는 문제를 결정해 주는 마음에 관한 개념화인 동시에 마음과 문화와의 관계에 대한 개념화들이다. 교육심리학을 다시 생각해 보고 반성적으로 검토해 보는 일은 인간 발달에 관한 대안적인 개념들을 검토하고 그것이 학습과 교수에 대해 지니는 합의점을 재평가하는 것이다.

첫째, 모방적 학습자 모형(방법적 지식의 습득)이다.
• 아동은 모방적 학습자이다.
• 모델링과 모방은 문화적으로 관계있는 지식의 축적을 가능하게 하고, 한 세대로부터 다음 세대로의 문화전수를 가능하게 한다.
• 인간 능력은 재능, 기능, 능력과 관련되어 있다. 이 능력이란 단지 실습을 통해서 길러진다.

둘째, 교훈적 교수 모형(명제적 지식의 습득)이다.

- 아동들은 교훈적 가르침으로부터 학습한다.
- 교훈적 가르침은 학생들에게 학습되고, 기억되며, 적용될 수 있는 사실, 원리, 행위규칙을 제시한다.
- 지식은 명백한 규범이요 집적이며, 알려진 그 무엇을 대표하는 것이다.
- 능력이란 새로운 지식을 획득하는 것이다.
- 객관적 검사를 많이 만들어 내었다.
- 학습자 심리는 '백지'라는 것을 가정한다. 아동의 마음은 수동적이며, 채워지기를 간절히 기다리고 있는 그릇이다.
- 모든 교과에서 중요하게 학습되어야 하는 것이 무엇인지에 대해 상세화를 제공하고 그것의 성취를 평가하기 위한 기준을 제시한다.
- 교수는 한 사람에 의해 다른 사람에게 전달되는 일방적인 이야기이다.
- 아동이 충분하게 수행하지 못하면 그 이유를 아동 자신의 능력 부족이나 낮은 IQ 탓이라고 본다. 교육시설은 책임이 없다고 보는 이론이다.

셋째, 사고 주체 모형(간주관적 상호교환의 발달)이다.

- 모든 인간의 마음은 신념과 아이디어를 유지할 수 있으며 토론과 상호작용을 통하여 신념과 아이디어는 공유된 쪽으로 옮겨질 수 있다고 가정한다.
- 아동은 자신의 사고에 대해 생각할 수 있고, 반성을 통해 메타로 가기를 통해 자신의 개념을 바로잡을 수 있다. 아동은 학습자이면서 인식론자이다.
- 아동은 이야기의 교환, 협력, 교섭에 의해 부모님이나 교사의 이론과 조화를 이루어 간다.
- 지식은 이야기의 교환 안에서 텍스트적 공동생활 안에서 공유된다.
- 진실은 문자 그대로의 교육학적인 산물이 아니라 구성과 논쟁, 증거의 산물이다.
- 이 모형은 상호적이고 변증법적이다. 이것은 사실적 지식이나 숙달된 수행 능력의 성취보다는 해석이나 이해와 관련된다.
- 교사와 아동 간의 이해의 상호작용과 교환을 수립하고자 한다.
- 약점: 지식에 관하여 받아들일 수 없을 정도의 관계성까지도 묵인한다. 신념을 정당화하기 위해서는 단순히 그것들을 다른 사람들과 공유하는 것 이상의 많은 것이 요구된다. 결국 지식은 정당화된 신념이다. 사람은 그러한 비판의 중요성을 인식하기 위해서 지식의 본질에 대한 자신의 견해에 있어서 충분한 실용주의자가 되어

야만 한다. 진실에 대한 요구는 항상 정당화되어야만 한다.

- 일상교수학에서는 주관적으로 간직되어 온 신념들이 어떻게 세상과 세상에 관한 사실에 대하여 생존 가능한 이론으로 변화되는가 하는 문제를 다루고 있다. 가설은 단순히 지지되는 것이 아니라 공개적으로 검증되어야만 한다. 오늘은 화요일이다. 이것은 사실이기 때문이 아니라 한 주의 여러 날에 이름 붙인 관습과 일치하기 때문에 관습적 사실로 변하게 되는 것이다. 그것은 관습 덕택으로 상호주관성을 성취하게 되고 그리하여 개인적 신념과 독자적인 '사실'이 된다.
- 최근 연구의 네 가지 노선은 간주관적 상호교환의 관점을 보강해 오고 있다.
  - ㉠ 상호주관성에 관한 연구: 아동들이 다른 사람의 심리를 읽기 위해서 자신의 능력을 어떻게 개발시키는가를 연구함
  - ㉡ 다른 사람의 의도적 상태에 대한 아동의 이해: 타인의 심리이론과 관련하여 아동들이 그 개념을 어떻게 획득하는가를 연구함. 진실 혹은 거짓 같은 사람들의 신념과 의견을 분류하는 것을 연구함
  - ㉢ 메타인지에 대한 연구: 아동들은 학습과 기억, 사고에 대해서 무엇을 생각하는가, 인지적 작용에 대한 사고가 자신의 정신적 과정에 어떻게 영향을 미치는가를 연구함
  - ㉣ 협동학습과 문제해결에 관한 연구: 아동들이 담화의 교환과정에서 어떻게 신념을 교정하고 명백하게 설명하는가를 연구함. 아동들이 어떻게 이해하며 어떻게 그들 자신의 학습을 해 나가는가를 연구함

간주관적 상호교환과 관련한 네 가지 노선은 아동들이 학습, 기억, 추측, 사고를 그들 스스로 어떻게 조직하는가 하는 문제를 이해하고자 연구하는 것이다. 아동 자신의 일상심리학과 그 성장이 연구의 목적이 된다.

넷째, 유식자 모형(객관적 지식의 관리)이다.
- 아동은 지식을 많이 알고 있는 유식한 사람이다.
- 이 관점에서 가르침(교수)은 개인적인 지식과 문화에 의해서 알려진 것으로 여겨지는 것 간의 차이를 아동들이 이해하도록 도와주는 것이다.
- 아동은 오래전에 죽은 사람들과 함께 추측의 공유자가 된다.
- 과거에 관한 사상에 대하여 담화를 주고받고 해석한다.
- 옛날 원문 속에 여전히 살아 숨쉬는 작가에게 하는 '담화'가 특별한 의미를 지닌다

고 본다.

(3) 일상교수학에 따른 교수–학습 모형의 재개념화(강현석, 최영수, 2012)

마지막으로, 자신의 인식론적 입장 변화에 중요한 단서를 제공하는 것은 그의 내러티브 사고 양식의 강조에 있다. 내러티브는 실재 구성, 의미 만들기, 자아 형성에 모두 관련되어 있으며 특히 의미 형성과 협상에서는 내러티브적 해석이 중요하다. 이러한 관련성은 의미는 대화를 통해서 만들어지고 이야기 양식은 해석을 필요로 한다는 내러티브의 가정에 그 근거를 두고 있다. 내러티브 사고의 보고로서 문화심리학에서는 지식 구성과 내러티브 사고의 문제가 핵심적이며, 인간 발달의 문화적 상황을 중시하고, 마음의 구성물로서 문화를 조망하고 있다. 이 속에서 마음은 특정한 문화 형태의 역사에서 특정 시간에 일어나는 구성물로 이해함으로써 컴퓨터 인지과학을 통한 인간 내부 구조의 보편적 규명의 한계를 넘어서야 한다.

사실, 문화주의는 인간이 다른 사람의 마음을 알게 되는 방법인 '간주관성'과 깊이 관련된다. '문화심리학적 접근' 또는 간단하게 '문화심리학'은 그 범위 내에 주관성을 포함하고, 종종 '실재의 구성'을 가리키지만, 존재론적 의미에서의 '실재'를 분명히 제외시키지는 않는다. 인식론적 근거에 비추어 보면, '외적'이거나 '객관적인' 실재는 마음의 속성과 마음이 의존하는 상징체계에 의해서만 알려질 수 있는 것이다. 이것이 일상교수학의 근거를 이룬다.

이러한 입장에 비추어 보면, 기존의 교수–학습 모형은 몇 가지로 재개념화될 수 있다(강현석, 이자현, 2005: 76-77). 첫째, 대화적 모형(dialogue model)이다. 교수는 많이 아는 교사가 잘 모르는 학생에게 '전달'해 주는 일방적 활동이 아니다. 이제 교수는 전달 메커니즘에서 탈피할 필요가 있다. 특정 내용을 어느 일방으로 전달하는 과정에는 타인의 마음에 대한 고려가 소극적일 수밖에 없다. 가르치는 활동은 쌍방 간의 대화의 과정으로 나아갈 필요가 있다. 대화는 관심과 배려(caring)에서 출발한다. 관심과 배려는 다양하게 구현될 수 있다. 학습자의 수준에 대한 고려, 인지구조에 부합하는 학습과제의 구성, 역동적 학습 환경의 마련 등으로 나타난다.

둘째, 의미 교섭적 구성 모형(negotiation model)이다. 교수활동은 소위 객관적인 지식을 전달하고 습득시키는 관리적 차원에서 일방적으로 진행되는 사업(enterprise)이 아니다. 그것은 교육적 상황에서 당사자 간의 협상과 교섭을 통한 의미 거래의 과정이다. 그 과정에서 의미를 형성하고 서로 간의 반성적 숙의를 통하여 지식을 구성해 나가는 것이다. 학습은 학습자 자신의 발견을 통해 새롭게 의미를 구성하고 지식을 구조화해 나가는 과정으로서, 새로운 발견과 의미 구성에 필요한 것들을 사회적 상호작용을 통하여 학습해 나가는 것이라고 볼 수 있다(Bruner, 1996: 151-153).

셋째, 내러티브 모형(narrative model)이다. 학습은 가장 자연스럽게 이야기를 통하여 이루어진다. 학습의 과정, 즉 지식 획득-변용-평가라는 에피소드는 학습자의 이야기를 통해 가장 잘 조직될 수 있다. 학습 조직의 한 수단으로서 내러티브는 학습의 목적인 동시에 수단이 된다. 이제 발견학습은 더 이상 객관적인 구조를 수동적으로 혼자 찾아내는 활동이 아니다. 그것은 내러티브적 발견에 의해 가능하며, 학습의 해석적 과정을 고려할 필요가 있다. 따라서 탐구학습 역시 사회적 장면에서 구성원들의 교섭과 공유에 의해 재창조되어 가는 과정이 강조될 필요가 있다.

넷째, 인지적 상호작용 모형(cognitive interaction model)이다. 비고츠키의 전통에 의하면 사회적(상황적) 구성주의에서 학습은 문화적으로 조직된 실제 활동들에의 공동참여이다. 따라서 지식 구성 영역에서의 의미의 교섭이 중요하다(이차숙, 2001; Driscoll, 2000). 기본적으로 발견 행위는 인지적 성장에 대한 구성주의적 시각을 가정하고 있다. 인간의 인지적 성장은 단순히 어떤 지식을 가르쳐 줌으로써가 아니라 문화적 수단에 익숙해지게 함으로써 스스로 발견적 과정들을 통하여 일어난다. 결국 지식의 구조는 발생적인 것이므로 당연히 알아야 되는 것보다 더 많이 알 수 있도록 해 주는 방식으로 어떤 사실들을 학습자의 머릿속에 잘 조직해 준다. 그리고 이러한 일은 반성과 숙고를 거쳐야 하며 학습자가 이미 알고 있는 것에 대해 곰곰이 생각하는 성찰적 사고를 요구한다(Bruner, 1996: 129).

다섯째, 문화적 상황학습 모형(situated model)이다. 학습은 객관적인 조건에서 모든 학습자에게 공통적이고 보편적인 내적 과정을 거쳐 이루어지기보다는 교육 상황이 처한 문화적 맥락과 조건(cultural situatedness)에 영향을 받는다. 따라서 내적이고 중립적인 메커니즘으로 학습을 이해하기보다는 교수-학습의 당사자들의 언어와 사고, 마음의 이론, 즉 의도, 목적, 신념 등에 영향을 받는다.

여섯째, 해석적 순환 모형(hermeneutic circle model)이다. 기존의 실증주의적 도식에서는 학습은 주로 직선적이고 논리적인 계열을 따라 이루어지는 것으로 본다. 그러나 학습은 직선적 계열을 띠기도 하지만 근본적으로는 순환적 성질을 띠면서 질적인 변화를 통해 내면화되는 과정을 밟는다. 외부에서 지식을 주입하거나 타인이 전달해 주는 것만으로는 학습의 총체적 모습을 온전히 설명할 수는 없다. 학습의 과정은 해석적 체계로 설명되어야 하며, 그 기제는 순환적이다.

이상에서 제안된 모형들은 기존의 교수-학습 모형들과 차이가 있으며, 교수자와 학습자 간의 대화와 소통을 강조한다. 그 대화는 일방적 대화가 아니라 의미가 상호 교섭되면서 구성되는 상호작용적 대화이며, 특정한 문화적 맥락 속에서 경험이 해석되고 의미가 구성되는 소통의 과정이다. 교수-학습의 계획과 실천은 이러한 점을 유의할 필요가 있다.

3) 교육문화 속에서 상호학습 공동체(Bruner, 1987: 211-234)

우리는 교육의 행위가 우리에게 중요하게 영향을 미치고 있는 당혹스러운 상황을 겪으며 살아가고 있다. 많은 원인으로부터 발생하는 심층적인 문제들이 있다. 그 문제들은 우리가 예견할 수 없는 변화하는 사회의 미래의 모습으로부터 발생하는 것이고, 그리고 새로운 세대를 준비하는 것이 어렵기 때문에 발생하는 것이다. 어떠한 사회 변화의 핵심에서 우리는 종종 지식과 사고, 학습에 대한 우리의 개념에 관해서 기초적인 변화들을 발견할 수 있다.

교육이 행해지는 교환의 매개물이자 수단인 '언어'는 결코 중립적일 수 없다. 언어는 그것이 언급하는 세계에 대해서뿐만 아니라 이 세계의 관점에서 마음의 사용을 향한 관점을 강요한다. 언어는 필연적으로 어떤 것들이 생각되는 견해와 우리가 무엇을 고려하는 방향으로의 입장을 강요한다. 진부한 어법에서, 언어라는 매개체가 단지 메시지라는 것은 아니다. 그 메시지 자체가 메시지가 구체화하는 실재를 창조하고 메시지는 그것을 듣는 사람들을 개인적인 방식으로 메시지에 대해 생각하도록 한다. 만약 내가 말해야만 하는 무엇인가를 위해 격언을 선택한다면, Francis Bacon이 말한 격언을 사용할 것이다. 이것은 마음과 손이 그들을 완성시키는 원조들과 도구 없이 홀로 고립하여서는 결코 많은 것을 성취할 수 없다고 주장한 비고츠키에 의해 사용되었다. 그리고 그러한 원조들과 도구들의 중심은 언어와 언어 사용의 기준이다.

우리가 세상에서 마주치는 대부분은 우리를 위해 나타나는 세계인 개념적인 세계이다. 우리가 마주치는 것에 대해 우리가 난처해질 때, 우리 주위의 그것들이 믿는 무엇인가와 화합하는 방식으로 우리는 그것의 의미를 재교섭한다. 대부분 담화행위(speech acts)에서 표현되는 것처럼 대부분이 종종 언어적인 사용의 결과물(products)들이 된다. 일단 우리는 문화 그 자체가 그것에 참가하는 사람들에 의해 끊임없이 해석이 요구되는 애매한 텍스트를 포함한다는 관점을 가진다면, 사회적인 실재를 창조하는 데 있어서의 언어의 구성적인 역할이 실제적인 관심사의 토픽이 된다.

우리가 사는 세계는 세계 속에서, 의미하는 사람의 머릿속에서, 혹은 대인관계의 교섭에서 존재한다. 의미란 우리가 개념에 대한 동의를 즉시 추구하기 위해 연구하는 기초로서 동의할 수 있거나 적어도 수락하는 것이다. 만약 우리가 민주주의, 평등, 국민총생산(GNP) 같은 사회적 '실재'에 대해 논쟁하고 있다면, 그 실재란 머릿속에 머무는 것이 아니라 그러한 개념들의 의미에 대해 협상하고 논쟁하는 행위 속에 있는 것이다. 사회적 실재란 우리가 그것을 건드렸을 때 우리를 상처 나게 하거나 우리를 넘어뜨리게 하는 벽돌 같은 것이 아니라 인간 조건을 공유함으로써 우리가 성취하는 의미인 것이다. 브루너가 설명했던 교섭적이고 해석학적이며 상호 교환적인 관점은 교육의 수행을 위한 깊이 있고 직접적인 암시를 가진다. 이하에서 학교교육과 교수와 관련된 더욱 특수하고 실제적인 문제들에 관하여 살펴볼 것이다.

가장 일반적인 암시는 문화가 그것의 구성원들에 의해 해석되고 재교섭됨으로써 끊임없이 재창조되고 있는 과정 속에 있다는 것이다. 이러한 관점에서 문화는 행위(action)을 위한 일련의 규칙이나 특수성일 뿐만 아니라 행위를 설명하고 교섭하고, 의미를 재협상하기 위한 공개 토론장이다. 더욱이 모든 문화는 이러한 '포럼 같은' 특성을 증대하기 위해 특수화된 제도나 상황들을 포함한다. 스토리텔링, 연극, 과학, 심지어 법조차도 이러한 기능을 증대하기 위한 모든 테크닉들—즉각적인 필요의 맥락에서 가능한 세계를 탐구하는 방식들이다. 교육은 이러한 기능을 형성하기 위한 기본적인 포럼들 중에 하나이거나 하나여야만 한다—이 있다. 비록 학교가 그러한 기능을 형성하는 데 있어 종종 소심하고 머뭇거릴지라도. 문화를 끊임없이 만들고 다시 구성하는데 있어 그것의 참가자들에게 역할을 주는 것이 문화의 포럼 양상이다. 적절한 역할들이 생겨났을 때 그 역할에 따라 규범적이고 정전적인 것을 행하는 방관자들을 형성하는 것보다 오히려 참가자로서의 활동적인 역할을 의미한다.

교육을 통한 문화 속으로의 유도가 중요해진다. 그것은 포럼으로서의 문화의 관점을 따르는 것이다. 만약 젊은이들이 삶을 위해 준비하는 것이라면, 교육을 통한 문화 속으로의 유도는 공공토론장(포럼)의 정신과 협상, 의미의 재구성에 함께 참여하는 것이다. 그러나 이러한 결론은 전문적으로 적게 알고 있는 사람들에게 더 많은 것을 아는 사람들이 지식과 가치를 전달하는 것으로서의 교육의 과정을 보는 것, 다른 시간, 문화의 다른 해석, 권위에 대한 다른 생각에서 유래되는 교육학(pedagogy)의 전통에 반대하는 것이다. 그리고 다른 수준에서 그것은 인식론적으로뿐만 아니라 의무론적으로 덜 제공된 것처럼 젊은이에 대한 다른 예상과 가정들에 의존하는 것이다. 이때 가치명제와 사회의 의미는 결여된다. 젊은이들은 그들에게 알려질 필요가 있는 세계에 대한 지식을 덜 갖출 뿐 아니라 가치에 대해서도 '결여'된다. 그들의 부족액은 아담과 이브의 타락으로 인한 종교적인 인류의 원죄이론으로서 그들의 방식을 강요함으로써 잘 존속하고 있는 대부분의 비종교적인 이론들로 심리적으로 다양하게 설명되었다. 우리 시대에서 우리는 예를 들어, 미숙함과 미완성이 만족을 지연시키는 무능력에 의존한다는 격언에 기초한 기본적인 과정의 이론을 가지고 있다. 혹은 인지적 측면에서 우리는 자기중심 이론을 가지고 있다. 이것은 아이들이 모든 회전하고 있는 것 주위의 주요 행성의 위치를 파악하고 있는 것보다 어떠한 견해나 관점으로부터 세계를 바라보는 능력의 부족을 가정하는 것이다.

브루너가 지적하고자 하는 요점은 문화의 추상적이고 관념적인 진실이 아니라 교육적인 실제를 형성하는 아이디어로서의 문화의 힘에 대한 것이다. 그들 모두는 어떤 것을 찾아내고, 대신하거나 보상하는 것을 암시한다. 결론적으로 교육학(pedagogy)은 상담(외과적 처치, surgery), 억압, 교환, 부족한 것 메우기, 혹은 그들 모두를 섞어 놓은 것으로서의 교수였다. 금세기에 '학습이론'이 등장했을 때, 더 나은 강화인 '방법'의 리스트가 추가되었다. 즉, 보상과 처벌은 이러한 결과를 성취하기 위해 새로운 공학의 수단과 방법들이 될 수도 있다.

분명하게도 '세상에 대한 다른 견해'가 있었고, 대체로 자율적인 학습자로서의 그의 필요성과 학습아동에 초점을 두었다. 프로이트는 지나치게 과도하거나 감정이 모순되고 충돌되는 본능적인 욕구로부터의 자유의 성취와 자아 기능의 자율성에 강조를 두었다. 그리고 확실히 피아제는 발견학습을 할 때 이러한 강조에서 주요한 힘에 대해 언급했다. 여전히 우리가 부족한 것은 사회적으로 도달되는 의미의 협상이 교육학적인 격언으로서 어떻게 해석되는지에 관한 이상적인 이론이다. 비고츠키의 연구 초기에서 유의미한 발견이 존재한다.

우리가 추구하는 결과를 얻기 위해 언어의 도구를 사용하는 것과 관련된다는 것을 알아야 할 필요가 있다. 기계적이고 규제적인 '화용적인 기능'과 발견, 상상, 정보 제공과 관련이 있는 '탐구적인 기능'이 존재한다. 탐구적인 기능들의 전체적인 조화는 기능의 다른 질서와 배열에 도움을 준다. 발견적인 것은 다른 것으로부터 정보와 수정을 얻기 위한 수단이다. 상상적인 기능은 우리가 가능한 세계를 창조하고 즉각적인 참조를 능가하는 수단이다. 정보를 제공하는 기능은 간주관적인 예상조건(가정)의 기초에서 구성된다. 누군가는 내가 소유하지 않은 지식을 가지고 있고, 그들이 소유하지 않은 지식을 내가 가지고 있다. 그리고 그러한 불균형은 말하기 혹은 '이야기하기'의 행위에 의해 거래될 수 있다. 이러한 기능들은 우리에게 교육의 언어를 설명하기 위한 유용한 도구들을 제공한다. 그것은 함축하고 함의(含意)하는 것, 예상되는 전제조건을 유발하는 것, 특정 상황에서 관점을 형성하는 것으로서의 그러한 '장치들'이 중요하다. 교육이라는 언어를 사용할 때에 이러한 점들을 고려하면서 의미가 교섭된다.

Carol Feldman의 연구로부터 나온 것으로 교사가 말할 때의 경향에 대한 예를 들어 보자. 그녀는 대상을 향한 교사의 태도나 입장에서의 범위가 지식의 가설적인 본성, 불확실성, 더 나아가 깊이 있는 사고를 권장하는 것을 나타내는 것에 관심이 있었다. 교사들이 그들의 학생들에게 제시했던 세계는 그들이 그들의 동료들에게 제공했었던 것보다 더욱 정형화된 것이었고, 더욱 덜 가설적인 것이었으며, 훨씬 덜 협상적인 것이었다. 어떤 교사는 다소 의심하고 가능성 있는 세계를 교섭하고 협상하였다. 분자, 고체, 액체, 운동은 사실들이 아니었다. 그것들은 고심하고 상상하는 데 사용되었다. 화자의 의도를 의미하는 말투가 아니라 발화 내의 화자가 말하는 것으로 알 수 있는 언어 행동의 힘(illocutionary[6] force)이 된다고 하였다. 그리고 만약 교사가 고정된 사실의 밋밋한 선언에 의해 의심해 가는 과정을 정지시키기를 희망한다면, 교사는 그렇게 할 수 있다. 교사는 역시 심사숙고하고 협상하는 말투의 주제를 넓게 열어 줄 수 있다. 교육의 재료들이 그들의 순종을 위해 상상력이 풍부한 변형에까지 선택되고, 협상과 심사숙고를 초대하기 위한 빛에서 나타나지는 정도까지, 그러한 교육의 정도까지 내가 일찍이 '문화 만들기'라고 불렸던 그 무엇의 일부분이 된다. 사실, 학생들은 사실들이 창조되고 해석되는 것에 의해 협상 과정의 일부분이 된다. 학생은 지식 전달의 수령인일 뿐만 아니라 동시에 지식 만들기의 주체적 행위자(agent)가 된다.

몇 년 전 나는 발견학습의 중요성에 대해 매우 분명한 기사들을 썼었다. 혼자 스스로의 학습 혹은 피아제가 뒤에 그것을 명명하였다. 창조함으로서의 학습이다. 내가 여기에서 제안하고 있는 것은 그러한 아이디어의 확장이거나 더 나은 혹은 완성이다. 그 당시에 아이들에 대한 나의 모델은 그 자신의 용어로서 자신에게 그것을 표시함으로써 세계를 완전히 마스터하는 한 명의 학생의 전통에서 치우친 것이었다. 중재하는 몇 년 동안 나는 대부분의 상황에서 일어나는 대부분의 학습은 공동의 활동이고 문화의 공유라는 것을 점점 인식해 왔다. 학생은 그가 가지고 있는 지식을 구성해야 하는 것이 아니라, 문화 속에 소속된 그의 감각을 공유하는 사람들과의 공동사회 속에 그가 가진 지식을 구성해야만 한다. 그것은 발견과 발명뿐만 아니라 협상과 공유의 중요성을 나에게 강조하게 만드는 것이다. 말하자면, 우리가 살아가는 성인 사회의 구성원이 되기 위해 적절한 단계로서 그리고 교실 수업의 목적으로서 결속된 문화의 창조가 필요하다.

---

6) 화자가 말하는 것으로 알 수 있는 언어 행동에 대해 말하는 것이다.

교육과정의 대부분은 자신이 가진 지식을 반영할 수 있음으로써 우리가 아는 그 무엇으로부터 자신을 어떤 방식으로 거리를 둘 것인지를 구성한다. 대부분의 동시대의 인지발달이론에서 이것은 피아제식의 형식적 작용을 통해 혹은 더욱 추상적인 상징적 시스템의 사용에 의해 더욱 추상적인 지식의 성취를 의미하는 것으로 다루어졌다. 그리고 의심할 바 없이 이러한 방식에 의해 과학에서, 지식의 많은 국면에서, 우리는 실제로 '지적으로 더 수준 높은 영역'(비고츠키의 말을 사용하자면)으로 올라갈 수 있었다는 것은 진실이었다. 우리는 실제로 우리가 더욱 추상적인 대수의 영역에 도달했을 때 특수한 경우로서 산수의 계산능력을 이해하게 되었다. 그러나 나는 이러한 방식에서 독점적으로 지적인 성장을 바라보는 것은 위험하다고 생각한다. 왜냐하면 만약 우리가 그러한 독점적이고 배타적인 모델을 사용한다면 우리는 지적인 성숙의 의미를 분명히 왜곡할 것이기 때문이다.

브루너는 연극과 문학에서의 관심이 자신을 더욱 추상적으로 만들었다고 생각하지 않는다고 했다. 대신에, 그것은 인간 조건에 대해 사고하기 위한 전망을 제공하는 가능한 세계에 결합시켰다. 인간 조건이란 내가 살아가고 있는 문화 속에 존재하는 것이다. 단순히 이야기를 말하는 것, 즉 『Othello』에서 곤경에 대한 생각을 만들어 낸 fabula(시간과 동작에 따라 변화하지 않고 내부에 깔려 있는 주제)가 아니라, 담론의 양식인 sjuzet(사건의 연속적 발생)이다. 그 연극은 단순히 증오에 찬 계획과 시기심, 정신병적이고 비굴하며 아내에 대한 질투에 사로잡힌 Moor에 대한 것이 아니다. 하나의 연극으로서의 언어와 기교, 작가가 그의 배역을 정한 상황, 드라마틱한 화법(Iser의 감각에서)은 그 드라마가 우리의 사고 속에 울려 퍼지도록 만들었다. 그것은 방식과 교훈, 그리고 인간조건에 대한 반성과 숙고로 초대하는 것이다. 이것은 일상적인 감각에서의 추상이 아니라 인간행위의 내러티브에서 발생할 수 있는 복잡성의 감각이다.

5. 인간과학의 혁명과 내러티브 과학: Bruner 저작물을 중심으로

1) 『Acts of Meaning』(Bruner, 1990): 인간이 문화적 맥락 안에서 의미를 창조하는 행위의 가치, 문화심리학

좁게 보면 이 책은 심리학의 문제를 다루고 있다. 과거 협소한 문제에서 벗어나 새로운 패러다임으로 심리학을 조망해야 한다는 것이다. 저자가 말하고 있듯이 심리학의 주요 테마를 강조하기 위하여 심리학의 핵심적 주제를 'Acts of Meaning(의미의 행위)'이라고 부르고 있다. 심리학이 인간 마음과 행동에 대한 학문이라고 할 때 그것은 단순히 심리학만의 문제가 아니다. 그것은 인간과학의 문제이다.

그러나 과거 심리학은 그러하질 못하였다. 1950년대의 인지혁명은 잘못된 방향으로 전개되었고, 기껏해야 행동주의를 수정하는 것으로 변질되면서 인간 행동과 마음의 본질을 이해하고자 하는 노력에 들어 있는 가치와 의미를 제대로 파악하지 못하였다. 본래 인지혁명의 의미는 사실상 심리학이 인류학과 언어학, 철학과 역사, 심지어 법학과 협력할 것을 요구했다. 가히 인간과학에 대한 혁명이라 부를 만한 것이었다. 그러나 기존의 인지혁명과 과학적 심리학이 보여 준 행태는 브루너가 보기에 실망스러웠으며, 이 지점에서 인간과학을 새롭게 건설할 것을 촉구하고 있는 셈이다.

주지하다시피 인간의 마음은 문화 속에서 이루어지며 문화를 통하여 인간 마음이 구성된다. 인간의 마음은 흔히 논리적 분석이나 과학적 검증을 강조하는 패러다임적 방식으로만 작용하지 않고 내러티브적인 양식으로도 작용한다. 이러한 두 가지 마음의 작용 방식은 상부상조한다. 내러티브의 세계에서 인간은 가설 생성을 통하여 수많은 관점들과 가능한 세계들을 만들어 낸다. 이 세계는 문화를 기반으로 하며, 문화에 대한 이해 없이 인간의 이해는 그만큼 한계가 있게 마련이다. 따라서 인간에 대한 적절한 탐구가 필요하며, 이 과정에서 문화의 도구에 민감해야 하며, 인지심리학이라는 틀에서 일상심리학 혹은 문화심리학으로의 전환이 요청된다.

우리가 주목하는 교육은 학교에서 특정 교과를 교실에서 가르치는 문제이기 이전에 보다 근본적으로 인간 마음 형성에 관여하는 활동이다. 마음 구성의 장으로서 문화에 대한 이해가 교육을 이해하는 데에 근본적이다. 마음, 문화, 그리고 교육, 이 세 가지 문제에 대한 관련성이 인간과학의 근본적 주제가 되어야 한다. 따라서 인간과학과 교육은 문화 창조의 언어가 되어야 한다. 내러티브 세계에서 인간은 해석적 전통 아래 스토리 구성을 통해 의미를 형성해 가는 존재이다. 이제 심리학은 행동주의와 인지심리학의 협소한 굴에서 벗어나 해석의 전통에서 인간을 폭넓게 이해하는 혁명의 렌즈를 창조해야 한다. 인간을 대상으로 하는 학문과 이론의 구성은 여기에서 출발해야 한다. 브루너는 이 점을 말하고자 한 것일까?

브루너는 이 책을 집필한 뒤 6년 뒤에 『교육의 문화(The Culture of Education)』와 2001년에 『이야기 만들기(Making Stories)』를 집필한다. 이 저서들은 이러한 하나의 흐름에 놓여 있다고 생각된다. 이 책의 1장에서는 인간의 마음과 행동에 관하여 어떻게 적절하게 연구할 것인가 하는 문제를 다루고 있다. 이 장에서는 인지혁명에 대한 비판과 숭고한 의미를 추적하고 있으며, 과학적 심리학에 대비되는 일상심리(학) 혹은 민속심리(학)를 제안하고 있다. 2장은 문화의 도구로서 '일상심리(학)'의 문제를 다루고 있다. 이 장에서는 일상심리(학)의 중요성과 일상심리(학)가 등장하기까지의 역사, 언어학 이론, 내러티브, 내러티브의 특성을 설명하고 있다. 3장에서는 의미 구성의 문제를 다루고 있다. 아이들에게도 내러티브를 통하여 의미를 구성하는 능력이 있다는 것이다. 여기에서는 내러티브 관점에서 경험을 표현하려는 우리의 능력이 단지 어린이들의 놀이만이 아니라, 문화 속에서의 삶의 대부분을 지배하고 있는 의미를 만들기 위한 수단이라는 것을 분명히 하고 있다. 4장은 자서전과 자아 문제를 다루고 있다. 이 장에서는 문화심리학적 사고방식을 심리학의 고전적 개념에 적용해 봄으로써 문화심리학을 설명하고 있다. 자아를 바라보는 전통적인 관점들을 살펴보고, 자아에 대한 내러티브 전회를 통하여 새로운 자아 개념을 제안하고 있다. 이 새로운 개념은 다음 장의 3절 '내러티브 자아 정체성' 부분에서 자세히 다루어진다.

아마도 그것 역시 인간과학 내에서 요구된 '패러다임의 변화'를 반영한다. 심리학의 '생물학적' 측면은 신경과학과 콤비를 이루는 심리학에서의 오래된 근거를 버렸다. 그리고 새로이 만들어진 '인지과학'은 '정보처리'의 종류로 여겨진 것 모두, 즉 지각, 기억, 사고의 활동 범위에서 활용하도록 많은 사람들을 열중시켰다. 이들 새로운 계열은 유익한 것일지도 모른다. 왜냐하면 이 새로운 계열은 인간을 이해하는 과제를 위해 새로운 것을 가져올 수 있고 예상 밖의 이론적 활력을 가져올 수도 있기 때문이다.

그러나 조각 나고 분열이 일어나고 있는 것처럼 보임에도 불구하고, 나는 심리학의 종말이 온다거나 심리학이 분리된 교구(parishes)에서 영원히 살아날 길이 없다고 생각하지 않았다. 왜냐하면 심리학은 하나의 모험적 사업(enterprise)으로서 일련의 자기충족의 부분(division) 속으로 심리학의 '공적인' 전환보다 앞서기 때문이다. 그것의 훌륭한 질문들은 아직 살아 있다. 1879년 라이프치히에서 Wundt의 '실험적' 실험실의 설립은 저들 질문을 멈추게 하지 못했다. 그것은 단지 그들에게 새로운 옷을 입힌 것에 지나지 않았다. 그 '새로운' 실증주의자는 19세기 후반 우리 선조의 마음에 아주 소중한 스타일로 맞춰진 것이다. 나중에 Wundt는 어떻게 그 새로운 '실험실'의 양식을 구성해야 할지 깨달았고, 그리고 '문화심리학'을 공식화하는 데 우리는 인간의 문화적 산물을 이해하기 위해 더 역사적이고 해석적인 접근을 포함해야 한다고 촉구했다.

우리는 더 먼, 과거 전기 실증주의자에서부터 여전히 잘 유지해 오고 있다. 즉, Chomsky는 Desartes에게 빚을 지고 있다는 것을 인정한다. Piaget는 Kant 없이는 상상도 할 수 없고, Vygotsky는 Hegel과 Marx 없이는 상상도 할 수 없다. 그리고 한때 '학습 이론'의 우뚝 솟은 성채는 John Locke에 의해 기초를 구성하게 되었다. 그리고 Freud 의 추종자들은 프로이트 이론의 가장 피상적인 부분이었던 '생물에너지학'이라는 모형을 제외하고 논쟁이 되어 왔고, 정신분석은 이론적 성장을 계속할 수 있었다. 보다 최근의 인지혁명은 이 시대의 철학적 사조를 지지하지 않고는 상상도 할 수 없었다. 그리고 사실, 만약 철학적 사조가 인간과학의 자매 학문으로 '공적인' 심리학의 한계 너머까지 본다면, 철학적 사조는 Nietzsche와 Peirce, Austin과 Wittgenstein, Jakobson과 de Saussure, Husserl과 Cassirer, Foucault와 Searle에 의한 Leipzig 이후 그 세기에 떠올랐던 전통적 질문에 관심을 가지고 일어나는 활발한 부흥에 부딪히게 된다.

주요 테마를 강조하기 위해 그것을 'Acts of meaning'이라 불렀다. 주요 테마는 의미를 만드는 것에 관한 본질과 문화적 형상화, 그리고 인간 행동에서 그것을 행하는 중심 장소라는 것이었다. 모든 단일한 목소리는 Bakhtin이 우리를 가르치는 것처럼 대화로부터 추출된다. 나는 심리학을 형성하고 재형성하는 그 대화에 오랫동안 참여한 사람으로 매우 운이 좋은 사람이었다. 그리고 다음 장에서 내가 말하고자 하는 것은 그 대화는 오늘날 취하고 있는 나의 관점을 반영한다.

그 대화는 의미를 만드는 과정에 관한 모든 것 그리고 모든 측면에 관한 '종합적' 연구를 하기 위해 의도된 것이 아니다. 대화는 어떤 경우에는 불가능할 수도 있다. 오히려, 대화는 심리학이 언제 의미와 함께 그 자체를 중심으로 관계하는지, 심리학이 어떻게 불가피하게(필연적으로) '문화심리학'이 되는지, 그리고 심리학이 어떻게 환원주의, 인과관계 설명 그리고 예언에 대한 이상(ideals)을 가지는 과학의 실증주의자들의 전통적 목표를 넘어 과감히 나아가야만 하는지를 설명하기 위한 노력이다. 언제 우리가 의미와 문화를 다루는지에 대해, 우리는 불가피하게 또 다른 이상을 향해 움직인다. '이유(cause)'에 관하여 설명하라고 주장하는 것은 어떻게 인간이 그들의 세계를 해석하는지 그리고 어떻게 우리가 해석에 대한 그들의 행동을 해석하는지 우리가 시도하는 것에서부터 이해하는 데까지 단지 방해만 될 뿐이다. 그리고 만약 우리가 이해를 달성하기 위해 심리학의 대상을 가진다면, 우리가 관찰하게 되는 현상에 앞서서 이해하기 위해 모든 상황들이 왜 필요한가? 인과관계를 설명하는 것보다 오히려 나은 그럴듯한 해석은 없는가? 특히 인과관계 설명의 추구는 우리가 인간 삶의 대표자로서 인식하는 것 이상의 어떤 핵심을 연구할 것을 인위적으로 강요할 때이다.

인간 마음의 연구는 너무 어렵다. 그래서 그 자체 연구의 대상과 행위자 둘 다 가진 딜레마를 간파했다. 그 결과, 그것은 어제의 물리학에서 생겨난 사고방식으로 인간 마음에 대한 탐구를 제한할 수는 없다. 오히려, 그 과제는 주목하지 않을 수 없을 만큼 중요하기 때문에 그것은 통찰의 풍부한 다양성 모두에 가치가 있고 우리는 사람이 그의 세계, 그의 동료의 존재, 그리고 그 자신에 관해 만드는 것을 이해하는지 실행해 볼 수 있다. 이는 우리가 처리해야 하는 정신이다.

　이 책의 마지막 장인 '자서전과 자아(Autobiography and Self)'에서 말하고자 하는 것은, 브루너가 '문화심리학'이라고 불러온 것에 대해 설명하는 것이다. 문화심리학적 사고방식을 심리학에서 고전적으로 중심이 되어 온 개념에다 적용해 봄으로써, 문화심리학을 설명하고자 한다. 이 과제를 위해 선택한 개념은 '자아'이다. '자아'는 우리의 개념 목록 안에 있는 어떠한 것 못지않게 중심이 되고 고전적이며 처치하기 어려운 개념이다. 문화심리학에서 '자아'라는 어려운 화제를 어떻게 명백히 할 수 있는가?

　'직접적인' 인간 경험의 특질로서, 자아는 이상하게 곡해된 역사를 지니고 있다. 자아가 생성해 낸 이론적인 문제점들 중 일부는, '본질주의(실재론)'에 있다고 생각될 수 있다. 본질주의는, 마치 우리가 자아를 기술하려고 노력하기 이전에 자아가 이미 존재하는 본질인 것처럼, 그리고 마치 우리가 해야만 할 일은 자아의 본질을 발견하기 위해 자아를 조사하는 것인 것처럼, 자아의 설명에 대한 탐구에 관심을 가진다. 그러나 이렇게 하려는 본질주의 그 자체는 많은 이유들로 인해 탐탁지 않게 여겨진다. E. B. Titcherner가 총애하는 머리 좋은 아들, Edwin G. Boring이 내성법적 기획안을 결국 포기한 것은 정확히 이것 때문이었다. 즉, 그가 대학원생으로서 우리를 가르쳤을 때, 내성법은 기껏해야 '초기 회상' 정도였고, 그 조건으로 기억의 또 다른 유형으로서의 선택과 구성을 필요로 하였다. 내성법은 기억처럼 '상의하달적인' 도식화가 되기 쉽다.

　직접적으로 관찰 가능한 자아에 대한 대안으로서 나타난 것이 '개념적 자아'에 대한 견해였다. 개념적 자아는 회상에 의해 만들어진 개념으로서의 자아이며, 우리가 다른 개념들을 구성하는 만큼이나 많이 구성되는 개념이다. 그러나 '자아 실재론'은 좀처럼 사라지지 않는다. 왜냐하면 구성된 자아라는 개념이 진정한 개념인지 여부, 그 자아 개념이 '실재적인' 또는 본질적인 자아를 반영하는지 여부가, 자아 실재론의 문제가 되기 때문이다. 물론 실재론에서 가장 잘못을 저지른 것은 정신분석학이었다. 정신분석학에서 보는 ego, superego, id에 대한 형세는 실재적인 것이었다. 그래서 정신분석학적 방법은 그런 것을 있는 그대로 드러내 놓는 전자 현미경과 같은 것이었다.

　'개념적 자아'에 관한 존재론적인 문제들은, 좀 더 흥미로운 관심사들에 의해 곧 대체되었다. 인간은 어떤 과정들에 의해 그리고 어떤 유형들의 경험과 관련하여, 그들 자신들이 지니고 있는 자아에 대한 개념을 명확히 하는가? '자아'에는 (William James가 암시한 바와 같이) 가족, 친구, 소유물 등을 통합하는 '확장된 자아'가 포함되는가?

브루너는 자아에 대한 우리들의 견해들 중에서, 실재론이 붕괴되도록 이끌었던 무언가가 지적인 풍조에 있었다고 추측한다. 현대 물리학에서의 반실재론, 현대 철학에서의 회의적 관점, 사회학에서의 구성주의, 지적 역사에서의 '패러다임 변동'의 제안들은, 모두 반세기 동안에 걸쳐 비슷하게 부흥하였다. 시대적 추세에서 점점 뒤처지는 형이상학에 대조되는 학문은 인식론이었다. 존재론적 아이디어들이 앎의 본질에 있어서의 문제들로 전환될 수 있기만 하면, 그것들은 적합한 것이다. 결국 본질적 자아는 개념적 자아에게 거의 한 알의 총알도 발사하지 못한 채 물러나고 말았다.

'내러티브 전환'은 다소 놀랄 만한 효과가 있다. 내러티브 전환은, 소위 자아에 대한 서구 개념의 보편성을 강하게 부인하는 사람들에게 새로운 활기를 불어넣어 준다. 자아에 대한 서구 개념이란, '톡톡 튀고 독특하면서 동기와 인지가 어느 정도 통합된 인간, 그리고 인식, 감정, 판단, 행동을 활동적으로 하는 중심 인물로서의 사람은, 다른 사람과 구별되는 통합체를 구성하고, 다른 통합체와 대조되고, 사회적 배경과 자연적 배경과도 대조된다.'는 견해이다. 전략적으로 이리저리 계산하는 자로서의 자아는 일반적인 이성에 호소함으로써 보편성을 가질 수 있다고 보는 견해이지만, 보편성은 이야기가 말해질 때 그리 분명하지 않다. 이야기들은 매우 많고 다양하다. 그에 비해 이성은 어찌할 수 없는 단 하나의 논리에 의해 지배된다.

일단 어떤 하나의 내러티브적 견해가 채택되게 되면, 사람들은 하나의 이야기가 또다른 이야기에 비해 왜 채택되었는지에 대해 질문을 할 수 있다. 그리고 그러한 질문하기를 통해서, '공인'되거나 '강제적인' 자아의 개념들은, 한 집단이 다른 집단에 대해 정치적이거나 지배적인 통제권을 가지기 위해서 사용될지도 모른다는 추측을 하게 된다. 서구 문화 내에서, 소란할 정도로 활동적인 남성이 지니고 있는 자아에 대한 견해는, 여성들의 자아가 열등하게 보이게 하여 사회에서 여성들을 뒤처지게 할지도 모른다. 여권 주장자들의 비평들이 지난 수년 동안에 상당히 많이 집필되었는데, 그 비평들의 내용은 자서전 집필에서 남성 일변도의 규범이 채택되어, 여성들의 자서전이 이제껏 도외시되어 온 방식에 관한 것이었다.

브루너가 제안해 온 문화심리학은 어떤 종류인가? 그것은 어떻게 자아에 대한 문제를 제기하는가? 바로 앞에서 자세히 언급했던 발달의 새로운 소산들은 분명히 그것과 잘 맞을 것이다. 문화심리학은 자아에 대한 연구에 매우 관련 있는 두 가지 필요조건들을 부과한다. 그 필요조건들 중 하나는, 그러한 연구들을 사람에 의해서도 그리고 그 사람이 참여하는 문화에 의해서도 자아가 정의된다는 것과 관련지어, 그 연구들이 지니는 의미에 초점을 맞추어야 한다는 것이다. 하지만 이것은 '자아'가 어떻게 교섭되는지를 이해하는 것만으로는 충분하지 않다. 왜냐하면 자아는 관조적인 숙고에 따른 단순한 결과가 아니기 때문이다. 두 번째 필요조건은, '자아의 의미'가 성취되고 사용되는 실제에 주의를 기울이는 것이다. 사실상, 이것들은 우리들에게 자아에 대한 좀 더 '분배적인' 견해를 제공한다.

문화심리학의 두 번째 기준으로 다시 돌아가 보자. 그 기준은 의미뿐만 아니라 그 기준의 실제 활용을 탐색하는 것이다. 자아의 '실천'은 무엇을 의미할 수 있을까? 자아의 '실천 의미'였다. 이것은 행동으로, 프로젝트로, 실제 문제로 분배된 자아였다. 당신은 예상되는 목적을 지니고 무언가를 하기 위해 어딘가로 간다. 그 밖의 다른 어떤 곳에서도 할 수 없고 동일한 자아가 될 수 없는 무언가를 하기 위해서 말이다. 게다가 당신은 확실한 방식으로 그것에 대하여 다른 사람들과 말을 한다. 문화심리학에서 개념들이 실행 가능하기 위해서는, 그것들('자아'를 포함)이 행동에서도 그리고 행동을 둘러싸고 있는 담화에서도 어떻게 사용되는지에 대한 상세한 설명이 있어야만 한다. 의미를 창조하는 행동과 관련해서 확실하게 파악되는 근거는 없으며, 단지 해석될 행동, 표현, 맥락만이 있기 때문이다. 그리고 그것을 통해 우리는 그 문제의 중심에 다다르게 된다.

역사와 인류학과 언어학이 해석적 학문이라는 의미에서 보면, 문화심리학은 일종의 해석심리학이다. 그러나 그것은 문화심리학이 절조가 없거나 실제적인 방법이 없다는 것을 의미하지는 않는다. 그것은 인간이 문화적 맥락에서 의미를 창조하는 데 집중하는 규칙들을 찾아낸다. 이러한 문화적 맥락들은 항상 실제의 맥락들이다. 사람들이 그 맥락에서 무엇을 하고 있으며 무엇을 하고자 하는지에 대해 물어보는 것은 필요하다. 의미는 사용으로부터 발생된다는 것은, 이해하기 어려운 사항이 아니다.

'자아'는 언제, 어떤 형태로, 어떤 목적으로 불리어 나오는가? 일반적인 사례를 택하여 보면, 대부분의 사람들은 (극단적인 경우를 제외하고는) 중력을 자신들의 자아에 대한 행위로 간주하지 않는다. 그러나 만약 다른 어떤 누군가가 그들을 움켜쥐거나 밀치거나 억지로 지갑을 빼앗는다면, 그들은 자신들의 자아가 '침해되었다'고 느낄 것이며 벌어진 상황에 대해서 기술할 때 자아를 불러낼 것이다. 대리자로 불리는 것인데, 그것은 그들 자신과 다른 누군가의 대리자이다. 그것은 내가 민속심리학에 대한 장에서 진술한 바와 같다. '통제의 소재'에 대한 연구들로부터 알게 된 바와 같이, 사람들은 자신의 대리자의 영향하에 있을 때 그들이 포함시키는 범위는 사람마다 다르다. 또한 우리가 알고 있는 것처럼, 그 범위는 그 문화 내에서 자신이 느끼는 위치에 의하여 변한다. 게다가 우리는 일부 상황들을 '비인간적'이라고 느낀다. 그리고 우리는, 그러한 상황들에서는 우리 자신의 자아들과 타자의 자아들이 활동하지 않아서 '합법적으로' 일깨워질 수 없다고 생각한다. 실제로 특별한 '자아'에 대한 일반적인 개념을 얻기 위해, 우리는 다양한 맥락들, 즉 문화적으로 열거할 수 있는 맥락들에서 특별한 자아가 사용되는 것들을 견본으로 만들어야 한다.

2) 『Actual Minds, Possible Worlds』(Bruner, 1987): 교육이론의 새로운 지평(마음과 세계를 융합하기)

제목 그대로 하면 『실제의 마음, 가능한 세계』가 된다. 브루너가 이러한 제목으로 무엇을 말하고자 하는지를 생각해 볼 필요가 있다. 인간의 마음은 흔히 논리적 분석이나 과학적 검증을 강조하는 패러다임적 방식으로만 작용하지 않고 내러티브적인 양식으로도 작용한다. 이러한 두 가지 마음의 작용 방식은 어느 하나로 환원되지는 않지만 상부상조한다. 내러티브 혹은 이야기의 세계에서는 가설 검증보다는 가설 생성이 유의미하다. 가능한 세계는 가설 생성으로 이루어진다. 인간은 가설 생성을 통하여 수많은 관점들과 가능한 세계들을 만들어 낸다. 이러한 인간의 활동은 문화 속에서 이루어지며 문화를 통하여 인간 마음이 구성된다. 인간 마음 형성에 관여하는 교육은 문화 창조의 언어가 되어야 한다. 교육을 이해하기 위해서는 이러한 점에 유의해야 한다. 교육이론의 구성은 여기에서 출발해야 한다. 브루너는 이 점을 말하고자 한 것이다. 새로운 눈으로 교육을 이해하고 인간 마음과 세계를 융합하여 바로 보아야 한다는 것이다. 이러한 점에 비추어 보면 가히 '교육이론의 새로운 지평: 마음과 세계를 융합하기'로 볼 수 있다는 것이다.

원래 '지평융합'이라는 용어는 가다머의 해석학에서 차용한 것이다. 가다머에 의하면, 지평융합이란 텍스트를 이해함에 있어서 해석자의 지평과 텍스트와의 융합 과정을 말한다. 이것은 '이해'를 말하는 것이다. 이러한 지평융합의 개념은 나와 타자 사이에서의 긴장으로 이해될 수 있다. 가다머에게 이해란 두 지평의 상호적인 융합의 무한한 과정이다. 브루너는 교육을 해석적 전통에서 보고자 한다. 내러티브 세계에서 교육은 해석적 전통 아래 스토리 구성을 통해 의미를 형성해 가는 행위이다. 브루너는 이 책을 집필하고 4년 뒤에 『의미를 구성하는 행위(Acts of Meaning)』를 10년 후인 1996년에 『교육의 문화(The Culture of Education)』[7]와 2001년에 『이야기 만들기(Making Stories)』

---

7) 최근에 강현석(2021)은 『다시 생각해 보는 브루너 교육의 문화: 의미 구성하는 마음 지식과 내러티브』로 개정 증보판을 출간하였다.

를 집필한다. 이 책들은 이러한 한 흐름에 놓여 있다고 생각된다.

이 책에서 브루너는 인간의 두 가지 사고 양식을 제안하고 있다. 우리가 처음으로 접하는 '내러티브 사고 양식'의 제안으로, 우리를 지적으로 긴장시키면서 학문적으로 새로운 세계로 초대하고 있다. 훌륭한 스토리와 흥미진진한 드라마, 그럴듯한 역사적 설명으로 인해 우리는 우리 경험과 삶의 의미를 생각해 본다. 논리적 분석이나 증명, 과학적인 실험과 가설 검증이 아니더라도 우리는 이야기를 만들어 냄으로써 우리의 경험을 구조화하면서 지식을 구성해 낼 수가 있다. 우리 삶을 스토리로 만들고 우리가 사는 문화 속에서 타인들과 상호 교섭하면서 의미를 창안해 내고 있다. 우리 인간의 마음은 어떻게 구성되며, 세계는 우리에게 무엇인가?

인간은 이야기하는 동물(Homo-Narraticus)이다. 자신의 삶을 통일된 이야기로 구성할 수 있는 사람이 훌륭한 인간이다. 교육은 자신의 삶에 대한 서사적 통일성을 기할 수 있는 사람을 길러 내는 일이다. 이러한 교육은 문화라는 자양분을 통하여 이루어진다. 교육을 통하여 문화가 창안되고 문화를 통하여 교육이 진보하는 순환적 교섭, 해석적 순환이 가능하다. 교육은 단순히 교과를 가르치는 일을 넘어서 문화를 품위 있게 진화시키는 훌륭한 도구이며, 이런 점에서 교육의 언어는 창조의 언어, 구성의 언어이다.

이 책은 브루너가 1980년에서부터 1984년 사이에 집필된 에세이들을 편집하여 만들어졌다. 전체적으로 제1부는 '두 개의 자연스러운 세계' 하에 세 개의 장으로, 제2부는 '언어와 실재' 하에 다섯 개의 장으로, 제3부는 '구성된 세계에서 행위하기' 하에 두 개의 장으로 편집되어 있다. 특히 교육의 문제는 9장에 제시되고 있다.

각 장들은 나름대로 매우 특징적인 성격을 지니고 있다. 인간의 새로운 사고 양식을 제안하고 있는 2장(두 가지 사고 양식), 자아의 문제를 새롭게 볼 수 있게 해 주는 4장(상호 교섭 속에서 구성되는 자아), 우리가 익히 알고 있는 비고츠키의 이론에 대한 브루너의 생각(비고츠키의 영감), 실재가 우리 마음속에서 구성된다고 보는 6장(심리적 실재), 유명한 Goodman의 철학을 다루고 있는 7장, 인간의 사고와 정서, 행동을 3등분하여 보는 관점에 새로운 시각을 불어넣어 주는 8장(사고와 정서), 교과 가르치기나 교실 수업을 벗어나 문화 창조의 언어로 보는 교육관(9장, 교육의 언어) 등은 주옥 같은 내용들로 이루어져 있다. 이 과정에서 브루너는 심리학뿐만 아니라 인류학, 사회학, 문학이론, 철학의 내용들을 통섭하고 있다는 점에서 우리를 지적 흥분의 도가니로 밀어 넣고 있다.

3) 『Narrative Knowing and the Human Sciences』(Polkinghorne, 1988)

(1) 내러티브의 본질성: Polkinghorne이 제안하는 내러티브적 앎의 방식

① 인간 존재와 내러티브

인간 존재에 대한 내러티브 이론에 의하면, 각 연구는 개인이 살고 경험하고 해석하는 것으로서의 존재에 주의를 기울이고 초점을 맞출 필요가 있다. 이러한 해석은 궁극적으로 의미의 질서뿐만 아니라 언어의 과정을 포함하게 되는데, 이때 의미의 질서는 언어와 상호작용하면서 언어에 물리적 및 유기체적 질서를 부여하는 것이다(Polkinghorne, 1988: 125-126). 이하의 내용은 폴킹혼의 입장으로 앞에서 언급한 부분이다.

Heidegger는 인간 경험의 원형은 해석학적 의미성에 있다고 제안하였다. 내러티브는 해석학적 의미가 표현되는 일차적인 틀이다. 인문학을 실제로 수행하는 데에 정보를 제공해 줄 수 있는 인간 존재에 대한 이론은 인간 경험과 존재에 있어서 내러티브가 중심이 된다는 것을 분명히 보여 주는 것이어야 할 것이다. 여기에서는 인간 경험에서 나타나는 시간성의 수준에서 내러티브의 기능을 다룬다. 그리고 인간 행동을 내러티브에 의한 시간적 순서에 의해 구성되는 것으로 이해하는 문제를 다룬다. 또한 자아와 개인의 정체성을 정의하는 데 있어서 내러티브의 역할을 다룬다.

인문학들의 탐구 대상은 인간이며, 이러한 학문들이 각 주제에 관한 적절한 지식을 산출하기 위해서는 인간의 특성에 부응할 수 있는 지적 도구를 가져야만 한다. 계몽주의 시대에 형식 과학의 발달은, 행동과 반응이 불변의 법칙에 의해 지배되는 사물들로 구성된 평면 위에 인간을 포함한 실재가 궁극적으로 위치한다는 생각에 기초하였다. 이러한 관점에서 보면, 인간 존재는 여러 가지 사물들 중의 하나일 뿐이었다. 이것은 인간 존재의 본성은 일차적으로 영적이며, 자연의 법칙보다는 하나님과의 관계에 의해 지배된다는 계시적 생각을 뒤집는 것이었다. 그러나 인간 존재에 대한 계몽주의적 정의는 지나치게 환원주의적이다. 그것은 인간적 영역을 이해하기 위한 언어의 중요성을 간과하였다. 인문학들이 보다 설득력을 가지기 위해서는 인간 존재의 모든 단층들에 주의를 기울이는 이론을 발전시킬 필요가 있다.

Maurice Merleau-Ponty와 Stephan Strasser는 인간 존재는 물리적 영역의 객관적인 단계로부터 언어학적 표현의 단계로 확장되는 실재의 상호작용적 단층들로 구성되었다고 주장하였다. 이러한 다양한 단층들을 통합하는 것은 표현하는 행위의 부분이며 언어적 특성에 따라 순서를 가지게 된다. 언어적 영역은 장소가 아니며, 일종의 활동이다. 그것은 존재의 의미를 창조하는 지속적인 과정으로서, 어떤 사람이 문장을 말하거나 시를 쓸 때 나타나는 의미의 창조 과정과 비슷하다. 따라서 인간이 된다는 것은 하나의 사물이 되는 것이 아니라, 일종의 의미 생성 활동을 하는 것이다. 그것은 살을 붙이고 구체화하여 의미를 만드는 것, 즉 그것은 일차적인 존재의 표현 양식이다.

내러티브는 삶의 사건들이 일관성 있고 의미 있는 통합된 주제로 연결되는 표현 양식들 중의 하나이다. 하나의 관점에서 보면, 인간 존재는 하나의 삶으로 연결되는 일련의 지속적인 활동들의 연속이라고 볼 수 있다. 그러나 이러한 활동들은 여러 가지 분절된 시간에 따라 나누어진다. 분리된 사건으로 인식되는 짧은 기간의 활동들은 의식적 또는 무의식적 목적들의 결과로 이해된다. 즉, 그것들은 사고, 정서, 신체의 움직임과 같은 사건들을 포함한다. 다른 활동들은 개인적 시간의 장기적 기간에 해당하는 것으로 표시된다. 즉, 그것들은 아동에서 어른이 되기까지의 발달상의 변화를 포함한다.

인간 경험의 시간성은 (예컨대, 50세 생일처럼) 자신의 고유한 삶에 따라 구획 지어질 뿐만 아니라 (1980년대와 같은) 역사의 장기간의 시간과 사회 진화 속에서의 자신의 위치에 따라 구획 지어진다. 내러티브는 이러한 시간에 대한 다양한 경험을 보여 주는 의미 생성 양식이다.

② 내러티브와 시간성

형식 과학이나 계몽주의에 의해 주창된 실재에 대한 객관주의적 견해에 의하면 세계는 현재의 순간을 이루는 시간의 단면을 움직이는 무의미한 사물들이 가득 찬 공간으로 묘사되었다. 세계에 대한 원래의 인간 경험으로부터 객관적 시간과 공간을 추상화할 때, 세계는 실지 있는 모습 그대로 보다 정확하게 묘사될 수 있다고 생각되었던 것이다. 그리하여 원래의 인간 경험의 위계적 조직은 무너지고 형식논리학의 틀에 맞도록 재조직되었으며, 인식되는 사물의 외형에서 의미가 배제되었다. Merleau-Ponty와 Heidegger에 의하면 원래의 인간 경험은 다층적이며, 해석학적으로 조직되며, 의미가 풍성하다. 이러한 원래의 경험을, 인간 경험과 분리하여 실재가 실지로 어떤 것인가라는 계몽주의적 관념을 창조하는 것으로 환원시키는 것은, 인간 경험에서 다양하고 풍부한 시간의 개념과 대비되는 극단적으로 빈약한 시간의 표상을 창출하였다 (Polkinghorne, 1988: 126-127).

③ 행위와 내러티브

인간은 자신, 타인 그리고 세계를 의미 있게 이해하기 위해서 사회적으로 주어진 언어적 영역을 이용한다. 그 언어적 영역과 인간의 의미 질서는 해석학적 합리성에 따라 조직되며, 다양한 상호작용 수준에 따라 정렬된다. 이를 기반으로 하여 인간은 그들이 무엇을 원하는지와, 자신이 원하는 것을 만족시키기 위해 무엇을 할 필요가 있는지를 결정한다. 우리는 우리 자신과 공동체의 과거에 대한 이야기들을 회상하며, 이것들은 행동과 결과가 어떻게 연결되는가에 대한 모델을 제공한다. 회상한 모델을 사용하여, 우리는 우리의 전략과 행동들을 계획하고 다른 행위자들의 의도를 해석한다. 내러티브는 인간 행동에 형태를 부여하고 인간 행동을 의미 있게 해 주는 담화 구조이다. 계몽주의는 주체를 그의 신체 및 신체의 움직임과 분리시켰으며, 인식 주체를 인식된 세계의 부분으로서가 아니라 관람자로 보았다. 형식 과학은 이러한 분리를 받아들였고, 결과적으로 인간 행동을 행위자 및 행위자의 결정이라는 용어로 설명하는 것은 그릇된 것으로 보았다. Martin Packer는 『미국의 심리학자(American Psychologist)』에 실린 최근 논문에서 "최근의 연구들은 심리학이 인간 행동의 구조와 조직을 연구하는 방법 면에서 부족하다는 사실을 지적해 왔다."고 말했다(Polkinghorne, 1988: 135). 이와 관련하여 Polkinghorne이 제안하는 내러티브적 앎의 방식은 앞의 문제와 관련된다.

6. 지식, 마음, 그리고 문화의 트라이앵글

1) 지식을 보는 입장 변화

(1) 문화심리학에서의 지식관: 내러티브 인식론(강현석, 2016)

앞 장에서 지식관의 혁명이라는 논의에서 언급한 것처럼 문화심리학의 주요 학자인 Shweder(1984)는 근대적 의미의 인류학적 시도들을 계몽적 기획물이라고 비판하면서 근대 학문의 절대적 기준에 대하여 부정적인 시각을 피력하였다. 계몽주의적 사고의 핵심은 시간과 공간의 차이를 넘어서는 이성의 절대적 합리성에 대한 신념이며, 이러한 절대적 이성은 근대 학문의 과학성을 보장하는 방법으로 기능한다. 이 과학성은 보편적이며 객관적인 지식의 성립가능성에 대한 기초를 제공하며 진위를 판단하는 절대적 기준이 된다. 문화심리학은 기본적으로 이러한 지식관을 부정하는 위치에 서게 된다.

문화심리학에서 전제하는 지식의 문제는 구성주의 인식론과 궤를 같이한다. 여기에서는 '의미의 구성과 해석'의 문제가 중요한 주제가 된다. 즉, 지식은 경험의 구성과 재구성에 의한 것이다. 경험은 지속적이고 상호작용적이다. 개인으로서 우리는 각자 독특하고 독립된 존재이며, 우리 자신의 독특한 전기와 내러티브를 가진 지속적인 경험 속에 놓여 있으며 동시에 세계의 일부분으로서 경험을 공유하기 위한 상호작용적 관계 속에 놓여 있다. 이런 점에서 인간의 경험은 개인이 속한 사회문화적 맥락 속에서 이야기됨으로써 개인 경험 간의 의미 있는 관련이나 공유할 수 있는 함축적인 의미를 발견하게 된다.

강현석의 논의(1998, 지식구조론 이후)에 의하면 문화심리학의 지식관 문제를 Bruner의 문화주의의 측면에서 제시하고 있다. 그에 의하면 문화심리학에는 인간 발달과 마음의 구성 문제, 해석적이고 구성주의적인 인식론의 문제, 내러티브 사고가 그 주요 차원을 구성한다. 이러한 문화심리학은 그가 제안하는 인간 연구의 적절한 언어이다. 따라서 타당하게 인간 연구가 수행되기 위한 방법론으로서 문화심리학은 심리학의 또 다른 하위 유형이라기보다는 심리학의 새로운 조망 방식이다. 그러므로 문화심리학의 본질을 파악하기 위해서는 인간 발달을 새롭게 보는 문제와 여기에서 파생되는 마음과 자아의 구성 문제를 이해해야 한다. 여기에 그 기제로서 지식 구성과 내러티브 사고의 문제가 놓여 있는 것이다. 이 문제들은 문화주의의 배경이면서 동시에 그 구성요소로서 기능할 것이다. 따라서 이하에서는 문화심리학의 세 가지 핵심적 요소로서 인간 발달의 문제, 인식론의 문제, 내러티브 사고 양식의 문제를 논의한다(강현석, 1998).

첫 번째로, 인간 발달의 문제는 교육과정과 관련하여 그 구성의 심리학적 기초로서 중요한 기능을 수행해 오고 있다. 지금까지 보편적으로 인간 내부의 세계를 실증과학적으로 규명하고 그 결과를 교육과정 구성의 작업에 응용하려는 절차적 관심이 지배적 방식이 되고 있다. 인간 심리의 제 측면에 대한 발달(단계) 연구와 인간 마음의 내부 구조에 대한 과학적 규명은 그것이 지니는 과학적 설명력에 의해 교육과정의 중요한 구성 원리의 위치를 유지하였다. 특히 인지과학 분야의 발달은 이러한 양상을 점차 강화해 주고 있는 실정이다. 그러나 인간 마음은 보편적 인간 구성으로 나타나지 않으며 인간 마음의 내부적인 역동적 세계와 정신의 보편적 구조 규명에 심리적으로만 관심을 가져온 기존의 관심이 비판받기 시작하였다. Bruner는 이 비판의 근거로 문화심리학을 제안한다. 인간 발달과 마음의 구성에 대한 새로운 조망으로서 문화심리학은 인간 발달의 새로운 이해 방식을 요청한다.

이와 관련하여 Bruner(1990a: 344-355)는 문화심리학에 대해서 다음과 같이 진술하고 있다.

각 문화는 사람들이 어떻게 존재하는가, 그들은 어떻게, 그리고 왜 행위하는가, 그리고 문제를 어떻게 처리하고 해결하는가에 관하여 내러티브 형식으로 '민속심리학'을 만들어 낸다. 이 내러티브들은 전형적으로 사물의 규범적이고 표준적인 상태를 묘사하고 …… 전형적으로 한 문화의 제도적 조직과 구조는 그 민속심리학을 승인하고 심지어 실행토록 하는 데 효율적으로 기능한다. 아동들은 어려서부터 그가 속한 문화의 민속심리학 내에서 행위하기 위한 내러티브 형식을 숙달한다. ……

이와 같이 그는 문화심리학을 구체적으로 정의하고 있지 않으며 여러 경로를 통해 인간 마음의 구성과 문화와의 관계만을 설명하고 있다. 흔히 문화심리학은 정신적 삶의 원리가 본래 고정되어 있고, 보편적이고, 추상적이고, 내적이라고 가정하지 않으며 순수 심리학적 법칙이 없으며 의도성을 가정한다. 정신은 의도적 인간을 지칭하며 문화는 의도적 세계를 지칭한다. 즉, 문화적으로 구성된 실재(의도적 세계)와 실재를 구성하는 정신(의도적 인간)이 계속적으로 상호작용하고 서로의 정체성에 침투하며 서로의 존재를 조건화한다. 결국 문화와 정신이 서로를 구성한다는 의미이다(Shweder, 1991: 98-106). 그리고 Bruner는 서로 상이한 문화를 비교하여 보편적이고 공통적 속성을 밝히려는 비교 문화심리학을 자민족 중심의 심리학과 동시에 경계한다. 그는 민속심리학(folk psychology)이라는 용어와 동의어로 문화심리학을 사용하면서 인지과학을 비판한다.

요컨대, 문화와 인간 성장의 새로운 조망은 인지과학에서 민속심리학으로의 전환을 요청한다. 전통적 실증주의 과학의 세 가지 특성—감환주의, 설명과 예언—을 넘어서야 한다(1990b: xiii)고 주장하면서 문화심리학을 인간 발달의 토대로서 이해할 것을 지적하고 있다. 특히 이와 관련하여 그는 개인 심리 구성에 문화가 중요한 이유를 세 가지로 제시하고 있다(1990b: 12-15). 첫째, 문화의 구성적 역할과 관련하여 문화와 무관한 인간 심리, 본성은 없다는 것이다. 문화에의 참여를 통해 인간 지력의 반성을 실현할 수 있다는 것이다. 둘째, 문화에 참여함으로써 의미가 공적이 되고 서로 공유할 수 있다는 점이다. 문화적으로 적응된 삶의 방식은 공유된 의미와 개념에 의존하고 의미와 해석상의 차이점을 대화하고 협상하기 위한 공유된 담론의 양식에 의존한다는 것이다. 셋째, 인간 마음은 인간의 의도적 상태, 즉 신념, 희망, 의도, 헌신 등에 스며든 공유된 개념적 구조와 언어에 기원을 두면서 문화가 반영된 것이므로 앎의 방식뿐만 아니라 문화의 가치방식에 참여함으로써 의미를 구성할 수 있다는 것이다. 여기에서 인간 발달과 마음의 구성에 작용하는 문화심리학의 중요성을 엿볼 수 있다.

Bruner의 민속심리학 제안은 인간 조건의 연구에 대한 그의 신념을 표현한다. 인지과학과 실증주의 사유방식의 한계를 비판하면서 인간 행위의 문화적 상황성에 기초한 문화의 도구로서 민속심리학을 강조하고 있다. 이러한 그의 입장은 과거 인지혁명이 핵심적 주제로서 의미 만들기를 포기하였고 대신에 정보처리와 컴퓨터적 인지(computation)를 선택한 것을 이유로 인지혁명을 비판(1990b: 1-32)하는 데서 나온 것이다. 문화심리학은 자신과 타인 그리고 자신이 살고 있는 세계에 대한 관점을 조직함으로써 문화적으로 형성된 개념으로서 그것은 사람들의 사적인 의미뿐만 아니라 문화적 융합의 근본적 기초가 될 수 있다. 이런 점에서 우리는 민속심리학을 가지고 우리의 기관과 제도를 만들어 내고 그 역으로 제도적 변화에 따라 민속심리(학)을 구성한다. Bruner는 이 구성이 논리적 명제의 체계라기보다 내러티브와 이야기하기(storytelling)에서의 실천으로서 내러티브 문화의 구조에 의해 지원된다고 보고 있다(1990b: 137-138). 그러므로 그것은 문화의 도구가 되는 것이다.

이러한 문화의 도구로서 민속심리학은 첫째, 인간을 이해하기 위해서는 그의 경험과 행위가 그의 의도적 상태에 의해 어떻게 형성되는가를 이해하고, 둘째, 이들 의도적 상태의 형태(form)는 문화의 상징적 체제에 참여함으로써만 실현된다는 근거를 지니는 새로운 인지혁명이다. 마음의 구성요인으로서 문화는 공적이고 상호 공동적 의미 획득을 가능하게 하고 인간의 의도적 상태를 해석 체제에 놓이게 함으로써 행위에 의미를 부여한다. 더욱이 모든 문화는 강력한 구성적 도구로서 민속심리학을 소유한다. 인간 발달은 이것을 지향한다. 이와 같이 인간 발달의 문제를 인간 마음과 의미의 문화적 구성 과정으로 조망하고 인간 발달의 이해도구로서 문화심리학을 제안함으로써 문화와 발달의 맥락적 관계를 분명히 제시해 주고 있다. 그러므로 그는 인간 발달의 문화적 상황성을 중시하고 마음의 구성물로서 문화를 조망하고 있다. 이 속에서 마음은 특정한 문화 형태의 역사에서 특정 시간에 일어나는 구성물로 이해함으로써 컴퓨터적 인지과학을 통한 인간 내부 구조의 보편적 규명의 한계를 넘어서고 있다.

두 번째로 인식론의 문제이다. 이러한 그의 인간 발달론에는 마음의 구성뿐만 아니라 인식론의 문제가 내포되어 있다. 이 인식론은 일반적인 문화심리학의 가정이기보다는 그가 제안하고 있는 문화심리학을 이해하기 위한 또 다른 차원으로서 여기에서는 해석적 관점과 구성주의적 시각이 그 핵심적 관심사가 된다. 이와 관련하여 Doll(1993: 118-131)은 Bruner의 인식론에 대한 사고를 포스트모던적 관심으로 보면서 크게 해석학적 사고, 경험의 인식론, 구성주의적 사고로 보았다. 해석학적 사고는 Bruner가 언어의 해석학적 기능을 강조하고(1986: 125) 인간 조건에 대한 존재론적 사고보다는 세계 구성을 이해하는 방법을 강조(1986: 46)하는 것에서 그 특징을 알 수 있다. Bruner 자신도 자신의 입장을 해석주의자 조망(interpretivist perspective)으로 보고 해석적 관점의 특징을 다양한 관점, 담론 의존적, 담론의 상황성 등 3가지로 제시하고 있다(Bruner, 1990b: 112-114). 그리고 경험의 인식론은 앎의 주체를 객체화하고 경험적이고 실증적 증명을 강조하는 증명의 인식론에 대한 극복이다. 다양한 시각, 개인적인 주관적 해석을 추구하지 않는 증명의 인식론이 상호작용적이며 대화적인 지식론으로 대체되어야 한다는 것이다. 이러한 인식론에서는 지식의 발견보다는 창조를, 증명이 아닌 타협을 강조한다. 여기에서 지식의 능동적 측면을 알 수가 있다. 전자의 문제는 지식의 구조 문제에 관련하여 구조의 성격을 파악하는 데 단서를 제공해 주며 후자는 문화주의에 근거한 의미 만들기와 자아의 구성에 관련된 부분이다. 이와 관련하여 Bruner(1990b: 42)는 자아는 사회적 세계와 비교적 무관한 '내부의' 본질에서 성장하는 것이 아니라 모든 사람들이 불가피하게 관련되는 의미, 이미지, 그리고 사회적 유대 속에서의 경험에서 나온다고 보았다.

이와 같이 인식론에 관련된 자아 형성의 문제는 인간 문화의 상징적 체계 속에서 이루어지는 의미 생성과 타협이 해석학적 체계 속에서 구성된다는 것과 유관하다. 이런 점에서 Bruner(1990b: 138)는 우리가 구성하는 생활과 자아가 의미 구성 과정의 결과이며 자아는 머릿속에 잠겨 있는 고립된 의식이 아니라 사람 사이에 퍼트려져 있다는 것이다. 그래서 자아는 역사적 환경으로부터 형상을 부여받고 그 표현은 문화 속에서의 의미 만들기 과정 속에서 실현된다. 그래서 해석학적 사고와 경험의 인식론에서 우리가 알 수 있는 것은 인간 문화를 구성하는 상징적 세계의 관점에서 해석되지 않으면 그럴듯한 의미를 만들 수 없다는 것이다.

또한 지식의 능동적이고 적극적인 측면과 관련되는 구성주의적 사고는 '지식의 구조'의 성격을 이해하는 데도 중요한 단서 역할을 한다. 구성주의(constructivism) 문제와 관련하여서는 그는 N. Goodman의 견해를 수용한다(Bruner, 1983: 93-105). 우리가 살고 있는 세계들은 상징적 구성으로 창안된 것이다. 구성주의를 실재론과 관념론의 대안으로 보는 Olson은 Goodman의 견해를 다음과 같이 제시하였다.

우리의 실재는 주어진 것이 아니라 만들어지는 것이다. 우리가 창안하는 모든 실재는 단지 어떤 'prior reality'의 변형에 불과하고 그것은 본질상 주어진 것이 아니고 앎의 주체에 의해 주어진 것으로 볼 수 있다. 그래서 순진한 실재론을 포기한다. 우리의 지식은 원칙상 지각적 활동과 개념적 활동을 통해 우리가 구성하는 세계에 국한되어 있다. 그래서 우리는 우리가 찾는 것을 우리가 만들어야 한다(we have to make what we find)(Olson, 1990: 340).

이와 같이 Goodman의 구성주의를 토대로 보면 인간의 정신적 활동과 상징적 언어와 무관하게 선천적으로 존재하는 유일한 실세계는 없다. 우리가 세계라고 부르는 것은 상징적 과정이 세계를 구성한다는 점에서 어떤 정신의 산물이다. 이런 정신적 산물로서 세계관은 다수의 실재를 인식하는 것이며 서로 상충하는 참 세계관들은 같은 세계 속에서는 동시에 참일 수가 없기 때문에 다수의 여러 세계가 존재해야 된다고 설명하는 것이다.

아울러 지식의 사회적 맥락의 측면에서는 사회적 세계에 근거를 두고 구성되는 지식의 성격에 그 강조점이 있다. 이것은 단지 지식 그 자체의 문제만이 아니라 실재, 의미, 자아를 구성하는 주체의 마음을 문화적 상황 속에서 어떻게 구성하며 인간 발달의 문제를 사회·역사적 텍스트에서 어떻게 형성하고 해석하는가의 문제와 관련이 있다. 이런 점에서 그가 제시하는 새로운 인식론은 지식의 문제뿐만 아니라 문화적 상황성 속에서 구성되는 실재, 의미, 자아와 총체적으로 연관되어 있다. 보다 중요한 것은 문화적 맥락 속에서 앎의 주체와 관련한 여러 가지의 측면을 모두 고려해야 하며 그 중심에는 문화가 인간 마음을 형성한다는 명제가 놓여 있다는 그의 제안이다.

마지막으로, 내러티브 사고의 문제이다. 이 문제는 앞에서 많이 다루어졌으므로 소략하기로 한다. 자신의 인식론적 입장 변화에 중요한 단서를 제공하는 것은 그의 내러티브 사고 양식의 강조에 있다. 내러티브는 실재 구성, 의미 만들기, 자아 형성에 모두 관련되어 있으며 특히 의미 형성과 협상에서는 내러티브적 해석이 중요하다. 이러한 관련성은 의미는 대화를 통해서 만들어지고 이야기 양식은 해석을 필요로 한다는 내러티브의 가정에 그 근거를 두고 있다.

(2) 내러티브 지식관

내러티브의 기본적인 의미는 이야기 혹은 이야기를 만드는 것이다. 내러티브 사고에서는 인간은 자신들의 경험을 이야기하려는 보편적 경향을 가정한다. 그것은 인간이 삶을 해석하는 데 있어서 사람이 경험하는 사건, 인물, 행위, 감정과 정서, 의도와 생각, 그리고 상황과 장면 등을 총체적으로 통합시켜 주고 특정 경험이 이루어지는 맥락 속에 위치시켜 주는 인식의 틀이라고 볼 수 있다(강현석, 2005: 92).

이러한 관점에서 보면 지식은 우리 자신을 자신 및 다른 사람에게 설명하기 위하여 우리 자신의 경험을 이야기할 때 구성되고 재구성된다(소경희, 2004: 195). 즉, 이 관점에서 지식은 사람들이 다른 사람과 자신들의 아이디어와 이야기를 공유하는 상황에서 개인적 · 사회적으로 구성되고 재구성된다. 우리의 이야기는 우리의 특정 경험들로부터 말해지며 이 점에서 그것은 개인적 · 실천적 지식의 표현이라고 할 수 있다. 이러한 개인적 · 실천적 지식은 사회 · 문화 · 역사적 맥락 내에서 구현되고 구체화된다. 즉, 개인적 · 실천적 지식은 다른 사람들과의 상호작용 속에서 형성되는 것이다. 인식에 대한 이러한 견해는 인식의 과정에 개방성과 융통성을 허용하며, 지식을 탐구 바깥에 있는 혹은 탐구 이면의 종착지로서가 아니라 탐구 그 자체로, 즉 탐구 내의 목표로서 다루는 관점이라고 할 수 있다(Olson, 1995).

결국 내러티브 관점에서 지식은 개인이 자신의 경험을 다른 사람과 이야기하는 가운데 형성되며 이는 지속적으로 재구성될 수 있다. 지식이 개별 인식자에 의해 구성되는 것이다. 이러한 지식은 인식 주체인 개인과 무관하게 존재하는 탈맥락적인 것이 아니라, 개인이 처한 상황이나 개인의 주관적인 인식에 의해 영향을 받는 맥락적 · 주관적인 것이라고 할 수 있다. 따라서 지식은 개인 내에 구체화된 것으로서 개인은 개인적 · 사회적으로 구성된 상징적 형식을 통해서 경험을 해석한다. 이러한 지식관에서 인식자는 인식 대상으로부터 분리되지 않는다. 오히려, 개인은 경험을 나타내기 위해 지식을 지속적으로 구성하고 재구성하는 인식 존재로 간주된다. 개인이 자기 경험의 권위적인 원천이 되는 것이다. 내러티브 관점에서는 모든 사람들이 이야기를 말할 수 있는 인식자이기 때문에 모든 목소리가 권위를 가진 자원이 된다. 그리고 개인의 내러티브 권위는 경험의 지속적이고 상호작용적인 성격을 통해서 형성되고 재구성된다. 즉, 개인의 내러티브 권위는 경험을 통해서 성장하며, 모든 경험은 이전에 겪었던 경험으로부터 무엇인가를 취하고, 나중에 겪게 될 경험의 질에 영향을 준다는 점에서 지속성을 갖는다(소경희, 2004: 195).

그러므로 이러한 내러티브 지식관에 따르면 학습자의 실제 경험에 가담하고 있는 개인들이 자신들의 경험을 다른 사람과 공유하기 위해 구성하는 이야기 속에 있는 것이다. 이 점은 학습자들의 경험 및 그 경험에 대한 이야기가 지식의 주된 원천이 됨을 알 수 있다. 내러티브 관점은 마음의 구성뿐만 아니라 인식론의 차원을 내포하고 있다. 여기에서는 해석적 관점과 구성주의적 시각을 토대로 하는 생성적 지식관이 핵심이다. 인간의 경험과 지식은 다양한 관점과 담론에 따라 상이하게 해석이 가능하며, 담론의 상황에 따라 많은 영향을 받는다(Bruner, 1990b: 112-114). 그리고 앎의 주체를 객체화하고 경험적이고 실증적인 증명을 강조하는 증명의 인식론은 극복되어야 하며(경험의 인식론으로 나아가야 하고), 다양한 시각, 개인적인 주관적 해석을 추구하지 않는 증명의 인식론은 상호작용적이며 대화적인 지식론으로 대체되어야 한다. 이러한 인식론에서는 지식의 발견보다는 창조를, 증명이 아닌 의미 교섭과 간주관성을 강조한다. 여기에서 지식의 능동적 측면을 알 수가 있다. 즉, 인간은 문화를 구성하는 상징적 세계의 관점에서 해석되지 않으면 그럴듯한 의미를 만들 수 없다는 것이다.

2) 인간 마음 이론의 전환: Olson의 해석

(1) 내러티브 전회(강현석, 이지은, 2019: 52-58; Olson, 2007)

우리에게 멀리 떨어진 실재에 대한 우리만의 내러티브 기록을 만드는 능력이 우리에게 부족한 것은 아니다. 우리는 어떤 것에 있어서는 매우 전문가이다. 오히려 우리의 문제는 우리가 매우 쉽게 자동적으로 하는 것에 대한 의식, 즉 자각(prise de conscience)에 대한 옛날의 문제를 달성하는 것이다(Bruner, 1996: 147).

최근의 저서에서 Bruner는 내러티브가 모든 발달단계의 의도적 행동의 근원적인 표상 양식이라는 개념에 대해 선두적인 지지자가 되었다. 그는 자연과학에서 옹호되는 설명방식인 패러다임 양식과 사회과학이나 인문학에서 좀 더 공통적인 내러티브 양식 사이를 비교하였다(Bruner, 1986: 2장; 1990: 4장). 패러다임 양식은 실체와 인과관계를 설명하는 비인간적인 과학 법칙을 포함한다. 예컨대, '가스의 압력과 부피는 반비례 한다. 빛의 세기는 광원에서 떨어진 거리의 제곱에 반비례한다.' 등등이 있다. 내러티브 양식은 좀 더 공통적이고 좀 더 기본적인 것으로, 행위와 결과에 대해 인간적인 관점에서 사건을 설명한다(Bruner, 1996: 7장). 내러티브 양식은 주체와 의도의 개념에 잘 맞아떨어질 때 적용된다. 주체는 어떤 이유로 혹은 어떤 목표를 달성하기 위해 무언가를 하는 사람이다. 문제(trouble)는 어떤 도식을 틀어지게 만들 것이며, 주체는 목표에 도달하기 위해 대안적인 수단을 발명할 것이다. 그리고 그것은 성공이나 실패를 이끄는 해결책을 제공해 줄 것이다. 심리학에서는 오랫동안 목표 지향적인 행동을 인정해 왔다. 표상적인 도식의 일환으로 주체의 역할에 있어 내러티브가 추가된다. 게다가 Bruner에 따르면, 내러티브는 특정한 시각에서 구성되어 관점을 지닌 것인 반면, 과학은 Thomas Nagel이 칭하는 '어디에도 없는 시각(the view from nowhere)' (Nagel, 1986)을 구성하고자 시도한다.

내러티브는 특히 일인칭 시점과 행위자의 의도가 역할을 수행할 때의 기록에 적합하다. 내러티브는 '마음의 이론'—신념, 소망, 의도를 한 개인에게 특성 짓는 이론—의 하인(handmaiden)이다. 이러한 사람들이 목표와 계획을 주체로 보일 때, 그리고 그들이 성공과 실패가 가능할 때, 그리고 세계의 예측 불허한 변화가 기존의 '잘 배치된 도식'을 혼란시킬 때, 우리는 내러티브를 갖게 된다. Bruner의 주장은 그러한 내러티브 표상(표현)이 인간의 경험을 표상(표현)하기 위한 기본적인 형식이라는 것이다.

표상과 설명의 내러티브 양식은 이야기를 이야기하기 위한 것뿐만 아니라 우리가 살아가는 표상 도식인 것이다. Bruner가 때때로 언급하는 것으로, 문화의 전형을 나타낸다. 신념, 욕망과 행위자의 의도는 내러티브의 '소재'이다. 즉, 우리 자신을 포함한 인간은 x를 믿고 y를 원하기에 z를 하고자 노력하므로 무언가를 행한다. 행동은 의도된 행동에 대한 장애물 때문에 실패한다. 그러한 장애물을 극복하면 원하는 목표를 달성할 수 있다. 그러므로 내러티브는 단순히 즐거운 이야기가 아니라, 사람들이 세계를 해석하고 그들 자신이나 다른 사람에게 자신의 행동을 설명하는 측면에서 구조이다. 심리학에서 이러한 '내러티브 전회'로, Bruner는 다시 주요한 인물이 되며, 학생의 지식과 이해에 대한 교육자들의 이해를 풍부하게 해 준다. 여기서 이해할 수 있는 것은 단지 구조로의 동화뿐만 아니라 경험을 내러티브의 형식적 특성이라는 측면으로 만들어 낼 수 있는 것이며, 그 특성은 무엇이 일어났고 왜 일어났는지를 가리킨다. Bruner는 또한 다음과 같이 말하였다.

> 행동의 논쟁에 관해서 개인 간의 경험을 구축하려는 우리의 성향은 내러티브로 말하는 것을 필연적으로 만들며, 내러티브 해석에 대한 우리의 민감성을 고질적으로 만든다. 내러티브를 생성하는 데 필요한 모든 것은 행동이 세계에 어떻게 작용하는지에 관한 '정전의(canonical)' 기대와 그 기대에 대한 차질과 위배이다(2001: 211).

이러한 사건들이 만족감, 좌절, 실망, 놀라움, 그리고 기쁨의 감정을 동반할 때, 우리는 내러티브를 가진다.

실재에 대한 내러티브 구성은 액면 그대로 받아들여질 수 없었다. 세계에 대한 사고의 수단으로 가치가 있기 위해서는, 즉 가설을 제공하기 위해서는, 이러한 이야기들을 의식으로 끌어내고 이야기 그 자체를 판단하는 것이 필요하다. Bruner는 이러한 이야기를 평가하는 세 가지의 전략을 제안한다. 즉, 대조(contrast), 직면(confrontation), 메타인지(metacognition)가 있다. 대조는 서로 어떤 이점이나 어떤 불리한 점과 같이 대안적인 양식이 있는지를 볼 수 있게 해 주는 것이다. 직면은 어떠한 것에 대한 찬성이나 반대를 판단하는 결과로 나타나는 것으로, 예컨대 법정에서 이야기가 있음 직한 가능성을 갖고 있는지를 배심원에 의해 판단된다. Bruner에 따르면, 메타인지는 "실재의 본질에 관한 존재론적 주장을 우리가 어떻게 아는가에 관한 인식론적 주장으로 변환하는 것"이며(1996: 148), 추후에는 우리가 그것을 왜 믿는지 혹은 왜 그렇게 생각하는지로 바뀐다. Bruner는 내러티브가 진실을 생성할 수 없다는 것을 인정한다. 즉, 앎의 패러다임 양식인 과학의 특권으로 남는다. 하지만 그것이 내러티브의 가치를 떨어뜨리거나 학습과 사고의 중요성을 낮추지는 않는다. 과학적인 방법은 실재를 명확히 하지만, Bruner가 말한 대로, "우리는 규칙과 내러티브라는 장치에 따라 구성된 세계에서 삶을 산다."(1996: 149; 2002). 결과적으로, 그는 교육은 내러티브 형식과 사용의 이해를 창출하기 위한 풍부한 맥락을 제공해야 한다고 주장한다. 우리가 말하는 이야기는 우리의 과학적 이론들에 가설을 제공할 것이다. 이와 같이 우리는 우리의 이야기의 도움을 받아 가면서 생각할 수 있다. 그것들은 우리가 가설을 만들기 위해 사용하는 것이며, 그렇게 함으로써 이야기나 내러티브들은 학교 프로그램에서 자신의 위치를 맡을 자격을 가진다. 우리가 집에서 할 과제는 다음과 같다. 학습자가 자신들의 수업뿐만 아니라 교실에서의 삶을 이해하기 위해 사용하는 내러티브 형식은 무엇인가?

내러티브는 또한 Bruner가 말한 것처럼, 문학의 요소이다. 문학은 이야기의 기본 뼈대 이상을 포함하며, 이야기 속의 행동과 사건들이 독자들의 의식 속에 들어오는 방식을 통제하기 위해 내용(fabula), 이야기 안에 설정된 사건들뿐만 아니라, 플롯, 구성(suzjet), 그들에게 말하는 방식과 순서도 포함한다. Bruner는 이것을 내러티브의 두 가지 풍경(landscape), 즉 행위의 풍경과 의식의 풍경으로 본다. 이러한 두 가지는 내러티브에서 떨어져 있기 때문에 내러티브는 의식을 시험하는 주요 수단이 된다. 결국 문학에 대한 연구는 중요한 교육적 자료로 보인다. Harvey Siegel(1989: 116)은 "어떻게 소설을 가르칠 수 있을까? 소설의 교육적 가능성은 무엇인가?"라고 묻는다. 그리고 문학은 패러다임 양식에서 불가능한 개인의 참여를 생성한다고 주장한다. 텍스트가 독자에게 영향을 주는 방식과 독자가 그들이 읽은 텍스트의 의미를 구성하는 다양한 방법을 나타내는 Nussbaum(1990), MacIntyre(1984), McEwan과 Egan(1995), 그리고 Holtz(2003)의 중요한 연구를 포함하여, 많은 학문에서 내러티브에 관한 연구들이 급격히 성장하고 있다. Alasdair MacIntyre(1984: 216)는 소설의 내러티브를 정신 기능과 다음의 방식으로 연관시킨다.

[인간은 그의 소설뿐만 아니라 자신의 행동과 실천에서도 본질적으로 이야기는 동물이다. 그는 본질적이기 때문이 아니라, 자신의 역사인 진실을 갈망하는 이야기의 화자가 되기에 자신이 되는 것이다. 인간에 대한 핵심 질문은 그들 자신의 주도권에 관해서가 아니다. '나는 무엇을 해야 하는가?'라는 질문에만 나는 답을 할 수 있는데, 내가 만약 그 질문에 답을 할 수 있다면, '어떠한 이야기나 이야기들에서 내 자신이 그 부분임을 발견할 수 있나요?'라는 질문으로 답할 수 있을 것이다. 우리는 인간 사회로 들어가는데, 그것은 하나 혹은 그 이상의 등장인물과 함께. …… 그리고 우리는 타인이 어떻게 우리에게 응답하고 그들에게 있어 그 응답이 주로 어떻게 구성되는지를 이해할 수 있게 하기 위해 그것이 무엇인지를 배워야만 한다. 그것은 이야기를 들으면서 가능해진다. …… 아동들은 학습하거나 잘못 배운다. …… 등장인물의 역할은 그들이 나타나는 그 드라마의 속에 있는 것일 것이다.

따라서 내러티브 양식이 최고이다. 패러다임 양식에 종사하는 심리학자뿐만 아니라 경제학자를 포함한 사람들조차 그들이 인과관계를 밝히는 데 실패했을 때 내러티브 양식에 의존해야만 한다. Bruner(1986: 43)는 다음과 같이 말을 덧붙인다. "내러티브는 경제 이론가들의 마지막 휴양지가 될지도 모른다. 그러나 내러티브는 아마도 연구라는 행동을 하는 사람들의 삶의 소재일 것이다."

(2) 능동적인 마음에서 이야기적 마음으로

이제 인간 마음은 심리학의 오랜 역사 동안 주류적으로 강조해 오던 접근, 즉 능동적인 주체의 마음에서 이야기적 마음으로 전환되고 있다. 이러한 중요한 전환을 Olson의 논의를 통하여 알아보자(Olson, 2007).

인간 마음을 설명하는 방식에 대하여 일련의 명제와 함께 Bruner의 인지이론을 요약할 수 있지만, 그렇게 하는 것은 무엇보다 중요한 연구의 참맛을 잃어버릴 위험이 있다고 Olson은 보고 있다. Bruner는 마음이나 문화에 의한 성장과 풍부함에 관한 흥미로운 질문을 제기하는 방법을 찾는 것보다 일련의 증명 가능한 명제에 관심을 덜 가지고 있다고 말함으로써 그 맛을 표현할 수 있다. 그럼에도 불구하고 여기서는 다음이 논의되었다.

1. 마음은 단순히 정보를 수동적으로 수용하는 기관이 아니라 정보를 찾고 자신이 만든 가정을 시험하는 능동적인 과정이다. 그렇기 때문에 어떤 지식이 투입된 인지(cognition) 또한 마음이 이미 만들어 놓은 특정한 상태에 의존하게 된다.
2. 경험의 결과물은 어떤 지식이 투입된 것에 의미를 부여하여, 주어진 지식을 넘어서게 하는 일련의 정신구조이다.
3. 이러한 정신구조는 일련의 재구조화를 통해 발달의 과정에 있어 다른 형식이나 양식—작동적 양식에서부터 모방적, 상징적 양식—으로 바뀐다.
4. 정신구조는 암묵지의 요체로 구성되어 있다. 정신구조는 이전의 경험의 내부적이고 내생적인 재구성을 통해 구조화되며, 또한 외현적으로 드러나는 문화적 의미, 규칙, 규범, 도구, 기본적인 언어를 통해서도 구조화된다.
5. 마음속에 저장된 대부분의 지식이 문화적 지식이기 때문에, 이러한 문화적 지식을 바탕으로 한 수업은 인지 발달에 있어 매우 중요한 역할을 수행한다.
6. 정신구조는 지식을 정말 순수하게 객관적으로 드러내지 않는다. 오히려 특정한 의도적인 상태나 신념, 이상, 타인과의 상호작용을 통한 자신의 목표 아래 구성된다.
7. 이러한 의도적 상태와 그것이 표현된 행동은 마음에 있어 근본적으로 자기 자신의 내러티브, 행동, 문제, 결과의 측면에서 나타나며, 더욱 간단하게 말하면, 누가 무엇을, 누구와, 어떤 이유로, 어떤 결과와 함께 행하려고 하는지의 관점에서 나타난다.
8. 이러한 내러티브는 대조와 판단을 위한 가설이 된다.

초기 Bruner의 초점은 개인의 인지 과정에 있었지만, 그의 후기 이론은 훨씬 더 사회적이고 문화적인 것에 초점이 맞추어져 있었으며, 그는 마음의 이론의 부분으로 주체, 의도성, 주관성, 그리고 특히 간주관성의 개념을 만들었다. 그러므로 현재 Bruner는 단순히 인지심리학자라고 하기보다는 문화심리학자로 보는 것이 타당하다고 본다.

우리가 Bruner의 인지이론을 이해할 때, 이러한 아이디어들이 교육실천과 교육이론, 그리고 우리의 다음 관심에 있어서 그의 공헌을 통해 어떻게 작용하는지를 보는 것은 상대적으로 간단한 문제가 될 것이다.

(3) 인간에 대한 적절한 연구(Bruner, 1990)

① 인지혁명의 촉발

우선 인지혁명(cognitive revolution)을 출발점으로 하여 논의를 시작해 볼 필요가 있다. 그 혁명은 객관주의라는 길고도 추운 겨울을 보내고 난 이후 인간과학에 마음을 회복시키고 마음에 보다 많은 관심을 갖고자 하는 의도였다. 그러나 이제 제시하는 것은 지금까지 진행되어 온 발전과 진보에 대한 일상적이고도 평범한 설명은 아닐 것이다. 그것은 적어도 Bruner의 관점에서 보면 그 인지혁명이라는 것이 이제 생겨나게 된 자신의 지적 욕구에서 중요하지 않은 이슈로 전환되었기 때문이다. 사실, 그 인지혁명은 그 원래의 충동을 심지어 손상시키는 방식으로 전문화되어 나갔다. 이 점은 그 인지혁명이 실패했다고 말하는 것은 아니다. 왜냐하면 인지과학은 확실히 학문이라는 증권시장에서 가장 지배적으로 성장한 주식이었음에 틀림없었기 때문이다. 그것은 오히려 성공, 즉 공학적으로 뛰어난 기량 때문에 비싼 비용을 지불하게 된 성공에 의해 그 관심을 딴 곳으로 돌려 왔는지도 모른다. 아마도 불친절하게, 일부 비평가들은 심지어 혁명으로 불리는 새로운 인지과학이 심리학에서 재건하려고 추구했던 바로 그 마음의 개념을 탈인간화시켜 버리는 것을 감수하면서까지 공학적 성공을 쟁취하였다고 주장한다. 그리고 그것은 그것으로 인해 다른 인간과학과 인문학으로부터 심리학의 많은 부분을 낯설고 소원하게 만들어 버렸다.

인지혁명에 대해 회고적으로 살펴보고 난 후에, 새롭게 단장된 인지혁명에 대한 예비적인 탐구로 전환해 보자. 이 인지혁명은 지난 수년 동안 인류학, 언어학, 철학, 문학이론, 심리학에서 번성해 오고 있는 '의미 만들기'에 관련된 인지 문제에 더욱 해석적인 접근을 하고 있으며, 근자에는 우리가 마주치는 영역 어디에서도 의미 영역과 해석적인 접근이 강조되고 있는 듯하다. 오히려 이런 활기 있는 성장이 첫 번째 인지혁명의 본래 힘이나 추진력을 되찾기 위한 노력이라고 생각할 수 있다.

1950년대 후반의 당시 인지혁명이 무엇에 관한 것이었는지 생각해 보자. 그것은 심리학의 핵심 개념으로서 의미, 즉 자극과 반응이 아닌, 그리고 명백히 관찰할 수 있는 행동도 아닌 그리고 생물학적 운동과 그것들의 변환도 아닌, 그러한 의미를 확립하기 위해 총력을 다한 전면적인 노력이었다. 그것은 행동주의에 약간의 멘탈리즘을 부가함으로써 심리학을 추구하는 더 나은 방식으로 변형하고자 하는 행동주의에 대항하는 혁명이 아니었다. Edward Tolman은 그것을 완수했지만, 소용없는 일이었다. 전적으로 그것은 그것보다 더 심오한 혁명이었다. 그것의 목적은 인간이 세계와 접촉한데서 만들어 낸 의미를 형식적으로 기술하고 발견하는 것이었다. 그리고 나서 어떤 의미 만들기 과정이 연관되는지에 대한 가설을 제안하는 것이었다. 그것은 인간이 세계뿐만 아니라 그들 자신들에게서도 의미를 만들고 구성하는 데 사용된 상징적 활동에 초점을 맞추었다. 그것의 목적은 인간학과 사회과학에서 그 자매가 되는 학문인 해석적 학문과 협력하기 위해 심리학을 자극하는 것이었다. 실지로, 보다 컴퓨터적으로 지향된 인지과학의 표면 아래서 보면, 이것은 정확하게 현재 일어나고 있는 것이며 그것은 처음에는 천천히 진행되었으며 이제는 증가일로에 있는 것이다. 그래서 오늘날 사람들은 문화심리학, 인지적이고 해석적인 인류학, 인지언어학에서 번창하는 센터를 찾아내고 있다. 그것은 무엇보다도, Kant 이래로 그전에 결코 마음과 언어의 철학에 몰두하지 못했던, 이제는 번창하는 세계적 수준의 기획물인 것이다. 그것은 아마도 1989~1990학년도에 두 개의 예루살렘-하버드 강의, 즉 인류학 교수 Geertz와 심리학 분야에서 내 자신이 각각 그 자신들의 방법으로 이런 전통을 대표하는 시대의 상징이었을 것이다.

본래 우리가 인식한 인지혁명은 사실상 심리학이 인류학과 언어학, 철학과 역사, 심지어 법학과 협력할 것을 요구했다. 그 당시 초기 하버드대 인지문제센터의 자문위원회가 철학자 W. V. Quine, 지적 역사가인 H. Stuart Hughes, 언어학자 Roman Jakobson을 포함시킨 것은 놀랍거나 우연한 일이 아니다. 그 센터의 연구원들로는 Nelson Goodman과 같은 새로운 구성주의 옹호자들처럼 훌륭한 심리학자들만큼이나 많은 철학자, 인류학자, 언어학자들도 끼어 있었다. 법학 분야에 관해서, Bruner는 그 교수진들 중에서 몇몇 저명한 회원들이 우리 콜로키움 모임에 가끔 참여했었다는 사실을 언급할 필요가 있다. 그들 중 한 명인 Paul Freund는 그 센터에 있는 우리가 규칙들(과학적 법칙보다는 문법과 같은 규칙)이 인간 행위에 어떻게 영향을 미쳤고 결국 그것이 법률학의 본질에 관한 것이라는 점에 흥미 있어 했기 때문에 콜로키움 모임에 왔다는 것을 인정했다.

그 흐름은 행동주의를 '개혁'하려고 하는 것이 아니라 그것을 대처하려고 하는 것임을 지적할 필요가 있다. George Miller는 몇 년 후에 다음과 같이 말했다. "우리는 우리의 새 신조를 문에 못질해 두었고 무슨 일이 일어나는지를 알아보기 위해 기다렸다. 모든 것이 매우 좋았다. 사실, 너무 좋아서 결국 우리가 성공의 희생자였을지도 모른다는 생각이 든다."

그것은 인지혁명을 촉발시킨 충동에서 무엇이 일어났는지, 그것이 어떻게 분할되는지 그리고 (특수)전문화되는지를 추적하기 위한 지난 25년간의 지적 역사에서 흥미진진한 수필을 쓰는 것이 될 것이다. 그 전체적인 이야기는 지적 역사가들의 손에 가장 잘 남겨져 있다. 지금 우리가 주목할 필요가 있는 모든 것은 단계들을 밟아 가는 약간의 지침들이 있는데, 그 지침들은 우리 모두가 전진하는 지적 영역에 의미를 제공할 만큼 충분하다. 예를 들어, 초기 강조는 '의미'에서 '정보'로, 의미의 구성(construction)에서 정보의 처리(processing)로 전환하기 시작했다. 이것들은 심오하게 다른 문제들이다. 그 전환에서 핵심 요소는 주요한 은유로서 컴퓨터 조작 혹은 연산(computation)의

도입과 좋은 이론적 모형의 필요한 준거로서 컴퓨터 조작 가능성 혹은 연산 가능성의 도입이었다. 정보는 의미와 관련이 없다. 컴퓨터 조작과 관련된 용어에서 정보는 체제에 이미 사전에 코드화된 메시지를 구성한다. 의미는 메시지에 이미 할당되어 있다. 그것은 컴퓨터 조작(연산)의 결과도 아니며 할당에 대한 자의적 의미에서 컴퓨터 조작 세이브와도 관련이 없다.

정보처리는 메모리 내 주소에 있는 메시지를 중앙처리(통제)장치(central control unit)의 지침에 등록하거나 그 메시지들을 가지고 오기도 한다. 혹은 정보처리는 기억 저장고에 임시로 메시지들을 수용하고 있고 그리고 나서 그것들을 미리 정해진 방식으로 다룬다. 그것은 미리 기록된 정보를 목록화, 정렬, 결합, 비교한다. 이들 모든 것을 처리하는 시스템은, 저장된 것이 Shakespeare의 시에 나온 단어들인지 혹은 난수표에서의 숫자인지의 여부에 관련해서 보면 어느 것인지 파악하기는 어려운 시스템이다. 고전적 정보이론에 의하면, 메시지가 만약 이러한 의미일까 저러한 의미일까 하는 양자택일의 선택을 감소시킨다면 유익한 것이다. 이것은 설정(확립)된 가능한 선택의 코드를 의미한다. 가능성의 범주와 그것들이 구성하는 실례들은 그 체계의 '(컴퓨터 언어의) 문법(syntax)'에 따라 처리된다. 이런 처리방식에서 정보가 의미를 다룰 수 있는 것은 단지 사전적 의미에서만이다. 즉, 그것은 단지 코드화된 주소에 따라서 저장된 사전적 정보를 처리하는 것이다. 철자 바꾸기나 스크래블(Scrabble)[8]에서처럼, 기준에 비추어 그 부수 결과들을 검증하기 위해서 일련의 입력을 변경하는 것과 같은 다른 '의미 유사' 작용들이다. 그러나 정보처리는 기초 운용 프로그램에 의해 엄격히 통제되는 구체적인 특정한 관계로 투입될 수 있는 잘 정의되고 임의적인 입력 자료들을 넘어서는 그 어떤 것도 다룰 수 없다. 그러한 체제는 모호함, 다의성, 은유 혹은 함축적 연결과 같은 문제들을 잘 다룰 수 없다. 만약 문제를 잘 다루는 것 같으면 그것은 기껏해야 살을 쥐어짜는 듯한 알고리즘으로 문제를 규명하거나 혹은 위험한 발견학습으로 도약하는 영국 박물관 안의 원숭이에 불과하다. 정보처리는 사전 계획과 엄밀하고도 정확한 규칙들을 필요로 한다. 그것은 '그 세계는 근본주의자 무슬림의 마음에서 어떻게 조직되는지 혹은 자신의 개념이 호메릭 그리스와 후기 산업사회에서 어떻게 다른지?'와 같은 비구조화되고 비체계적(비문법적)인 질문들을 배제한다. 그리고 그것은 '미리 결정된 궤도에서 운송 수단이 잘 유지되리라는 것을 확신시키기 위해 운전자에게 통제 정보를 제공하기 위한 최적의 전략은 무엇인가?'와 같은 질문들을 선호한다. 우리는 이후에 의미와

8) 스크래블: 비슷한 단어 만들기 놀이.

6. 지식, 마음, 그리고 문화의 트라이앵글

의미를 만드는 과정에 대해 보다 많은 것을 말할 것이다. 의미를 만드는 과정들은 놀랍게도 인습적으로 '정보처리'라고 불리는 것으로부터 멀리 떨어져 있다.

정보 혁명이 후기 산업사회에 걸쳐 일어나고 있었다는 점을 감안한다면, 그러한 강조점이 발달했었다는 것은 놀라운 일이 아니다. 심리학과 사회과학은 일반적으로 늘 민감했고 그들에게 은신처를 제공한 사회의 요구에 종종 더 민감했다. 그리고 늘 그것은 오히려 새로운 사회 요구에 비추어 인간과 그의 마음을 다시 규정하기 위한 학술적인 심리학의 지적 반성이었다. 그러한 상황 아래서 흥미가 마음과 의미에서 컴퓨터와 정보에까지 멀리 옮아 가야만 했던 것은 그리 놀라운 일이 아니다. 컴퓨터와 연산 이론이 1950년 초기까지 정보처리를 위한 은유의 근원이 되었다. 도메인 내에서 작동하는 부호를 위한 기초를 제공할 만큼 충분히 잘 형성된 미리 설정된 의미 범주들이 제공되었을 때, 적절히 프로그램화된 컴퓨터는 최소한의 일련의 작동으로 정보처리의 놀라움을 수행할 수 있었다. 그리고 그것은 기술적 낙원이다. 곧 컴퓨터 연산은 마음의 모델이 되었고 의미의 개념을 대신하여 연산 능력(계산 가능성, 문제해결 능력)의 개념이 출현하였다. 인지 과정들은 계속 연산 장치로 될 수 있는 프로그램과 동등하게 다루어졌다. 그리고 '이해'하기 위한 사람의 노력에 대한 성공은 기억 혹은 개념 획득이 컴퓨터 프로그램을 가지고 사실적으로 인간 개념화 혹은 인간 기억화를 흉내 내기 위한 사람의 능력이었다고 말한다. 이런 생각은 아무리 복잡할지라도 어느 연산 프로그램이 일련의 제한된 매우 원시적인 작동으로 연산하는 훨씬 더 간편한 Universal Turing Machine에 의해 '모방'될 수 있는 Turing의 혁명적 통찰에 의해 엄청나게 도움을 받는다. 만약 사람이 '가상의 마음(virtual minds, Daniel Dennett의 단어를 빌리면)'처럼 그러한 복잡한 프로그램에 대해 생각하는 습관에 빠져 있다면, 그것은 단지 작지만 '가상의 (virtual)'것처럼 '실질적 마음(real minds)'이 똑같은 방식으로 '설명'될 수 있다는 것을 믿는 전체적인 방식으로 가기 위한 중대한 단계로 받아들여진다.

② 특징과 의의

이 새로운 환원주의는 탄생되고 있었던 새로운 인지과학에 놀랍게도 자유론(자)의 프로그램을 제공했다. 그것은 실제로 매우 허용적이어서 심지어 옛 S-R학습 이론가와 관념 연합론자(associationist student of memory)는 그들이 새로운 정보처리에 관한 새로운 용어들로 그들의 오래된 개념들을 포장해 버리기만 하면 인지혁명의 우리 속으로 되돌아올 수 있었다. '정신적' 절차 혹은 의미와 조금도 타협할 필요는 없었다. 자극-반응을 대체하여 거기에는 시스템으로 되돌아가는 연산 작동의 결과에 대한 정보를 입력(공급)하는 통제 요소로 전환됨으로써 그것의 정의적 타락을 세탁한 강화를 가진 투입—산출이 있었다. 연산 가능한 프로그램이 있는 한, 그곳엔 '마음(mind)'이 있었다.

첫째, 마음에 대한 이런 방식의 설명은 표면상 전환된 행동주의자들 사이에 전통적 반유심론자 공황을 불러일으키지는 않았다. 적절한 때에 고전적으로 친숙한 옛 논쟁들의 새로운 설명이 특히 인지 건축술로 불리는 것에 대한 논쟁과 연관지어 다시 나타나기 시작했다. 투입을 수용·거절·결합하기 위해 규칙 구조를 계층적으로 형성하는 것 같은 일련의 문법으로 인식되었거나 오히려 그것은 PDP모델(Parallel Distributed Processing: 평형 분배 절차), 즉 관념 연합론자 교리, Herbart의 창조적 종합과 같은 모델에서 완전히 분배된 통제를 가진 상향식 연결자 망으로 인식될 수 있다. 그 첫째는 하향식, 심리학에서 합리주의자—의식주의의자 전통을 가장했고 '실제' 마음과 '가상' 마음 사이를 쉽게 앞뒤로 오갔다. 둘째는 Gordon Allport가 그의 강의에서 '황진지대(dust bowl) 경험주의'를 비웃곤 했던 것에 대한 새로운 설명이었다. 동부 해안의 연산주의는 규칙, 문법 등등과 같은 마음과 같은 용어를 다루었다. 서부 해안 사람들은 그러한 가장된 멘탈리즘(simulated mentalism) 부분을 원하지 않았다. 곧, 그 전장은 경주하는 수단들이 훨씬 더 속도를 내고 점차 형식주의적인 마력을 지니고 있었다 할지라도 점점 전통적이고 친숙하게 보이기 시작했다. 그러나 그들의 책략이 마음으로 해야 하든지 단지 연산이론으로 해야 하든지 간에 두 측면들은 무한히 연기할 수 있는 것으로 간주된 한 가지 질문을 남겼다. 시간이 해결해 줄 것이며 그 질문자들은 확신하게 된다.

③ 연산주의로 기울어진 인지과학의 문제

새로운 인지과학의 메타포로서 연산과, 그리고 그 새로운 과학 내에서의 실행할 수 있는 이론의 충분하지는 않지만 필요한 기준으로서 연산 가능성으로 인해, 멘탈리즘(의식주의)에 대한 오래된 불쾌감이 다시 나타날 것이라는 것은 불가피하였다. 마음을 프로그램과 동일시한다면 사람의 정신 상태에 해당하는 컴퓨터 프로그램의 성격과 위상은 무엇이어야 하는가? 즉, 오래되고 진부한 정신 상태는 연산체제에서 그(정신 상태) 프로그램 상의 특성들에 의해서가 아니라 정신 상태의 주관적인 표시에 의해서 인식된다는 것일까? 그러한 체제에서는 '마음'을 위한 공간이 있을 수 없다. 그 '마음'은 믿고, 바라고, 의도하고, 이해하는 것과 같은 의도적 상태의 의미로서의 마음이다. 그러한 여론이 새로운 과학에서 이러한 의도적인 상태를 금지하기 위해 곧 일어났다. 그리고 확실히 초기 행동주의의 전성기 때에 출판된 그 어떤 책도 Stephen Stich의 『일상심리학에서 인지과학으로(From Folk Psychology to Cognitive Science)』라는 책에 대한 반의식주의자의 열정에 호적수가 될 수 없었다. 확실히, 시대에 뒤떨어지는 정신적인 인지 학자들과 용감한 새로운 반의식주의자 사이에 평화를 만들기 위한 정치가다운 노력들이 있었다. 그러나 그들은 모두 의식주의자들의 비위를 맞추거나 혹은 구슬리는 것 둘 중의 어느 하나의 형태를 취했다. 예를 들어, Dennett이 제안하기를, 마치 사람들이 그들이 특정한 방식으로 행동하게끔 하는 의도적인 상태를 지닌 것처럼 우리는 단순하게 행동해야만 한다. 즉, 나중에 우리는 그러한 불분명한 개념은 필요없다는 것을 알았다. 왜 사람들이 자신들의 분명히 잘못된 멘탈리즘에 집요하게 매달렸는지에 대해서는 흥미롭게도 문제가 되었지만은, Paul Churchland는 멘탈리즘을 당연한 것으로 여기기보다는 설명되어야 할 어떤 것임을 마지못해 인정했다. 아마도 Churchland가 주장하듯이, 일상심리학은 실제로 일이 어떻게 전개되는가를 기술하는 것 같다. 그러나 신념, 욕망, 태도가 물리적 세계, 즉 연산 가능한 세계에서 어떻게 어떤 것의 원인이 될 수 있는가? 주관적 의미에서 마음이란 연산 시스템이 어떤 특정 조건 아래서 산출한 수반 현상이며, 이 경우에 마음은 어떤 것의 원인이 될 수 없다. 아니면 마음은 연산시스템이 (또한 산출물을) 발생시킨 후에 사람들이 단지 행동에 대해 얘기하는 방식이다. 이 경우에 마음은 행동 그 이상이며 단순하게 요구된 심층적인 언어 분석 그 이상이다. 게다가 나는 Jerry Fodor의 생득설을 포함해야만 한다. 마음은 또한 시스템 안으로 구축된 선천적 과정들의 파생물이 될 수도 있는데, 그 경우에 그것은 원인이기보다는 결과이다.

정신적 상태와 의도성에 대한 새로운 공격은 행위 주체성(agency)의 개념에 관련된 공격으로 다가왔다. 인지과학자들은 대개는 행동이 목표에 의해 방향 지어지고, 심지어 행동이 목적이나 목표를 지향한다는 생각에 대해서는 이견이 없다. 만약 방향이 대안적 결과의 유용성을 계산한 결과에 의해 지배된다면 이는 정말 다행한 일이며, 실제로 그것은 '합리적 선택이론(rational choice theory)'의 핵심이었다. 그러나 목표 지향적 행동에 대한 모든 환대에도 불구하고 새로운 분위기에서 인지과학은 여전히 행위 주체성 개념을 꺼려 하고 있었다. 행위 주체성은 의도적 상태에 지배되어 이루어지는 행위의 실천을 함의하기 때문이다. 신념, 욕망, 도덕적 책임에 근거한 행위는 Dennett의 의미에서 순전히 약정적이지 않는 한, 정직한 마음을 지닌 인지과학자들이 삼가야 할 무언가로 간주되고 있다. 그것은 결정론자들 사이의 자유의지와도 같은 것이다. 철학자 John Searle과 Charles Taylor, 심리학자 Kenneth Gergen, 인류학자 Clifford Geertz처럼, 새로운 반(反)의도주의에 대한 용기 있는 저항들이 있었다. 그러나 그들의 관점은 다수의 주류 연산주의자들에 의해 주변화되었다.

일단 인지과학의 체계에서 연산 가능성의 이상에 종속되면, 인지혁명에서 일어난 것이 무엇인지에 대한 과장된 그림을 제공할지도 모른다. 정직한 인지과학자들이 '인공지능(AI: artificial intelligence)'이라는 표현을 사용할 때마다(비록 그것이 단순히 한 번뿐이었더라도), 거의 변함없이 '(AI)'와 같이 괄호 안에 'AI'라는 대문자가 뒤따라온다는 사실에 주목한다. 둘 중의 하나를 나타내기 위해 이런 약어 형태를 사용한다. 생략된 형태는 Zipf의 법칙, 즉 한 단어 혹은 표현의 길이는 그 빈도에 반비례한다는 법칙에 의해 요구되는 압축법을 제안한다. 즉, '텔레비전'이 곧 'TV'로 축약되고, TV의 비교할 만한 편재성과 시장보급률을 공표하는 '(AI)'라는 축약이 추가되어 AI TV처럼 말이다. 만약 마음이 아직도 또 다른 인공물, 즉 연산 원리를 따르는 인공물로 단순히 간주된다면, AI의 과시는 마음과 같은 모든 인공물에 대한 것으로 심지어 마음 그 자체에 대한 것이다. 혹은 다른 한편으로, 생략은 난처함의 표시가 될지도 모른다. 왜냐하면 지능만큼 자연적인 것의 인공화에 대한 외설의 매력이기 때문이거나(아일랜드에서 AI는 당혹스럽지만, 인공 수정의 생략이다.) 혹은 AI는 완전한 형태에서 모순어법으로 보이는 생략이기 때문이다. 그 암시된 Zipf의 법칙은 과시와 은폐의 난처함은 둘 다 장점이 있다. 인지과학이 정보가 어떻게 움직이고 진행되는지에 대한 우리의 이해에 한 가지 공헌을 했다는 것은 의심의 여지가 없다. 대체로 설명되지 않은 채로 반영된 생각들과 심지어 다소 인지혁명을 부추겼던 큰 이슈들을 도무지 이해할 수 없지만 의심할 여지가 없다. 따라서 의미의 개념과 공동체 내에서 창조되고 교섭하는 의미에 의한 절차들에 대해 정신과학을 어떻게 구성할 것인가에 대한 질문으로 돌아가고자 한다.

3) 지식, 마음, 그리고 문화

(1) 교육과 자아 구성(Bruner, 1987)

① 교육 언어의 성격

교육의 언어가, 만약 반성과 숙고 그리고 문화 창조로의 초대라면, 소위 사실과 객관화(objectivity)의 오염되지 않은 언어일 수 없다고 말했었던 그 무엇으로부터 이어지는 것이라고 생각한다. 교육의 언어는 경향(입장)과 태도를 표현해야만 하고, 반대의 경향이나 태도를 초대해야만 하고, 그 과정에서 반성과 숙고, 메타인지를 위한 여지를 남겨야만 한다. 그것은 우리로 하여금 더 높은 수준으로 도달하게끔 허락하는 것이고, 우리가 사고했었던 것을 상상하거나 언어 속에서 객관화하는 이러한 과정, 그리고 그때 그것에 대해 방향을 바꾸어 선회하는 것, 그리고 그것을 다시 생각해 보는 것이다.

② 교실 수업에서의 올바른 교섭(상호작용)

브루너의 독백을 경청해 보자. 몇 년 전 내가 텍사스 대학에서 강의를 했을 때, 명예 학교에 다니는 학생들이 내가 그들의 세미나 중 한 강좌에서 그들과 함께 만날 수 있을 지를 물어 왔다. 그들은 교육을 토의하고 싶어 했다. 그것은 참으로 매우 생동감 넘치는 일이었다. 중간에, 젊은 여인은 자신이 나에게 질문하기를 원한다고 말했다. 그녀는 자신이 나의 『교육의 과정(Process of education)』을 읽었다고 말했다. 나는 이 책에서 "적절하고 올바른 방식이 있다면 어떠한 교과도 어떤 연령의 어떤 아이들에게도 가르쳐질 수 있다."고 말했었다. 나는 생각했다. "여기에서 1학년에서 미적분을 가르칠 수 있느냐에 관한 질문이 있었다." 그러나 전혀 문제가 되지 않는다. 그녀의 질문은 "당신은 무엇이 올바른 것인지 어떻게 아나요?"였다. 그것은 나를 어리둥절하게 만들었다. 그녀는 훌륭한 생각을 가지고 있었다. 교과목에 관해 학생들의 생각을 다룰 때 나는 올바르게 오픈되게 준비되어 있었는가? 우리의 취급이나 교섭적 상호작용(transaction)이 올바른 것이었나? 나는 나 자신이었는가? 학생들은 그 혹은 그녀 자신이었는가?

③ 자아와 교섭하는 방법

우리가 관점을 얻기 위해 더 훌륭한 반성과 숙고를 하면서 우리의 사고로부터 자신을 멀리 떨어지게 하는 과정(거리두기)에 대해 이야기할 때, 이것이 이해하는 사람에 대해 무엇인가를 암시하지는 않는가? 어떤 방식으로 우리가 자아를 형성하는 것에 대해 이야기하고 있지 않은가? 그것은 나를 심각하게 불편하게 만드는 주제이다. 나는 항상 자아와 같은 개념을 피하기 위해 시도해 왔다. 그래서 궁지에 몰렸고, 나는 회귀적 루프, 발화-수정 전략, '실행 절차(executive routines)'에 대해 이야기함으로써 궁지에서 빠져나왔다. '상호 교섭 속에서 구성되는 자아'에 대한 생각이 중요하다. 이게 새로운 시도였다. 불가피한 방법으로, 반성은 반성적인 능동적 자아를 암시하고, 메타인지는 전략과정에서부터 교정적인 과정 절차에까지 언제, 어떻게 분리하는지를 알고 있는 전문가의 절차를 필요로 한다. 더욱이, 관심 주제인 교섭적인 문화 창조는 활동적인 참가자를 포함한다. 우리는 자아와 어떻게 상호작용해야 하는가?

④ 자아의 성격

브루너는 우리가 세상을 건설하고 구성한다고 믿는 것처럼 (독자들이 지금까지 알아왔듯이) 확신에 찬 구성주의자이다. 그는 여전히 자아가 구성된 것이고, 행위와 상징의 결과라고 믿고 있다. Clifford Geertz와 Michelle Rosaldo처럼, 자아를 다른 사람들과 세상을 향해 어떻게 우리가 위치 정해지는지에 관한 텍스트로 생각한다. 한 상황에서 다른 상황으로, 젊은이에서 늙은이로 변화하는 우리의 상황에 따라 변화하는 힘과 기술, 배치에 대한 규범적인 텍스트이다. 한 개인에 의한 상황 내에서 이러한 텍스트의 해석은 다른 상황에서의 자아에 대한 그의 판단이다. 그것은 자아존중감과 힘 등에 대한 기대와 느낌으로 구성된다. 이것은 마치 소설에서 인물(캐릭터)에 대한 부분과 유사하다.

⑤ 자아에 대한 규범적 이미지 만들기

사회에서 참여자를 만들고 조절하는 가장 강력한 방법 중의 하나는 자기다움(selfhood)에 대한 규범적인 이미지를 통해서이다. 그것은 정교한 방법에 의해서 성취된다. 심지어 우리가 아이들에게 주는 장난감의 특성까지도. 당신에게 Roland Barthes의 묘사에 대해 전해 주려고 한다. 프랑스 장난감들이 새로운 문화 형성의 창조자보다 프랑스 문화의 소비자들을 어떻게 창조하는가에 관한 묘사이다. 설명적으로 그것의 재치는 거리두기[9]의 고전적인 사례를 제공한다.

(2) 문화의 중요성과 가치(Bruner, 1990)

문화 자체의 개념─특히 문화의 구성적 역할─에 대해서 시작해 보자. 처음부터 분명한 것은, 그것이 너무 명백하여서 최소한 습관과 전통에 의해 상당히 개인주의적인 용어로 생각하는 우리 심리학자들이 문화의 구성적 역할을 충분히 이해하는 것이 아마도 어려울지 모른다는 점이다. 개인이 의미 구성에 사용했던 상징체계들은 이미 '거기에', 즉 문화와 언어 가운데 깊이 자리를 잡은 체계들이었다. 상징체계들은 공동의 툴킷(tool kit)이라는 매우 특별한 종류를 구성했는데 일단 사용된 공동의 도구들은 사용자에게 그 공동체를 반영하도록 했다. 우리 심리학자들은 개개인들이 어떻게 이들 체계를 '획득했는지', 그들이 어떻게 상징체계들을 그들의 것으로 만들었는지, 우리가 요구했던 것만큼 유기체들이 자연환경에 잘 적응했는지 하는 문제에 집중했다. 우리는 인

---

9) 거리두기(distancing)는 소외효과(alienation effect)라고도 불리는 것으로 독일의 극작가이자 감독인 베르톨트 브레히트의 연극 이론에서 핵심적인 개념이다. 이것은 관객들이 등장인물과 극중 사건에 자신을 일치시키는 정도를 제어함으로써 관객이 극중에 반영된 '현실' 세계를 더욱 명확히 인식할 수 있도록 한다. 이 개념은 극으로부터 관객을 멀어지게 하고, 관객들이 극중 연기를 보고 있다는 사실을 환기시킬 수 있게끔 고안된 기법들을 포함한다. 이러한 기법의 예로는 스크린 위에 해설 자막이나 삽화를 투영하는 기법, 배우들이 장면과는 관계없이 작품의 개요를 설명하거나 강의하고 노래를 부르는 기법, 어떤 특정 장소를 나타내지는 않지만 조명과 밧줄을 노출시킴으로써 관객들이 연극을 관람하고 있다는 사실을 깨닫게 해 주는 무대장치 등이 있다(역자 발췌 주).

간의 언어에 관한 특별한 고유의 준비성에 관심을 가졌다. 그러나 몇몇 예외들, 특히 Vygotsky와 함께, 우리는 하나의 종으로서 인간 본질에서 언어 사용의 영향력을 추구하지 않았다. 우리는 인간의 적응과 인간의 기능을 꾀하기 위해 문화의 출현이 의미하는 것을 완전히 이해하는 데 시간이 걸렸다. 그것은 단지 인간의 뇌의 크기와 힘을 증가시키려는 것도 아니고, 단지 두 발로 직립 보행하고 두 손을 자유로 사용하려는 것 또한 아니다. 이것들은 공유된 상징체계의 동시 출현 그리고 함께 살아가고 일하는, 즉 인간 문화에 관해 전통적으로 따르게 되는 방법의 동시 출현을 제외하고는 문제가 되지 않을 것이라는 진화에 있어서 형태학상의 단계였다.

문화가 삶 속에서 마음에 대한 형식을 제공하는 데 있어 주요한 요소가 되었을 때, 인간 진화에서의 그 분할은 엇갈리게 되었다. 자연의 산물보다는 오히려 역사의 산물인 문화는 지금은 우리가 적응해야만 하고 그 도구를 그렇게 사용하기 위해 장치하는 세계가 되었다. 일단 분할이 엇갈리게 된다면, 그것은 더 이상 부가물로서 단순히 언어를 획득하는 '자연스런' 마음의 질문이 아니다. 또한 그것은 생물학적 요구를 조율하고 조정하는 문화에 관한 질문도 아니었다. Clifford Geertz가 그것을 표현한 것처럼, 문화의 역할을 구성하지도 않은 채 우리는 '쓸모없는 괴물 …… 문화를 통해 우리 스스로 완성하고 종결하는 불완전하거나 미완성된 동물들'이다.

이것들은 지금까지 모두 인류학에서는 다소 진부한 결론이지만, 심리학에서는 그렇지 않다. 우리 토론의 출발점인 바로 여기에서 인류학에서 보편적으로 이야기되고 있는 문화 등을 언급하는 세 가지 중요한 이유가 있다. 첫째는 심층적인 방법론적인 문제, 즉 구성적인(constitutive) 논쟁에 관한 것이다. 그것은 문화 속으로 사람들이 참여하는 것이고 문화를 통하여 사람들의 정신적 힘에 대한 깨달음이기 때문에 인간 혼자만을 기초로 하여 인간 심리학을 구성하는 것은 불가능하게 만든다. 몇 해 전 나의 동료인 Clyde Kluckhohn이 주장했듯이, 인간은 스스로 종결 짓지 못한다. 예를 들어, 인간은 문화에 의해 표현된다. 세계를 우리들의 입장에서 개인적으로 처리되어 온 정보의 무관심한 흐름으로 다루는 것은 우리가 어떻게 형성되고, 어떻게 기능하는지에 대해 망각하는 것이다. 다시 Geertz의 말을 인용하면 "문화로부터 독립한 인간의 본성이라는 것은 없다."

두 번째 이유도 첫 번째와 맥락을 같이하는데 이 또한 설득력이 있다. 심리학이 그렇게 문화에 몰두하게 하려면, 그것은 주변의 것들이 인간을 문화와 연결되도록 의미를 만들고 의미를 사용하는 과정들이 조직되도록 해야 한다. 이것은 우리를 심리학에서 보다 주관적이 되도록 두지는 않는다. 오히려 그것은 정반대이다. 문화에 참여하는 덕택으로, 의미는 공적이고 공유되는 것으로 표현된다. 우리의 문화적으로 적응된 삶의 방식은 공유된 의미들과 공유된 개념들에 의존하고 또한 의미와 해석의 차이를 교섭하기 위한 담화의 공유된 양식에 의존한다. 어린이는 초보 과정의 사적이고 자폐적인 성향으로 그들 무리들의 삶 속으로 들어가는 것이 아니라, 오히려 공적인 의미가 교섭되는 보다 큰 공적인 과정의 참여자로 들어간다. 그리고 이런 과정에서, 다른 사람들과 의미를 공유하지 않는다면, 의미는 자신만의 이점이 아니다. '비밀'(그 자체로 문화적으로 정의된 카테고리)과 같은 사적인 현상들조차도 공적으로 해석 가능하도록 드러난다. 개방적으로 받아들여지듯이 패턴화된 진부함조로 말이다. 우리의 행위에 대한 의도적인 의미가 분명하지 않을 때, '변명을 말하기 위한' 우리의 예외성을 위한 표준화된 수단들이 있다. 의미를 공적으로 만들어 주는 표준적인 방법들이 있다. 그리고 우리가 감당해야 하는 것을 재정당화하는 표준적 수단들이 있다. 우리의 담화가 아무리 모호하고 다의적이라 할지라도, 우리의 의미를 공적인 영역과 교섭의 영역 안으로 끌어들일 수 있다. 우리는 해석과 협상의 공적인 의미와 공유된 절차에 의해 공(개)적으로 살아간다. 그것이 아무리 '심층적'으로 될지라도, 해석은 공(개)적으로 접근할 수 있어야만 된다. 그렇지 않으면 그 문화는 혼란에 빠지게 되며 각각의 구성원들 또한 문화 속에서 혼란스럽게 된다.

세 번째 이유는 왜 문화는 내가 '민속심리학'이라고 부르고자 하는 심리학의 핵심 개념이 되어야 하는가이다. 민속심리학은 무엇이 인간을 그럭저럭 생활해 나가게 하는지에 관한 문화에 대한 설명이다. 그것은 마음의 이론, 마음 그 자체, 그 밖에 것, 동기 이론 등을 포함한다. '민속식물학' '민속약학' 그리고 궁극적으로 과학적 지식으로 대체된 다른 내러티브 원리와 같은 표현들과 동등한 용어로 사용하기 위해 나는 이것을 '민속심리학'이라고 명명하고 싶다. 그러나 일상심리학, 비록 그것이 변화된다 하더라도, 과학적 패러다임에 의해 대체되지는 않는다. 그것은 사람들의 의도적 상태(신념, 욕망, 의도, 약속)에 대한 본질, 원인, 그리고 결과를 다루기 때문에 대부분의 과학(적) 심리학은 인간의 주체성 바깥의 관점으로부터 인간 행위를 설명하려는 노력을 없애 버린 것은 Thomas Nagel의 재치 있는 문구인 '어디로부터 올 수 없는 견해'에서 공식화되었다. 그래서 일상심리학은 매일의 삶에 대한 뚜렷한 교섭작용(transaction)을 계속해 나간다. 그리고 비록 그것이 변하더라도, 그것은 객관적 실재, 객관성(objectivity)에 길들여지는 것에 저항한다. 왜냐하면 그것은 신념, 바람, 약속이라는 의도적인 상태에 잠겨 있는 언어와 공유된 개념적 구조에 뿌리를 두고 있기 때문이다. 그리고 그것은 문화를 반영하는 것이기 때문에, 가치에 대한 문화의 방식뿐만 아니라 앎에 대한 문화의 방식을 같이 나눈다. 사실, 문화가 규범적으로 지향하는 제도들, 즉 법, 교육제도, 가족 구조가 일상심리학을 더욱 강력하게 지지하기 때문에 더욱 그러해야 한다. 더욱이, 이러한 전환에 있어 일상심리학은 그러한 강화를 정당화한다.

일상심리학이 전부는 아니다. 그것은 그 속에 있는 세계와 사람들에게 문화의 변화하는 반응들을 바꾸어 놓는다. Darwin, Marx, 그리고 Freud와 같은 지적 선구자들이 어떤 식으로 점점 일상심리학으로 변화되고 흡수되었는가를 질문하는 것은 가치로운 것이다. 그리고 일상심리학이 문화적 역사로부터 종종 구별될 수 없다는 사실은 명백한 것이다.

일상심리학에 관한 반의식주의적인(anti-mentalistic) 분노는 바로 그 점을 간과하고 있다. 인간 행동의 일상을 설명함에 있어 정신 상태를 제거하기 위해 그것을 버리고자 하는 생각은 심리학이 설명할 필요가 있는 바로 그 현상을 없애는 것과 동일한 것이다. 일상심리학의 범주들이라는 점에서 보면 우리는 스스로 그 밖의 것을 경험한다. 일상심리학을 통해 사람들은 서로서로 예상하고 판단하며, 그들 삶의 보람에 관해 단안을 내린다. 인간 정신 기능과 인간 삶에 미치는 일상심리학의 힘은 문화가 인간이 요구 조건들을 공유하도록 하는 바로 그 수단들을 제공한다는 것이다. 결국 과학적 심리학은 동일한 문화 과정의 일부이며 일상심리학에 관한 과학적 심리학의 입장은 우리가 곧 접하게 될 문제, 즉 존재하는 그 문화에 대해 영향력을 가진다.

4) 지식교육의 새로운 토양

(1) 상대주의, 구성주의와 해석의 문제(Bruner, 1990)

① 상대주의 문제

상대주의의 문제로 들어가 보자. 우리가 우리의 사회 세계를 구성하는 데에 있어서 그다지 숙련되지도 독창적이지도 않다고 말할 때 의미하고자 하는 바는 무엇인가? 누군가가 그렇게 판단한다면 무슨 기준에 의한 것인가? 만약 문화가 마음(mind)을 형성한다고 하면 그리고 만약 마음이 그러한 가치 판단을 형성하는 것이라면 우리는 피할 수 없는 상대주의에 갇혀 버리지 않은 것이라 할 수 있는가? 우리는 이것이 의미하는 바가 무엇인지 검증해야 할 것이다. 그것은 평가적 차원보다 상대주의의 인식론적 차원이며 먼저 이것에 관심을 두어야 할 것이다. 우리가 절대적으로 아는 것 혹은 몇몇 측면에서 항상 상대적인 것이라고 할 때에 거기에는 관점에 대해 어떤 입장에 서 있는 것인가? 어떤 '원천적인 실재'가 있는가 혹은 Nelson Goodman이 주장하는 것처럼 실재란 하나의 구성인가? 오늘날 대부분의 철학자들은 다소 부드러운 측면의 위치를 선택한다. 하지만 그들 중 소수는 하나의 독립된 원천적 실재에 대한 개념을 제거하려고 한다. 사실, Carol Feldman은 장차 인간 보편성을 제안하기까지 했는데, 그 보편적 인간의 주요한 테제는 우리의 인지적 추론의 결론에 특별한 '외부의' 존재론적 지위를 부여한다는 점이다. 말하자면, 우리의 사고는 '이 안에' 있는 것이며 우리의 결론은 '거기 밖에'에 있다는 것이다. 그녀는 이것을 모두 인간이 실패하는 '존재 형성(ontic dumping)'으로 부르는데 그녀의 세계에 대한 실례를 멀리서 찾지 말았어야 했다. 하지만 대부분의 인간 상호작용에 있어서 '실재들(realities)'은 문화 속에 깊이 새겨진 구성과 협상의 복잡한 과정과 그 연장의 결과들이다.

그러한 구성주의를 실천한 결과와 우리가 행한 것을 깨닫는 것이 그 결과들이 보이고자 했던 것만큼 그렇게 엄청난 것인가? 그와 같은 실제가 상대주의의 어떠한 것으로 이끄는 것인가? 상대주의의 기본적인 주장은 지식에 대해서 단순히 우리가 선택한 추론에 비추어 옳다 혹은 그르다에 관한 것이다. 이러한 종류의 옳다 그르다는 절대적인 진리나 거짓의 전부가 될 수 없다. 우리가 할 수 있는 최상의 것은 우리 요구의 '옳음(rightness)'과 '그릇됨(wrongness)'을 주장할 때에 우리 자신의 관점과 다른 사람의 관점을 인식하는 것이다. 이러한 방식에 따르면 구성주의는 좀처럼 새로운 것으로 보기 어렵다. 학자들은 '해석적 전환'으로서 그것을 설명하는데 이는 '독단적인 의미'로부터 돌아서라는 것이다.

Richard Rorty는 실용주의의 결과에 대한 탐구에서 해석주의가 그 '정초적인' 지위의 철학을 드러내기 위한 깊고도 느린 운동의 일부라는 점을 주장한다. 그는 실용주의(내가 그 범주에 포함하여 표현해 온 그 관점)를 " '진리' '지식' '언어' '도덕성' 그리고 다른 유사한 철학적 이론화의 대상들과 같은 개념들에 적용된 단순하게 비본질주의"로서 특성화한다. Rorty는 "본질을 찾고자 진리를 갈구하는 것"이라고 주장을 한다. 사실, 이것은 어떤 점에서는 절대적으로 옳은 말이다. 하지만 진리에 대해 어떤 유용성을 이야기하는 데에 있어서 그는 "이론보다는 실제를, 숙고보다는 행동을 탐구하라"고 한다. '역사는 계급투쟁의 이야기이다'와 같은 추상적인 언급은 다음 질문 '그 주장이 옳은가?'와 같이 제한된 개인에 의해 판단될 수 없는 것이다. 실용주의적 관점에 따른 질문들은 보다 다음과 같아야 한다. '그것을 믿는 것이 어떤 점에서 유용한가?' 혹은 '내가 믿는 것에 헌신하는 것이 어떤 점에서 좋은가?' 그리고 이것은 칸트주의자들이 '지식' 혹은 '재현' 혹은 '합리성'의 원천을 규명하기 위해 설정하려는 원리를 찾는 것과는 매우 다른 것이다.

　어떠한 사람이 이러한 관점을 고수할 것인가? 혹은 상대주의는 본질주의자 철학자들에 의해 순수 진리에 대한 그들의 믿음을 강화하기 위해 기원된 어떤 것인가 혹은 순수 이성에 대한 게임에서 약탈자로서 영원히 임명된 상상 속의 상대자인가? 나는 Rorty가 상대주의를 구성주의와 실용주의를 넘어뜨리는 장애물이 아니라고 한 점에 동의한다. 어떻게 이러한 관점이 세계 혹은 이에 대한 나의 책임에 관한 관점에 영향을 미치는지에 대해 실용주의자들에게 질문을 하는 것은 확실히 논의를 진척시키는 것이 아니다. 그것은 아마도 가정(전제)을 풀어헤치는 것으로 이끌 것이며 더욱더 누군가의 약속을 탐구하는 것으로 유도할 것이다.

　James Clifford는 그의 책『문화의 곤경(The Predicament of Culture)』에서 만약 문화가 동질적이었다면 현재 더 이상 그렇지 않으며 게다가 인류학의 발전에 따른 연구는 다양성의 운영에 있어서 도구가 된다는 것을 강조한다. 그것은 심지어 '실재'라는 틀을 지닌 전통을 가로막음으로써 '원초적인 실재'와 본질로 인한 논쟁이 문화적 침체나 소외를 가져오는 수단이 되는 경우들일지도 모른다. 하지만 구성주의의 쇠퇴나 혹은 신뢰의 약화는 무엇 때문인가?

　만일 지식이 관점에 따라 달라지는 상대적인 것이라면 관점에 따른 누군가의 선택과 관련된 가치의 문제는 무엇인가? 그것은 '단지' 기호의 문제인가? 가치는 단지 기호인가? 만일 그것이 아니라면 가치들 사이에서 우리는 어떻게 선택하는가? 이러한 질문에 대해 두 가지 매력적인 중요한 심리학적 견해가 있다. 그중 하나는 기관에 대해 합리주의자들의 입장으로 보이는 것이고 다른 하나는 낭만적인 비합리주의자들의 입장이다. 후자는 가치라고 하는 것을 본능적 반응에 의한 하나의 작용, 즉 정신적 갈등, 기질 등과 같은 것으로 대치된다. 비합리주의자들에 한해서 문화는 한 사람의 개인적 욕망 혹은 갈등에 따른 한 가지 작용으로서 그가 선택한 것으로부터 나온 가치에 대한 하나의 카페테리아로서 설명된다. 가치라고 하는 것은 그들이 어떻게 개인적인 것과 문화적인 것을 연결하는지에 대한 도구로서 이해되지 않는다. 그리고 그것의 견고성은 강화된 계획, 신경적 고정성 등과 같은 것으로 설명된다.

② 문화공동체와 해석의 문제

　비합리주의자와 합리주의자 모두 가치에 대한 접근에 있어서 하나의 결정적인 지점을 벗어나고 있다. 즉, '삶의 양식'에 대한 수행에 있어서 가치가 내재해 있다는 것, 그리고 복잡한 상호작용 속에서 삶의 양식은 하나의 문화를 구성한다는 것이다. 우리는 이미 완성된 선택 상황에 의한 선택 상황을 받아들이지도 그렇다고 엉덩이로부터 가치를 발산하지도 않을뿐더러 그러한 가치 역시도 강한 욕망이나 강제된 신경을 가진 고립된 개인의 의해 만들어진 것도 아니다. 오히려 그러한 가치는 하나의 문화공동체에 대한 우리의 관계에 따른 상호적이며 결과적인 것이다. 그러한 가치는 이러한 공동체 내에서 우리에게 전면적으로 작용한다. Charles Taylor가 지적하듯이 인간 삶의 양식의 기초가 되는 가치는 '근본적인 반성'에 의해서만 약간 문을 열 뿐이다. 그것은 개인의 정체성에 섞이게 되고 또한 하나의 문화 안에 자리하게 된다. 하나의 문화에 대해 동의하는 것이 곧 위조하는 것은 아니다. 구성원들에 의한 가치의 수행은 삶의 양식에 대해 만족할 만한 행동의 기초를 제공하거나 혹은 최소한 협의의 기초를 제공한다.

하지만 현대 삶의 다원성과 빠른 변화는 가치에 대해서 수행과 갈등에 대해 논쟁의 여지를 제공한다. 그 갈등은 가치에 대한 지식에의 다양한 요구에 대해 '옳음(rightness)'을 논의하는 것이다. 이러한 환경 속에서 우리는 쉽게 '수행의 미래'를 어떻게 예견할지 알지 못한다. 오늘날 세계의 조건에서는 그것을 가정하는 것은 매우 변덕스러울 수 있다. 모든 개인은 세계관에 있어서 우호적인 협의에 의한 실행 가능한 다원주의로 거슬러 올라가길 바랄 수 있다.

이것은 내가 제안하고자 하는 한 가지 최종적인 보편적 관점으로 결부되는데 그것은 문화심리학이 보다 나은 이유라고 믿기 때문이다. 그것은 정치, 과학, 문화, 철학 혹은 예술 등 그 모든 것에 대해서 열린 사고(open-mindedness)와 관련되어 있다. 내가 열린 사고에 주목하는 것은 그것이 개인의 가치에 대한 책임을 잃지 않은 채로 다양한 관점으로부터 지식과 가치를 구성하는 데에 우호적이기 때문이다. 열린 사고는 우리가 민주적 문화라고 부를 것의 초석이다. 우리는 민주적 문화라고 하는 것이 신성하게 제정된 것도 아니며 또한 영원한 견고성을 가지는 것도 아니라는 것을 많은 어려움을 겪으면서 배웠다. 모든 문화와 마찬가지로 그것은 삶의 독특한 양식과 실재에 대한 합의적 개념을 바탕으로 제정된 것이다. 그것이 놀라움이라는 기분 전환을 가져다주기는 하지만 열린 사고가 때때로 가하는 충격에 반대할 만한 증거는 항상 아니다. 바로 그 열린 사고가 그 자체로 자신의 적을 만들게 되는 경우도 있다. 이는 새로움에 대한 욕구에 대해서는 생물학적인 억제가 반드시 있기 때문이다. 나는 문화심리학에 대한 구성주의를 민주적 문화의 근원적인 표현으로 삼고자 한다. 이는 우리로 하여금 어떻게 우리의 지식에 이르게 되었는지에 대한 이해와 관점에 대한 가치를 어떻게 생성하게 되었는지를 이해할 것을 요구한다. 그것은 우리가 어떻게 그리고 무엇을 알고 있는지에 대해 설명할 것을 요구한다. 하지만 그것은 의미를 구성하는 데에 단지 한 가지 방식, 혹은 한 가지 옳은 방식이 있다는 것을 주장하는 것은 아니다. 내가 생각하기로 그것은 현대 삶의 너무도 많은 특징이 되어 왔던 변화와 붕괴를 최대한 잘 처리하도록 하는 가치에 기본을 두고 있다.

(2) 문화주의 이론에서의 토양(강현석, 최영수, 2012)

학습은 의미 구성과 문화의 내면화 과정이다. 이것은 내러티브 사고를 통하여 이루어진다. 내러티브를 통해 세계를 만들어 나간다. 실재는 내러티브에 의해 구성된다. 세계의 실재가 이야기에 의해 만들어진다. 이 과정에서 해석적 사고를 통하여 일상심리학이 의미를 만들어 낸다. 일상심리학은 문화의 도구이다. Bruner가 제안하고 있는 문화주의는 문화심리학을 토대로 하고 있다. 문화심리학은 문화와 사고의 문제를 매개로 하고 있으나 인간 발달의 문제, 인식의 문제, 사고 양식의 문제에 주목하고 있다. 여기에서는 문화심리학의 세 가지 핵심적 요소로서 인간 발달의 문제, 인식론의 문제, 내러티브 사고의 구현체로서 일상교수학의 문제를 살펴본다(강현석, 1998: 110-114).

① 인간 발달론과 문화

첫 번째로, 인간 발달의 문제는 교육과정 구성의 심리학적 기초로서 중요한 기능을 수행해 오고 있다. 지금까지 보편적으로 인간 내부의 세계를 실증적으로 규명하고 그 결과를 교육과정 구성의 작업에 응용하려는 절차적 관심이 지배적 방식이 되고 있다. 인간 심리의 제 측면에 대한 발달(단계) 연구와 인간 마음의 내부 구조에 대한 과학적 규명은 그것이 지니는 과학적 설명력에 의해 교육과정의 중요한 구성 원리의 위치를 유지하였다. 특히 인지과학 분야의 발달은 이러한 양상을 점차 강화해 주고 있는 실정이다. 그러나 인간 마음은 보편적 인간 구성으로 나타나지 않는다. 이제 인간 마음 내부의 역동적 세계와 정신의 보편적 구조 규명에 심리적으로 치우쳐 연구하여 온 기존의 방식이 비판받기 시작하였다. Bruner는 이 비판의 근거로 문화심리학을 제안한다. 인간 발달과 마음의 구성에 대한 새로운 조망으로서 문화심리학은 인간 발달의 새로운 이해 방식을 요청한다. 이와 관련하여 Bruner(1990a: 344-355)는 문화심리학에 대해서 다음과 같이 진술하고 있다.

각 문화는 사람들이 어떻게 생활(존재)하고, 어떻게, 그리고 왜 행위하는지, 그리고 문제를 어떻게 처리하고 해결하는가에 관하여 내러티브 형식으로 자기들만의 독특한 '민속(일상)심리학(folk psychology)'을 만들어 낸다. 이 내러티브들은 전형적으로 사물의 규범적이고 표준적인 상태를 묘사하고 …… 전형적으로 한 문화의 제도, 조직과 구조는 그 사회의 민속심리학을 승인하고 심지어 작용하도록 하는 데 효율적으로 기능한다. 아동들은 어려서부터 그가 속한 문화의 민속심리학 내에서 행위하기 위한 내러티브 형식을 숙달한다.

이와 같이 그는 문화심리학을 구체적으로 정의하고 있지 않으며 여러 경로를 통해 인간 마음의 구성과 문화와의 관계로 설명하고 있다. 흔히 문화심리학은 고정적이고 보편적, 추상적인 인간 정신을 가정하지 않으며, 인간의 의도성을 가정한다. 의도적 인간이 지니는 정심은 의도적 세계라는 문화 속에서 구성된다. 우리의 실재는 문화적으로 구성되며 그것이 우리의 의도적인 세계를 이룬다. 이 과정에서 의도적 인간은 정신을 통해 실재를 구성하며, 결국 세계와 인간은 계속적으로 상호작용하고 서로의 정체성을 구성하고자 한다. 그리고 이러한 문화심리학을 Bruner는 서로 상이한 문화를 비교하여 보편적이고 공통적인 속성을 밝히려는 비교 문화심리학과 자민족 중심의 심리학을 동시에 경계한다. 그는 일반인 혹은 일상심리학(folk psychology)이라는 용어와 동의어로 문화심리학을 사용하면서 인지과학을 비판한다.

요컨대, 문화와 인간 성장의 새로운 조망은 인지과학에서 일상심리학으로의 전환을 요청한다. 전통적 실증주의 과학의 세 가지 특성인 감환주의, 설명, 그리고 예언을 넘어서야 한다(1990b: xiii)고 주장하면서 문화심리학이 인간 발달의 토대로서 이해할 것을 지적하고 있다. 특히 이와 관련하여 그는 개인 심리 구성에 문화가 중요한 이유를 세 가지로 제시하고 있다(1990b: 12-15). 첫째, 문화의 구성적 역할과 관련하여 문화와 무관한 인간 심리, 본성은 없다는 것이다. 문화에의 참여를 통해 인간 지력의 반성을 실현할 수 있다는 것이다. 둘째, 문화에 참여함으로써 의미가 공적이 되고 서로 공유할 수 있다는 점이다. 문화적으로 적응된 삶의 방식은 공유된 의미와 개념에 의존하고 의미와 해석상의 차이점을 대화하고 협상하기 위한 공유된 담론의 양식에 의존한다는 것이다. 셋째, 인간 마음은 인간의 의도적 상태, 즉 신념, 희망, 의도, 헌신 등에 스며든 공유된 개념적 구조와 언어에 기원을 두면서 문화가 반영된 것이므로 앎의 방식뿐만 아니라 문화의 가치방식에 참여함으로써 의미를 구성할 수 있다는 것이다. 여기에서 인간 발달과 마음의 구성에 작용하는 문화심리학의 중요성을 엿볼 수 있다.

Bruner의 일상심리학의 제안은 인간 조건의 연구에 대한 그의 신념을 표현한다. 인지과학과 실증주의 사유방식의 한계를 비판하면서 인간 행위의 문화적 상황성에 기초한 문화의 도구로서 일상심리학을 강조하고 있다. 이러한 그의 입장은 과거 인지혁명이 핵심적 주제로서 의미 만들기를 포기하였고, 대신에 정보처리와 컴퓨터 연산(computation)을 선택한 것을 이유로 인지혁명을 비판(1990b: 1-32)하는 데서 나온 것이다. 문화심리학은 자신과 타인 그리고 자신이 살고 있는 세계에 대한 관점을 조직함으로써 문화적으로 형성된 개념으로서 그것은 사람들의 사적인 의미뿐만 아니라 문화적 융합의 근본적 기초가 될 수 있다. 이런 점에서 우리는 일상심리학을 가지고 우리의 기관과 제도를 만들어 내고 그 역으로 제도적 변화에 따라 민속심리학을 구성한다. Bruner는 이 구성이 논리적 명제의 체계라기보다 내러티브와 이야기하기(storytelling)에서의 실천으로서 내러티브 문화의 구조에 의해 지원된다고 보고 있다(1990b: 137-138). 그러므로 그것은 문화의 도구가 되는 것이다.

이러한 문화의 도구로서 일상심리학은, 첫째, 인간을 이해하기 위해서는 그의 경험과 행위가 그의 의도적 상태에 의해 어떻게 형성되는가를 이해하고, 둘째, 이들 의도적 상태의 형태(form)는 문화의 상징적 체제에 참여함으로써만이 실현된다는 근거를 지니는 새로운 인지혁명이다. 마음의 구성요인으로서 문화는 공적이고 상호 공동적 의미 획득을 가능하게 하고 인간의 의도적 상태를 해석 체제에 놓이게 함으로써 행위에 의미를 부여한다. 더욱이 모든 문화는 강력한 구성적 도구로서 일상심리학을 소유한다. 인간 발달은 이것을 지향한다. 이와 같이 인간 발달의 문제를 인간 마음과 의미의 문화적 구성 과정으로 조망하고 인간 발달의 이해도구로서 문화심리학을 제안함으로써 문화와 발달의 맥락적 관계를 분명히 제시해 주고 있다. 그러므로 그는 인간 발달의 문화적 상황을 중시하고 마음의 구성물로서 문화를 조망하고 있다. 이 속에서 마음은 특정한 문화 형태의 역사에서 특정 시간에 일어나는 구성물로 이해함으로써 컴퓨터적 인지과학을 통한 인간 내부 구조의 보편적 규명의 한계를 넘어서고 있다.

② 인식론의 문제와 해석주의

이상의 인간 발달론에는 마음의 구성뿐만 아니라 인식론의 문제가 내포되어 있다. 이 인식론은 일반적인 문화심리학의 가정이기보다는 그가 제안하고 있는 문화심리학을 이해하기 위한 또 다른 차원으로서 여기에서는 해석적 관점과 구성주의적 시각이 그 핵심적 관심사가 된다. 이와 관련하여 Doll(1993: 118-131)은 Bruner의 인식론에 대한 사고를 포스트모던적 관심으로 보면서 크게 해석학적 사고, 경험의 인식론, 구성주의적 사고로 보았다. 해석학적 사고는 Bruner가 언어의 해석학적 기능을 강조하고(Bruner, 1986: 125) 인간 조건에 대한 존재론적 사고보다는 세계 구성을 이해하는 방법을 강조(Bruner, 1986: 46)하는 것에서 그 특징을 알 수 있다. Bruner 자신도 자신의 입장을 해석주의자 조망(interpretivist perspective)으로 보고 해석적 관점의 특징을 다양한 관점, 담론 의존적, 담론의 상황성 등 세 가지로 제시하고 있다(Bruner, 1990b: 112-114).

그리고 경험의 인식론은 앎의 주체를 객체화하고 경험적이고 실증적인 증명을 강조하는 증명의 인식론에 대한 극복이다. 다양한 시각, 개인적인 주관적 해석을 추구하지 않는 증명의 인식론이 상호작용적이며 대화적인 지식론으로 대체되어야 한다는 것이다. 이러한 인식론에서는 지식의 발견보다는 창조를, 증명이 아닌 타협을 강조한다. 여기에서 지식의 능동적 측면을 알 수가 있다[10]. 전자의 문제는 지식의 구조 문제에 관련하여 구조의 성격을 파악하는 데 단서를 제공해 주며 후자는 문화주의에 근거한 의미 만들기와 자아의 구성에 관련된 부분이다. 이와 관련하여 Bruner(1990b: 42)는 자아는 사회적 세계와 비교적 무관한 '내부의' 본질에서 성장하는 것이 아니라 모든 사람들이 불가피하게 관련되는 의미, 이미지, 그리고 사회적 유대 속에서의 경험에서 나온다고 보았다.

이와 같이 인식론에 관련된 자아 형성의 문제는 인간 문화의 상징적 체계 속에서 이루어지는 의미 생성과 타협이 해석학적 체계 속에서 구성된다는 것과 유관하다. 이런 점에서 Bruner(1990b: 138)는 우리가 구성하는 생활과 자아가 의미 구성 과정의 결과이며 자아는 머릿속에 잠겨 있는 고립된 의식이 아니라 사람 사이에 퍼뜨려져 있다는 것이다. 그래서 자아는 역사적 환경으로부터 형상을 부여받고 그 표현은 문화 속에서의 의미 만들기 과정 속에서 실현되는 것이다. 그래서 해석학적 사고와 경험의 인식론에서 우리가 알 수 있는 것은 인간 문화를 구성하는 상징적 세계의 관점에서 해석되지 않으면 그럴듯한 의미를 만들 수 없다는 것이다.

또한 지식의 능동적이고 적극적인 측면과 관련되는 구성주의적 사고는 '지식의 구조'의 성격을 이해하는 데도 중요한 단서 역할을 한다. 구성주의(constructivism) 문제와 관련하여서는 그는 N. Goodman의 견해를 수용한다(Bruner, 1983: 93-105). 우리가 살고 있는 세계들은 상징적 구성으로 창안된 것이다. 구성주의를 실재론과 관념론의 대안으로 보는 Olson은 Goodman의 견해를 다음과 같이 제시하였다.

---

10) 이 점은 내러티브의 인식론적 속성인 생성의 인식론을 말한다. 곽은혜(2021)는 내러티브는 인간 경험과 사실 상 분리되어 존재하면서 이미 일어난 경험을 사후에 기술하는 이야기가 아니라, 인간에게 경험이라는 것이 일어나려고 하면 인간 내면에 갖추어져 있다고 볼 수밖에 없는 경험의 논리적 형식이라고 주장한다. 내러티브에 관한 이러한 해석은 Kant 도식론의 영향을 받은 결과로 보고 있으며, Kant 도식론에 비추어 볼 때, 내러티브는 경험의 사상에 종합적 통일성을 부여함으로써 하나의 전체로서의 경험을 가능하게 하는 순수주관성의 역할을 의미한다고 본다.

우리의 실재는 주어진 것이 아니라 만들어지는 것이다. 우리가 창안하는 모든 실재는 단지 어떤 'prior reality'의 변형에 불과하고 그것은 본질상 주어진 것이 아니고 앎의 주체에 의해 주어진 것으로 볼 수 있다. 그래서 순진한 실재론을 포기한다. 우리의 지식은 원칙상 지각적 활동과 개념적 활동을 통해 우리가 구성하는 세계에 국한되어 있다. 그래서 우리는 우리가 찾는 것을 우리가 만들어야 한다(we have to make what we find) (Olson, 1990: 340).

이와 같이 Goodman의 구성주의를 토대로 보면 인간의 정신적 활동과 상징적 언어와 무관하게 선천적으로 존재하는 유일한 실세계는 없다. 우리가 세계라고 부르는 것은 상징적 과정이 세계를 구성한다는 점에서 어떤 정신의 산물이다. 이런 정신적 산물로서 세계관은 다수의 실재를 인식하는 것이며 서로 상충하는 참 세계관들은 같은 동일 세계 속에서는 동시에 참일 수가 없기 때문에 다수의 여러 세계가 존재해야 된다고 설명하는 것이다.

아울러 지식의 사회적 맥락의 측면에서는 사회적 세계에 근거를 두고 구성되는 지식의 성격에 그 강조점이 있다. 이것은 단지 지식 그 자체의 문제만이 아니라 실재, 의미, 자아를 구성하는 주체의 마음을 문화적 상황 속에서 어떻게 구성하며 인간 발달의 문제를 사회 · 역사적 텍스트에서 어떻게 형성하고 해석하는가의 문제와 관련이 있다. 이런 점에서 그가 제시하는 새로운 인식론은 지식의 문제뿐만 아니라 문화적 상황 속에서 구성되는 실재, 의미, 자아와 총체적으로 연관되어 있다. 보다 중요한 것은 문화적 맥락 속에서 앎의 주체와 관련한 여러 가지의 측면을 모두 고려해야 하며 그 중심에는 문화가 인간 마음을 형성한다는 명제가 놓여 있다는 그의 제안이다.

요약

제7장에서는 새롭게 제안하고자 하는 지식교육이 지속력이 있고 실효성이 있으려면 새롭게 요구되는 여러 장치들에 대해서 논의하였다. 그 일환으로 여기에서는 지식교육의 대전환과 문화적 토대에 대해서 논의하였다. 새롭게 제안되는 지식교육에는 여러 이론적 아이디어들이 내재해 있다. 즉, 마음의 이론과 간주관성의 토대, 민속심리(학)와 상생성, Bruner의 교육의 문화가 바로 그 것이다. 이 아이디어들은 상호학습 공동체, 인간 과학의 혁명과 내러티브 과학을 전제하고 있다. 새롭게 제안되는 지식교육은 협소하게 접근하기보다는 보다 거시적, 종합적으로 접근해야 한다. 즉, 우리가 유의해야 할 세 가지 문제인 지식, 마음, 그리고 문화라는 이 세 항 사이의 관계를 들여

다보아야 하며, 이 관계가 새 지식교육의 핵심 방향이자 종착점이라고 볼 수 있다. 이를 위하여 지식교육의 미래와 후속 과제들을 탐구하였고, 이론적이고 실천적인 방안들을 제언하였다.

특히 제7장에서는 앞 장들에서 논의해 온 내용들에 기반하여 지식교육을 혁신적으로 전환하는 문제들과 그 토대가 되는 근거들을 살펴보았다. 기존의 지식교육에서 새로운 관점으로 대전환하는 데에 제일 핵심적인 근거는 인간 마음을 접근하는 새로운 이론과 문화심리학에 기반한 새로운 설명방식이다. 여기에서 마음의 이론과 간주관성의 문제, 교육과정과 수업의 혁신 가능성을 접근해 보았다. 동시에 Bruner가 제안하는 교육의 문화적 접근에 기초한 내러티브 방식이다. 이 문제를 탐구하기 위하여 일상심리(기존 심리학의 문제, 문화심리학과 일상심리, 일상심리에 비추어 본 지식교육의 변화 가능성), 상호 학습 공동체와 학교교육(교과를 가르치고 평가하는 일을 넘어서기, 문화주의에서의 학교교육, 교육문화 속에서 상호 학습 공동체), 내러티브 과학(Bruner의 1987년 저작물, 의미의 행위를 다룬 1990년 저작물 중심의 문헌 내용 분석, Polkinghorne의 내러티브 과학을 다룬 문헌 내용 분석)을 탐색해 보고, 궁극적으로는 지식, 마음, 그리고 문화를 새롭게 바라보는 문제를 논의하였다.

참고문헌

강현석(1998). 지식구조론 이후의 Bruner의 교육과정 이론 탐구. 교육과정연구, 16(2), 105-128.

강현석(2004). 지식구조론의 재구성을 통한 교육과정 설계원리의 구성. 교육과정연구, 22(2), 55-85.

강현석(2005). 합리주의적 교육과정 체제에서 배제된 내러티브 교육과정의 가능성과 교과목 개발의 방향 탐색. 교육과정연구, 23(2), 83-115.

강현석(2009). Bruner의 교육과정 이론에서 지식의 재해석: 지식의 구조와 내러티브의 관계. 교육철학, 38집, 1-34.

강현석(2016). 인문·사회과학의 새로운 연구방법론: 내러티브학 탐구. 서울: 한국문화사.

강현석, 유동희, 이자현, 이대일(2005). 내러티브 활용을 통한 교과교육론 구성 방향의 탐색. 한국교원교육연구, 22(3), 215-241.

강현석, 유제순, 이자현, 김무정, 최영수, 이순옥 공역(2011). 인간과학의 혁명: 마음, 문화, 그리고 교육. 서울: 아카데미프레스.

강현석, 이영효, 최인자, 김소희, 홍은숙, 강웅경 공역(2009). 내러티브, 인문과학을 만나다. 서울: 학지사.

강현석, 이자현 공역(2005). 브루너 교육의 문화. 서울: 교육과학사.

강현석, 이자현, 유제순, 김무정, 최윤경, 최영수 공역(2011). 교육이론의 새로운 지평: 마음과 세계를 융합하기. 경기: 교육과학사.

강현석, 이지은 공역(2019). 교육은 왜 실패하는가: 인지혁명과 인지교육으로의 전환. 경기: 양서원.

강현석, 최영수(2012). 브루너의 문화주의 교육이론과 학습: 내러티브 사고를 중심으로. 창의력교육연구, 12(1), 97-126.

곽은혜(2021). 내러티브 이론의 인식론적 해석과 그 교육학적 함의. 서울대학교 대학원 박사학위논문.

구자숙(1998). 문화심리학에 대한 사회심리학적 접근. 한국사회과학, 20(1), 133-165.

김정운, 한성열(1998). 문화심리학 어떻게 할 것인가. 한국심리학회지: 일반, 17(1), 97-114.

남경희, 남호엽, 류현종(2005). 교사의 사회과 수준별 교육과정: 민간 교수학 해석을 중심으로. 사회과교육, 44(2), 153-186.

네이버 지식백과(2019). 상호주관성의 철학적 개념. 현상학사전.

박선미(1999). Bruner의 탐구학습에 대한 비판적 고찰. 교육과정평가연구, 2(1), 39-57.

배기조, 최보가(2002). 취학전 아동의 개인 및 가족적 특성이 마음의 이론 발달에 미치는 영향. 대한가정학회지, 40(8), 49-60.

소경희(2004). 교사양성 교육과정에 있어서 내러티브 탐구의 함의. 한국교육학연구, 42(4), 189-211.

손민호(1995). 브루너 탐구학습의 비판적 검토. 서울대학교 대학원 석사학위논문.

이경섭, 김민남(1973). J. S. Bruner의 발견론. 경북대학교 논문집 제17집, 121-134.

이홍우(1992). (증보)교육과정 탐구. 서울: 박영사.

전현정, 강현석(2009). 대안적 초등교육과정 개발 방향 탐색. 초등교육연구, 22(1), 169-198.

최상진, 김기범(2011). 문화심리학. 서울: 지식산업사.

최상진, 한규석(1998). 심리학에서의 객관성, 보편성 및 사회성의 오류: 문화심리학의 도전. 한국심리학회지: 일반, 17(1), 73-96.

최상진, 한규석(2000). 문화심리학적 연구방법론. 한국심리학회지: 사회 및 성격, 14(20), 123-144.

한국교육철학회회(편)(2017). 교육과 지식. 서울: 학지사.

한승희(1990). 교육내용 어떻게 볼 것인가. 한국교육, 17, 143-163.

한승희(1997). 내러티브 사고 양식의 교육적 의미. 교육과정연구, 15(1), 400-423.

한승희(2002a). 마음, 의미, 그리고 교육. 한국교육학회 교육과정분과학회 발표자료.

한승희(2002b). 왜 내러티브인가. 한국교육인류학회 발표 자료집, 79-95.

황은주(2019). Bruner의 Folk Pedgogy에 기반한 수업방법 탐구. 경북대학교 교육대학원 석사학위논문.

Bruner, J. S. (1960). *The process of education*. Cambridge, Mass.: Harvard University Press.

Bruner, J. S. (1964). On going beyond the information given. *In Contemporary approaches to cognition*. Harvard University Press.

Bruner, J. S. (1966). *Toward a theory of instruction*. Cambridge, Mass.: Harvard University Press.

Bruner, J. S. (1985). Narrative and Paradigmatic Models of Thought. In E. Eisner (Ed.), *Learning and Teaching the Ways of Knowing. NSSE*, Chicago: Univ. of Chicago Press.

Bruner, J. S. (1986). *Actual Minds, Possible Worlds*. Cambridge, Mass.: Harvard Univ. Press.

Bruner, J. S. (1987). Life as Narrative. *Social Research, 54*(1), 11-32.

Bruner, J. S. (1990a). Culture and Human Development: A New Look. *Human Development*, 33.

Bruner, J. S. (1990b). *Acts of Meaning*. Cambridge, Mass.: Harvard Univ. Press.

Bruner, J. S. (1996). *The Culture of Education*. Cambridge, Mass.: Harvard Univ. Press.

Clandinin, J., & Connelly, M. (2000). *Narrative inquiry: Experience and story in qualitative research*. San Francisco: Jossey-Bass.

Connelly, M., & Clandinin, J. D. (1988). *Teachers as curriculum planners: Narrative of experience*. New York: Teachers college Columbia University.

Doll, W. E. Jr. (1993). *A post-modern perspective on curriculum*. New York: Teachers College Columbia University.

Goodman, N. (1978). *Ways of Worldmaking*. Indianapolis: Hackett.

Goodson, I., & Gill, S. R. (2011). *Narrative pedagogy: Life history and learning*. London: Peter Lang.

Olson, D. (1990). Possible Minds: Reflection on Bruner's Recent Writings on Mind and Self. *Human Development*, 33

Olson, D. (2007). *The cognitive revolution in educational theory*. Bloomsbury Publishing Inc.

Olson, M. R. (1995). Conceptualizing Narrative Authority: Implications for Teacher Education. *Teaching & Teacher Education, 11*(2), 119-135.

Polkinghorne, D. (1988). *Narrative knowing and the human science*. Albany: SUNY Press.

Scheffler, I. (1965). *Conditions of knowledge*. Chicago: The University of Chicago Press.

Taba, H. (1962). *Curriculum development: Theory and practice*. New York: Haracout Brace Jovanvich Inc.

제 **8** 장

내러티브 기반
지식교육의 미래와 과제

1. 지식교육 대전환의 역사적 의미

1) 내러티브 지식교육의 효시

(1) 지식교육의 방법적 차원을 넘어서는 연구: 지식을 가르치고 배우는 일을 넘어섬

대체로 한국의 교육 관련 학계에서 지식교육에 대한 논의는 역사가 꽤 깊다. 교육학 일반의 영역에서는 지식교육에 규범적 논의, 해법적 논의가 주종을 이룬다고 해도 과언이 아니다. 바람직한 지식 개념 혹은 지식교육에 대한 이상을 상정해 놓고 거기에서 얼마나 벗어나 있는지, 왜 이탈하고 있는지에 대한 탐구들이 많다. 특히 교육철학적 논의에서 이러한 논의 방식이 활발하다. 영미 분석철학의 전통에서 개념분석의 접근에서 지식교육에 대한 논의가 활발하다.

한편, 교육학 일반이 아닌, 교과를 가르치는 개별 교과교육 분야에서는 특정 교과 지식을 효율적으로 내지 효과적으로 잘 가르치는 방법적 논의가 주종을 이룬다. 지식교육에 대한 개념적 스펙트럼이 매우 넓은 데도 불구하고 지식교육 하면 으레 지식을 가르치는 방법적 차원에서 지식을 가르치고 배우는 방법에 대한 논의가 주종을 이룬다.

이러한 지식교육의 방법적 차원을 넘어서서 본 연구는 지식교육에 대한 역사적·철학적 논의에 초점을 둔다. 이런 점에서 본 연구는 기존 연구와 크게 차이를 보인다.

(2) 지식관을 본격적으로 취급: 제3의 지식관(내러티브 인식론)

① 내러티브 인식론의 대두: Bruner의 인식론을 중심으로(강현석, 1998; 2005; 2016)

그 새로운 변화의 단서는 이른바 근대적 이성에 바탕을 둔 실증주의적 인식론에 대한 반성적 대안으로 논의되고 있는 생성적 인식론에서 찾아볼 수 있다. 근대적 패러다임에서 인간 정신은 객관적 실체를 반영하는 표상적 존재로 이해되었다. 반면, 생성적 인식론에서 '마음'은 주어진 외부 진리를 받아들이는 표상적 존재로만 이해되지 않고, 스스로 변용과 창조를 해 나가는 생성적 존재로 이해된다. 따라서 교육에서 중요한 것은 '진리의 인식'이 아니라 스스로 지식을 생성해 나가는 '생생한 경험'이며, 교육과정은 학습자가 인간의 창조적인 조직 능력과 재조직 능력을 발휘하는 데 주안점을 둔다.

이러한 인식론적 변화의 중심에 교육과정의 측면에서는 내러티브 인식론(narrative

ways of knowing)이 자리하고 있다. 내러티브 인식론은 직접적으로는 Bruner의 인간 사고 양식의 구분에서 단서를 찾을 수 있으며, 그 간접적인 배경에는 심리학의 인지혁명으로부터 촉발된 인간 마음과 사고(앎)의 양식을 보는 관점의 전환에서 엿볼 수 있다. 이것은 Robinson과 Hawpe(1986)의 내러티브 사고(narrative thinking)와 Polkinghorne(1988)의 내러티브적 앎(narrative knowing), 그리고 Noddings(1991)의 대화의 가치에 주목하면서 발전을 보인다. 이러한 내러티브 인식론은 기본적으로 마음에 대한 Bruner의 아이디어에 기반을 두고 있으며, 그 중심 특징은 문화주의(culturalism)에 있다. 문화주의는 인지혁명 이후 마음의 작용에 관해 서로 극명하게 구분되는 두 가지 관점, 즉 인간의 마음은 컴퓨터처럼 기능한다는 소위 '컴퓨터 관점'과 문화를 마음의 핵심으로 상정하는 문화심리학(cultural psychology)이라고 구분한 것 중에서 후자의 관심을 의미한다. 전자가 인간의 마음의 본질을 컴퓨터 장치에 비유하여 정보처리 프로그램의 작동으로 설명하는데 비해, 후자는 문화가 마음을 구성한다는 전제 위에 마음의 본질을 의미(meaning)의 구성(constructing)에 있다고 본다. 이제 정보처리 이론으로 인해 왜곡된 인간 마음의 본질을 정보처리에서 의미의 구성으로 복귀하려는 것이다.

이처럼 Bruner의 내러티브 인식론은 마음을 보는 관점의 전환과 문화심리학의 제안으로 구체화될 수 있으며, 더 나아가 '내러티브 탐구'라는 연구방법의 발전을 가져왔다. 우선, 첫 번째 문제로 전통적으로 대상의 논리로 파악해 온 인간의 마음은 이제 새롭게 파악되어야 한다는 점이다(Bruner, 1987). 지금까지 존재론적 시각에서 마음의 실체를 파악하려는 오류에서 벗어나 이제는 마음이 어떻게 의미를 만드는지, 즉 마음에 의해 실재가 어떻게 만들어지는지의 문제에 관심을 가질 필요가 있다. 이제는 마음의 실체가 무엇인지보다는 마음은 어떻게 활동하는지의 문제가 관심이 초점이 되었다.

다음으로 인간 마음과 문화의 관계를 새롭게 보는 Bruner의 문화심리학의 문제이다. 즉, 마음과 문화의 관계를 내러티브 사고로 볼 수 있다는 점이다. 내러티브는 실재의 구성, 의미 만들기, 자아 형성에 모두 관련되어 있으며, 특히 의미 형성과 협상에서는 내러티브적 해석이 중요하다. 이러한 관련성은 의미는 대화를 통해서 만들어지고 이야기 양식은 해석을 필요로 한다는 내러티브의 가정에 그 근거를 두고 있다.

마지막으로, 교육과정 연구방법으로서 '내러티브 탐구'(Clandinin & Connelly, 1987; 1998; 2000)의 등장이 인식론의 발전을 가져왔다. 이 방식에서 인간은 언제나 상황과 특정 공간, 시간성 속에서 존재하며, 한 사람으로서의 교사나 학생이 자신의 경험, 정신과 신체, 그리고 의도 속에서 이야기를 하고 다시 그 이야기를 구성하고 또한 이야기를 계속해서 구성·재구성할 때, 한 사람의 독특한 개인적·실제적 지식(personal practical knowledge)이 드러난다는 점을 강조하고 있다. 따라서 교육과정은 경험과 상황, 상호작용, 시간과 공간의 모든 측면들을 고려해야 하며 여러 상황들 안에서 경험된 무엇이다. 질적 탐구에서 내러티브는 이야기를 만드는 과정, 이야기의 인지적 도식, 그 과정의 결과 모두를 의미하는 것으로 보는 것이 타당하다(Polkinghorne, 1988: 13-15). Denzin과 Lincoln(2000: 733-768)도 개인의 내러티브(personal narrative)를 강조하면서 교육과정 연구행위는 연구의 공간과 상황, 연구의 역동적 맥락 속에서의 상호작용, 결과에 대한 해석상의 문제 등을 내포하면서 나타나는 의미 구성의 작업으로 보고 있다.

Doll(1993: 118-131)에 의하면 Bruner의 내러티브 인식론을 포스트모던적 관심으로 보면서 크게 세 가지 특징, 즉 해석학적 사고, 경험의 인식론, 구성주의적 사고로 보았다. 첫째, 해석학적 사고는 Bruner가 언어의 해석학적 기능을 강조하고(1986: 125), 인간 조건에 대한 존재론적 사고보다는 세계 구성을 이해하는 방법을 강조(1986: 46)하는 것에서 그 특징을 알 수 있다. Bruner 자신도 자신의 입장을 해석주의자 관점으로 보고 있다(Bruner, 1990b: 112-114). 그리고 둘째, 경험의 인식론은 앎의 주체를 객체화하고 경험적이고 실증적인 증명을 강조하는 증명의 인식론에 대한 극복이다. 다양한 시각, 개인적인 주관적 해석을 추구하지 않는 증명의 인식론은 상호작용적이며 대화적인 지식론으로 대체되어야 한다는 것이다. 이러한 인식론에서는 의미 만들기와 자아 형성이 중요하며, 인간 문화를 구성하는 상징적 세계의 관점에서 그것들이 해석되지 않으면 그럴듯한 의미를 만들 수 없다. 셋째, 구성주의적 사고와 관련하여 Bruner(1983: 93-105)는 Goodman의 구성주의를 토대로 인간의 정신적 활동이나 상징적 언어와는 무관하게 선천적으로 존재하는 유일한 세계는 없다고 본다. 우리가 세계라고 부르는 것은 상징적 과정이 세계를 구성한다는 점에서 어떤 정신의 산물이다.

이러한 그의 입장은 단지 지식 그 자체의 문제만이 아니라 실재, 의미, 자아를 구성하는 주체의 마음을 문화적 상황 속에서 어떻게 구성하며 인간 발달의 문제를 사회·역사적 텍스트에서 어떻게 형성하고 해석하는가 하는 문제와 관련이 있다. 이런 점에서 그가 제시하는 새로운 인식론은 지식의 문제뿐만 아니라 문화적 상황성 속에서 구성되는 실재, 의미, 자아와 총체적으로 연관되어 있다. 내러티브를 사용함으로써 자아가 만들어진다는 것은 인식론적 시각에서 바라본 마음으로서 우리의 존재가 하나의 전개되는 이야기(의미)로 통합되는 것을 말한다. 내러티브를 흔히 '지어낸 이야기'라고 하는데, 곧 사실과 다른 허구의 세계를 의미한다. 내러티브는 이제까지 존재하지 않았던 새로운 세계를 만들어 낸다. 현실의 삶을 소재로 그것을 내러티브 사고의 상상력과 주관을 통해서 재구성하는 것이다. 그리고 그 현실의 세계에 대해 의미를 부여하는 것이다. 현실의 세계와 유사하면서 현실의 세계에서는 찾아볼 수 없는 어떤 독특한 세계, 그것이 곧 허구의 세계이며 내러티브이다. 이제 내러티브는 단순한 이야기를 넘어서 삶의 근원적이고 포괄적인 이해자로 등장하였다(한승희, 2002: 94-95).

(3) 지식교육의 새로운 토대 탐구(강현석, 2009)

지식교육의 새로운 토대를 Bruner의 교육과정 이론에서 지식 혹은 지식교육의 문제와 관련지어 탐색해 볼 필요가 있다. 그의 이론에서 지식이 어떠한 관점을 노정하고 있는지, 지식을 어떻게 가르치고 배워야 하는지, 지식을 어떻게 효율적으로 조직하는지의 문제를 새롭게 논의해야 한다. 연구 문제에 대한 논의의 전략은 이항 대립적인 성격을 지니고 있다. 즉, 지식의 구조로 대표되는 Bruner의 전기 이론과 후기 이론으로 대표되는 내러티브를 중심으로 이상의 세 가지 문제를 탐색하고 있다. 논의의 성격상 표면적으로는 이항 대립적인 비교의 성격을 지니고 있으나 보다 적극적으로 말하면 전기의 특징인 지식의 구조를 비판적으로 재해석하는 차원이라고 볼 수 있다.

주지하다시피 Bruner의 이론은 지식의 구조론으로 널리 논의되어 오고 있다. 브루너의 아이디어에 대한 독자들의 생각은 주로 그가 하버드 대학에 재직하고 있었던 1950~60년대의 생각에 토대를 두고 있다. 하지만 그 이후의 이론적 입장의 확장과 지식구조론에 대한 다양한 비판이 다양하게 제기되고 있는 실정이다. Bruner의 지식구조론에 대한 비판은 주로 지식의 구조에 대한 인식론적 관점과 탐구학습의 성격에 초점이 모아지고 있다. 지금까지 지식의 구조에 대해 긍정적인 측면만을 고려해 온 상황에서는 다양한 비판을 재음미하고, 나아가 지식의 구조에 대한 비판들이 적절한지를 검토해 볼 필요가 있다.

지식의 구조론에서는 지식에 대한 실증주의적 입장, 발견학습과 나선형 조직에 대한 문제가 핵심적인 주제이다. 그러나 1980년대에 들어서면서 그의 이론은 변화를 보이기 시작한다. 그 변화의 핵심에 내러티브 이론이 자리하고 있다. 이 이론에서는 지식을 보는 관점과 지식의 교수-학습 문제, 지식의 조직 문제가 지식의 구조와 상당히 관련되어 있다.

지식의 구조라는 아이디어로 대표되는 지식구조론은 실증주의 인식론의 한계를 지니고 있다는 형식적인 비판과는 달리 새로운 내러티브 이론에 의해 보다 풍부하게 확장될 수 있다. 내러티브 사고에 의해 실재는 구성된다. 해석학적 구성주의와 내러티브 사고에 의하면 구조는 객관적인 실체로서의 발견의 대상이기보다는 인식 주체에 의해 발견되는 동시에 생성되는 측면을 지니고 있다.

Bruner의 이론에서 지식은 경험을 간단하게 요약하고 상호 관련 짓기 위하여 우리가 구성해 내는 발명품이다. 즉, 새로운 경험의 세계를 열어 주는 개념적 발명품이 바로 구조이다. 한편, 우리 경험의 기본적인 구조는 내러티브이다. 따라서 내러티브는 우리의 지식을 조직하기 위한 구조이다. 이 점에서 지식의 구조와 내러티브는 만난다. 지식의 구조는 생성적이고 발전한다. 내러티브는 구성적이다. 이러한 맥락에서 구조 발견의 탐구학습은 발견되기를 기다리는 객관적 대상을 단순히 발견하는 수동적 활동이 아니다. 내러티브 학습 역시 마찬가지이다. 탐구학습은 과거 경험주의적 인식론에 갇혀 있는 인식 주체 홀로의 작업도 아니며 완결된 학문적 지식을 찾아가는 활동도 아니다. 지식의 구조와 경험의 구조는 발견의 대상이 아니라 구성하는 것이며, 창조되는 것이다. 그러나 학습자에게 구조감을 제공하는 것은 여전히 중요하다. 발견학습은 인간 경험을 조직하려는 지식의 능동성을 전제한다. 따라서 그것은 구성성의 또 다른 측면이다. 구조의 내면화 없이 체험의 재구성은 가능하지 않다. 발견의 과정은 인지적 과정인 동시에 의미 구성 과정이며, 문화 속에서의 해석적 구성 과정이다. 더욱이 그것은 간주관적인 상호학습의 문화 속에서 발전한다. 발견학습은 사회문화적 측면을 포함하는 방향으로 확대될 수 있다.

나선형 교육과정은 인간 마음의 회귀와 학습의 반성적 순환을 전제하고 있다. 순환적 회귀는 반복과는 다르며, 학습의 과정이 누적적이고 양적인 확장이 아니라 구조적이고 총체적 변화의 과정임을 강조한다. 따라서 과거의 나선형은 구조를 지향하는 질서 있는 심화 확대에 초점이 있었다면, 내러티브 입장에서의 나선형은 반성적 순환과 총체적 학습의 변화를 내재하고 있다.

이러한 점을 감안한다면 과거 인식 주체의 사고나 객관적인 구조를 강조하는 지식의 구조는 내러티브와 상이한 것이 아니라는 점이다. 오히려 지식의 구조의 의미를 확대 발전시킬 수 있는 가능성을 내재하고 있다. 내러티브의 원천이 문화라는 점에 주목한다면 Bruner가 강조하는 문화주의 입장, 즉 문화가 마음을 형성한다는 명제는 지식의 구조를 풍부하게 해 줄 수 있다. Vygotsky의 용어를 빌어 말하자면, 지식의 구조에 대한 논의는 정신 내 국면(intra-mental plane)에 주로 초점을 둔 데에 비하여, 내러티브에 대한 논의는 정신 간 국면(inter-mental plane)을 겨냥하고 있다. 그의 이론에서 정신 간 국면은 정신 내 국면의 원천에 해당하며, 이 점에 주목하면 내러티브에 대한 논의는 지식의 구조의 본래적 의미를 찾아가려는 노력을 나타낸다고 볼 수 있다(임병덕, 2000: 221). 장차 이 분야의 연구가 요청된다.

요컨대, Bruner의 이론에서 지식의 문제는 과거 지식의 구조로 대표되는 구조주의,

실증주의 문제에 국한하여 이해되어서는 안 되며, 구조의 역동적인 측면, 구성적인 측면에 비추어 이해될 필요가 있다는 점이다. 이 점은 Bruner가 강조하는 지식의 구성주의(피아제의 전통과 연관)와 기능주의(듀이와 미드의 전통과 연관), 사회적 맥락의 강조(비고츠키의 전통과 연관)에서도 드러나고 있는 점이다. 이와 동시에 탐구와 발견학습에서도 지식의 능동성을 전제하기 때문에 구성성의 또 다른 측면으로 이해될 필요가 있다. 왜냐하면 구조의 내면화없이 체험의 재구성은 가능하지 않으며, 발견의 과정은 개인의 수준에서 이루어지는 의미 구성 과정인 동시에 문화 속에서의 해석적 구성 과정이기 때문이다. 이 점에서 전기 이론에서의 지식과 후기 이론에서의 지식은 동일한 실체를 서로 다른 측면에서 바라보는 것이라고 볼 수 있다. 더 나아가 양자의 입장은 공통적으로 지식 혹은 교과의 내면화를 겨냥하는 것이며, 그 방법과 초점에서 상이할 뿐인 셈이다. 결국 학자의 길로서 Bruner 개인의 수준에서 말하면 최근의 내러티브 논의는 지식의 구조의 본질을 추구하는 노력이다. 이와 동시에 지식의 구조와 내러티브, 이 양자는 표면적으로는 이질적인 Bruner의 전·후기 이론의 핵심적인 주제이지만, 서로를 풍부하게 해 주는 보강 개념인 동시에 교과 내면화의 이상적인 방향을 지향하고 있다.

(4) 인간 마음, 의미, 문화에 대한 탐구

인간 마음의 본질에 관한 개념화 방식에는 인간 마음을 컴퓨터에 비유한 컴퓨터주의와 인간 마음은 문화를 통해 구성되고 실현된다는 문화주의가 있다. 마음이 어떻게 기능하고 마음이 교육을 통해 어떻게 개선될 수 있는가에 관해 논의한다(강현석, 2004; Bruner, 1996).

① 컴퓨터주의

인간 마음을 컴퓨터에 비유한 정보처리 이론은 세계에 관한 분명한 정보가 컴퓨터 장치에 의해 어떻게 등록, 분류, 저장, 정리, 인출, 처리되는가에 관한 것이다. 학문 간의 경계에 대한 인식도 없고, 인간과 동물이 하는 기능 간에도 구별을 두지 않는다. 컴퓨터주의의 목표는 모든 작용체제를 형식적으로 정련되게 재기술하는 데에 있다. 이 작업은 미리 예측할 수 있는 체계적 성과를 산출하는 방식으로 진행된다. 그러한 시스템의 하나가 인간 마음이다. 실제 마음은 동일한 인공지능(AI: 코드화된 정보의 흐름을 처리하는 명세적인 규칙에 의해 통제되는 시스템) 일반화에 의해 기술된다. 컴퓨터의 연산 과정은 사전에 미리 명세화되고 분명하고 정확하고 일관적이어야 한다. 이런 범주들이 지니는 명료성과 고정성이 컴퓨터주의의 한계이다.

② 문화주의

인간 마음은 인간 문화의 사용을 통해 구성되고, 인간 문화의 사용에서 실현된다. 마음은 문화 없이는 존재할 수 없다는 진화적 사실로 출발한다. 인간 마음의 진화는 삶의 방식의 발달과 연계된다. 의미의 교섭가능성(소통가능성)을 보증해 주는 것이 바로 의미의 문화적 조건과 상황이다. 학습과 사고는 늘 문화적 조건과 상황 속에서 진행되며 문화적 도구와 자원들을 활용하는 방식에 따라 달라진다. 마음의 본질과 사용 방식에 있어 나타나는 개인들 간의 차이조차 상이한 문화가 제공하는 다양한 기회에 기인한다. 인간이 문화공동체 속에서 의미를 어떻게 창조하고 변형하는가 하는 데에 전적으로 관심을 집중한다. 여기서 우리는 학교 교실 실제의 '일상교수학'을 형성하고, 소크라테스식의 대화를 선호한다. 문화주의자들의 의미 형성 활동은 해석적이고, 애매하며, 특정 사건에 민감하고 사후에 구성된다. 인간의 전반적 문화계획은 이러한 의미의 해석학적 순환에 달려 있다.

③ 해석학적 의미 형성과 구조화된 정보처리 방식

이 방식들은 질적으로 서로 불가통약적인 성격, 즉 불가통약성(incommensurability)을 지닌다. 컴퓨터 장치에서 구름의 대안적 의미를 제공하는 '순람목록'은 어느 의미가 특정 맥락에서 가장 적절한 것인지를 결정하기 위하여 구름이라는 단어가 나타내는 모든 맥락을 부호화하고 해석하는 방식을 필요로 한다. 컴퓨터는 모든 가능한 맥락에 대한 순람리스트(contexicon)인 맥락에 따른 어휘목록, 상황사전을 갖추어야 한다. 단어는 한정되어 있지만 그 특정 단어가 나타날 수 있는 맥락은 무수히 많다. 문화주의의 의미 만들기와 컴퓨터주의의 정보처리 간의 불가통약성은 과연 극복될 수 있는가? 알려진 절차는 없다. 컴퓨터주의자들이 설명하려고 하는 것과 문화주의자들이 해석하려고 하는 것 사이에는 어떤 상보적인 관련성이 있다.

2) 역사적 의미

(1) 내러티브 전회

① 내러티브의 도래와 지식의 변화

최근 몇 년 동안 다양한 학문 분야에서 내러티브에 대한 논의가 활발히 이루어지고 있다. 문학이론, 역사학, 인류학, 드라마, 미술, 영화, 신학, 철학, 심리학, 언어학, 교육학을 위시하여 심지어는 진화론적 생물학에서조차 내러티브론(narratology)이라는 용어가 쓰이고 있다(Connelly & Clandinin, 1990: 2). 내러티브 연구는 이제 문학연구가들이나 민속학자들만의 영역이 아니라 인문·사회과학과 자연과학의 모든 분야에서 공유되는 지적 통찰이 되었다(Mitchell, 1981). Barth는 내러티브는 어디서나, 어느 사회에서나, 항상 있어 왔으며 "인간은 이야기하는 동물"이라고 말한다(Barth, 1966: 14; Polkinghorne, 1988 재인용). MacIntyre(1985)는 내러티브는 시인이나 극작가, 소설가의 전유물이 아니라 모든 인간이 삶을 이해하는 기본 원리이며, 인간은 이야기를 통하여 자아를 구성한다고 주장한다.

아울러 최근 들어 포스트모던 담론이 영향력 있는 담론으로 떠오르면서 교육 현장을 이해하고 해석하는 시각들도 많이 변화되었다. 과거의 교육에 대한 논의의 핵심을 이루던 보편성, 획일성, 안정성, 합리성의 논리들이 비판받으면서 인간의 다양한 앎의 방식과 다차원적인 삶의 측면들을 이해하고 표현하는 다양한 표상 형식들에 대한 관심이 확대되고 있다. 이러한 교육에 대한 논의의 흐름 속에서 내러티브에 대한 인식론적·교육적 관심이 부각되기 시작했다. 내러티브는 인간이 경험을 조직화하고 이해하며 지식을 구성하는 주요 사고 양식이라는 점이 강조되면서 내러티브와 관련된 연구가 활발히 진행되기 시작했다.

② 내러티브를 통한 인간 이해 방식

지난 30여 년간에 걸쳐, 세계에 존재하는 대상이나 사물로서의 인간에 대한 연구에서 마음이나 의식에 대한 연구로 초점의 변화가 있었으며, 이러한 변화는 인간의 정신 능력, 즉 지각하고 기억하고 유추하는 등의 수많은 것들을 인지라고 불리는 복잡한 체제로 조직화시켰다. 인지과학에서 가장 많이 연구되어 온 주제는 지각과 인식, 재생과 기억, 언어의 생산과 수용에서 인지적 활동의 역할이었다. 요컨대, 인지과학은 세계의 대산들을 연구하기 위해 동일한 탐구도구를 가지고 의식의 행위에 대한 연구에 접근하여 왔다(강현석 외 역, 2009: 34-35; Polkinghorne, 1998).

의미 연구에 대한 연구가 모든 탐구에서 가장 기본적인 것으로 각광을 받고 있다. 이와 관련하여 Bruner(1990)는 비평가들의 주장을 빌어, 인간의 마음에 대한 연구에서 '객관주의'로 표현되는 인지과학적 설명이 마음의 개념을 탈인간화시켜 버리는 것을 감수하면서까지 일종의 공학적 성공을 쟁취하였으며, 그로 인해 인지과학은 다른 인간과학과 인문학으로부터 심리학의 많은 부분을 소원하게 만들어 버렸다고 비판한다. 그리고 지난 수년 동안 인류학, 언어학, 철학, 문학 이론, 그리고 심리학에서 번성해 오고 있는

'의미 만들기'에 관련된 인지문제에 대해 더욱 해석적인 접근을 시도하고 있는 일련의 움직임을 '인지혁명'(cognitive revolution)으로 언급하면서, 이 인지혁명을 심리학의 핵심 개념으로서의 의미, 즉 자극과 반응이 아닌, 명백히 관찰할 수 있는 행동도 아닌, 그리고 생물학적 욕구와 그것들의 변형도 아닌, 그 의미를 확립하기 위해 총력을 다하는 전면적인 노력으로 상정한다(강현석 외 역, 2011: 24-25; Clandinin, 2007). 인지혁명의 목적은 인간이 세계와 접촉한 데서 만들어 낸 의미를 발견하고 형식적으로 기술하는 것이었다. 그리고 나서 그 어떤 '의미 만들기' 과정이 연관되는지에 대한 가설을 제안하는 것이었다.

이러한 인식론적 변화의 중심에 내러티브가 있다. 내러티브가 인간생활에 가지는 중요한 의미는 자연스러운 이야기 욕구를 통하여 인간의 삶과 행위를 이해할 수 있다는 것이다. 또한 인간의 경험이 이야기 형식을 통해서 비로소 의미를 부여받게 된다는 점이다. 내러티브로서 이야기는 단순한 사건들 그 이상이며, 인간의 삶에서 특정 경험들은 이야기 상황으로 구성됨으로써 나름대로의 정당성과 의미를 부여받는다.

우리의 존재와 행위에 대한 이해는 우리가 우리의 행위와 표현들을 안내하는 데 출발점이 되는 경험을 한 영역이나 삶을 산 영역을 만들어 낸 구조에 대한 지식을 필요로 한다. 따라서 의미 영역에 대한 연구는 특히 인간 경험을 설명하는 데 관련된 학문에 핵심적으로 중요하다. 인간 경험, 나아가 인간 존재의 본질을 설명하는 하나의 방법으로서 의미 영역에 대한 연구는 결국 인간의 의식 혹은 사고과정에 그 초점을 맞춘다. 인간의 사고 양식은 의미 내지 지식을 조직하는 구조이다.

Bruner는 실재를 구성하고 경험을 배열하는 상이한 방법을 제공하는 두 가지 양식인 패러다임적 사고와 내러티브 사고를 제안하고 있다.

이 두 가지 사고양식은 상호 보완적이지만, 서로 환원될 수는 없다. 하나의 양식을 다른 것으로 환원하거나 하나만 사용하고 다른 쪽을 무시하면, 우리 주위에서 벌어지는 사건들을 이해하거나 설명할 때 풍성하고 다양한 사고를 포착하는 데에는 실패할 것이다.

그런데 근대 인식론의 영향으로 현대 교육은 전반적으로 패러다임적 사고만 중시하고, 인간의 삶의 심층적인 모습을 이해하려는 목적을 가진 내러티브적 사고는 도외시해 왔다. 내러티브는 의식적으로나 무의식적으로 자신이 알고 있는 것을 말할 수 있도록 해 준다. 그리고 현실을 새롭게 바라보고 구성할 수 있도록 해 준다. 그러한 과정을 통하여 현실을 더 깊고 의미 있게 이해할 수 있다. 내러티브는 혼란 상태의 사건들을 선택하고 조직해서 다양한 요소들을 의미 있는 경험으로 묶을 수 있는 틀을 제공한다.

이러한 의미에서 내러티브는 현실의 의미를 이해하는 방식이며, 지속적으로 삶을 채우는 사건들의 의미를 이해하는 방식이다.

내러티브의 기초가 되는 것은 인간들이 갖는 의도성이다. 우리 각자는 자신의 의도에 따라 삶에서 경험하는 사건들을 이해한다. 교육적인 상황에 있어서 내러티브는 학습자들에게 의미를 만들어 주는 수단으로서, 삶에서 경험하는 사건이나 체험을 이해하고 전달하는 효과적인 도구로 사용될 수 있는 것이다. MacIntyre(1984)는 "인간은 근본적으로 이야기를 말하는 동물"이라고 지적하면서, 내러티브는 시인과 극작가와 소설가들의 전유물이 아니라고 한다. 왜냐하면 우리는 내러티브에 의해 우리 자신의 삶을 이해하고, 삶을 내러티브로 살기 때문이다. 이는 곧 인간은 이야기를 통해서 자아를 구성하고 이야기적 삶의 관계망 속에서 살아간다는 것을 의미한다.

따라서 우리가 삶에서 어떤 사건들을 순서에 따라 이야기한다고 하였을 때, 그것은 우리의 경험을 있는 그대로 기술하는 것이 아니라는 점이다. 내러티브화 작업은 필연적으로 최초의 즉각적인 경험을 변형하게 마련인 것이다. Ricoeur가 주장한 것처럼 "이야기를 내러티브화한다는 것은 이미 이야기된 사건에 대해 반성하는 것"(Tappan, 1990: 246)이다. 이야기를 말한다는 것은 최초의 즉각적인 경험을 역사적으로 그대로 기술하는 것이 아니라, 특정한 방식으로 경험을 구조 짓는 것이며, 삶의 내용과 계속성에 형식을 부여하는 방식에서 경험을 구조 짓는 것이다. 그리하여 Bruner는 우리의 삶을 열거한다는 것은 해석학적인 작업이라고 말한다. "삶은 그것이 어떠했는가가 아니라, 그것이 어떻게 해석되고, 재해석되고, 말해지고, 되풀이 되는가이다."(1987: 36).

논리실증주의적 전통에 서 있는 과학자들은 진리 또는 진실이라고 볼 수 있는 항상성에 미리 주어진 대상이 있다는 관점을 갖고, 대상과 대상의 관계 또는 대상의 불변하는 속성을 밝히려고 노력한다. 이들이 보기에, 관찰자와 대상은 독립적이며, 관찰자가 대상에 영향을 주지 않음으로써 대상들의 관계에 대한 보편적인 법칙이 발견될 수 있다. 그러나 사람들의 인식 체계는 상황마다 다르고, 개인 혹은 집단마다 다를 수 있다. 객관주의에 대립하는 주관주의는 문화와 개인의 경험에 따라 구성되는 내적 정보처리 구조에 의해서 자극에 대한 해석이 변한다는 관점을 지칭한다.

인간은 세계에 대한 경험을 통해 앎을 얻고, 삶의 방향을 설정한다. 그런데 일상 현실의 경험에 대해 특별한 주의를 기울이지 않게 되면 그것은 그대로 잊혀 흘러가 버리고 만다. 인간은 그러한 무의미함을 극복하기 위해 삶과 존재의 의미를 찾는다. 인간은 끊임없이 반성적 사고를 통해 경험에 의미를 부여하는 행위를 지속한다. 이러한 의미에서 인간은 끊임없이 내러티브를 수행하는 존재인 것이다.

요컨대, 내러티브는 하나 혹은 일련의 사건에 질서를 부여한 담론 형식으로서 인간이 세계를 이해하고 구성하는 매개로 작용한다. 세계를 이해함에 있어, 인간은 세계를 자신과 분리할 수 있는 객관적 대상이 아니라 자신이 속해 있는 어떤 것으로 받아들이기 때문에 세계는 인간의 경험과 동시에 존재하게 된다. 그러므로 내러티브는 경험을 이해 가능한 형식으로 변형함으로써, 자신의 삶과 세계를 구성하고, 타자와 의미를 공유하도록 해 준다. 인간은 내러티브 사고를 통해서 자신의 삶과 자아를 구성해 나가며, 다른 사람의 삶과 행위를 이해할 수 있다.

(2) 4차 산업혁명의 담론과의 관련성: 지식 융합(강현석, 전호재, 2016)

본 연구에서 강조하는 새로운 지식교육의 핵심 방향 중에 하나는 최근에 강조되는 지식 융합의 문제이다. 지식 융합은 다양한 의미로 사용되고 있으나 통상적인 교육적 의미에서는 지식 통합의 차원을 지칭하기도 한다. 그러나 최근에 강조되는 지식 융합의 배경에는 복잡한 문제해결의 전략, 학문의 구조화 논의, 전공 학문의 구조조정으로 인한 생산성 제고, 고급 학문 지식의 결합과 해체 등이 작용하고 있는 것으로 파악된다. 지식 융합을 주요 주제로 탐구하는 교육과정학에서는 이 주제를 교육과정 통합으로 논의하며, 융합은 지식을 조직하는 하나의 방법으로 위치시킨다. 특히 융합 방법은 1920~1950년대 사이에 강조되었던 경험중심 교육과정 시기나 전통적인 교과중심 교육과정 시기에 등장한 것이다. 특히 교과중심의 시기에는 교과를 통합하는 차원에서 과목들의 성질은 유지되면서 공통 용인만을 추출하여 조직하는 방법이다. 그러나 본 연구에서는 좁은 의미에서의 융합 방법보다는 보다 거시적인 차원에서 교육과정을 통합하는 차원에서 접근하고자 하였다.

지식을 융합한다는 것은 사실상 학문 융합의 인식론적 근거이다. 따라서 학문 융합을 위해서는 지식에 대한 관점부터 논의가 이루어져야 하며, 지식을 보는 관점에 대한 변화된 시각에 근거해야 한다. 이러한 이유로 본 연구에서는 최근에 새로운 지식관으로 부상하고 있는 내러티브 지식관에 주목하여 지식 융합 전략을 모색하고자 하였다.

내러티브 지식관에서는 지식은 개인 내에 구체화된 것으로서, 개인은 개인적·사회적으로 구성된 상징적 형식들을 통해서 경험을 해석하는 것으로 본다. 이러한 해석이 가능한 것은 내러티브의 다양한 의미에서 출발한다. 앞에서 살펴본 것처럼 내러티브는 이야기나 이야기 만들기 방식, 사고 양식, 경험 구조화의 틀, 지식 발견 방식 등으로 다양하게 이해될 수 있다. 이러한 의미를 활용하여 지식을 융합할 수 있는 방향을 구성하여 제시해 보면 다음과 같이 제안할 수 있다.

첫째, 이야기 만들기 방식에 들어 있는 의미 구성 방식을 활용하여 지식 융합 전략을 모색할 필요가 있다. 내러티브는 단순히 이야기나 이야기 만들기에 그쳐서는 안 되며, 의도와 목적을 지닌 화자가 만들어 내는 이야기의 논리, 이야기 구성 방식에 내재된 인간의 의식 작용을 활용하여 지식을 융합시킬 필요가 있다. 예를 들어, 시와 과학을 융합시킬 경우 시인이 시를 만드는 과정 속에 내재한 의식 작용으로 과학적 지식을 통합시키는 경우이다.

둘째, 학문의 형식과 구조를 활용하는 방향으로 지식 융합 전략을 모색할 필요가 있다. 학문 구조론의 관점에서 보면 내러티브는 학문하는 방법에 대한 것이다. 각 학문들은 나름의 주요 개념, 개념들 간의 관련 방식, 진위 판단의 기준, 진리 검증 방법 등을 갖고 있다. 각 학문들마다 상이한 이러한 것들을 활용하여 학문하는 방법을 절충 내지 통합시킬 수 있다.

셋째, 이야기 구조나 스토리텔링을 활용하는 방향으로 지식 융합 전략을 모색할 필요가 있다. 이 방향은 내러티브를 이야기 구조나 스토리텔링에 주목하는 것이다. 모든 학문들은 나름의 이야기 구조를 지니고 있다. 과학은 객관적 사실을 귀납하는 이야기 방식을, 예술은 상상력과 무한한 가능성을 추구하는 확산적 이야기 구조를 지니고 있다. 이들은 학문하는 사람들의 이야기 방식이나 스토리텔링을 활용하여 지식을 융합시킬 수 있다.

넷째, 핵심 개념이나 주제를 활용하는 방향으로 지식 융합 전략을 모색할 필요가 있다. 학문을 통합하는 데에 있어서 가장 보편적인 방법은 학문들 간의 공통적인 핵심 개념이나 주제를 통하여 내용을 통합하는 방식이다. 통합의 매개가 되는 핵심 개념이나 주제는 내러티브적으로 보면 화자가 해석하고 구성해야 하는 것들로서 구성적 속성들이 강한 편이다. 외견상 상이하게 보이는 개념들이라고 하더라도 그 개념이 만들어진 최초의 배경과 역사를 이해하면 개념을 통한 지식 통합은 용이하게 이루어질 수 있다.

다섯째, 당대의 주제를 이슈화하는 담론 방식을 활용하는 방향으로 지식 융합 전략을 모색할 필요가 있다. 각 학문별로 동일한 주제를 이슈화하는 방식은 상이하다. 각 학문 구성원들이 사용하는 언어, 논리, 정서, 의식 등은 상이하며, 동일한 이슈에 접근하는 방식도 상이할 가능성이 높다. 이러한 방식으로 보면 특정 주제에 대하여 학문 공동체가 생산해 내는 담론은 객관적일 수도 있으며, 보편적일 수도 있고, 매우 이데올로기적일 수도 있다. 각 학문의 편향적 이데올로기만을 강조한다면 지식 통합은 매우 제한적일 수밖에 없다. 이 경우 내러티브로서의 담론 방식의 간주관성에 주목하여 학문 지식을 통합시킬 수 있다.

(3) 인지혁명, 인공지능, 뇌과학의 담론과의 관련성: 내러티브와 거울 뉴런 (강현석, 2013; 2017)

인간은 이야기를 해야만 살아갈 수 있는 언어적 존재이다. 언어라는 의사소통 수단을 통하여 타인과 소통하고 감정을 공유하며, 타인의 의도를 파악하면서 사회적으로 성장하게 된다. 이런 점에서 인간은 동시에 사회적 존재이다. 인간이 사는 사회 속에서 이야기는 중요한 문화적 자산이 된다.

인간에게는 타인의 마음을 헤아리는 이야기 능력이 있으며, 이것이 인류에게는 매우 소중한 자산이라고 생각한다. 우리는 어떻게 해서 타인의 마음을 읽어 내고 소통하고 공감하게 되는가? 인간의 마음을 읽어 낸다는 것은 무슨 의미일까? 인간은 어떻게 하여 타인의 의도를 파악하고 공감하며, 상호 소통이 가능하게 된 것일까? 이러한 과정에서 이야기와 내러티브는 왜 중요한 것일까? 이러한 의문에 대답을 해 볼 수 있는 재미있는 실험 하나를 소개하고자 한다.

이탈리아의 권위 있는 신경심리학자이자 『Mirrors in the brain』의 저자인 Giacomo Rizzolatti 교수는 연구진과 함께 원숭이 실험을 하고 있었다. 원숭이에게 다양한 동작을 시켜 보면서 그 동작 수행과 관련된 뇌의 뉴런이 어떻게 활동하는가를 관찰하고 있었다. 어느 날 Rizzolatti 교수는 매우 흥미로운 사실을 발견하기에 이른다. 한 원숭이가 다른 원숭이나 주위 사람들의 행동을 보기만 하고 있는데도 자신이 움직일 때와 동일하게 반응하는 뉴런들이 있다는 것이다(김경일, 2013).

『Mirroring people』의 저자 야코보니 역시 거울 뉴런 덕분에 우리는 상대방과 공감할 수 있다고 하였다. 여기에서 나아가 자폐아의 뇌는 거울 뉴런이 깨져 있다고 하였다. 이런 연유로 자폐아들은 이야기 능력에도 장애가 있다. 그것을 디스내러티비아(dysnarrativia)라고 부른다. 이야기를 구성하는 데에 장애가 있는 증상이다.

지금까지 뇌의 연구를 종합하면 거울 뉴런은 뇌의 3곳에 분포하는 것으로 알려져 있다. 그 위치는 전두엽 전운동피질 아래쪽과 두정엽 아래쪽, 측두엽, 뇌섬엽 앞쪽이다. 거울 뉴런은 서로 신호를 주고받으며 정보를 처리해 지각한 행동의 의미를 파악한다.

거울 뉴런은 원숭이보다 사람에게 훨씬 발달해 있다고 한다. 덕분에 타인의 행동을 보고 있기만 해도 자신이 그 행동을 하는 것처럼 뇌의 신경세포가 작동하는 것이다. 이때 활동하는 신경은 관찰자가 관찰된 행동을 똑같이 직접 할 때 작동하는 신경세포와 동일하다고 한다. 거울 뉴런은 타인의 행동을 관찰할 때만 작동하는 것이 아니고 어떤 행동이 어떻게 일어났는지 이야기만 듣고 있어도 작동한다. 그리고 타인이 느끼는 것을 마치 내가 느끼는 것과 같은 경험도 한다.

이런 거울 뉴런 때문에 인간이 지구상에서 가장 우수한 생명체로 자리 잡을 수 있었다고 볼 수 있다. 그것은 바로 우리 뇌에는 '타인과 같이 느끼고 따라하기'를 가능하게 해 주는 뉴런이 있기 때문이다. 내가 그것을 직접 할 때와 내가 그것을 직접 경험하지 않고 보거나 듣고만 있을 때 동일한 반응을 하는 뉴런이 있다는 것, 이러한 뇌신경 연구로 인해 우리는 중요한 발견에 직면한 것이다.

자, 그렇다면 우리의 뇌에 왜 이런 거울 뉴런이 작용하는 것일까? 앞에서 말한 것처럼 인간은 상호 소통을 해야 하는 사회적 존재, 타인을 의식해야 하는 존재이다. 즉, 사회 내에서 다른 구성원들과 이야기하고 소통하면서 살아가야 한다. 따라서 타인의 마음을 잘 읽어 내고 의도를 파악하고 공감하며 생활해 가야 한다. 이를 위해 내러티브, 이야기하기, 언어 등 의사소통의 수단이 필요해진다. 그런데 이러한 것들이 그 사람이 타인들과 공동으로 살아가는 그 사회의 '문화'를 이루는 핵심 요소이다. 여기에서 우리는 내러티브가 우리의 문화 속에서 작용하는 중요한 자산이라는 점을 잊지 말아야 한다. 다양한 내러티브가 가능한 사회, 한가지의 이야기만이 존재하는 사회는 폭정의 사회라고 하지 않던가!

인간이 상호 소통하면서 공감을 형성하려면 자기중심성에서 벗어나야 하며, 마음 이론(theory of mind)을 개발시켜야 한다. 그러기 위해서는 우리가 누구인지, 나만의 독특성은 어떻게 생겨나고 발전되는지에 대한 이해가 요청된다. 우리가 통념적으로 알고 있는 자아, 자아 정체성은 과연 우리 마음 저 깊숙한 내면에서 고요히 자리하고 있는 것인가? 내러티브 입장에서 보면 이 통념은 수정되어야 한다. 만약 수정이 타당하게 이루어지면 우리의 교육의 방향도 크게 전환할 필요가 있다.

(4) 지식교육 무용론에 대한 대항 담론

① 지식교육에 대해 통념적으로 갖는 정서적 반감(강현석, 2017)

교육과정: 어렵고 많은 양의 내용, 미래 사회에 쓸모없는 단순 지식

교육과정은 학교교육의 전체적인 설계도이며, 중핵적인 실체이다. 학생들을 올바른 인간으로 키우기 위해서 무슨 내용을 어떻게 가르칠 것인가에 대한 체계적인 계획이자 학생들이 경험하는 것이다. 교육과정이 정상적으로 계획되고 운영되어야 학생들을 바람직한 인간으로 기를 수 있다. 그런데 대학입시로 학교교육과정 운영이 파행되고 있다. 그 파행되는 모습은 다음과 같다.

첫째, 교육과정 내용이나 교과서 양이 과다하다. 교육과정을 개정할 때마다 내용을 적정화하여 바꾼다고 천명하나 교과서 집필 시에 교과 전공 이기주의로 인해 교과서 내용이 과다해지고 있다. 그 이유는 최소한 수능 출제 범위를 커버해야 하고 교과의 많은 내용이 교과서에 포함되어야 그 교과의 지위가 탄탄해진다고 생각하기 때문이다. 수능에서 유리한 고지를 확보하기 위해서 교과서 내용을 늘리다 보니 학생들에게 단편적인 학습, 수박 겉핥기식의 학습을 자연스레 강요하게 되는 악순환을 되풀이하는 형국이다.

둘째, 주입식 교육을 당연시하고 있다. 수능 진도에 맞추어 공부하다 보면 자신의 학습으로 내면화되지 않고 체화되지 않는 내용들을 주입하게 된다. 많아지는 내용들도 중요한 개념이나 원리보다는 단편적인 정보나 사실적 수준의 지식들이 대부분이다. 특히 반드시 습득해야 할 역량이 아닌 단순 지식의 경우가 많다. 내용 속에 의미나 가치를 학습하기 보다는 일단 암기하고 망각하지 않도록 하는 파행적 학습을 하고 있다.

셋째, 교육과정이 수능에 맞춰지다 보니 자연스럽게 운영이 파행될 수밖에 없다. 수능 시험 범위나 내용으로 인해서 수업 진도나 수업 내용에서 파행이 이루어지고, 수능 난이도 조절로 수포자(수학 포기자), 과포자(과학 포기자)가 발생하며, 등급 차이로 학생들에게 기회주의 사고(탐구영역 과목 응시 불균형 등)를 은연중에 조장하고 있다. 국가 교육과정은 6개 학기 동안 편성되어 있고 수능은 이 편성된 내용을 모두 출제 범위에 포함시켜야 정상이지만 그렇지 못하다. 3학년 1학기에 진도를 모두 나가야 하므로 수업의 속도는 정상 궤도를 이탈하게 된다.

넷째, 교과서가 방치되고 있다. 수능과 EBS 방송 교재 연계율 방침으로 인해 학생들은 교과서보다 EBS 교재로 공부를 한다. 물론 수업도 EBS 교재로 한다. 그러니 비싼 돈으로 구입한 교과서는 교실 사물함에 방치되고 있다. 교육과정을 실행하는 핵심 교재인 교과서가 활용되지 못하고 있으니 국가 예산도 엄청나게 낭비이고 교육적으로 언어도단이다. 사교육을 잡는다고 무리하게 도입한 정책이 교육의 과정을 망가뜨리고 있다.

② 지식교육에 대한 무용론 주장들

가. 진정한 배움으로부터 소외되는 교수−학습(강현석, 2017)

수능으로 대표되는 대학입시로 인해 오늘날 학교에서 이루어지는 학생들의 학습의 문제는 매우 심각한 지경이다. 그 심각한 문제를 몇 가지로 설명해 보기로 하자.

첫째, 양의 학습에 짓눌려 있다. 우선, 학생들이 학습해야 할 내용이 너무 많다. 이

수해야 할 교과가 너무 많고, 교과서 부피가 너무 커지고, 수업에서 배워야 할 내용이 너무 많고 시험 공부해야 할 내용이 너무 많다. 교육과정이 개정되면서 내용 적정화를 기하였다고 공언해 오고 있지만, 학생들의 학습 부담의 체감 정도는 전혀 변하지 않고 있다.

둘째, 속도의 학습에 허덕이고 있다. 우리 학생들은 많은 양의 내용을 정해진 시간에 마스터해야 한다. 자신이 제대로 이해하고 있는지 스스로 점검할 겨를도 없이 이 내용 저 내용을 학습하기에 무척 바쁘다. 교사들이 진도 나가기에 급급한 나머지 정해진 시간 안에 커버해야 할 내용을 학생들에게 투하한다. 소위 암기과목이라고 인식되는 교과나 고등학교 수업으로 올수록 사정은 더욱 심각해진다.

셋째, 수업에서 활동이 넘쳐나고 있다. 활동이 범람하는 수업에서 우리 학생들이 방향을 잃고 있다. 교사도 방향을 상실하고 있다. 왜 특정 활동을 수업에서 하고 있는지, 그 활동을 통하여 어떠한 의미를 음미하고, 해석하고, 구성할 것인지가 빠져 있다. 학생들은 활동에 단순히 참여하는 것을 자신들이 할 일이라고 생각하는 듯하다. 활동은 수업의 목표를 달성하는 수단임에도 불구하고 이미 목적시되고 있다. 교육이나 수업은 활동 그 자체가 아니다. 수업의 목적이자 교육이라는 것은 활동 속에 내재한 의미를 음미하고 해석하고 구성하는 능력을 길러 주는 일이지 단순하게 활동에 참여하는 것이 아니다. 오락적이고 유흥적인 활동은 수업의 관심을 잠깐 환기시킬 수는 있으나 오래 못 간다. 반성적인 활동 없이는 수업의 목적은 이미 상실한 셈이다. 무목적적이고 무의미한 활동의 범람 속에서 우리 아이들이 표류하고 있다.

넷째, 배움과 삶이 분리되고 있다. 수업 시간에 많은 내용의 양을 신속하게 배우지만 그 내용이 지니는 의미를 잘 알지 못하며, 학교에서 배우는 내용의 약효는 학교에서만 국한된다. 학교에서 습득한 내용은 학생들의 이후 삶에 크게 연계되지 못한다. 아이들의 배움이 자신들의 생생한 실제적 삶과 연계되지 못한 채 겉도는 공부를 반복적으로 하고 있다. 자신들의 학습으로부터 소외당하고 있다. 역설적으로 보면 학생들은 이미 셀프 소외를 경험하고 있는 셈이다. 배움과 삶이 겉도는 교육은 무서운 질병을 옮긴다. 학습된 무기력감, 낮은 자존감, 눈치 보는 공부, 외적 가치를 달성하는 순간에서 공부를 중단해 버리는 습관, 학교 공부와 실제 사회 삶의 괴리를 당연시하는 상실감 등을 감염시킨다.

나. 고급능력을 재지 못하는 단순 선다형 평가(강현석, 2017)

첫째, 현재 수능의 문항 형식으로는 학생들의 고급 사고력이나 창의성 등을 평가하는 데 많은 어려움이 존재한다. 기본적으로 현재 수능은 5지 선다형으로서 평가학적으로 보면 재인(再認) 능력을 측정한다. 다섯 가지 답지들(options) 중에서 정답을 찾는 능력을 재는 것이다. 이 과정에서 추측성 선택도 개재한다. 학생들이 스스로 자신의 해결 방안을 다양하게 탐색하고 실수도 해 보고 실험도 해 보면서 해결책을 직접 만들어 보는 능력을 요구하는 시험이 필요한데 현재 방식은 이것과는 거리가 멀다. 이러한 한계와 문제를 지니는 선다형 방식은 과거 전통적인 사회에서 필요한 능력을 판별하거나 재는 데에는 적합하나 현재나 미래 사회에 요구되는 고차적인 사고능력이나 창의성을 재는 데에는 부적절하다.

둘째, 하나의 정답만을 찾아내는 평가로는 미래 사회에서 요구하는 다양성과 창의성을 기르기가 어렵다. 미래 사회는 '지식(knowledge)'이나 '이해(comprehension)' 같은 단순 반복적인 암기능력보다는 적용, 분석, 종합, 해석, 평가와 같은 고등 사고력이 요구된다. 정답만을 고르는 시험은 구시대적이며 더욱이 학생들이 배우는 교과의 진정한 목적을 학습하는 데에 방해가 되는 평가 방식이기

도 하다. 현재처럼 비판적 사고가 필요 없는 시험, 즉 잘못된 시험 문제는 학생들의 배움을 소리 없이 서서히 죽이는 살인자일 수 있다. 생각의 힘을 길러 주는 고등 사고력을 개발하는 데에 어려움이 많은 현 수능 시험은 대폭 개선될 필요가 있다.

셋째, 정답만을 고르는 현 입시 문제는 학생들의 역량을 평가하지 못한다. 수능 선다형으로 인한 지식 암기식 시험 잔존, 반복적인 인지기술과 중 정도의 난이도로 출제하는 시험으로는 미래 사회의 역량에 대비하지 못한다. 현재 교육에서는 미래 사회에서 요구하는 다양한 역량을 강조해야 한다. 과거에는 많은 지식과 정보만으로도 그럭저럭 생활을 영위하는 데에 지장이 없었다. 그러나 현재 사회와 미래 사회는 확연히 다른 사회이며 요구되는 인간 능력도 매우 상이하다. 저명한 한 단체는 인간이 습득해야 하는 역량을 [그림 8-1]과 같이 제안하고 있다.

도구의 상호작용적 이용
• 언어나 상징, 텍스트를 상호작용적으로 사용
• 지식과 정보를 상호작용적으로 사용
• 기술을 상호작용적으로 이용

이질적인 집단 내에서의 상호작용
• 다른 사람들과 좋은 관계를 맺기
• 협동할 수 있는 능력
• 갈등을 관리하고 해결

자율적으로 행동하기
• 큰 그림 안에서 행동
• 생애 계획과 개인적 프로젝트를 만들고 수행
• 흥미, 한계와 필요를 주장할 수 있는 능력

[그림 8-1] OECD DeSeCo(Defining and Selecting Key Competencies) 프로젝트가 제시하는 미래 핵심 역량

이러한 다양한 역량과 문제해결력을 개발해 주지 못하고 다양성을 키우지 못하고 하나의 정답이 있다는 생각을 주입하는 평가로서는 세계의 인재들과 경쟁할 수 없다. 현재 수능은 인지능력으로는 과거 학습한 것을 재인하는(recognition) 능력을 평가하는 문제가 출제되고 있다. 습득한 지식을 파악하는 것에 중점이 있고 실제 활용하는 수행능력을 못 재는 평가이다. 자료 정리와 정보 습득을 재는 평가에 머무르고 있으며, 지식이나 지혜를 알아보는 평가는 불가능한 것이 현실이다.

넷째, 평가로 인해 교수와 학습이 왜곡되고 있다. 학교교육에서 평가 방식은 매우 중요한 위치를 차지한다. 왜냐하면 학생들은 시험 점수를 높이려고 특정 평가 방식에 맞추어 공부하는(learning to the test) 경향이 강하다. 교사들도 학교 간 학업성취도 비교, 교내 반별 성취도 비교에서 좋은 결과를 내기 위해서 평가 방식에 맞추어 가르치고자 (teaching to the test) 한다. 이러한 배경 때문에 정답을 고르는 방식은 학생, 교사들에게 모두 부정적인 여향을 미치게 된다. 선다형 평가 방식으로 인해 학생들의 학습 방식, 즉 내용을 심층적으로 이해하는 학습을 멀리하고 암기하는 공부를 하게 된다. 교사들에게도 역시 수업 방식에 부정적인 영향을 미친다.

③ 지식을 지식답게 가르치는 교육의 중요성(강현석, 2011)

이제 지식을 가르치는 일은 새로운 방식으로 전환되어야 한다. 기존 지식교육에 대

한 비판은 주로 지식을 학습자들의 삶과 관심사로부터 유리된 죽어 있는 일방적 전달 방식에 있었다. 본 연구의 주제인 내러티브에 기반하여 지식을 가르치는 일은 다름 아닌 지식을 지식답게 가르치는 일이다. 이 일의 중요성이 과소평가되어서는 안 되며, 오히려 내러티브적으로 지식답게 가르치는 일의 가치를 복원시켜야 할 것이다. 그 방안으로 교과내면화, 교과의 점진적 조직, 내러티브 사고의 자각 등이 가능하다.

가. 교과 내면화 이론: 지식과 학생 삶의 내러티브를 통합하기

Dewey의 철학에서 교과교육과 관련하여 말하면, 학습자는 교과를 경험하여 경험을 연속적으로 재구성하는 것, 곧 성장이 교육이 지향해야 하는 바라고 볼 수 있다. Dewey의 철학이 중요한 이유에 대하여 여러 가지 논의가 가능하겠지만, 학습자가 교과를 배운다는 의미에서 보면 배운 것을 소화하여 자기의 것으로 만든다는 것이 무엇이며, 그것이 어떻게 가능한지를 보여 주는 데 있다고 하겠다.

기존의 교과교육은 교과 지식을 배우지만, 그 지식이 학습자의 마음속으로 들어와 학습자의 것이 되지 못하여 피상적이고 형식적인 학습이 되는 형국이었다. 학습자가 새로 배우는 내용이 자신의 마음속에 들어와 이전에 볼 수 없었던 것을 보게 되고, 그로 인하여 더 높은 배움을 열망하고 가르침과 배움의 관계 속에서 자신의 경험이 지속적으로 재구성되는 그러한 형국이 교과를 배우는 진정한 목적이라고 볼 수 있다.

결국 교과 내면화란 교과가 학습자의 삶의 경험과 아무런 관련을 맺지 못할 때에 직면하게 되는 교육적 문제의 심각성을 일깨워 주는 말이다. 이때 발생하는 교육적 문제들 중에서 가장 중요한 문제로서 Dewey는 세 가지를 들고 있다.

첫째, 교육내용의 추상화이다. 어떤 내용이 지나치게 추상적이고 상징적인 것이 될 때, 학교에서 배운 것들을 의미 있고 소중한 것으로 보지 못하는 것은 너무나 당연하다. 둘째, 학습동기의 결핍이다. 교육내용이 학습자의 활동과는 아무 관계없이 외부에서 주어질 때, 그 내용을 배우려는 학습자의 동기가 결핍된다. 셋째, 학문적 성격의 상실이다. 교과를 구성하고 있는 교육내용은 학문적인 노력의 결과이며, 학문적 활동의 성격을 지니고 있는 것이다. 하지만 교과의 논리적인 특성만을 지나치게 강조할 때, 실제 가르치는 현장에서는 교과가 원래 가지고 있는 학문적 활동의 성격이 그대로 유지될 수 없다. 교육내용이 외부에서 주어지고 이미 완성된 것으로 제공되는 한, 실제 가르치는 장면에서 교육내용은 불가피하게 수정될 수밖에 없다. 학생들의 이해와 발달 수준이 낮기 때문에, 그리고 가르치고 배우는 학습 과정이 갖는 여러 가지 제약 때문에 교사는 가르치는 과정에서 순간순간 여러 가지 어려움에 직면하게 된다. 이러한 어려움을 극복하고 계속해서 주어진 내용을 다루려면 교육내용은 수업 상황에 따라 수정되고 변화되어야 한다(박철홍, 2002: 56-67).

Dewey는 직접적으로 교과 내면화를 말하지는 않았지만, 그가 말하는 교과의 논리와 학습자의 심리에 관한 일련의 주장은 결국 교과, 즉 교과의 지식을 자신의 것으로 만들어 경험의 재구성이 가능하도록 하는 것에 관한 주장이라고 볼 수 있다.

나. 교과의 점진적 조직: 교과를 삶의 발달 흐름과 내러티브 구조에 부합하기

특히 교과 내면화와 관련하여 교과의 점진적(progressive) 조직 혹은 진보적 조직과 관련한 주장을 들여다볼 필요가 있다. Dewey는 학생의 경험 속에서 교과가 세 개의 단계를 거치면서 성장한다고 본다. 첫 번째는 무엇인가를 할 줄 아는 것, 즉 걷고 말하고 쓰고 계산하고 자전거를 타는 것 등과 같은 직접적인 활동의 수행능력으로 존재하는 교과이다. 두 번째는 직접적인 활동의 수행능력과 관련을 맺으면서 이를 발전시키는 데에 도움이 되는 다른 사람들의 경험을 수용하여 알게 되는 것, 이른바 정보라는 형태로 존재하는 교과이다. 마지막은 전문가나 성인들의 지식, 즉 합리적이고 논리적으로 조직되어 있는 지식체계이다. Dewey는 교육의 문제가 교과의 발달단계를 고려하지 않고, 아이들에게 마지막 단계의 교과를 직접 전달하려는 데서 비롯된다고 본다.

이러한 세 단계를 고려해야 하는 이유는 학습자의 삶의 경험이 그러한 흐름으로 성장하기 때문이다. 이것은 마치 인간의 내러티브 구조와 유사한 것이다. 처음에는 스토리에 재미를 붙이고, 이야기 속의 주인공 삶에 감정 이입되고, 그 이야기의 주제에 담긴 메시지대로 성실하게 살고자 노력하고, 결국에는 그 이야기 속의 윤리적 주제에 헌신하고자 하는 흐름을 말한다. 교과를 가르치는 일도 마치 이러한 단계를 거쳐야 하는 것이다. 그러나 기존 지식교육에서는 이러지를 못하였다.

반면, 여기서 Dewey가 제안하는 교과내용의 진보적 조직이란 교과의 발달단계를 존중하면서 아이들의 직접적인 경험에 내재되어 있는 교과의 내용, 즉 무엇인가를 할 줄 아는 것이 점차적으로 논리적이고 합리적인 지식체계로서의 교과내용으로 발전되도록 하는 것을 의미한다(엄태동 편, 2001: 107-108).

다. 교과 내면화의 새로운 패러다임으로서의 내러티브 사고

주지하다시피 Bruner는 패러다임적 사고와 대비되는 것으로 내러티브 사고를 제안하면서 학교교육의 일대 변혁을 예고하고 있다. 거시적으로는 교육의 문화 차원에서, 미시적으로는 교실 수업의 실천 문제에서 많은 시사점을 얻을 수 있다. 특히 교실 수업과 관련하여 학생들의 교과 지식의 학습에서도 내러티브는 중요한 역할을 한다.

내러티브 사고는 어의적으로 보면 내러티브를 만드는 마음의 인지적 작용이며, 내러티브는 사고의 산문이다. 그 기본적인 의미는 이야기 혹은 이야기를 만드는 것이다. 내러티브 사고에서는 인간이 자신의 경험을 이야기하려는 보편적 경향을 가정한다. 특히 Bruner는 내러티브가 세계에 대한 우리의 경험과 지식을 조직하거나 서로 간의 의사소통과 학습에 있어서 가장 보편적이면서도 자연스럽고 손쉬우며 강력한 형식 가운데 하나라고 보고 있다. 이런 점에서 본다면 교과 지식의 학습 역시 자연스럽게 내러티브적으로 진행될 수밖에 없으며, 학습은 본질적으로 내러티브적이다. 이러한 점은 교과 내면화에도 시사하는 바가 크다. 내면화는 내러티브의 또 다른 이름이다. 내면화의 기제나 과정, 완성은 모두 내러티브적으로 이루어질 수밖에 없다.

따라서 교수-학습은 내러티브적으로 이루어질 수밖에 없다. 학습은 내러티브를 통해 의미를 만들어가는 과정이다. Bruner가 보기에 우리는 특정 의미가 창조되고 전달되는 맥락 내에서 의미와 의미 구성 과정을 해석할 수 있을 것이라는 점이다. 우리가 구성하는 삶과 우리 자신은 이러한 의미 구성 과정의 결과물이다. 인간은 이야기 속에서 살아간다. 세계에 대한 우리의 경험과 지식을 조직하거나 구성하는 가장 자연스러운 방법은 이야기를 만드는 것이다. 이야기를 말한다는 것은 최초의 즉각적인 경험을 그대로 기술하는 것이 아니라 특정한 방식으로 경험을 구조 짓는 것이다. 결국 어떤 것에 대해 이야기함으로써 경험을 계속적으로 해석하고 재해석함으로써 우리의 삶이 만들어진다. 그것이 바로 우리의 교육과정이 된다. 이런 점에서 교실 수업의 실제 이야기들의 상호작용과 의미 교섭이 주가 된다. 삶이 해석적으로 구성되고 지식 형성의 과정에서 경험의 구조화 양식으로 기능하는 내러티브는 우리가 만드는 교육과정이 되며, 그렇게 만들어지는 교육과정이 바로 내러티브가 된다.

요컨대, Bruner가 강조하는 지식의 구조는 학습의 온전한 상태가 이루어지는 것을 말한다. 온전한 학습은 이제 내러티브적으로 이루어진다. 사태를 인식하고 경험을 구성하는 틀로서 내러티브는 이제 학습을 구조화하는 기제이다. 이상과 같이 우리의 경험을 조직하기 위한 구조로서 내러티브 혹은 교육의 과정에서 하나의 수단(vehicle)으로서 내러티브(Bruner, 1996: 119)는 중요한 의미를 지닌다. 왜냐하면 이야기 구조는 학생들의 내적 지식에 이야기의 전형적인 구조를 형성하는 스키마로서, 학습에서 이야기를 이해하도록 안내하는 인지적 구조 역할을 하기 때문이다.

내러티브는 상상력과 해석적인 재구성을 통하여 학생의 이해능력과 양식을 다양화하고 학생의 의미 형성 기제로서 중요한 역할을 수행할 수 있다. 교육과정의 구현체로서 내러티브 수업은 이야기로서의 교수를 토대로 학생들의 교육적 관심과 발달적 측면에 초점을 두면서 이야기 양식을 활용하는 것이 중요하다. 그리고 학습기회의 제공을 의미하는 교육과정은 결국 이야기를 통한 학습의 통합으로 구체화되어야 한다. 보다 근본적으로는 학습 그 자체가 의미 만들기이며, 그것이 결국 내러티브를 의미하고, 그것은 곧 학습이 통합적으로 전개될 수밖에 없다는 점을 의미한다.

(5) 새로운 인간의 탄생: 호모 내로티쿠스 혹은 호모 내런스(한혜원, 2010)

① 인간 마음과 이야기 형식

학교교육에 종사하는 필자는 최근에 학생들이나 일반 사람들의 지적 능력을 개발시키는 데 도움이 되는 다양한 방안들이나 기법들을 유심히 살펴보는 버릇이 생겼다. 왜냐하면 너무나 많은 기발한 기법들이 등장하고 소개되고 있기 때문이며, 그 방법들이 도대체 어떠한 근거에서 나온 것인지가 궁금하기 때문이기도 하다. 예를 들어, 사람을 어떤 존재로 보는지, 사람의 정신이나 마음을 무엇으로 간주하는지, 인간의 기억 능력을 어떻게 설명하는지, 인간이 모여 사는 사회를 어떻게 설명하고 해석하는지 등등…….

그중에서 단연 근본적이고 중요한 것은 인간의 마음을 무엇으로 보는가 하는 것이다. 이것은 최근에 한국 경제의 첨병이나 미래의 투자가치로 각광을 받고 있는 '인간 두뇌'에 대한 관심과 연관되어 있는 주제이기도 하다. 이러한 흐름을 확장해 보면 인간 마음은 컴퓨터가 정보를 처리하는 것으로 비유된다. 과거 1960년대 전후하여 이루어진 인지혁명은 인간 마음을 '정보'를 '처리'하는 컴퓨터로 은유하였다.

그러나 지금은 컴퓨터 비유보다는 이야기하기(storytelling)의 비유가 더 적절한 것으로 이해되고 있다. 인간은 이야기를 통하여 의미를 구성하는 능동적인 존재이다. 인간 마음은 이야기, 즉 내러티브를 통하여 의미를 구성하는 것이다. 우리는 이야기를 통해 우리의 경험을 구조화하고, 이러한 방식을 우리 두뇌는 좋아한다. 인간 두뇌는 다양한 정보들을 이야기 형식으로 저장하며 문제에 적용한다.

이제 바야흐로 이야기의 시대이다. 예로부터 인간은 이야기를 통해 생존 방법을 전달하였다. 이 과정에서 이야기를 잘 전달하고 구성하는 민족이나 집단이 융성한 문화를 개척하였다. 인간이 구성하는 이야기나 내러티브(narrative)가 없으면 문화가 존재하지 않는다. 동시에 인간 두뇌도 진화하지 않는다.

우리의 마음은 뇌의 활동이고, 우리의 두뇌는 정보처리 기관으로 알려져 있다. 인간 마음은 우리가 세계와 상호작용을 하도록 하기 위하여 진화해 왔다. 이 상호작용을 가능하게 하는 것이 이야기이다. 우리의 사고는 이야기를 통하여 확장되며, 이야기는 우리 문화가 사라지지 않고 번성하게 하는 도구의 역할을 한다. 따라서 내러티브는 일종의 뇌의 활성체이다. 결국 이야기는 인간의 진화 과정에서 발생한 마음의 장치라고 볼 수 있다.

우리는 이야기를 통하여 생생한 삶을 살아가며, 개연성과 보편성을 담은 이야기는 우리에게 공감을 불러일으킨다. 이러한 이야기가 기억이 더 잘 된다. 기억을 담당하는 우리 뇌의 구조는 이야기 형식을 좋아한다. 이야기 형식을 통하여 인간 존재가 발전하였으며, 인간 마음이 진화해 온 것이다. 이제 우리는 인간 두뇌를 잘 이해하기 위해서는 우리가 우리 문화에서 발전시켜 온 내러티브에 주목할 필요가 있다. 이야기 형식으로 조직되지 않은 정보는 쉽게 망각되며, 자신의 경험에 대한 이야기 구성 능력이 없으면 디스내러티비아(dysnarrativia)라고 불리는 신경학적 질병에 걸린다. 이것은 뇌의 손상과도 연관되어 있다. 우리가 자기를 창조하고 재창조하는 것은 내러티브를 통해서라고, 그리고 자기는 우리의 이야기하기의 소산이지, 주관성의 깊숙한 곳에서 발견되는 어떤 본질은 아니라는 것을 주장해 왔다. 오늘날에는, 우리에게 우리 자신에 관한 이야기를 만드는 능력이 없다면 자아와 같은 그런 것은 존재하지 않는다고 하는 증거가 존재한다. 문화 자체는 하나의 변증법이며, 자아가 무엇인가에 대한 대안적인 내러티브들로 가득 차 있다. 우리가 우리 자신을 창조하기 위해 말하는 이야기는 그 변증법을 반영한다(Bruner, 2002).

이제부터라도 우리의 뇌를 사랑하려면 우리의 삶을 이야기하는 능력부터 길러야 할 것이다. 여기에서 타인과의 공감 능력이 생기며, 우리가 말하는 자아(self)가 만들어지기 때문이다. 타인과의 공감 능력이 어떻게 생겨나는 것일까? 타인과의 공감을 이루어 행복한 세상을 만들려면 내러티브는 어떻게 기여할 수 있는가? 그 한 방안으로 거울 뉴런이라는 것이 있다.

경험이 이야기 형식으로 잘 구조화된 사람의 두뇌는 매우 건강하다. 두뇌의 질병은 결국 자신의 경험을 잘 구조화시키지 못할 경우에 발생한다. 디스내러티비아는 이야기를 하거나 이해하는 능력의 심각한 손상이라고 일컬어지는 신경학적 질병이다. 이 병은 코르사코프 증후군(Korsakov's syndrom)이나 알츠하이머병과 같은 신경 병리와 연결되어 있다. 그것은 과거 기억의 손상보다 더한 것으로, 그 자체로 자기 자신에 대한 감각의 심각한 붕괴를 의미한다. 특히 코르사코프 증후군에서는, 기억은 물론 감정도 심하게 손상되어, 자기는 실제로 소멸된다. Sacks라는 학자는 중증의 코르사코프 증후군 환자 가운데 한 사람을 "혼이 나갔다"라고 묘사하고 있다.

이런 사례의 전형적인 증상 가운데 하나는, 다른 사람의 마음을 읽거나, 다른 사람들이 생각하고 느끼고 보고 있는 것에 말하는 능력을 거의 완전하게 상실하는 것이다. Paul John Eakin은 자기란 근원적으로 관계적인 것이며, 자기는 또한 타자이기도 하다는 확실한 증거로 이 사실을 들고 있다. '내러티브 신경과학'이라는 관점에서 보면 내러티브를 구성하는 능력을 상실한 사람은 자신의 자아를 잃어버린 것이다. 자기(self)를 구축하는 것은, 서술하는 능력 없이는 이루어지지 않는다(Bruner, 2002).

일단 내러티브의 능력이 갖추어지면, 우리는 우리를 다른 사람들과 연결해 주고, 우리로 하여금 상상된 미래의 가능성을 향해 우리 자신을 만들면서 우리의 과거를 선택적으로 상기하도록 해 주는 자아를 만들 수 있게 된다. 우리는 우리 자신을 지속적으로 형성해 주는 내러티브의 자원을 우리가 살고 있는 문화로부터 공급받는다. 우리가 우리의 자아를 얻기 위해 뇌의 기능에 얼마나 많이 의지하든 간에, 우리는 실질적으로 처음부터 우리에게 영양분을 공급하는 그 문화의 표현이다.

요컨대, 풍부한 문화 속에서 건강한 자아가 만들어지며 그 자아는 우리의 경험을 구조화해 주는 내러티브에 달려 있다. 내러티브를 통하여 건강한 자아가 형성되는 사람은 두뇌 기능 역시 잘 활성화되며, 뇌의 신경이 보다 섬세하게 작동되며 민감하고 창의적인 세계를 건설하는 데 기여하게 되는 것이다. 그러므로 이제 두뇌의 구조와 기능이 중요한 것이 아니라 두뇌를 춤추게 하는 우리의 내러티브가 중요한 것이다.

즉, 이야기를 잘 구성해야 두뇌도 건강해지고 자아 정체성도 높아진다. 그렇다. 사실 우리 두뇌는 신경학적으로 여러 조직으로 이루어져 있지만, 이야기에 민감하게 반응한다. 우리가 경험한 것을 이야기 형식으로 잘 구조화하는 사람의 두뇌는 매우 건강하다는 점이다. 소박하게 말하면 우리가 자녀의 두뇌 발달을 위하여 그림책이나 이야기책을 활용하는 것도 일면 매우 일리가 있는 이야기이며, 어린 시절 할머니로부터 옛날이야기를 많이 듣고 자란 아이는 성격이 원만하다는 연구도 있다.

우리 두뇌의 질병은 자신의 경험을 잘 구조화시키지 못할 경우에 발생한다고 한다. 앞에서도 지적하였듯이, 디스내러티비아는 이야기를 하거나 이해하는 능력의 심각한 손상과 관련된 신경학적 질병으로서, 자기 자신에 대한 감각의 심각한 붕괴를 의미한다.

인간은 이야기하는 동물, 이야기하는 본능을 지닌 호모 나랜스(Homo Narrans)이다. 이야기하는 동물인 셈이다. 최근에 출간된 『스토리텔링 애니멀(Storytelling Animal)』의 저자인 조너선 갓셜은 이 점을 부각시킨다. 그의 2009년 연구에 따르면 미국인이 하루 읽기에 할애하는 시간은 20분 남짓이지만 TV 화면과 영화 스크린 앞에서 1년에 1,900시간, 하루 평균 5시간을 쓴다고 하면서 이들 모두는 이야기 형식으로 이루어지는 스토리텔링이라는 것이다. 왜 그럴까? 도대체 왜 우리는 이야기에 매혹되는 걸까. 우리는 왜 이야기에 쾌락을 느끼도록 진화했나. 물론 다른 사람이 어떤 행동을 하거나 정서를 체험하는 것을 지켜보면서 나의 뇌가 똑같이 반응하는 '거울 뉴런 효과'라는 것으로 설명이 가능하다. 영화를 보면서 주인공이 느끼는 감정 상태를 관객이 동일하게 느끼는 것도 이 때문이란다.

우리 뇌가 이야기와 밀접하게 관련되는 점은 우리 뇌에는 이야기꾼이 숨어 있기 때문이다. 몽타주 이론이라는 것이 있다. 몽타주는 프랑스어로 부분품의 조립을 의미한다. 부분들이 조합되어 하나의 완성품으로 만들어지는 것으로 정의할 수 있다는 얘기다. 영화의 몽타주는 한마디로 샷과 샷을 잇는 것으로 편집을 의미하는데 시청각적 요소들이 상호 유기적으로 결합되어 이야기를 효과적으로 전달할 수 있게 해 주는 역할을 한다. 영화라는 매체는 단순히 사물을 보여 주는 것만이 아니라 샷들을 결합하고 구성하여 이야기를 창조하는 것이다. 이처럼 우리 뇌도 이야기로 구성해 내는 놀라운 능력이 있다는 것이다. 조너선 갓셜의 책, 『스토리텔링 애니멀』을 해설한 권재현 기자는 우리 왼쪽 눈의 위쪽과 뒤쪽 3~5cm 지점에는 단편적 정보를 이야기로 엮어 내야 직성이 풀리는 '셜록 홈즈'가 산다고 풀이한다. 몇 개의 분할된 장면을 보여 주면 관객이 이를 엮어 하나의 이야기로 구성해 낸다는 몽타주 이론도 실은 이런 우리 뇌의 이야기꾼 기질 때문이라는 것이다. 이 기질이 과도하게 발달하면 천재 아니면 광인이 된다.

이러한 점을 우리가 수용한다면 우리 교육의 방향은 어떠해야 하는가? 많은 시행착오를 통해서 만들어진 편집된 이야기가 우리 두뇌를 건강하게 하는 것이라면 교육은 낯설고 새로운 것들에 대하여 의미를 부여하고 새로운 시각으로 해석하고 다양하게 해결해 보는 교육이 필요해진다. 동시에 이야기 만들기 능력이나 내러티브 민감성, 민담이나 설화, 신화를 읽는 것 등이 필요하다. 『탈무드』라는 내러티브가 역사적으로 잘 전승되어 활용하고 있는 유대민족의 능력을 보면 이야기와 두뇌 능력과의 관련성은 가히 어느 정도인지 짐작이 갈 줄로 안다. 이제 우리 뇌의 이이기꾼의 기질을 잘 발굴하고 건강하고 뛰어난 두뇌 개발을 위하여 다양한 이야기 소재들을 교육에 활용해야 하는 시점에 와 있다.

2. 지식교육의 미래

1) 지식교육의 다양한 지평(강현석, 2000)

과거 회자되던 '지식기반 사회'의 논의나 통념적 수준에서 접근하는 지식교육에 대한 입장들은 너무 제한적이고 협소한 측면이 존재했다. 앞으로 지식의 문제는 그 개념과 성격이 보다 엄밀하게 검토되어야 할 것으로 보인다. 현재 통념적이고 상식적으로 지식의 개념과 성격을 정보와 관련하여 파악하는 방식은 부분적인 해답만을 줄 수밖에 없다. 왜냐하면 그러한 설명방식은 지식의 본래적 성격에 비추어 보면 지식의 문제를 설명하는 다양한 방식 중에서 매우 협소한 방식에 해당하는 것으로 볼 수 있기 때문이다. 역사적으로 지식의 문제를 조망하는 방식은 다양한 맥락에서 다양한 방식으로 제시되어 왔다. 그러한 방식들은 지금의 '지식기반 사회'에서 논의되고 있는 지식의 문제들을 포괄하며 최소한 그 문제에 관하여 지적 표준을 제공해 준다는 점에서 보다 근본적이며 심각하다고 볼 수 있다. 보다 확장하여 말한다면 작금의 지식에 대한 언급은 역사적으로 존재하고 있는 설명방식들에 상당 부분 내재되어 있으며 그러한 설명방식들에 비추어 보면 매우 단편적인 성질을 띠고 있다.

앞으로는 지식교육의 문제를 비판적으로 성찰할 수 있는 포괄적 준거로서 기능할 수 있는 다양한 설명방식들을 살펴보고 거기에 가정된 지식 혹은 지식교육에 관한 문제를 논의해 보는 일이 필요하다. 이러한 일은 현재 우리가 접하는 지식에 관한 논의가 얼마나 부분적인지를 검토하는 데 중요한 단서로서 기능할 수 있을 것이다.

첫째, 자유교육의 전통을 들 수 있다. 자유교육은 고대 그리스의 플라톤, 아리스토텔레스에서 피터즈(R. S. Peters), 허스트(P. H. Hirst)에 이르기까지 긴 역사를 가지고 있다. 교육학의 논의에서 자유교육에 대해 다양한 설명방식이 존재하고 있는 실정이지만 본 연구에서의 관심은 자유교육의 본질과 이념에 있기보다는 자유교육에 대해 공통적으로 합의되고 있는 일반적 특징에 비추어서 지식의 문제를 조명하는 데 있다. 그러나 대강의 역사적 고찰에 따르면 자유교육은 가치 있는 삶을 위한 교육이라는 추상적인 원리로 해석될 수도 있고, 직업교육과 대비되는 일반교육 혹은 교양교육이라는 뜻으로 해석될 수도 있다. 그러나 Peters(1978: 3)의 지적대로 자유교육에 대한 모든 해석에 공통된 것은 '지식과 이해'에 가치를 둔다는 점이다. 지식과 이해를 추구하는 것이 마음의 자유로운 발달을 가져오기 때문이다.

아리스토텔레스가 보기에 교육은 인간의 몸과 마음의 자유로운 발달을 위한 것이므로 자유로운 활동들을 자유인의 삶에 적합한 방식으로 가르치는 것이어야 한다. 그러한 의미로서의 자유교육은 인간의 자유로운 삶을 위한 것이고, 그 점에서 '좋은 것'이고 또 자유인을 위한 것이다. 그러나 비교적 체계성이 있는 주장을 Hirst(1965)의 생각에서 찾아볼 수 있다. 그에 의하면 자유교육은 그 범위와 내용이 지식 그 자체에 의해서 결정되며 마음의 발달을 목적으로 하는 교육이고, 무엇을 가르치고 어디까지 가르칠 것인지가 지식 그 자체의 본질에 의해서 결정되는 교육이다. 그리고 그것은 인간의 합리적인 마음을 계발하는 것이며 그러한 마음을 발달시키기 위하여 '지식의 형식(forms of knowledge)'을 배워야 한다. 이러한 지식의 형식은 일종의 개념적 틀이라고 할 수 있는데, 그것은 우리가 사용하는 언어에 내재되어 공적 전통으로 전수된다는 것이다.

자유교육에 대한 논의에서 허스트는 지식과 마음의 개념을 분석함으로써 그 체계를 설정하려고 했는데 그 체계에 의하면 마음과 지식은 의미상으로 관련되어 있으며, 지식과 이해의 획득은 마음의 발달을 의미한다. 자유교육은 지식과 이해를 추구하는 교육이므로 그것은 합리적 마음의 발달을 지향하는 교육이다. 그리고 합리적 마음은 가치 있는 삶의 핵심이므로 자유교육은 곧 가치 있는 삶을 보장하는 교육이다. 결국 그는 지식과 이해를 추구함으로써 합리적 마음의 발달을 도모하는 자유교육이 교육의 전형 또는 이상적인 모습이라고 보고 있다.

피터즈(1978: 3-20)는 '자유교육'이라는 말을 첫째, 지식이 그 자체를 목적으로 추구되는 교육, 둘째, 마음을 특정 학문이나 이해의 형식에 한정시키지 않는 일반교육, 셋째, 독단적이고 권위주의적인 교육방법으로부터 자유로운 교육 등으로 쓰일 수 있다고 보았다. 이것은 자유교육이 지식을 추구하는 목적이나 태도, 추구되는 지식의 범위, 교육방법에 의해 규정될 수 있다는 것이다. 자유교육의 전통이 다양하기 때문에 단정적인 언급을 할 수는 없지만 대체적으로 합의하는 것은 합리성을 획득하여 마음을 발달시키는 것이 교육목표가 되며 교육내용으로는 지식 그 자체를 목적으로 하는 이론적 지식이 해당된다.

둘째, H. Spencer 입장을 들 수 있다. 스펜서는 교육은 과거의 전승이나 현재의 완성보다는 미래의 완전한 생활(complete life)을 위한 준비에 강조를 두며, 이를 위해 개인과 사회가 가진 잠재가능성을 실현해 가는 과정으로 보았다. 생활목적에 대한 적응과 부적응을 기준으로 진화를 설명한다. '어떤 지식이 가장 가치 있는가?'라는 글에서 그는 교육에서 과학을 최고의 지식으로 보았으며 고전을 가장 낮게 보았다(1949: 1-51). 생활의 목적에 가장 기여하는 지식, 즉 완전한 생활을 위한 준비로서 필요한 지식을 중심으로 교육목적과 내용을 재구성할 것을 강조했다. 이는 단계별로 볼 때 직접적으로 자기보존에 공헌하는 지식, 간접적으로 자기보존에 공헌하는 지식, 자녀의 양육과 교육에 필요한 지식, 적절한 사회적·정치적 관계를 유지하는 지식, 취향과 감정의 만족에 필요한 지식으로 구성된다.

그의 사회 진화론적 교육관에 따르면 교육목적은 궁극적이고 최종적인 목적에 의해 지배되지 않고 사회 진화와 진보에 따라 변화될 수 있는 것이다. 교육은 사회에서 현재 생활의 유지라는 목적과 함께 적절한 형태의 사회 진화를 가능하도록 함에 있다. 교육을 통해 인간은 사회생활의 경험과 문화를 획득하고 부단히 진화하는 새로운 사회조건에 대응할 수 있는 능력을 획득해야 한다. 사회 진보와 개선을 위한 교육의 개조적 기능도 넓은 의미에서 이 입장에 의해 조명될 수 있다(정호표, 1993: 80-81).

스펜서의 교육론은 생활 준비와 적응의 교육으로서 공리적·실용적 관점에서 사회에 대한 준비로서 이해될 수 있다. 그것은 완전한 생활을 위한 준비로서 교육이다. 이 입장은 교육준비설에 따른 입장이다. 그에 따르면 생활에 필요한 지식이 더욱 가치 있는 지식이며 교육의 보편적·합리적 목적을 결정할 수 있는 준거는 공리성에 있다. 그는 지식의 가치와 함께 행위의 선악도 생활에 대한 적응과 비적응에 따라서 판단하여 이를 교육목적으로 설정하려 하였다.

셋째, 듀이적 접근을 들 수 있다. 듀이는 지식의 상대성과 지식 산출의 과정으로서 탐구를 강조하였다. 그러므로 지식은 '보증된 언명 가능성'으로서의 행위의 양식으로 보았다. 안다는 것(knowing)과 행한다는 것(doing)은 별개의 것이 아닌 하나의 사실로 보아서 지행을 통합시켰다. 그래서 지식을 doing과 knowing의 통합체로 보았으며 인간은 사고인인 동시에 행동인이라고 할 수 있다. 이 같은 지식은 경험을 통제하고 환경에 적응하기 위한 수단으로서 도구의 기능을 한다. 그러므로 지식의 가치는 그 기능에 있으며 그것이 실천되는 데 있다. 따라서 듀이에게 있어서 지식은 삶의 본질적인 국면인 질적 경험을 통제하고 그것의 의미를 감상하고 풍요롭게 하는 도구이다. 그것은 경험의 성장을 위한 도구이다. 즉, 경험의 의미의 풍요와 확대의 수단이다. 경험의 재구성, 즉 성장의 도구가 된다는 의미이다. 성장의 도구로서 지식은 상호작용에 의해 가능하다. 듀이에게 영원한 본질은 없으며 본질이 있다면 그것은 영원히 변화하는 상호작용만이 있을 뿐이며 탐구의 결과로 세상은 달라지는 것이다. 탐구의 결과로 생겨난 지식은 종전과는 달리 세상을 풍부하게 음미하는 수단이며 또한 다음의 탐구를 위한 도구가 된다. 이것이 도구주의의 의미이다(Dewey, 1928: 283-286).

듀이에게 지식(교과)은 서양의 자유교육 전통과 달리 그 자체로서 가치 있는 것이 아니라 학습자의 경험의 성장에 도움이 될 때 교육적 가치를 지니는 것이다(1966: 130). 듀이가 전통적 교과관을 비판하면서 교과 그 자체를 경시한 것이 아니라 교과의 그릇된 사용을 비판하였다. 교과만을 강조해서도 안 되고 학습자의 동기나 필요만을 강조해서도 안 되며 중요한 것은 교과와 학습자가 상호작용하는 방식에 있다. 즉, 교과(지식)가 현재 학생의 필요나 능력과 어떻게 상호작용하는가에 신경을 써야 한다.

요약하면, 듀이에게 있어서 지식이란 일차적 경험의 반성적 결과로서 경험의 재구성의 도구가 된다. 이러한 경험 재구성의 과정에서 반성적 사고 능력이 중요하며 그것이 성장을 위한 도구가 된다. 따라서 지식은 문제해결을 위한 반성적 사고 능력이며 그것이 지성(intelligence)을 의미한다.

넷째, Bruner(1960)의 입장을 들 수 있다. 그의 생각은 지식의 구조에 대한 논의에 집중되어 있다. 여기에서는 지식의 구조가 지니는 이점을 중심으로 논의해 본다. 일반적으로 지식의 구조는 교과의 기저를 이루고 있는 기본 개념과 원리, 일반적 아이디어로 볼 수 있다. 또한 그것은 사물이나 현상이 어떻게 관련되어 있는가를 파악하는 것이며 습득해야 할 토픽이 아니라 사고방식을 의미한다. 이러한 지식의 구조가 지니는 이점으로는 기억하기 쉽고, 이해하기 쉬우며, 학습사태에서 배운 내용을 학습사태 이외의 사태에 적용하기 쉽고, 초등지식과 고등지식 사이의 간극을 좁힐 수 있다는 것이다. 따라서 지식의 구조는 학습의 경제성을 보장해 주며 특수화와 일반화의 관계를 통해 이해의 효율성을 가져다주며 지식 응용과 활용을 보증해 주며 지식의 수준 문제를 신축성 있게 해결해 준다.

그리고 강현석(1996)에 의하면 지식의 구조는 진화하고 역동성을 지닌다. 아울러 지식의 경제성을 지니며 탐구의 질서를 준수한다는 것이다. 이러한 성질들은 '지식기반 사회'에서 가정된 지식이 겨냥하는 성질들을 모두 포함한다고 볼 수 있다. 따라서 '지식기반 사회'의 지식은 유달리 새로운 것이기보다는 이미 지식의 구조라는 아이디어에 붙박혀 있는 것들이다. 이와 같이 지식의 구조를 상세히 재음미해 보면 거기에는 최근의 지식기반 사회에서 추구하는 지식의 개념과 성격을 재해석할 수 있는 가능성이 숨어 있음을 알 수 있다.

2) 지식의 교육적 가치 복원과 합리주의 오류 극복하기

(1) 지식의 교육적 적합성과 가치(강현석, 2000)

지식의 다양성과 그 가치를 이해하는 일은 올바른 지식교육을 받았을 때만이 가능하다. 지식교육은 지식의 성격을 올바르게 파악하고 그것에 충실하게 이루어져야 하며 모든 지식이 교육되는 것은 아니며 일정한 가치를 지녀야 한다. 그리고 지식교육을 받은 사람이라면 가치 있는 삶을 살아야 한다. 그래서 지식교육은 중요한 것이다.

원래 지식에 대한 기원과 본질 등에 관한 문제는 인식론에서 다루어진다. 교육에서는 지식을 가르친다는 것은 무엇인가, 지식은 어째서 가르쳐야 하는가, 지식을 가르침으로써 학생을 어떤 인간으로 육성하고자 하는가 등에 관심이 있다. 지식 개념에 대한 문제는 전통적으로 인식론에서 다루어져 왔다. 그러나 여기에서는 지식교육의 차원에서 지식의 교육적 가치와 적합성에 관한 문제로 한정하여 논의한다.

우선, 모든 지식이 교육적 적합성을 갖는 것은 아니다. 정호표(1993: 212-213)는 교육적 지식을 결정하는 준거를 다음과 같이 제시하고 있다.

첫째, 교육목표와의 관련성을 들 수 있다. 교육적으로 적합한 지식은 교육목표로 진술된 행동, 능력, 성격적 특성을 함양하는 데 적합한 지식이다. 따라서 학문적 기준보다는 교육적 기준이 중요하다. 또한 여러 가지 교육목표와 교육활동으로 인도할 수 있는 지식이 교육적으로 가치 있다.

둘째, 내용의 참신성과 보편타당성을 들 수 있다. 이는 교육의 진보적 기능과 보수적 기능에 필요한 지식으로 규정될 수 있다. 새로운 지식의 출현과 그에 따른 진보도 필요하며, 과거의 지식도 문화유산으로서 필요하다. 현대의 지식의 폭발, 즉 과학적 지식의 증가는 학교 지식의 증가와 이를 효과적으로 전달하는 방법의 개선을 요구한다. 보편타당한 지식은 사회의 기본 생활에 필요한 공통적 지식을 말하는 것이다.

다음에는 생활에의 유용성을 들 수 있다. 이는 인간생활에 적응하고 문제해결을 하는 데 필요한 것으로 도구적·상대적 지식이다. 이는 동적이며 기능적이고 행동할 수 있는 지식을 학교 지식으로 간주한다. 따라서 생활에서의 활동이 통합적일 때 생활에 유용한 지식도 단편적이 아닌 통합적인 지식이어야 한다. 요컨대, 생활 상황에서는 여러 가지 지식이 복합적으로 작용하기에 학교지식은 분과적 지식의 나열보다는 지식의 통합을 지향해야 한다. 또한 사회 현실에의 적절성도 학교지식의 선정기준이 된다. 교육적 지식은 단순한 과거의 문화유산이 아니며 현재 사회에 기여하고 미래 사회에 적합한 내용이 되어야 한다. 그러므로 사회집단 내의 인간관계, 사회적 가치관 등을 포함하는 지식과 사회적 변화에 대응하는 지식을 학교지식의 체계에서 고려해야 한다.

지식교육은 지식을 어떻게 가르치면 학생들이 올바른 관점이나 태도를 가지게 될 수 있는가라는 방향으로 나아가야 하며 그러한 맥락에서 교육과정의 문제를 조명해야 한다. 따라서 교육과정에서는 지식교육이 핵심적 문제로 다루어져야 한다. 여기에서 올바른 관점과 태도의 함양을 위해서는 지식의 유용성과는 무관한 이론적 지식을 소중히 생각하는 전통이 있다.

왜 우리는 지식을 실제적 유용성과 무관하게 소중하게 생각하는가, 왜 우리는 이론적이고 명제적 지식을 실제적 지식보다 소중하게 생각할 수 있는가 하는 문제는 지식교육에서 설득력이 높다. 이와 관련하여 이홍우(1992: 33-41)는 지식교육의 중요성을 강조하면서 지식 위주의 교육에 대한 대안으로 다른 형태의 교육을 제시하기보다는 지식의 성격에 충실하게 교육할 것을 제안하고 있다.

그런데 이러한 주장에 가정되어 있는 지식에 대한 성격은 '지식기반 사회'에서 추구하는 그것과는 매우 상이하다. 지식은 삶의 총체성과 연관되어 있으며 가치의 문제에서 자유롭지 못하다. 지식교육이라는 명목으로 소위 나열된 사실적 정보들을 가르치고 그 결과 자신의 삶과 의미에 하등의 영향을 미치지 못하는 것은 지식교육의 본질에 어긋난다. 따라서 지식교육은 배울 가치가 있는 지식에 관심을 가져야 한다. 교육의 중요성은 지성 개발에 있다. 인생의 의미를 실제적 가치에서만 찾으려는 것은 올바른 지식교육을 체험해 보지 못한 탓이다. 지식교육이 올바르게 이루어졌을 때 우리의 삶의 태도와 관점은 어떠해야 하고 앎의 상태는 어떠해야 하는가.

이와 관련하여 황규호(1998: 77-100)는 지식교육이 추구하는 앎의 상태를 '직접 경험'의 상태로서의 앎, 사고 능력으로서의 앎, 인지구조 형성으로서의 앎, 전신체적 반응으로서의 앎, 판단양식의 일치로서의 앎으로 제시하고 있다. '지식기반 사회'의 논의에 가정된 지식교육은 올바른 지식교육이 이루어진 이러한 다양한 상태들에 비추어 보면 매우 단편적이다. 거기에 가정된 앎의 상태는 앞의 분석에 따르면 어느 상태의 앎이라고 말하기에는 유보적이지만 이해의 차원이기보다는 지식의 활용과 가공의 성격에 가깝다고 볼 수 있다.

지식의 교육적 가치를 이해하고 올바른 지식교육이 이루어지기 위해서는 지식에 대한 이분법적 구분을 지양하고 삶에 의미를 부여하는 지식교육에 관심을 가져야 한다. 지식의 가치문제를 논하고 있는 Degenhardt(1982)는 도구적으로 유익한 지식과 내재적으로 가치가 있는 지식의 양분은 그릇된 것이라고 주장하고 개인의 삶에 의미를 부여하고 개인이 자신의 목적을 결정하는 데 도움이 되는 지식이 교육적으로 가치 있는 지식이라는 것이다. 지식교육의 방향은 여기에 주목해야 한다.

(2) 지식과 삶의 관계: 합리주의 오류를 넘어 내러티브 원리로

우리는 흔히 학교에서 배우게 되는 지식과 인간사에서 적응해 나가는 데에 필요한 것들을 분리하여 생각하게 된다. 학교에서 배우는 지식은 교과서에서나 존재하는 것이고 학교 시험 보는 데에 필요한 것이니 그 경우에만 공부하면 된다는 식이다. 이러한 상식적인 생각을 더 증폭하여 학교 지식은 쓸모없는 것이라는 결론에 도달하기도 한다. 과연 이러한 생각은 올바른 것인가? 장차 미래 사회에서 지식은 어떠한 위치에 있게 되는가, 혹은 어떠한 대접을 받아야 하는가?

이러한 생각을 증폭시킨 데에는 학술적으로 말하면 '합리주의의 오류'가 큰 영향을 미친 것으로 생각된다. 합리주의의 오류란 이성 또는 인지능력의 작용을 그 외의 인간의 정신능력, 즉 감각 경험, 정서, 좋아하는 감정, 욕망 등을 포함하는 정의적(affective) 능력이나, 행위, 성향, 의지 등과 같은 활동적(conative) 능력 등과 사실적으로 분리되어 있다고 보고, 이 중 인지능력으로서의 이성의 힘이 개인의 삶의 방향을 결정지어야 한다고 보는 오류이다. 우리가 전통적으로 강조해 온 자유교육 이념은 이성의 힘에 절대적으로 신뢰를 보여 이론적 지식을 강조해 온 것이 사실이다. 이러한 사상을 강조해 온 Peters와 Hirst의 주장으로 우리 학교교육 역시 이론적 지식을 학교에서 우선시하는 방식으로 지식교육을 해 온 경향이 강하다.

그러나 미래에는 이론적 지식, 인지능력으로서의 이성의 힘에 경도된 지식교육에 대한 생각이 유효할까? 여전히 관조적인 이론적 지식이 강조되어야 하는가? 지식은 인간의 구체적 삶과 분리되어 이해될 수 없다. 그리고 지식의 성격과 가치는 실제적 문제해결 활동과의 관련 속에서 파악될 수 있다. 그렇다고 하여 이론적 지식을 폐기할 것이 아니라 이론적 지식 역시 인간 삶과 여전히 관련을 맺고(직접적 관련이 아닌 간접적 관련 등) 있는 것으로 보아야 한다. 최근에(반드시 최근은 아니지만) 이러한 변화에 중요한 조짐을 보이는 입장들이 존재한다. 대표적으로 Hirst의 프랙티스(practice)에 기반한 교육, MacIntyre의 실천전통에 가치를 두는 교육, Oakeshott의 전통의 가치를 주목하는 교육 등이다(황규호, 이희영, 2002).

프랙티스에 주목하는 후기 허스트는 초기의 자유교육 이념을 반성하고 그 대안으로 프랙티스 중심의 교육을 내세우고 있다. 그는 자유주의 교육과 이를 비판했던 공리주의 전통들 모두 합리주의의 오류를 저질렀으며, 개인주의적 인식론의 문제를 안고 있다. 이성이란 인간의 삶과 분리되어 독립적으로 존재하는 것이 아니라 인간 삶의 테두리 안에서 사회의 영향을 받으면서 형성되는 사회적 구성물이라는 것이다. 따라서 자유교육에서 추구한 합리적 인간 형성 노력도 사회를 떠나서는 무의미하다. 이제 우리는 인간의 공적 언어에 의해 가능한 지식과 이해의 성장에 주목해야 한다. 지식교육도 인간 삶의 전통에 주목할 필요가 있다.

지식을 인간의 삶과 관련하여 파악하는 오우크쇼트는 전통이라는 것은 무비판적이고 기계적이며 무반성적인 것이 아니라는 것이다. 자유주의 교육 이념은 전통의 가치를 제대로 보지 못하였으며, 이원론적인 사고에 한계가 있음을 지적하면서 인간 삶과 지식의 관련성에 주목할 것을 강조하였다. 프랙티스에서 일반적인 프랙티스 원리가 추상화되고 이 원리에서 추상화된 것이 이론적 지식이므로 지식은 그 배경으로 인간 삶의 총체성과 분리되어 생각할 수 없다는 것이다. 장차 미래의 지식교육은 지식과 인간 삶을 분리하는 합리주의의 오류에서 벗어나서 양자의 관련성에 주목해야 한다. 지식의 원천으로서 행위의 전통이나 인간 삶의 전체성을 바라볼 필요가 있다. 그 원천으로서 인간 삶의 전체성은 내러티브에 의해 풍부해진다. 따라서 지식과 인간 삶의 관련성은 내러티브 이론에서 극대화될 수 있기에 내러티브 기반 지식교육의 미래는 긍정적이라고 전망할 수 있겠다.

3) 지식교육과 정서교육의 통합: 이론적 접근

(1) Bruner의 사고와 정서의 상호작용 문제(Bruner, 1986: 196-202)

이 문제는 Bruner(1986)의 연구물에 기초하여 제시해 본다. 우리는 각자 다른 방식으로, 다른 입장에서 세상을 파악한다. 우리가 세상을 알게 되는 방식 역시 각기 다른 구조, 인식 혹은 '현실'을 낳는다. 우리는 어른으로 성장하면서(적어도 서구 문화에 있어서) 다양한 관점 혹은 입장에서 동일한 사건을 보는 데 익숙해진다. 또한 결과를 대안적으로 가능한 세계로 인식하게 된다. 모두들 인정하듯이, 아이는 다양한 관점을 잘 취하지 못한다. 기존의 주장처럼 아이들이 모두 똑같이 자기중심적이라고 믿기는 힘들다. 즉, 아이가 언어를 습득하기 위해서는 다양한 관점을 취하는 인간의 능력을 이해할 수 있는 형태로 보여 주어야 한다. 아이는 자신이(혹은 어른이) 취할 수 있는 각 관점 안에서, 단순히 '올바른 이성'에 준하는 결과를 낳기보다는 내부 '논리'를 지닌 구성 원칙을 사용할 수 있게 된다. 내부 논리는 과학자와 마찬가지로 아이도 인내하며, 과학자와 아이 모두 원칙으로 정해진 방법을 고수할 수 있다고 증명한 것은 피아제였다.

하지만 새로운 양식(New Look)의 시대에서부터 현대에 이르기까지 여과 및 정보처리 과정을 연구한 일부 학자들은 세상을 표현하는 각 방식에는 입력 정보로 '받아들일 수 있는' 것을 구분하는 법칙이 포함되어 있다고 주장하였다. 즉, 경험은 '이론에 따라 달라지는' 것이 아니라는 것이다. 어떤 구성 방식을 쓰든 간에 인간의 처리 체계는 한계를 지니며, 그 때문에 입력 정보에 대한 해석은 물론 입력 정보 선택에 제한이 생기게 된다. 50년 전에 Robert Woodworth가 말했듯이, 제대로 보지 않고 볼 수 없으며, 제대로 듣지 않고 들을 수 없다. 제대로 보고 듣는 것은 기대, 입장 및 의도가 있어야지만 가능하다.

기대, 입장 및 의도와 더불어 문화도 있어야 한다. 우리는 서로 다른 식으로 이루어진 세상과의 만남이라는 경험에 서로 다른 '현실' 입장을 부여한다. 우리는 특정 형태의 지식이나 잠재적인 세상을 낳는 입장은 매우 중요시하는 경향이 있다. 그리고 그런 입장이 '과학적'이거나 '합리적'이거나 '논리적'인 입장이 된다. 그런 입장이야말로 아주 자세하고 정확하게 재현 가능한 경험을 설명할 수 있기 때문이다. 하지만 인간 경험은 대부분 아주 자세하고 정확하게 재현 가능하지가 않다. 20년 전 John Austin이 지적했듯이, 인간 담화의 대부분은 증명 가능한 분석적 혹은 통합적 형태를 띠지 않는다. 인간은 요청, 약속, 친분, 협박, 격려 등과 관련이 있는 구성주의적 현실에도 직면하기 때문이다. 심지어는 특정한 형태의 약속에 따라 기준 조건을 따르지 않은 사람들을 처리하기 위해서 감옥과 같은 현실을 만들어 내기까지 한다.

따라서 하나의 세상을 만들고 경험하는 각각의 방법을 특정한 입장(이들 입장 중 일부는 '정서적'으로 분류되고, 또 다른 일부는 다른 식으로 분류됨)의 연장, 즉 선으로 봐서는 안 된다. 그런 식으로 대수롭지 않은 듯이 다루어서는 안 된다. 물론 우리가 합리적이라고 여기는 입장(대중 일상심리에서 고전적인 추상이 발휘하는 힘을 볼 때)이 아무런 입장도 아닌 것처럼 인식될 소지도 있다. 그러니까 '올바른 이성'으로 불리는 기계 안에서 귀신에 의해 자동으로 작동되는 것처럼 여겨질 위험도 있다. 하지만 자기 치료 방법을 도입하여, '정서적'이라는 단어 대신 '열정적'이라는 단어를 써 보자. 그러면 그렇게 구분하고 싶은 마음이 덜 생길 것이다.

그렇지만 어떤 사람이 '통제 불능'이고, 또 다른 사람은 통제 불능이 아니라고 말할 수는 있다. 이는 법칙조차도 인정하는 구분이다. 사전에 제대로 숙고해서 누군가를 죽이겠다는 계획은 순간적인 열정에 사로잡혀 저지른 범죄(crime passionelle)와 구분해야 한다. 이런 구분에 따라 '정서'는 강렬한 열망과 아무런 관련이 없는 것으로 인식된다. 그리고 강렬한 열망이 통제 불능인 경우에만 그와 관련 있는 것으로 여겨진다. 이는 일반상식으로 생각해 봐도 옳은 말이다. 정서는 세계를 구성하는 방식이 통제 불능일 때 일어난다. '통제 불능'을 입력 정보로도 '수정이 불가능한 것'으로 이해할 경우, 심리학 문헌에서 관련 논의를 찾을 수 있다. 바로 Yerkes-Dodson 법칙이 그것이다. 이 법칙의 첫 번째 주장에 따르면, 어느 시점까지는 동기가 강할수록 학습 속도가 빨라진다고 한다. 하지만 그 시점을 지나면 동기가 강해지면서 해당 주체가 '통제 불능' 상태에 빠지게 되고, 그 결과 학습 속도가 느려지게 된다.

요약하자면 동기가 너무 강할 경우 효과적인 인지를 방해하는 상태가 만들어진다는 것이다. 이 상태에 임시적으로 '정서'라는 이름을 붙여 놓자. 그렇게 되면 정서의 특징을 파악하는 것(부드러운 정서란 무엇인가?)이나 감정을 야기하는 조건을 파악하는 것이(정서는 분명히 통제 불능 외에도 다른 요소와 관련이 있다) 너무 조잡하게 된다는 사실을 바로 인정하지 않을 수 없게 된다. 하지만 이는 인지와 감정이 어떻게 상호작용하는지를 논의하는 주제에서 흥미로운 단계가 아닐 수 없다.

지금까지 논의가 진행되면서 '사고와 정서'에 대한 일반적인 질문은 더욱 구체적으로 변했다. 한편으로는 과제 수행에 필요한 적정량의 동기를 구체적으로 파악할 수 있었고(Yerkes-Dodson 법칙에 따라), 또 다른 한편으로는 그런 조건에서 정보 수집량이 떨어지며, 심지어는 정보 보기가 '협소하거나' '획일적으로' 변한다는 것까지 알 수 있었다. 욕구가 강한 경우, 정보처리에 걸리는 시간이 줄고, 정보처리의 깊이가 얕아진다는 말이다. 목적에 너무 몰두할 경우, 목적을 달성할 수 있는 수단을 제대로 활용할 수 없게 된다.

쥐 실험 결과를 인간과 같은 고등생물에 '대입'하고 싶은 유혹을 느끼는 독자도 있을 것이다. 예전에 읽은 한 정신분석가의 사례 보고서가 떠오른다. 환자는 진료실로 들어오자마자 주위를 둘러보더니, 가구 배치가 달라졌다고 의사에게 말했다. 그리고 어떻게 해서 그 사실을 알아차렸는지는 자신도 모르겠다고 답했다. 의사는 환자에게 "날 자세히 보세요."라고 했고, 환자는 시키는 대로 했다. 그래도 환자는 의사의 한쪽 눈이 시퍼렇게 멍든 걸 알아차리지 못했다. 자신도 인정했듯이, 환자는 의사에 대한 자신의 적대감을 억누르느라 정신이 없었던 것이다. 더불어 그는 어린 시절 자신을 거부하고 자신에게 차갑게 대했던 엄마에 대한 적대감을 인정하지 못하고 있었던 것이다. 입력된 정보를 '협소'하게 만든다는 개념을 그 환자에게 적용할 수 있을까? 답이 나오기까지 어려운 진통이 예상된다.

하지만 한쪽에 있는 정서, 자극, 동기와 다른 한쪽에 있는 학습, 문제해결, 사고 사이에는 단순하면서도 생물학적인 연결 관계가 성립되어 있다. 이 연결 관계는 충분히 연구할 가치가 있다(Silvan Tomkins의 설명처럼 복잡한 감정 설명이라는 측면에서 보아도 말이다). 그리고 지금까지 논의한 연결 관계는 우리가 기능하는 세상을 어떻게 구성하고 해석하는지와 깊은 관련이 있다. 물론 '세상 만들기'에 대한 구성주의적 관점에 매우 중요한 상징적인 활동이 그와 관련하여 어떤 작용을 하는지에 대해서는 설명이 부족한 편이다.

(2) 사고와 정서의 상호작용에 대한 발달적 접근: 내러티브와 문화의 중요성

브루너는 이 문제를 발달 관점, 특히 아이의 언어 습득과 관련된 지식 측면에서 접근해 보고 있다. 아이는 아무런 위기도 겪지 않고 신속하고 손쉽게 구문을 습득한다. 구문 습득보다 좀 더 어려운 것이(그래도 여전히 쉽다) '의미하는 법을 학습'하는 것이다. 그러니까 어떻게 세상을 이해하는지를 배우는 것이다. 하지만 아이는 구문 그 자체를 습득하는 것이 아니다. 그리고 지적인 연습으로 의미하는 법을 학습(마치 학자나 사전 편찬가처럼 말이다.)하는 것이 아니다. 아이들은 세상을 살아가기 위해서 이들 기술을 습득한다. 요청하고, 지시하고, 친분을 맺고, 항의하고, 확인하고, 소유하기 위해서 이들 기술을 습득하는 것이다. 이는 앞의 여러 장에서 논의한 적이 있다.

아이는 언어가 제대로 자리 잡기 전에 단순한 의사소통을 '사용한다.' 어휘-문법적인 말을 하기 전에, 몸짓, 음성, '바디 랭귀지' 및 눈길을 통해서 요청하고, 지시하고, 친분을 맺는다. 비로소 어휘-문법적인 말을 할 때면 이들 기능을 완벽하게 하고, 구분하며, 확대하는 데 그것을 사용한다. 결국 아이는 오직 적절한 언어 사용을 통해서만 수행할 수 있는 언어 행동을 하는 법을 배우게 된다. 대표적인 예가 약속하기이다. 이것이 1960년대 이후 철학자들과 인류학자들의 상상 속에 깊이 자리 잡았던 수행적인 표현이다. 수행적 표현은 사회적 현실을 만들 때 작용한다.

사회적 현실, 즉 아이가 만든 사회적 맥락은 정서 상태를 말해 주는 '특징'을 보여 준다. 다시 말해, 누군가가 자신에게 한 약속을 어길 경우, 아이는 '약속 깨기'와 관련 있는 수치심을 느끼게 된다. 그러나 관련된 사회적 현실을 만드는 언어 행동이 구성주의적인 힘을 발휘하지 않는다면, 약속 깨기라는 현상이나 수치심이라는 정서는 나타나지 않을 것이다. 간단하게 말해서, 정서는 정서를 만드는 사회적 현실 안에서 맥락화될 때 특징적인 성격을 달성하게 된다.

발달 과정에서 이러한 맥락화 혹은 정서의 특징화가 어떻게 일어나는지에 대해 하나의 가설을 세워 보자. Sperber와 Wilson 덕분에, 우리는 듣는 사람은 말하는 사람이 뭔가를 전달하고자 한다는 가정 하에서 작용한다는 사실을 잘 알고 있다. 그런 가정은 부정할 수 없는 듯 보인다. Aidan Macfarlane이 출산 후 처음으로 아기에게 말을 거는 산모들을 관찰하였는데, 그 결과 역시 그런 가정이 부정할 수 없다고 말한다. 그의 관찰 기록을 보면 "왜 얼굴을 찡그리는 거니? 이 세상이 약간 놀랍다는 말을 하고 싶은 거니?"와 같은 말이 가득하다. 산모들은 아기가 자신이 하는 말을 이해한다고 믿지는 않는다고 말한다. 그럼에도 불구하고 산모들은 계속 아기와 얘기한다. 아기가 하는 짓에 의미를 부여하고, 그에 따라 반응한다. 어느 정도 시간이 지나면 산모들은 상호작용 양식을 개발한다. 여기에는 아기와 상호작용하면서 만든 사회적 현실에 따라 아기와 상호작용하는 작은 세계도 있다. 이것이 바로 아기가 접하는 최초의 '문화'이다. 이 문화는 구체적으로 표현되지 않을 경우 감정 변화를 야기하는 상호 기대에 의해 억제된다. 이 친밀한 세계가 감정적인 곳이라는 사실은 Alan Sroufe의 연구 결과에 의해 증명되었다. 그는 부모의 행동 중 아기를 웃게 만들 확률이 가장 높은 행동은 낯선 사람이 했을 때 아기를 울게 만들 행동이라고 보고하였다.

가족 문화는 초기에 Daniel Stern이 '조율(attunement)'이라고 부른 것의 도움을 많이 받는다. 아기의 세계와 아기를 돌보는 어른의 세계는 일치점을 찾는다. 심지어는 시시각각으로 서로를 강호하고 확인시키는 방식으로 서로에게 반응한다. 이때 아기는 행복을 느낀다. 하지만 갈등이 생기면 조율이 틀어진다. 그러면 아기는 불행해진다. 아기가 태어난 첫해 감정은 조율이 발생할 때 그리고 조율이 틀어질 때 생기는 것으로 보인다. 질적 차원에서 봐도 감정은 특별히 차별화되지 않는다. 아기는 행복하지 않으면 불행하다. 그 둘 중 하나만을 느낀다. 긴장할 때면 자극을 받기도 하고, 긴장이 풀리면 졸리기도 한 다른 상태가 있기는 하지만 말이다. 조율은 행복한 상태로 이어진다. 조율이 틀어지면 불행한 상태가 발생한다. 두 경우 모두 아기의 기대가 어른들이 아기에게 반응하는 방식과 얼마나 일치하는지를 보여 준다. 적절한 때가 오면 아기는 상황에 따라 세상을 파악한다. 주변 세계, 즉 직접적인 '문화'를 접하면서 세상을 파악한다. 그때 감정이 질적인 성격을 갖기 시작한다. 즉, 정서가 상황과 관련 있게 되고, 엄마는 아기가 배고픈지, 장난감 때문에 화가 났는지, 외로운지 등을 정확하게 파악할 수 있게 된다. 그리고 파악한 결과에 따라 아기에게 반응할 수 있게 된다.

아기가 자신의 기대와 세상이 일치하는지 조율하면서 생기는 유일한 문제점은 따분함이다. 하지만 이는 본 논의에서 문제가 되지 않는다. 따분함을 느낄 수 없을 정도로 상황에 변화를 주면 아기는 다시 행복을 느끼기 때문이다. 이는 모든 부모들이 아는 사실이다. 실제로 아이는 때가 되면 그리고 필요한 단서와 모형에 충분히 노출되면 감정을 '구축'하게 된다. 하지만 정서를 구축하는 것이 준비된 정서를 떠올리는 것은 아니다. 아이가 정서를 구축하기 위해서는, 아이가 구분되지 않던 정서를 정서적인 특징을 지우는 여러 사회적 상황으로 맥락화할 수 있도록 도와주어야 한다.

그렇다고 해서 사회적으로 정의된 상황에서 주어지는 정서 상태 말고는 다른 정서가 없다. 이는 '우리가 무서워하는 것은 오직 도망치기 때문'이라는 James-Lange 이론이 이상하게 변형된 형태의 주장이라는 뜻은 아니다. James-Lange 이론을 사회적으로 변형할 경우, 우리가 무서워하는 것은 도망치기 때문이 아니라, 문화적으로 위험하다고 정의되는 상황에 처했다는 걸 인식했기 때문이라고 주장할 수 있다. 하지만 이처럼 극단적인 변형 형태를 도입할 필요는 없다. 여기에서 주장하는 일반적인 관점은 '무서움, 분노, 배고픔 및 성적 흥분과 같은 일차적인 혹은 '원시적인' 정서가 있으며, 주요 동기 체계는 각각 다른 정서를 수반한다'고 인정할 때에도 동일하게 적용된다. 그렇다면 좀 더 구체적인 정서적 '특징'이 있어야 한다. 사회적으로 정의된 맥락이 이런 '특징'을 제공해 줄 것이다.

우리 문화(혹은 어느 문화나)에서도 친족, 사회 계급 및 준거 집단과 같이 그런 상징적인 체제를 통해서만 정의되는 정서(본 논의를 시작하면서 언급했던 수치심이 한 예이다.)가 있다. 수치심(수치심은 청소년기에 두드러지는 특징이다. 청소년기에는 유아적인 성향 대신 어른스러운 성향이 들어서게 된다.)이 좋은 예이다. 수치심을 사회 계급과 관련된 어른들의 관점에서 살펴보자. 자신보다 높은 사회 계급에 있다고 정의되는 사람에 대해서는 수치심을 느끼는 경우가 많다. 그런 수치심을 많이 느끼는 사람일수록 사회 계급 간 이동이 크다.

마지막으로, 혈관에 직접 아드레날린을 주입할 경우 나타나는 영향을 조사한 연구에서도 관련 증거를 찾아볼 수 있다. 인간이 아드레날린에 어떤 '정서' 반응을 보이는지는 그가 처한 상황의 본질—화가 났는지, 슬픈지 혹은 기분이 좋은지—에 따라 달라진다.

앞의 논의에서 도출할 수 있는 결론에는 두 가지가 있다. 우선, 심리학적으로 접근해보면, 감정 반응은 상황 자극에 쉽게 '조건화된다'는 결론이 나온다. 정서적 조건화를 다룬 기존의 연구는 이러한 주장을 지지한다. 다음으로 두 번째 접근법은 첫 번째 접근법과 모순되지는 않지만, '기제(mechanism)'—조건화가 일어나는가, 일어나지 않는가—에는 신경 쓰지 않는다. 그 대신 조건화가 일어나는 '상황 자극'의 본질에 대해서 신경을 쓴다. 그렇다면 상황 자극이란 무엇이며, 서로 어떤 연관관계에 놓여 있는가? 이에 대해 '파블로프적 의미에서 볼 때 상황 자극은 "자극"이 아니다'는 답을 할 수 있다. 하지만 상황 자극은 문화를 구성하는 관련된 상징체제에 삽입됨으로써 중요한 의미를 띠게 된다.

그렇다면 논의의 출발점으로 되돌아가서, 브루너가 말하는 행동 요소는 개별적인 정서, 조건 및 행동이 아니라, 하나의 문화 체제 안에서만 통합되는 전체의 일부분이다. 정서는 정서를 야기하는 상황에 대한 지식과 분리될 수 없다. 인지는 정서가 더해지는 순수한 알기 형태가 아니다(순수한 알기의 명확성이 흐려지는지에 상관없이). 그리고 행동은 개인이 알고 느끼는 것에 바탕을 둔 최종적인 일반 통로이다. 사실, 지식 상태가 혼

들리지 않거나('자폐적 적대심'에서처럼) 혹은 정서 자극이 예상되는 상황을 피하는 것이 행동의 목적인 경우도 많다.

처음부터 사고, 행동 및 정서가 모두 추상적 개념, 즉 이론적 비용이 많이 드는 추상적 개념이라는 사실을 인정했더라면 좋았을 것이다. 이들 추상적 개념에 대해서 우리는 최종적으로 그 구조적 상호의존성을 파악하지 못하는 대가를 치르게 된다. 그러나 어떤 식으로 자세하게 분석하든 간에 그 세 개는 공통된 전체를 구성하는 요소들이다. 그것들을 각각 분리하는 것은 수정의 깎인 단면을 따로 연구하느라 수정의 형태 자체를 보지 못하는 것과 같다.

4) 자아 정체성의 새로운 관점: 내러티브 자아의 형성(강현석, 2017)

(1) 이야기 속에서 삶의 형성과 자아 구성

우리가 살아가는 삶은 이야기로 가득 차 있을 뿐만 아니라 삶 자체가 이야기로 이루어져 있다. 그런데 중요한 것은 그 이야기가 단순한 신변잡기가 아니라 자신을 돌아보게 하는 이야기를 잘 만들어야 하는 것이다. 이야기를 잘 만드는 일은 인간의 역사에서 매우 중요한 의미를 지닌다. 타인과의 소통과 공감을 불러일으키는 이야기 만드는 일(making stories)은 개인이나 집단의 역사에서 중요한 이정표가 되어 왔다. 지난 미국 대선에서 버락 오바마 대통령은 연설에서 흑인이 투표권을 행사한 역사에 대해 이야기를 잘 만들어 청중의 눈물을 흘리게 하여 깊은 감명을 주었다. 이야기를 그럴듯하게 매력적으로 만드는 일은 단순하게 소설을 창작하는 일을 넘어서 우리의 삶과 자아를 건강하게 하는 일이다.

이야기를 좀 더 세련된 용어로 표현하면 내러티브(narrative)라고도 한다. 내러티브는 인간이 '만들어 내는' 일종의 이야기다. 세상에는 수많은 형식을 지닌 이야기가 존재한다. 예를 들어, 시, 소설, 영화, 드라마, 역사, 신화, 전설, 그리고 일상적인 대화에서도 내러티브는 우리 주위에 널리 퍼져 있다. 이러한 다양한 내러티브들은 시대와 장소, 사회·문화를 초월하여 존재한다. 사실, 내러티브는 인류 역사 자체와 동시에 시작되었다. 모든 인류는 저마다의 내러티브를 가지고 있으며, 내러티브를 잘 보존하여 그 나라나 민족의 정체성을 형성시키는 데에도 중요한 역할을 한다. 유대인의 역사나 정체성은 그 민족의 내러티브가 담겨 있는 『탈무드』를 통해 잘 형성되고 있다. 이러한 내러티브를 통하여 유대 민족은 건강하고, 세계에서 큰 가치를 창출하고 있는 것이다.

이렇듯 이야기는 태곳적부터 사용해 온 방법이며 전적으로 인간적인 방법이다. 그런데 내러티브는 단순 대화이기보다는 사건을 적절하게 언어적으로 구성하는 것이다. 사건은 인간 삶의 실제적인 경험일 수도 있으며, 현실에서 유추된 가상의 이야기일 수도 있다. 이러한 사건은 순서 없이 그냥 나열되는 것이 아니라, 어떤 질서를 띠고 시간적 인과관계 속에서 배열될 때(플롯) 의미를 형성하게 된다. 이 경우 우리의 이야기는 우리의 경험을 구조화시켜 준다.

우리는 내러티브를 통해 우리 자신을 구축하면서 삶을 영위해 나간다. 자기를 규정하는 데 있어서 왜 내러티브가 본질적이며, 또 어째서 우리는 그것을 필요로 하는 것일까? 내러티브적 재능은 인간 문화 속에서 삶을 특징짓는 사물들의 예상된 상태로부터의 그런 일탈을 특징짓기 위한, 인간이 가진 언어 사용의 자연스러운 방법인 것처럼 보인다. 내러티브적 재능이 어떻게 생겨나서 존속해 왔는지에 관한 진화의 이야기는 어느 누구도 알지 못하고 있다. 하지만 우리는, 내러티브라고 하는 것이 인간의 상호작용을 이해하는 방법으로서 불가항력적이라는 사실을 잘 알고 있다.

우리가 자기를 창조하고 재창조하는 것은 내러티브를 통해서라고, 그리고 자아는 우리의 이야기하기의 소산이지, 주관성의 깊숙한 곳에서 발견되는 어떤 본질은 아니라는 것을 주장해왔다. 오늘날에는, 우리에게 우리 자신에 관한 이야기를 만드는 능력이 없다면 자아와 같은 그런 것은 존재하지 않는다고 하는 증거가 존재한다.

경험이 이야기 형식으로 잘 구조화된 사람의 두뇌는 매우 건강하다. 두뇌의 질병은 결국 자신의 경험을 잘 구조화시키지 못할 경우에 발생한다. 디스내러티비아(dysnarrativia)는 이야기를 하거나 이해하는 능력의 심각한 손상이라고 일컬어지는 신경학적 질병이다. 이 병은 코르사코프 증후군(Korsakov's syndrom)이나 알츠하이머병과 같은 신경 병리와 연결되어 있다. 그것은 과거 기억의 손상보다 더한 것으로, 그 자체로 자기 자신에 대한 감각의 심각한 붕괴를 의미한다. 특히 코르사코프 증후군에서는, 기억은 물론 감정도 심하게 손상되어, 자기는 실제로 소멸된다. Sacks라는 학자는 중증의 코르사코프 증후군 환자 가운데 한 사람을 "혼이 나갔다."라고 묘사하고 있다.

이런 사례의 전형적인 증상 가운데 하나는, 다른 사람의 마음을 읽거나, 다른 사람들이 생각하고 느끼고 보고 있는 것에 말하는 능력을 거의 완전하게 상실하는 것이다. Paul John Eakin은 자기란 근원적으로 관계적인 것이며, 자기는 또한 타자이기도 하다는 확실한 증거로 이 사실을 들고 있다. '내러티브 신경과학'이라는 관점에서 보면 내러티브를 구성하는 능력을 상실한 사람은 자신의 자아를 잃어버린 것이다. 자기(self)를 구축하는 것은, 서술하는 능력 없이는 이루어지지 않는다(Bruner, 2002).

일단 내러티브의 능력이 갖추어지면, 우리는 우리를 다른 사람들과 연결해 주고, 우리로 하여금 상상된 미래의 가능성을 향해 우리 자신을 만들면서 우리의 과거를 선택적으로 상기하도록 해 주는 자아를 만들 수 있게 된다. 우리는 우리 자신을 지속적으로 형성해 주는 내러티브의 자원을 우리가 살고 있는 문화로부터 공급받는다. 우리가 우리의 자아를 얻기 위해 뇌의 기능에 얼마나 많이 의지하든 간에, 우리는 실질적으로 처음부터 우리에게 영양분을 공급하는 그 문화의 표현이다.

요컨대, 풍부한 문화 속에서 건강한 자아가 만들어지며 그 자아는 우리의 경험을 구조화해 주는 내러티브에 달려 있다. 내러티브를 통하여 건강한 자아가 형성되는 사람은 두뇌 기능 역시 잘 활성화되며, 뇌의 신경이 보다 섬세하게 작동되며 민감하고 창의적인 세계를 건설하는 데 기여하게 되는 것이다. 그러므로 이제 두뇌의 구조와 기능이 중요한 것이 아니라 두뇌를 춤추게 하는 우리의 내러티브가 중요한 것이다.

즉, 이야기를 잘 구성해야 두뇌도 건강해지고 자아 정체성도 높아진다. 그렇다. 사실 우리 두뇌는 신경학적으로 여러 조직으로 이루어져 있지만, 이야기에 민감하게 반응한다. 우리가 경험한 것을 이야기 형식으로 잘 구조화하는 사람의 두뇌는 매우 건강하다는 점이다. 소박하게 말하면 우리가 자녀의 두뇌 발달을 위하여 그림책이나 이야기책을 활용하는 것도 일면 매우 일리가 있는 이야기이며, 어린 시절 할머니로부터 옛날이야기를 많이 듣고 자란 아이는 성격이 원만하다는 연구도 있다.

우리 두뇌의 질병은 자신의 경험을 잘 구조화시키지 못할 경우에 발생한다고 한다. 앞에서도 지적하였듯이, 디스내러티비아는 이야기를 하거나 이해하는 능력의 심각한 손상과 관련된 신경학적 질병으로서, 자기 자신에 대한 감각의 심각한 붕괴를 의미한다.

인간은 이야기하는 동물, 이야기하는 본능을 지닌 호모 나랜스(Homo Narrans)이다. 이야기하는 동물인 셈이다. 최근에 출간된 『스토리텔링 애니멀(Storytelling Animal)』의 저자인 조너선 갓셜은 이 점을 부각시킨다. 그의 2009년 연구에 따르면 미국인이 하루 읽기에 할애하는 시간은 20분 남짓이지만 TV 화면과 영화 스크린 앞에서 1년에 1,900시간, 하루 평균 5시간을 쓴다고 하면서 이들 모두는 이야기 형식으로 이루어지는 스토리텔링이라는 것이다. 왜 그럴까? 도대체 왜 우리는 이야기에 매혹되는 걸까. 우리는 왜 이야기에 쾌락을 느끼도록 진화했나. 물론 다른 사람이 어떤 행동을 하거나 정서를 체험하는 것을 지켜보면서 나의 뇌가 똑같이 반응하는 '거울 뉴런 효과'라는 것으로 설명이 가능하다. 영화를 보면서 주인공이 느끼는 감정 상태를 관객이 동일하게 느끼는 것도 이 때문이란다.

우리 뇌가 이야기와 밀접하게 관련되는 점은 우리 뇌에는 이야기꾼이 숨어 있기 때문이다. 몽타주 이론이라는 것이 있다. 몽타주는 프랑스어로 부분품의 조립을 의미한

2. 지식교육의 미래

다. 부분들이 조합되어 하나의 완성품으로 만들어지는 것으로 정의할 수 있다는 얘기다. 영화의 몽타주는 한마디로 샷과 샷을 잇는 것으로 편집을 의미하는데 시청각적 요소들이 상호 유기적으로 결합되어 이야기를 효과적으로 전달할 수 있게 해 주는 역할을 한다. 영화라는 매체는 단순히 사물을 보여 주는 것만이 아니라 샷들을 결합하고 구성하여 이야기를 창조하는 것이다. 이처럼 우리 뇌도 이야기로 구성해내는 놀라운 능력이 있다는 것이다. 조너선 갓셀의 책, 『스토리텔링 애니멀』을 해설한 권재현 기자는 우리 왼쪽 눈의 위쪽과 뒤쪽 3~5cm 지점에는 단편적 정보를 이야기로 엮어 내야 직성이 풀리는 '셜록 홈즈'가 산다고 풀이한다. 몇 개의 분할된 장면을 보여 주면 관객이 이를 엮어 하나의 이야기로 구성해 낸다는 몽타주 이론도 실은 이런 우리 뇌의 이야기꾼 기질 때문이라는 것이다. 이 기질이 과도하게 발달하면 천재 아니면 광인이 된다.

이러한 점을 우리가 수용한다면 우리 교육의 방향은 어떠해야 하는가? 많은 시행착오를 통해서 만들어진 편집된 이야기가 우리 두뇌를 건강하게 하는 것이라면 교육은 낯설고 새로운 것들에 대하여 의미를 부여하고 새로운 시각으로 해석하고 다양하게 해결해 보는 교육이 필요해진다. 동시에 이야기 만들기 능력이나 내러티브 민감성, 민담이나 설화, 신화를 읽는 것 등이 필요하다. 『탈무드』라는 내러티브가 역사적으로 잘 전승되어 활용하고 있는 유대민족의 능력을 보면 이야기와 두뇌 능력과의 관련성은 가히 어느 정도인지 짐작이 갈 줄로 안다. 이제 우리 뇌의 이이기꾼의 기질을 잘 발굴하고 건강하고 뛰어난 두뇌 개발을 위하여 다양한 이야기 소재들을 교육에 활용해야 하는 시점에 와 있다.

(2) 자아 형성과 내러티브

내러티브 관점에서 가정의 교육적 문화에 대해 관심을 기울일 필요가 있다. 가정은 한 문화의 대리자로서 아이들의 자아가 형성되는 가장 중요한 장면이다. 아이들의 자아는 개인의 전 생애를 통해 보여 주게 되는 잠재적 가능성을 중시하고, 동시에 발달도 미리 정해진 순서가 아니라 확률적 발생에 따라 이루어진다. 자아가 자신을 둘러싼 사회·문화 속에 분산되어 있다는 것을 의미한다. 즉, 자아가 사회적인 네트워크로 분산되어 있으며(distributed self), 자신의 삶의 의미가 이야기로 구성되는 내러티브로서 자아를 의미한다. 내러티브로서 자아는 실체로서가 아니라 자신의 삶에 관한 이야기 구성자의 역할을 한다. 내러티브적 시각에서 볼 때, 부모는 아이들의 자아 형성에 필연적으로 연루되는데 이로써 아이들의 삶의 이야기의 공동 저자로서 참여하여 함께 자아를 만들어 간다. 공동 저자로서 부모의 역할은 아이들의 삶이 진행되는 장면에 그들의 행동을 안내해 주는 줄거리와 배역을 제공해 주는 것이다. 결국 아이들의 자아는 아이들과 부모가 함께 만들어 가는 한편의 드라마처럼 어떤 사건들이 일어나는가에 따라 하나의 의미로 구성된다. 이 일에는 무엇보다 내러티브를 창안해 내는 작가처럼 예술적 감각이 요구된다. 물론 아이들의 마음을 형성하기 위한 유일한 시나리오는 없다. 하나의 의미를 담아내는 이야기들이 무수히 존재하기 때문이다(한승희, 2002: 93).

자아 형성에 내러티브가 중요한 역할을 한다면 자아존중감에 대해서도 새로운 시각이 필요하다. 영재들의 자아존중감은 주로 특정 성취물에 대한 결과적 성과에 의해 촉진되는 경우가 많다. 그러나 자아존중감은 영재들이 자신의 성취나 삶의 과정에서 스스로 이야기 구성능력에 의존할 가능성이 높다. 자신에 대한 평가나 긍정적인 인식은 자신과 둘러싼 동료들과의 사회적 관계에 대한 내러티브적 이해에 영향을 받는다는 점이다. 왜냐하면 자아는 하나의 실체도 아니며, 또한 구성된 개념(construct)도 아니기 때문이다. 자아에 대한 실체론적 시각에서 벗어날 필요가 있다. 자아의 기능은 자신의 삶의 이야기를 하는 것이다. 내러티브로서 자아는 자신의 삶을 이야기로 구성하는 자로서의 역할이다. 따라서 자아의 기능은 흔히 작가에 비유되기도 한다. 내러티브로서 자아는 우리 문화로부터 자아를 형성하는 결정적인 줄거리를 제공받는다. 이러한 줄거리들은 내러티브적 양식, 즉 신화, 민담, 동화 등을 통해서 요즘에는 TV 드라마, 소설, 만화 등에 의해 전달된다. 허나 일반적으로 자아를 구성하는 줄거리는 개인에게 일어난 일련의 사건들과 그의 환경, 그리고 그의 실제 역사로부터 생겨나 그의 가능성으로 나타난 이미지와 관련되어 구성된다는 점에서, 그 줄거리를 만드는 것은 작가보다 역사가가 하는 일과 보다 더 유사하다고 볼 수 있다.

(3) 내러티브 관점에서 본 정체성(동일성)의 개념(Goodson & Gill, 2011)

정체성(동일성)은 심리학, 인류학, 문화 연구, 사회학, 심리치료와 같은 다양한 학문에서 종종 서로 다르게 이론화되는 개념이다. 이 개념에 대한 우리의 정의는 정체성에 대한 우리의 입장을 삶의 내러티브 안에 위치시키고자 하는데, 다른 말로 하면, 내러티브 정체성 안에 그것을 위치시키고자 하며, 이는 다양한 학문의 연결 지점에 위치시킬 수 있게 하는 것이다.

내러티브 정체성은 Paul Ricoeur에 의해 제시된 개념으로, 인간의 삶과 관련된 연구 분야에서 널리 쓰이고 있다. 내러티브 정체성은 "누가 무엇을 했는가?" "누가 주체이자, 저자인가?"(Ricoeur, 1988: 246)의 관점에서 개인이나 집단에 관한 진술문이라 할 수 있다. Ricoeur는 "자신에 대한 이해는 해석이자, 자기 자신이며, 결국 내러티브 안에서 찾는 것이다."(1992: 114)라고 주장한다. 그는 시간과 내러티브 사이의 관계에 대해 탐색하였으며, 그 결과 현상학적 시간과 우주론적 시간을 연결시키는 시간의 내러티브를 배제한 시간에 관한 생각은 있을 수 없다는 결론을 지었다(1988: 241-244).

Ricoeur는 자아는 정체성에 대한 두 가지 개념을 동시에 지닌다고 제안하였다.[1] 자체 정체성(idem-identity)와 자기 정체성(ipse-identity). 그 말이 최고 적절하다고는 할 수 없지만, 자체 정체성은 강인한 정체성으로, Ricoeur가 "자신의 신념을 지켜 나가는 것"으로 묘사하였으며, 이것은 유전론적 동일시와 물리적 그리고 형이상학적 연속성의 관점에서의 자신을 포함한다. 반면, 자기 정체성은 자아로, '나는 누구인가'라는 질문에 대한 가장 최고의 대답이자, 존재에 대한 영원한 무언가에 의존하지도 않는다. 그러므로 개인의 특징은 다음과 같다.

> 개별적인 일련의 특징으로, 인간에 대한 재확인을 동시에 가능하게 한다. 기술적인 특징에 의하면, 개인은 양적 정체성과 질적 정체성, 시간에 있어서의 방해받지 않는 지속성과 영속성을 지니고 있다(Ricoeur, 1992: xx).

'자기 정체성'과 '자기 동일시'에 의해 특징지어진 자아는 자기 자신의 삶의 이야기를 말하고 다른 이의 내러티브를 읽고 듣는 과정 속에서 내러티브 동일시에 의해 지속적으로 조정된다. Ricoeur는 내러티브가 다양한 변증법들 사이의 중요한 중재 역할을 한

---

1) 폴 리쾨르는 책의 제목인 『타자로서 자기 자신(Soi-même comme un autre)』에 그가 수행하고자 하는 세 가지 철학적 의도를 다음과 같이 문법적으로 고찰하는 방식으로 제시한다.
첫 번째 의도는 주체의 직접적인 정립에 대한 반성적 매개(reflective meditation)의 우위를 나타내는 것이다. 리쾨르는 자연적 언어의 문법에서 나타나는 '나(je)'와 '자기(soi)'의 대비에 근거한 문법적 고찰을 수행한다. 주체에 대한 직접적 정립들은 '나는 생각한다(I think)' '나는 존재한다(I am)'와 같이 일인칭 단수로 표현된다. 그러나 리쾨르가 강조하고자 하는 것은 '직접적인 나'가 아니라 오히려 매개되고 직접적이지 않은 '반성적인 자기'이다.
프랑스어에서 'soi'는 재귀대명사로 규정된다. 리쾨르는 프랑스어의 재귀대명사 'soi'와 대명동사의 재귀대명사 형태인 'se'와의 긴밀한 연관선상에서 '자기'라는 용어를 분석하면서, 재귀대명사 'soi'가 전(全)시제적인 범위에 접근 가능함과 동시에 전(全)인칭적인 비제약적 용어임을 규명한다. 이로써 '자기'가 단순한 문법학적 차원에서가 아니라, 철학적 맥락에서 전인칭적이고 전시제적인 재귀대명사로서 사용됨을 밝힌다.
두 번째 의도는 동일성을 '자체 동일성(idem identity)'과 '자기 동일성(ipse identity)'으로 분리하는 것이다. 리쾨르는 라틴어 '자체(idem)'와 '자기(ipse)'라는 단어들이 모두 '동일한(identique)'과 같은 것으로 이해됨에 따라 발생하는 '동일성'이라는 용어의 애매성을 지적하면서, 두 가지 주요한 의미를 구별해 내고자 한다.
이 동일성의 애매성에 관한 문제의식은 본서 제목의 표현 même과 관련이 있다. 적어도 프랑스어에서는 '자체(même)'와 '동일한(identique)'이 부분적으로 동의어로 사용되기 때문이다. 리쾨르는 même가 문맥 내에서 '비교'에 사용됨을 특히 강조한다. (나는 처음에 비교법적 사용이 중요한 이유가 이러한 의미에서의 동일성이라

다고 주장한다. 예컨대, 인간 경험의 조화와 부조화, 사는 것으로서의 내러티브와 말하는 것으로서의 내러티브가 있다. 또한 사실과 허구로서 내러티브, 그리고 혁신과 퇴적으로서의 내러티브, 무엇이 그리고 무엇이 되어야 하는지, 높은 사유와 낮은 사유, 해석자로서의 개인과 해석된 개인, 즉 한 개인의 삶에 있어서의 독자와 작가, 마지막으로 삶으로 살아진 세계와 말로 표현된 세계가 그러한 변증법의 예가 된다.

Ricoeur는 질문에 대답하기 위해서는 '누가?'는 삶의 이야기를 말하는 것이며, 그러므로 "자기일관성(self-consistency)인 내러티브 정체성은 어떤 삶의 시간의 응집 안에 변화, 상호성을 포함한다"(Ricoeur, 1988: 246)라고 말하였다. 이와 비슷하게, McAdams(1996: 307)는 이를 "재구성된 과거, 인지된 현재, 예측된 미래를 통합하는 내면화된, 그리고 진화하는 자아의 내러티브"로 보았다. 그러므로 이것은 개인으로 하여금 연속성 안에서의 삶을 살게 해 준다.

이러한 방식으로 정의되고 정교화된 내러티브 정체성은 자기 정체성에서의 일관성과 응집성을 거부하지도, 이동, 변화, 전환의 가능성을 배제하지도 않는다. 반대로, 정체성에서의 일관성과 응집성은 후기구조주의자와 포스트모더니즘 학자들이 개인의 정체성이라는 관점에서 제시한 중요한 도전과 같다. Sarup(1993)에 의하면, 포스트모더니즘은 현대 그 이후를 의미한다. 이것은 현대와 연결된 사회적 형태들의 막 시작된, 혹은 실제적 분해를 의미한다. 포스트모던적 사고에서 자아는 중심에서 분리되었으며, 다양한 것으로, 즉 정체성에 대한 불안을 내포하는 것으로 인식되는 경향이 있다(Turkle, 1995). 이 관점에서, 정체성은 시간, 독자, 지각의 변화에 상응하여 지속적으로 변화하는 것이라 할 수 있다.

내러티브 정체성은 포스트모더니즘 학자들의 사고의 어디에 서 있는가? 근대성에서 포스트모더니즘으로의 진보를 정체성이 포스트모던 시대에 어떻게 인식되는지를 확인할 수 있는 시작점으로서 간략하게 살펴보자. Lyotard(1979)는 포스트모더니즘은 '거

는 것은 상응하는 것과의 관계 속에서 드러날 테고, 이러한 점에서 '타자'와의 '관계성'을 내포하기 때문인 듯 보였다. 그러나 리쾨르가 '자체성'보다는 '자기성'에 초점을 맞추고 있다는 것을 염두에 둔다면, 이런 이해는 무리가 있어 보인다—조금 더 읽어 보아야 하겠다.) 리쾨르는 이렇게 même에 담긴 암묵적인 의미를 들춰낸 후 '자체 동일성(idem identity)으로서의 자체성(mêmeneté, sameness)'과 '자기 동일성(ipse identity)으로서의 자기성 (ipséité, selfhood)'을 대립시킬 것임을 밝힌다.

세 번째 의도(두 번째 의도와 연장선상에 있는)는 자체성과 자기성의 보완적 변증법을 전제하는 자기동일성의 의미를 드러내고, 자기와 자기 아닌 타자, 즉 자기 자신의 자기성이 함축하고 있는 타자성을 제시하는 것이다. 리쾨르가 제시하는 타자성은 자기와 다른 타자가 아니다. 그것은 자기 자신의 자기성에 내밀하게 자리하고 있는 타자성으로, 자기성 자체를 구성할 수 있는 타자성을 의미한다. 그러므로 이러한 타자성은 '자체성—동일성'의 방식으로는 제시될 수 없고, 타자성과 자기성의 변증법 구도에서 해명될 수 있다.

대 서사 혹은 내러티브(grand narratives)', 진보, 해방, 성장의 계몽 프로젝트가 중단되었을 때 나타나게 되었다고 한다. 거대 내러티브 대신에, Lyotard는 일련의 소 서사 혹은 작은 미니 내러티브(mini-narratives)를 요구하였으며, 이는 '잠정적이고, 맥락에 따르며, 상대적인' 것으로, 대단히 중요한 신념과 가치의 파괴에 대한 논증을 제공한다. 이러한 분열은 그러므로 자기 정체성에 적용된다. 자아는 더 이상 고정된, 일원화된, 필연적인 것이 아니다. 그 대신, 자아는 항상 해체에 주관적이다.

Rob Stones(1996: 22)는 사회과학에 대한 포스트모던적 접근의 특징을 다음과 같이 포착한다.

- 관점의 다양성의 존재에 대한 존중으로, 오직 특권적 관점에서 기인하는 단 하나의 진리만이 존재한다는 것과는 반대되는 개념
- 거대한 내러티브를 대신하는 지역적 · 맥락적 연구
- 순서와 질서, 지속성, 억제와 대비되는 무질서, 변화, 개방성에 대한 강조

다른 저자들은 왜 거대한 내러티브와 권위가 포기되는지에 대한 가능한 여러 이유들을 탐색한 바 있다. 예컨대, Lyon(2000)에 의하면, 포스트모더니즘은 두 가지의 요소에 의해 특징지어진다. 새로운 미디어 기술의 도래와 사회 내 소비자중심주의의 우위이다. Lyon에 따르면, 새로운 미디어 기술은 전통적인 권위가 개인에 의해 의문시되고 도전받는 것을 가능하게 하였으며, 현대 미디어를 통해 방영되는 비권위주의적인 메시지는 '실제'와 영사된 '이미지' 사이의 장벽을 허문다. 그 결과, 개인에게 있어 그들의 경험을 구성하기 위해 사용할 수 있으며, 그들의 정체성 형성을 가능하게 하는 서로 다른 프레임이 풍성해지게 되었다. 이러한 조건 아래, 정체성의 개념은 해체되었으며, 불안정해졌다.

동시에, 사회 내 소비자중심주의의 강력한 영향으로 '소비의 힘'은 개인으로 하여금, 예컨대 '가짜의 성형 자아(plastic self)'를 가지고자 하는 그들 자신을 재정의하게 하는 더 많은 기회를 제공하게 된다. 이러한 방식으로 정체성은 가능한 많이 경험하고 진실을 추구하는 '표현적 자아'와 내적 내러티브의 완성을 형성할 수 있도록 더욱 유연성 있게 된다.

그러므로 자아는 어떻게 자아가 특정한 맥락(주어진 역할에서 한 개인이 자신의 경험을 형성하는 상황)에서 인식되는지에 대한 개인의 구성에 의해 다면성을 지닌다. 이것은 소비자의 기호와 미디어의 영향과 함께 작용한다. 이러한 두 영향의 결합은 최종적인 결

말이 없는 질문으로서의 전경으로 정체성이 이동하게 만든다. 이것은 예컨대, 개인이 자신을 구성하는 것에 대해 자유를 느끼는 것과 같은 흥분의 자원이자, 가장 깊은 수준에서 자신들에 관해 명확하게 알지 못하는 것에 기인하는 불안의 자원이기도 하다.

후기구조주의자들은 자아를 언어와 담화의 구성 내에 위치시킨다. 이러한 정체성은 언어에 의해 제한되는 것으로 간주된다. 또한 담화는 그 자체로서 유동적이기 때문에, 따라서 언어는 자아에 대한 개인의 감각을 불안정하게 만든다. 정체성은 자아에 관해 말하는 방법이 되지만, 그것은 오르내림이 심하며, 유동적이며 분화되는 힘을 가진다(Butler, 1990; Foucault, 1972). 이러한 점에서 정체성은 타인과의 상호작용을 통해 소통되는데, 이것은 변화하며, 일시적이며, 담화가 일어나는 맥락에 의존한다. 또한 정체성은 사람과 제도 간의 상호작용에 의해 구성되며, 시간, 공간/장소의 개념은 정체성을 논의할 때 고려되어야만 한다.

포스트모던학자들은 특히 정체성은 역동적인 힘의 순환을 통해 구성되는 것으로, 분화된 분야로의 전환을 야기한다고 강조한다. 이러한 힘과 담화 간의 복잡한 관계는 페미니스트로 하여금 정체성과 '성의 의미'를 새로운 관점에서 바라보도록 한다. 먼저, 정체성(성 정체성)은 실행, 행위로 보이며, Judith Butler의 용어에 따르면, 정체성은 "정체성의 신뢰가 희미해지는 문화적 픽션으로서 개별적이고 극단적인 성을 수행하고, 형성하고, 유지하기 위한 암묵적인 집단적 합의이자 그것을 믿지 않기로 동의하지 않는 것에 따르는 처벌"에 의해 확인되는 내러티브이다(Butler, 1999: 140).

이러한 시점에서 인간 행위의 고려 사항에 대한 이전의 우리의 논의로 돌아오자. 이곳은 내러티브 정체성이 내러티브 기능의 '가치를 창출하는 능력'에 대한 논의를 가능하게 하는 시작점을 제공할 수 있는 곳이다(Gergen, 1998). 좀 더 면밀히 살펴보면, 많은 저자들은 삶의 내러티브와 도덕적 혹은 윤리적 자아의 발달 사이의 연결을 지지한다. Ricoeur는 『시간과 내러티브(Time and Narrative)』의 결론 부분에서 다음을 제안한다.

> 자기 지식의 자아는 이데올로기적 상부 구조와 유아적이고 신경증적인 고풍의 측면과 함께 의심의 해석학이 비난한 위선과 순결을 가진 자기중심적이고 자기도취에 취한 자아가 아니다. 자기 지식의 자아는 조사된 삶의 결실이다……(Ricoeur, 1988; 247).

윤리적 자아 혹은 도덕적 자아는 문화와 사회 내 Ricoeur에 의해 더욱 위치지어진다. 비슷하게, Taylor는 인간의 내러티브와 인간의 스토리텔링을 윤리적 영역 안에 위치시킨다. 그는 정체성은 한 개인이 "무엇이 좋고, 무엇이 가치로우며, 무엇이 수행되어야 하는지에 대한 사례들을 결정"할 수 있거나 혹은 인간이 무엇에 찬성하고 반대해야 하는지를 결정하는 그 속의 "틀이나 지평선"을 제공할 수 있는 "헌신과 동일시"에 의해 규정된다고 주장하였다. 다른 말로, 한 개인의 정체성을 정의하는 것은 "어떤 태도를 취하는 것"을 가능할 수 있게 하는 지평선을 결정하는 것이라 할 수 있다(Taylor, 1989: 27).

지평선 내에 (도덕적) 기준을 세워야 한다는 Taylor의 주장은 개인의 도덕적 정체성 내의 공동체를 포함시키는 MacIntyre의 주장에도 함축되어 있다.

> 인간은 그의 행위와 실천 속에 있으며, 또한 그의 공상, 본질적으로 이야기를 하는 동물이다. 그것이 꼭 본질적인 것은 아니지만, 그는 이야기를 통해 그 자신이 되며, 진실을 염원하는 이야기의 화자가 된다. 그러나 인간에게 있어서 중요한 질문은 그들의 주권에 있지 않다. 내가 만약 '내 자신이 그 일부임을 느낄 수 있게 하는 이야기는 무엇인가?'에 대한 대답을 할 수 있을 때 비로소 '나는 무엇을 하는 사람인가?'에 대한 질문에도 답할 수 있게 된다(MacIntyre, 1984: 211).

그러므로 우리의 내러티브 정체성은 나에게 좋은 것은 내가 구성원으로 있는 공동체에도 좋은 것이어야 한다는 것을 명확히 해 준다. Ricoeur는 내러티브 정체성의 개념이 개인과 공동체 모두에게 적용될 수 있음을 제언하는데, 이는 개인과 공동체가 "내러티브를 통해 그들 스스로가 그들의 진짜 역사가 됨으로써, 그들의 정체성 속에 구성되기" 때문이다(1988: 247).

5) 상상력 교육: 내러티브 사고의 상상력

내러티브를 흔히 '지어낸 이야기'라고 한다. 지어낸 이야기란 사실과 다른 이야기, 또는 허황한 이야기라는 뜻을 지니고 있다. 그럼에도 불구하고 내러티브의 강점은 바로 지어낸 이야기에 있다. 내러티브는 이제까지 존재하지 않았던 새로운 세계를 만들어 낸다. 현실의 삶을 소재로 그것을 내러티브 사고의 상상력과 주관을 통해서 재구성하는 것이다. 그리고 그 현실의 세계에 대해 의미를 부여하는 것이다. 현실의 세계와 유사하면서 현실의 세계에서는 찾아볼 수 없는 어떤 독특한 세계, 그것이 곧 허구의 세계이며 내러티브이다.

영재교육에서 허구의 세계를 만들어 내는 능력, 현실의 세계를 초월하여 현실에서는 찾아볼 수 없는 독특한 세계를 만들어 내는 능력이 중요하다. 왜냐하면 그것이 인류가 성취해 놓은 문화에서 중요한 모티브를 제공해 주기 때문이다. 내러티브 사고를 통한 의미의 재창조와 상상력의 개발 역시 패러다임적 사고만큼 강조될 필요가 있다.

이러한 내러티브는 사고력 교육과 관련해서 보면 가설 생성적 사고력 교육과 관련이 있다. 기존 논증적 사고는 어떤 사물이나 현상을 특정 속성이나 범주에 의해 일정한 틀로 형식화하는 경향을 띤다. 과학적이고 분석적인 사고는 이러한 범주에 의한 객관적인 사고를 지향한다. 이런 점으로 인해 사고력 교육에서는 복잡한 사태나 현상을 범주화해 주는 개념이나 원리를 '발견'하는 것을 강조해 왔다. 영재교육에서는 이제 이러한 교육 외에도 가설을 스스로 생성해 내는 교육도 동시에 중요하게 다룰 필요가 있다.

6) 내러티브 영재성(교육): 언어 영재의 새로운 인식

언어 영재를 위한 교육과정과 교육에 대한 그간의 연구 결과는 읽기 교재의 적절한 선택, 안내된 비평적 토론과 진전된 과정 조직자, 폭넓은 주제와 이슈와의 연계, 쓰기 모형과 언어와 구두 의사소통의 결합, 어학 학습, 독립적 연구, 그리고 학제간 연계를 포함하고 있다(Van Tassel-Baska & Stambaugh, 2006: 88). 이러한 결과에서 내러티브 장르에 대한 자각이 필요하다. 예를 들어, 구두 담화나 자기 스스로의 이야기를 구성하는 능력에 대한 인식이 추가될 필요가 있다. 이야기(story)로서 내러티브는 영재 학습의 통합을 위한 중요한 수단이 된다. Lauritzen과 Jaeger(1997: 35-44)에 따르면 이야기는 기억하고, 삶과 유사한 맥락에서 이해하고, 의미를 새롭게 구성하고, 유의미한 맥락에서 학습을 촉진시키고, 개인차를 조정하고, 공동체에 참여시키는 데 중요한 역할을 한다는 것이다. 특히 내러티브는 언어학적 사고와 관련이 많기 때문에 언어 영재교육에서 많은 이점을 제공받을 수 있다.

예를 들어, 언어 영재를 위한 교재 선정에서 적절한 하나의 기준으로서 충분한 가치를 지닌다. 이런 점에서 Baskin과 Harris(1980)는 교재 선정의 기준 중에서 민간 전설과 신화, 실화, 전기, 시, 소설에 이르기까지 그 형식에 있어서도 광범위해야 한다는 점을 강조하고 있다(Van Tassel-Baska & Stambaugh, 2006: 89 재인용). 그리고 정규 학습에서는 기본적 읽기 기술과 음성에 주의하거나 줄거리, 인물, 다른 기본적 이야기 요소에 초점을 두지만 영재 학습에서는 고도의 읽기 능력 수준에 맞는 이야기를 선정한다든지, 동기화, 주제, 다른 추상적 문학 요소에 초점을 두게 된다. 그리고 정규 학습에서는 이야기 또는 소설의 주요 생각을 학습하는 데 비해, 영재 학습에서는 특정 장르를 벗어나서 장르 안팎으로의 개념과 주제를 학습하는 것이 필요하다.

인지심리학자 Carol Feldman(1996)은 내러티브 사고를 지원하는 대표적인 문화적 도구로서 장르를 제안한다(한승희, 2005: 47 재인용). 그녀에 따르면 사고 양식과 장르는 동일하다. 장르는 보통 텍스트의 종류 또는 텍스트를 구성하는 방식으로 이해되는데, 이야기를 만드는 방식, 그 이야기 속에 삽입되어 있는 주제들을 구성하는 방식, 언어 체계 등이 장르를 특징짓는다. 그녀는 일련의 실증적 연구를 통해 장르가 이야기의 플롯이 해석되는 틀을 제공해 준다는 사실을 밝혀, 장르가 기본적 사고 양태의 역할을 하는 것을 보여 주고 있다(한승희, 2005: 47). 예를 들어, 사람들은 책을 읽을 때 동일한 내용이라도 그 이야기의 장르(소설 또는 자서전)에 따라 내용에 대한 해석을 달리한다는 것이다. 그녀의 한 실험연구(1994)에서 한 이야기를 소설로 인식한 집단은 그 이야기를 사실이 아닌 꾸며낸 이야기로 인식하는데 비해, 자서전으로 인식한 집단은 실제적인 이야기로 인식하였다.

7) 지식의 심층적 학습: Egan의 깊은 학습

이 학습 형태는 천천히 깊게 학습하는 LiD(깊은 학습)으로 'LiD(Learning in Depth)'는 캐나다 교육학자 키랜 이건(Kieran Egan)이 주창한 교육 프로그램으로, 한 가지 주제를 오랜 시간에 걸쳐 천천히 깊이 있게 학습하자는 단순한 아이디어에서 출발했다. '진정한 교육은 지식의 폭과 더불어 깊이를 충실히 다루며, 학습자 스스로 해야 함'을 강조한다.

그동안 학교교육과정이 너무 많은 양의 광범위한 지식을 너무 짧은 시간에 급하게 다루다 보니 교사의 일방적인 전달 위주로 교육이 진행될 수밖에 없었고, 그 과정에서 학생들이 습득한 지식은 미처 지식을 익힐 여유도 없이 매 순간이 빠르고 바쁘게 흘러갔다. 이러한 문제 상황에 대한 대안을 찾고자 2008년 캐나다 Simon Fraser 대학의 Kieren Egan 교수를 중심으로 깊은 학습(LiD) 프로그램이 제안되었다(김샛별, 2018).

깊은 학습(Learning-in-Depth: LiD)이란 '특정 한 가지 주제에 대해 깊이 있게 학습하는 것'이다. 특정 주제 한 가지를 깊게 학습한다는 것은 무엇을 의미하는가? 이는 특정 분야의 전문가가 그 분야를 꾸준히 깊게 전문적으로 연구하듯이, 학생들 또한 한 가지 주제를 깊이 있게 연구하면서 지식을 습득하는 법을 배우는 것이다. 구체적인 이해를 돕기 위해 자기주도적 심층 프로그램의 구체적인 활동 내역에 대하여 살펴보면서 개념을 명료화해 보겠다.

깊은 학습을 시작함에 앞서 학교 수업 첫 시간에 학교생활 내내 배울 특별 주제, 예컨대 먼지, 사과, 돈, 전기, 물고기 등을 무작위로 배정받는다. 오랜 기간 연구할 주제이기 때문에, 어떤 주제를 배정받는지는 아주 중요한 문제이다. Egan을 비롯한 연구자들은 모든 학습소재가 다 심층적·전문적 지식 습득으로 이어질 수 있는 학습활동의 주제가 될 수 있는 것이 아님을 주장한다(Egan, 2010: 148). 이는 아무 소재나 주제가 되는 것이 아니라 몇 가지 특별한 요건을 갖추어야 한다. 또한 학습자 개인의 관심이나 흥미에 따라 임의적으로 선택되는 소재에 대한 학습은 심층적 지식 습득으로 이어질 수 없다고 보고, 몇 가지 특별한 요건을 충족시킨 주제들만이 심층적 지식의 습득, 혹은 지식 본성에 대한 이해가 가능함을 주장한다(Egan, 2010: 149-150). 일시적인 흥미로 선택되는 주제로는 연구를 지속하기 어렵기 때문에 주제는 폭, 깊이, 다양한 방법으로 연구가 가능이라는 세 가지 요건을 갖춘 것이어야만 주제로서의 가치가 있다.

정리해 보자면 깊은 학습은 초등학교를 막 입학한 어린 시기부터 중·고등학교를 마치는 시점에 이르기까지 매우 오랜 기간 동안 꾸준히 교사가 아닌 학생이 직접 주도하는 다년간의 반복적 학습으로 기획된다(Egan, 2010: 281). Egan은 학습이 외부적으로 강제되지 않는 경우라 하더라도 학생은 누구나 그 스스로, 자기주도적으로 학습할 수 있다고 주장하면서 비강압적이고 비진단적으로 학습활동이 이루어질 때 오히려 더 생산적인 학습이 이루어질 수 있다고 지적한다. 어떤 것에 대해 알면 알수록 더욱 더 흥미를 느껴 학생 스스로 학습을 주도하는 일이 가능해짐을 주장한다(Egan, 2010: 83).

그는 학생의 상상력과 주도가 배제된 수업이야말로 학생들을 형식적으로 학습하게 만들고 그래서 지식을 싫어하게 만들 수 있다고 지적하면서, 어떤 것에 대해 알면 알수록 더욱더 흥미를 느껴 학생 스스로 학습을 주도하는 일이 가능해짐을 주장한다(Egan, 2010: 5). 이처럼 특정 주제에 대한 장기간의 지속적인 학습활동이 깊은 학습이며 학생 주도적으로 이루어질 때 깊은 학습이 멈추지 않는 동력을 가질 수 있다.

특히 초등학생들이 흥미를 가지고 탐구할 만한 특별한 주제를 선정 후 전문가를 상징하는 멋진 박사모를 쓰고, 선생님과 친구들의 환호와 축하를 받으며 자신의 주제에 대한 전문가가 되기를 다짐하는 시간을 가졌다. 구체적인 적용 사례로 울산 약사초등학교는 작년부터 전교생이 LID 프로그램을 진행하였으며 연말에는 약사초 드림(Dream) 축제를 통해 LID 결과 전시 발표회를 열어 교육적 효과를 극대화했다. 올해 입학생인 1학년 139명도 LID 프로그램을 진행하기 위해 특별한 행사를 실시했다.

학생들은 자신의 운명적 주제를 연구하기 위해 관련 책을 찾아보거나 자신의 주제와 관련된 다양한 그리기, 만들기, 노래와 춤으로 표현하기 등 자신만의 독특한 탐구 활동을 통해 진짜 공부하는 즐거움을 아는 꼬마 전문가로 꾸준히 성장해 나갈 것이다. 본 사례 학교에서는 "LID 프로그램의 기본 원칙대로 학생들의 자발적인 학습 욕구를 끌어

2. 지식교육의 미래

549

내기 위해 눈에 보이는 성과가 곧바로 나타나지 않더라도 학부모와 교사가 함께 기다려 주고 지지해 주는 것이 가장 중요하다."며 LID 프로그램의 성공을 위해 당부와 격려를 아끼지 않았다고 보고하고 있다.

8) 지식의 구조와 내러티브 연계: 선행연구에 기반하여

(1) 지식구조의 비판에 대한 재해석(강현석, 2004; 2009)

① 구조의 인식론 문제

이 문제는 구조에 대한 단순한 비판과 관련되어 있다. 지식의 구조를 실증주의적이라고 비판하는 것은 일면 타당한 면이 없는 것은 아니다(강현석, 2004: 59-60). 그러나 지식의 구조가 객관적인 단일의 실재만을 가정한다는 비판은 재론의 여지가 있다. Bruner는 실재를 조직하는 다원적인 방법을 강조하고 있으며, 여기에서 구조라는 것이 인식 주체에 의해 발견되어야 할 대상인 동시에 구성해야 할 발명품으로서의 성격도 존재한다. 그리고 객관적인 실재론이나 상식적인 소박한 실재론적 관점에 입각하여 구조의 문제를 보는 것은 구조의 문제를 단순하게 축소시키는 면이 있다. 왜냐하면 Bruner에게 지식의 문제는 구성주의적 속성을 지니고 있기 때문이다. 그가 1970년대 옥스포드 시절과 그 이후에 보여 준 실재와 인식론의 문제에서 인식의 구성주의 측면과 기능적이고 사회적 맥락을 강조하고 있다는 점에서 구조의 단순 비판은 타당하지 못하다. 그의 이러한 포괄적인 인식론의 입장에서 볼 때 구조는 단순하게 비판할 수 있는 것이 아니라 구조의 구성 문제, 기능적이고 사회적인 맥락의 문제를 동시에 고려해야 한다. 구조는 발견되는 대상인 동시에 구성될 수 있는 개념적 구안이다. 인식 주체에 의해 실재가 다수로 구성될 수 있음을 전제하는 것이다. 이 지점에서 Bruner는 Goodman(1978)의 구성주의 견해를 받아들이는 것이다.

더욱이 1986년 이래로 지식의 구조에 내재한 인식론적 문제를 구성주의적 시각으로 확장하고 있다. 즉, 지식의 본질을 발견되는 특징과 함께 구성되고 생성되는 측면으로 보고 있으며, 동시에 그 근거로 내러티브 사고를 제시하고 있다. 내러티브 사고를 통한 실재의 해석과 실재의 내러티브적 구성에서 보면 지식의 구조와 관련한 문제는 전통적인 객관적 인식론을 넘어선다. 여기에 구성주의적 실재론이 자리한다. 따라서 지식의 구조 문제는 내러티브 인식론에 의해 더욱 확장될 수 있으며, 여기에 근거하여 지식의 구조가 재해석될 필요가 있다. 요컨대, 구조의 인식론은 내러티브 사고에 의한 실재의 구성, 의미 형성의 문제를 포함하는 해석적 인식론으로 확장되어야 한다. 구조는 이제 실증의 대상을 넘어 구성의 문제로 확대된다.

② 지식구조의 성격

구조의 성격 문제는 구조의 인식론 문제와 관련되어 있다. 따라서 지식의 구조 성격과 관련한 비판은 구조가 인식 주체와 격리되어 있는 독립적인 객관적 실재라는 점이며, 거기에는 경험주의적 지식관을 전제하고 있다는 점이다(강현석, 2004: 60). 이러한 비판은 한 단계 더 나아가 개념이 누구에게나 고정된 의미를 가지며 외부의 객관적인 대상과 대응하는 것처럼 가르치는 것은 특정 수준의 지식구조가 유일한 지식구조라고 보는 경우에서 비롯된 것이라는 점이다. 개념의 역동적이고 수정적 측면을 고려하지 않고 구조가 본질적으로 완결되어 있는 개념이라고 보는 생각은 타당하지 못하다. 왜냐하면 객관적 구조, 원자적 지식관, 그리고 완결된 개념으로서의 구조에 대한 비판은 재론의 여지가 있기 때문이다.

따라서 지식의 구조는 인식 주체와 독립적인 객관적인 실재이기보다는 인식 주체에 의해 발견되고 구성되어 새롭게 진화하는 구인으로 보는 것이 타당하다. Bruner의 구성주의 인식론에 의하면 구조는 객관적 실재가 아니라 구성적 실재이다. 그리고 구조가 전제하는 지식관, 즉 교육내용은 이홍우(1992: 206-207)가 말한 전체주의적 지식관으로 이해할 경우에 원자주의적 지식관에 의한 비판은 다소간 논쟁적이다. 이와 동시에 완결된 개념으로서의 구조에 대한 비판은 구조의 동적인 측면을 고려하면 다소간 재해석할 수 있는 부분이 존재한다. 구조를 정적인 것으로 파악했을 때 구조는 완결된 개념과 원리 그 자체를 가리킨다. 오늘날 사람들은 대체로 이 관점에서 구조를 파악하고 있는 경향이 강하다(이홍우, 1988: 25-26). 그러나 구조는 우리가 그것을 발견하고 활용하는 과정에서 동적인 측면을 지니고 있으며, 완결된 개념을 가지고 다른 특수한 현상을 설명하는 데에 적용된다(강현석, 2004: 60).

지식의 구조처럼 내러티브 역시 우리가 의미를 만들기 위해 사용하는 구성의 도구이면서 이야기의 인지적 도식이다. 동시에 사고 양식으로서 내러티브는 우리의 지식을 조직하기 위한 구조도 된다(Bruner, 1996). 실재는 내러티브로 구성될 수 있다. 의미를 만드는 내러티브 행위는 대화를 통해서 이루어지며, 내러티브 사고는 해석을 필요로 하는 동시에 해석학적 순환에 의해 이야기가 만들어진다. 인간은 이야기 속에서 살아간다. 세계에 대한 우리의 경험과 지식을 조직하거나 구성하는 가장 자연스러운 방법은 이야기를 만드는 것이다. 이야기를 말하는 것은 최초의 즉각적인 경험을 그대로 기술하는 것이 아니라, 특정한 방식으로 경험을 구조 짓는 것이다. 이런 점에서 내러티브는 서로 관련이 없는 개별 사건들을 전체 이야기 속에 모으는 데 적합한 렌즈가 된다(Polkinghorne, 1988: 36). 결국 어떤 것에 대해 이야기함으로써 경험을 계속적으로 해석하고 재해석함으로써 우리의 삶이 만들어진다. 따라서 내러티브는 삶이 해석적으로 구성되는 과정에서 경험의 구조화 양식으로 기능한다. 이런 점에서 볼 때 지식의 구조와 내러티브는 그 성격상 매우 유사한 차원을 지닌다.

요컨대, 내러티브 관점에서 지식은 개인 내에 구체화된 것으로서, 개인은 개인적·사회적으로 구성된 상징적 형식들을 통해서 경험을 해석한다. 결국 구조가 내러티브이고, 내러티브가 곧 구조이다. Clandinin은 우리 모두의 내러티브는 복잡하고, 우리의 개인적이고 전문적인 삶에서 일종의 지속성과 통일성을 꿰매어 주는 다양한 실들을 포함한다고 보고 있다(Connelly & Clandinin, 1988: 153). 또한 내러티브는 새로운 상황에 돌려지는 이전 경험을 특수하게 질서 지우는 것이다. 따라서 이러한 질서들은 우리가 누구인지, 그리고 우리가 과거에 행하였던 것을 우리가 어떻게 행하고 있는지에 관하여 스토리를 말하는 새로운 방식을 만들어 내고 있다. 과거 지식의 구조 역시 우리의 경험에 질서를 제공하기 위한 개념적 발명품인 것처럼 내러티브 역시 특정한 방식으로 우리의 경험을 구조 짓는 것이다. 그러나 전자가 개인 내적 차원에 초점을 둔다면 후자는 문화적이다. 전자가 개인의 내적인 인식에 초점을 두고 있다면 후자는 상호작용적이고 교섭적이며, 개인 간의 해석적 구성에 초점을 두고 있다.

(2) 내러티브 학습: 실재 구조의 발견이 아닌 내러티브 발견법으로(강현석, 2004)

앞에서 살펴본 바와 같이 우리가 지식을 이해하고 추구하는 궁극적인 목적은 탐구를 통한 새로운 지식의 생성에 있다. 따라서 구조의 학습은 지식의 내적 구조(개념체계)와 외적 구조(탐구구조)를 동시에 고려해야 한다. 구조의 발견 행위를 주어져 있는 것의 단순한 발견으로 보는 생각은 지식의 외적 구조, 즉 지식의 탐구구조에 대한 것을 배제하기 때문에 생기는 문제이며, 탐구 활동의 역동성을 모르는 처사이다. 따라서 지식의 구조는 기존의 지식을 도구적으로 사용함으로써 세계에 대한 새로운 통찰을 부여할 수 있는 개념적 장치이며, 결국 도구적 지식에 통일성을 부여할 수 있는 구성 개념이다(강현석, 2004: 61). 따라서 구조가 가정하는 지식은 생성적 지식이며, 역동적 지식이다. 구조는 내용이면서 과정이고, 지식이 탐구되는 과정인 동시에 구성적 개념이다. 이런 점에서 구조는 고정된 불변의 체계로서 객관적인 실재가 아니며, 주관과 객관의 상호작용 속에서 계속적으로 그 의미가 재구성되는 해석적 체계로 보아야 한다.

이런 점은 발견학습을 내러티브 사고체계에서 볼 때 더욱 분명하게 드러난다. Bruner는 내러티브가 세계에 대한 우리의 경험과 지식을 조직하거나 서로 간의 의사소통과 학습에 있어서 가장 보편적이면서도 자연스럽고 손쉬우며 강력한 형식 가운데 하나라고 보고 있다(Bruner, 1996). 내러티브는 우리가 의미를 만들기 위해 사용하는 구성의 도구이다. 실재는 내러티브로 구성될 수 있다. 의미를 만드는 내러티브 행위는 대화를 통해서 이루어지며, 내러티브 사고는 해석을 필요로 하는 동시에 해석학적 순환에 의해 이야기가 만들어진다. 인간은 이야기 속에서 살아간다. 세계에 대한 우리의 경험과 지식을 조직하거나 구성하는 가장 자연스러운 방법은 이야기를 만드는 것이다. 우리의 경험을 구조 짓고, 경험을 계속적으로 해석하고 재해석함으로써 학습이 심화되어 나간다. 이러한 교육과정 속에서 삶이 해석적으로 구성되며, 그 과정에서 내러티브는 경험의 구조화 양식으로 기능한다.

이상과 같이 우리의 경험을 조직하기 위한 구조로서 내러티브는 발견학습에 대한 새로운 해석에 중요한 근거로서 작용한다. 내러티브가 학습이나 교육의 과정에서 하나의 수단으로서 작용한다(Bruner, 1996: 119)는 점에서 보면 학습은 본질적으로 내러티브적으로 일어나는 것이며, 경험의 조직을 지속적으로 하면서 학습의 내면화가 이루어진다고 볼 수 있다. 왜냐하면 학습의 주요 대상인 지식은 사람들이 다른 사람과 자신들의 아이디어와 이야기를 공유하는 상황에서 개인적·사회적으로 구성되고 재구성되기 때문이다. 이 점에서 지식을 학습하고 내면화하는 것은 개인 내에 구체화된 지식을 재구성하는 것이며, 개인적·사회적으로 구성된 상징적 형식들을 통해서 경험을 해석하는 것이라고 볼 수 있다. 이 과정에서 내러티브가 곧 구조의 역할을 한다.

지식의 구조는 학습자와 독립적인 객관적 실재이기보다는 학습자와 상호작용을 통하여 부단히 새롭게 구성되는 해석적인 체계 속에서의 생성적인 구조이다(강현석, 2004: 65). 그러한 구조는 사회적 상호작용을 통하여 해석적인 구성의 과정에서 발견되는 동시에 창안되고 발명되는 것이다. 따라서 구조를 발견하는 학습은 학습자 외부에 존재하는 객관적인 실재를 단순히 찾아내는 일 그 이상을 포함한다. 여기에는 구조를 발견하는 활동뿐만 아니라 학습자의 해석적이고 구성적인 활동을 통하여 구조를 만들어 내는 활동까지 포함된다. 이 과정에서 의미 구성의 과정이 중요하게 이루어지는데 이것은 인간이 그 자신과 그가 처해 있는 세상을 이해하기 위한 상징적 활동이다(Bruner, 1990). 이러한 활동 속에서 구조를 내면화하고 거기에서 출발하여 자신의 체험적 변화를 통하여 세계를 조망하고 구성한다고 볼 수 있다.

발견학습에서는 의미의 교섭이 중요하며, 학습은 단순히 어떤 지식을 가르쳐 줌으로 써가 아니라 문화적 수단에 익숙해지게 함으로써 스스로 발견적 과정들을 통하여 일어 난다. 결국 지식의 구조라는 것이 발생적인 것이므로 당연히 알아야 되는 것보다 더 많 이 알 수 있도록 해 주는 방식으로 어떤 사실들을 학습자의 머릿속에 잘 조직하게 해 준 다는 것이다. 그리고 이러한 일은 반성과 숙고를 거쳐야 하며 학습자가 이미 알고 있는 것에 대해 곰곰이 생각하는 성찰적 사고를 요구한다(Bruner, 1996: 129). 그리고 Bruner 는 학습에서 사회 · 문화적인 측면들을 포함하는 방향으로 발견학습 이론을 확대시켜 가고 있다(1986; 1990b; 1996). 이는 여러 가지 측면에서 비고츠키의 사회 구성주의 이 론과 맥을 같이하고 있는 것으로 해석될 수 있다. 이 점에서 볼 때 학습은 학습자 자신 의 발견을 통해 새롭게 의미를 구성하고 지식을 구조화해 나가는 과정으로서, 새로운 발견과 의미 구성에 필요한 것들을 사회적 상호작용을 통하여 학습해 나가는 것이라고 볼 수 있다(Bruner, 1996: 151-153).

특히 학습은 내러티브를 통하여 의미를 만들어 가는 과정, 즉 '내러티브 발견법'으 로 볼 수 있으며, 그 발견은 일상심리학의 맥락에서 작용한다. 일상심리학은 사회적 세 계 속에서의 경험과 지식, 상호작용과 관련된다. 이 관점에서 보면 인간 학습의 이유는 주어진 문화에 있으며, 그 문화 내에서의 의미를 위한 탐구 활동에 있다. 사람이 문화 에 참여함으로써 그 속에서 의미는 공적인 성격을 띠며, 공유되는 것이다. 일상심리학 은 의미 구성 과정에 관련된 상호적 과정이다. 따라서 발견학습은 내러티브 사고에 의 한 의미 구성 과정인 동시에 문화 속에서의 해석적 구성의 과정이다. 따라서 발견학습 은 더 이상 객관적인 구조를 수동적으로 혼자 찾아내는 활동이 아니다. 이러한 점에서 Bruner는 자신의 탐구학습에 관한 초기의 생각이 불완전하다고 보고, 새롭게 탐구학 습에 대하여 사회적 장면에서 구성원들의 교섭과 공유에 의해 재창조되어 가는 과정이 강조될 필요가 있다고 지적하였다(강현석, 2004: 65).

이상의 탐구-발견학습에 대한 재해석은 지식의 역동성을 기초로 하는 상호적 학습 의 가치를 환기시킨다. Bruner에게 있어서 학습은 단지 지식획득-변용-평가의 에피 소드만을 의미하지는 않는다. 학습은 해석적 사고를 통한 의미 형성의 과정이며, 그것 은 구성주의적 과정인 동시에 교사-학생 간의 상호작용 과정을 말한다. 상호작용 과 정에서 학생들 간의 대화는 중요하며, 대화를 통해 언어에 의한 상호작용이 일어나며, 이 과정에서 의미의 교섭과 거래가 일어난다. 협동으로서 내러티브 학습의 가치는 여 기에 있다. 동시에 학습은 언어에 의한 상호작용 속에서 일어나지만 문화의 맥락에 놓 여 있으며, 그 맥락 내에서 의미가 만들어지고 의미를 구성해 내는 교육적 상호작용으로서의 내면화가 일어난다. 따라서 학습은 상호학습 공동체인 교실에서 내러티브적으로 이루어진다.

3. 지식교육의 과제

1) 듀이와 브루너의 관련성: 삶과 지식의 통합 변주곡(강현석, 2013)

교육학 논의에서 흔한 오류 중에 하나가 지식을 학습 경험과 대립적으로 파악하는 것이다. 특히 듀이가 강조하는 학습 경험과 브루너의 지식의 구조가 대립적이라는 것이다. 그리고 최근의 브루너의 내러티브와도 대립적으로 파악하는 방식이다. 그러나 이 방식은 온당치 않다. 왜냐하면 듀이가 강조하는 경험을 유의미하게 해 주는 기제가 바로 내러티브이기 때문이다. 이런 점에서 지식교육과 관련하여 듀이와 브루너의 관련성에 대한 연구가 필요하다.

Polkinghorne(1988)에 의하면 인간의 경험은 개인이 조직하는 인지 도식과 개인의 감각 기제에 대한 환경의 영향 사이의 상호작용에 의해 만들어지는 것이다. 경험은 회상과 인식, 예상을 해석학적으로 연결하는 의미의 영역에 의해 만들어지는 통합된 산출물이다. 인지적 도식의 조직들은 다층적이고 언어적·자연적 환경과의 상호작용을 통해서 수정될 수 있다. 어떤 특정한 인식을 가지기에 앞서, 이런 도식들은 개인이 부딪히는 내재적이거나 외부적인 환경을 조직하고 해석하는 데 활발하게 사용된다(Gerger, 1985). 대개 그것들은 의식적인 인식 밖에서 작용하는 것으로서, 이미 구성된 의미 있는 경험들을 인식에 제공한다. 내러티브는 인지적 도식들 중 하나이다. 그것은 때때로 욕구와 목표의 성취에 대한 영향에 따라 인간의 행동들이 함께 연결되는 세계에 대한 인식을 나타낸다.

내러티브는 경험 구조화(의미 구성의 틀)를 의미한다. 이것은 소통 과정으로서 내러티브로 확장될 수 있다. 사고 양식으로서의 내러티브에는 일정 부분 인간 경험의 구조화 의미가 내재되어 있다. 즉, 내러티브는 특정한 방식으로 경험을 구조화하는 것이며, 삶의 내용과 계속성에 형식을 부여하는 방식에서 경험을 구조화하는 것이다. 이와 같이 내러티브는 단순한 이야기나 사고 양식으로서의 의미를 넘어서서 인간이 삶을 해석하는 데 있어서 사람이 경험하는 사건, 인물, 행위, 감정과 정서, 의도와 생각, 그리고 상황과 장면 등을 총체적으로 통합시켜 주고 특정 경험이 이루어지는 맥락 속에 위치시켜 주는 인식의 틀이라고 볼 수 있다(강현석, 2005). 이 점은 Bruner의 경험의 구조, Polkinghorne의 인지 도식과 상통하는 부분이다.

이런 점에서 Polkinghorne(1988)은 내러티브 도식(scheme)에 주목한다. 내러티브 도식을 통해 관계들을 파악하는 것은 일련의 사건들을 통일된 사건으로 배열하기 위한 내러티브의 힘으로부터 기인한다. 내러티브의 배열은 각 요소들이 속해 있는 전체를 파악함으로써 개별 사건들을 이해할 수 있게 만든다. 배열 과정은 다양한 사건들을 시간적 측면에 따라 연결하여, 한 사건이 다른 사건에 미치는 영향을 구별함으로써 작동하고 인간의 삶이 시간적 형태가 되도록 이에 영향을 미치는 인간의 행동과 사건들을 통일되게 한다. 인식할 수 있는 지각적 형태를 만드는 형태 조작이 제한되어 있기 때문에, 통일성 있는 이야기를 만드는 데에는 내러티브 구조가 제한되어 있다. 내러티브로 만들어진 이야기 속에서 특정한 행동들은 에피소드들을 완성하는 데 공헌하는 것으로서의 중요성을 가진다. 이런 의미에서, 내러티브는 최종 결과가 알려진 후에 사건들의 의미를 회귀적으로 변경할 수 있다. 특정한 사건들을 통일된 하나의 내러티브로 만드는 수단은 플롯이나 줄거리이다. 각 행동의 일부가 전체적인 경험에 관련되는 것으로 보이는 것이 플롯이다.

이와 유사하게 White(1981)는 내러티브를 어떤 사태나 사건을 알고 있는 사람이 알고자 하는 사람에게 하나 이상의 현실이나 허구의 사건을 보고하는 것으로 정의하고 있다. 그러나 단순하게 사건이나 실제의 변화를 말하는 것이 아니라 전체의 의미에 비추어 조정하고 해석하는 활동을 포함하며, 내러티브를 통해 이질적인 상황이나 사건을 하나의 의미로 구성하게 된다. 따라서 그것은 여러 일련의 사건에 질서와 통일성을 부여하면서 그 의미를 구성할 수 있도록 해 준다. 그래서 내러티브로서의 스토리는 그것이 진실의 연대기든 소설의 상상이든 우리의 세계에 널리 퍼져 있으며, 세계에 대한 우리의 이해방식을 형성한다. 그것은 실재에 대한 우리의 기본적인 인상에 정보를 제공해 주며, 우리의 삶에 구조를 부여해 준다.

우리는 경험을 이야기적 형태로 구조화함으로써 삶을 반성적으로 성찰하고 의미를 만들어 낸다(박민정, 2006). 이 과정에서 우리는 무슨 일이 일어났는지, 누가 그 경험 세계에 있었는지, 왜 그렇게 행동했는지 등 일련의 질문을 중심으로 내러티브를 구성하게 된다. 단편적 사건이나 경험을 나열하고 피상적으로 생각하는 것이 아니라 그 경험을 해석하고 재해석하면서 의미를 생성하는 것이 중요하다. 어떤 경험의 시간적 선후관계의 규명보다는 경험들 간에 존재하는 관련성과 그 관계 속에서 드러나는 의미를 구성하는 것이 중요하다. 경험의 의미는 경험을 반성적으로 성찰할 때 그 의미가 드러나는 법이다. 이런 점에서 Ricoeur(1990)는 내러티브를 세상에 대해서 단순하게 설명하는 방식이 아니라 사건을 상징화하는 수단이라고 보았다. 이와 같이 내러티브는 세상에 대한 우리의 경험과 지식을 이해 가능한 형태로 조직화하는 창조적 활동이라고 볼 수 있다.

요컨대, 내러티브는 사건들과 인간의 경험을 전체로 조직하는 의미구조이다. 그러므로 개별 행동과 사건들이 전체에 영향을 주는 것에 따라 의미가 있다. 따라서 내러티브는 단순하게 사건들을 시간에 따른 장소에 따라 목록화하는 연대기와는 구별되어야 한다. 내러티브는 시간적 측면을 포함하는 행동의 기호화된 설명을 제공한다.

그런데 내러티브를 경험의 구조화 틀, 의미 구성의 문제로 볼 경우 이 과정에는 경험의 주체와 대상 간의 대화적 상호작용 과정이 개입되기 마련이다. 경험의 대상이 내러티브 텍스트가 된다. 그 텍스트가 세상이든지 문자적으로 표현된 텍스트이든지 간에 경험의 주체와 끊임없는 커뮤니케이션이 일어나게 된다. 따라서 내러티브는 소통의 과정을 의미하기도 한다. 좁게 보면 내러티브는 저자, 내러티브 작품, 청중(독자) 사이의 대화적 상호작용으로 이해되기도 한다(박민정, 2006). 청중이 내러티브 텍스트를 읽을 때 그 속의 이야기는 청중의 세계로 넘어온다. 그러나 정작 하고 싶은 이야기가 청중에게 그대로 전달되는 것은 아니다. 자신의 내러티브에 비추어 나름대로 의미를 재해석하면서 자신의 의미를 찾아간다. 이 경우 이야기를 읽는 청중은 내러티브 작품을 하나의 독백으로 만나는 것이 아니라 자신의 경험에 비추어 이야기 속의 세상과 상호작용하면서 허구적 경험을 실제적 경험으로 변형시킨다.

따라서 내러티브를 읽는 것은 언어를 매개로 재현된 경험 세상을 단순히 경험하는 것이 아니라 내러티브 세상과 자신의 세상을 관계 맺는(해석학적 순환) 작업이 되는 셈이다. 이 소통의 과정을 통해 내러티브 의미가 작가의 의도를 그대로 답습함으로써 파악되는 것도 아니고, 청중의 자의성에 의해 구성되는 것도 아니다. 이 두 세계, 즉 내러티브 텍스트의 세계와 독자 세계의 지평의 융합을 통해 생성된다. 이러한 관점은 타인의 의식과의 관계망 속에서 구성되는 인식의 중요성을 강조한다. 이 점은 Bakhtin의 시각과 상통한다. 인간은 본인이 자신에 대해 갖고 있는 생각을 타인이 자신에 대해 갖고 있는 생각과 지속적으로 대화함으로써 온전한 자아를 형성, 발전시킬 수 있다고 본다. 이러한 내러티브를 통하여 자아가 건강할 수 있다.

2) 지식의 분류학: 개정된 목표분류학(강현석, 2011)

교육학 분야에서 지식의 분류는 여러 층위를 나타낸다. 교육 실천의 장면에서 보다 구체적으로 접근해 보면 지식은 수업 활동에서 학생들이 성취해야 하는 학습성과로 나타나야 한다. 이 학습성과가 교육목표로 설정되며, 그 교육목표를 간명하고 체계적으로 분류해 왔다. 이러한 측면에서 역사적으로 보면 지식 혹은 학습성과를 행동적 차원에서 분류해 온 경향이 강하다.

1956년에 Bloom 등이 제시한 교육목표분류학이 주류 접근인데, 최근에 그 접근 방식도 여러 측면에서 비판을 받고 있다. 학습의 과정과 성격에 대한 왜곡, 상-하위 유목들 간의 위계, 분류학의 설정 과정에 많은 문제점을 드러내고 있다는 것이다. 그래서 여러 학자들이 이에 대한 대안적 교육목표분류학들을 제안하고 있다. 그중에서도 대표적인 학자의 분류방식을 제시한다. 향후 수업목표 진술이나 학습과제 분석, 수업 활동과 평가 방식 등에 상당한 변화를 초래할 것으로 예상되는 매우 중요한 변화라고 볼 수 있다.

Hauenstein(1998)의 분류방식은 일차적으로 다섯 가지 행동 영역에 비추어 세 가지 영역을 분류한 것이 특징이다. 각 영역마다 다섯 가지 상위 유목과 그 밑에 하위 유목들

〈표 8-1〉 Hauenstein의 교육목표분류학

구분	행동 영역	인지적 영역	정의적 영역	심동적 영역	
1.0	1.0 습득 1.1 수용 1.2 지각 1.3 개념화	1.0 개념화 1.1 확인 1.2 정의 1.3 일반화	1.0 감수 1.1 감지 1.2 자진감수 1.3 주의집중	1.0 지각 1.1 감각 1.2 인식 1.3 관찰 1.4 선행경향성	단기적 목표
2.0	2.0 동화 2.1 반응 2.2 이해 2.3 시뮬레이션	2.0 이해 2.1 번역 2.2 해석 2.3 추론(외삽)	2.0 반응 2.1 묵종반응 2.2 자진반응 2.3 평가	2.0 시뮬레이션 2.1 활성화 2.2 모방 2.3 조정	
3.0	3.0 적응 3.1 가치화 3.2 적용 3.3 적합화	3.0 적용 3.1 명료화 3.2 해결	3.0 가치화 3.1 가치수용 3.2 가치채택 3.3 확정	3.0 적합화 3.1 통합 3.2 표준화	
4.0	4.0 수행 4.1 신념화 4.2 평가 4.3 산출	4.0 평가 4.1 분석 4.2 적격판정	4.0 신념화 4.1 신뢰하기 4.2 헌신하기	4.0 산출 4.1 유지 4.2 조절	장기적 목표
5.0	5.0 포부 5.1 행동화 5.2 종합 5.3 숙달	5.0 종합 5.1 가설 5.2 결정	5.0 행동화 5.1 시연하기 5.2 행동수정하기	5.0 숙달 5.1 창안 5.2 완성	

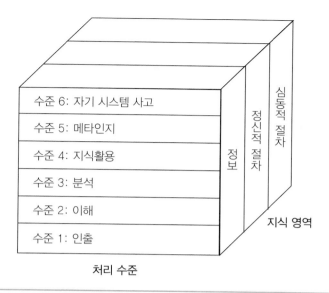

그림 8-2 Marzano의 목표분류학의 2차원 모형

이 제시되고 있으며, 동시에 활용 동사들이 제시되고 있다. 그것을 살펴보면 〈표 8-1〉과 같다.

다음으로 Marzano(2001)의 분류방식을 보면 [그림 8-2]와 같다. [그림 8-2]에서 알 수 있는 것은 수준 1인 인출 목표에서부터 수준 6인 자기 시스템(self-system) 사고에 이르기까지 모두 세 가지 지식 차원을 포함하고 있다. 특히 지식 차원에서 각 차원들은 하위 차원을 지니고 있는데 정보 차원은 다시 구체적인 것(details)과 조직 아이디어(organizing idea)로 구분되고, 정신적 절차와 심동적 절차는 각각 기능과 과정으로 구분된다.

Anderson 등(2001)의 분류방식은 지식 차원과 인지과정 차원으로 분류되는데, Bloom의 분류방식과 다른 점은 인지적 영역에서 '지식' 유목을 명사적 측면과 동사적 측면으로 구분하여 전자는 독립된 지식 차원으로, 후자는 기억(remember)이라는 가장 하위의 인지과정 차원에 포함된다. 또한 이해(comprehension)가 이해(understand)로, 종합이 창안(create)으로 바뀌고 그 위계도 종합과 평가가 뒤바뀐다. 이상의 내용을 표로 제시해 보면 〈표 8-2〉와 같다.

〈표 8-2〉 2차원 교육목표분류표

구분	인지과정 차원					
지식 차원	1. 기억하다	2. 이해하다	3. 적용하다	4. 분석하다	5. 평가하다	6. 창안하다
A. 사실적 지식						
B. 개념적 지식						
C. 절차적 지식						
D. 매타인지적 지식						

이상에서 제시된 새로운 교육목표분류학들은 과거 Bloom 등의 분류방식보다는 진일보한 것이며, 향후 교육과정 목표 개발이나 교수-학습의 방식, 수업목표 진술, 평가 방식에 상당한 변화를 초래할 것이며 학교 현장에서도 이에 대한 대비가 필요하다고 보겠다.

3) 지식교육의 혁신과 국제 동향: 국제 바칼로레아 시스템 탐구(강현석 외, 2018)

(1) 프로그램의 특징과 구성[2]

국제 바칼로레아는 1968년 10월 25일에 스위스 제네바에서 고등학교 과정 프로그램(Diploma Program: DP)으로 최초로 탄생했다. 이 프로그램은 전 세계 대학에서 인정하는 교육과정과 자격증을 학생에게 제공함으로써 학생의 국제 이동성을 촉진한다는 취지 아래 생겼다(International Baccalaureate, 2015). 2018년 현재 5,000개의 학교가 IB 프로그램을 적용 중에 있다(International Baccalaureate, 2018c). 각 프로그램별 정의와 특징은 이하와 같다(International Baccalaureate, 2015).

- 초등학교 과정 프로그램(Primary Years Programme: PYP): 3세에서 12세까지의 학생을 대상으로 교실과 학교 외부에서 탐색자로서의 아동의 전인적인 성장에 초점을 두고 있다. PYP는 대부분의 국가 혹은 지역의 교육과정의 요구에 맞추어 적용할 수 있는 간학문적이고 유동적인 프로그램이며, IB 중학교 과정 프로그램에 진

---

2) IB에서는 이하 4개 프로그램 외에 DP에서의 TOK(지식 이론)에 중요한 의의가 있다. TOK에서는 다양한 앎의 방식(WOK)과 지식 영역(AOK)이 활용된다. 학생의 실생활(RLS)에서 문제의식을 갖고 지식 주장을 통하여 자신의 앎을 형성해 나가는 것이므로 미래 지식교육에서 중요한 가치를 지닌다. TOK 외에도 EE(Eetended Essay)나 CAS(Creativity, Action, Service) 등도 중요한 지식교과와의 융합 방향으로서 주목할 만한 가치를 지닌다.

학할 수 있도록 최고의 준비과정을 제공한다. 초학문적 주제를 중심으로 탐구프로그램(POI)을 통해 새로운 지식교육을 제안하고 있다.

- **중학교 과정 프로그램**(Middle Years Programme: MYP): 11세에서 16세까지의 학생을 대상으로 창의적이며, 비판적이며, 반성적인 사고자가 될 수 있도록 학생의 성장을 촉진하는 학습의 틀을 제공한다. MYP에서는 학생들로 하여금 전통 교과와 실제 세계 간의 연결을 만들어 낼 수 있게 하는 지적 도전에 초점을 맞춘다. MYP 또한 대부분의 국가 혹은 지역의 교육과정의 요구에 맞추어 적용할 수 있는 유연한 프로그램이다. PYP에서 함양된 지식, 기술, 태도를 기반으로 하며, DP나 CP에서 필요로 하는 학문적 도전을 만족시켜 줄 수 있는 준비과정을 제공한다.
- **고등학교 과정 프로그램**(Diploma Program: DP): 16세에서 19세까지의 학생을 대상으로 엄격한 평가과정을 둔 균형적이며 학문적으로 도전의식을 불러일으키는 프로그램이다. DP에서는 학생들의 고등교육에서의 성공을 준비시키며, 국제 사회에서 적극적인 참여자가 될 수 있도록 촉진시킨다. 이 프로그램은 세계의 유수 대학들로부터 인정과 명성을 받았다.
- **직업교육 과정 프로그램**(Career-related Programme: CP): 16세에서 19세까지의 학생을 대상으로 교육 원리, 비전, 학습자의 프로파일을 직업교육에 종사하고 싶은 학생들의 특정한 요구를 반영하는 특별한 프로그램으로 통합한 것이다. 이 프로그램은 학생들로 하여금 IB 교육의 요소로부터 혜택을 누리고 학교로 하여금 IB 교육에의 넓은 참여를 가능하게 한다.

(2) 백워드 설계 속에서의 IB와의 연계성(강현석, 이지은, 배은미, 2019)

① 본질적 질문 중심의 발표와 토론식 수업

- 백워드 설계 학생들의 심층적인 이해를 위해 학습목표 설정 → 평가 계획 수립 → 학습 경험의 설정 등의 순서로 교육과정을 설계하는 방식이다. 이 모형에서는 학생들의 심층적 이해에 도달하기 위한 첫 관문으로 본질적 질문을 제시한다.
- 본질적 질문은 교과나 교육과정의 중심에 놓이거나 교과의 탐구와 심층적 학습을 촉진시키는 질문으로 직접적인 대답을 요구하거나 정해진 하나의 결론을 갖는 것이 아니라 학생들의 사고와 탐구를 자극하며 더 많은 질문을 이끌어 내어 학습자들이 탐구하게 해 주는 출입구로 작용하는 질문을 의미한다(강현석 외, 2016).
- 본질적 질문은 학생들의 삶 속에서 지속적으로 나타나는 중요한 질문이며 교과의

핵심 아이디어와 탐구를 가리키는 질문으로 학생이 중요한 아이디어를 효과적으로 탐구하고 의미를 파악하는 데 도움을 준다. 이러한 본질적 질문은 관련 단원 및 수업의 목표와 밀접하게 관련된다.

- 학생들이 성공적으로 탐구하는 것은 처음에는 헷갈리고 명확하지 않으며 단편적이었던 것들을 탐구의 과정 중이나 후에 스스로 깨닫고 파악하고 이해할 수 있는 것을 의미한다(Wiggins & McTighe, 2013). 이때 본질적 질문은 단순한 내용의 전달을 넘어 유의미한 추론이 이루어지도록, 활동을 하면서 활동 속에 들어 있는 의미나 가치를 학생들이 해석하고 구성할 수 있도록 도와주는 역할을 한다.

- IB의 PYP에서 교사의 중요한 역할은 학생들이 스스로 질문과 행동을 구성해 나가도록 도와주는 수업을 진행하는 것이다(김미강, 2017). MYP, DP에서도 학생들이 학습의 중심이며 수업의 진행과정에서 교사와 학생, 학생과 학생의 대화와 토론이 많이 이루어진다. 또한 학생들은 탐구 보고서 작성 등의 프로젝트 과제를 수행하는데 이 과정에서 학습한 내용에 대해 계속해서 질문을 던지는 훈련을 하게 된다 (이혜정 외, 2017).

- 본질적 질문 중심의 탐구에 기반한 교수 IB의 교수 접근 방법 중 탐구에 기반한 교수와 학습 방해 요소 제거 설계 교수와 유사한 부분이 있다. 탐구에 기반한 교수는 학생들이 스스로 정보를 수집하고 스스로 이해하는 데 중점을 두며 학습 방해 요소 제거 설계 교수는 포괄적이고 다양성에 가치를 둔다. 이 접근은 학생들의 정체성을 긍정하고 모든 학생들이 자신에게 적합한 개인 목표를 개발하고 추구하도록 하기 위해 학습기회를 창출하는 것을 지향한다(이혜정 외, 2017).

- IB에서는 교과의 분명한 경계를 강조하기보다는 각 교과나 영역 혹은 주제 중심의 통합을 시도하여 학습자상과 IB의 임무 및 사명에 도달하는 것에 초점을 둔다. 본질적 질문은 이러한 통합적 시도에서도 유용한 역할을 한다. 본질적 질문은 교과 내 또는 여러 교과에 걸쳐 있는 전이 가능성이 높은 개념을 중심으로 구성되므로 주제에 관해 한 단원의 내용에 대한 이해만 증진시키는 것이 아니라 관련성을 야기하고 하나의 상황에서 다른 상황으로 아이디어들이 전이되도록 촉진한다.

- 본질적 질문은 하나의 최종적인 정답이 없는 열려 있는 질문, 학생들의 사고를 촉발하고 지적인 관심을 가지게 하는 질문, 분석·추론·평가 예상하기와 같은 고등 사고능력을 필요로 하는 질문으로, 수업의 모습도 전통적인 수업과는 달라야 한다. 본질적 질문을 활용한 발표 및 토론 중심 수업에서 학생들은 기존의 수동적 학습태도인 교사의 설명을 듣고 단편적인 내용을 주로 암기하는 학습 방식의 변화를

요구받는다.

- 이러한 수업 과정에서 학생들은 제시된 본질적 질문에 대답하는 과정에서 자연스럽게 탐구가 일어나고 탐구 과정에서 또 다른 질문을 생성하고 해결해 나가게 되며 결국 학생들이 질문을 생성하는 질문 생성자가 된다. 이러한 학습의 과정이 지속된다면 학생들은 학습의 과정에서 문제의식을 가지고 스스로 질문을 제시하며 해결을 하게 되며 이는 IB의 학습자상(learner profile) 중 탐구하는 사람, 지식을 소유하는 사람, 생각하는 사람, 의사소통이 되는 사람, 반성적인 사람으로 성장하게 될 것이다.

② 진정한 이해 중심 수업

- 교사들은 무엇에 초점을 맞추어 수업을 개발하고 실행해야 하는가? 백워드 설계에서는 주요 아이디어에 기초한 영속적 이해에 초점을 두고 있다. 주요 아이디어는 교육과정, 수업, 평가의 초점으로 제공되어야 하는 핵심 개념 및 원리와 과정을 의미한다. 이러한 주요 아이디어는 특정한 단원을 초월하여 전이 가능한 것이다 (강현석 외, 2016).
- 백워드 설계에서 교육목적으로 추구하는 영속적인 이해는 다음의 특징을 가지고 있다.
  - 사실에 의미와 중요성을 부여하는 주요 아이디어를 포함한다.
  - 다른 주제, 분야, 삶으로 전이될 수 있다.
  - 이해는 사실이 아니라 추론이며 탐구로부터 도출된 통찰력이다.
  - 기초 기능을 위한 개념적인 기반을 제공한다.
- 교육의 목적을 진정한 이해에 두는 것은 백워드 설계와 IB와의 공통점이다. IB 프로그램은 폭넓고 균형 잡힌 교과 학문 연구와 학습 경험을 하는 장을 학생들에게 제공한다. 그것들은 교과 영역 간의 연결성·관련성을 강조하고 통합학습과 교육과정의 일관성이 이루어지도록 하면서 개념학습을 촉진하도록 한다. 각 프로그램은 개별 교과 범위를 초월하여 연결의 중요성과 교과 학문 간의 관계성 탐구, 세계에 대한 학습을 강조한다(한국교육과정평가원, 2018). 이러한 IB의 강조점을 분석해 보면 결국 단순한 지식의 습득을 목적으로 두지 않으며 학생들의 진정한 이해에 초점을 두고 있음을 확인할 수 있다.
- 진정한 이해 중심 수업은 IB의 교수 접근 방법 중 개념 이해에 중점을 둔 교수와 관련이 있다. 이 접근 방법은 교과 이해의 심화와 연결을 찾아내 새로운 맥락(상황)으

로 전이 학습이 일어나도록 돕기 위해 개념 탐구가 이루어지는 것을 의미한다.

- 이렇듯이 학생의 진정한 이해 중심 수업을 위해서는 학생들이 피상적인 학습을 넘어 심층적 학습을 할 수 있도록 수업을 설계해야 한다. 피상적인 학습은 교과서에 제시된 내용 지식을 표면적으로 가르치고 학습하도록 하는 것으로 수업 시간에 교과서의 모든 내용을 다루는 것을 목표로 한다. 반면, 심층적 학습은 교과서를 수많은 자료 중 하나로 보며 주요 아이디어를 중심으로 학생들이 교과 또는 주제를 탐구하고 의미 있는 활동을 통해 무엇인가를 발견하는 것을 목표로 한다. 이러한 심층적 학습을 위해서 다음과 같은 논리를 따르는 것이 유용하다(강현석 외, 2016).
  - 전개된 스토리나 문제로 단원을 생각하도록 하라.
  - 놀랍고 예측하기 힘든 순서를 제공하라.
  - 주의를 환기시키고 가르치기 위해 위계를 없애도 된다. 적용하기 전에 정보의 습득이 모두 이루어져야 하는 것은 아니다.
  - 실제적인 경험으로부터 전이 가능한 주요 아이디어에 초점을 맞추어라.
  - 맥락을 벗어나 작은 부분을 먼저 가르치기보다 전체와 부분 사이에서 융통성 있게 가르쳐라.

③ 개념 기반 교육과정[3]

- IB에서 핵심 개념(학문의 분과들과 과목군을 가로지르는 지식과 이해, 전이를 위환 접점을 제공)을 강조하고 있으며, 탐구 진술(개념들과 콘텍스트들 사이의 관계들을 나타내며, 사실적인 내용에 의해 뒷받침되는 전이 가능한 아이디어)은 2015 개정 교육과정에서 일반화된 지식과 매칭된다.
- 백워드 설계와 IB에서 공통적으로 강조하는 것은 개념 기반 교육과정이라는 점이다. 개념 기반 교육과정은 과목군의 깊이 있는 이해를 제공하고, 학문의 경계를 초월하는 아이디어들을 인지하게 하며, 학생들이 아이디아와 기능들을 새로운 환경에 전이시키고 적용시키면서 복잡한 생각들에 몰두하게 만들며, 3차원적인 교육과정 모델(일반화와 원리-개념-사실과 기능)과 유사한 것이다. IB는 학습이 지식의 발견과 암기에 그치는 것이 아니라 깊이 있는 사고를 가능하게 하며, 문제해결, 지식의 전이, 개념과 상황, 그리고 아이디어들 간의 패턴과 관계를 읽어 낼 수 있게

---

3) 이 주제는 현재 논의되고 있는 2022 개정 교육과정의 방향과도 관련이 있으며, 특히 개념 기반 탐구학습을 주목할 필요가 있다. 개념 기반 탐구학습으로는 신광미, 강현석(2021)을 참고 바란다.

해 주어야 한다.

- 개념은 빅 아이디어로 영속적인 원리 또는 아이디어이며, 광범위한 상황에 적용이 가능한 강력한 아이디어다. 그런데 이러한 개념이 지니는 추상성 때문에 개념들은 다양한 맥락에서 해석될 수 있으며, 상황에 따라서 의미가 변하며, 다양하게 탐구될 수 있기 때문에 개념들과 관련해서 구체적인 사건이나 탐구를 위한 상황들을 알 수 있게 하는 것이 글로벌 콘텍스트(global contexts)다. 핵심 개념은 시간과 문화를 초월하여 전이가 가능한 연결을 제공하며, 과목군과 학문 분과들을 가로지르는 광범위하고 구조화된 강력한 아이디어다. 핵심 개념이 지식의 폭(breadth)을 제공해 주는 것임에 반해, 관련 개념(related concepts)은 깊이(depth)를 제공해 줄 수 있다. 핵심 개념으로 학습의 횡적 확장을, 관련 개념으로 학습의 종적 확장을 기할 수 있게 된다. 관계 개념은 특정한 학문 분과 또는 학업 연구 분야에 기반하고 학문의 깊이를 제공하며, 핵심 개념을 더욱 세부적으로 탐구 가능하게 해 준다. 따라서 과목의 세부 내용을 향한 탐구의 기회를 제공하며, 구체적인 과목 및 학문 분과들로부터 추출된다.

- 앞의 핵심 개념, 관련 개념, 글로벌 콘텍스트를 고려하면서, 교사들은 IB 단원 설계에서 하나의 핵심 개념(key concepts)과 하나 또는 둘 이상의 관련 개념, 하나의 글로벌 콘텍스트의 조합으로 탐구 진술(statement of inquiry)을 구성한다. 탐구 진술은 개념들과 콘텍스트 사이의 관계를 나타내며, 사실적인 내용에 의해 뒷받침되는 전이 가능한 아이디어를 나타낸다. 그리고 개념들과 관련해서 구체적인 사건 또는 탐구를 위한 정황들을 알 수 있게 해 주는 것이 글로벌 콘텍스트다. 이것을 통해서 이해력을 정교화시키며, 의미 있고 생산적인 논의를 불러일으키는 맥락을 제공해 준다. 교사는 핵심 개념뿐만 아니라 글로벌 콘텍스트를 통해 통합 수업을 설계할 수 있어야 한다. 통합 수업 단원은 글로벌 콘텍스트와 탐구 진술을 통하여 관련 개념들 사이의 연결을 함으로써 개발이 가능하다.

④ 진정한 수행과제를 통한 평가

- 진정한 이해를 추구하는 수업에서는 수업 방법뿐만 아니라 평가 방법도 기존의 전통적인 방법의 전환을 요구한다. 특히 IB는 평가 분야의 공정성 및 철저한 평가 관리로 인해 우리나라에서는 더욱 주목을 받고 있다.

- IB는 그들의 교육과정 목적 달성을 지원하는 것으로 유의미한 평가는 필수불가결한 것으로 강조하며 평가는 교육과정에 필수적인 것으로 보고 지속적이고 다양하게 실

시하고 있다. IB 인정교에서는 학생들의 학습을 평가하기 위해 다양한 방법과 도구를 활용한다. IB는 교수와 학습에 유의미한 정보를 주는데 필요한 평가 데이터 해석의 중요성과, 학생들 자신과 다른 사람들의 수행성과를 평가하는 방법을 배움으로써 얻게 되는 이점을 인식시키는 데 평가의 중점을 둔다(한국교육과정평가원, 2018).

- 백워드 설계에서의 평가는 학생들이 1단계에서 설정한 이해에 도달했는지를 판단하기 위한 다양한 평가의 증거를 수집하는 과정이며 이렇게 하기 위해 목표에서부터 목표가 함의하고 있는 관련된 평가까지 일치되게 조정하여 관련성을 기반으로 평가과제를 개발해야 함을 제안한다.

- 진정한 이해는 기술적인 지식과 기능 이상의 것으로 이해는 지식을 활용한 훌륭한 판단을 요구하며 다양한 맥락에서 여러 종류의 수행을 통해서 드러난다. 그래서 평가나 이해는 가능한 실제적인 수행 기반 과제와 프로젝트를 기초로 해야 한다. 독립적인 사실이나 기능을 주로 평가하는 것은 의미가 거의 없다. 왜냐하면 그러한 평가는 단지 탈맥락화된 질문들에 대한 반응을 제한적으로 관련짓는 것이기 때문이다(강현석 외, 2016). 따라서 이해를 증명할 수 있는 참 평가로서의 진정한 수행과제가 필요하다.

- 백워드 설계에서 이해는 직접적으로 관찰하거나 측정이 불가능한 것으로 보고 학생들이 실제적인 수행을 통해 이해 도달 여부를 확인하는 평가 방법을 고려한다. 이 과정에서 백워드 설계에서 제시하는 이해의 여섯 가지 측면—설명, 해석, 적용, 관점, 공감, 자기지식—은 학생들이 무엇인가를 이해하는 방식에 대한 이론으로 제시하는 것이 아니라 이해라는 것이 수행이나 산출, 태도 등의 행위를 통해 드러나는 방식에 대한 지표로 작용한다. 따라서 이는 교사가 학생의 이해 정도와 깊이를 판단하기 위해 구성할 수 있는 평가의 종류에 대한 실제적인 틀이 될 수 있다.

- Wiggins와 McTighe는 백워드 설계에서 수행과제를 개발할 때 도움이 되는 설계 도구로 GRASPS를 제시하였다. GRASPS는 각각의 철자는 과제 요소—목표(Goal), 역할(Role), 청중(Audience), 상황(Situation), 수행(Performance), 기준(Standards)—들에 해당한다. 특히 수행과제는 실세계 맥락을 고려했을 때 학생들에게 더욱 현실적이고 의미 있게 다가와서 학습을 삶과 연결시킬 수 있다.

- 이렇듯이 진정한 수행과제를 통한 평가는 IB의 교수 접근 방법 중 지역과 글로벌 맥락에서 전개되는 교수, 평가 정보를 활용하는 교수 및 효과적인 팀워크와 협력에 중점을 둔 교수와 관련이 있다. 글로벌 맥락에서 전개되는 교수 접근 방법은 실생활 맥락과 사례를 활용하고 학생들이 그들의 경험과 주변 세계를 연결시켜 새로

운 정보를 처리하도록 하는 교수법이다. 또한 평가 정보를 활용하는 교수는 평가는 학습성과를 측정하는 것뿐만 아니라 학습을 지원하는 데도 대단히 중요한 역할을 한다. 이 교수 접근에서는 학생들에게 효과적인 피드백을 제공하는 중요한 역할 기능을 인식하고 있다. 마지막으로, 효과적인 팀워크와 협력에 중점을 둔 교수는 학생들 간의 팀워크와 협업뿐만 아니라 교사와 학생 간의 협업적 관계도 포함한다(이혜정 외, 2017).

- 평가는 평가과제도 중요하지만 학생의 수행 결과를 판단할 수 있는 학생들의 활동에 대한 평가는 준거에 대한 고려가 중요하다. 분명하고 적합한 준거는 교사가 이해의 정도를 결정하기 위해서 무엇을 살펴보아야 하는지 구체적으로 기술하고, 판단에 기초한 과정에 일치하고 정당성을 부여한다(McTighe et al., 2005). 적합한 준거란, 단순히 관찰되기 쉽고 점수받기 쉬운 활동의 일부가 아니라, 그 활동이 주어진 목적들의 가장 중요한 측면을 강조하는 것이다.

- 또한 이러한 평가 결과는 학생들을 서열화하여 판단하기 위한 목적이 아니라 즉각적인 피드백을 통한 학생의 성장에 초점을 두고 있으며 이러한 진정한 평가 목적의 달성을 위해서는 여러 번의 평가를 통해 다양한 평가 증거를 수집하는 것이 바람직할 것이다.

⑤ 탐구 중심의 교육활동

- IB에서는 교육활동의 전체적 흐름을 탐구 중심으로 설정하고 있다. 첫째 단계(inquiry)에서는 탐구 중심의 단원 목적이나 목표를 설정하는 데에 주력한다. 두 번째 단계(action)에서는 탐구를 통한 교수–학습 활동을 할 수 있도록 계획한다. 마지막 단계(reflection)에서는 탐구의 계획, 과정, 영향 등을 고려하여 반성적 활동을 하게 한다.

- 일본 삿포로 가이세이중등교육학교에서는 특히 과제탐구적인 학습을 강조하고 있다. 이 학교의 과제탐구적 학습이란 협동학습을 기초로 한 '주체적·대화적인 깊은 학습'을 중심에 두고 있다. 이 학습에서는 그룹으로 토의하여 원리·원칙을 발견하거나 지식을 연관시키거나 숙고하여 새로운 아이디어에 도달할 수 있도록 하고 있다. 또한 수업 중에 지식과 기술을 습득하는 것뿐만 아니라 발표 및 토론 등을 활용하는 것에도 중점을 두고 있다. '탐구–행동–반성'이 양방향으로 전개하는 IB 학습 사이클을 수업의 일련의 흐름으로 하고, 6년간 학습 방법을 몸에 익히는 것이 자립적인 학습자가 되는 데 중요하다고 생각하고 있다.

4) 지식의 심층 학습 설계: 참 지식교육을 추구하는 백워드 설계 심화 연구 (강현석, 이지은, 2016)

(1) 수업 설계의 중요성

교사는 설계자다. 교사라는 전문적인 직업의 본질적인 행위는 명세화되고 구체적인 목적과 의도를 충족시키는 교육과정과 학습 경험을 정교하게 창안하는 일이다. 우리는 자신들의 교수행위를 안내하기 위하여 학생들의 요구를 진단해 주는 사정의 설계자이며, 동시에 우리 자신들, 학생들, 그리고 다른 사람들(학부모와 행정가들)이 우리의 목표를 성취했는지 아닌지를 결정하도록 도와주는 사정의 설계자이기도 하다.

건축가, 엔지니어, 그래픽 아트와 같은 다른 설계 직업에서의 사람들처럼, 교육에서의 설계자는 대상 고객(audience)을 염두에 두어야 한다. 이러한 분야에서의 전문성은 고객 중심이다. 설계의 효과성은 구체적인 최종 수요자를 위한 명백한 목표의 성취 여부에 달려 있다. 분명히, 학생들은 우리의 중요한 고객들이며, 교육과정과 평가 그리고 수업 설계의 효과성은 결국 바라는 학습의 성취에 의해 결정되는 것이다. 우리는 설계에 대해 소프트웨어적으로 생각할 수 있다. 마치 컴퓨터 소프트웨어가 그것의 사용자들이 더욱 생산적으로 만들기 위해 의도되는 것처럼, 우리의 코스웨어는 학습을 더욱 효과적으로 만들기 위해 설계된다.

모든 설계 직업에서처럼, 기준(standards)은 우리의 작업을 특징짓고, 지식을 제공한다. 소프트웨어 개발자들은 사용자가 사용하기 쉽도록 하는 것을 최대화하기 위해 작업하고, 결과를 방해하는 버그를 줄이기 위해 노력한다. 건축가는 신호법을 세우고, 고객 예산, 이웃의 미적 감각을 알아본다. 설계자로서의 교사도 이와 비슷하게 역할이나 일들을 강요당한다. 우리는 어떠한 수단으로든 우리가 선택한 토픽을 가르치는 데 자유롭지 못하다. 더욱이, 우리는 학생들이 무엇을 알아야만 하고, 무엇을 할 수 있어야 하는지를 구체화하는 국가, 주정부, 지역, 혹은 제도적인 기준들에 의해 안내받는다. 이러한 기준들은 유용한 프레임워크를 제공한다. 이 프레임워크는 우리가 교수와 학습의 우선순위를 확인하고, 교육과정과 평가의 설계를 안내하는 것을 돕는다. 외적인 기준에 첨가하여, 학습 경험을 설계할 때, 우리는 많고 다양한 학생들의 요구에서 요소들을 찾아내야 한다. 예를 들어, 다양한 학생의 흥미, 발달 수준, 학급의 크기, 이전 학업성취도들은 학습활동, 과제, 평가에 대한 우리의 사고 형성에 항상 영향을 끼치고 있다.

그러나 옛 속담이 우리를 상기시키듯이, 가장 좋은 설계는 기능(function)을 따른다. 다른 말로 하자면, 우리가 사용하는 모든 방법들과 재료들은 바라는 결과라는 관점에서 분명한 개념에 의해 형성되는 것이다. 직면하는 강제나 강요에 상관없이, 어떠한 계획의 결과로서 학생들이 이해해야만 하고, 할 수 있어야만 하는 것을 명쾌하게 진술할 수 있어야만 한다.

'만약 당신이 어디로 향해야 하는지를 정확히 모른다면, 어떠한 길이 당신을 거기로 데려갈 것이다.'라는 말을 당신은 알 것이다. 이 말의 요지는 교육에 있어 심각하고도 의미심장한 것이다. 우리는 우리가 무엇을 가르칠 것인지를, 우리가 어떤 활동을 할 것인지를, 어떤 종류의 자료들을 사용할 것인지를 신속하게 말할 수 있어야한다. 그러나 우리의 교수에서 바라는 결과를 분명히 하지 않는다면, 우리의 설계가 적절한지 자의적인지를 어떻게 알 수 있겠는가? 우리가 흥미 있는 학습과 효과적인 학습을 어떻게 구별할 것인가? 더욱 강조하자면, 우리는 내용기준에 어떻게 부합할 것인가? 그러한 목표들이 학습자의 활동과 성취를 암시한다는 것을 우리가 고려하지 않는다면, 학생들이 이해에 어떻게 도달하겠는가?

좋은 설계란, 몇 가지의 새로운 기술적인 기능들을 획득하는 것이 아니다. 좋은 설계란 목적들이 암시하는 그 무엇과 우리의 의도들에 대해 학습을 더욱 깊이 있고 구체적이게 만드는 것이다.

(2) 전통적인 설계의 한계

보다 일반적으로 빈약하게 이루어지는 교육 설계는 유치원에서부터 대학원에까지 이르는 교육적인 세계에서 뚜렷하게 존재하는 두 가지의 무목적성 혹은 무의미성과 관련이 있다. 우리는 이것을 전통적인 설계에서의 '한 쌍의 쌍둥이 과실'로 부른다. 활동지향 설계의 오류는 '성찰적 사고가 없는 즉각적인 실제'라고 말할 수 있다. 만약 기껏해야 통찰이나 성취에 단지 우연히 이르게 하는 경험에 관여하는 것이다. 비록 재미있고 흥미가 있다 하더라도 그러한 활동들은 어디에서도 지적인 것을 끌어낼 수는 없다. 서론에서 사과 단원 사례에 의해 대표적으로 보였듯이, 활동지향 교육과정은 학습의 중요한 아이디어와 적절한 증거에 초점을 명백히 맞추는 것이 결여되어 있다. 특히 학습자의 마음에서 더욱 그러하다. 활동지향 교육과정에서 학습자들은 자신들의 일을 단순히 참가하는 것이라고 생각한다. 즉, 학습이 활동의 의미를 고려하도록 탐구하는 것으로부터 나온다고 보는 대신에 학습이 바로 활동이라는 생각을 하도록 이끈다는 점이다.

'피상적 학습(coverage)'이라는 명칭을 통하여 제시된 무목적성의 두 번째 형태는 정해진 시간 안에(서론에 나온 세계사 단원의 예시처럼) 모든 실제 자료들(모두 포함해서 다루어야 할 내용들)을 자세히 논의해야 하는 취지에서 각 페이지마다(교사들의 강의 노트에 따라), 교과서를 통해 모든 학생들이 진행해 나가는 접근이다. 피상적 학습은 황급한 유럽 여행과 같은 것이다. 즉, 어떤 소중한 목표도 여행에 관해 정보를 제공하지 않는다는 적절한 제안을 했었던, 오래된 영화 타이틀인 〈If It's Tuesday, This Must Be Belgium〉에 의해 완벽하게 요약되었던 황급한 유럽 여행을 의미한다.

폭넓은 일반화로서, 활동 초점은 초등학교와 중학교 수준에서 매우 전형적인 것이다. 반면에 피상적 학습은 고등학교와 대학교에서 일반적으로 유행하는 문제이다. 그러나 비록 사과와 세계사 수업들이 전자에서는 많은 물리적인 활동과 수다로, 후자에서는 강의하고 노트를 적는 것으로 서로 다르게 보일지라도, 설계 결과는 두 가지 경우 똑같다. 즉, 지적인 목적과 분명한 우선순위들이 학습 경험을 형성하도록 안내하지는 못한다는 것이다. 어떠한 경우에도, 학생들은 다음과 같은 질문들을 이해하거나 답할 수는 없다. 무엇이 요점인가? 여기서 주요 아이디어는 무엇인가? 우리가 이해하고, 할 수 있도록 돕는 것은 무엇인가? 이것은 무엇과 관련되어 있는가? 왜 우리는 이것을 공부해야 하는가? 그러므로, 학생들은 의미가 나타날 수 있도록 희망하면서 그들이 최상으로 할 수 있는 것에 참여하려고 한다.

설계가 작업을 통해 강조된 분명한 목적들과 명백한 수행목표들을 제공하지 못할 경우에 학생들은 만족스럽게 반응할 수 없게 된다. 이와 마찬가지로, 활동이나 피상적 수업을 지향하는 교사들은 주요한 설계 질문들에 대한 수락할 만한 대답을 가질 수 없다. 적용된 내용이나 활동의 결과로서 학생들이 무엇을 이해해야만 하는가? 경험이나 강의들은 학생들로 하여금 무엇을 갖추도록 하는가? 활동이나 학급 토의는 바라는 결과를 성취하기 위해 어떻게 형성되고 처리되는가? 학습자들이 바라는 능력과 통찰들을 이해하는 과정에 있다는 것을 나타내는 증거는 무엇인가? 모든 활동과 자원들은 학습목표들이 충족되고 가장 적절한 증거가 제공되었다는 것을 어떻게 선택하고 보증하는가? 다른 말로 하자면, 학생들은 구체적인 수행목표들을 충족시킬 때, 활동이나 자원의 목적과 그것의 유용성에 대한 설계에 의해 이해되도록 어떻게 도움을 받을 수 있는가?

우리는 그래서 흔하고 일반적인 실제에 대하여 반대가 되는 것을 주창하고 있다(백워드 설계의 단서). 우리는 설계자들이 더욱더 주의 깊게 바라는 결과—우선순위 학습—들을 진술하는 것으로 시작하기를 요구한다. 그리고 교육과정이 목표들에서 암시되거나 요구되는 수행들로부터 야기되기를 바란다. 우리는 지금까지 보아 온 많은 일반적인 실제와는 반대로 목표를 구성한 후에 설계자들이 다음과 같은 질문들을 고려하기를 요구한다. 무엇이 그러한 목표 성취의 증거로서 설명될 수 있는가? 이러한 목표들을 충족시키는 것은 무엇인가? 모든 교수와 학습이 가리켜야만 하는 것을 염두에 두면서 평가를 구성하는 함축된 수행들은 무엇인가? 이러한 질문에 답한 후에야 비로소 우리는 적절한 교수와 학습 경험을 논리적으로 끌어낼 수 있고 결국 학생들은 기준을 충족하는 것을 성공적으로 수행할 수 있다. 그러므로 그러한 변화는 '우리는 무슨 책을 읽을 것인가?' 혹은 '우리는 어떤 활동을 할 것인가?' '우리는 무엇을 토의할 것인가'와 같은 질문으로 시작하는 것으로부터 '우리가 사용하는 활동이나 교재가 무엇인가에 상관없이, 그들이 무엇을 이해할 수 있어야만 하는가?' '그러한 능력의 증거는 무엇인가?' '어떤 교재, 활동, 방법들이 그러한 결과를 최상으로 가능하게 할 것인가?'와 같은 질문으로 바뀌어야 한다. 이해를 위해 학생들을 가르칠 때, 우리는 방관자로서 학생들에게 이해에 대해 이야기하는 사람이 아니라 이해를 수행하는 게임을 하는 학생들의 능력을 코치하는 것이라는 주요한 아이디어를 이해해야만 한다.

(3) 백워드 설계의 필요성

일반적인 설계의 고려 사항들은 교육과정을 계획하는 일에 어떻게 적용될 수 있는가? 신중하게 계획되고, 뚜렷한 수업 설계는 우리가 교사이면서 동시에 교육과정 저자로서 우리 직업의 본질에 대해 생각할 때 중요한 변화를 만들어 가기를 요구한다. 그 변화는 교사로서 우리가 교수와 학습 활동에서 무엇을 해야 하고 제공할 것인지에 대한 생각을 하기 전에, 먼저 구체적인 학습 추구, 그러한 학습의 증거에 대한 많은 생각들을 포함해야 한다. 비록 무엇을 가르치고, 어떻게 가르칠 것인가에 대한 고려 사항들이 습관적으로 우리의 생각을 지배하고 있을지라도, 그 도전은 적절한 교수가 논리적으로 뒤따를 것을 바라는 학습에 우선 초점을 맞추는 것이다.

우리가 가르치는 단시수업, 단원, 코스는 우리가 가장 편하게 생각하는 방법, 책, 활동들로부터 유래되는 것이 아니라, 추구된 결과들로부터 논리적으로 추론되어야 한다. 교육과정은 구체적인 결과를 성취하는 데 가장 효과적인 방법을 설계해야 한다. 그것은 계획하는 것과 유사하다. 우리의 프레임워크는 외국에서의 주요한 사이트에서의 목적 없는 여행보다는 문화적인 목표들을 충족시키기 위해 일련의 신중하게 설계된 여행 스케줄을 제공하는 것이다. 간략하게 말하면, 가장 좋은 설계란 추구된 학습으로부터의 백워드에서 유래한다.

이러한 접근법의 적절성은 이 책의 초점인 이해라는 교육적 목적을 고려할 때 더욱 분명해진다. 우리는 구체적인 이해에 대해 분명해질 때까지 이해를 위해 어떻게 가르치며, 어떤 자료와 활동들을 사용해야 하는지 말할 수는 없다. 나중에 우리는 그러한 이해가 실제로 무엇과 같은지를 논의할 것이다. 안내된 바와 같이, 우리는 학생들이 방문하기에 가장 좋은 사이트가 무엇인지 결정할 수 있고, 학생들이 숙제하기를 원하는 문화에 대해서 특정한 이해를 원한다면, 학생들이 짧은 시간 안에 경험해야 할 특정 문화 중 어떤 것이 가장 좋은지를 결정할 수 있다. 바라는 결과를 구체화함으로써, 우리는 그러한 결과들을 달성하기에 가장 유용한 내용, 방법, 활동들에 대해 초점을 맞출 수 있다.

그러나 많은 교사들은 바라는 결과들, 즉 산출(output)에서 암시하는 그 무엇으로부터 나온 수단들에서 유래하는 것보다는, 전통적인 활동들과 친숙한 단시수업, 교과서에 초점이 맞춰지고 그것들로부터 시작한다. 다른 방법을 추가해 보자면, 많은 교사들은 학습이 아니라 교수에 초점을 맞추고 있다. 교사들은 학습자들이 학습목표를 성취하기 위해 무엇을 필요로 할 것인지를 우선 고려하지 않고, 교사 자신들이 무엇을 할 것인지, 어떤 자료를 사용할 것인지, 학생들에게 무엇을 하도록 요구할 것인지에 대부분의 시간을 보낸다.

결과중심 설계 대신 내용중심 설계라고 불리어지는 것들의 전형적인 에피소드를 고려해 보자. 교사는 특정 토픽(예: 인종적 편견)에서의 하나의 단시수업(lesson)을 기초로 하고, 자원[예: 흉내지빠귀 죽이기(To Kill a Mocking-bird)]를 선택하며, 토픽과 자원에 기초한 특정한 교수방법(예: 영화와 TV에서 전형적인 이미지들을 분석하기 위한 협동 그룹을 만들고, 그 책을 토의하기 위한 소크라테스식 문답법의 세미나를 실시한다.)을 선택하고, 그리고 그것에 의해 학습(몇 가지 영어 기준이나 언어과 기준에 부합하는)이 일어나기를 희망한다. 결국 교사는 그 책에 대한 학생 이해를 평가하기 위해 에세이식 질문이나 퀴즈를 구상한다.

이러한 접근은 우리가 잘 반응하도록 하는 매우 일반적인 것이다. 이러한 접근법에서 무엇이 잘못되었는가? 이에 대한 간단한 대답은 목적과 의도들의 기본적인 질문들에 존재한다. 왜 우리는 특정한 소설을 읽도록 학생들에게 요구하고 있는가, 다른 말로 하자면, 학생들이 그 소설을 읽는 것으로부터 어떤 학습을 요구할 것인가? 목적이 학생들의 공부에 영향을 주어야만 하는 이유와 방법을 이해하고 있는가? 그 소설을 넘어서서 목표와 관련지어 볼 때, 학생들이 그 소설을 읽음으로써 이해해야만 하는 것은 무엇인가? 더 큰 목적과 의도 속에 분명한 통찰을 가지고 설계를 시작하지 않는다면, 그 소설이 그 자체로서 결과가 아니라, 교육적 결과에 부합되는 수단으로서 적절하게 사고된다면, 모든 학생들이 그 소설과 그들의 수행 의무를 이해할 가능성은 없는 것이다. 우리가 추구하는 편견에 대한 구체적인 이해의 자아의식을 가지지 않는다면, 그리고 그 소설을 어떻게 읽고 토의해서 그러한 통찰을 개발하도록 도울 것인가 하는 것이 분명하지 않다면, 그 목표는 너무나 막연하고 모호한 것이다. 그러한 접근은 '설계에 의한' 것이라기보다는 '희망에 의한' 것이다. 그러한 접근은 결국 다음과 같이 기술되는 것으로 끝이 난다. 몇 가지 내용과 활동들을 벽을 향해 던지고, 그것 중 일부가 관통하기를 기대하는 것이다.

교육과정을 계획하는 일에 초점을 맞춘 구체적인 용어를 사용하자면, 학생들이 항상 질문하는 '왜'와 '그래서 어떻다는 거야'에 대한 대답은 '설계에 의한 이해하기'의 본질인 것이다. 많은 교사가 이해하기 어려워하는(그러나 학생들이 느끼기에는 더 쉬운 것) 그 무엇은, 그러한 명백하고 뚜렷한 우선순위가 없다면 학생들은 매일의 공부를 혼란스러워하며 좌절할 것이다.

(4) 백워드 설계의 장점

백워드 설계의 장점은 크게 세 가지로 제시할 수 있다.

첫째, 백워드 설계는 교육과정 설계 절차상의 획기적인 변화이다. 일반적인 수업 설계는 Tyler의 교육과정 개발 모형에 따라 수업목표를 설정하고 학습 경험을 선정 · 조직하며 마지막으로 학습 결과를 평가하는 단계로 이루어진다. 그러나 백워드 설계는 평가를 수업 설계의 출발점으로 삼는다. 따라서 수업목표 다음 단계에 학생들이 학습한 결과의 증거로 인정할 수 있는 평가에 대한 내용을 먼저 설정해 두고 학습 경험을 선정한다. 수업 후에 평가를 고려하였던 종전의 수업 설계와 비교했을 때 역순이라는 점에서 '백워드'라는 용어를 사용한다(최윤경, 2008: 212). 조재식(2005)은 백워드 설계는 학습 경험 혹은 학습 내용 선정에 앞서서 매우 구체적인 평가 계획안이 마련되어야 한다는 점에서 종래의 방식과 비교할 때 매우 획기적인 방법이라고 하였으며 이제 학교에서 교사는 수업 설계 시, 내용과 활동을 먼저 고려하기보다는 평가자의 입장에서 생각해 보는 자세가 필요하다고 제안하였다.

둘째, 백워드 설계는 전이 가능성이 높은 주요 아이디어에 초점을 둔다. 백워드 설계의 주요 아이디어는 Bruner의 '지식의 구조'에서 그 근원을 찾을 수 있다. Bruner는 지식의 구조를 '학문의 기저를 이루고 있는 일반적인 아이디어' '기본 개념' '일반적 원리'와 동의어로 사용하고 있다. 학문을 구성하고 있는 기본 구조와 관련 없는 특수한 사실을 가르치는 것은 비경제적이며 따라서 학습자가 이해할 수 있고, 기억하기 쉽고, 학습 이외의 사태에도 활용할 수 있도록 구조를 학습해야 한다고 한다(이홍우, 2004). 즉, 어떤 상황이나 현상의 심층부에 있는 핵심적인 아이디어, 개념 혹은 원리를 이해시키는 것이 교수의 효율성과 학습의 경제성을 높일 수 있다(조재식, 2005: 72).

셋째, 백워드 설계는 학습자의 진정한 이해를 강조한다. Wiggins와 McTighe는 다양한 의미를 함축하고 있는 이해를 여섯 가지 측면—설명, 해석, 적용, 관점, 공감, 자기지식—으로 구분하여 제시하였다. 또한 학습자의 진정한 이해를 위해서는 여섯 가지 측면을 모두 개발하도록 노력해야 한다고 제안하였다. Wiggins와 McTighe는 이해에 도달하는 관문으로 본질적 질문을 제안하고 있다. 본질적 질문은 주요 아이디어를 가리키거나 암시하는 질문으로 학생들의 흥미를 유발한다. 또한 아이디어들을 하나의 상황에서 다른 상황으로 전이되도록 촉진시키는 질문이다. 즉, 백워드 설계는 교사들로 하여금 교육과정 내용에서 주요 아이디어를 확인, 선택하고 학습자가 전이 가능한 진정한 이해에 도달하도록 학습목표-평가-학습 경험의 순으로 수업을 설계하며 평가에 많은 역점을 두는 교육과정 설계방법이다.

최근 백워드 설계에 대한 관심이 학교 현장을 중심으로 증가하고 있다. 이러한 현상은 교과를 가르치는 수업이나 교육과정 재구성의 새로운 방안에 대한 교사들의 관심과 흥미가 높아지고 있다는 점을 시사한다. 특히 2015 개정 교육과정의 적용으로 인한 교육과정의 변화가 이를 더욱 뒷받침해 주고 있다.

백워드 설계는 전통적인 설계방식의 변화를 통해 학생들이 피상적인 학습에서 벗어나 진정한 이해에 도달하도록 하기 위한 교육과정 설계방법이다. 백워드 설계에서는 형식적인 측면에서는 Tyler의 아이디어를, 내용적인 측면에서는 Bruner의 아이디어와 관련된다. 즉, 백워드 설계는 통해 Tyler의 본래의 생각을 제대로 읽어 내고, Bruner의 아이디어를 실용적으로 융합한 결과라고 볼 수 있다.

백워드 설계의 절차는 3단계로 이루어져 있다. 1단계: 바라는 결과 확인하기(단원 목표 설정하기) → 2단계: 수용 가능한 증거 결정하기(단원 평가 계획 수립하기) → 3단계: 학습 경험 계획하기(단원 학습 경험 계획하기)이다. 1단계는 단원 수준의 목표를 결정하는 단계로 성취기준을 타당하게 분석하고 교육과정의 우선순위를 밝히는 과정을 통해 '친숙할 필요가 있는 것' '알고 할 수 있어야 하는 중요한 것'으로 명료화하고 더 나아가 차시 수업목표에 합리적인 근거를 제공하는 '영속적인 이해'를 설정한다. 이 과정에서 이해와 관련한 본질적 질문과 학생들이 습득해야 하는 핵심 지식과 기능도 분명하게 제시한다.

2단계는 평가 계획을 수립하는 단계로 설계자는 평가자처럼 사고하도록 요구하고 있다. 즉, 어떤 활동을 학생들이 재미있어 하고 좋아할지를 고려하는 것이 아니라 1단계에서 설정한 이해의 도달 정도를 확인하기 위해 무엇이 이해의 증거를 분명하게 드러내도록 하는지, 어떤 준거가 학생의 수행을 타당하게 평가할 수 있는지에 관해 생각해야 한다. 특히 학생들의 이해 도달 여부는 직접적으로 관찰되기 어려운 것이므로 이해를 수행으로 변형할 수 있도록 수행과제를 개발하는 것이 무엇보다 중요하다. 이 과정에서 이해의 여섯 가지 측면을 고려하여 이해를 설정하고 GRASPS(Goal, Role, Audience, Situation, Performance, Standards)의 조직자를 활용하여 수행과제를 설계한다. 그 후 설정한 이해의 측면과 관련되는 준거를 통해 루브릭을 구체적으로 설계해야 한다.

3단계는 학생들에게 매력적이고 효과적인 학습을 통해 심층적인 학습이 가능하도록 학습 경험을 계획하는 단계이다. 심층적 학습은 교과서에 제시된 내용 지식을 수업 시간에 모두 다루는 것을 목표로 하는 피상적 학습과는 반대되는 것으로 교과서를 수많은 자료 중 하나로 인식하고 주요 아이디어를 중심으로 학생이 탐구 과정 및 의미 있는 활동을 통해 이해에 도달하도록 하는 것을 목표로 하는 것이다. 3단계를 설계할 때 설계자는 수업의 논리 측면을 고려해야 하는데 이때는 WHERETO, 즉 W(where and why), H(hook and hold), E(explore and equip), R(rethink, reflect, revise), E(evaluate), T(tailor), O(organize)의 요소를 활용할 수 있다.

앞에서 살펴본 백워드 설계는 현행 지식 전달 중심의 교육과정의 문제점을 해결할 수 있는 하나의 방안으로, 백워드 설계가 지니고 있는 가치는 다음의 몇 가지로 논의할 수 있다.

첫째, 학생들의 심층적인 이해를 교육의 목표로 삼고 이를 구현할 수 있도록 도와준다. 이해는 수많은 지식을 암기한다고 획득되는 것이 아니다. 즉, 이해는 단편적인 지식을 회상하는 것과 다르며 분절적이고 파편적인 지식이 유의미한 추론의 과정을 통해 인간 마음에 형성되는 정신 구조라고 볼 수 있다. 즉, 학생들이 이해에 도달하기 위해서는 탐구하고 추론할 수 있도록 기회가 충분히 주어야 하는데 수행과제를 통해 학생들은 직접 탐구를 하고 탐구 과정에서 습득한 지식과 기능을 토대로 이들의 관련성을 추론하며 이러한 과정은 학생들이 심층적인 이해로 한 발짝 더 가까이 갈 수 있도록 만들어 주는 중요한 역할을 한다.

둘째, 목표와 평가를 연계시켜 내용과 방법을 구조화하고 슬림화할 수 있도록 도와준다. 목표–내용–방법–평가로 진행되는 기존 방식의 설계(forward design)에서 벗어난 백워드 설계는 교육과정의 우선순위 명료화를 통해 교과서의 잡다한 모든 것을 가르치려고 하는 것이 아니라 학습의 파워, 즉 전이가가 높은 주요 아이디어, 원리 등을 중심으로 가르치도록 교육과정을 설계한다. 소위 전이가가 높은 것을 중심으로 교육과정을 설계하도록 도와 내용을 슬림화하고 대신 학생들의 충분한 탐구가 가능하도록 구현한다.

4. 이론적 · 실천적 제언

1) 이론적 제언

(1) 지식과 지식교육 관점의 대전환

① 경영, 학습, 정보화 가치를 넘어서(강현석, 2000)

지식을 강조하는 일상적 어법에서 한때 회자되던 말이 '지식기반 사회'라는 용어이다. 1990년대 말에 등장하여 강조한 지식기반 사회에 내재된 지식에 대한 생각이 보통의 관점으로 보인다. 이하에서는 관점의 대전환 논의를 위하여 우선 그 용어에 내재된 세 가지 접근법에서 지적할 수 있는 지식 개념의 단편성을 알아보자.

우선 지식경영적 접근에서의 지식 개념은 당장의 부가가치를 창출하는 지식으로 '돈의 가치'로 측정 가능하고 환산 가능한 지식이다. 그리고 하이에크의 분류에 따라 추상적 지식에 대비되는 구체적 지식으로, 기존 지식을 활용하여 새로운 무언가를 만들어 내는 기술로서 소위 방법지를 의미한다. 이 개념에는 지식의 활용과 일하는 방법의 혁신, 그리고 현금적 가치의 창출에 초점이 모아져 있다(강현석, 1998).

여기에서의 지식의 의미는 자료, 정보와 관련이 있다. 즉, '자료'는 가공되지 않은 그대로의 사실이고 '정보'는 의미가 부여된 사실이며 '지식'은 정보가 특정한 의사결정 상황에서 인간에게 의미를 가지는 것이다. 정보를 적용하거나 사용함으로써 가치를 획득하는 것이다. 거기에는 행동, 경험, 유용성이 핵심적 요소로 들어 있다. 따라서 지식은 행동에 적용되는 '실천적 지식(knowledge in action)'이며 자원으로서 지식이다. 그래서 유용성을 지녀야 한다. 이 유용성은 사람들의 행동에 경험적으로 영향을 주어 실제적 이익을 가져다주는 것을 의미한다. 정보를 활용하는 지식의 개념은 여기에 핵심이 있다. 그런데 여기에서의 유용성은 생산적 유용성만을 강조하고 사르트르적 자유인의 개념과 유사한 사회적 유용성에는 관심을 보이지 않는다.

이러한 지식의 개념은 지식의 유형에 비추어 볼 때 어느 한 유형만을 강조하는 단편성을 드러내고 있다. 최근에 경제학적 마인드에서 등장한 지식의 분류에 따르면 OECD는 사실적 · 논리적 · 방법적 · 정보적 지식으로 분류하고 있는데 이 중에서 지식경영적 접근에서의 지식은 방법적 지식에 편중되어 있다. 그리고 세계은행(1999)의 분류에 비추어 보면 기술에 관한 지식에 편향되어 있다. 이러한 편향성은 지식을 단순하게 분류하는 데에도 원인이 있지만 학문적인 이론적 교과 지식을 경원시하고 실용적 지식과 현장 경험적 지식만을 강조하는 협소한 배타성에도 원인이 있다. 그리고 지식의 가치에 있어서 경제적 부가가치만을 고집함으로써 지식의 사회문화적 가치와 윤리적 가치를 등한시하고 있다.

두 번째, 학습주의 접근에서의 지식은 학습의 과정에서 새로이 창출되는 것으로서 그것이 곧 평생학습의 대상이 된다. 여기에서의 지식은 실제 현장에서의 '일'과 관련된 사실, 방법, 전망 등을 대상으로 한다. 그리고 교육보다는 학습을 강조하며 지식교육을 학습 개념으로 전환한다. 따라서 지식의 개념은 학습의 본질에 따라 달라질 수 있으며 학습자의 능동적 주체성을 강조하게 된다. 이 접근에서는 이론적 지식과 체험적인 현장 지식을 이분법적으로 구분하여 실제적 지식에 과도하게 편향됨으로써 지식의 세속화를 초래하고 있다. 이 양자의 지식은 그렇게 단순하게 구분되지 않으며 어느 쪽에 가치를 두려면 근거를 반드시 제시해야 하는데, 상당히 선언적인 수준에서 현장의 문제 해결을 위한 체험적 가치에 우위를 두고 있다.

마지막으로, 정보화사회 접근에서의 지식은 생산력으로서 정보 창출력과 관련이 깊다. 즉 그것은 생산력이 뛰어난 정보이다. 여기에서의 지식 개념은 정보의 수집과 가공, 처리에 의해 노동생산성을 높이는 자원으로서 지식을 의미한다. 이런 점에서 지식은 상품성 있는 제품이며 정보의 가공 능력이 중요해진다. 여기에서의 학습은 디지털 식이며 비트를 수집, 가공하여 자신에게 필요한 지식으로 창출하는 네트워킹을 통한 학습이다.

이 접근에서의 지식은 제품의 생산성 증대라는 경제적 부가가치와 정보의 자의적 조작에 따른 가공적 가치에 편중된 입장을 보임으로써 지식의 수준과 유형을 사실적 정보 자원의 차원으로 저하시키고 있다. 지식의 수준과 유형은 다양하고 그 각각의 기능 또한 매우 다양한데 노동생산성의 가치에 함몰되어 임의적인 정보의 창출을 지식과 혼동하는 결과를 초래하고 있다.

이상에서 논의된 지식들은 주로 경제적 유용성에 토대를 두는 실제적 지식을 강조하는 것으로 볼 수 있다. 그리고 일반적으로 학교 지식의 유형을 구분할 때 사실적 지식, 규범적 지식, 논리적 지식으로 구분이 가능하다면 '지식기반 사회'의 지식은 사실적이고 경험적인 지식에 가깝다고 볼 수 있다. 그런데 C. A. Bowers(1980: 293-321)는 최근에 나타난 기술적 지식을 추가로 제시하고 있는데 여기에서는 지식의 근거를 기능적 효율성과 기술적 합리성에 둔다. 즉, 어떤 과업의 독창성과 독특한 가치보다는 기술적 계열의 논리성에 중점을 둔다. Bowers에 따르면 '지식기반 사회'의 지식은 기술적 지식에 역점을 두는 것으로 볼 수 있다.

　이러한 지식에 대한 단편성은 지식에 대한 다양한 이해방식을 무시함으로써 맹목의 길을 자초할 수도 있다. 지식의 설명방식은 다양하다. 칸트의 비판적 인식론에 따르면 지식은 감각적 경험과 인간 이성의 활동 양자에 의해 가능하다. 지식은 경험을 소재로 하지만 경험으로부터 발생하지는 않는다. 사물을 지각하는 것은 단순히 수동적으로 경험을 수용하는 것이 아니며 개념에 의해 지각하는 것이라고 주장한다. 그러나 실용주의 입장에 따르면 지식은 인간의 경험세계에 접촉함으로써 인간에 의해 만들어지는 것이다. 또한 관념이 경험과 환경의 재구성의 도구로 사용될 때 가치가 있게 되기에 도구설로 인정된다.

　앞에서 논의한 세 가지 접근들이 공통적으로 우위에 두는 실제적 지식과는 달리 관점에 따라서는 이론적 지식에 가치를 두는 입장도 있다. Peters(1978: 157-166)는 이론적 활동이 실제적 활동보다 변별력과 기술을 발휘할 수 있는 계속적 기회를 제공하며 그 의미가 심각하다는 점에서 이론적 지식을 더욱 높게 보고 있다. 그리고 Ryle(1949)이 주장하는 명제적 지식과 방법적 지식의 구분에 따르면 이상의 지식들은 방법적 지식에 치중하는 단편성을 보인다. 방법적 지식은 명제적 지식을, 실제적 지식은 이론적 지식을 기초로 하지 않으면 그 근거를 상실하게 마련이다.

　이상과 같이 각 접근 방식들이 지니고 있는 지식의 단편성은 주로 지식 정보의 창출과 활용능력에 초점을 두는 실용성과 창의성에 집중함으로써 지식교육이 본래적 이상으로 삼았던 자유인의 특성과는 거리가 먼 경제적 인간상으로서의 신지식인을 만들어 내었다. 신지식인의 개념은 미래 사회의 가치를 새롭게 부각시키기 위해 만들어 낸 조작 개념에 불과하다고 볼 수 있다. 지식은 본래 비판적 정신과 사상성을 우선적으로 요구한다. 교육적으로 가치 있는 지식은 비판성과 사상성을 고려하는 실용성과 창의성에 두어져야 한다. 그런 점에서 볼 때 '지식기반 사회'에서의 지식은 경제적 부가가치에 경도되어 문화적 부가가치를 외면하고 유행을 좇는 단편적 개념으로 비판될 수 있으며 하나의 선언적 수준에서 운동의 차원으로밖에 볼 수 없다.

　이러한 운동에는 신자유주의적인 시장논리가 게재되어 있으며 체제 순응적인 실용주의의 연장이라는 비판을 면할 길이 어려워진다. 그리고 여기에서 강조하는 지식의 유형은 Habermas(1972)의 분류에 따르면 기술적 지식에 편중되어 있어 비판적이고 해석적인 지식을 고려하지 않고 있다. 그리고 학교 지식의 일반적 유형에 따르면 기술적이고 사실적인 지식에 한정되어 있어 논리적 지식과 규범적 지식들에 관심을 두지 않는다. 이러한 편향성에서 볼 때 '지식기반 사회'의 지식은 비판적 정신에서 생산성으로 옮아 간 지성의 변질을 드러내놓고 있다고 볼 수 있다.

그러나 '지식기반 사회'의 지식에서 가정되는 긍정적인 측면들은 원래 지식의 전통에 내재되어 있다. 지식경영적 접근에서는 역동적이고 진화하는 지식과 문제해결 방식과 활용능력으로서의 지식, 학습주의적 접근에서는 자율적 지식인으로서 행동양식을 내면화시킬 수 있는 자율적 학습 과정의 중시와 문제해결능력으로서의 지식, 지식 정보화 접근에서는 창의적 발견학습과 자기 주도적 학습의 가치 등을 긍정적인 것으로 볼 수 있다. 이러한 측면들은 특히 브루너의 지식의 구조에 대한 아이디어, 브로우디가 제안하는 학교교육의 네 가지 용도, 듀이의 지식과 학습자의 역동적 상호작용 등의 아이디어들에 이미 내재되어 있는 것들이다.

② 전통적인 학문의 구조에 대한 다양한 해석의 가능성 고려

교육과정 연구에서 지식의 구조는 핵심적 주제로 연구되어 왔으며 그것에 대한 인식론적 논쟁도 있어 왔다. 그리고 지식의 구조가 역사적 우연성을 지니는 수사적 허구이며 초월적 기의로서 모순적이고 불완전하며 우연한 것이어서 해체되어야 하는 것으로 보고 있다. 요컨대, 브루너가 주장한 지식의 구조는 인식론상에서 볼 때는 구조의 실증주의적 인식론을 반영한 것이어서 지식의 생성적 측면을 무시하고 있으며, 포스트모던 입장에서는 해체되어야 한다고 비판하고 있다. 더욱이 그가 최근에 와서 입장을 바꾼 듯한 인상까지 주고 있어서 이에 대한 해석이 다소 복잡하지만 실은 그 해석의 지평을 더 넓혀서 볼 수 있는 여지가 충분히 존재한다.

문화주의 이론에서 브루너는 지식의 구조와 중요성을 포기하지 않으며 내러티브 사고 양식에 의한 구조의 발생적 측면, 구성주의 인식론에 의한 지식구조의 적극적 창조 과정, 문화적 상황 속에서의 의미의 협상과 구성 행위 등은 지식의 구조가 단일의 실재를 상정하고 있다는 순진한 실재론적 관점의 반영이라는 비판을 넘어선다. 지식의 구조는 자체의 구조를 새로이 창조하면서 진화해 나가는 역동적 성질을 지니고 있기 때문이다. 더욱이 지식의 구조는 한 교과나 학문의 생성적 구조에 대한 의미를 학습자에게 주는 것이 중요하다는 점과, 교과학습에서 자기 스스로 형성해 나가는 발견의 역할이 중요하다는 점에 비추어 보면 여전히 설득력이 있다.

지식의 구조를 지식의 기능적, 구성적, 사회 맥락적 측면에서 보면 지식의 구조는 발견되어야 할 고정된 단일의 실재가 아니라 인식 주체자가 적극적으로 창조하고 발전시켜야 하는 것이며, 그래서 구조는 주어진 것이 아니라 만들어지는 것이다. 또한 그 구조는 사회적 세계에 근거를 두고 있으며 문화적 구성물인 동시에 문화적 표현인 것이다. 이것은 탐구의 행위가 본질상 외적으로 존재하는 어떤 것이 아니라 교사와 학생이 동일하게 앎의 주체의 마음속에 있는 도구라는 사실에 근거하고 있는 것이다. 그러므로 지식의 구조는 발견될 주어진 어떤 실체가 아니라 우리 머릿속에 있는 것으로서 '발생적인 어떤 것'을 뜻한다. 그것은 우리가 이미 알고 있는 특수한 것들을 넘어설 수 있도록 해 주는 지식이며 어떤 것을 이해하기 위해 주어진 정보를 뛰어넘는 것이다. 이런 점에서 볼 때 교육과정에서 질적 연구자가 특정 현상의 구조를 발견하는 탐구행위는 연구의 핵심이며 연구 대상의 '구조를 보는 눈'은 세상을 이해하는 방식과 관련되며 연구자의 사고방식이라는 점에서 질적 연구에 대한 지식의 구조라고 해석할 수 있다.

그러나 이러한 학문의 구조에 대한 탈구조주의적 분석에서는 학문의 구조라는 초월적 기의는 해체되고 또 다른 초월적 기의에 의해 대체된다는 것이다. 지식의 구조를 채택하게 했던 사건들이 소멸하거나 직접적인 비판이나 간접적인 분석에 의해 결국 의문시되었기 때문에 해체된다. 지식의 구조에 대한 '내러티브적 해석과 의미의 재창조' 차원과 '포스트모던적 해체'의 차원이라는 상충되는 상황에서 우리는 학교와 사회를 위하여 어느 것이 실질적으로 도움을 주고 가치 있는 것인지를 비판적으로 사고해야 한다.

(2) 내러티브 지식교육의 확장 · 심화: 내용과 교재 구성을 인간 발달로 재개념화

교육내용에 대한 이해는 인간 발달의 방식과 관련되어 있다. 그 관련성은 논리적 측면뿐만 아니라 역사 사회적, 미학적, 정치적, 문화적 측면 등 다양한 측면을 포함하고 있다. 따라서 교육내용의 문제를 탐구할 때는 교과목의 사회적 구성, 내용의 미학적 차원, 진리 생산의 정치학, 내러티브적 교육내용 등을 고려해야 한다.

내러티브적 교육내용은 기존의 패러다임적 사고 양식에 의한 논리 과학적 지식관에 대한 보완물로서 그 중요성을 지닌다. 논리적 증명과 가설로부터의 경험적 발견을 강조하는 패러다임적 교육내용만을 강조할 경우 그럴듯한 인간의 세계를 구성하는 데 소홀할 가능성이 높다. 그러므로 경험적 증명과 형식적 절차에 의존하는 패러다임적 교육내용은 내러티브적 해석에 의해 보완될 필요가 있다. 이와 관련하여 내러티브 능력을 기르기 위해서는 신화와 역사, 민담 등을 통해 정체성을 길러 주는 것과 소설을 통해 상상력을 높이는 일은 중요한 교육내용이 될 수 있다. 자라나는 아이들이 정체성을 갖고 자신의 문화 속에서 한 위치를 발견하는 데 내러티브 사고 기술은 중요하며 교육내용은 이것을 강조해야 한다. 즉, 내러티브를 만들면서 이해하는 기술과 능력을 학교교육이 길러 주어야 한다. 결국 사고방식, 행위방식, 그리고 감정의 표현 방식과 관련 있는 학교의 교육과정이나 교과를 강조해야 한다. 이러한 미학적 가치를 지니는 교과들은 우리 학교의 현실에서 중요 교과의 지위를 확보하지 못하고 있는 실정이다.

문화주의의 큰 틀 속에서 교재 구성의 문제에 대한 의미를 해석할 경우, 첫째, 특유의 개인 역사가 반영되는 의미해석과 문화의 표준적 방식이 나타나는 실재 구성 방식은 교재 구성과 관련하여 개인의 해석과 국가의 해석이 상충되는 문제를 나타낸다. 둘째, 교재 내용의 지식관 문제는 교과 성격, 교과 목표, 교과 지식의 성격과 한계에 비추어 지식 구성의 폭을 조절할 필요가 있다. 셋째, 간주관적인 의미 협상을 통해 상호 공동체를 형성해야 하는 교수 상황과 교재 학습을 통한 문화적 동질성과 자아 정체감 형성은 교재의 구성 원리로서 작용한다. 교재 구성에서 객체화된 지식의 나열과 탈문화적 표준의 제시로 자아 구성과 그 문화적 표현을 상실하고 있다는 비판은 이 문제에 주목해야 할 것이다. 특히 교재 구성의 지식관과 교수의 문제에서 교재에 제시되는 완결의 지식과 '정답'보다는 해당 교과의 문제를 해결하는 과정에 강조를 두는 교실 수업이 이루어져야 한다. 그리고 여기에는 도전적 질문을 제기하는 기술과 그런 질문을 풍부하게 하는 기술, 훌륭한 질문을 생기 있게 유지하는 기술 등이 포함된다. 훌륭한 질문은 딜레마를 제기하고 분명한 표준적 진리를 의문시하고, 우리의 관심과 불일치되는 것을 제기하는 것이다.

(3) 지식 융합 분야의 이론적 통합–내러티브학 창안(강현석, 2016)

본 연구에서 강조하는 내러티브 접근으로 보면 지식을 보는 방식은 이제 다학문적 접근과 간학문적 접근을 절충한 방식으로 나아가서, 종국에는 내러티브학으로 발전되어야 한다.

가설적으로 제안 가능한 내러티브학의 다양한 구조들을 종합적으로 고려해 볼 때 그 어느 것도 내러티브학의 본질을 살리기에는 미진함이 남아 있다. 따라서 본 연구의 초점을 환기시켜서 내러티브 인식론에 기반한 내러티브학의 도식적 구조를 종합하여 [그림 8-2]와 같이 가설적으로 제시할 수 있다고 판단된다. 이 도식적 구조는 매우 단순하게 제시된 것이지만 그 의미나 특징을 크게 네 가지 측면에서 논의할 수 있다.

첫째, 가장 중요한 특징으로 본 연구의 초점인 내러티브학은 내러티브 인식론을 기반으로 하고 있다는 점이다. 내러티브 인식론은 내러티브적 앎을 근간한다. 내러티브 인식론은 문화심리학에 초점을 두는 문화주의, 인간 경험의 새로운 이해방식으로서 내러티브, 인간 마음에 대한 새로운 패러다임으로서 의미 구성에 초점을 두고 있다.

둘째, '내러티브학'이라는 명칭에서 드러나는 의미이다. 내러티브학은 내러티브 과

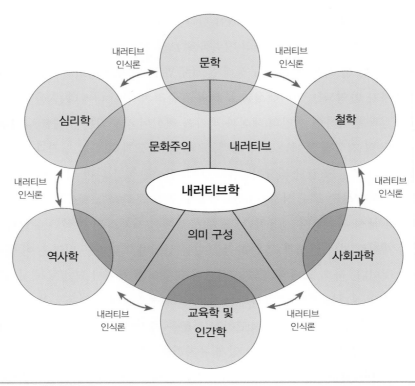

그림 8-3 내러티브 인식론에 기반한 내러티브학의 도식적 구조

학을 뜻하는 것으로서 인문사회과학에 대한 새로운 융복합 학문으로서의 의미를 포함한다. 따라서 기존의 서사를 의미하는 협소한 차원의 내러티브를 다루는 서사학 (narratology)과는 차원이 다른 성격을 지닌다. [그림 8-3]의 중핵에 위치하는 내러티브학은 주위의 기존 인문사회과학들이 내러티브 인식론에 기반하여 통합되는 양상을 가리키는 것이다. 이 경우 그 통합의 양상은 학문 적용의 맥락에 따라 앞에서 제시한 다학문적·간학문적·초학문적 방식이 해당될 수 있다.

셋째, 관련 학문들이 내러티브를 중심으로 통합되는 방식들이다. [그림 8-3]에서 제시되는 개별 학문들, 즉 문학, 역사학, 철학, 사회학, 심리학, 교육학 등은 통상적인 의미로 인문사회과학의 대표적인 학문들이다. 이 개별 학문들은 새로운 내러티브 인식론에 의해 재해석 내지 재구성되며 내러티브 인식론을 매개로 해서 다른 학문들과 통합적으로 구성될 수 있다. 이 말은 내러티브 인식론에 의하지 않고서는 다른 개별 학문들과의 통합은 별로 의미를 지닐 수 없다는 것이다.

넷째, 관련 학문들 간의 관계 방식이다. 이 특징은 기존의 인문사회과학의 개별 학문들이 특정 목적이나 의도에 의해 임의적으로 관련 맺는 방식에서 벗어나 내러티브학이라는 큰 우산 속에서 제대로 된 통합을 맺게 된다는 의미이다. 즉, 기존의 개별 학문들이 병렬적으로 관련을 맺기보다는 내러티브학이라는 새로운 통합 학문의 틀 속에서 새로운 의미를 부여받는 동시에 개별 학문들 간에도 새로운 방식으로 상호 소통하게 된다는 것이다.

2) 실천적 제언: 내러티브 기반 교과 교육과정 재개념화

이하에서는 앞에서 논의된 내용과 선행연구(강현석 외, 2005; 전현정, 강현석, 2009)에 기초하여 내러티브 교육과정의 관점에서 교과교육론의 구성 방향을 크게 목적, 교재 구성, 교수-학습 방법, 평가의 문제에 국한하여 살펴보기로 한다.

(1) 내러티브 역량 및 정체성 함양: 교육과정 목적 재개념화

최근의 교육 환경은 빠르게 변화하고 있다. 특히 인터넷과 컴퓨터, 영상 매체 등의 급속한 발달은 내러티브 사고의 교육 방향을 새롭게 제시해 줄 수 있다. 이러한 급격하고 불안정한 교육 환경 속에서 무엇보다도 필요한 것은 인간의 '주체성'과 '의미'의 회복이다(이흔정, 2004; 한승희, 2002). 여기에서는 이러한 인간의 주체성과 의미의 회복이라는 목적이 내러티브 사고를 강조함으로써 어느 정도 달성될 수 있으며, 내러티브 중심의 교과교육은 이러한 목적 달성에 기여해야 한다는 원칙적인 언급만을 하기로 하고 보다 구체적인 문제를 논의하고자 한다.

즉, 이하에서는 보다 구체적으로 목표의 설정 문제를 논의한다(강현석, 2005). 내러티브 교육과정에서 달성해야 할 교육목표의 설정과 진술 방식은 다양하게 이루어질 수 있다는 점을 고려할 필요가 있다. 기존의 방식을 활용하거나 보다 급진적으로 변경시키는 방안이 가능하다. 이 경우 달성해야 할 목표의 내용 그 자체보다는 목표를 달성하는 방식과 그 달성 여부의 판단 양식이 문제이다. 우선, 달성해야 할 목표로서 구조의 발견은 생성적 차원을 동시에 고려해야 하며, 학생 스스로 형성해 가는 발견의 감각을 길러 줄 필요가 있다. 그리고 교과 지식에 대한 내러티브적 해석 능력을 고려하여 목표가 설정될 필요가 있다. 이것은 교육목표 설정 시에 지식의 구조가 지니는 새로운 인식론적 성격과 그것이 내러티브적으로 해석될 수 있는 가능성을 충분히 고려해야 한다는 점을 의미한다.

내러티브 차원에서 보면 달성해야 할 내용으로 고려될 수 있는 것들로는 내러티브를 통한 자아 정체성의 형성과 자아 발견, 사건을 이야기로 만드는 능력, 의미 형성 능력의 배양, 학습자의 내러티브 지식을 생성하는 것, 내러티브적 앎의 방식과 내러티브 사고 능력 배양, 내러티브적 상상력의 개발 등이 설정될 수 있다. 이흔정(2004: 157-160)은 내러티브를 활용한 교육과정 목적에 다음과 같은 내용을 보다 구체적으로 제시하고 있다.

- 내러티브 사고를 활용한 교육과정을 통하여 자아를 발견할 수 있다.
- 내러티브 사고를 활용한 교육을 통해서 이해력을 높일 수 있는 수단의 하나로써 의미 형성에 도움을 줄 수 있다.
- 내러티브 사고를 통한 교육은 기억력을 증진시킬 수 있다.
- 내러티브 사고를 통한 교육은 한 사건에 대해 다양한 의미 부여로써 상상력을 높여 줄 수 있다.
- 개인 내와 개인 간의 사건의 이야기로 전개되는 내러티브 교과교육을 통해 학습 공동체가 형성될 수 있다.

이러한 목적들은 내러티브 중심의 교과교육론에서 지향하고 강조되어야 할 내용들이지만, 이것들이 과연 내러티브 사고를 강조하는 경향에서만 도출되는 것인가 하는 문제는 별도의 논의가 이루어질 필요가 있다. 다만, 이러한 목적들이 내러티브 중심 교과교육론을 통하여 달성될 가능성이 높으며, 대응적인 사고 양식과의 상호보완성도 고려할 필요가 있다.

(2) 구성적 내러티브 학습 과정: 교재 구성과 단원 재구성

내러티브 원리에서 보면 내러티브 사고와 관련되는 내용들이 선정되어 논리적인 지식과 보완될 필요가 있다. 교육내용은 실재를 내러티브적으로 구성하는 원리에 맞게 조직될 필요가 있다(Bruner, 1996). 우선, 내용이 기계적이고 규칙적으로 전개되고 조직되는 방식이 아닌 인간적으로 적절한 시간(Ricoeur, 1984)에 맞게 조직되고, 의미가 서로 교섭되는 방식으로, 그리고 전체 이야기 구조 속에서 풍부하게 해석적으로 재구성되는 방식으로 조직될 필요가 있다. 이것은 하나의 중심 주제를 둘러싸고 일정한 구성 형식, 즉 시작-전개-반전-결말을 갖는 일련의 이야기를 의미한다(강현석, 2005: 100).

교재 구성의 문제를 해결하기 위해서는 Bruner가 제안한(1996: 11-12) 문화주의의 미시적 측면, 즉 의미 만들기, 구성주의, 상호작용, 자아 정체감 등을 활용할 수 있다. 이 네 가지 기제는 교재 구성에서 교재 내용 해석의 문제, 지식관의 문제, 교수의 문제, 교재 활용의 문제에 구체적 실마리를 제공할 수 있다. 첫째, 특유의 개인 역사가 반영되는 의미 해석과 문화의 표준적 방식이 나타나는 실재 구성 방식은 교재 구성과 관련하여 해석의 문제를 나타낸다. 국가수준에서 제시하고 있는 교재 내용의 기준을 어떻게 처리하고 내용 학습에서 학습자의 이해 양상을 어느 수준, 어떤 방향으로 유도하는가 하는 점은 인간 사고의 해석적 의미 만들기 측면에서 단서를 얻을 수 있다. 둘째, 교재 내용에 대한 지식관 문제는 교과 성격, 교과 목표, 교과 지식의 성격과 한계에 비추어 지식 구성의 폭을 조절할 필요가 있다. 셋째, 교재는 교사와 학생의 교육의 과정을 매개하는 요소 중의 하나로서 교수—학습의 관계와 그 과정은 교재 구성의 중요한 변인이될 수 있다. 이런 점에서 간주관성을 토대로 의미 교섭을 통해 상호 공동체를 형성해야하는 교수 상황은 교재 구성에서 또 다른 측면이다. 넷째, 교재 학습을 통한 문화적 동질성과 자아 정체감 형성은 교재의 활용 측면에 그 구성 원리로서 관련된다. 객체화된 지식의 나열과 탈문화적 기준(content knowledge)의 제시는 오히려 자아 구성에 긍정적인 영향을 미치는 데에 한계가 있을 수 있다.

특히 교재 구성의 지식관과 교수에 관한 측면에서 교재에 제시되는 완결의 지식과 '정답'보다는 해당 교과의 문제를 해결하는 과정에 강조를 두는 교실 수업을 강조하고 있다. 그리고 여기에는 도전적 질문을 제기하는 기술(art)과 그런 질문을 풍부하게 하는 기술, 훌륭한 질문을 생기 있게 유지하는 기술 등이 포함된다. 현 교과서의 자료들은 대부분 본문 서술과 같은 설명 텍스트이거나 본문 서술과의 유기적인 연관을 가지지 못하고 있는 것이다. 특히 단원 재구성과 수업 지도안의 수준에서는 Lauritzen과 Jaeger(1997)의 내러티브 모형, 즉 상황적 맥락 파악—질문 구성—목표 점검—탐색—정리 단계와, 이것을 응용한 이흔정(2003)의 모형, 즉 얼개 짜기—풀어내기—되풀기—나누기—새로 맺기 단계를 활용하여 단원과 수업 지도안을 새롭게 작성할 수 있을 것이다.

(3) 인간 발달 재개념화와 내러티브 교수—학습

교수—학습 방안으로서 이야기하기는 인간이 의사소통 수단으로서 언어에 의존하는 한, 가장 자연스럽고도 보편적인 방법이라고 할 수 있다. 교육활동은 교재를 매개로 하여 교사와 학생들 사이의 이야기적 활동이 상호 복합적으로 일어나는 현상이기 때문이다. 교수—학습 방안으로 이야기하기는 실제적으로 다양한 방식으로 실시되고 있다.

내러티브식 수업의 구성 방안은 일반적으로 내러티브의 구조적 특징과 그것을 받아들이는 학습자에 대한 고려에 따라 달라진다. 따라서 내러티브의 구조를 결정하는 데 우선 문제가 되는 것은 어떤 이야기나 사건을 수업 내용의 소재로 삼을 것인가 하는 점이다. 교사들은 자기 나름의 기준에 의해 내러티브 구성에서 어떤 사건을 포함시킬 것인가를 결정한다. 고려해야 할 것은 내러티브의 구조나 거기에 내재되어 있는 의미에 대해 학생들이 이해할 수 있는 능력이다. 다음으로 수업의 전개 과정 중에 학생들이 수업 내용을 얼마나, 그리고 어떻게 인식하는가에 따라 교사는 전달 방식을 달리한다. 내러티브의 종류나 학생들의 발달단계에 따라 내러티브식 수업을 진행하는 방식에 관해서는 Egan(1990)은 8세까지의 아동에게는 이야기 형식 모델(story form framework)을, 8~15세에는 낭만적 모델(romantic model)을 제안하고 있다. 그 외 여러 연구에서 다양한 방안들을 제안하고 있는 바, 도홍찬(1999)은 도덕과 지도 방법으로서 내러티브 기법과 활용, 즉 도덕 경험 발표하기, 일지 쓰기, 구두 편지, 극적인 모험하기 등을 제안하고 있으며, 최인자(2001: 314-330)는 학습자의 서사 지식 생성을 위한 문제중심의 교수–학습 방법론을 제시하고 있다. 이를 위해 실제적(authentic) 문제를 제시하고, 모순적 자료를 논쟁적으로 제시하고, 학습자의 서사 지식 생성을 제안하고 있다. 그리고 보다 미시적인 수준에서는 플롯 중심의 교수요목 구성, 스토리를 통한 수업 지도안의 구성(Doyle & Holm, 1998) 등이 요청된다.

이와 같은 내러티브 교수–학습 방법을 구체적인 수업 기법으로 활용할 수 있는 사례를 도홍찬(2002)이 제시한 도덕과의 경우를 재구성하여 제시해 보면 다음과 같다.

첫째, 경험 이야기하기이다. 이야기하기는 서로 맞물려 있는 일련의 의미들을 명확하게 말로 나타내는 행위이다. 학생들이 교과와 관련하여 일상생활 속에서 부딪히는 문제들이나 경험들을 다른 학생들 앞에서 이야기하게 하는 것이다. 이 방법은 주로 수업의 도입 부분에 시작하는 것이 좋다. 학생들에게 미리 과제를 내주어 평소에 준비를 해서 자기 순서 때 이야기할 수 있도록 한다. 이야기 내용이나 시간을 가급적 지키도록 미리 환기시키는 것이 좋다. 둘째, 일지 쓰기 혹은 글쓰기이다. 일지 쓰기를 통해 우리 자신의 이야기를 듣는 것은 우리가 자신의 삶과 경험을 밝혀 주는 것과 동시에 우리 자신을 키워 나가는 한 방법이다. 글을 통해서 작자는 타인을 느끼기 위해서 자신을 돌볼 수 있다. 셋째, 구두 편지이다. 이것은 다른 사람들에게 하고 싶은 말을 녹음테이프나 비디오테이프에 녹음해 전달함으로써 자신의 개인적 느낌이나 경험을 감동적이고 효과적으로 전할 수 있을 뿐만 아니라, 그들이 자기와 어느 정도 공감할 수 있는지를 알 수 있게 해 준다. 녹음테이프나 비디오테이프에 녹음해 전달하는 메시지는 인쇄 매체에 의한 편지가 전할 수 없는 더 강한 감동을 상대방에게 전할 수도 있다(서울시교육연구원, 1998). 이 방법에서는 특히 교사의 정성과 시간 투자가 필요하다. 넷째, 이야기식 설교이다. 이것은 교사가 미리 교과 주제와 관련된 이야기를 가져와서 수업의 시작

부분에서 학생들의 흥미와 호기심 유도를 위한 방법으로 사용할 수 있다. 설교 방법에는 스토리 진행(runnung), 스토리 보류(delaying), 스토리 유예(suspending), 스토리 전환(altering) 등 네 가지 유형이 있다.

이러한 교수-학습 방법을 활용하여 내러티브 중심의 수업을 할 경우에 수행하여야 할 교사의 역할을 간략하게 제시해 보면 다음과 같다(이흔정, 2004: 157-160).

첫째, 내러티브 사고를 활용한 교육과정을 통하여 자아를 발견할 수 있도록 한다. 인간은 이야기를 만들어 가는 존재이다. 사건을 전개하고 형상화를 반복하는 과정에서 인간의 삶의 의미는 내러티브적으로 드러난다. 자아가 정체성을 형성해 가는 구체적인 과정은 자아와 타인과의 관계 속에서 이루어진다. 학습자들에게 텍스트를 주어진 대로 읽게 하는 것이 아니라, 재구성하면서 해석하도록 하여 자아를 발견할 수 있도록 해야 할 것이다. 이러한 이해와 재해석의 과정을 통하여 새로운 의미를 만들어 내게 된다. 자아 정체성을 갖기 위한 방법에는 신화와 역사, 민담 등의 읽기 방법과 소설 읽기 등이 있다(Bruner, 1996).

둘째, 의미 형성을 위한 도움을 제공함으로써 이해력을 높일 수 있도록 해야 한다. 이야기는 무질서한 사건들에 질서를 잡아 주는 기능을 한다. 이야기는 다양한 요소들을 어떻게 의미 있는 경험으로 묶어야 할지에 대한 구분을 가능하게 함으로써 혼돈스런 사건들을 선택하고 조직화시켜 준다(이흔정, 2004). 잘 만들어진 이야기 속에 들어 있는 개념 조직자들은 교과목 속에 들어 있는 핵심 개념들을 구성하는 데 도움을 준다. 이야기는 내용을 의미 있게 만들어 주는 가장 효과적인 도구이다. 특히 해석적 재구성과 이야기 구조의 파악을 통해 학습 경험을 효과적으로 조직해 줄 필요가 있다.

셋째, 기억력을 증진시킬 수 있도록 해야 한다. 인간이 이야기를 듣는 것은 이야기를 들으면서 이미 갖고 있는 기존 정보나 정신 구조에, 새로 들어온 정보와 논리체계가 활발하게 상호작용하는 과정이다. 따라서 이야기 속에 포함된 개념이나 지식들이 이야기 구조에 잘 녹아들어 있을 때에 이해나 기억이 용이하게 된다. 이처럼 인간이 이야기를 듣고 그것의 내용이나 순서, 인과관계 등을 이해하고 다시 표현해 내는 과정은 단순한 기억의 회상이 아니다. 그것은 그가 이미 전에 갖고 있던 인지구조 속에 새로운 이야기를 결합시켜 표현해 내는 것이다(이흔정, 2004). 이렇게 내러티브 사고를 통해 기억력을 증진시키기 위해서는, 내러티브를 이용한 내용 구성이 해석적 구성이거나 순환적 회귀의 이야기 구조로 내용 조직을 짤 필요가 있다.

넷째, 한 사건에 대해 다양한 의미를 부여함으로써 상상력을 높여 주는 역할을 해야 한다. 상상력은 인간의 경험, 지각, 촉각, 창조, 이해 등 모든 측면에서 중심 역할을 하는 역동적인 능력으로서 일종의 구조화 작용이라고 볼 수 있다. 교과교육에서 학생들이 자신의 경험에서 의미를 추출하는 능력이 중시된다면, 교육과정을 결정할 때 어떤 표상 형식을 강조할 것인가 하는 문제는 매우 중요한 문제가 된다. 따라서 논리 과학적인 패러다임적 사고를 통한 인지능력의 확장과 동시에 내러티브 사고를 통한 의미의 재창조와 상상력의 향상도 교사는 중요하게 인식하고 있어야 한다.

다섯째, 학습 공동체를 형성할 수 있도록 다양한 노력을 해야 한다. 내러티브는 이야기를 말하는 사람으로부터 만들어지는 것이 아니라, 이야기를 하는 사람과 듣는 사람 사이에서 만들어지는 것이다. 따라서 상호 소통이 중요하며, 공동의 학습이 긴요하다. 이야기를 구성하는 능력 중 가장 중요한 것은 이야기를 듣는 사람이 무엇을 요구하는가를 파악하고, 이를 근거로 이야기를 구성하는 능력이다. 학습을 상호작용적이고 간주관적인 관점으로 이해함으로써 의미 교섭이 가능한 학습 공동체를 만들 수 있다. 이러한 학습 공동체 속에서 교사의 역할도 지식의 전수자가 아닌 학습의 조력자로, 또한 공동체 학습자의 일원으로 되어야 하며, 따라서 새로운 관점에서 학생을 인식할 수 있어야 한다.

(4) 내러티브 포트폴리오와 다양한 역량 표상 양식: 평가 재개념화

내러티브는 지식의 구조를 발견하는 데 도움을 줄 수 있다. 왜냐하면 우리가 사전에 습득한 정보나 사실들을 초월하는 보다 일반적이고 포괄적인 것을 이해할 수 있게 한다. 흔히 한 분야의 지식의 구조는 학습의 구조와 일치한다고 보고 있다. 한 교과목이 전문가가 사고하고 체계적인 지식의 구조로 조직되었을 때는 그렇지 않았을 경우보다 훨씬 학습에 능률을 주고 전이 효과도 크다는 것은 논의의 여지가 없다. 교육평가 활동은 이 두 구조 사이의 관계가 유기적으로 관련되어 있는지, 혹은 두 구조가 기대하는 행동 변화를 초래할 가능성을 향하여 서로 수렴되고 있는지에 관한 증거를 우리에게 제공해 줄 수 있다.

인간의 사고 양식은 다양하다. 직관적 사고와 분석적 사고의 상보성은 중시되어야 하며, 패러다임적 사고와 내러티브 사고는 서로를 이해할 수 있는 수단으로서 가치를 지닌다. 또한 학생들이 배운 것을 표현하는 방법과 학생들이 사물을 대하는 양식은 다양할 수 있다. 즉, 학생들이 배운 지식이나 이해가 표현되고, 머리에 축적되는 형태는 다양할 수 있다는 것이다. 교육과정에서 학생들에게 기대하는 사물에 대한 이해는 다양한 경로를 통해 습득된다. 그러므로 학생들이 어떤 상황을 이해하기 위해서는 그 상황을 설명하는 다양한 형태의 표현 방식에 접할 기회를 가져야 하고, 학생들이 알고 있는 것을 표현하는 방식 또한 하나로 제한되어서는 안 된다(강현석, 2005). 그러나 요즘 학교 문화는 쓰인 글이나 말이 너무 강조되고 있다. 교육평가 활동은 이러한 제한적인 문제를 파악하고 다양한 표상 형식과 인지능력에 기초한 이야기 전개 능력의 평가를 권장할 만하다.

요약

　제8장은 본 연구의 핵심 주제인 지식교육의 대전환에 대한 역사적 의미(기존 연구와의 차별성, 역사적 의미)를 탐구하였다. 그리고 지식교육의 미래를 전망하고(지식교육의 다양한 지평, 지식의 교육적 가치 복원, 지식교육과 정서교육의 통합, 자아 정체성 교육, 상상력 교육, 영재성 교육 등), 후속 연구 과제(듀이와 브루너의 통합, 지식의 분류학 탐구, 지식교육에 대한 국제적 혁신 사례인 IB 시스템, 지식교육에서 중간 언어를 넘어서는 실천적 방안으로서 백워드 설계의 심화 연구 등)를 제시하였다. 마지막으로, 지식교육의 대전환과 관련하여 이론적이고 실천적인 제언을 추가하였다.

참고문헌

강현석(1998). 지식구조론 이후 Bruner의 교육과정이론 탐구. 교육과정연구, 16(2), 105-128.

강현석(2000). 지식기반사회에 가정된 지식개념의 비판적 탐구. 교육과정연구, 18(1), 135-161.

강현석(2003). 문화주의적 교육과정이론: Bruner의 내러티브 탐구. 전영국 외, 교육과학과 교과교육의 실제. 서울: 교육과학사.

강현석(2004). 지식구조론의 재구성을 통한 교육과정 설계 원리의 구성, 교육과정연구, 22(2), 55-85.

강현석(2005). 합리주의적 교육과정 체제에서 배제된 내러티브 교육과정 가능성과 교과목 개발의 방향 탐색, 교육과정연구, 23(2), 83-115.

강현석(2006). 교과교육학의 새로운 패러다임: 교과학의 이론과 실제. 서울: 아카데미프레스

강현석(2007). 교육학에서의 내러티브 가치와 교육적 상상력의 교육. 국어국문학, 146, 305-351.

강현석(2008a). Bruner의 내러티브 논의에 기초한 교육문화학의 장르에 관한 학제적 연구. 교육철학, 제36집, 1-40.

강현석(2008b). 다문화교육과정 설계에서 문화심리학의 적용가능성 탐색. 사회과 교육, 47(2), 23-57.

강현석(2009a). Bruner의 교육과정 이론에서 지식의 재해석: 지식의 구조와 내러티브. 교육철학, 제38집, 1-34.

강현석(2009b). 브루너의 후기 교육이론에서 지식의 재해석: 지식의 구조와 내러티브의 관계. 교육철학, 38호, 1-34.

강현석(2011). 현대 교육과정탐구. 서울: 학지사.

강현석(2013a). 듀이와 브루너의 교육이론에서 내러티브의 가치 탐구. 교육철학, 50호, 139-169.

강현석(2013b). 이야기를 잘 구성해야 두뇌도 건강해지고 자아정체성도 높아진다. 브레인미디어, 7월호.

강현석(2016). 인문·사회과학의 새로운 연구방법론: 내러티브학 탐구. 서울: 한국문화사.

강현석(2017). 소통을 중시하는 자아정체성 교육, 내러티브 자아가 중요하다. 국제미래학회, 한국교육학술정보원, 제4차 산업혁명시대 대한민국 미래교육보고소. 서울: 광문각.

강현석, 김경수 공역(2010). 이야기 만들기: 법/문학/인간의 삶을 말하다. 경기: 교육과학사.

강현석, 소경희, 박창언, 박민정, 최윤경, 이자현 공역(2007). 내러티브 교육과정의 이론과 실제. 서울: 학이당.

강현석, 유동희, 이자현, 이대일(2005). 내러티브 활용을 통한 교과교육론 구성 방향의 탐색. 한국교원교육연구, 22(3), 215-241.

강현석, 유제순 외 공역(2011). 인간과학의 혁명: 마음, 문화, 그리고 교육. 서울: 아카데미프레스.

강현석, 이영효, 최인자, 김소희, 홍은숙, 강웅경 공역(2009). 내러티브, 인문과학을 만나다. 서울: 학지사.

강현석, 이자현(2006). 내러티브를 통한 교육과정 개발자로서 교사 전문성의 재개념화. 교육과정연구, 24, 153-180.

강현석, 이자현 공역(2005). 브루너 교육의 문화. 서울: 교육과학사.

강현석, 이자현 외 공역(2011). 교육이론의 새지평: 마음과 세계를 융합하기. 경기: 교육과학사.

강현석, 이자현, 유제순(2007). 영재교육에서 내러티브 사고양식의 가치 탐색. 영재와 영재교육, 6(1), 95-126.

강현석, 이지은(2016). 이해중심 교육과정을 위한 백워드 설계의 이론과 실천. 서울: 학지사.

강현석, 이지은, 강용운, 김우철, 황은비, 백수진, 이지은(2018). IB 교육과정-수업-평가 패러다임의 대구 초·중·고 활용 방향 탐구. 대구광역시교육연구정보원.

강현석, 이지은, 배은미(2019). 최신 백워드 교육과정과 수업 설계의 미래. 경기: 교육과학사.

강현석, 전호재(2016). 내러티브 기반 지식융합의 전략 방향 탐구. 예술인문사회융합 멀티미디어융합 논문지, 6(2), 251-261.

강현석, 홍은숙, 장사형, 허희옥, 조인숙 공역(2013). 내러티브, 학교교육을 다시 디자인하다. 서울: 창지사.

구자숙(1998). 문화심리학에 대한 사회심리학적 접근. 한국사회과학, 20(1), 133-165.

김만희, 김범기(2008). 내러티브 사고의 과학교육적 함의. 한국과학교육학회지, 22(4), 851-861.

김샛별(2018). 깊은 학습(LiD)을 활용한 교육과정-수업-평가 일체화 방안. 부산대학교 교육대학원 석사학위논문.

김성곤(2003). 문화연구와 인문학의 미래. 서울: 서울대학교출판부.

김의철, 박영신 공역(1997). 문화와 사고. 서울: 교육과학사.

김한식(2000). 리쾨르의 이야기론:「시간과 이야기」를 중심으로. 중앙대학교 외국어문학연구소 외국학연구, 제4호.

김한종(1999). 역사수업 도구로서 내러티브의 구성형식과 원리. 사회과교육학연구, 3, 81-107.

도홍찬(2002). 내러티브(narrative)의 도덕 교육적 함의. BK21 두뇌한국21 인문사회분야 연구모노그라프. 서울대학교 아시아 태평양교육발전연구단.

박민정(2006). 내러티브란 무엇인가?: 이야기 만들기, 의미구성, 커뮤니케이션의 해석학적 순환. 아시아교육연구, 7(4), 27-47.

박민정(2012). "내러티브와 교육학의 만남". 한국내러티브교육학회 학술대회자료집, 25-45.

박성희(2011). 미술교육에 있어서 내러티브 교육과정에 대한 이해와 적용 방안 연구. 한국교원대학교 대학원 석사학위논문.

박철홍 역(2002). 아동과 교육과정/경험과 교육. 서울: 문음사.

소경희(2004). 교사양성 교육과정에 있어서 '내러티브 탐구'의 함의. 교육학연구, 42(4), 189-211.

소경희, 강현석, 조덕주, 박민정(2007). 내러티브 탐구: 교육에서의 질적 연구의 경험과 사례. 서울: 교육과학사.

신광미, 강현석 공역(2021). 생각하는 교육과정과 수업을 위한 개념기반 탐구학습의 실천. 서울: 학지사.

안정애(2003). 내러티브를 활용한 국사 교과서 서술모형. 전남사학, 21, 115-148

양호환(1998). 내러티브의 특성과 역사학습에서의 활용, 교육종합연구원 사회교육연구소. 사회과학교육, 제2집, 21-35.

양호환 외(2005). 역사교육의 이론과 방법. 서울: 삼지원.

염지숙(2003). 교육연구에서 내러티브 탐구의 개념, 절차, 그리고 딜레마. 교육인류학연구, 6(1), 119-140.

우찬제 외 공역(2008). 서사학 강의: 이야기의 모든 것. 서울: 문학과 지성사.

우한용(2004). 서사능력의 구조와 기능, 그리고 그 교육에 대한 이론적 탐구. 문학교육학, 13, 129-169.

유정완 외 공역(1992). 포스트모던의 조건. 서울: 민음사.

이경섭(1984). 현대 교육과정연구. 서울: 교육과학사.

이규호(1998). 말의 힘. 서울: 좋은날.

이미미(2000). 역사가의 사고 과정이 드러나는 서술의 특징과 교재 개발 방향. 서울대학교 대학원 석사학위논문.

이민용(2009). 이야기와 스토리텔링의 치유적 기능. 독일언어문학, 제43집, 225-242.

이민용(2010). 이야기 해석학과 이야기 치료. 헤세연구, 23.

이숙희(2004). 초등학교 도덕과 교육의 서사적 접근. 한국교원대학교 교육대학원 석사학위논문.

이영효(2003). 내러티브 양식의 역사서술체제 개발. 사회과교육, 42(4), 93-121.

이차숙(2001). Bruner의 발견적 교수학습이론. 전성연 편, 교수-학습의 이론적 탐색. 서울: 원미사.

이홍우(1992). (증보)교육과정 탐구. 서울: 박영사.

이흔정(2004). 내러티브의 교육과정적 의미 탐색. 한국교육학연구, 10(1), 151-170.

임병권 역(2001). 서사의 본질. 서울: 예림기획.

임병권, 이호 공역(1996). 이야기하기의 이론: 소설과 영화의 문화기호학. 서울: 한나래.

전현정, 강현석(2009). 대안적 초등교육과정 개발 방향 탐색. 초등교육연구, 22(1), 169-198.

정미진(2003). 도덕교육방법으로서의 서사. 한국교원대학교 대학원 석사학위논문.

정선영, 김한종, 양호환, 이영효(2009). 역사교육의 이해. 서울: 삼지원.

정호표(1983). 교육학개론. 서울: 교육과학사.

최상구 역(1999). 서사학이란 무엇인가. 서울: 예림기획.

최상진, 한규석(1998). 심리학에서의 객관성, 보편성 및 사회성의 오류: 문화심리학의 도전. 한국심리학회지: 일반. 17(1), 73-96.

최상진, 한규석(2000). 문화심리학적 연구방법론. 한국심리학회지: 사회 및 성격, 14(20), 123-144.

최소옥(2000). 내러티브를 통한 중학생의 역사 이해. 서울대학교 대학원 석사학위 논문.

최예정, 김성룡(2005). 스토리텔링과 내러티브. 서울: 글누림.

최인자(2003). 모티프 중심의 서사적 사고력 교육. 국어교육학연구, 18집, 472-498.

한승희(1990). 교육내용 어떻게 볼 것인가? 한국교육, 17권, 143-163.

한승희(1997). 내러티브 사고 양식의 교육적 의미. 교육과정연구, 15(1), 400-423.

한승희(2002a). 마음, 의미, 그리고 교육. 한국교육학회 교육과정분과학회 발표자료.

한승희(2002b). 왜 내러티브인가. 한국교육인류학회 발표 자료집, 79-95.

한용환, 강덕화 공역(1999). 서사란 무엇인가. 서울: 문예출판사.

한혜원(2010). 디지털시대의 신인류: 호모 나랜스. 서울: 살림.

홍은숙(1999). 지식과 교육. 서울: 교육과학사.

홍은숙(2009). 교육의 개념. 경기: 교육과학사.

황규호(1998). 지식교육이 추구하는 앎의 상태에 대한 분석. 교육과정연구, 16(2), 77-104.

황규호, 이희영(2002). 교육의 사회적 적합성 재해석. 교육과학연구, 33(1), 1-22.

Ankersmit, F. R. (1983). *Narrative Logic: A Semantic Analysis of the Historian's Language*. Boston, MA: M. Nijhoff.

Astington, J. W. (2000). *Minds in the Making: Essays in Honor of David R. Olson*. MA: Blackwell Publishers.

Barthes, R. (1977). Introduction to the structural analysis of narratives. In R. Barthes (Ed.), *Music, Image, Text*. (S. Heath, Trans.). London: Fontana/Collins.

Bigge, M., & Shermis, S. (1999). *Learning Theories for Teachers* (6th). New York: An Imprint of Addison Wesely Lonhman, Inc.

Bruner, J. S. (1960). *The Process of Education*. Cambridge, Mass.: Harvard Univ. Press.

Bruner, J. S. (1962). *On Knowing: Essays for the Left hand*. New York: Atheneum.

Bruner, J. S. (1985). Narrative and Paradigmatic Models of Thought. In E. Eisner (ed.), *Learning and Teaching the Ways of Knowing*. NSSE, Chicago: Univ. of Chicago Press.

Bruner, J. S. (1986). *Actual Minds, Possible Worlds*. Cambridge, Mass.: Harvard Univ. Press.

Bruner, J. S. (1987). Life as Narrative. *Social Research, 54*(1), 11-32.

Bruner, J. S. (1990). *Acts of meaning*. Cambridge. MA: Harvard University Press.

Bruner, J. S. (1996). *The culture of education*. Cambridge, Mass.: Harvard Univ. Press.

Bruner, J. S. (2002). *Making Stories: Law, Literature, Life*. New York: Farrar, Straus and Giroux.

Conle, C. (1999). Why Narrative? Which Narrative? Our Struggle with time and place in teacher education. *Curriculum Inquiry, 29*(1), 7-33.

Conle, C. (2003). An Anatomy of Narrative Curricular. *Educational Researcher, 32*(3), 3-15.

Connelly, F. M., & Clandinin, D. J. (1990). Stories of experience and narrative inquiry. *Educational Researcher, 19*(5), 2-14.

Dewey, J. (1928). *The guest for certainty*. NY: Capricorn Books.

Dewey, J. (1966). *Democracy and education: An introduction to the philosophy of education*. NY: The Free Press.

Doll, W. E. Jr. (1993). *A Post-Modern Perspective on Curriculum*. New York: Teachers College Press.

Doyle, W., & Carter, K. (2003). Narrative and learning to teach: Implication for teacher-education curriculum. *Journal of Curriculum Studies, 35*(2), 129-137.

Driscoll, M. (2000). *Psychology of Learning for Instruction* (2nd ed.). Allyn & Bacon., a Pearson Education Inc.

Egan, K. (1969). *Educational development*. New York: Oxford University Press.

Egan, K. (1986). *Teaching as story telling*. The University of Chicago Press.

Goodman, N. (1978). *Ways of Worldmaking*. Indianapolis: Hackett Pub.

Goodson, I., & Gill, S. R. (2011). *Narrative pedagogy: Life history and learning*. London: Peter Lang.

Greenwood, J. D. (1991). *The future of folk psychology*. Cambridge: Cambridge University Press.

Grossman, P. L., Wilson, S. M., & Shulman, L. S. (1989). Teachers of substance: Subject matter knowledge for teaching. In M. C. Reynolds (Ed.), *Knowledge Base for the beginning teacher*. Perganmon Press.

Gudmundstrottir, S. (1995). The Narrative Nature of Pedagogical Content Knowledge. In H. McEwan & K. Egan (Eds.), *Narrative In Teaching, Learning, and Research* (pp. 24-38).

Teachers College Press.

Hillman, J. (1979). A Note on Story. *Parabola, 4*, 43–45.

Hopkins, R. L. (1994). *Narrative Schooling: Experiencial Learning and the Transformation of American Education*. Columbia: Teachers College Press.

Lauritzen, C., & Jaeger, M. (1997). *Integrating learning through story: The narrative curriculum*. New York: Delmar Publishers.

Levstik, L. S., & Pappas, C. C. (1992). New Directions For Studying Historical Understanding. *Theory and Research in Social Education, 24*(4).

MacIntyre, A. (1981). *After Virtue: A Study in Moral Theory*. Notre Dame, Ind.: University of Notre Dame Press.

Mandler, J. (1984). *Stories, scripts, and scenes: Aspects of schema theory*. Hillsdale, N.J: Erlbaum.

McEwan, H., & Egan, K. Eds. (1995). *Narrative In Teaching, Learning, and Research*. Teachers College Press.

Mink, L. O. (1978). Narrative form as a cognitive instrument. In R. H. Canzrt & H. Kozicki (Eds.), *The writing of history*. Chicago: University of Chicago Press.

Novak, M. (1975). "Story" and experience. In J. B. Wiggins (Ed.), *Religion as story* (pp. 175–200). Lanham, MD: University Press of America.

Oakeshott, M. (1962). *Rationalism in Politics and Other Essays*. Methuen.

Olson, D. R., & Torrance, N. (1996). *Mode of thought: Exploration in culture and cognition*. Cambridge: Cambridge University Press.

Olson, M. R. (1995). Conceptualizing narrative authority: Implications for teacher education. *Teaching & Teacher Education, 11*(2), 119–135.

Pappas, C. C., Kiefer, B. Z., & Levstik, L. S. (1995). *An integrated language perspective in the elementary school: Theory into action* (2nd ed.). White Plains, NY: Longman.

Polkinghorne, D. E. (1988). *Narrative Knowing and Human Science*. Albany: SUNY Press.

Rankin, J. (2002). What is narrative: Ricoeur, Bakhtin, and Process approach. Concrescence. *The Australasian Journal of Process Thought, 3*, 1–12.

Ricoeur, P. (1990). What is a Text? In M. J. Valdes (ed.), *A Ricoeur reader: Reflection and imagination*. Toronto: University of Toronto Press.

Robinson, J. A., & Hawpe, L. (1986). Narrative Thinking as a Heuristic Process. In T. R. Sarbin (Ed.), *Narrative Psychology: The Storied Nature of Human Conduct*. New York: Preger.

Sarbin, T. R. (1986). *Narrative Psychology*. New York: Praeger.

Schön, D. A. (1991). *The reflective turn: Case studies in and on educational practice*. New York: Teachers College Press.

Schwab, J. J. (1962). The concept of the structure of a discipline. *The Educational Record*, *43*(3), 202-214.

Shweder, R. A. (1991). *Thinking Through Cultures: Expeditions in Cultural Psychology*. Cambridge, Mass.: Harvard Univ. Press.

Wells, C. G. (1986). *The meaning makers: The Children learning language and using language to learn*. Portsmouth, NH: Heinemann.

White, H. (1981). The Value of Narrativity in the Representation of Reality. In W. J. T. Mitchell (Ed.), *On Narrative* (pp. 1-23). Chicago: The University of Chicago Press.

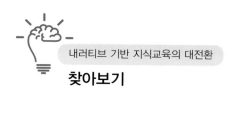

내러티브 기반 지식교육의 대전환

찾아보기

찾아보기

Herbart, J. F. 54

Hirsch, E. D. 80

Hirst, P. H. 70, 102, 524

Holm, D. T. 316

Hopkins, R. L. 103, 170, 251

Hutchins, R. M. 78

I

Iran-Nejad, A. 107

J

Jaeger, M. 343, 547

K

Kant, I. 63

Kerby, A. P. 172

Kerschensteiner, G. M. 118

Kliebard, H. M. 67

Kozol, J. 108

Kuhn, T. 141

L

Lauritzen, C. 343, 547

Lave, J. 255

Leipniz, G. 63

Lincoln, Y. 140

Locke, J. 41

Lyotard, J. F. 178, 543

M

MacIntyre, A. 69, 470, 506, 546

Mancuso, J. 301

Marzano, R. J. 559

McEwan, H. 163

Merleau-Ponty, M. 222

Merrill, M. D. 288

Mitchell, W. J. T. 173, 297

Murray, E. L. 176

N

Nagel, T. 483

O

Oakeshott, M. 67

Olson, D. R. 194, 242, 397, 466, 468

P

Peters, R. S. 524

Phenix, P. H. 72

Piaget, J. 452

Pinar, W. 135

Polkinghorne, D. 139, 166, 188, 230, 459

Popkewitz, T. 124

Posner, G. J. 329

R

Ricoeur, P. 167, 297, 541

Robinson, J. A. 165

Rorty, R. 485

Rossiter, M. 268

S

Sarason, S. 106, 293

Sarbin, T. R. 158, 170, 298

Saussure, F. D. 123

Schafer, R. 297

Scheffler, I. 18, 259

Schön, D. A. 107, 367

Searle, J. 478

Shweder, R. A. 238

Siegel, H. 470

Sizer, T. R. 296

Spencer, H. 97

Stones, R. 544

Sutton-Smith, B. 301

T

Taba, H. 97

Turner, V. 298

V

Vygotsky, L. 398

W

Wehmiller, P. 308

White, H. 297, 556

Whitehead, A. N. 330

Wolff, C. 41

z

Ziller, T. 58

저자 소개

강현석(Hyeon-Suk, Kang)

경북대학교 사범대학 교육학과

경북대학교 대학원 교육학 석사(교육과정 및 수업 전공)

경북대학교 대학원 교육학 박사(교육과정 및 수업 전공)

Univ. of Wisconsin-Madison Post-Doc. 연구원

한국대학교육협의회 선임연구원

전 한국내러티브교육학회 회장

현 경북대학교 교육학과 교수

　　한국교육과정학회 회장

내러티브 기반 지식교육의 대전환

Big change of knowledge education:
From delivery to narrative

2022년 4월 20일 1판 1쇄 인쇄
2022년 4월 25일 1판 1쇄 발행

지은이 • 강현석
펴낸이 • 김진환
펴낸곳 • ㈜ 학지사
　　　　　　04031 서울특별시 마포구 양화로 15길 20 마인드월드빌딩
대표전화 • 02-330-5114　　팩스 • 02-324-2345
등록번호 • 제313-2006-000265호

홈페이지 • http://www.hakjisa.co.kr
페이스북 • https://www.facebook.com/hakjisabook

ISBN 978-89-997-2677-4 93370

정가 27,000원

출판 · 교육 · 미디어기업 학지사
간호보건의학출판 **학지사메디컬** www.hakjisamd.co.kr
심리검사연구소 **인싸이트** www.inpsyt.co.kr
학술논문서비스 **뉴논문** www.newnonmun.com
교육연수원 **카운피아** www.counpia.com

이 저서는 2017년 정부(교육부)의 재원으로 한국연구재단의 지원을 받아 수행된 연구임.
(NRF-2017S1A6A4A01020246)